HINTERGRUND

ERLEBEN & GENIESSEN

PRAKTISCHE INFORMATIONEN

ANHANG

PREISKATEGORIEN

Restaurants (Preis für ein Hauptgericht)

Norwegen
€€€€ über 300 NOK
€€€ 230 – 300 NOK
€€ 150 – 230 NOK
€ bis 150 NOK

Schweden
€€€€ über 350 SEK
€€€ 200 – 350 SEK
€€ 130 – 200 SEK
€ bis 130 SEK

Finnland
€€€€ über 35 €
€€€ 25 – 35 €
€€ 15 – 25 €
€ bis 15 €

Hotels (Preis für ein Doppelzimmer)

Norwegen
€€€€ über 1400 NOK
€€€ 1000 – 1400 NOK
€€ 600 – 1000 NOK
€ bis 600 NOK

Schweden
€€€€ über 1500 SEK
€€€ 1000 – 1500 SEK
€€ 500 – 1000 SEK
€ bis 500 SEK

Finnland
€€€€ über 150 €
€€€ 100 – 150 €
€€ 75 – 100 €
€ bis 75 €

MAGISCHE MOMENTE

ÜBERRASCHENDES

Es gibt nur wenige Plätze auf der Welt, wo man Braunbären in freier Wildbahn beobachten kann. Der Osten Finnlands ist so ein Platz..

D
DAS IST …

Skandinavien

Die großen Themen
rund um Europas Norden.
Lassen Sie sich inspirieren!

Wie ein langer Sonnenauf- und -untergang zugleich: Die Mitternachtssonne taucht den hohen Norden in ein tiefes Orange-Rot. ▶

MAGIE DES LICHTES UND DER DUNKELHEIT

Manchen rauben die hellen Sommernächte im Norden den Schlaf, andere werden geradezu süchtig nach der Mitternachtssonne. Wenn es dann nachts wieder dunkel wird, kommt die Zeit der Polarlichter, die den Nachthimmel mit bunten Lichtschleiern überziehen.

Tiefer sinkt die Sonne heute nicht mehr auf der Nordkap-Insel. ▶

JE weiter man im Sommer nach Norden fährt, desto kürzer werden die Nächte – bis man die **magische Linie des Polarkreises** auf 66,5° nördlicher Breite erreicht und ins Reich der Mitternachtssonne eintaucht. Am Polarkreis selbst geht die Sonne allerdings nur einen einzigen Tag lang nicht unter, nämlich zur Sommersonnenwende. Am Nordkap dauert die Periode der 24-Stunden-Tage dann immerhin schon von Mitte Mai bis Ende Juli.

Wenn Tag und Nacht keine Bedeutung mehr haben

Für die Menschen im hohen Norden ist diese wochenlange **Lichtdusche** die beste Kur gegen Winterdepressionen und der gerechte Ausgleich für die Polarnacht, denn die dauert genauso lang wie die Mitternachtssonne. Wenn wir nur einige Wochen im Norden verbringen, müssen wir uns erst an das permanente Tageslicht gewöhnen, einigen raubt es sogar den Schlaf. So geht es auch Al Pacino in Alaska in dem 2002 gedrehten Thriller »Insomnia«, der übrigens ein Remake des norwegischen Originals mit identischem Titel von Erik Skjoldberg ist.

Wenn Tag und Nacht keine Bedeutung mehr haben, ergeben sich **ungeahnte Freiheiten**. Für die Skandinavier ist es in dieser Zeit ganz normal, sich um Mitternacht ins Auto zu setzen und ziellos umherzufahren oder erst spätabends zu einer Wanderung aufzubrechen. Auch die spontane Verabredung zu einem Picknick am Strand, wo die Sonne eben nicht im Meer versinkt, sondern schon ein Stück über dem Wasser wieder ihren Aufstieg beginnt, ist für sie etwas ganz Selbstverständliches. Wenn die Sonne scheinbar ewig kurz über dem Horizont verharrt, taucht sie oft die Landschaft in ein magisches Licht.

Mystische Polarlichter

Für alle Bewohner des hohen Nordens war **der leuchtende Nachthimmel** immer mit Aberglauben, Angst und ehrfürchtigem Staunen verbunden, denn mit irdischen Maßstäben waren Polarlichter lange nicht zu erklären. Die meist grünen, aber manchmal auch blauen oder roten Lichtschleier wabern lautlos über den Himmel, verändern ständig ihre Form, stundenlang können Strahlen, Draperien, Bögen, Wolken und Wirbel über den Himmel tanzen, um dann ganz plötzlich wieder zu verschwinden oder aber auch in einer Aurora zu kulminieren, die wie eine Krone aussieht, in die man von unten hineinschaut.

Im Mittelalter galt das Polarlicht, ebenso wie das Erscheinen eines Kometen, als Zeichen für einen bevorstehenden Krieg, Hungersnöte und Seuchen. Auch in der **nordischen Mythologie** spielte es eine große Rolle, als Tanz der Jungfrauen und Walküren, als Kampf der Götter und Geister, aber auch als Botschaft gefallener Krieger an die Lebenden wurde es gedeutet.

Heute weiß man, dass all die rätselhaften Lichter am Nachthimmel auf einer Wechselwirkung zwischen Sonnenwind und dem Erdmagnetfeld beruhen. Der Sonnenwind prallt auf das Magnetfeld der Erde, staucht es zusammen und bewegt sich entlang der magnetischen Feldlinien zu den magnetischen Polen. Dabei dringen die Partikel in die oberste Schicht der Erdatmosphäre ein, wo sie auf Sauerstoff- oder Stickstoffmoleküle treffen. Dadurch wird ein Teil ihrer Bewegungsenergie in Licht umgewandelt.

AUF NORDLICHTJAGD

Mittlerweile gibt es viele spezielle Nordlichtreisen, z. B. nach Spitzbergen, Tromsø oder auf die Lofoten (s. Bild unten). Auch an Bord der Hurtigrutenschiffe haben Sie von Deck aus beste Beobachtungsmöglichkeiten. Infos unter www.visitnorway.de/aktivitaten/naturwunder/nordlicht. Wer allein auf Nordlichtjagd gehen möchte, dem hilft die App »NorwayLights« mit bis zu dreitägigen Vorhersagen. Natürlich kann man auch einfach nach Finnisch- oder Schwedisch-Lappland fahren und in den Himmel schauen – die Chancen, Polarlichter zu sehen, sind auch hier im Winter gut.

SOMMER AM SEE

Im Sommer bleibt Finnland geschlossen. Dinge, die man dringend erledigen muss, sollten vor Mittsommer getan werden, denn danach wird kein Antrag mehr bearbeitet, keine Nachfrage beantwortet und keine Reparatur durchgeführt. Die Finnen sind in ihr Mökki umgezogen und zelebrieren das einfache Leben.

◀ Ein Wald, ein See, ein Mökki. Mehr braucht es nicht.

IN den Ämtern und Büros erreicht man niemanden mehr. Bei Handwerkern antwortet der Anrufbeantworter, und lediglich die Stellvertreter der Stellvertreter bleiben zurück. Sie halten die Stellung, vertrösten Antragsteller und Auskunftsuchende und vereinbaren einen Termin, zu dem der Chef dann zurückruft. Vor Mitte August wird das aber nicht sein, denn so lange bleibt jeder weg aus der Stadt. Die Finnen ziehen aus den Städten hinaus in ihre Sommerhäuser, die **Mökkis**.

Der Zauber der Einfachheit

Die Fahrt dorthin gleicht einem Pilgerzug zum Allerheiligsten, bei dem keiner fehlen darf. Eine **halbe Million Sommerhäuser** stehen an finnischen Seen, am Meeresstrand oder irgendwo im Wald. Wer kein eigenes Häuschen hat, schlüpft bei Eltern, Geschwistern oder Freunden unter. Die hellen Nächte wirken auf die sonst so melancholischen Finnen wie ein starkes Dopingmittel – plötzlich können auch sie lachen.

Die meisten Finnen mögen es in den Ferien gerne einfach. Ihnen reicht es, wenn sie Pilze und Beeren sammeln und mit dem Boot über den See fahren können. Oder angeln und in die Sauna gehen. Solange die Biervorräte nicht zur Neige gehen, ist **das Sommerglück der Finnen** perfekt. Dann sind sie auch gerne bereit, das Wasser aus dem nahen See zu schöpfen – Trinkwasserqualität ist garantiert. Und wozu braucht man elektrisches Licht, wenn die Sonne ohnehin nicht untergeht? Man kocht auf dem Holzofen; als Toilette dient ein Plumpsklo, das in diskretem Abstand im Wald versteckt steht. Gerade der Verzicht macht den Reiz aus.

Ein echtes Mökki? Schwer zu bekommen!

Wer als Tourist ein solch einfaches und gemütliches Häuschen mieten will, hat es gar nicht leicht. **Am besten versucht man es direkt vor Ort,** fragt bei den örtlichen Touristenämtern nach oder versucht es auf Onlineplattfor-

BAEDEKER DAS IST ...

EIN BETT IM KORNSPEICHER

Finnland ist das perfekte Land für einen Urlaub im Ferienhaus. Wer einfach in einem Holzhaus am See übernachten will, hat die große Auswahl: Unzählige Anbieter bieten Ferienhäuser an. Aber auch wer etwas ganz Besonderes sucht, wird fündig. Wollen Sie in einem ehemaligen Kornspeicher übernachten oder in einem Haus mit Glasdach? Brauchen Sie einen eigenen Tennisplatz oder soll es lieber doch ein Häuschen auf einer winzigen Insel sein? Möglich ist alles – nicht umsonst sind die Finnen die Spezialisten für Ferienhäuser. (► S. 675)

Trinkwasser, Pool und Badewanne – alles vor der Haustür

men, auf denen Eigentümer ihre Häuser direkt vermieten.
Die Mökkis, die man über die großen Anbieter mieten kann, verdienen diesen Namen, der übersetzt »Hütte« bedeutet, eigentlich nicht mehr. Meist sind es kleine Villen, die da in Seenähe stehen, und in denen man mehr Wohnfläche zur Verfügung hat, als man es von zu Hause gewohnt ist. Natürlich gibt es auch Geschirrspüler, Waschmaschine und einen Herd mit dem neuesten technischen Schnickschnack. Oft wird sogar schnellstes WLAN zum Ferienhaus mitten im Wald geboten. Luxusverzicht erwarten die Finnen von ihren zahlenden Sommergästen also keineswegs.

Schwitzen ist Pflicht

Dass jedes finnische Ferienhaus eine Sauna hat, ist selbstverständlich. In Deutschland käme ja auch niemand auf die Idee, eine Wohnung ohne Haustür zu vermieten. Die Saunen werden sogar oft elektrisch beheizt – das allerdings ist der Punkt, an dem echten Saunafans der technische Fortschritt dann doch zu weit geht. Einfach am Schalter drehen und dann in der Hängematte liegend warten, bis das Schwitzbad die gewünschte Temperatur hat? Das ist zwar bequem, **das echte finnische Saunafeeling** gibt es, allein schon wegen der angenehmeren Hitze, aber nur in der selbst befeuerten Holzofensauna.

DAS SCHWEDISCHE GLASREICH

Versteckt in den Wäldern Smålands liegt zwischen Växjö und Kalmar das Glasreich. Heute laden die Manufakturen – jede mit eigenem Profil und besonderer Atmosphäre – zum Zuschauen ein, wie aus glühender Glasmasse wundervolle Objekte entstehen.

◄ Die Transjö-Hütte in Kosta ist eine der kleinsten im Glasreich.

DIE lange Tradition der Glasherstellung in Schweden geht auf **König Wasa** zurück. An seinem Hof war es üblich, Gelage mit Scherben zu beenden; doch war es immer kostbares venezianisches Glas, das zu Bruch ging. Schließlich war es Geldmangel, der den König auf die Idee brachte, Glasbläser nach Schweden zu holen statt laufend neue Gläser aus Venetien kommen zu lassen.

Die **erste Glashütte** wurde 1742 von Anders Koskull und Georg Bogislaus Stael gegründet. Den Namen »Kosta« setzten sie aus den ersten drei Buchstaben ihrer Nachnamen zusammen. Anfangs stellten sie hauptsächlich profane Gebrauchsgegenstände aus Glas her, mit der Zeit wurden die Produkte aber immer kunstvoller.

Als die småländischen Eisenhütten Ende des 19. Jh.s schließen mussten, begann die große Zeit der Glashütten.

Mit der Glasschere wird das überflüssige Glas abgeschnitten.

Wichtige Voraussetzungen für den Aufschwung der Glasbläserei waren die Wälder zwischen **Växjö** und **Kalmar**, aus denen genügend Brennholz für die Öfen gewonnen wurde; die Flüsse lieferten dazu die Energie für die Schleifereien und an Arbeitskräften war auch kein Mangel.

Kunst und Lebensart

Manche Werke småländischer Glasbläser haben mittlerweile große Anerkennung gefunden und sind in den Museen der Welt, in New York, London oder Stockholm, zu sehen. Aus Småland stammen die Gläser, mit denen die Gäste bei der Nobelpreisverleihung im Blauen Saal des Stockholmer Rathauses den Gewinnern zuprosten.

Etwas Besonderes sind die **gläsernen Trompeten**, die in der Glasfabrik Kosta Boda hergestellt wurden. Die Idee, Fanfaren und Nationalhymnen mit diesen ungewöhnlichen Instrumenten zu spielen, kam dem legendären Glasbläsermeister Bengt Heintze in den 1960er-Jahren. Nach vielen Experimenten am Ofen wurde die gläserne Trompete erstmals 1962 bei der Einweihung des Glasmuseums in Växjö gespielt.

Schon immer waren die Glashütten das Zentrum des Dorflebens. Nach getaner Arbeit traf man sich vor den noch warmen Öfen, um an langen Tafeln mitten im Raum den Abend bei einem gemeinsamen Essen, dem Hyttsill, ausklingen zu lassen. Die Tradition der **Hyttsill-Abende** wird bis heute fortgeführt, allerdings hauptsächlich für Besucher.

Im Kosta Boda Art Hotel durften sich Glaskünstler nach Herzenslust austoben.

BAEDEKER DAS IST ...

ALTE SMÅLÄNDISCHE TRADITION

Heringe, Kartoffeln und Speck, im Glasofen gegart, dazu eine Portion Isterband, småländische Griebenwurst – das ist die kulinarische Seite der Hyttsill-Abende, die Gäste in den småländischen Glashütten erleben können. Dazu gibt's wie früher Musik, Gesang und Hochprozentiges (Infos zu allen Glashütten: www.glasriket.se; Öffnungszeiten: www.glasriket.se/oppettider).

MELANCHOLIE AUF DEM TANZBODEN

Der Tango ist in zwei Ländern der Welt zu Hause: in Argentinien und – was nur wenige wissen – in Finnland. Im kühlen Norden ist er aber besonders populär, denn mit seiner Melancholie trifft er die finnische Volksseele wie kein anderer Musikstil.

◄ Wahre Tangoenthusiasten kann ein Schneegestöber nicht schrecken.

DIE FINNISCHE SEELE SUCHEND

Mitmachen oder zuschauen? Der Besuch beim Tangofestival in Seinäjoki ist auf jeden Fall ein Erlebnis, denn wenn es so etwas wie »die finnische Seele« gibt, dann kann man ihr hier begegnen. Wer beim großen Finale der Tangosänger und -sängerinnen dabei sein will, muss sich frühzeitig um Karten kümmern. Die Veranstaltung ist meist Monate im Voraus ausgebucht. (www.tangomarkkinat.fi, ▶ S. 665)

DER Tango kam im Sommer 1913 nach Finnland. Damals trat ein dänisches Tanzpaar in einem populären Helsinkier Restaurant auf und betörte mit seinem verführerischen und bis dahin unbekannten Tanz das Publikum. Der kam so gut an, dass die beiden Dänen von da an viele Jahre lang jeden Sommer in Helsinki gastierten. Zunächst aber blieb der Tango ein **Tanz der Oberschicht und der Intellektuellen**. Für den Mann auf der Straße war er zu verrucht und anzüglich. Erst in den 1930er-Jahren begannen sich allmählich auch die einfachen Leute für die fremde Musik zu interessieren.

Musik für die Seele

Seinen endgültigen Durchbruch feierte der Tango im Zweiten Weltkrieg. Viele der finnischen Tangokomponisten dienten damals in der Armee und **schrieben ihre Stücke in den Schützengräben** an der Front. In dieser Umgebung veränderte der Tango seinen musikalischen Charakter. Beeinflusst von russischen Romanzen und deutscher Marschmusik wurde er ernster und trauriger.

Konsequenterweise handeln auch die meisten Texte von einem Ende: dem Ende einer Liebe, des Sommers oder gar des Lebens. **Unerfüllte Hoffnungen und Wünsche** sind das Material, das den Texten des finnischen Tangos zugrunde liegt. Glück kommt allenfalls im Rückblick auf eine verflossene Liebe vor. Deswegen ist der Tango auch der Musikstil, der die finnische Seele am tiefsten berührt – denn wie sie lebt er von der Melancholie.

Tango im Trainingsanzug

Im Sommer 1985 veranstaltete die Gemeinde **Seinäjoki** erstmals ein Tangofestival. Die kleine Stadt in Westfinnland ist völlig unspektakulär – zumindest 51 Wochen im Jahr. Hauptstraße, Tankstelle, Bank, Einkaufsladen und Alko-Geschäft, mehr gibt es hier nicht. Doch für eine Woche im Juli wird Seinäjoki neben Buenos Aires zur **Welthauptstadt des Tangos.**

Schnell wurde aus der kleinen, regionalen Veranstaltung das größte Festival Finnlands, bei dem sich jeden Sommer Hunderttausende Musik- und Tanzbegeisterte treffen. Bei dieser Gelegenheit werden auch die besten Tangosänger des Landes – die Tangokönigin und der Tangokönig – gewählt. Die Gewinner des Wettbewerbs sind ganz automa-

Auch das Wo spielt keine Rolle. Aber die musikalische Begleitung muss stimmen.

tisch Volkshelden, und ihre Namen bleiben lange im Gedächtnis. Ganz zu schweigen von den rasant steigenden Umsätzen ihrer Platten und Dowloads. Beim Tangofestival wird eine Woche lang Tag und Nacht in den Straßen und Kneipen der Stadt getanzt. Dabei herrscht eine Stimmung, bei der man sich in Argentinien wähnen könnte. Zumindest fast. Denn in den Bewegungen der finnischen Tänzer sucht man die südamerikanische Leidenschaft meist vergebens. Außerdem sind die Paare bei den **Freiluftveranstaltungen** nur selten in geschlitztem Abendkleid und Frack unterwegs, sondern oft in der finnischen »Nationaltracht« – dem Trainingsanzug.

DIE BLAUEN STUN-DEN

Im Winter nach Norwegen? Da ist es doch kalt und dunkel. Das stimmt! Aber die paar Stunden fahles Tageslicht und die endlosen Sonnenauf- und -untergänge lassen die im Kälteschlaf erstarrte Landschaft oftmals in einem ganz eigenen Licht erscheinen.

Winter am Svelfjord ►

ACHT Uhr morgens, das winterliche Oslo hüllt sich noch in Dunkelheit. Unter das fahle Licht des Mondes schleicht sich langsam eine erste Ahnung des neuen Tages. Schon lange pulsiert der Berufsverkehr auf den Straßen, die Scheinwerfer der Autos bilden eine nicht enden wollende Lichterkette, Spikes nageln im Stakkato über den Asphalt. Dann taucht im Osten der erste fahlblaue Fleck auf, kündigt den Sonnenaufgang an.

Mittlerweile ist es neun Uhr, und die Sonne erreicht allmählich den Horizont. Noch immer liegt der nächtliche Blauschleier in der Luft, bedeckt den in der Kälte knirschenden Schnee wie ein Laken. **Wie in Zeitlupe**, fast widerwillig, verwandelt sich das Dunkel der Nacht in das erste, zart rosafarbene Tageslicht.

Ein kurzer Tag zum Schwärmen

Hunderte Kilometer weiter nördlich im Rondane-Gebirge. Auch hier beginnt der Tag mit einem nicht enden wollenden Sonnenaufgang. Doch an diesem Tag verwandelt sich der Himmel für Stunden in ein **violettes, rotes und orangenes Flammenmeer**.

Die imposanten Berge im Nationalpark sind tief verschneit, die Landschaft ist starr vor Kälte. Das Thermometer zeigt minus 23 °C, doch es ist eine trockene Kälte, so wird es ein perfekter Tag, um die Langlaufskier anzuschnallen. Kaum neigt sich der Sonnenaufgang gegen Mittag dem Ende zu, beginnt schon der Sonnenuntergang mit dem gleichen Farbenspiel in umgekehrter Reihenfolge. Ein kurzer, kalter Tag, aber ein Tag zum Schwärmen.

Wetter und Licht im Wechselspiel

Weiter nach Norden, auf die Lofoten. Bizarre, fast 1000 m hohe Berge, die steil aus dem Meer emporsteigen, die Gipfel von mächtigen Eispanzern gekrönt, die Hänge von Schnee überzogen, doch das Thermometer zeigt nur knapp unter null. Das Meer ist eisfrei, nur einige flache Buchten sind mit bizarren Eisformationen überzogen. Mal schneit es in dicken Flocken, und die Sicht beträgt kaum zehn Meter, doch plötzlich reißt die Wolkendecke auf und die tief stehende Sonne taucht die Landschaft in ein **unwirkliches Licht**.

Die Luft ist so klar und rein, dass selbst die Berge auf dem Festland jenseits des Vestfjords zum Greifen nahe scheinen. Am Horizont schon wieder die nächste Schneewand, fast schwarz nähert sich der Vorhang, verbreitet düstere Weltuntergangsstimmung. So geht es den ganzen Tag, mit atemberaubender Schnelligkeit wechseln das Wetter und die Lichtstimmungen.

Mensch und Tier im Winterschlaf

Wer einen ganzen langen Winter im Norden verbringt, empfindet die Dunkelheit jedoch nicht immer als magisch, sondern träumt von den langen, hellen Sommernächten und tröstet sich in der Zwischenzeit manchmal mit Hochprozentigem.

Nicht nur Tier- und Pflanzenwelt halten Winterschlaf, auch die Menschen leben **auf Sparflamme** und wagen sich nicht so häufig vor die Tür, wie sie es im Sommer tun, wenn die Tage scheinbar nie enden.

MIT SKIERN AN DEN FÜSSEN

Ein Sprichwort behauptet, dass die Norweger mit Skiern an den Füßen geboren werden. Machen Sie es wie die Einheimischen und gehen Sie am Wochenende auf Skitour. Wie wäre es z. B., den winterlichen Städtetrip nach Oslo mit einem Skilanglaufurlaub zu kombinieren? Sie werden staunen, wie viele Osloer mit ihren Skiern in die Holmenkollenbahn steigen. Die Loipen beginnen jedenfalls schon bei den letzten Häusern. Mit öffentlichen Verkehrsmitteln ist man in weniger als einer Stunde am Holmenkollen oder in Frognerseteren. Das Angebot an Loipen ist überwältigend, mehr als 2000 km werden in den Wäldern rund um Oslo markiert und präpariert.

T

TOUREN

Durchdacht, inspirierend, entspannt

Mit unseren Tourenvorschlägen
lernen Sie Skandinaviens beste Seiten kennen.

»Panoramastraße ins Land der Mitternachtssonne« - so wird die norwegische Küstenstraße R 17 auch genannt. ▶

UNTERWEGS IN SKANDINAVIEN

Mobil im Norden

Die eleganteste Möglichkeit, die riesigen Entfernungen in Skandinavien gut zu bewältigen, ist das **Fliegen**. In Norwegen, Schweden und Finnland hat der Inlandsflugverkehr große Bedeutung und ist so perfekt ausgebaut, wie man es von diesen hoch technisierten Ländern auch erwarten darf. Mit **Zügen**, vor allem aber mit den **überregionalen Bussen** erreicht man fast alle Winkel Skandinaviens, die Preise sind moderat. Verbringt man seinen Urlaub in einem einsamen Ferienhaus im Wald, so ist für An- und Abfahrt und die notwendigen Einkäufe in der »Zivilisation« ein **Auto** fast unerlässlich. Dieses eröffnet natürlich auch die meisten Freiheiten in Bezug auf die Routengestaltung. Die hier vorgeschlagenen Strecken richten sich an motorisierte Reisende. Allgemeine Hinweise zum Fliegen, zu Bus- und Bahnfahren siehe im Kapitel »Praktische Informationen« unter ▶ Verkehr und ▶ Anreise.

In Skandinavien ist das Reisen mit dem Auto nichts für Eilige. Egal ob Norweger, Schweden oder Finnen, sie alle pflegen einen weit gemütlicheren Fahrstil, als man es z.B. von deutschen Straßen gewohnt ist. Tempolimits und drastische Strafen für Temposünder sorgen ebenfalls für ein gemächliches Reisetempo. Grundsätzlich sollte man schon vor Reisebeginn die **Route sorgfältig auswählen** und genügend Reserven für Abstecher und Wanderungen, aber auch für den einen oder anderen Schlechtwettertag einplanen. Im hohen Norden wird das Tankstellennetz dünner.

Norwegen

Die vielen Täler, Fjorde, Gebirge und Gletscher bilden seit Menschengedenken **gewaltige Hindernisse**. So sind geradlinige Straßenverbindungen, Autobahnen und Schnellstraßen trotz großer Investitionen immer noch die Ausnahme, das heißt, man ist in Norwegen auf **überwiegend kurvigen Landstraßen** unterwegs. Vor allem im Westen sind die Straßen oft eng, von Tunneln unterbrochen und auf Wohnmobile wartet Millimeterarbeit. Benzin ist extrem teuer, hinzu kommen Fährgebühren; Tunnels, Brücken und teils auch die Autobahnen kosten Maut. Mautstellen ohne Kassenhäuschen sind mit Automaten ausgerüstet, mit Kreditkarten zahlen ist überall möglich.

Schweden

Der Zustand der Straßen ist bis hinauf nach Lappland gut und auch kleinere Nebenstraßen sind in der Regel asphaltiert. Autobahnen und autobahnähnliche Schnellstraßen verbinden alle Zentren Südschwedens, die meisten Straßen sind ungewohnt leer und so fährt man relativ stressfrei. **Maut wird nicht erhoben**.

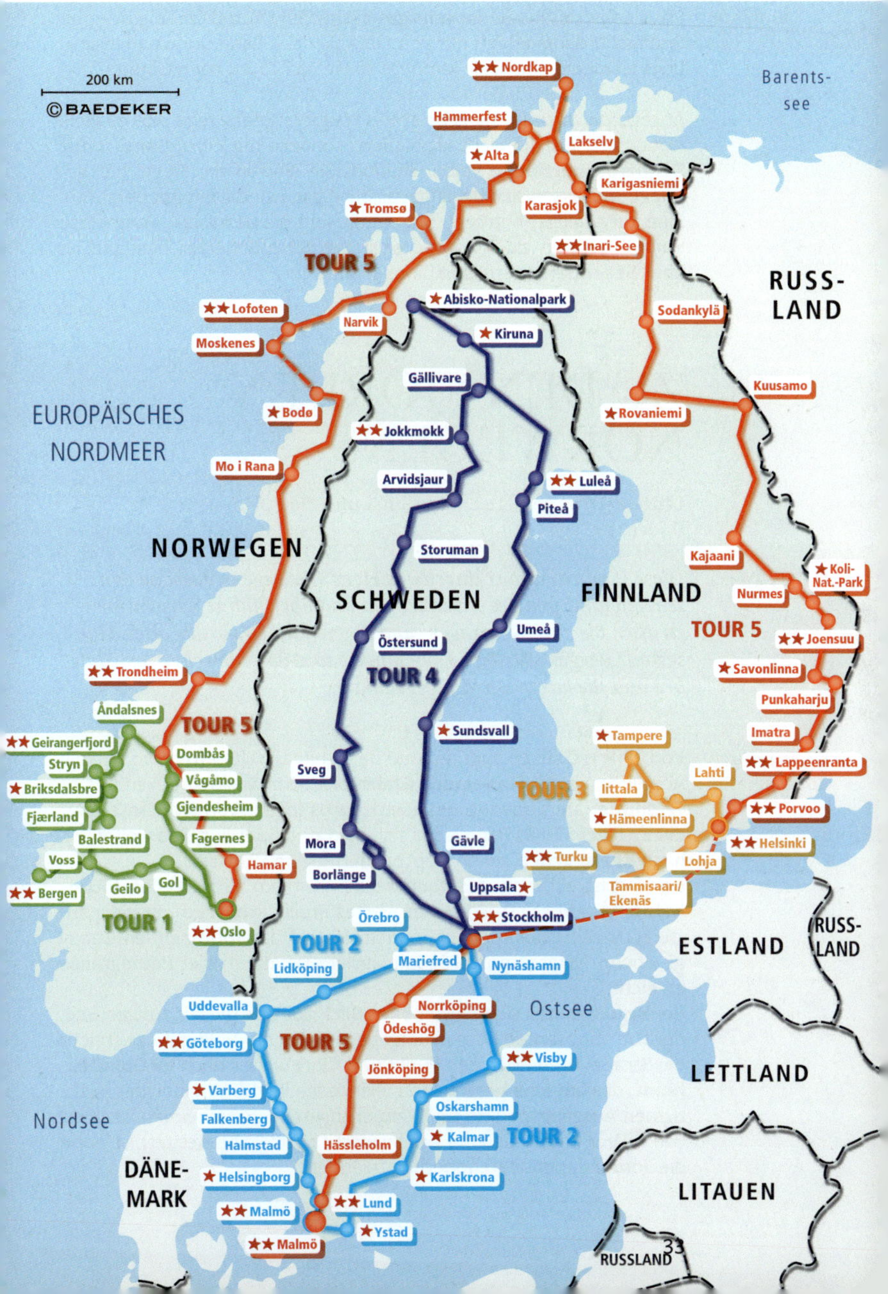
200 km
© BAEDEKER
Barents-
see
EUROPÄISCHES
NORDMEER
NORWEGEN
SCHWEDEN
FINNLAND
RUSS-
LAND
ESTLAND
LETTLAND
LITAUEN
DÄNE-
MARK
RUSSLAND
Ostsee
Nordsee
★★ Nordkap
Hammerfest
★ Alta
Lakselv
Karigasniemi
Karasjok
★ Tromsø
★★ Inari-See
TOUR 5
★ Abisko-Nationalpark
★★ Lofoten
Narvik
Moskenes
★ Kiruna
Sodankylä
Gällivare
Kuusamo
★ Bodø
★★ Jokkmokk
★ Rovaniemi
Mo i Rana
Arvidsjaur
★★ Luleå
Piteå
Storuman
Kajaani
★ Koli-
Nat.-Park
Nurmes
TOUR 5
Umeå
★★ Joensuu
Östersund
TOUR 4
★ Savonlinna
★★ Trondheim
Punkaharju
Åndalsnes
TOUR 5
★ Sundsvall
★ Tampere
Imatra
★★ Geirangerfjord
Dombås
★★ Lappeenranta
Stryn
Vågåmo
Sveg
Lahti
★ Briksdalsbre
TOUR 3
Iittala
Gjendesheim
★★ Porvoo
Fjærland
★ Hämeenlinna
Balestrand
Fagernes
Gävle
Mora
★★ Helsinki
Voss
★★ Turku
Lohja
Hamar
Borlänge
Geilo
Gol
★★ Bergen
Uppsala ★
Tammisaari/
Ekenäs
TOUR 1
★★ Stockholm
★★ Oslo
Örebro
TOUR 2
Mariefred
Nynäshamn
Lidköping
Uddevalla
Norrköping
Ödeshög
★★ Göteborg
TOUR 5
★★ Visby
Jönköping
★ Varberg
Oskarshamn
Falkenberg
★ Kalmar
TOUR 2
Halmstad
Hässleholm
★ Helsingborg
★ Karlskrona
★★ Lund
★★ Malmö
★ Ystad
★★ Malmö

Finnland

Das Landstraßennetz ist sehr gut ausgebaut, Autobahnen gibt es allerdings bislang jedoch nur von Helsinki nach Lahti und von Helsinki über Hämeenlinna nach Tampere sowie von Turku nach Osten.

Abseits der oft durchaus belebten Hauptverkehrswege gibt es viele Nebenstraßen, die nicht asphaltiert, sondern mit einer **Sand- oder Schotteroberfläche** versehen sind. Sie sind in der Regel gut gepflegt und lassen sich bei angepasster Geschwindigkeit gut befahren. Eine kurzweilige, finnische Spezialität sind die **»Lossis«**, kostenlose Kurzfähren, die als Teil des staatlichen Straßennetzes hier und da über See- oder Meerengen hinüberführen.

ZU DEN FJORDEN NORWEGENS

Länge der Tour: ca. 1600 km | **Start und Ziel:** Oslo
Dauer: 10 Tage

Tour 1

Diese Panoramatour durch das Herz Norwegens führt zu den schroffen Bergen des Jotunheimen und über kühne Serpentinenstraßen bis zum Geiranger- und Sognefjord sowie der alten Hansestadt Bergen. Weitere Höhepunkte sind der Gletscher Jostedalsbre und die karge Hardangervidda.

Quer durch Jotunheimen

Von ❶ ★★**Oslo** gelangt man auf der E 16 nach Hønefoss, wo sich ein Abstecher zum **Hadeland Glassverk**, Norwegens bekanntester Glashütte, am Südende des Randsfjords lohnt. Von Hønefoss folgt die E 16 dem Fluss Begna, der sich bald zum Sperillen-See weitet, bis nach ❷ **Fagernes**, dem Hauptort der Region Valdres.
Der Ort ist ein wichtiges Touristenzentrum am Südrand des **Jotunheimen** und besitzt ein sehenswertes Freilichtmuseum. Ständig ansteigend führt die R 51 nun in Richtung auf das Jotunheimen-Gebirge, beim Wintersportort Beitostølen ist dann die Baumgrenze erreicht.
Bei Bygdin bietet sich ein schöner Blick auf den gleichnamigen See, der von imposanten Bergen umgeben ist. Auf der Valdresflya erreicht die Straße ihren höchsten Punkt und führt weiter nach ❸ **Gjendesheim**, das am lang gestreckten Gjendesee liegt und einer der wichtigsten Ausgangspunkte für Wanderungen im Jotunheimen ist. Kurz vor ❹ **Vågåmo**, das eine sehenswerte Stabkirche besitzt, ist dann die Jotunheimen-Durchquerung beendet.

Über 5 **Dombås** gelangt man schließlich in das dünn besiedelte **Romsdal**, das kurz vor 6 **Åndalsnes** mit der 1000 m hohen, senkrechten **Trollwand** und dem nicht minder imposanten Romsdalshorn seine Höhepunkte hat. Bald darauf führt die Straße in Serpentinen den ★**Trollstigen** hinauf, eine der beeindruckendsten Straßen Norwegens. Den Aussichtspunkt auf der Passhöhe sollte man nicht versäumen. Spektakulär geht es weiter: Durch das Meirdal hinunter zum Fjord, über den eine Fähre pendelt, und erneut ins Gebirge, um in Serpentinen auf der **Adlerstraße** hinunter nach **Geiranger** am 7 ★★**Geirangerfjord** zu gelangen. Auch die Straße von Geiranger, vorbei am Aussichtsberg Dalsnibba, nach 8 **Stryn** ist eine Panoramatour zwischen Fjell und Fjord. Von Stryn folgt man dann der Stra-

Zu Trollwand und Romsdalshorn

ße entlang des Fjordufers bis nach Olden und biegt dort zum 9 ★**Briksdalsbre** ab. Die Gletscherzunge zählt zu den schönsten des Jostedalsbre und ist vom Parkplatz nach einer rund einstündigen Wanderung zu erreichen.

Zum Sognefjord

Über Olden, Byrkjelo und Skei erreicht man 10 **Fjærland** am Südende des Jostedalsbre, wo das Gletschermuseum einen Besuch lohnt. Nun fährt man über die E 5 nach Sogndal, weiter auf dem RV 55 bis Hella und zur Fähre, wo man über Dragsvik nach 11 **Balestrand** kommt. Hier am sonnigen Sognefjord sind die Holzvillen im Schweizerstil und das prachtvolle Kvikne's Hotel sehenswert. Von Balestrand fährt man zurück zur Fähre in Dragsvik, setzt nach Vangsnes über und erreicht via Viksöyri (R 13) 12 **Voss**. Es beeindruckt durch seine Lage am Vangsvatn, das Stadtbild ist allerdings modern. Im Sommer bringt eine Seilbahn Wanderer direkt ins Gebirge, im Winter sind die Alpinanlagen der Anziehungspunkt von Voss. In das ehemalige Zentrum der Hanse, 13 ★★**Bergen,** gelangt man auf der E 16. Vor allem die Altstadt mit Fischmarkt, Hanseatischem Museum, der Festung Bergenhus, ihren kleinen Gassen und natürlich den alten Holzhäusern von ★★**Bryggen** zählt zu den schönsten des Landes. Von der Innenstadt fährt man ein Stück die E 16 zurück in Richtung Voss und biegt dann nach rechts auf die Str. 7 ab. Auf der weiteren Fahrt nach 14 **Geilo** setzt man mit der Fähre über den Hardangerfjord und fährt dann durch das Mabødal, wo man am Vøringfoss, einem der bekanntesten Wasserfälle Norwegens, einen Stopp einlegen kann. Danach überquert die R 7 die karge, baumlose Hochebene der Hardangervidda und führt schließlich nach Geilo, einem wegen seiner ausgezeichneten Alpinanlagen beliebten Wintersportort. Über Hol, Ål und Torpo gelangt man nach 15 **Gol** und folgt der R 7 durch das Hallingdal über Nesbyen bis Noresund. Über Hønefoss erreicht man dann wieder den Ausgangspunkt Oslo.

AN SCHWEDENS SONNENKÜSTEN

Länge der Tour: ca. 1350 km | **Start und Ziel:** Malmö
Dauer: ca. 12 Tage

Tour 2

Diese Rundtour beginnt am südlichen Zipfel von Schweden und führt an der Westküste entlang nach Göteborg. Dann geht es ein Stück an Vänersee und Mälarsee entlang, bevor man nach Stockholm kommt. Nach einem Abstecher auf die Sonneninsel Gotland fährt man schließlich entlang der Ostküste zurück nach Malmö

Auftakt in Schonen

Seit der Eröffnung der Brücke über den Öresund sind das schwedische ❶ ★★**Malmö** und die dänische Hauptstadt Kopenhagen ein gutes Stück näher zusammengerückt. Doch noch ist Malmö eine gemütliche Stadt mit sehenswerten, historischen Bauten, einigen interessanten Museen, gemütlichen Kneipen und Restaurants. Von hier sind es nur wenige Kilometer bis zur alten Universitätsstadt ❷★★**Lund**, deren größte Sehenswürdigkeit der imposante Dom ist. Von Lund folgt man der E 6 / E 20 weiter in nördlicher Richtung bis ❸ ★**Helsingborg**, das mit einem stattlichen neugotischen Rathaus, einer sehenswerten Altstadt, aber auch mit einem modernen Stadtteil rund um das Dunkers Kulturhus aufwarten kann. Wer genügend Zeit hat, kann auf dem Weg nach ❹ **Halmstad** noch Abstecher auf die Kullenhalbinsel und die Bärenhalbinsel machen. Hauptanziehungspunkt von Halmstad ist der nahe Strand Tylösand.

Über Varberg nach Göteborg

Die nächste größere Stadt ❺ **Falkenberg** liegt am Ätran, der als einer der besten Lachsflüsse Schwedens gilt. In der hübschen Kleinstadt gibt es noch einige niedrige Holzhäuser und mit Kopfstein gepflasterte Straßen. Im Zentrum der schachbrettförmig angelegten Stadt ❻ ★**Varberg** gibt es neben den Gründerzeitbauten noch einige ältere Häuser, doch die größte Sehenswürdigkeit des Ortes ist die stattliche ★**Festung**. Gleich daneben befindet sich das Kaltbadehaus aus dem 19. Jahrhundert, es erinnert an die Zeit, als Varbergs Aufstieg zum noblen Badeort begann. Man folgt nun der E 6 / E 20 weiter nach ❼★★**Göteborg**, der wichtigsten Stadt Westschwedens. Sie besitzt den größten Hafen des Landes, der im Gegensatz zum Stockholmer Hafen das ganze Jahr über eisfrei bleibt. Göteborg hat so viel zu bieten – Museen, Prunkbauten, Shoppingmeilen und Parks –, dass man hier mindestens einen ganzen Tag verbringen sollte. Für einen ersten Eindruck bietet sich eine Fahrt mit einem der Paddan-Boote an. Früher bildeten vor allem Kanäle die Verkehrswege Göteborgs, was auf den Einfluss der Holländer zurückzuführen ist. Im Laufe der Zeit wurden jedoch fast alle zugeschüttet und durch Straßen ersetzt. Nach der Besichtigung von Göteborg geht es auf der E 6 nach Kungälv – hier bietet sich ein Abstecher auf die autofreie Insel ★**Marstrand** an – und weiter nach ❽ **Uddevalla** am Kattegatt. Die größte Stadt Bohusläns liegt an der Mündung des Flusses Båveån in den Byfjord. Ihre geschützte Lage machte sie früher zu einer wichtigen Station im Grenzhandel zwischen Norwegen und Schweden. Über Trollhättan und Vänersborg, die beide am Südzipfel des ★**Vänersees** liegen, geht es weiter am Ostufer des riesigen Binnenmeeres nach ❾ **Lidköping**. Die Industriestadt liegt schön an der Bucht Kinneviken des Vänersees. Nicht weit von Lidköping liegt auf der Insel Kållandsö das prunkvolle, weiße **Schloss** Läckö. In ❿ **Örebro**, das zwischen Vänersee und Mälarsee liegt, trafen im Mittelalter mehrere wichtige Handelswege zusammen. Dies war auch der Grund, hier eine mächti-

AN SCHWEDENS SONNENKÜSTEN

ge Festung zu errichten. Bis heute ist der wuchtige Renaissancebau von ★**Schloss Örebro** vom Ende des 16. Jahrhunderts die größte Sehenswürdigkeit der Stadt. Auf der südlich vom Mälarsee verlaufenden E 20 fährt man über ⓫ **Mariefred** – hier nicht versäumen ★**Schloss Gripsholm** zu besichtigen – nach ⓬ ★★**Stockholm**. Um auch nur die wesentlichen Sehenswürdigkeiten der schwedischen Hauptstadt mit ihren rund 100 Museen und der Altstadt ★★**Gamla stan** zu erkunden, benötigt man mehr als einen Tag.

Abstecher nach Gotland

Nach einer kurzen Fahrt nach ⓭ **Nynäshamn** besteigt man die Fähre und setzt in rund drei Stunden nach ★★**Gotland** über. ⓮ ★★**Visby**, die Hauptstadt Gotlands, beeindruckt vor allem durch ihre fast vollständig erhaltene, mittelalterliche Stadtmauer. Neben Visby sind die so genannten ★★**Raukar** – bizarr erodierte Kalksteinnadeln – Gotlands größte Sehenswürdigkeit. Die Westküste der Sonneninsel ist überwiegend von Kalksteinklippen geprägt, die Ostküste dagegen ist flacher, hier dominieren die Sandstrände. Mit dem Schiff geht es zurück aufs Festland, nach ⓯ **Oskarshamn**. Nun folgt man der Küstenstraße in Richtung Süden bis ⓰★**Kalmar**, dessen wuchtiges **Renaissanceschloss** schon aus der Ferne auszumachen ist. Die nächste sehenswerte Stadt an der Ostküste ist ⓱ ★**Karlskrona**, das auf eine 300-jährige Geschichte als Flottenhauptquartier zurückblickt. Unbedingt besuchenswert ist das ★**Marinemuseum** mit nautischem Gerät, Schiffsmodellen und einer großen Sammlung von Galionsfiguren. ⓲ ★**Ystad** liegt an der Südküste Schonens. Das Städtchen besitzt wegen der alten Fachwerkhäuser, engen Gassen und verwinkelten Innenhöfe viel Charme. Bekannt wurde Ystad als Schauplatz vieler Wallander-Krimis des Bestsellerautors Henning Mankell. Von Ystad gelangt man entweder auf der E 65 zurück zum Ausgangspunkt Malmö oder man fährt entlang der Küste über Smygehamn und Trelleborg nach Malmö, dem Endpunkt der Rundtour.

RUNDFAHRT DURCH SÜDFINNLAND

Länge der Tour: ca. 680 km | **Dauer:** 7 Tage
Start: Helsinki | **Ziel:** Helsinki

Tour 3

Im Süden ballen sich die kulturellen Highlights des Landes. Ob Städte, Industriedenkmale, Kirchen oder prächtige Herrenhäuser – innerhalb relativ kurzer Entfernungen kann man die ganze Palette finnischer Geschichte erleben.

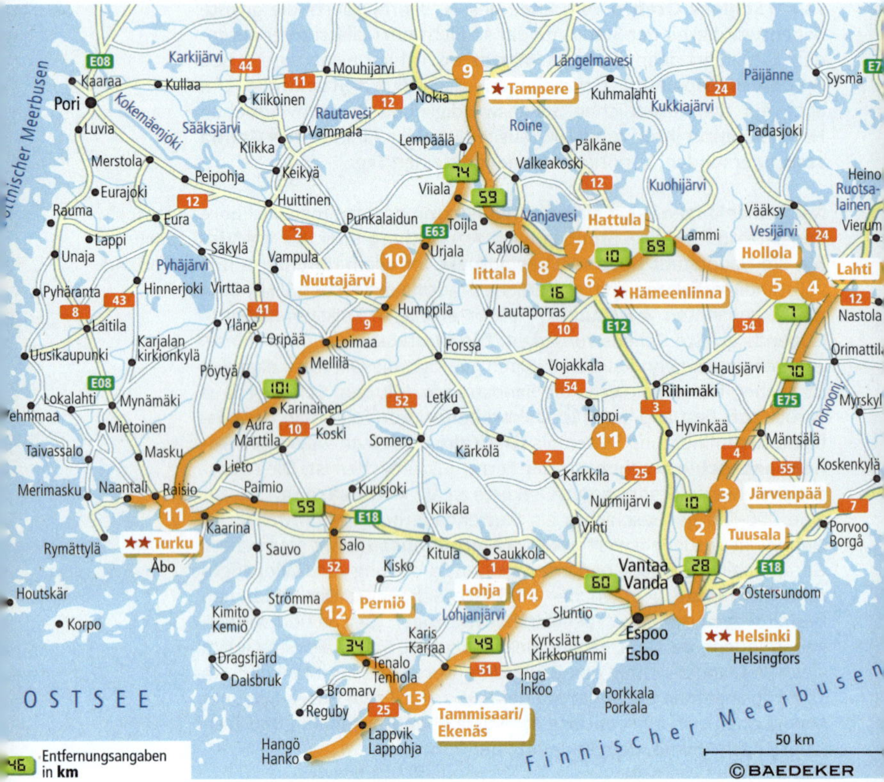

Startpunkt für die Tour ist die Hauptstadt ❶ ★★**Helsinki**, für die man sich allein zwei bis drei Tage Zeit nehmen sollte. Bevor man zu der Rundtour aufbricht, sollte man zumindest den **Dom**, die **Felsenkirche** und die Festungsinsel ★**Suomenlinna** besuchen. Auf der Fahrt nach Norden folgt man der Beschilderung zum Flughafen. Nach knapp 30 km erreicht man die schön am See gelegene Stadt ❷ **Tuusula**. Hier sollte man auf jeden Fall den mehrere Kilometer langen Uferweg abfahren, an dessen Rand die Häuser vieler prominenter finnischer Künstler aus dem 19. bzw. frühen 20. Jh. liegen. Auch Jean Sibelius lebte hier. Seine ehemalige Villa kann wie viele andere Künstlerhäuer besichtigt werden. Via ❸ **Järvenpää** (Kunstmuseum) erreicht man auf der Autobahn E 75 die weltbekannte Wintersportstadt ❹ **Lahti**. Die drei großen Sprungschanzen sind nicht nur ein beliebtes Fotomotiv, von der Aussichtplattform der größten genießt man auch einen weiten Blick über die Stadt. Von Lahti aus führt eine kleine Straße, die Jalkarannantie, am Vesijärvi entlang zur Kirche von 5 **Hollola**. Hier steht eine besonders schöne, mittelalterliche Feldsteinkirche, die eine Besichtigung auf jeden Fall lohnt.

Eine gute Fahrstunde ist es von hier nach 6 ★**Hämeenlinna**, dem Geburtsort von Jean Sibelius. Die nie belagerte oder zerstörte ★**Backsteinburg Häme** ist ein interessantes Besichtigungsobjekt. Auch das Gefängnismuseum ist äußerst besuchenswert. Bereits aus dem 14. Jh. stammt die Kirche von 7 ★**Hattula**. Sie ist berühmt für ihre Wandmalereien. 8 **Littala** ist den meisten eher als Hersteller denn als Ort ein Begriff. Und tatsächlich ist die gleichnamige Glasfabrik hier zu finden. In 9 ★**Tampere**, der zweitgrößten Stadt des Landes, kann man wie nirgendwo sonst finnische Industriegeschichte nacherleben. In den Backsteinhallen der ehemaligen Textilfabrik »Finlayson« brannten 1882 die ersten Glühbirnen des Landes. Heute findet man hier mitten in der Stadt Museen und gemütliche Cafés. Den besten Überblick über die Stadt und die umliegenden Seen hat man von der Aussichtsplattform des 169 m hohen Näsinneula Turms.

An der Westküste

Auf der E 763 geht es nun wieder Richtung Süden. Bevor man Turku an der Ostküste erreicht, lohnt es noch einmal in 10 **Nuutajärvi** anzuhalten, um dort die Glashütte und das Glasmuseum zu besuchen. 11 ★★**Turku**, die ehemalige Hauptstadt, blickt auf eine lange Geschichte zurück. Der Dom aus der Mitte des 13. Jh.s ist finnisches Nationalheiligtum. Die Universitätsstadt ist stolz auf ihre hervorragenden Museen und ihr studentisch geprägtes »dolce vita«. Zur Vorweihnachtszeit putzt sie sich besonders festlich heraus und nennt sich »Finnlands Weihnachtsstadt«. Im Sommer sollte man auf keinen Fall den kleinen Abstecher nach **Naantali** scheuen. Alte Holzhäuser und gemütliche Restaurants und Cafés am kleinen Hafen erfreuen die Erwachsenen. Kinder hingegen erinnern sich noch lange an Begegnungen mit den sympathischen Mummin-Trollen im Freizeitpark »Muuminmaailma«. Auf dem Rückweg von Turku nach Helsinki unbedingt von der schnellen Hauptstraße abweichen und ab Salo auf der Straße 52 nach 12 **Perniö** (sehenswerte mittelalterliche Kirche) und 13 **Tammisaari/Ekenäs** fahren. Da die Mehrheit der Einwohner in dem Ferienort schwedischsprachig ist, wird der schwedische Name Ekenäs auf Schildern zuerst genannt.

Abstecher nach Hanko

Eine gut 25 km lange Stichstraße führt von Ekenäs nach Hanko, dem südlichsten Ort Finnlands. Besonders an warmen Sommertagen loht der Ausflug dorthin, denn der mehr als **30 km lange Sandstrand** gehört zu den schönsten im Land.

Kirchenmalereien

Den Abschluss der Tour bildet ein Besuch der mittelalterlichen Kirche in ⑭ **Lohja**. Decken und Wände des mittelalterlichen Gotteshauses gleichen einem aufgeschlagenen Bilderbuch und erzählen farbig und sinnenfroh allerlei biblische Geschichten.

Auf der »Königstraße«

Übrigens: Der Streckenabschnitt **zwischen Turku und Helsinki** ist Teil der »Königstraße«. Weit im Westen im norwegischen Bergen beginnend, führte dieser alte Postweg über Oslo nach Stockholm und Helsinki bis nach St. Petersburg und bildete schon vor 1000 Jahren die wichtigste Ost-West-Achse Nordeuropas. Finnland hat als erstes Land diese Route touristisch mit Hotels und Touren erschlossen und ausgeschildert (Kronenemblem): www.konigstrasse.net.

IN SCHWEDENS NORDEN

Länge der Tour: ca. 2900 km | **Start und Ziel:** Stockholm
Dauer: ca. 14 Tage

Tour 4

Die Kontraste können kaum größer sein: Von der turbulenten Hauptstadt Stockholm führt die Reise hinein in die Weite Lapplands. Die Heimat der Sami ist ebenso faszinierend wie die Vielzahl einsamer Wälder. Wildnis kann man hier hautnah erleben – zu Fuß, per Fahrrad und auch mit dem Kanu.

Durch Mittelschweden

Die große Nordlandtour beginnt in ❶★★**Stockholm**. Erste Zwischenstation ist ❷★**Uppsala**, Universitätsstadt, religiöses Zentrum und eine der ältesten Städte des Landes mit einem sehenswerten Dom. Von Uppsala führt die E 4 in Richtung Nordwesten durchs Landesinnere nach ❸ **Gävle**, wo man dann erstmals wieder den Duft des Meeres riecht. Diese älteste Stadt Norrlands besitzt in der Altstadt einige schön restaurierte Holzhäuser. Auch die nördlichste Festung der Wasakönige ist hier zu besichtigen. Ganz anders präsentiert sich ❹ ★**Sundsvall**, Nordschwedens größte Stadt, mit einem der wichtigsten Häfen. Nach dem Brand von 1888 wurden die Häuser feuersicher aus Stein wiederaufgebaut, und rund um den Marktplatz findet man ein sehenswertes Ensemble stattlicher Bauten.

An Norrlands Riviera

Im weiteren Verlauf der Reise kommt man nach Härnösand, das den Beginn der landschaftlich reizvollen Hohen Küste markiert. Bei Gallsäter sollte man von der E 4 abbiegen und auf kurvigen, teilweise ber-

46 Entfernungsangaben in km
100 km
© BAEDEKER
Vesterålen
Lofoten
Nordmeer
Vega
Vikna
NORWEGEN
SCHWEDEN
FINN-
LAND
FINNLAND
ESTLAND
Meerbusen
Bottnischer
Ostsee
Åland
(Ahvenanmaa)
Hiiumaa
Vallgrund
1 ★★ Stockholm
2 Uppsala ★
3 Gävle
4 ★ Sundsvall
5 Umeå
6 Piteå
7 ★★ Luleå
8 Gällivare
9 ★ Kiruna
10 ★ Abisko-Nationalpark
11 ★★ Jokkmokk
12 Arvidsjaur
13 Östersund
14 Sveg
15 Mora
16 Borlänge
89
114
203
226
93
157
50
153
157
310
251
194
215
140
104
91
207
68
Torneträsk
Karesuando
Kaaresuvanto
Jukkasjärvi
Vittangi
Svappavaara
Muonio
Kolari
Pajala
Pello
Malmberget
Leipojärvi
Porjus
Kvikkjokk
Lansjärv
Övertorneå
Vuollerim
Jäkkvik
Hornavan
Arjeplog
Uddjaure
Ammarnäs
Tarnäby
Boden
Töre
Kalix
Tornio
Gammelstad
Älvsbyn
Abborträsk
Slussfors
Blattniksele
Storuman
Boliden
Skellefteå
Bureå
Lycksele
Vilhelmina
Dorotea
Åsele
Bjurholm
Bygdeå
Kalajoki
Kokkola
Strömsund
Hammardal
Järpen
Krokom
Storsjön
Brunflo
Bispgården
Sollefteå
Örnsköldsvik
Kramfors
Gallsäter
Härnösand
Vaasa/
Vasa
Seinäjoki
Kurikka
Ånge
Östavall
Njurunda
Tännäs
Rätansbyn
Femund
Korskrogen
Ljusdal
Hudiksvall
Västbacka
Åsen
Bollnäs
Alfta
Söderhamn
Pori
Rauma
Loimaa
Turku/
Åbo
Mariehamn
Rättvik
Siljansee
Leksand
Falun
Valbo
Skärplinge
Sandviken
Djurås
Vansbro
Malung
Avesta
Ludvika
Fagersta
Sala
Norrtälje
Västerås
Köping
Enköping
Sollentuna
Täby
Södertälje
Eskilstuna
Katrineholm
Nyköping
Nynäshamn
Örebro
Kumla
Karlstad
Karls-
koga
Filipstad
Kristine-
hamn
Vänern-
see
Säffle
Åmål
Arvika
Sarpsborg
Fredrikstad
Oslo
Kongsvinger
Hamar
Elverum
Lillehammer
Lutnes
Trondheim
Støren
Stjørdal
Steinkjer
Namsskogan
Trofors
Mo i Rana
Storjord
Fauske
Bodø
E4
E6
E8
E10
E12
E14
E18
E20
E63
3
45
61
62
64
70
76
79
83
84
86
90
92
94
95
97
99
311
336
342
364

gigen Straßen zu den Fischerdörfern an der Küste fahren. Zurück auf der Hauptstraße geht es weiter nach Örnsköldsvik, wo die Küste wieder flacher wird, und nach 5 **Umeå**, das nach einem Brand modern und architektonisch nüchtern aufgebaut wurde. 6 **Piteå** lohnt einen längeren Aufenthalt wegen der Kirchenstadt Gamelstad, deren 400 rote Holzhäuser auf der Unesco-Weltkulturerbeliste stehen. In Pite Havsbad locken ein schöner Sandstrand und durchaus erträgliche Wassertemperaturen. Nicht umsonst nennen die Schweden diesen Küstenabschnitt »Norrlands Riviera«. 7 ★★**Luleå**, eine nüchterne Kleinstadt, lebt in erster Linie von seinem Eisenwerk und dem Hafen, von dem das Erz in Richtung Süden verschifft wird.

Sprung über den Polarkreis

Nach Luleå folgt man der E 4 noch bis Töre und biegt dort auf die E 10 ab, die sich von der Küste entfernt und eine Panoramatour durch die Einsamkeit und die Weite Schwedisch-Lapplands bietet. Auf dem Weg nach 8 **Gällivare**, das mit Malmberget einen Doppelort bildet, passiert man den Polarkreis. Ebenso wie 9 ★**Kiruna** verdankt Gällivare seine Existenz riesigen Erzvorkommen. Schon aus der Ferne sind die Spuren des Erzabbaus von Kiruna zu sehen, die umliegenden Berge wurden regelrecht geköpft und ausgehöhlt und neue Berge aus Abraumgestein aufgeschüttet. Unbedingt lohnend ist ein Abstecher von Kiruna ins Samen-Dorf Jukkasjärvi, und das selbst im Winter, denn dann ist das berühmte Eishotel geöffnet. Auf der Fahrt von Kiruna nach 10 ★**Abisko** werden die Berge immer höher und kahler, hier zeigt sich der Norden von seiner schönsten Seite. Abisko, eine kleine Ansiedlung am See Torneträsk, ist ein guter Ausgangspunkt für eine Wanderung auf dem berühmten **Kungsleden**.

Zu Gast bei den Samen

Jetzt beginnt der Rückweg, anfangs auf der gleichen Strecke bis zur Erzstadt Gällivare und dann knapp 100 km weiter bis zur Samensiedlung 11 ★★**Jokkmokk**, die wegen ihrer alten Kirche, dem Museum Ajtte und den vielfältigen Aktivitätsangeboten einen längeren Aufenthalt lohnt. Eine kleine Nebenstraße führt von Jokkmokk nach Kvikkjokk zum Wanderweg Kungsleden und in die Nähe des Sarek-Nationalparks, der wegen der fehlenden Infrastruktur immer noch eine Herausforderung für Wanderer darstellt. Auch das nächste Ziel 12 **Arvidsjaur** ist eine alte Samensiedlung und bietet die Möglichkeit, auf der Str. 95 einen Abstecher nach Arjeplog und weiter ins Gebirge und zum Nationalpark Pieljekaise zu machen. Bei Jäkkvik kreuzt der Kungsleden die Straße und lädt zu Erkundungen zu Fuß ein. 13 **Storuman** liegt am gleichnamigen See.

Siljansee und Dalapferdchen

Auf schnurgeraden, asphaltierten Straßen geht es über Strömsund, Dorotea und Vilhelmina nach 14 **Östersund**, der einzigen größeren Stadt der Landschaft Jämtland. Die bedeutendste Sehenswürdigkeit Östersunds ist das Freilichtmuseum Jamtli. Der kleine Ort 15 **Sveg** ist Zwischenstation auf dem Weg nach ⑯ **Mora**, dem wichtigsten Touristenzentrum am Siljansee. Für Mora sollte man sich etwas Zeit nehmen, um das Zornmuseum und das Wasalaufmuseum zu besuchen, aber auch um Abstecher in die Nachbarorte zu unternehmen. Nicht versäumen sollte man das nahe Nusnäs, das für seine Dalapferdchen berühmt ist. Zum nächsten Ziel, ⑰ **Borlänge**, gibt es zwei Routen, entweder auf direktem Weg auf der Str. 70 über Leksand und Rättvik oder mit einem kleinen Umweg über Falun, das wegen seines aufgelassenen Kupferbergwerks einen Besuch lohnt. Über die Stadt Enköping und die zur Autobahn ausgebaute E 18 erreicht man schließlich wieder Stockholm.

DIE GROSSE NORDKAPTOUR

Länge der Tour: ca. 5300 km | **Dauer:** mind. 21 Tage | **Start:** Malmö
Ziel: Oslo

Tour 5

Diese Tour beginnt am südlichsten Zipfel von Schweden, führt dann durch die Seen und Wälder von Småland und am Vättersee entlang nach Stockholm. Von dort geht es weiter mit der Fähre nach Helsinki und dann über die finnische Seenplatte hinauf in die lappländische Hauptstadt Rovaniemi. Von dort führt die Route zum Inarisee, dem heiligen See der Samen und weiter zur norwegischen Grenze. Von hier ist es jetzt nicht mehr weit zum Sehnsuchtsziel Nordkap. Der Rückweg führt über Tromsø und Narvik und macht dann noch einen Abstecher zur grandiose Inselwelt der Lofoten. Kurz vor Mo i Rana überquert man den Polarkreis und kann den Svartisen-Gletscher besuchen. Über Trondheim und das Dovrefjell geht es schließlich nach Lillehammer und Oslo.

Start in Malmö

Seit der Eröffnung der ★**Öresundbrücke** im Jahr 2000 sind das schwedische ❶ ★★**Malmö** und die dänische Hauptstadt Kopenhagen ein näher zusammengerückt. Doch noch ist Malmö eine gemütliche Stadt mit sehenswerten historischen Bauten, interessanten Museen und gemütlichen Restaurants und Kneipen. Besonders sehenswert ist der **Turning Torso**, ein von dem spanischen Architekten Santiago Calatrava erbautes Hochhaus. Von Malmö aus sind es nur wenige Kilometer bis zur alten Universitätsstadt ❷ ★★**Lund**, deren größte Sehenswürdigkeit der imposante ★★**Dom** ist. Von

46 Entfernungsangaben in km
200 km
© BAEDEKER
EUROPÄISCHES NORDMEER
Barentssee
Nördlicher Polarkreis
1 ★★ Malmö
2 ★★ Lund
3 Hässleholm
4 Jönköping
Ödeshög
5
6 Norrköping
7 ★★ Stockholm
8 ★★ Helsinki
9 ★★ Porvoo
10 Kotka
11 ★★ Lappeenranta
12 Imatra
13 Punkaharju
14 ★ Savonlinna
15 ★★ Joensuu
16 ★ Koli-NP
17 Nurmes
18 Kajaani
19 Kuusamo
20 ★ Rovaniemi
21 Sodankylä
22 ★★ Inari-See
23 Karigasniemi
24 Karasjok
25 Lakselv
26 ★★ Nordkap
27 Hammerfest
28 ★ Alta
29 ★ Tromsø
30 Narvik
31 ★★ Lofoten
32 Moskenes
33 ★ Bodø
34 Mo i Rana
35 ★★ Trondheim
36 Dombås
37 Lillehammer
38 Hamar
39 ★★ Oslo
20
73
195
67
104
162
52
82
111
36
88
35
133
63
77
113
248
190
129
198
118
19
75
114
208
192
412
253
399
231
480
198
158
64
129
NORWEGEN
SCHWEDEN
FINNLAND
RUSSLAND
ESTLAND
LETTLAND
LITAUEN
WEISSRUSSLAND
POLEN
DEUTSCHLAND
DÄNEMARK
Bottnischer Meerbusen
Finnischer Meerbusen
Ostsee
Skagerrak
Kattegat
Nordsee
Rigaer Bucht
Danziger Bucht
Pommersche Bucht
Norrland
Jämtland
Svealand
Götaland
Dovrefjell
Jotunheimen
Hardangervidda
Telemark
Vesterålen
Senja
Sørøy
Varangerhalbinsel
Vardø
Kirkenes
Murmansk
Imandrasee
Kandalakscha
Inarisee
Pallastunturi 820 m
1324 m
Kebnekaise 2117 m
2090 m Stora Lulevatten
Kiruna
Gällivare
Muonioälv
Hornavan
Storavan
Luleälv
Luleå
Piteå
Skellefteå
Umeälv
Umeå
Kemijoki
Kemisee
Tornio
Kemi
Oulu
Oulusee
Kokkola
Iisalmi
Kuopio
Vaasa
Jyväskylä
Näsisee
Päijännesee
Tampere
Pori
Rauma
Hämeenlinna
Turku
Åland-In.
Hanko
Ladogasee
Wyborg
Sankt Petersburg
Narva
Tallinn
Hiiumaa
Saaremaa
Tartu
Pskov
Ventspils
Riga
Liepāja
Daugavpils
Klaipėda
Panevezys
Kaunas
Vilnius
Kaliningrad (Königsberg)
RUSSLAND
Minsk
Hrodna
Gdansk
Szczecin
Svolvær
Vega
Steinkjer
Kristiansund
Molde
Ålesund
Galdhøpiggen 2469 m
Sognefjord
Bergen
Hardangerfjord
Mjøsasee
Glåma
Haugesund
Drammen
Moss
Skien
Halden
Stavanger
Kristiansand
Kap Lindesnes
Östersund
Storsjö
Indalsälv
Härnösand
Sundsvall
Österdalälv
Klarälv
Mora
Siljansee
Gävle
Falun
Uppsala
Västerås
Mälarsee
Karlstad
Örebro
Vänersee
Vättersee
Nyköping
Linköping
Vänersborg
Göteborg
Gotland
Visby
Västervik
Växjö
Kalmar
Öland
Karlskrona
Halmstad
Helsingborg
Kopenhagen
Bornholm
Rønne
Aalborg
Randers
Århus
Esbjerg
Odense
Fünen
Lolland
Rügen
Kiel
Rostock
Lübeck
Hamburg
E06
E10
E08
E12
E14
E04
E18
E20
E22
E28
E30
E39
E45
E47
E63
E67
E75
E77
E85
E105
E134
E136

Lund folgt man der E 22 in nordöstlicher Richtung, bis zum Abzweig der Straße Nr. 23, die zwischen den Seen Västra Ringsjön und Östra Ringsjön verläuft. Über Höör gelangt man nach ❸ **Hässleholm** und folgt der Str. 117, die bei Markaryd auf die E 4 trifft. Durch das wald- und seenreiche Småland führt die Straße schnurgerade in Richtung Norden.

Vom Vättersee bis nach Helsinki

Auf der E 4 erreicht man ❹ **Jönköping** am Südende des Vättersees. Seit Mitte des 19. Jh.s war die Stadt einer der wichtigsten Streichholzproduzenten weltweit, heute erinnert das sehenswerte ★**Tändsticksmuseet** an diese Zeit. Von Jönköping folgt man der E 4, die am Ostufer des Vättern verläuft, weiter in Richtung Norden. In Gränna sollte man das Markenzeichen der Stadt, die rotweißen Pfefferminzstangen, die sog. »Polkagrisar«, probieren und einen Abstecher zur Insel ★**Visingö** machen, der größten Insel im Vättersee. Bis ❺ **Ödeshög** führt die Straße noch am Seeufer entlang, dort biegt man nach ★**Linköping** ab, dessen größte Sehenswürdigkeit das Freilichtmuseum ★**Gamla Linköping** ist, und erreicht schließlich ❻ ★**Norrköping**. Von hier ist es nicht mehr weit bis zur Hauptstadt ❼ ★★**Stockholm**, die einen mehrtägigen Aufenthalt wert ist. Die größten Sehenswürdigkeiten der schwedischen Hauptstadt sind das ★**Königsschloss**, die Altstadt Gamla stan, das ★**Stadshuset**, von dessen Spitze man einen weiten Blick über die Stadt genießt, das Freilichtmuseum ★★**Skansen** und das ★★**Wasamuseum**. Nach dem Luxus einer 16-stündigen Fährüberfahrt, erreicht man ❽ ★★**Helsinki**. Auch die finnische Hauptstadt lohnt einen längeren Aufenthalt. Auf jeden Fall sollte man den ★**Dom**, die ★**Felsenkirche** und das Moderne Museum ★★**Kiasma** besuchen. Zu den Highlights eines Helsinki-Besuchs gehört ein Ausflug zur Festungsinsel ★**Suomenlinna**, die zum Weltkulturerbe gehört. Von Helsinki aus fährt man auf der E 18 nach Nordosten nach ❾ ★★**Porvoo** mit seiner malerischen Altstadt, den roten Speicherhäusern am Wasser und dem Dom. Kurz nach ❿ **Kotka** verlässt man die E 18 und fährt auf der Straße Nr. 26 in Richtung Seenplatte. Lohnender Abstecher: Wer an der Kreuzung auf der E 18 bleibt, erreicht nach wenigen Kilometern die alte Festungsstadt ★**Hamina**.

Über die Seenplatte nach Norden

Bei Luumäki erreicht man die Straße Nr. 6, der man weiter bis nach ⓫ ★★**Lappeenranta** folgt. Lappeenranta ist die größte Stadt Ostfinnlands und das Tor zur Seenplatte. Einen kurzen Abstecher zur Festung der Stadt sollte man in seinem Zeitplan vorsehen. Weiter geht es nach ⓬ **Imatra** mit seinen Stromschnellen. Die liegen heutzutage meistens trocken, denn das Wasser wird zur Stromgewinnung abgezweigt. Nur wenige Minuten am Tag wird es zurück ins Flussbett geleitet. Wer kann, sollte seinen Tag so planen, dass er genau dann in Imatra ist. Die Straße Nr. 6 führt parallel zur russischen Grenze nach

Parikkala (dort Abzweig von der Straße Nr. 6 auf die Nr. 14) und ⓭ **Punkaharju**. Dieser Landrücken, der an einigen Stellen nur zehn Meter breit ist und zwei Seen voneinander trennt, gilt als eine der größten landschaftlichen Sehenswürdigkeiten des Landes. In der Nähe lohnt das unterirdische Kunstmuseum **Retretti** einen Besuch. Über ⓮ ★**Savonlinna** mit seiner berühmten Burg – im Sommer Bühne für das internationale Opernfestival – fährt man weiter auf der Straße Nr. 471 nach Norden (kurzer Abstecher nach **Kerimäki** zur größten Holzkirche der Welt). An kulturellen Highlights gibt es entlang dieser Nebenstraße nichts zu sehen – dafür gehört sie zu den landschaftlich schönsten Strecken Ostfinnlands. Über ⓯ ★★**Joensuu** (sehenswertes Museum »Carelicum«) und Kontiolahti geht es am Westufer des Pielinensees entlang zum ⓰ ★**Koli-Nationalpark**. Von der Spitze des Ukko Koli genießt man einen weiten Blick über die Inselwelt des Pielinen – das vermutlich am häufigsten fotografierte Postkartenmotiv des Landes. Weiter Richtung Norden erreicht man ⓱ **Nurmes** und ⓲ **Kajaani**. Von dort aus ist man fast 250 km unterwegs, bevor man nach ⓳ **Kuusamo** kommt. Die Stadt ist der ideale Standort für alle, die wandern, paddeln oder raften wollen. In der Nähe liegt Finnlands bekanntester Wanderweg, der Bärenkreis.

Durch Lappland zum Nordkap

Auf der Straße Nr. 81 gelangt man, zum Teil am Kemijoki – dem Kemifluss – entlangfahrend, nach ⓴ ★**Rovaniemi**, die Hauptstadt Lapplands. Lohnend ist dort der Besuch der Nordlandausstellung Arktikum. Über ㉑ **Sodankylä** (berühmtes Filmfestival im Sommer), dem ㉒ ★★**Inari-See,** dem sagenumwobenen heiligen See der Samen ,und den Grenzort ㉓ **Karigasniemi** gelangt man ins norwegische ㉔ **Karasjok**, die inoffizielle Hauptstadt der Samen. Hier gibt es gute Möglichkeiten, samisches Kunsthandwerk einzukaufen. Die E 6 führt nun weiter nordwärts durch die einsamen Weiten der Finnmarksvidda, am inneren Porsangerfjord liegt der kleine Ort ㉕ **Lakselv**. Wie der Name schon vermuten lässt, kann man hier gut nach Lachsen angeln. Westlich der Stadt liegt der Stabbursdalen-Nationalpark. Die letzte Etappe zum ㉖ ★★**Nordkap** führt am Westufer des Porsangerfjords entlang, eine Tunnel- und Brückenverbindung verknüpft die Insel Magerøya mit dem Festland. Ein beliebter Abstecher kurz vor dem Nordkap führt zu dem kleinen Ort Honningsvåg. Doch der Höhepunkt ist der Blick vom 300 m hohen Nordkapfelsen – wenn nicht gerade Nebel herrscht, was hier leider gar nicht so selten vorkommt. Vom Nordkap geht es auf der E 69 durch den Tunnel wieder aufs Festland, bei Olderfjord trifft man dann auf die E 6. Bei Skaidi verlässt man diese aber bald wieder für einen Abstecher nach ㉗ **Hammerfest**. Die nördlichste Stadt der Welt erlebt seit einigen Jahren wegen der Öl- und Gasvorkommen vor der Küste einen regelrechten Bauboom. Wieder zurück auf der E 6 ist ㉘ ★**Alta** das nächste Ziel. Südlich der Stadt befindet sich bei Hjemmeluft das größte

Feld bronzezeitlicher Felszeichnungen in Nordeuropa. Nun fährt man an einigen beeindruckenden Fjorden entlang bis Nordkjosbotn.

Von Tromsø zu den Lofoten

Dort zweigt die E 8 ab, die in die Hafenstadt 29 ★**Tromsø** führt. Die Stadt liegt auf einer Insel, die durch eine kühn geschwungene Brücke mit dem Festland verbunden ist. Tromsø schmückt sich wegen der lebendigen, von Studenten geprägten Kultur- und Restaurantszene gerne mit dem Attribut »Paris des Nordens«. Das Wahrzeichen der Stadt ist die moderne **Eismeerkathedrale**. Wieder auf der E 6 in Richtung Süden ist 30 **Narvik** die nächste, größere Stadt. Wegen des ganzjährig eisfreien Hafens wird hier das Eisenerz aus dem schwedischen Kiruna verschifft. Nach der Besichtigung von Narvik fährt man 33 km zurück bis Bjerkvik und biegt auf die E 10 ab. Sie erschließt durch zahlreiche Brücken und Tunnel die Inselkette der 31 ★★**Lofoten**. Auf der gesamten, fast 400 km langen Fahrt bis nach 32 **Moskenes** sieht man bis zu 1000 m hohe Berge mit scharfzackigen Gipfeln direkt aus dem Meer aufragen. Kleine Fischerdörfer, Schwärme von Seevögeln und das Licht des Nordens machen diesen Abschnitt unvergesslich. Von Moskenes nimmt man die Fähre über den Vestfjord nach 33 ★**Bodø**. Die Stadt selbst ist recht nüchtern, doch in der näheren Umgebung lohnen das Norwegische Luftfahrtzentrum, der alte Handelsort ★**Kjerringøy** und der Gezeitenstrom **Saltstraumen** eine Unterbrechung. Von Bodø geht es am Skjerstadfjord entlang bis zur E 6, die bald darauf über das ★**Saltfjell** führt und den Polarkreis überquert. Von 34 **Mo i Rana** bietet sich ein Abstecher zum ★**Svartisen-Gletscher** an.

Die alte und die neue Hauptstadt

Danach geht es über Mosjøen und Grong nach 35 ★★**Trondheim**. Die erste Hauptstadt Norwegens ist berühmt wegen des ★★**Nidaros-Doms**, die auf Pfählen entlang des Nidelv erbauten ★**Speicher** sind ebenfalls ein beliebtes Fotomotiv. Nach Trondheim führt die E 6 relativ unspektakulär bis Oppdal und zwängt sich dann durch das enge Drivdal, um gleich darauf das ★**Dovrefjell** zu erklimmen. Die Straße führt nun ein Stück über die karge Hochebene, bis es hinunter nach 36 **Dombås** geht. Der kleine Ort ohne nennenswerte Sehenswürdigkeiten ist ein wichtiger Verkehrsknotenpunkt, denn hier zweigt die E 136 ins ★**Romsdal** und nach ★**Ålesund** ab. Die E 6 folgt nun über Otta und Vinstra dem ★**Gudbrandsdal** bis nach 37 ★**Lillehammer**. In der kleinen Stadt mit den bunten Holzhäusern ist das Freilichtmuseum ★**Maihaugen** die Hauptattraktion. Südlich von Lillehammer folgt man dem Ufer des **Mjøsa-See** und erreicht 38 **Hamar**. Vom Südzipfel des Sees bei Minnesund erreicht man schließlich die norwegische Hauptstadt 39 ★★**Oslo**, das Ziel der großen Nordkaptour.

Z
ZIELE

Magisch, aufregend, einfach schön

Alle Reiseziele sind alphabetisch geordnet. Sie haben die Freiheit der Reiseplanung.

Am Kanal von Porvoo scheint die Zeit stillzustehen. ►

FINNLAND

»Suomi«, wie die Finnen ihre Heimat nennen, übt eine ganz besondere Faszination aus. Die weitverzweigte Seenlandschaft in der Mitte des Landes, die grenzenlosen Wälder und die Ruhe bieten Raum für ungestörte Erholung wie für Aktivurlaub.

Finnische Seenplatte

Das »Land der Tausend Seen« wird Finnland gerne genannt. In Wirklichkeit sind es aber wesentlich mehr, und ein Labyrinth aus Seen und **Inselchen, Kanälen, Wasserfällen** und Stromschnellen überzieht insgesamt ein Drittel des Landes. Wassersportler finden hier ein riesiges Revier. Wo die Seen enden, beginnt auch gleich der Wald, und der hört erst zur Meeresküste hin wieder auf.

Der Süden

Der Süden und der Südwesten sind die am dichtesten besiedelten Gebiete. Hier liegt auch die **Hauptstadt Helsinki**, die zu den Geheimtipps unter den europäischen Kapitalen gehört: Unmittelbar ans Meer grenzend, prunkt der Stadtkern mit klassizistischen Bauten. Entlang der Südküste liegen Badeorte, die einst bevorzugt vom russischen Adel frequentiert wurden. Zu den Höhepunkten einer Finnlandreise gehört unbedingt eine **Bootsfahrt durch die Schären** der Südwestküste.

Ålandinseln

Die Ålandinseln liegen wie eine Art Trittsteine zwischen Schweden und Finnland. Hier **spricht man Schwedisch** und fühlt sich auch so. Reisende zieht es vor allem der Strände und der malerischen Schärenlandschaft wegen hierher.

Westküste

Zahlreiche Hafenstädte ziehen sich am Bottnischen Küstensaum entlang, der die Westgrenze des Landes bildet. Das ehrwürdige **Turku**, die älteste Stadt Finnlands, war vor Helsinki die Hauptstadt. In Vaasa (Vasa), einer der wärmsten Städte Finnlands, steigt das Thermometer im Sommer manchmal auf über 25 °C.

Karelien

Ein beträchtlicher Teil Kareliens musste nach dem Zweiten Weltkrieg an die Sowjetunion abgetreten werden. So blieb nur ein kleiner Zipfel dieser Region finnisch. Die Landschaft tief im Osten des Landes besteht aus **weitgehend unberührten Wäldern**, denen ein ganz eigener Zauber innewohnt.

Lappland

Nördlich von Tornio beginnt Lappland mit seinen Wäldern, Mooren und kargen Heideflächen. In dieser dünn besiedelten Region leben noch Angehörige der skandinavischen Urbevölkerung, **die Samen.** Nur wenige von ihnen ernähren sich allerdings heute noch von der traditionellen Rentierzucht.

Im Land der Seen und Wälder gehört eine Kanupartie einfach dazu.

★ ÅLANDINSELN · ÅLAND

Region: Autonomes Verwaltungsgebiet Åland (Ahvenanmaan maakunta) | **Gesamtfläche:** 6739 km^2 (Landfläche: 1481 km^2) | **Einwohnerzahl:** 29 500

M 20/21

Wollen Sie Badeurlaub machen oder sollen es lieber Ferien mit Fahrrad sein? Was halten Sie von einer Tour mit der Yacht? Vielleicht steht Ihnen auch der Sinn nach totaler Entspannung im Ferienhaus. Was es auch sein soll: Die Åland-Inseln mitten in der Oststee zwischen Finnland und Schweden bieten sich für alles an. Von den über 6700 Inseln und Inselchen sind etwa fünf Dutzend bewohnt.

Man spricht Schwedisch

Eigentlich hatten die Åländer zu Schweden gewollt. Sie sprechen Schwedisch, und ihre Heimat liegt näher an Schweden als an Finnland. Doch es kam anders. Bis 1809 hatte Åland wie der Rest Finnlands zu Schweden gehört. Der Finnische Krieg brachte die Inseln unter russische Herrschaft, der Krimkrieg machte sie zur **entmilitarisierten Zone** – ein paradiesischer Zustand, der bis heute anhält.
Als Finnland 1917 seine Unabhängigkeit erklärte, sahen die Åländer die Chance gekommen, sich nun ihrerseits von Finnland loszusagen und endlich zu Schweden zurückzukehren. Doch was man hat, will man nicht hergeben, und Finnland ist da keine Ausnahme. Der Streit um die Ålandinseln wurde schließlich dem Völkerbund vorgelegt und der sprach Finnland die Hoheitsrechte über die Inseln zu. Im Gegenzug musste Helsinki den Schutz der Sprache, Kultur und Traditionen Ålands garantieren – die Inseln bekamen in wichtigen Fragen das Recht auf Selbstverwaltung. Später kamen weitere Sonderrechte hinzu: eine eigene Flagge, Abgeordnete im Nordischen Rat und sogar eigene åländische Briefmarken.
Mit Finnlands EU-Beitritt erhielten die Åländer erneut eine Sonderstellung: Politisch gehört die Inselgruppe zur EU, zollrechtlich allerdings nicht, weshalb man hier **zollfrei einkaufen** und billiges Bier trinken kann.

Wohin auf den Ålandinseln?

Das Herz der Inseln

Mariehamn

Auf der Hauptinsel Ålands, dem »Festland Åland«, liegt Mariehamn (Maarianhamina; 11 800 Einw.): In der einzigen Stadt der Inselgruppe leben gut 40 % der Bevölkerung Ålands. Die »Stadt der tausend

OBEN: Zum »Gibraltar des Nordens« hat es nicht ganz gereicht, aber respekteinflößend ist die Festung Kastelholm durchaus.

UNTEN: Viel Seefahrt gibt es nicht mehr in Mariehamns Seefahrerquartier. Nur in manchen Schuppen werden noch Boote nach alten Vorbildern gebaut und restauriert.

Linden« wurde 1861 auf einer Landzunge im Süden der Insel von Zar Alexander II. gegründet und nach seiner Gemahlin Maria Alexandrowna benannt. Seit Ende des 18. Jh.s ist sie eine viel besuchte Kur- und Badestadt und heute das Wirtschafts- und Verwaltungszentrum von Åland. Neben der 1 km langen Prachtstraße **Norra Esplanadgatan** vom West- zum Osthafen (Österhamn) ist das alte Seefahrtsviertel zu besichtigen. Direkt an der Storagatan steht Ålands Kulturhistorisches Museum mit einer international prämierten Ausstellung zur Archäologie und Kulturgeschichte der Inseln. Im selben Gebäude ist auch das Ålands-Kunstmuseum untergebracht. Am Westhafen steht das interessante Seefahrtsmuseum. Hier liegt auch, umgeben von zahlreichen Cafés und Restaurants, die als Museum eingerichtete **Viermastbark »Pommern«,** das Wahrzeichen der Stadt. Von 1903 bis 1952 transportierte sie Weizen von Australien nach England.

Ålands Kulturhistoriska Museum: Storagatan 1 | Mai. – Aug. tgl. 10 – 17, sonst Di. – So. 11 – 17, Do. bis 20 Uhr | Eintritt 8/5 € | www.kulturhistoriska.ax

Sjöfartsmuseum: Hamngatan 2 | Juni – Aug. tgl. 10 – 17, Sept. – Mai tgl. 11 – 16 Uhr | Eintritt 14/8 € (gilt auch für die »Pommern«) | http://sjofartsmuseum.ax

Alte Lotsenstation

Kobba Klintar

Kobba Klintar am Westhafen dient als **Hintergrundmotiv** auf einer Briefmarke, die 2012 im Wettbewerb der Vereinigung PostEurop um die schönste Briefmarke Europas den dritten Platz belegt hat.

Schönes Naturschutzgebiet

Ramsholmen

3 km westlich von Mariehamn erstreckt sich Ramsholmen mit den für die Inseln typischen **artenreichen Hainwiesen** und Laubgehölzen.

»Gibraltar des Nordens«

Festung Kastelholm

Etwa 23 km nordöstlich von Mariehamn liegt die Festung Kastelholm. Im 13. Jh. errichtet, wurde die Burg erstmals 1388 schriftlich erwähnt. Bis 1634 war Kastelholm Sitz des Statthalters von Åland. Dänische Flotteneinheiten verwüsteten Kastelholm 1507. Mitte des 18. Jh.s wurde die Burg durch ein Feuer zerstört. Heute ist die restaurierte Festung **im Rahmen von Führungen** wieder zugänglich.

Kastelholms slott: Mai – Mitte Sept. tgl. 10 – 17, Juli bis 18 Uhr | Eintritt 6/4,50 € | www.kastelholm.ax

Ein Einblick in längst vergangene Zeiten

Freilichtmuseum Jan Karlsgården

In der Nähe zeigt das Freilichtmuseum Jan Karlsgården Ausstellungen zur alten åländischen **Bauernkultur** sowie das historische Krongefängnis »Vita Björn« (Weißer Bär) aus dem 18. Jahrhundert.

Mai – Mitte Sept. tgl. 10 – 17 Uhr | Eintritt frei | www.kastelholm.ax/jan-karlsgardens-friluftsmuseum

ÅLANDINSELN ERLEBEN

VISIT ÅLAND
22100 Mariehamn
Storagatan 8
Tel. 018 2 40 00
www.visitaland.com

ANREISE
Von Schweden: mit der Fähre von Stockholm, Kapsellskär, Grissleham
Von Finnland: mit der Fähre von Helsinki, Turku und Naantali

Die Södra skärgårdsturen, die südliche Radroute durch die Schären, startet und endet in Mariehamn. In sechs Tagesetappen (bis zu 30 km) geht es von Insel zu Insel.

KVARTER 5 €€€
Küchenchef Dennis Lindqvist zaubert vorzügliche Mahlzeiten aus überwiegend heimischen Produkten auf den Tisch (So. geschl.).
Mariehamn
Norragatan 10
Tel. 018 1 55 55
www.kvarter5.ax

STALLHAGEN €€€
Zu der Mikrobrauerei gehört ein gemütliches Restaurant samt Biergarten – das perfekte Ziel für einen Ausflug aufs Land.
Godby, Getavägen 196
Tel. 018 4 85 00
www.stallhagen.com

BRUDHÄLL HOTELL & RESTAURANT €€
Das Sommerhotel bietet hübsch eingerichtete Gästezimmer in falunrot gestrichenen Holzbauten am Wasser, die traditionellen Fischerhäusern ähneln.
22739 Krökar, Karlby
Tel. 018 5 59 55
www.brudhall.com

Kunst in der Kirche

Wenige Kilometer nördlich von Kastelholm ist in Sund die **Steinkirche St. Johannes** (13. Jh.) mit alten Holzskulpturen sehenswert. Nicht weit entfernt entdeckte man in einem Waldstück die spärlichen Reste der Burg Borgboda aus der Wikingerzeit. Sund

Auch als Ruine sehenswert

Östlich von Kastelholm (11 km) stehen die Ruinen der Festung Bomarsund (um 1830 erbaut), die ursprünglich die größte Burg des Nordens werden sollte. Sie diente dem zaristischen Russland als Festung und wurde 1854 im Krimkrieg zerstört. Weitere Informationen zur Geschichte erhält man im Lotsenhaus auf der Insel Prästö. Hier beginnt auch ein **7 km langer Kulturwanderweg,** vorbei an historisch interessanten Orten der russischen Epoche. Festung Bomarsund

Jederzeit frei zugänglich

Spuren von Steinzeitmenschen und Wikingern

Saltvik

Rund 23 km nördlich von Mariehamn (Straße über Jomala, vor Kastelholm links ab) liegt Saltvik. Die **Kirche St. Maria** ist eine der ältesten der Inseln. Im Innern finden sich ein Taufstein aus gotländischem Kalkstein, ein Triumphkreuz und ein Altarschrein (15. Jh.).

Höher geht's nicht

Orrdalsklint

Ein Ausflug führt zum Orrdalsklint nordöstlich von Saltvik, der mit 129 m ü. d. M. **höchsten Erhebung** der Insel. Schön ist auch die Aussicht vom Kasberg, einer Anhöhe nördlich von Saltvik.

Autos und Aussicht

Finström und Geta

Etwa 20 km nördlich von Mariehamn (hinter Jomala links weiter) liegt die Gemeinde Finström mit **Godby** als Zentrum. In der St.-Michaelskirche (13. Jh.) sind Wandmalereien aus dem 15. Jh. zu sehen. In Finström befindet sich auch das **einzige Weingut Ålands.**
Weiter nördlich folgt nach 21 km der Ort Geta, die nördlichste Gemeinde der Insel. Eine **herrliche Aussicht** genießt man vom zweithöchsten Berg, dem Soltuna.

Vier Museen und zwei Kirchen

Hammarland und Eckerö

Rund 21 km nordwestlich von Mariehamn kommt man zur Kirche **St. Catharina** von Hammarland (13. Jh.). In dem zur Gemeinde Hammarland gehörenden **Heimatmuseum** in Skarpnåtö sind Hofanlagen vom Anfang des 18. Jh.s mit zeitgenössischen bäuerlichen Gebrauchsgegenständen und alte Windmühlen zu sehen.
In Storby bei Eckerö ist im alten Posthaus (1827) ein **Postmuseum** untergebracht. Hier sind die kleinen Boote zu sehen, mit denen die Post des Zaren bis 1910 nach Schweden befördert wurde. Das traditionelle Postbootrennen 40 km über den Bottnischen Meerbusen nach Grisslehamn (Schweden) findet alljährlich im Juni statt. Über die Lebensbedingungen der åländischen Fischerbevölkerung in früherer Zeit informiert das **Jagd- und Fischereimuseum.**

Postrotemuseet: Eckerövägen 740 | tgl. 10 – 15 Uhr | Eintritt 3 € | www.aland.com/en/postrotemuseum
Jakt- & Fiskemuseum: Fiskeläge 37 | Mitte Mai – Aug. Mo. – Sa. 10 – 17, Mitte Juni – Anf. Aug. bis 18 Uhr | Eintritt 7/4 € | www.jaktfiskemuseum.ax

Eine Kultstätte der Wikinger

Lemland

Etwa 15 km südöstlich von Mariehamn liegt auf einer weiteren Insel die Gemeinde Lemland. Hier befindet sich nahe der Ruine der Lemböte-Seefahrerkapelle St. Olaf (13. Jh.) einer der größten **Wikingerfriedhöfe** auf Åland. Die labyrinthische Steinsetzung weist auf einen

6700 Inseln! Ohne Boot kommt man da nicht voran.

Kultplatz der Wikinger hin. Mitte Juni bis Mitte August ist der 1884 erbaute **Reederhof Pellas** zu besichtigen.

In den nordöstlichen Schären ...

Schären-museum

... kann man im Schärenmuseum in Lappo eine im Ostseegebiet einmalige **Sammlung von Bauernschiffen** sehen und sich ausführlich über die traditionelle Schären- und Fischereikultur informieren.

Skärgardsmuseet: Bynäsväg: Mitte Juni – Mitte Aug. tgl. 10 – 12 und 17 – 19 Uhr | Eintritt 3,50 € | www.lappo.net/skargardsmuseet

Ein liebenswertes Inselchen

Kökar

Mit Fähren von Korpo (74 km südwestlich von Turku) und Långnäs (28 km östlich von Mariehamn) ist das malerische **Seglerparadies** Kökar (Gästehäfen Sandvik und Hellsö) zu erreichen. Sehenswert ist die **Grausteinkirche,** errichtet auf den Ruinen eines Franziskanerklosters (14. Jh.). Dort gibt es ein kleines Heimatmuseum sowie Hotel, Restaurant und Campingplatz.

★ HÄMEENLINNA

L 25

Gebiet: Südfinnland | **Einwohnerzahl:** 68 000

Finnlands älteste Stadt im Landesinneren liegt wunderschön am lang gestreckten See Vanajavesi. Die mächtige Burg Häme gab der Stadt einst ihren Namen, weit bekannter als die Stadt selbst ist aber ihr berühmtester Bürger: Der Komponist Jean Sibelius erblickte hier das Licht der Welt.

Burg am See

Vom ursprünglichen Hämeenlinna ist heute so gut wie nichts mehr zu sehen: Ein verheerender Brand zerstörte 1831 fast alle Gebäude der Stadt, die 1639 auf Befehl des schwedischen Statthalters Per Brahe in der Nähe der Festung Tavastehus slott gegründet wurde. So ist Hämeenlinna heute zwar keine Schönheit, bietet aber doch einige Sehenswürdigkeiten, für die sich der Besuch lohnt. Von Helsinki aus erreicht man die Stadt am See in gut einer Stunde Autofahrt.

Wohin in Hämeenlinna?

Hier übte das berühmteste Kind der Stadt

Sibelius' Geburtshaus

Nördlich des Marktplatzes verläuft die Hallituskatu. Hier steht das Geburtshaus des Komponisten Jean Sibelius (► Interessante Menschen) ganz unromantisch zwischen Einkaufszentren und Geschäftshäusern. In dem Museum kann man das **Klavier** sehen, auf dem er als Kind geübt hat, und seine Kompositionen anhören.

Sibeliuksen syntymäkoti: Hallituskatu 11 | Mai – Aug. tgl. 10 – 16, sonst Di. – So. 12 – 16 Uhr | Eintritt 5/2 € | http://hmlmuseo.fi

So lebte man hier im 19. Jahrhundert

Holzhaus Palander

Zwei Ecken weiter, in der Linnankatu, wurde das Holzhaus Palander aus dem 19. Jh. restauriert. Mit seinen **Jugendstilmöbeln** und anderen originalen Einrichtungsgegenständen bietet es einen guten Eindruck von der Lebensweise in früheren Zeiten.

Palanderin talo: Linnankatu 16 | Mai – Aug. Di. – So. 12 – 16, Sept. – April Sa., So. 12 – 16 Uhr | Eintritt 5/2 € | http://hmlmuseo.fi

Wahrzeichen von Hämeenlinna

★ Burg Häme

Die Burg Häme am Ufer des Vanajavesi wurde 1260 vom schwedischen Reichsvorsteher Birger Jarl als Militärbasis angelegt und vom Gouverneur der schwedischen Krone, Per Brahe, 1639 fertiggestellt.

Burg Häme wurde nie eingenommen, Gefangene entkamen auch nur selten.

Die Bastion wurde nie belagert oder gar eingenommen und ist daher gut erhalten. 1837 bis 1972 diente sie als Gefängnis. Neben dem Dom zu Turku und der Kirche von Hattula ist die Burg Häme der **dritte mittelalterliche Backsteinbau Finnlands.** Durch ein schön gestaltetes Hauptportal gelangt man in den Burghof, dessen Fassaden mit reicher Ornamentik verziert sind. Vier Ecktürme und ein mächtiger Südwestturm, der wie eine Burg in der Burg wirkt, flankieren die eindrucksvolle Festung.

Hämeen linna: Kustaa III:n katu 6 | Juni - Aug. tgl. 10 - 17, sonst Di. - Fr. 10 - 16, Sa., So. 11 - 16, im Mai auch Mo. 10 - 16 Uhr | Eintritt 10/5 €, Kombiticket mit Militärmuseum (s. u.) 12,50/5,50 € | www.kansallismuseo.fi

Alte und moderne Waffen

Artillerie-museum

Neben der Burg Häme, am Ufer des Vanajavesi-Sees gelegen, zeigt das Finnische Artilleriemuseum (Militärmuseum) Waffen und Geschütze **vom 15. Jh. bis zur Gegenwart** sowie die größte Sammlung russischer Waffen außerhalb Russlands.

Museo militaria: Vanhankaupunginkatu 19 | Mai - Aug. tgl. 10 - 17, sonst Di. - So. 11 - 17 Uhr | Eintritt 10/5 €, Kombiticket mit Burg Häme 12,50/5,50 € | www.museomilitaria.fi

HÄMEENLINNA ERLEBEN

HÄMEENLINNA TOURIST INFORMATION
13100 Hämeenlinna
Raatihuoneenkatu 11
Tel. 03 6 21 33 73
www.visithameenlinna.fi

❶ PIPARKAKKUTALO €€
Das »Pfefferkuchenhaus« ist in dem 1906 erbauten Haus des finnischen Malers Albert Edelfelt eingerichtet und sicherlich das beste Restaurant der Stadt. Ob Pastagerichte oder Wild – hier findet sich etwas für jeden Geschmack und Geldbeutel.
Kirkkorinne 2, Tel. 03 64 80 40
www.ravintolapiparkakkutalo.fi

❷ CAFÉ GREEN LAURELL €
Werktags von 7 bis 17 Uhr werden hier leckere Suppen, Salate und Sandwiches serviert.
Raatihuoneenkatu 11
Tel. 03 4 67 77 23

❶ SOKOS HOTEL VAAKUNA €€€
Die Architektur des modernen Hotels in Bahnhofsnähe soll an den Stil der gegenüberliegenden Burg erinnern.
Possentie 7
Tel. 02 01 23 46 36
www.sokoshotel.fi

❷ HOTELLI EMILIA €€
Ein günstiges, freundliches Hotel mit 43 Zimmern und gutem Frühstücksbufett.
Raatihuoneenkatu 23
Tel. 03 6 12 21 06
www.hotelliemilia.fi

❸ SCANDIC AULANKO €€€€
Das große Hotel mit fünf Saunen, Restaurants und angrenzendem Golfplatz ist eines der besten der Region und liegt ruhig zwischen Wald und See.
Aulanko-Park
Tel. 03 41 08 16 33
www.scandichotels.de

Kein typisches Museum

Stadtmuseum

Das Stadtmuseum »Skogster« befasst sich mit der Geschichte Hämeenlinnas, bemüht sich dabei aber um einen etwas anderen Ansatz und erzählt deswegen u. a. **lustige Geschichten aus der Historie.** Ausgestellt sind Exponate zur Kulturgeschichte der Provinz Häme und Teile der Museumssammlungen aus Viipuri.

Museo Skogster: Raatihuoneenkatu 8 | Di. – So. 11 – 17, Mi. bis 19 Uhr | Eintritt in die permanente Sammlung frei, Wechselausstellungen 5 € | http://hmlmuseo.fi

Jüngere finnische Kunst

Kunstmuseum

Im Stadtteil **Keinusaari** östlich des Flusses Vanajavesi findet man das Kunstmuseum. Es zeigt hauptsächlich Werke finnischer Künstlerinnen und Künstler des späten 19. sowie des 20. Jahrhunderts.

Hämeenlinnan Taidemuseo: Viipurintie 2 | Di. – Do. 11 – 18, Fr. – So. 11 – 17 Uhr | Eintritt 8/6 € | www.hameenlinna.fi/taidemuseo

Rund um Hämeenlinna

Schön zum Schlendern

Aulanko-Park

Knapp 5 km nördlich vom Bahnhof liegt die Parkanlage Aulanko mit dem **Nobelhotel Scandic Aulanko.** Sie wurde bereits in der zweiten Hälfte des 19. Jh.s nach dem Vorbild mitteleuropäischer Parkanlagen mit exotischen Bäumen, Sträuchern und Pavillons sowie künstlichen Burgen und Höhlen angelegt. Der Park steht seit 1930 unter Naturschutz.

Im Sommer fährt die Schalspurbahn

Jokioinen

In Jokioinen, etwa 60 km südwestlich von Hämeenlinna, steht **eine der ältesten Holzkirchen Finnlands** (1631). Allerdings sind vom ursprünglichen Gebäude nur noch die Wände erhalten. Ihr heutiges Aussehen bekam die Kirche erst im 19. Jahrhundert. Eine hübsche Attraktion ist die Museumseisenbahn, die im Sommer jeden Sonntag auf Schmalspur bis Minkiö und Humppila fährt (Fahrtdauer eine Stunde).

Hattula

Eine der ältesten christlichen Gemeinden Finnlands

Die Kirche vom Heiligen Kreuz in Hattula (14./15. Jh.) ist neben der Burg von Hämeenlinna und dem Dom von Turku der einzige erhaltene Backsteinbau aus dem Mittelalter und war während der Zeit des

Im Mittelalter wurden die meisten Gebäude aus grauem Feldstein errichtet. Nur bei dreien wurde roter Backstein gewählt: beim Dom in Turku, bei der Burg von Hämeenlinna und bei der Heiligkreuzkirche von Hattula.

Katholizismus eine in ganz Skandinavien bekannte Wallfahrtsstätte. **Farbenfrohe Wandmalereien** aus dem 16. Jh. veranschaulichen biblische Szenen sowie Marien- und Heiligenlegenden. Beachtenswert sind die zahlreichen mittelalterlichen Holzskulpturen, darunter die Statue von Olav dem Heiligen, die in Lübeck angefertigt wurde, und der Heilige Georg als Drachentöter. Die Kanzel stammt aus der Zeit des Barock.

Weltberühmtes Design

Glasfabrik Iittala

Über die E12 gelangt man zu dem allen Glasliebhabern bekannten Ort Iittala am Nordufer des schmalen Kalvolanjärvi. In der 1881 gegründeten Glasfabrik werden u. a. die berühmten **Aalto-Vasen** produziert. Bei Führungen kann man die Produktion in der Fabrikhalle erleben. Angeschlossen ist ein Glasmuseum, das die Erzeugnisse der Fabrik präsentiert. Im Werksverkauf bekommt man Produkte mit kleinen Unregelmäßigkeiten zu reduzierten Preisen.

Designmuseo Iittala: Könnölänmäentie 2c | Juni – Aug. Di. – So 11 – 17, sonst Sa., So. 11 – 17 Uhr | www.iittala.com
Outlet-Store: Mai – Aug. tgl. 10 – 20, sonst bis 18 Uhr | www.iittala.com

★ HAMINA

M 28

Gebiet: Südfinnland | **Einwohnerzahl:** 20 000

Die Kleinstadt Hamina hat schwedische Wurzeln, das kann man noch heute an ihrem Namen erkennen: Gegründet wurde sie Anfang des 18. Jh.s unter dem Namen Fredrikshamn. Für die Finnisch sprechenden Bauern und Fischer war dieser Name aber zu kompliziert, weshalb sie ihn kurzerhand zu Hamina verkürzten. Das Bemerkenswerteste an der Stadt ist allerdings nicht ihr Name, sondern der einzigartige Festungsring um die Altstadt.

Die Festungsstadt

Wegen ihrer Lage nahe der russischen Grenze wurde Hamina schon kurz nach der Gründung zu einer Festung ausgebaut. Nach dem Vorbild italienischer Renaissancefestungen umgab man den Stadtkern mit sternförmig angelegten Wällen. Anfänglich waren das allerdings nur aufgeschüttete »Sandhindernisse«, von denen sich die russischen Angreifer nicht abhalten ließen. Nachdem sie 1743 Hamina eingenommen hatten, begannen sie nun ihrerseits, die Festungsanlagen zu verstärken. Die Wälle und Bastionen, die die Stadt heute umgeben, sind landesweit einmalig und verleihen Haminas historischer Innenstadt ein ganz eigenes Flair.

HAMINA ERLEBEN

HAMINA TOURIST INFORMATION FLAG TOWER
Kaivokatu 6, 49400 Hamina
Tel. 04 01 99 13 46
Nur im Sommer geöffnet

TOURIST INFORMATION IM SPAHOTEL HAMINA
Sibeliuskatu 32, 49400 Hamina
Tel. 04 01 99 13 30
www.hamina.fi/visithamina/en

Das internationale Militärmusik-Festival Hamina Tattoo knüpft an die wehrhafte Tradition der Stadt an. Alle zwei Jahre (2020, 2022 etc.), zumeist Anfang August, treffen sich hier Fans dieses Musikgenres aus aller Welt.
www.hamina.fi/tattoo/en

1 KAMU €€
Das Restaurant residiert in der Festung, das Ambiente erinnert an eine römische Trattoria, die Speisen sind allerdings typisch finnisch.
Raatihuoneenkatu 12
Tel. 04 47 28 01 75
www.ravintolakamu.fi

1 HOTELLI HAMINAN SEURAHUONE €€€
Das kleine Hotel mit gemütlichen 12 Zimmern liegt im historischen Zentrum. Angeschlossen sind drei Restaurants und ein Pub.
Pikkuympyräkatu 5
Tel. 01 07 63 58 71

Wohin in Hamina und Umgebung?

Das gibt es nirgendwo sonst in Finnland

Stadtplan mit Festungsanlagen

Feuersbrünste zerstörten 1821 und 1887 große Teile der Stadt, sodass die Holzbauten meist jüngeren Datums sind. Einzigartig ist der **sternförmige Altstadtkern** mit Wällen und Festungsanlagen. Vom achteckigen Rathausplatz gehen strahlenförmig acht Straßen aus. Zwei Ringstraßen verbinden die Radialstraßen im Zentrum. Die Wälle und Bastionen sind meist gut erhalten. Im Mittelpunkt der Stadt steht das 1796 errichtete **Rathaus.** 1840 wurde es nach Plänen des berühmten Architekten **Carl Ludwig Engel** im neuklassizistischen Stil umgebaut und mit einem Turm versehen. Ebenfalls am Rathausplatz steht die evangelische **Kirche,** die 1843 – wiederum von Carl Ludwig Engel – im Stil eines griechischen Tempels entworfen wurde. Das Schiffsmodell (1763) über dem Taufbecken stammt aus einer Holzkirche im russischen Koivisto.

Ein echter alter Kaufmannsladen

Kaufmannsmuseum

In der Kasarminkatu gab es um die vorletzte Jahrhundertwende viele kleine Geschäfte. Eines davon (Nr. 6) kann heute noch als Kauf-

mannsmuseum besichtigt werden. Zu sehen sind der alte Laden und die Wohnung eines Kaufmanns, die Werkstatt eines Schmieds und Handwerkerstuben.

Schauplatz internationaler Politik

Stadtmuseum

In dem ältesten Gebäude der Stadt wurde das Stadtmuseum eingerichtet. In diesem Haus verhandelten 1783 die russische Zarin **Katharina II.** und Gustav III. von Schweden.

Im alten Dorf Vehkalahti

Kirche und Militärschule

Am östlichen Rand der Innenstadt steht eine sehenswerte Kirche aus dem 14. Jh., die **Carl Ludwig Engel** 1823 renovieren ließ. Von den mittelalterlichen Malereien blieb nur ein Kreuz an der östlichen Außenwand übrig. Die Marienkirche ist das älteste Gebäude der Region Kymenlaakso, ihr angeschlossen ist ein Kirchenmuseum. Neben der Kirche steht die elegant wirkende Reserveoffiziersschule, 1898 in neuklassizistischem Stil errichtet und immer noch in Nutzung.

Ein gutes Ziel für Vogelliebhaber

Itainen-Nationalpark

Viele unterschiedliche Vogelarten kann man im Itainen-Nationalpark beobachten, der auf Hunderten, der Küste vorgelagerten kleinen Inseln eingerichtet und am besten **mit dem Boot von Hamina** oder Kotka aus zu erkunden ist.

www.luontoon.fi/itainensuomenlahti

An der russischen Grenze

Vyborg

Ostwärts von Hamina gelangt man zum Grenzübergang Vaalimaa (43 km) und erreicht dann nach etwa 100 km die heute russische Stadt Vyborg (Viipuri), ehemals **Hauptstadt der einst finnischen Landschaft Karelien.** Bis nach St. Petersburg sind es 260 km (Visum erforderlich).

HANKO · HANGÖ

N 23

Gebiet: Südwestfinnland | **Einwohnerzahl:** 9 500

Hanko ist die südlichste Stadt Finnlands – und deswegen auch eine der wärmsten. An den 30 km langen Sandstränden kann man sich im Sommer ausgiebig erholen. Achten Sie dabei auf die Strandgespräche der Einheimischen: Hankos Bevölkerung ist zur Hälfte finnischsprachig, die andere Hälfte spricht schwedisch.

Ein beliebter Ferienort

Bereits im 19. Jh. war Hanko ein beliebter Urlaubsort. Damals verbrachten hier mit Vorliebe russische Adelige und hohe Beamte ihre Ferien, und das hatte einen handfesten praktischen Grund: Da der Zar seiner Elite Auslandsreisen verbot, urlaubte man im damals zu Russland gehörenden Finnland. Der Strand war aber allenfalls eine Dreingabe, vor allem interessierten sich die Gäste fürs Glückspiel: Im Kasino rollten die Roulettekugeln. Das Gebäude steht bis heute, es dient nun allerdings als Sommerrestaurant.
Hanko war außerdem lange Zeit als einziger **ganzjährig eisfreier Hafen** des Landes von Bedeutung. Heutzutage friert die Ostsee nur noch sehr selten zu, seine Sonderstellung hat Hanko damit verloren.
Die Hafenstadt war früher auch ein Ort der Abschiede. Während der großen Wirtschaftskrise Ende des 19./Anfang des 20. Jh.s bestiegen hier eine Viertel Million Menschen die Auswandererschiffe nach Nordamerika. Tränen flossen auch im »Winterkrieg«, den Finnland 1939/1940 gegen die Sowjetunion führte. Hanko war damals schwer umkämpft, und nach Kriegsende mussten die Finnen die Halbinsel, auf der die Stadt liegt, zwangsweise an die Sowjetunion vermieten.

HANKO ERLEBEN

HANKO TOURIST OFFICE
Raatihuoneentori 5, 10900 Hanko
Tel. 019 2 20 34 11
http://tourism.hanko.fi/en

Im Sommer legt das Ausflugsschiff »MS Summersea« täglich um 11 Uhr von Hanko nach Bengtskär ab (65 €). Auf diesem südlichsten bewohnten Inselchen des finnischen Archipels steht der mit 52 m höchste Leuchtturm Skandinaviens. Es gibt u. a. ein Museum und ein Café, auch sehr romantisch übernachten kann man hier.
www.bengtskar.fi

ORIGO €€–€€€
Das charmante Restaurant mit Terrasse bietet ein täglich neu zusammengestelltes Schären-Buffet – empfehlenswert! Auch die Fischgerichte sind vorzüglich.
Satamakatu 7, Tel. 019 2 48 50 23
www.restaurant-origo.com

MAKASIINI €€
Im »Kaffeehaus der Vier Winde« am Hafen von Hanko kann man es sich bei Möwengeschrei gut gehen lassen. Dafür sorgt der hauseigene Bäcker, und auch der Fischer versteht es vorzüglich, mit dem Räucherofen umzugehen.
Satamakatu 9
Mai – Sept. Mo. – Sa. 11 – 17 Uhr
www.makasiini.fi

KNIPAN €€€
In dem 1867 am Pier gebauten Holzhaus befindet sich das beste Sommerrestaurant von Ekenäs. Zu Mittag und am Abend sind üppige Buffets aufgebaut.
Strandallén, Tel. 019 2 41 11 69
www.knipan.fi

STADSHOTELLET EKENÄS €€€
Das Hotel mit seinen 20 Zimmern hat zwar schon bessere Tage gesehen, ist aber immer noch das beste Haus am Platz.
Ekenäs, Norra Strandgatan 1
Tel. 019 2 41 31 31
www.kaupunginhotelli.fi

VILLA MAIJA €€
Das Haupthaus von 1888 ist eine Schönheit aus Holz. Die Zimmer an der Seeseite haben eine Glasveranda oder einen Balkon. In der bezaubernden benachbarten Villa Janne gibt es sogar nur zwei Gästezimmer.
Appelgrenintie 7
Tel. 050 5 05 20 13
www.villamaija.fi

Wohin in Hanko?

Drei sehenswerte Gebäude

Im Ortskern

Zu den Sehenswürdigkeiten im Stadtzentrum zählen die neugotische Kirche auf dem Vartiovuori (Wachhügel), 1892 von Jacob Ahrenberg errichtet, das moderne Stadthaus (1951) sowie die kleine **orthodoxe Kirche,** die 1896 von russischen Kaufleuten erbaut wurde.

Bereits zur Zarenzeit war Hanko ein gerne besuchtes Seebad.

Seglergrüße in Stein

Hauensuoli

Auf der Insel Hauensuoli (Hechtdarm) kann man Spuren von Seglern sehen, die vor Hanko auf günstige Winde warteten: 640 in den Fels geritzte **Inschriften aus dem 16. bis 18. Jahrhundert.** Anfahrt ist im Sommer möglich per Charterboottaxi oder mit der »MS Marina«.

Für diese Aussicht muss man nicht mal Treppen steigen

Wasserturm

Vom 65 m hohen Wasserturm hat man eine herrliche Aussicht über die Stadt, das Meer und die vorgelagerten Inseln. Die Aussichtsplattform erreicht man bequem mit dem **Fahrstuhl.**

Hangon vesitorni: Christiersonintie 10 | Mai, Juni, August tgl. 13 – 16, Juli bis 18 Uhr | Eintritt 2/1 €

In den Schären kreuzen

Osthafen

Pittoresk ist der Osthafen, der größte Gästehafen Finnlands. Unternehmen Sie einen Bootsausflug in die Schären (Kreuzfahrten nach Ekenäs und Helsinki)! Mittwochs und freitags findet hier der beliebte **Abendmarkt** statt.

Baden wie anno dazumal

Stadtstrand

Geradezu nostalgisch wirkt der Strand an der Merikatu mit den **Umkleidekabinen im Stil der Jahrhundertwende.** Ein Monument erinnert an die Auswanderer, die Finnland Ende des 19. Jh.s über Hanko in Richtung Vereinigte Staaten verließen.

Wohin in Ekenäs / Tammisaari?

Fast schon mediterran

Ekenäs

Das malerische Küstenstädtchen mit dem ausgedehnten Schärengebiet, ca. 35 km östlich von Hanko, ist dank seiner geschützten Lage mit einem sehr milden Klima gesegnet. Im Sommer finden Paddler und Bootsbesitzer im Schärengarten ideale Bedingungen, auch **Kreuzfahrten und Angeltouren** sind beliebt. Da rund 80 Prozent der Bevölkerung schwedischsprachig sind, ist der schwedische Ortsname Ekenäs anstelle von Tammisaari gebräuchlicher.

Eine der ältesten Städte Finnlands

Im Schatten Helsinkis

Bereits 1546 verlieh König Gustav Wasa dem Ort Ekenäs die Stadtrechte in der Hoffnung, ein Gegengewicht zur baltischen Hansestadt Reval (heute Tallinn) zu schaffen. Kurze Zeit später wurde jedoch Helsinki gegründet, sodass Ekenäs eine Kleinstadt mit marginaler Bedeutung blieb. Von 1900 bis zum Ausbruch des Ersten Weltkriegs war Ekenäs ein bei russischen Adligen beliebter Badeort. 2009 schlossen sich die Gemeinden Ekenäs, Karis und Pohja zur neuen Stadt Raasepori (schwedisch Raseborg) zusammen, die nur rund 29 000 Einwohner hat, flächenmäßig aber **größer ist als Berlin** oder Moskau.

Einige der alten Häuser stehen noch

Altstadt

Im Altstadtviertel **Barckens udde** sind viele Holzgebäude aus dem 19. Jh. erhalten, die unter Denkmalschutz stehen. Die Namen der engen Straßen erinnern an die hier einst wohnenden Hutmacher, Weber und Kunsthandwerker. Im Stadtmuseum sind Gegenstände der ländlichen Kultur zu besichtigen. Von **Alvar Aalto** stammt der Bau der Sparkasse (1964–1967).

Ekta Museum: Gustav Vasas gata 11 | April – Aug. Di. – So. 11 – 17, sonst Mi. – So. 11 – 17 Uhr | Eintritt 8/5 € | www.ektamuseum.fi

Mit dem Kanu durch die Schären

Ekenäs Skärgårds-Nationalpark

Im herrlichen Schärengarten vor der Stadt breitet sich dieser Nationalpark mit der Insel Älgö als touristischem Zentrum aus. Man kann tolle Kanutouren unternehmen und verschiedene Vogelarten beobachten. Über die Schären informiert das **Naturum** im Gästehafen von Ekenäs mit Ausstellungen, die es den Besuchern ermöglichen, Unterwassergeräusche zu hören, eine Fischerhütte zu erkunden oder in einem Trockenaquarium nach invasiven Arten zu suchen. Eine Bootsverbindung nach Rödjan vom Nordhafen gibt es nur an Wochenenden, unter der Woche muss man ein Wassertaxi nehmen.

Strandallén 5 | Mai – Mitte Juni, Mitte – Ende Aug. tgl. 10. – 15, Mitte Juni – Mitte Aug. tgl. 10 – 18 Uhr | www.nationalparks.fi/ekenasnaturecentre

★★ HELSINKI · HELSINGFORS

M 26

Gebiet: Südfinnland | **Einwohnerzahl:** 660 000 (Metropolregion 1,7 Mio.)

Wann immer eine Rangliste der lebenswertesten Städte der Welt aufgestellt wird, ist Helsinki in den Top 10 dabei. Eigentlich kein Wunder: Das finnische Gesundheits- und Bildungssystem ist weltweites Vorbild, der öffentliche Nahverkehr ist ausgezeichnet und die Natur liegt direkt vor der Haustür. Außerdem hat die Stadt, die noch vor 30 Jahren im Ranking fürs langweiligste Nachtleben ebenfalls unter den Top 10 gelandet wäre, auch hier aufgeholt – unter Partyleuten gilt Helsinki als Geheimtipp.

»Tochter der Ostsee«

Helsinki liegt zum größeren Teil auf einer zerklüfteten Halbinsel aus Granit. So ist es nie weit zum Meer, und die Stadt hat sich ihren Beinamen »Tochter der Ostsee« redlich verdient. Zur Hauptstadt Finnlands wurde Helsinki nicht nur wegen seiner Lage am Meer, sondern auch wegen seiner geografischen Nähe zu Russland. 1809 übernahm Russland die Herrschaft in Finnland, und weil der Zar das Verwaltungszentrum in seinem neuen »autonomen Großfürstentum« in seiner Nähe haben wollte, befahl er 1812, dass nicht länger Turku, sondern Helsinki die Hauptstadtrolle übernehmen sollte. Bis dahin war der Ort nur ein etwas größeres Dorf, das zudem ziemlich vom Pech verfolgt war. Schon die 1550 von Gustav Wasa verordnete Stadtgründung hatte nicht recht gelingen wollen – und das, obwohl der Schwedenkönig per Edikt die Bürger von Rauma, Porvoo und Ekenäs zum Umzug in die neu gegründete Siedlung zwang.

Der große Plan, Helsinki zum Konkurrenten der mächtigen Handelsstadt Reval (heute Tallinn) auf der anderen Seite des Finnischen Meerbusens aufzubauen, misslang gründlich. Einmal ließ ein schwedischer General die damals schwedische Stadt zerstören, um sie vor den heranrückenden russischen Truppen zu »schützen«, viele andere Male waren es große Brände, die Häuser und Hoffnungen vernichteten. Aus der schwedischen Zeit Helsinkis ist deshalb kaum etwas erhalten geblieben. Der **neoklassizistisch gestaltete Stadtkern** rund um den Senatsplatz, erbaut um die Mitte des 19. Jh.s, erinnert eher an Russland. Und in der Tat wurden viele Krimis – u. a. James-Bond-Filme, die eigentlich in der Sowjetunion spielten – vor dem Fall des Eisernen Vorhangs hier gedreht. Westliche Filmteams erhielten damals für Leningrad oder Moskau keine Dreherlaubnis.

Heute ist Helsinki das politische, wirtschaftliche und kulturelle Zentrum Finnlands. Mehr als 25 Prozent aller Finnen leben hier, und jedes Jahr ziehen rund 10 000 Menschen in die Metropole.

OBEN: Der perfekte Ort, um Freunde zu treffen und den Tag ausklingen zu lassen: die Sonnenterrasse direkt am Hafen

UNTEN: Und auch sehr nett: ein Bummel über den Marktplatz und ein Besuch der Uspenski-Kathedrale

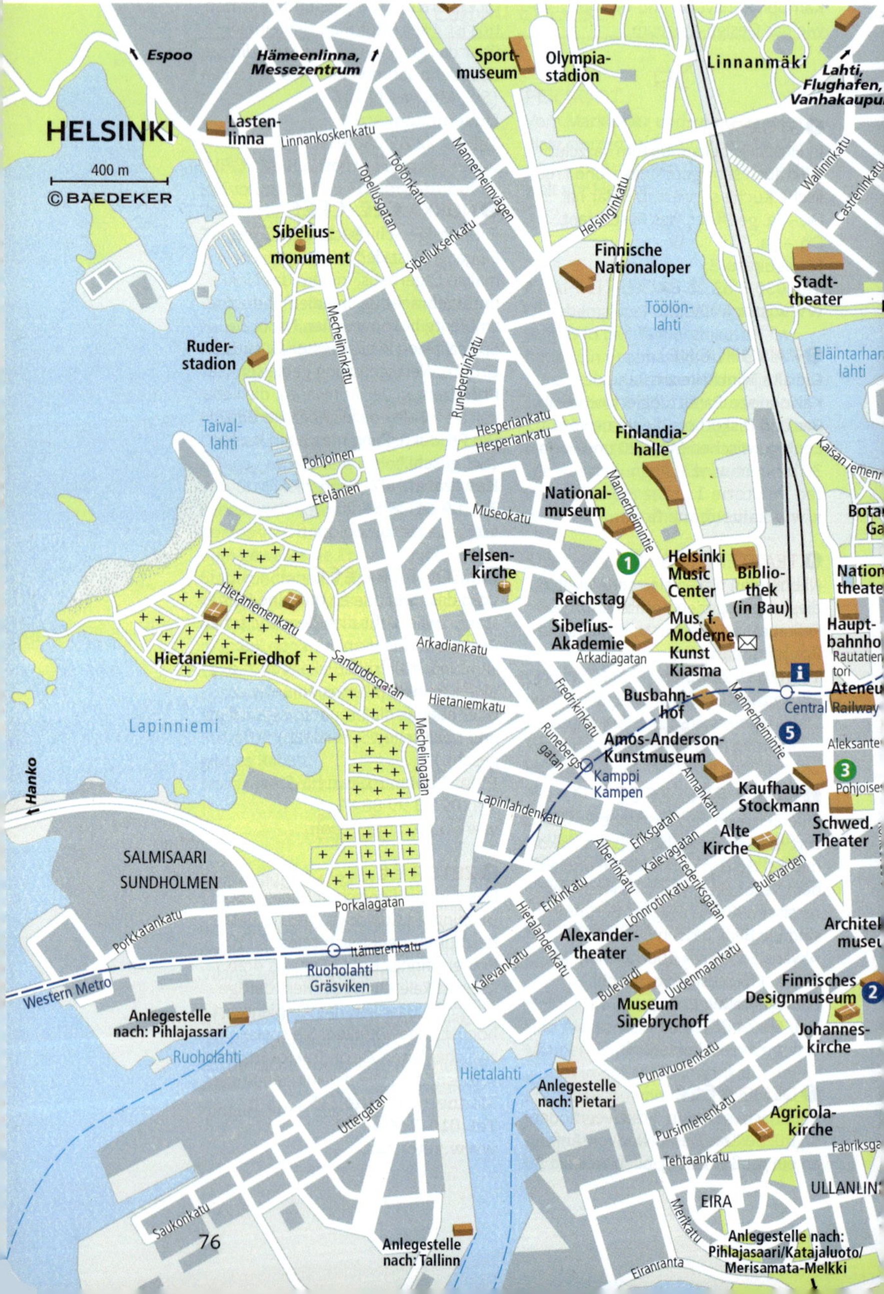
HELSINKI
400 m
© BAEDEKER
Espoo
Hämeenlinna, Messezentrum
Sport-museum
Olympia-stadion
Linnanmäki
Lahti, Flughafen, Vanhakaupu
Lasten-linna
Linnankoskenkatu
Töölönkatu
Topeliusgatan
Mannerheimvägen
Wallininkatu
Castréninkatu
Helsinginkatu
Sibelius-monument
Sibeliuksenkatu
Finnische Nationaloper
Stadt-theater
Töölön-lahti
Eläintarhan lahti
Mechelininkatu
Ruder-stadion
Runeberginkatu
Taival-lahti
Hesperiankatu
Hesperiankatu
Finlandia-halle
Pohjoinen
Eteläinen
Kaisaniemenr
National-museum
Museokatu
Mannerheimintie
Bota Ga
Felsen-kirche
Helsinki Music Center
Biblio-thek (in Bau)
Nation theate
Reichstag
Sibelius-Akademie
Arkadiagatan
Mus. f. Moderne Kunst Kiasma
Haupt-bahnho
Rautatien tori
Hietaniemenkatu
Arkadiankatu
Hietaniemi-Friedhof
Sanduddsgatan
Hietaniemenkatu
Busbahn-hof
Ateneu
Central Railway
Fredrikinkatu
Mannerheimintie
Lapinniemi
Runebergsgatan
Amos-Anderson-Kunstmuseum
Aleksante
Mechelingatan
Kamppi Kampen
Annankatu
Kaufhaus Stockmann
Pohjoisesp
Hanko
Lapinlahdenkatu
Schwed. Theater
Eriksgatan
Alte Kirche
Albertinkatu
Kalevagatan
Frederiksgatan
Bulevarden
SALMISAARI SUNDHOLMEN
Erikinkatu
Lönnrotinkatu
Porkalagatan
Porkkatankatu
Hietalahdenkatu
Alexander-theater
Architek museu
Itämerenkatu
Ruoholahti Gräsviken
Kalevankatu
Uudenmaankatu
Western Metro
Bulevardi
Finnisches Designmuseum
Museum Sinebrychoff
Anlegestelle nach: Pihlajassari
Johannes-kirche
Ruoholahti
Hietalahti
Anlegestelle nach: Pietari
Punavuorenkatu
Uttergatan
Agricola-kirche
Pursimiehenkatu
Fabriksga
Tehtaankatu
ULLANLIN
EIRA
Merikatu
Saukonkatu
Anlegestelle nach: Tallinn
Anlegestelle nach: Pihlajasaari/Katajaluoto/Merisamata-Melkki
Eiranranta

1 Šašlik
2 Demo
3 Nokka
4 Krog Roba
5 Zetor

1 Hotel Katajanokka
2 Hotel Kämp
3 Scandic Hotel Grand Marina

1 Storyville
2 Kaivohuone
3 Teatteri

1 Rathaus
2 Stadtmuseum
3 Präsidentenpalais
4 Uspenski-Kathedrale
5 Universität
6 Regierungspalais
7 Ritterhaus
8 Universitätsbibliothek
9 Domkirche
10 Haus der wissenschaftlichen Gesellschaften (Ständehaus)

U-Bahn (Metrorata)

❶ HOTEL KATAJANOKKA €€€–€€€€
Ein Hotel mit einer ganz besonderen Geschichte: Bis 2002 waren die Hotelzimmer Gefängniszellen. Heute sind sie luxuriös und bequem, in den Gängen kann man die Gefängnisatmosphäre aber durchaus noch nachvollziehen. Spannend.
Merikasarminkatu 1
Tel. 09 68 64 50
www.hotelkatajanokka.fi

❷ HOTEL KÄMP €€€–€€€€
Das »Kämp« war einst das erste Haus am Platz. Die Reichen und Schönen verkehrten in den glamourösen Restaurants und Bars. Nach einer langen Phase als Bankgebäude knüpft das heutige Kämp an die glorreiche Geschichte und den Geist des legendären alten Hotels an.
Pohjoisesplanadi 29, Tel. 09 57 61 11
www.hotelkamp.com

❸ SCANDIC HOTEL GRAND MARINA €€€–€€€€
Direkt neben den Kais von Katajanokka, wo die großen Fähren anlegen, beeindruckt mit großem Komfort und zeitloser Eleganz das »Scandic Grand Marina«. Das Hotel ist in einem ehemaligen Hafenspeicher aus dem frühen 20. Jh. eingerichtet.
Katajanokanlaituri 7
Tel. 09 1 66 61
www.scandichotels.com

In der Innenstadt

★ Marktplatz

Hier schlägt das Herz von Helsinki
Helsinkis Herz ist der Marktplatz (finn. Kauppatori), der ganzjährig ein buntes Markttreiben bietet. Der hohe Obelisk in der Mitte des Platzes erinnert an den Besuch der Zarin Alexandra Feodorowna 1833 in Helsinki. Vom Markt fahren die **Boote nach Suomenlinna und in die Schären** ab. Der Marktplatz grenzt direkt an den Südhafen, in dem die aus Schweden kommenden Fähren anlegen.
Abfahrten: Mo. – Fr. 6.30 – 18, Sa. 6.30 – 16, im Sommer auch So. 10 – 15 Uhr

Alte Markthalle

Finnische Leckereien aller Art
Der gelb-rote Ziegelbau an der Wasserseite des Eteläranta ist die alte Markthalle (1888, finn. Kauppahalli), die bereits während der Zarenzeit errichtet wurde. Ein Besuch – sei es zum Schauen oder Kaufen – lohnt sich allemal, denn hier gibt es die ganze Palette echt finnischer Delikatessen: Fisch jeglicher Art und Zubereitung, Elch- und Rentierfleisch, frisches Obst und Gemüse, finnische Backwaren, Imbissstände, Cafés und sogar eine der wenigen Sushi-Bars in Helsinki.
Mo. – Fr. 8 – 18, Sa. 8 – 16 Uhr

Rund um den Marktplatz

Mächtige Bauten
An der Nordseite des Platzes steht das von Carl Ludwig Engel 1833 erbaute **Rathaus** (finn. Kaupungintalo) mit hellblauer Fassade. Es

wurde einst als Hotel entworfen. In der Nordostecke des Marktes steht das **Präsidentenpalais** (finn. Presidentinlinna), das jedoch nur zu Repräsentationszwecken genutzt wird.

Sauna mit Panoramablick

Skywheel und Allas Sea Pool

Die Fahrt mit dem großen **Riesenrad** am Hafen garantiert beste Ausblicke über die Innenstadt. Wer während der Rundfahrt schwitzen will, bucht sich in die Saunagondel ein. Gleich nebenan liegt der **Allas Sea Pool.** Hier gibt es gleich mehrere Saunen. Hinterher abkühlen kann man sich in Becken mit Blick auf den Dom und den Marktplatz.

www.skywheel.fi/de | www.allasseapool.fi

Längst nicht mehr skandalös

Havis Amanda

Am Eingang zum Esplanadepark erblickt man die »Havis Amanda«, einen **Zierbrunnen** von Ville Vallgren mit einer nackten Mädchenstatue und Wasser speienden Seelöwen. Bei seiner Enthüllung (1908) erregte er viel Aufsehen. Heute ist er eines der Wahrzeichen von Helsinki.

Finnischer Jugendstil

Halbinsel Katajanokka

Östlich vom Markt, direkt an den Südhafen anschließend, führt eine Brücke zur Halbinsel Katajanokka. Der gleichnamige Stadtteil repräsentiert finnischen Jugendstil auf seinem Höhepunkt. Am Südufer von Katajanokka wurden die früheren Zollspeicher und Lagerhäuser zu Hotels, Konferenzhallen, kulturellen Institutionen oder zu **feinen Restaurants und Boutiquen** umgestaltet.

Größter orthodoxer Sakralbau außerhalb Russlands

★ Uspenski-Kathedrale

Gleich links auf einem felsigen Hügel erhebt sich die weithin sichtbare **orthodoxe Hauptkirche** des Landes, die Uspenski-Kathedrale. Der rote Backsteinbau von 1868 wird von 13 vergoldeten Kuppeln gekrönt, die Christus und die zwölf Apostel symbolisieren. An den Wänden sieht man die für den russisch-orthodoxen Glauben charakteristischen Heiligenbilder (Ikonen), die nach strengen Regeln gemalt und vor allem durch die Klöster überliefert wurden.

Juni – Aug. Di. – Fr. 9.30 – 18, Sa. 10 – 15, So. 12 – 15, Sept. – Mai Di. – Fr. 9.30 – 16, Sa. 10 – 15, So. 12 – 15 Uhr

Rund um den Senatsplatz

Nicht auslassen!

★ Senatsplatz

Im Zentrum des eindrucksvollen Senatsplatzes (Senaatintori) erhebt sich seit 1894 ein **Bronzestandbild des Zaren Alexander II.,** gegossen von Walter Runeberg. Wann immer demonstriert wird oder sonstige Massenveranstaltungen anstehen, wählt man dieses städtebauliche Herz von Helsinki als Schauplatz. Auf der Ostseite des Plat-

OBEN: Man trifft sich am Senatsplatz unterhalb der Domkirche.
UNTEN: Blick in den Himmel: die mit goldenen Sternen verzierte blaue Kuppel der Uspenski-Kathedrale

zes steht das **Regierungspalais** (Valtioneuvoston linna), auf der linken Seite das blaue Sederholm-Haus von 1757, das älteste Steingebäude der Stadt. Zusammen mit vier weiteren alten Häusern und einem verbindenden Neubau dient es seit Mitte 2016 als Stadtmuseum und wurde bereits mehrfach ausgezeichnet: als finnisches Museum des Jahres und sogar als Europas Museum des Jahres. Besucher und Besucherinnen können hier u. a. eine Zeitreise ins alte Helsinki antreten oder in der »Stadt der Kinder« die Vergangenheit auf spielerische und interaktive Weise erleben.

Helsingin kaupunginmuseo: Aleksanterinkatu 16 | Mo. – Fr. 11 – 19, Sa., So. 11 – 17 Uhr | Eintritt frei | www.helsinginkaupunginmuseo.fi

Wahrzeichen der Stadt

Dom

An der Nordseite führt eine imposante Treppe hinauf zu der auf einem Granitfelsen gelegenen lutherischen Domkirche (Tuomiokirkko). Das dominierende Gebäude des Senatsplatzes wurde 1830 nach Plänen von **Carl Ludwig Engel** begonnen und 1852 in verändertem Stil vollendet. Die dank ihrer erhöhten Position weithin sichtbare Domkirche ist zu einem Wahrzeichen der Stadt geworden. Der ursprünglich rein klassizistische Dom mit einer korinthischen Säulenvorhalle hat die Form eines griechischen Kreuzes. Erst später hinzugefügt wurden die vier kleinen Kuppeln und die zwölf Apostelstatuen an der Fassade. Das geräumige Kircheninnere mit der großen Hauptkuppel wirkt sehr schlicht durch die weiß getünchten, schmucklosen Wände. Nur an den Ansätzen der Kuppelpfeiler sieht man Standbilder dreier Männer, die für den protestantischen Glauben eine zentrale Rolle gespielt haben: Martin Luther, Philipp Melanchthon und der finnische Reformator Mikael Agricola. Der mit vergoldeten Holzschnitzereien verzierte Orgelprospekt fügt sich harmonisch in die Gestaltung des Innenraums ein.

Juni – Aug. tgl. 9 – 24 Uhr außerhalb der Gottesdienstzeiten, sonst tgl. 9 – 18 Uhr | Eintritt frei, Spende erbeten

Mehr als 70 Regalkilometer Bücher

Universitätsbibliothek

An der Westseite des Senatsplatzes steht die Universität (Yliopisto, 1828–1832), nördlich davon die Universitätsbibliothek (1836–1845; Yliopiston kirjasto) mit der **größten Sammlung slawischer Literatur in der westlichen Welt.** Sie besitzt etwa 1,5 Mio. Bände und 2000 Handschriften.

Treffpunkt

Drei Schmiede

Vom Senatsplatz folgt man der Aleksanterinkatu nach Westen, wo im Gegensatz zum unteren Teil der Straße lebhaftes Treiben herrscht. Bei der Einmündung in die breite Verkehrsader Mannerheimintie sieht man – in der Mitte der Straße – die grimmig blickenden Drei Schmiede, **1932 von Felix Nyland** geschaffen. Ihre Splitterschäden stammen noch von sowjetischen Fliegerbomben.

Die Esplanade ist ein angenehmer Platz für eine Kaffeepause.
Die heißt auf Finnisch übrigens »Kaffeepausi«.

Hauptflaniermeile Helsinkis

★ Esplanade und Bulevardi

Die beiden Straßenabschnitte der Esplanade, **Eteläesplanadi** (Südesplanade) und **Pohjoisesplanadi** (Nordesplanade), waren einst die Promeniermeilen der feinen Gesellschaft. Heute ist die Esplanade die Prachteinkaufsstraße von Helsinki. Zwischen den beiden Straßenabschnitten erstreckt sich ein stets belebter schmaler Park. Den östlichen Abschluss bildet ein Musikpavillon von 1891, den westlichen das 1860 erbaute und 1936 umgestaltete Schwedische Theater. Flankiert wird die Esplanade von hübschen repräsentativen Bauten des 19. Jahrhunderts.

Shoppingvergnügen

Konsumtempel Stockmann

Am Anfang der Esplanade steht das Kaufhaus Stockmann, eines der größten seiner Art in Nordeuropa. Sein Gründer, der Lübecker Geschäftsmann **Heinrich Franz Georg Stockmann** (1825–1906), etablierte sich in Helsinki 1862 mit einem kleinen Gemischtwarenladen an der Ecke Aleksanterinkatu/Unioninkatu am Senatsplatz. Heute ist Stockmann ein florierender finnischer Warenhauskonzern mit Ablegern in Russland (u. a. St. Petersburg) und im Baltikum.

Atmosphäre eines historischen Grandhotels

Das Kämp

An der nördlichen Esplanade, Ecke Kluuvikatu, lockt das 1887 erbaute Luxushotel »Kämp« mit einem feinen Restaurant. Anfang der

1960er-Jahre wurde es **Stein für Stein abgetragen,** um das morsche Fundament erneuern zu können. Dann hat man es im alten Stil wiederaufgebaut und es diente vorübergehend als Bankgebäude. Nach einer Modernisierung wurde das »Kämp« 1999 wieder als Luxushotel eröffnet.
www.hotelkamp.com

Kunst aus sechs Jahrhunderten

Museum für ausländische Kunst, Sinebrychoff

Am Ende der Straße lohnt das Museum für ausländische Kunst einen Besuch. In dem 1842 erbauten **Patrizierhaus** Sinebrychoff ist die größte Sammlung Finnlands mit italienischen, niederländischen, flämischen und französischen Gemälden vom 14. bis zur Mitte des 19. Jh.s zu sehen, die die Familie Sinebrychoff 1921 dem Staat schenkte. Ausgestellt werden aber auch Ikonen, historische Möbel, Glas- und Porzellangegenstände.
Sinebrychoffin taidemuseo: Bulevardi 40 | Di., Do. und Fr. 11 – 18, Mi. 11 – 20, Sa., So. 10 – 17 Uhr | Eintritt 15 € | http://sinebrychoffintaidemuseo.fi

Koff-Bier

Hietalahdentori-Markt

Neben dem Museum stand früher die **Sinebrychoff-Brauerei.** Hier wurde das in Finnland berühmte Koff-Bier gebraut. Den Namen bekam das Bier, weil die Finnen den eigentlichen Namen der Brauerei, Sinebrychoff, nicht aussprechen konnten. Gegenüber liegt der Hietalahdentori-Markt, ein beliebter **Flohmarkt.**

Bahnhofsbereich

Auch ohne Fahrkarte ein sehenswerts Ziel

Hauptbahnhof

Monumental präsentiert sich der Hauptbahnhof (finn. Rautatieasema) mit einem 49 m hohen Uhrturm. Er entstand 1919 als einer der letzten Bauten im Stil der Nationalromantik nach Entwürfen von **Eliel Saarinen.** Am Haupteingang fallen vier riesige fackeltragende Helden des Bildhauers Emil Wikström auf.
Nördlich vom Bahnhofsplatz (Rautatientori) steht das **Finnische Nationaltheater** (Kansallisteatteri, 1901), ein Bau mit Granitfassade; davor das 1934 von Wäinö Aaltonen geschaffene Denkmal des finnischen Nationaldichters Aleksis Kivi. Hinter dem Nationaltheater erstreckt sich bis zur Töölö-Bucht der **Botanische Garten** (Kasvitieteelinen puutarha), eine Oase der Ruhe.

Museum für finnische Kunst

★★ Ateneum

Das Ateneum präsentiert die bedeutendste Kunstsammlung in Finnland, vorwiegend Werke aus der Zeit von 1700 bis 1960. Eines der eindrucksvollsten Gemälde ist das **Triptychon »Aino-Mythos«** von

Gallen-Kallela (1891) mit Szenen aus dem Nationalepos »Kalevala«. Der Maler ließ sich dabei von mittelalterlichen Flügelaltären inspirieren. In der Skulpturenhalle sind Arbeiten der finnischen Künstler V. Vallgren, W. Aaltonen, W. Runeberg und S. Hildén zu sehen.

Ateneum Kansallisgalleria: Kaivokatu 2 | Di., Fr. 10 – 18, Mi., Do. bis 20, Sa., So. 11 – 17 Uhr | Eintritt 17 € | http://ateneum.fi

★★ Kiasma

Museum für moderne Kunst

Unweit vom Hauptbahnhof wurde 1998 das vom New Yorker Architekten Steven Holl entworfene Museum für Moderne Kunst, genannt Kiasma, eröffnet. Das Museum zeigt überwiegend **zeitgenössische Werke** finnischer und skandinavischer Künstler und Künstlerinnen, doch finden hier auch Theater- und Musikaufführungen und andere kulturelle Veranstaltungen statt.

Mannerheiminaukio 2 | Di., Sa 10 – 18, Mi., Do., Fr. 10 – 20.30, So. 10 – 17 Uhr | Eintritt 15 € | www.kiasma.fi

Reichstag

Nicht zu übersehen

Schräg gegenüber steht an der Mannerheimintie der Reichstag (Eduskuntatalo), ein neoklassizistischer Monumentalbau von J. S. Sirén (1930) aus **hellrotem Granit.**

Für Gratis-Führungen kann man sich online anmelden, Daten und Uhrzeiten erfährt man auf www.eduskunta.fi

National-museum

Hier kann man viel Zeit verbringen

Das eindrucksvolle Gebäude aus Granit und Backstein mit weithin sichtbarem Spitzturm bietet einen Einblick in die **Kulturgeschichte und Völker des Landes.** Das Spektrum reicht von der Frühgeschichte bis zur mittelalterlichen Sakralkunst und zur Neuzeit. Besonders beachtenswert ist die Sammlung der finnisch-ugrischen Völker mit Trachten und Gebrauchsgegenständen. Dokumentiert wird auch die Entwicklung Finnlands zu einem modernen Staat.

Kansallismuseo: Mannerheimintie 34 | Di. – So. 11 – 18, Mi. bis 20 Uhr | Eintritt 12/9 € | www.nba.fi

Villa Hakasalmi

Die Stadt im Bild der Zeit

In der Villa Hakasalmi finden Wechselausstellungen zu stadtgeschichtlichen Themen statt. Zur wohlverdienten Pause lassen Sie sich am besten im schönen Museumscafé nieder.

Villa Hakasalmi: Mannerheimintie 13 b | Di. 11 – 19, Mi. – So. 11 – 17 Uhr | Eintritt 12/10 € | hakasalmivilla.fi

★ Felsenkirche

Eine der Hauptsehenswürdigkeiten von Helsinki

Wenige Hundert Meter westlich des Nationalmuseums liegt die **unterirdische, überkuppelte Felsenkirche,** die 1968/1969 nach einem Entwurf der Brüder Timo und Tuomo Suomalainen in den Gra-

Helsinki ist geprägt von moderner Architektur: Drei schöne Beispiele sind die Felsenkirche (oben), das Museum für moderne Kunst Kiasma (unten rechts) und die Finlandia-Halle (unten links).

MEISTERWERK VON ALVAR AALTO

Die an der Töölö-Bucht in Helsinki gelegene Finlandia-Halle, Kultur- und Kongresszentrum sowie Konzerthalle in einem, ist eines der letzten und bekanntesten Werke des genialen finnischen Architekten und Designers Alvar Aalto. Er plante sie ursprünglich als Mittelpunkt eines völlig neu gestalteten Stadtteils. Seine städtebauliche Vision, Symbol des modernen und selbstständigen Staates Finnland im 20. Jahrhundert, wurde jedoch nie vollständig realisiert.

Finlandia Talo Huset Hall
Mannerheimintie 13 e
FIN-00100 Helsinki
Tel. + 358 94 02 41
www.finlandiatalo.fi
Info/Shop: Mo.– Fr. 7.30 – 17
Führungen: mehrmals im Monat (morgens um 8 oder mittags um 12/14 Uhr), Gebühr: 12,50 €

Gebäude
Die Finlandia-Halle hat Alvar Aalto bereits 1962 entworfen. Gebaut wurde sie allerdings erst in den Jahren 1967 bis 1972. Später wurde noch ein Kongressflügel ergänzt.

Materialien
Zentraler Bestandteil von Aaltos Entwurf ist die Fassade aus leuchtend weißem Carrara-Marmor, der auch im Innenraum als Leitmaterial fungiert. Er symbolisiert mediterrane Kultur und Lebensfreude. Dass das edle Baumaterial den harten finnischen Winterfrösten nicht standhält und mindestens alle 25 Jahre ausgetauscht werden muss, ist ein viel belächelter Witz der Architekturgeschichte.

Details
Alvar Aalto war bekannt für seine Detailverliebtheit. Seine Entwürfe bestimmten immer auch die Innenausstattung. Möbel, Treppengeländer, Türgriffe, Leuchten und vieles mehr hat Aalto eigens für diesen Bau entworfen.

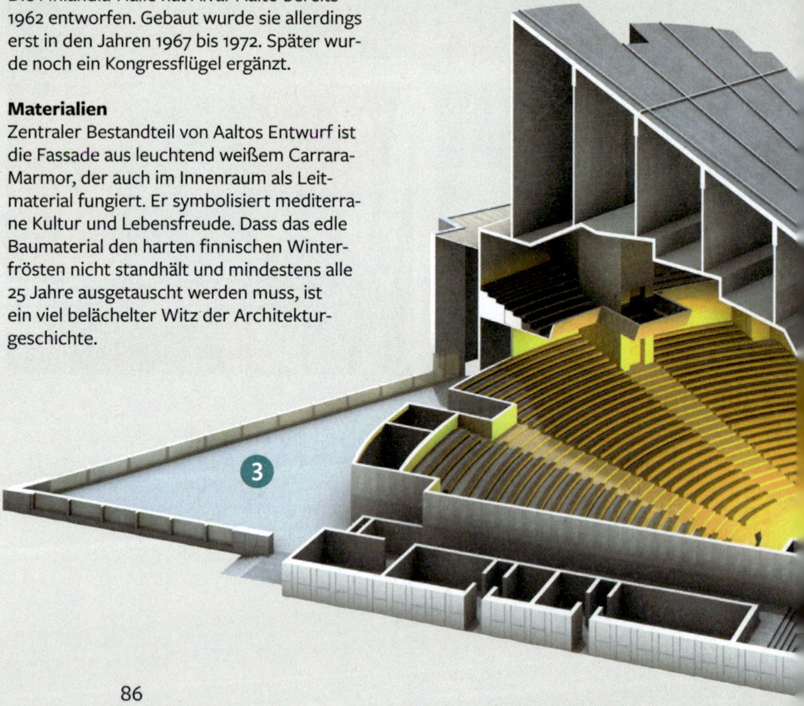

❶ Finlandia-Saal
Der größte Saal des Gebäudekomplexes bietet 1700 Besuchern Platz, davon 500 auf der Empore. Der Finlandia-Saal ist Spielstätte des Philharmonischen Orchesters der Stadt Helsinki und des Finnischen Radio-Sinfonieorchesters.

❷ Helsinki-Saal
In diesem viel kleineren Saal finden lediglich 340 Besucher Platz. Hier sind oft internationale hochkarätige Kammermusikinterpreten zu hören. Auch Konferenzen und Vorträge finden in diesem Saal statt.

❸ Piazza
Das gänzlich mit Marmor ausgekleidete Foyer des Finlandia-Saals, die sogenannte Piazza, bietet einen tollen Blick auf die Töllölö-Bucht. Hier werden Empfänge und Ausstellungen veranstaltet.

❹ Kongresshalle
Der Anbau aus den 1970er-Jahren dient für Kongresse, Messen und Ausstellungen.

KSZE-Konferenz
Die erste Konferenz für Sicherheit und Zusammenarbeit in Europa (KSZE) fand ab dem 3. Juli 1973 in der Finlandia-Halle statt. Teilnehmer der blockübergreifenden Zusammenkunft waren die USA, die UdSSR, Kanada sowie alle europäischen Staaten außer Albanien. Die Schlussakte von Helsinki vom 1. August 1975 enthält Prinzipien wie Gewaltverzicht, Unverletzlichkeit (aber nicht Unveränderbarkeit) der Grenzen und Achtung der Menschenrechte, einen Beschluss über die Zusammenarbeit in Wirtschaft, Wissenschaft, Technik und Umwelt sowie Grundsätze der Zusammenarbeit im humanitären Bereich, die Erleichterung von Kontakten über Blockgrenzen hinweg und Informationsaustausch.

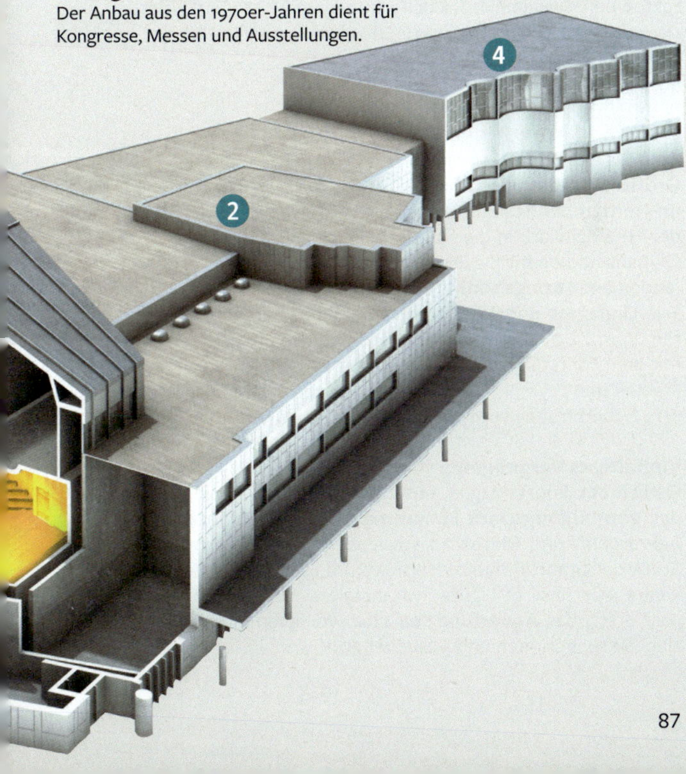

nitgrund gesprengt wurde. Sie gilt als hervorragendes Beispiel des architektonischen Expressionismus der 1960er-Jahre. Durch die flache, kreisrunde Kuppel aus Kupferplatten und verglasten Betonrippen fällt Licht in das Innere der Grottenkirche. Bis zur Kuppelspitze ist die Kirche 13 m hoch; sie dient auch als Konzertsaal.

Temppeliaukion Kirkko: Lutherinkatu 3 | tgl. geöffnet, wechselnde Öffnungszeiten | Eintritt 3 € | www.helsinginseurakunnat.fi

★ Finlandia-Halle

Noch ein bedeutendes Wahrzeichen Helsinkis

Am südlichen Ufer der Töölö-Bucht steht die mit Carrara-Marmor verkleidete Finlandia-Halle, 1970 nach dem Entwurf des Architekten **Alvar Aalto** fertiggestellt (▶ Baedeker Wissen S. 86/87).

Finlandia talo: Mannerheimintie 13e | Besichtigung der Mainlobby: Mo. – Fr. 9 – 19 Uhr | Eintritt frei | Führungen im Gebäude | www.finlandiatalo.fi

Nationaloper

Erstes Opernhaus Finnlands

Danach folgen eine große Parkanlage entlang der Töölö-Bucht und das neue Haus der Finnischen Nationaloper. Der **moderne Bau** mit klaren Linien wurde Ende 1993 eröffnet und ist ein Werk der Architekten Eero Hyvämäki, Jukka Karhunen und Risto Parkkinen.

Ooppera Balleti: Helsinginkatu 58 | Programm und Tickets: http://oopperabaletti.fi/en

Im Norden und Westen

Olympiastadion

Größtes Stadion des Landes

Im Norden der Stadt steht die alte Messehalle an der Einmündung der Helsinginkatu in die Mannerheimintie. Dahinter wurde 1938 das Olympiastadion für die Olympischen Spiele von 1940 errichtet. Diese fanden aber **kriegsbedingt erst 1952** statt. Das Stadion wurde von Yrjö Lindegren und Toivo Jäntti im Stil des Funktionalismus entworfen. Vom 72 m hohen Olympiaturm, auf den man erfreulicherweise mit dem Fahrstuhl kommt, bietet sich ein toller Blick.

Stadion und Olympiaturm sind zurzeit wegen Renovierung geschlossen; Neueröffnung voraussichtlich 2020 | www.stadion.fi

Linnanmäki

Vielfältiges Vergnügen

Östlich der Sportanlagen jenseits der Eisenbahnlinie erstreckt sich der **Vergnügungspark Linnanmäki** (Tivolikuja). Mit Wasserturm, Achterbahn und Riesenrad sowie dem Fernsehturm bildet er ein Stück der Stadtsilhouette Helsinkis. Im Herbst wird hier der spektakuläre »Carnival of Lights« veranstaltet. Neben dem Vergnügungspark steht das **Aquarium Sea Life.** Vor allem sein Haifischbecken zieht Besucherinnen und Besucher an.

Linnanmäki: Tivolikuja 1 | Ende April – Anfang Okt. tgl. wechselnde Öffnungszeiten, im Sommer 11 – 22 Uhr | Eintritt 39 € | www.linnanmaki.fi
Sea Life: Tivolitie 10 | je nach Jahreszeit wechselnde Öffnungszeiten, meist 10 – 19 Uhr | Eintritt 16,50/13 € | www.visitsealife.com/helsinki

Zeitlose Kunst
Die Merikannontie im Stadtteil Töölö führt am **Sibeliuspark** vorbei. Attraktion ist das Sibeliusdenkmal von Eila Hiltunen (1967), eine monumentale abstrakte Skulptur aus Hunderten von Stahlröhren.

Sibeliusdenkmal

Vom traditionellen Leben im ländlichen Finnland
Über die Merikannontie und die Seurasaarentie erreicht man ca. 2 km nordwestlich des Sibeliusdenkmals die Insel Seurasaari. Sie ist per Fußgängerbrücke mit dem Festland verbunden. Im Sommer fährt ein Motorboot vom Marktplatz zur Insel. Ein Kleinod ist das Freilichtmuseum, das in einer schönen Parklandschaft alte Bauernhäuser, Gehöfte, Herrenhäuser, Saunen, Mühlen, die Kirche von Karuna (1686) und andere Holzbauten aus allen Teilen Finnlands präsentiert. Das Museum bietet nicht nur einen Einblick in **traditionelle finnische Bau- und Wohnkultur,** man kann auch beim Weben und Knüpfen traditioneller Textilien zuschauen. Im **Folklorezentrum Tomtebo** (Tamminiementie 1) auf Seurasaari sind Folklore- und Kunstausstel-

★★ Freilichtmuseum Seurasaari

Höchst unterschiedlich: 87 Gebäude im Freilichtmuseum Seurasaari repräsentieren die typischen Baustile der finnischen Provinz.

BAEDEKER ÜBERRASCHENDES

6x UNTERSCHÄTZT

Genau hinsehen, nicht daran vorbeigehen, einfach probieren!

1. JUNGES DESIGN

Arabia, Marimekko oder Iittala kennt man auf der ganzen Welt. Oft vergessen werden aber die jungen Designer, die das Erbe von Aalto und Co. erfolgreich fortführen. **Bestes Shopping** bietet das Designviertel in Helsinki. (▶ **S. 74**)

2. FREILUFTKUNST

Die Skulpturenlandschaft Nordland lädt zu einer ungewöhnlichen Entdeckungsreise ein. Es macht zwar etwas Mühe, die **35 Kunstwerke** in der Weite Nordlands zu finden, doch es lohnt sich … (▶ **S. 211**)

3. STOCKHOLMS METRO …

… ist nicht nur ein Verkehrsmittel, denn mittlerweile ist fast jede Station mit **Gemälden, Reliefs und Skulpturen** geschmückt. Es lohnt sich überall, auszusteigen und sich das Ganze in Ruhe anzuschauen. (▶ **S. 506**)

4. OBSTGÄRTEN

Auf den Bergen liegt noch der letzte Schnee, doch an den Ufern des Hardangerfjords, v. a. seinem Seitenarm, dem Sørfjord, stehen schon die Obstbäume **in voller Blüte** und überziehen die Berghänge mit einem Meer aus weißen und rosafarbenen Blüten. (▶ **S. 232**)

5. HOLZHÄUSER

Daran besteht wahrlich kein Mangel in Schweden, doch so schön wie auf der kleinen Insel **Marstrand** sind sie selten. Hier ist fast jede Fassade fantasievoll verziert. Dazu passen die dezenten Pastellfarben statt des sonst üblichen Ochsenblutrots. (▶ **S. 387**)

6. SONNE

Man glaubt es kaum, doch Finnland ist eines der Länder mit den meisten **Sommersonnenstunden.** Eigentlich logisch, denn hoch im Norden des Landes geht die Sonne im Sommer für mehrere Wochen nicht unter. (▶ **S. 132, 154**)

lungen in einer Holzvilla des 19. Jh. zu sehen. Nicht nur Kinder schauen gern den zahmen Eichhörnchen im Park nach.
Seurasaaren ulkomuseo: Juni – Aug. tgl. 11 – 17 Uhr | Eintritt 10 € | www.kansallismuseo.fi/en/seurasaarenulkomuseo

Südliches Stadtgebiet

Ausblick auf Himmel und Erde
Südlich des Marktes erhebt sich der 38 m hohe Observatoriumsberg, naturgemäß mit einer schönen Aussicht auf die Stadt. Die 1833 von Carl Ludwig Engel gebaute **Sternwarte** gehört heute zur Universität von Helsinki.

Observatorium

Erinnerungen eines Forschungsreisenden
In der Kalliolinnantie wohnte der berühmte Marschall und spätere Staatspräsident Mannerheim ab 1924. Das Gebäude ist heute als Museum eingerichtet und zeigt **Erinnerungsstücke,** darunter viele Fotografien aus der Zeit, als Mannerheim Forschungsreisender in russischen Diensten und entlang der Seidenstraße unterwegs war, dazu eine Sammlung von Orden und Dokumenten zur Geschichte Finnlands.
Mannerheim-museo: Kalliolinnantie 14 | Fr. – So. 11 – 16 Uhr | Eintritt mit Führung 12 € | www.mannerheim-museo.fi

Mannerheim-Museum

Früherer Kurpark
Ein Stück weiter beginnt der schön gelegene Brunnenpark bzw. **Kaivopuisto.** Am Fuß des Hügels erstrecken sich das Viertel der Botschaften und das teuerste Villenviertel der Stadt. Herrschaftliche Jugendstilhäuser sind umgeben von gepflegten Wegen, Garten- und Parkanlagen. Ein Kuriosum ist die **Teppichwaschanlage** am Meerufer. Auf Holztischen schrubben meist Männer mit Bürste und Kernseife die traditionellen Flickenteppiche.

Brunnenpark

Streifzug durch die finnische Architektur
In dem 1899 erbauten Museum wird die Entwicklung der finnischen Architektur anhand von Bildern, Zeichnungen, Literatur und **Wechselausstellungen** beleuchtet.
Arkkitehtuurimuseo: Kasarmikatu 24 | Di. – So. 11 – 18, Mi. bis 20 Uhr | Eintritt 10/5 € | www.mfa.fi

Architekturmuseum

Arbeiten von Finnlands besten Designern
Nicht weit vom Architekturmuseum entfernt beherbergt dieses Museum rund 75 000 Exponate, darunter vor allem beispielhaftes finnisches Industriedesign, aber auch meisterhaftes **Kunstgewerbe.**
Designmuseo: Korkeavuorenkatu 23 | Juni – Aug. tgl. 11 – 18, Sept. – Mai Di. 11 – 20, Mi. – So. 11 – 18 Uhr | Eintritt 12/6 € | www.designmuseum.fi

Designmuseum

In einer Viertelstunde am Strand

Badeinsel Pihlajasaari

Ein paar Hundert Meter weiter erreicht man den **Anleger Merisatama,** von wo die Boote zur Badeinsel Pihlajasaari abfahren (Fahrzeit 15 Min.). An den zwei durch eine Brücke verbundenen Inseln gibt es Badestrände (auch FKK) auf glatten Felsplatten oder auf Sand, Spazierwege durch Wälder und ein Café.

Nordöstliches Stadtgebiet

Vorsicht, zerbrechlich!

Porzellanmanufaktur Arabia

Freunde der weißen Kunst zieht es in den Nordosten der Stadt an die Hämeentie (Richtung Lahti, etwa 15 Min. vom Zentrum). Hier residiert die 1874 gegründete Porzellanmanufaktur Arabia mit Museum. Zu sehen gibt es repräsentatives finnisches Geschirr und Kunstgegenstände aus der langen Geschichte der Arabia-Fabrik, bei geführten Touren erfährt man Wissenswertes zur Geschichte der Manufaktur, ihrer Designer und Designs.

Designmuseo Arabia: Hämeentie 135 | Di. - Fr 12 - 18, Mi. bis 20, Sa., So. 10 - 16 Uhr | Eintritt frei | www.designmuseum.fi/en/museums

Wo Helsinki gegründet wurde

Altstadt

Unweit nordöstlich, an der Mündung des Vantaanjoki, liegt der Platz, an dem Helsinki 1550 gegründet wurde, die **Vanhakaupunki** (Altstadt). An der Vanhakaupungintie erinnert eine Steinplatte an den Standort der ersten Kirche samt Friedhof, ein Stück weiter, rechts, prangt an einer Wand aus schwarzem Granit ein Porträt von Gustav Wasa, auf der Erde zeigt eine Platte den alten Stadtplan.

★ Festungsinsel Suomenlinna

Frischer Wind in alter Festung

Ausflugsziel

In 15 Minuten erreicht man mit der Personenfähre (Fahrschein wie bei Bussen/Straßenbahnen; Helsinki-Karte ist gültig) die durch mehrere Brücken verbundenen Festungsinseln von Suomenlinna (Finnische Burg), heute Teil des **UNESCO-Weltkulturerbes.**

Die Festung selbst wurde ab 1748, also in der Zeit der schwedischen Herrschaft, erbaut. In 40 Jahren entstanden hier Mauern, Befestigungsanlagen, Wohnhäuser und eine große Werft, sodass die Festungsstadt bald mehr Einwohner zählte als Helsinki. 1806 war sie mit 4600 Einwohnern nach Turku die zweitgrößte Stadt Finnlands. Die Festung fiel im schwedisch-russischen Krieg von 1808/1809 an Russland und wurde weiter ausgebaut zu einer großen Garnison mit Kasernen, Krankenhäusern und einer Kirche. Nach der Unabhängigkeit, man dachte praktisch, zog das finnische Militär hier ein. Heute geht

mit der Restaurierung die bemerkenswerte Umwandlung in ein erfreulich ziviles Gebiet für Freizeit und Kultur einher.

Große Auswahl

Museen und Galerien

Auf der Insel sind zahlreiche Museen und ein Kunstzentrum mit diversen Galerien in den historischen Bauten untergebracht. Im **Besucherzentrum** an der Brücke wird über die Geschichte informiert; ein Modell zeigt die Insel 1808 kurz vor der Übernahme durch die Russen. Hier starten auch Führungen. Das **Ehrensvärd-Museum,** benannt nach dem ersten Baumeister der Burg, beleuchtet die Geschichte der Seefestung. Im Kriegsmuseum wird Kriegsgerät aus dem Zweiten Weltkrieg gezeigt. Das Küstenartilleriemuseum dokumentiert die Geschichte der Küstenverteidigung, außerdem gibt es ein Zollmuseum. Das restaurierte **U-Boot »Vesikko«** wurde im Zweiten Weltkrieg im Finnischen Meerbusen eingesetzt. Deutlich weniger

Fähren fahren das ganze Jahr über für wenig Geld regelmäßig hinüber zur Seefestung Suomenlinna.

martialisch gibt sich das **Puppen- und Spielzeugmuseum** in einer alten russischen Holzvilla. Die fünf Staaten des Nordischen Rats (Dänemark, Finnland, Island, Norwegen, Schweden) haben hier ein **Kunstzentrum** für Stipendiaten eingerichtet. In seinen Galerien sind Werke zeitgenössischer Kunstschaffender ausgestellt.

Museen: Öffnungszeiten meist Mai – Aug. tgl. 10 – 17 Uhr
Führungen: in Englisch Juni – Aug. tgl. 11, 12.30, 14.30, Sept. – Mai Sa., So. 13.30 Uhr | Tel. 09 684 18 50 | Ticket 11 € | www.suomenlinnatours.com

Ausflüge in die Umgebung

Nicht nur für Architekturfans

Atelierzentrum Hvitträsk

Über den Ring III (Kehä III oder Straße 50) erreicht man 30 km südöstlich von Helsinki die Gemeinde **Kirkkonummi.** Architektur- und Jugendstilfreunde aus aller Welt pilgern nach Hvitträsk auf den Spuren des finnischen Architekten-Trios **Eliel Saarinen, Herman Gesellius und Armas Lindgren.** Die Freunde und Kollegen entwarfen und verwirklichten hier 1902 ihre Heim- und Arbeitsstätten nach Ideen des von ihnen maßgeblich entwickelten finnisch-volksromantischen

Stils, der Jugendstilelemente mit karelischer Bauweise kombiniert. Heute ist das Atelier- und Wohnhaus der Familie Saarinen zu besichtigen. Außerdem gibt es einen kleinen Museumsshop, ein Café sowie ein viel gelobtes Feinschmeckerrestaurant.

Hvitträskintie 166, Luoma (Kirkkonummi) | Mai - Sept. Mi. - So. 11 - 17 Uhr | Eintritt 10/7 € | www.kansallismuseo.fi/en/hvittraesk

»Finnisches Silicon Valley«

Espoo

Espoo (Esbo), mit rund 290 000 Einwohnern die zweitgrößte finnische Stadt, schließt schon längst nahtlos an den Westrand der Metropole Helsinki an und ist mit ihrer Konzentration von High-Tech-Unternehmen so etwas wie ein zwischen Wald und Seen gebettetes finnisches Silicon Valley. Sehenswert ist die Jugendstilvilla, die der bedeutende finnische Maler Akseli Gallen-Kallela (1865–1931) entwarf. **Haus Tarvaspää** wurde 1911–1913 in schöner Aussichtslage auf einem Hügel unweit der Stadtgrenze zu Helsinki errichtet, ist heute ein überaus lohnendes Museum und zeigt Werke des Künstlers sowie Sonderausstellungen.

Für Autofans: Das **größte Automuseum Finnlands** in Pakankylä zeigt eine Sammlung von 130 Oldtimern, die die Geschichte des Automobils in Finnland veranschaulichen.

Gallen-Kallelan Museo: Gallen-Kallelantie 27 | Mitte Mai - Aug. tgl. 11 - 18, Sept. - Mitte Mai Di. - Sa. 11 - 16, So. 11 - 17 Uhr | Eintritt 9/5 € | www.gallen-kallela.fi

Espoon Automuseo: Bodomintie 35 | Mai - Aug. Di. - So. 11 - 17, Mi. bis 19, sonst nur Sa., So. 11 - 17 Uhr | Eintritt 8/4 € | espoonautomuseo.com

Für große und kleine Forscher

Wissenschaftszentrum Heureka

Als 1952 hier der Flughafen Helsinki-Vantaa eröffnet wurde, begann der rapide Aufschwung der kleinen Landgemeinde zu einer der am schnellsten wachsenden Siedlungen Finnlands. Heute ist **Vaanta** die wirtschaftliche **Boomzone vor Helsinkis Stadttoren** – trotzdem ist der Weg in die Natur nicht weit. Die Wälder vor der Stadt bieten mit Wanderwegen und Loipen viele Möglichkeiten zur Entspannung.

Das Wissenschaftszentrum **Heureka Tikkurila,** das eigentliche Zentrum von Vantaa, ist als interaktiver Erlebnispark gestaltet. Besucherinnen und Besucher sind eingeladen, selbst Experimente zum Stand der Wissenschaft und möglicher zukünftiger Entwicklungen durchzuführen. Auf der dreidimensionalen, halbkugelförmigen Leinwand des Jules Verne Theatre lassen neueste Projektionstechniken die Grenze zwischen der Realität und den Wundern der Technik verschwimmen. Nicht nur Kinder und Jugendliche lassen sich von den Experimenten begeistern.

Tiedepuisto 1 | Mo. - Fr. 10 - 17, Do. bis 20, Sa., So. 10 - 18 Uhr | Eintritt 22/15 € | www.heureka.fi

Eine der schönsten mittelalterlichen Steinkirchen Finnlands

★ St.-Laurentius-Kirche

Rund 40 km nordwestlich von Espoo liegt Lohja. Bereits im 16. Jh. entstand hier die erste Erzgrube Finnlands. Ein Blickfang ist die schöne St.-Laurentius-Kirche. Das Innere dieses Feldsteinbaus aus dem 15. Jh. ist über und über mit herrlichen, nahezu vollständig und hervorragend erhaltenen **Wandmalereien** aus dem 16. Jh. geschmückt. Heidnische Motive, volkstümliche Teufelsdarstellungen und biblische Szenen geben einen Eindruck davon, wie man sich das Geschehen vor nahezu 500 Jahren vorstellte.

Mai – Sept. 9 – 16, Okt. – April 12 – 15 Uhr

Als wäre die Zeit stehengeblieben

Künstlerkolonie Tuusula und Villa Ainola

Rund 30 km nördlich von Helsinki führt von Tuusula nach Järvenpää die Uferstraße **Tuusulan Rantatie,** eine um 1900 bei Künstlern und Bohemiens sehr beliebte Wohngegend. Inzwischen gilt die Straße als Museumsstraße; die einstigen Sommervillen können besichtigt werden. Besonders schön ist das Wildnis-Atelier des Malers Pekka Halonen von 1902. Heute werden hier seine Gemälde ausgestellt. Das Anwesen liegt malerisch auf einer Landzunge direkt am See Tuusula, und man kann sich gut vorstellen, wie der Künstler, der zu den Vertretern des »Goldenen Zeitalters« gezählt wird, hier seine Inspirationen fand.
Am nördlichen Ende der Rantatie-Straße liegt die **Villa Ainola** in Järvenpää. Hier lebte von 1904 bis zu seinem Tod 1957 der Komponist **Jean Sibelius** mit seiner Ehefrau Aino. Nach ihr wurde das Landhaus

Transparentes Design: Auch das Glasmuseum in Riihimäki zeigt, dass die Finnen mit gelungener Formgebung auf Du und Du stehen.

benannt, das der Komponist bei dem berühmten Jugendstilarchitekten Lars Sonck in Auftrag gab. Das Grundstück selbst machte ihm der finnische Staat zum Geschenk.

Villa Halosenniemi: Tuusula, Halosenniemintie 4 - 6 | Mai - Aug. Di. - So. 11 - 18, Sept. - April Di. - So. 12 - 17 Uhr | Eintritt 8 € | www.halosenniemi.fi

Villa Ainola: Järvenpää, Ainolankatu | Mai - Sept. Di. - So. 10 - 17 Uhr | Eintritt 10/4 € | www.ainola.fi

Geschichte des finnischen Glases

Riihimäki

In der Industriestadt Riihimäki (67 km nördlich von Helsinki) ist das **Finnische Glasmuseum** (Lasimuseo) in einer Glashütte von 1914 zu Hause. Es präsentiert 300 Jahre Geschichte der Glasherstellung in Finnland und schönstes finnisches Design. Neben dem Glasmuseum steht das **Finnische Jagdmuseum.**

Suomen Lasimuseo: Tehtaankatu 23 | Feb. - Dez. Di. - So. 10 - 18 Uhr | Eintritt 7/3 € | www.suomenlasimuseo.fi

Suomen Metsästysmuseo: Tehtaankatu 23a | Mai - Aug. Di. - So. 10 - 17, sonst 10 - 16 Uhr | Eintritt 7/3 € | www.metsastysmuseo.fi

JOENSUU

Gebiet: Ostfinnland | **Einwohnerzahl:** 77 000

K 30

In der Universitätsstadt Joensuu wissen die Leute, wie man feiert: Die meisten Besucher kommen wegen der zahlreichen Konzerte und Feste hierher. In der »Joensuu Laulurinne« – einer Art Stadion ausschließlich für Musikveranstaltungen – finden locker 50 000 Zuschauer Platz. Jedes Jahr im Juli treffen sich hier Rockfans zum Ilosaari Rock Festival, aber auch sonst wird im Sommer musikalisch einiges geboten.

Hier spielt die Musik

Auch wenn Sie nicht die Feierlaune nach Joensuu zieht, gibt es gute Gründe, die Stadt zu besuchen. Vor allem das **Kloster Uusi Valamo** ein Stück außerhalb ist ein sehenswertes Ziel – typische klösterliche Stille erwartet Sie dort nicht, so viel sei schon mal verraten. Die Schätze des Klosters sind deutlich älter als Joensuu: Obwohl die Region schon mehrere Jahrhunderte vorher besiedelt war, wurde die Stadt erst 1848 auf Befehl von Zar Nikolaus I. gegründet. 1894 zog die Moderne ein: Die Stadt wurde an das Bahnnetz angeschlossen, 1950 eröffnete der Flughafen. Zwischen diesen beiden Ereignissen vollzog sich ein langsamer und unspektakulärer, gleichzeitig aber auch steti-

JOENSUU ERLEBEN

TOURIST INFORMATION IM CARELICUM
Koskikatu 5, Tel. 013 2 67 52 22
www.joensuu.fi
www.visitkarelia.fi

Junge und alte Rockmusikfreunde treffen sich Mitte Juli beim Ilosaari Rock Festival, wenn Bands aus Skandinavien und anderen Ländern für ein heißes Wochenende sorgen.
www.ilosaarirock.fi

KIELO €€€–€€€€
So richtig anheimelnd ist die Umgebung nicht. Dafür speist man im besten Restaurant der Stadt in minimalistischem Ambiente mit viel Beton und Holz ganz ausgezeichnet: moderne finnische Küche aus besten Zutaten, kreativ zubereitet (So., Mo. geschl.).
Suvantokatu 12
Tel. 013 22 78 74
http://ravintolakielo.fi

BREAK SOKOS HOTEL KOLI €€€
Das Glas- und Steingebäude auf dem Ukko-Koli ist finnisch nüchtern. Umso spektakulärer ist der fantastische Blick auf den Pielinen-See und die Berglandschaft des Koli-Nationalparks. Genießen Sie die großzügig eingerichteten Zimmer, das Spa und das Essen in einem der drei Restaurants.
Koli, Ylä-kolintie 39
Tel. 020 1 23 46 62
www.sokoshotels.fi

ger Aufstieg der Stadt, die heute ein wichtiges regionales Zentrum und ein durchaus bedeutender Industriestandort ist.

Wohin in Joensuu und Umgebung?

Schön zum Flanieren

Stadtzentrum

Beachtung verdient das 1914 nach Plänen von Eliel Saarinen aus rotem Backstein erbaute Rathaus mit einem mächtigen Turm. Hier sind auch das Stadttheater und ein Restaurant untergebracht. Hübsch ist ein **Bummel über den Marktplatz** und vorbei an den alten Holzhäusern in der Rantakatu nahe dem Hafen. Unweit vom Rathaus steht am Fluss Pielisjoki der Pavillon, von dem die Schiffe nach Savonlinna und zu den Koli-Bergen sowie zu Kreuzfahrten auslaufen.

Für Kinder und Erwachsene

Carelicum

Die wichtigste Sehenswürdigkeit der Stadt ist das Carelicum – eine **Kombination aus Bürgerzentrum und Museum.** Auch die Touristeninformation, ein Café und kostenlose Internetterminals sind hier untergebracht. Das **Nordkarelische Museum,** das hier eine neue Heimat gefunden hat, befasst sich mit der Geschichte und Kultur der Region. Auf Kinder wartet die **»Kinderstraße«:** Hier wurden eine Straße mit bunten Holzhäuschen, ein Marktplatz und ein Hafen nachgebaut, in der lebende Comicfiguren »wohnen« und mit den Kindern spielen.

Koskikatu 5 | Mo. - Fr. 10 - 16.30, Sa., So. 10 - 15 Uhr | Eintritt ins Museum 5 € | www.joensuu.fi/carelicum

Größtes russisch-orthodoxes Kloster außerhalb Russlands

★★ Kloster Uusi Valamo Abb. S. 611

Zu den beliebtesten Ausflugszielen in Nordkarelien gehört das orthodoxe Kloster Uusi Valamo. Es liegt ca. 60 km südwestlich von Joensuu in Papinniemi an der Südspitze des Juojärvi. Hier fanden die orthodoxen Mönche eine neue Heimstatt, nachdem sie 1940, als die Sowjets in jenes Gebiet vorrückten, ihr altes Kloster auf der Insel Valamo im Ladogasee hatten verlassen müssen. Sie retteten Ikonen, darunter die **wundertätige Ikone der Gottesmutter von Konevitsa,** wertvolles Kirchengerät und die Bücher der Klosterbibliothek, die auf das 15. Jh. zurückgeht. Einige dieser Gegenstände sind im orthodoxen Kirchenmuseum in Kuopio zu sehen.

Heute ist das alte Kloster größtenteils verfallen und verwaist. Es wurde um 1329 gegründet und wuchs im Lauf des Mittelalters zu einem großen und bedeutenden Kloster von russischen und karelischen Mönchen heran. Nach der russischen Oktoberrevolution und der Unabhängigkeit Finnlands 1917 ging die Zahl der Mönche stark zurück, und russische Pilger konnten wegen der gesperrten Grenze nicht mehr nach Valamo kommen. Uusi Valamo mit der 1976 geweihten Kirche gilt als das größte russisch-orthodoxe Kloster außerhalb Russlands. Lange Zeit lebten nur noch wenige Mönche im Kloster, dem schon die Schließung drohte. Doch eine Renaissance des orthodoxen Glaubens brachte die Wende. Die geschäftstüchtigen Mönche haben inzwischen ihr Kloster zu einem Glaubenszentrum für jedermann ausgebaut. Im **riesigen Andenkenladen** kann man von der geweihten Ikone bis zur Kerze alle nur denkbaren Devotionalien kaufen, Hotel, Tagungszentrum und Restaurant gehören zum Kloster. Besonders an Ostern und anderen kirchlichen Feiertagen ist Uusi Valamo ein beliebtes Ausflugsziel. Im Sommer bieten die Mönche Bootsfahrten zum Frauenkloster Lintula an. Tiefer eintauchen in die klösterliche Atmosphäre kann, wer ein Zimmer im Kloster bucht.

Valamontie 42 | Mo. -Fr. 9 - 18, Sa., So. bis 20 Uhr | Eintritt frei, Spende erbeten | http://valamo.fi

Finnlands berühmteste Aussicht

★ Koli-Berge

In vorchristlicher Zeit waren die Koli-Berge nördlich von Joensuu eine **heilige Opferstätte,** an der mächtige Geister ihren Sitz hatten. Von der Anmutung ließen sich im 19. Jh. viele finnische Künstler der

Wie aus dem Bilderbuch: der Blick vom 347 m hohen Ukko-Koli auf den Pielinen-See

FINNISCHES DESIGN

Finnland wurde in den 1950ern und 1960ern international weitgehend über Design und Architektur (und Musik) definiert. So entstand die Vorstellung von einem Land zwischen Ost und West mit eigener Identität, und das finnische Kunstgewerbe wurde zum Exportprodukt.

▶ **Bedeutende Designer**

Designer Kaj Franck (1911–1989)

Kaj Franck
Sein schlichter Stil ohne jegliche Dekorationen war stark vom Bauhaus inspirier und steht noch heute für skandinavisches Design. Als Chefdesigner entwarf er Geschirrserien für Arabia und Iittala und machte finnisches Design internationa bekannt.

Designer Maija Isola (1927–2001)

Harri Koskinen
Entwirft Möbel, Inneneinrichtungen und Gebrauchsgegenstände. Seine »Block Lamp« ist mittlerweile im »Museum of Modern Art« in New York ausgestellt.

▶ **Ausgewählte Epochen aus Design und Architektur**

KONSTRUKTIVISMUS
EXPRESSIONISMUS
1900 1905 1910 1915 1920 1925 1930 1935 1940 1945 195
BAUHAUS
DE STIJL
ART DÉCO

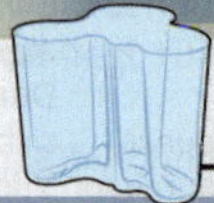

▶ **Bedeutende Architekten**

Architekt/Designer Alvar Aalto (1898–1976)
Aalto-Vase (1937) | Artek-Lounge-Stuhl (1937

Sibelius-Halle
Sie gehört zu den besten Konzertsälen Nordeuropas. Doch nicht nur die Akustik ist beeindruckend – weltweit ist sie das einzige Konzerthaus aus Holz.

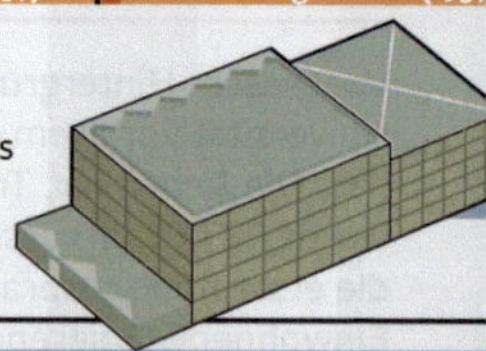

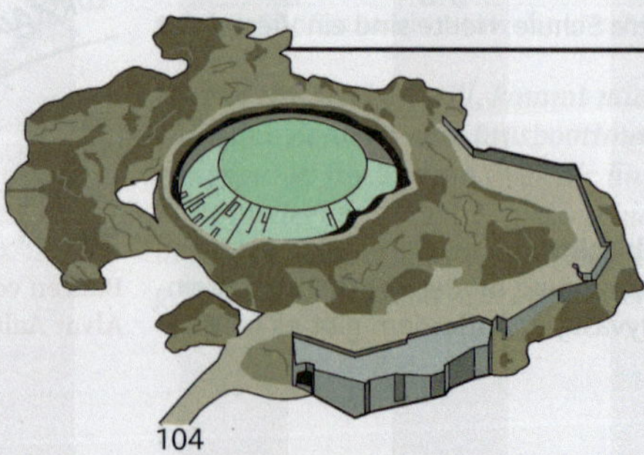

Architekten Timo Suomalainen (geb. 1928)
Tuomo Suomalainen (1931–1988)

Temppeliaukio-Kirche
In einen Granitfelsen quasi hineingesprengt. Unbearbeiteter Granit bilde die Wände der Kirche.

Architekt Juha Leiviskä

▶ **Design Forum Finnland**
Hervorgegangen aus der 1875 gegründeten finnischen Gesellschaft für Handwerk und Entwurf, repräsentiert es finnisches Design weltweit durch Ausstellungen, Veröffentlichungen und Wettbewerbe.

Kartio Vase (1958–1975)

Maija Isola
Nach ihrem Studium an der Hochschule für Kunst und Design in Helsinki entwarf sie als Chefdesignerin rund 500 Stoffdrucke für das Label Marimekko – so auch das bekannte Blumenmotiv »Unikko«.

Muster Unikko (1964)

Designer Harri Koskinen (geb. 1970) Block Lamp (1996)

FOTOREALISMUS
POP ART JUNGE WILDE NEUE LEIPZIGER SCHULE

1960	1965	1970	1975	1980	1985	1990	1995	2000	2005	2010

RUTALISMUS POSTMODERNE
STRUKTURALISMUS NEUE EINFACHHEIT
INFORMERLLER STIL

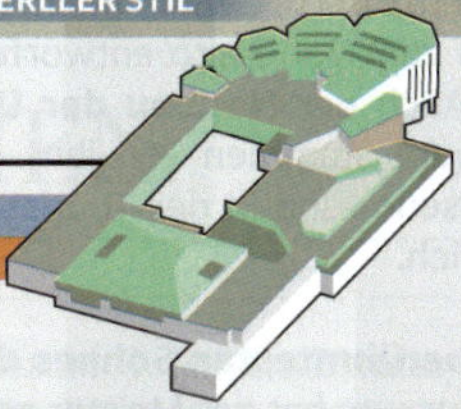

Finlandia-Halle (1971, Helsinki)
Das marmorverkleidete Konzert- und Kongressgebäude ist eines der letzten und bekanntesten Werke Aaltos.

Finlandia-Halle

Architekt Hannu Tikka und Kimmo Lintula Sibelius-Halle (2000, Lahti)

Temppeliaukio Kirche (1960–1969, Helsinki)

Deutsche Botschaft
Der mit deutschem Juramarmor verkleidete Gebäudekomplex zeichnet sich u.a. durch große Fensterfronten aus, die den Blick auf die umgebende Insellandschaft freigegeben.

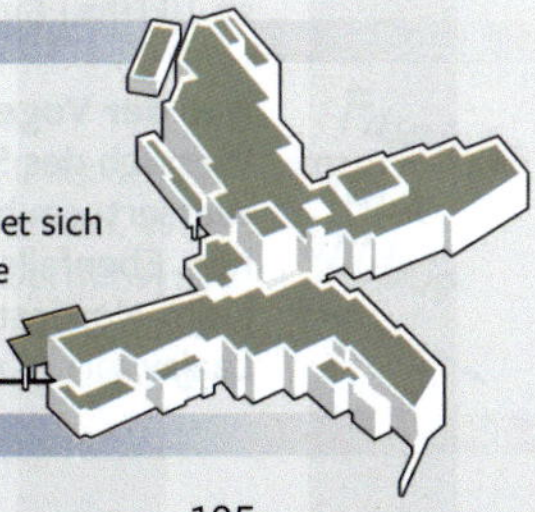

. 1936) Deutsche Botschaft (1986–1993, Helsinki)

KARELIEN ERLEBEN

KARELIA EXPERT TOURIST SERVICE

Teollisuuskatu 15, 80100 Joensuu
Tel. 040 4 87 48 97
www.visitkarelia.fi
www.karelien.de

RAVINTOLA BOMBA €€€

Karelien pur und authentisch: Im Restaurant des berühmten Bomba-Hauses gibt es ein fantastisches karelisches Buffet.
Nurmes, Suojärvenkatu 1
Tel. 010 7 83 04 50
www.raflaamo.fi

BREAK SOKOS HOTEL BOMBA €€€

Wunderbar am Seeufer gelegen, bietet der rundum renovierte moderne Hotelkomplex schöne Zimmer und eine ebenso große wie großzügig angelegte Spa-Anlage.
Nurmes, Tuulentie 10
Tel. 010 7 83 04 50
www.sokoshotels.fi

Insellandschaft Paallasma und zahlreichen Badestellen. In den Dörfern und Städtchen der Region ist das Sightseeing noch eine ausgesprochen entspannte Angelegenheit. **Eine Welt vollkommen ohne Hektik und Stress** – das ist Karelien.

Wohin in Lieksa und Umgebung?

Beliebt bei Wanderern und Wassersportlern

Lieksa

Einer der touristisch interessantesten Orte in Nordkarelien ist das Städtchen Lieksa. Seine landschaftlich schöne Umgebung schließt die 25 km nordöstlich gelegenen **Stromschnellen von Ruunaa** ein, den See Pielinen, den man mit der Fähre bis zu den **Koli-Bergen** überqueren kann, und den **Nationalpark Patvinsuo.**

Die moderne **Kirche** von Lieksa wurde 1982 vom namhaften Architekten-Ehepaar Reima und Raili Pietilä an der Stelle einer von Carl Ludwig Engel erbauten und 1979 abgebrannten Kirche errichtet. Besonders eindrucksvoll: das kreuzförmige geschwungene Dach mit großen Fenstern.

Im **Pielisen Freilichtmuseum** stehen zahlreiche traditionelle Holzhäuser mit entsprechend authentischer Einrichtung. In einem neueren Gebäude wird die Ortsgeschichte des 19. und des 20. Jh.s dokumentiert, hinzu kommen volkskundlich interessante Exponate. Wechselausstellungen komplettieren das Angebot. Die meisten älteren Gebäude stammen aus der Gegend zwischen dem See Pielinen und dem russischen Teil Kareliens.

Durchaus eine Herausforderung: Rafting durch die Ruunaa-Stromschnellen

Pielisen Museo: Pappilantie 2 | Mitte Mai – Mitte Sept. tgl. 10 – 18, sonst Di. – Fr. 10 – 15 Uhr (nur Ausstellungsgebäude) | Eintritt 7 € | www.lieksa.fi

Schätze aus Holz

Vuonisjärvi

Im Dorf Vuonisjärvi, ca. 30 km vom Zentrum von Lieksa in Richtung Joensuu, stehen das Atelier, das Heim, das Galerie-Café und die Kirche der Holzschnitzerin **Eeva Ryynänen** (1915–2001). Sie hat rund 500 Holzfiguren geschaffen. Ihr größtes Werk, die Kirche von Paateri, wurde 1991 fertiggestellt.

Mitte Mai – Mitte Sept. tgl. 10 – 18 Uhr

Wander- und Wasserparadies

Ruuna

Das Besucherzentrum Ruuna am Fluss Naara informiert über das **Wander- und Naturschutzgebiet** Ruuna anhand von Schautafeln und einer Filmvorführung (Rafting-Möglichkeiten).

Karelische Tradition und Küche

Nurmes

Von Lieksa folgt die Str. 73 dem Ufer des Pielinen und führt nach knapp 60 km nach Nurmes, das schon von Weitem an dem hohen Kirchturm zu erkennen ist. Sehenswert ist die **Altstadt** nordwestlich vom Bahnhof mit Holzhäusern.

An der Einfallstraße von Süden liegt, 2 km von Nurmes entfernt, das rekonstruierte karelische **Bomba-Haus** mit Ferienhütten, Freizeitanlagen und einer Freilichtbühne. Die Blockhäuser wurden 1976 bis 1981 gebaut und sind Musterbeispiele karelischer Baukunst. Als

Vorbild diente ein Farmhaus der Familie Bombin, das 1855 in einem karelischen Dorf, heute auf russischem Gebiet, errichtet wurde. Das Haupthaus beherbergt ein traditionelles karelisches Restaurant, probieren Sie es aus! Die umliegenden Holzhäuser sind zu Unterkunftsmöglichkeiten umfunktioniert worden.
Das Ferienzentrum Bomba, zu dem auch ein Spa-Hotel gehört, ist bei finnischen und russischen Touristen sehr beliebt.

Wohin in Ilomantsi und Umgebung?

Der östlichste Ort der EU

Ilomantsi

Rund 70 km östlich von Joensuu (Straße 74) kommt man ins Herz von Nordkarelien nach Ilomantsi. Dies ist die am weitesten im Osten gelegene Gemeinde der Europäischen Union. Die **orthodoxe Elias-Kirche** mit ihren sechs Türmen zählt zu den schönsten und größten ihrer Art im ganzen Land.

Bei den Runensängern

Parppein-vaara

Das **»Runendorf«** zeigt Wohn- und Esskultur der Karelier. Vor allem aber kann man in der Runonlaulajan Pirtti (Runensängerhütte) karelischen Gesängen und Kantele-Musik lauschen.
Parppeintie 4 | Juni – Aug. tgl. 10 – 17, Juli bis 18 Uhr | Eintritt 8/6 € | www.parppeinvaara.fi

Wandern im Nationalpark

Nationalpark Petkeljärvi

Der Nationalpark Petkeljärvi an der russischen Grenze ist mit 6 km² nicht gerade stattlich und »spektakulär« ist auch ganz nicht das richtige Wort. Doch ein Besuch lohnt sich. Von der Landstraße von Ilomantsi nach Möhkö (Busverbindung) führt ein 6 km langer Weg hin. Zwei Drittel der Parkfläche bestehen aus Gewässern, von denen der **kristallklare See Kuikkalampi** mit weiten Schwemmwiesen der größte ist. Diese Wiesen dienten früher den Bauern zur Versorgung des Viehs mit Winterfutter. An den Ufern der Seen, Bäche und Teiche sind **zahlreiche Biberburgen** zu sehen.
Ein guter Ausgangspunkt für Wanderungen ist **Petraniemi** mit Informationszentrum, Campingplatz, Sauna und Kiosk. Zahlreiche markierte, kürzere Wanderwege (3,5 und 5,5 km) führen durch den Park, auch etliche längere Touren haben hier ihren Ausgangspunkt. Beliebt ist die gelb markierte Wanderroute **Taitajan-Taival** von Ilomantsi zum Dorf Putkela (26 km), auf der zum Teil beträchtliche Höhenunterschiede zu meistern sind.

Gefühlt ist Finnland ein durchgehender Wald von Nord nach Süd.
Ein 7 km langer Rundweg führt auf schmalen Pfaden durch den Petkeljärvi-Nationalpark, vorbei an mehreren Seen und durch ein Sumpfgelände.

KUOPIO

K 28

Gebiet: Zentralfinnland | **Einwohnerzahl:** 120 000

Kuopio liegt wunderschön am Ufer des Kallavesi. Damit auch wirklich jeder merkt, wie schön es hier ist, wurde auf dem Hausberg Pujiomäki ein Turm mit Panorama-Restaurant gebaut. Im Wettbewerb um den schönsten Ausblick in Finnland liegt der von dort oben ganz weit vorn.

Im Herzen der Natur

Mit dem Panorama muss man sich aber nicht zufriedengeben. Die Lage am Kallavesi macht Kuopio auch zu einem beliebten Ausgangspunkt für **Rundfahrten durch die Finnische Seenplatte.** Eine »Stadt im Herzen der Natur« – das darf man hier wörtlich nehmen. Offenbar macht das die Stadt nicht nur für ausländische Besucher attraktiv, auch immer mehr Finnen zieht es hierher. Kuopio ist inzwischen die neuntgrößte Stadt Finnlands und eines der wichtigsten Wirtschaftszentren der Seenplatte. Dabei verlief Kuopios Geschichte zunächst nicht gerade erfolgreich. Die erste Stadtgründung 1653 scheiterte, sodass man 1775 auf Geheiß des damals regierenden schwedischen Königs Gustav III. einen neuen Anlauf nahm. Der Bau des Saimaakanals brachte dann den erforderlichen wirtschaftlichen Aufschwung, denn seit 1856 konnte man so mit dem Schiff von Kuopio aus die Ostsee erreichen. Bedeutend ist die Stadt auch für die orthodoxen Christen im Land, denn hier ist der Sitz ihres Erzbischofs.

Wohin in Kuopio?

Rund um den Marktplatz

Zentrum

Der **Marktplatz** (Kauppatori) bildet den Mittelpunkt der Stadt. Im Sommer finden hier beim Internationalen Tanzfestival, einem der wichtigsten in Nordeuropa, Konzerte und Tanzveranstaltungen statt. Auch Tanzkurse werden angeboten. Gegenüber dem prächtigen **Rathaus** (1884) steht die im Jugendstil gehaltene **Markthalle.** Durch die Kauppakatu gelangt man zum 1815 vollendeten **Dom,** der östlich auf einer kleinen Anhöhe steht. Wiederum östlich schließt sich der **Snellman-Park** (Snellmanin puisto) an. Das Wohnhaus des finnischen Philosophen in der Snellmaninkatu 19 ist heute ein **Museum.**

Mehr zu Stadt und Region

Museen

Nördlich vom Park in der Kauppakatu befindet sich in einem schönen Jugendstilgebäude das **Kuopio-Museum.** Exponate zur Stadtgeschichte, kulturgeschichtliche und naturwissenschaftliche Sammlungen aus der Region sind hier zu sehen, doch wegen Renovierung ist es bis 2021 geschlossen. Das **Kunstmuseum** (Taidemuseo) zeigt vor allem finnische zeitgenössische Kunst. Südlich des Doms steht das zu einem Museum umfunktionierte **Fotografiezentrum Valokuvakeskus** mit alten Kameras und Fotos. Weiter südlich folgt das **Freilichtmuseum** (Korttelimuseo). Die alten Holzhäuser vermitteln einen guten Eindruck von der ursprünglichen Altstadt.

Kuopion taidemuseo: Kauppakatu 35 | Di. – So. 10 – 17 Uhr | Eintritt 8/5 € | http://kuopiontaidemuseo.fi

VB Valokuvakeskus: Kuninkaankatu 14–16, im Sommer tgl. 12 – 18 Uhr, im Winter Mo geschl. | Eintritt 8/6 € | http://vb-valokuvakeskus.fi

Kuopion korttelimuseo: Kirkkokatu 22 | Di. – So. 10 – 17 Uhr | Eintritt 6/4 € | http://kuopionkorttelimuseo.fi

Ein wahres Schatzkästchen

Orthodoxes Kirchenmuseum

Die bedeutendste Sehenswürdigkeit von Kuopio, das Orthodoxe Kirchenmuseum, steht nördlich der Innenstadt in der Karjalankatu. Das reich bestückte Museum führt die bereits 1911 begonnene Museumstätigkeit des früheren Klosters Valamo auf einer Insel im Ladogasee weiter und beherbergt **eine der größten Sammlungen orthodoxer Kirchenschätze** außerhalb von Russland. Ausgestellt sind wertvolle Ikonen, Ikonostasen, sakrale Gegenstände und reich verzierte liturgische Textilien.

Suomen Ortodoksinen Kirkollishallitu: Karjalankatu 1 | Di. – Sa. 12 – 16 Uhr | Eintritt 10/8 € | www.ortodoksinenkirkkomuseo.fi

Von Kuopios Hafen aus lässt sich die Finnische Seenplatte wunderbar erkunden.

KUOPIO ERLEBEN

KUOPIO TOURIST INFORMATION CENTER

Kauppakatu 45
Kuopio
Tel. 0800 18 20 50
www.kuopiotahko.fi

KUOPIO TANSSII JA SOI

Das internationale Tanzfestival Mitte Juni bietet Höhepunkte des klassischen Balletts. Achtung: Nie ist die Stadt so voll wie zu dieser Zeit.
www.kuopiodancefestival.fi

ZU FUSS UND MIT DEM BOOT

Der perfekte Ausgangspunkt für Wanderungen und Bootsfahrten im Nationalpark Etelä-Konnevesi bei Rautalampi ist der Hof Törmälä. Dort kann man auch übernachten.
www.tormala.fi/tormala-de

FINNISCHER ABEND

Bei einem Finnischen Abend (Di., im Sommer auch Fr.) in der Flößerhütte Jätkänkämppä bekommt man erste Eindrücke vom Leben in Finnland. In der zum Hotel Rauhalahti am Kallavesi-See gehörenden Hütte gibt es ein traditionelles Buffet, dazu Musik und Tanz. Dann ist auch die größte Rauch-

1 Musta Lammas
2 Sampo

1 Sokos Hotel Puijonsarvi
2 Hotel Golden Dome
3 Sininen Helmi

sauna der Welt geöffnet. Auf dem See zeigen Flößer ihre Fertigkeiten.
www.rauhalahti.fi/de

❶ MUSTA LAMMAS €€€

Der Keller einer alten Brauerei von 1862 wurde zu einem Gourmet-Restaurant der Spitzenklasse umgestaltet. Im »Schwarzen Schaf« gibt es original finnische Küche auf Feinschmecker-Niveau.
Satamakatu 4, Tel. 01 75 81 04 58
www.ravintolamestarit.net

❷ SAMPO €€

In dem urigen Restaurant mit Hafenkneipenflair bestellen auch Einheimische gerne die Fischgerichte. Die Spezialität des Hauses ist Siika (dt. Maräne oder Felchen).
Kauppakatu 13, Tel. 02 07 62 48 18
http://www.ravintolamaailma.fi/ravintolat/sampo-kuopio

❶ SOKOS HOTEL PUIJONSARVI €€€

In der Straße, die sowohl zum Hafen als auch zum Marktplatz führt, liegt dieses angenehme Hotel wider Erwarten ausgesprochen ruhig. Es gibt 300 komfortabel eingerichtete Gästezimmer und Suiten.
Minna Canthin katu 16
Tel. 01 07 62 95 00
www.sokoshotels.fi

❷ HOTEL GOLDEN DOME €€

Das kleine Hotel liegt neben der orthodoxen Kirche von Iisalmi. Der Besitzer stammt ursprünglich aus Karelien und bietet seinen Gästen häufig Essen aus seiner Heimat an. Probieren Sie unbedingt die karelischen Piroggen.
Kirkkopuistonkatu 28
74100 Iisalmi
Tel. 01 7 81 22 44
www.goldendome.fi

❸ SININEN HELMI €€

Das Familienhotel liegt 35 km westlich von Iisalmi am See Kiurujärvi. Neben der normalen Sauna gibt es auch auch eine Rauchsauna. Das Hotelrestaurant bietet herzhafte Hausmannskost, besonders stolz ist man auf das geräucherte Schweinefilet. Die Fische kommen alle fangfrisch aus dem See vor der Tür. Für Finnland ungewöhnlich: Auch Bioweine aus aller Welt stehen auf der Karte.
Hankaniementie 110
74700 Kiuruvesi
Tel. 04 07 05 04 28
www.sininenhelmi.fi

Rund um Kuopio

Mehr Panorama geht nicht

Vom Orthodoxen Kirchenmuseum kann man nordwärts zu der bewaldeten Höhe **Puijomäki** wandern. Zwei Wanderwege führen zu einem der bekanntesten Ziele in Finnland: zu dem 75 m hohen **Aussichtsturm** (Puijon Torni), der sich 225 m über dem Spiegel des Sees Kallavesi erhebt. Von hier hat man einen wunderbaren Ausblick auf die Finnische Seenplatte. Puijon Torni

Puijon torni: Sommer Mo. - Sa. 10 - 21, So. 10 - 19, Winter Mo. - Do. 11 - 19, Fr., Sa. 11 - 21, So. 11 - 16, Uhr | Eintritt 6 € | www.puijo.com

Etwas für Wanderfans

Wasserfall Korkeakoski

Lohnend ist der Ausflug zum 54 km nördlich von Kuopio gelegenen Wasserfall Korkeakoski in der Gemeinde Maaninka. Mit einer Fallhöhe von 46 m soll er der größte Wasserfall des Landes sein. Die Definition von »Wasserfall« wurde in diesem Fall jedoch etwas strapaziert, denn eigentlich handelt es sich nur um eine **steilere Stromschnelle.** Wanderlustige können hier zwischen einigen Pfaden wählen. Sehr zu empfehlen ist die sogenannte Schluchtenrunde zur Felsformation Rotkolaakso.

Landleben anno dazumal

Riuttala

Kurz vor Kuopio lohnt sich ein Abstecher westwärts Richtung Karttula (36 km). Bei Riuttala (nördlich) bietet sich der Besuch des großen **Bauernhofmuseums** an. In Tervo, 14 km von Karttula entfernt, befindet sich das große **Angelzentrum »Lachsland«** (Lohimaa).

Riuttalan Talonpoikaismuseoot: Juni – Aug. Fr. – Mo. 12 – 17 Uhr | Eintritt 8 € | http://riuttala.fi

Nördlichste Stadt der Seenplatte

Iisalmi

Rund 100 km nördlich von Kuopio liegt die Industriestadt Iisalmi am Nordufer des Porovesi. Am Seeufer unweit der **Brauerei** (mit Brauereimuseum, Luuniemenkatu 4, Mo.–Fr. 10–15 Uhr) findet man einige nette Restaurants. Höhepunkt des Stadtrundgangs ist das orthodoxe **Kulturzentrum Artos** (Kirkkopuistonkatu 28). Es steht mitten in der Stadt und zeigt u. a. eine Sammlung von Ikonen und Modellen orthodoxer Kirchen aus Karelien. Die angrenzende Kirche wurde 1995 von einem russischen Künstler mit Fresken ausgeschmückt. Im Juli wird hier das orthodoxe **Prusniekka-Festival** gefeiert. Es ist dem örtlichen Kirchenheiligen gewidmet.

KUUSAMO

G 30

Gebiet: Nordostfinnland | **Einwohnerzahl:** 15 000

Kuusamo ist das richtige Reiseziel für alle, die von einem Outdoor-Urlaub träumen. Egal ob man wandern, paddeln oder angeln, Bären beobachten oder Pilze und Beeren sammeln will, in der Nähe dieser Stadt findet man die besten Bedingungen, und in der kalten Jahreszeit sind alle Arten von Wintersport möglich.

Schon im 15. Jh. bildete Kuusamo die bedeutende **Schnittstelle zweier Kulturen.** Bis hierher reichte der Einflussbereich des damaligen schwedischen Reiches von Westen, während aus dem Osten der kulturelle Einfluss Russlands kam. Ein Viertel der Bevölkerung der Region lebt von Land- und Forstwirtschaft, insbesondere die Rentierzucht hat hier noch Bedeutung. Die Stadt selbst wurde im Zweiten Weltkrieg zerstört und danach modern aufgebaut. Kuusamo eignet sich vor allem als Stützpunkt für Fahrten oder Wanderungen in die Umgebung mit ihren vielen Naturschönheiten und dem reizvollen Gegensatz von ausgedehnten Wasser- und Sumpfflächen und felsigen Partien.

Bestens für Outdoor-Aktivitäten

BAEDEKER MAGISCHE MOMENTE

BÄRIGE ERLEBNISSE

Niemand wird den Moment vergessen, an dem er das erste Mal einen Bären in der Wildnis gesehen hat. Gönnen Sie sich dieses Kribbeln. Im Osten Finnlands kann man an einigen Orten auf Bärensafari gehen. Sicher, aus Beobachtungshütten heraus, macht man Fotojagd auf Europas größtes Raubtier. Sowohl von Kuusamo als auch von Vartius aus kann man auf Bärentour gehen. Das Naturzentrum in Petola bei Kuhmo informiert umfassend über die in Finnland heimischen Raubtiere.

KUUSAMO ERLEBEN

KUUSAMO INFO
Torangintaival 2
93600 Kuusamo
Tel. 040 8 60 83 65
www.ruka.fi

OULANKA-NATURZENTRUM
Hier gibt es eine Ausstellung und Multimediavorführung über den Nationalpark, außerdem sind Wanderkarten und Angelberechtigungen erhältlich und man kann geführte Touren buchen.
Liikasenvaarantie 132, Kuusamo
Juni – Sept. tgl. 10 – 18, Okt. und Mitte Feb. – Ende Mai tgl. 10 – 16, Nov. – Mitte Feb. Di. – Sa. 10 – 16 Uhr
www.nationalparks.fi/en/oulankavisitorcentre

UNTERWEGS MIT SCHLITTENHUNDEN
Sehr vergnüglich sind winterliche Husky-Safaris, die im Raum Kuusamo diverse Veranstalter anbieten. Eine 2-stündige Schlittentour veranstaltet etwa Kuusamo Safaris. Es gibt auch kombinierte Touren mit Hundeschlitten und Snowmobil. Zum Programm gehören meist Kaffee und am offenen Feuer gegrillte Würstchen.
www.kuusamosafaris.fi

HOLIDAY CLUB KUUSAMON TROPIIKKI €€€–€€€€
Natürlich gibt es moderne Zimmer und ein gutes Restaurant. Das besondere Extra sind die Badelandschaft mit Palmen und die Spa-Abteilung. Neben der obligatorischen finnischen Sauna kann man auch in einem römischen Kräuterbad schwitzen.
Kylpyläntie 5, 93600 Kuusamo
Tel. 030 686 44 00
www.holidayclubresorts.com

Die Kirche in Zentrumsnähe wurde 1951 gebaut und beherbergt zwei Glocken mit interessanter Geschichte: 1944 hatten deutsche Soldaten sie aus der damaligen Kirche geborgen und auf dem Friedhof vergraben, um sie vor den anrückenden sowjetischen Truppen zu sichern. Nach dem Krieg blieben sie bis 1959 verschollen – bis der einstige deutsche Regimentskommandeur Kuusamo besuchte und der Stadt den Platz der vergrabenen Glocken zeigte.

Rund um Kuusamo

Schneevergnügen

Rukatunturi

Ein lohnender Ausflug führt zum Rukatunturi an der Str. 5. An dem 462 m hohen Berg gibt es rund zwei Dutzend Lifte und mehr als 30 **Abfahrtspisten.** Auch das Langlaufgebiet in Kuusamo und Ruka ist ausgezeichnet: 500 km präparierte Loipen aller Schwierigkeitsgrade stehen zur Verfügung. Loipenkarten sind im Touristenbüro erhältlich. Der Sessellift ist auch im Sommer in Betrieb und bietet Besucher und Besucherinnen ein weites Panorama. Im Sommer kann man hier auf der **längsten Rodelbahn Finnlands** den Berg hinabsausen.

Bizarr-schöne Szenerie

Julma Ölky

Etwa 50 km nördlich von Kuusamo und über die Str. 913 erreichbar liegt in einer tiefen Schlucht mit 50 m hohen Wänden der See Julma Ölky. Obwohl dieses Naturkunstwerk ziemlich klein ist, ist der Julma Ölky der berühmteste See der Region. Bei einem **Bootsausflug** sind am Ostufer die von einer gewölbten Felsplatte gebildete »Teufelskirche« und die aus zahlreichen Bächen gespeiste Regenbogenquelle (Sateenkaarilähde) zu sehen.

Auge in Augen mit den Wildtieren

Kero

In dem kleinen Ort Kero, 30 km südlich von Kuusamo an der E63 gelegen, kann man im **»Raubtierheim«** nordische Raubtiere anschauen, die man in freier Wildbahn als Tourist nur höchst selten zu Gesicht bekommt: Bären, Füchse und Luchse.

Kuusamon Suurpetokeskus: tgl. 10 – 17 Uhr, im Winter geschl. | Eintritt 10/5 € | www.kuusamon-suurpetokeskus.fi

Besuch von Wolf, Bär und Adler

★ Oulanka-Nationalpark

Nördlich von Kuusamo, in der Nähe des Polarkreises, liegt der Oulanka-Nationalpark (269 km²) mit canyonartig eingeschnittenen Tälern. Wenn sich die Blätter der Espen, Birken und Ebereschen während der »Ruska« (Herbstfärbung) in eine leuchtende Farbenpracht verwandeln, beginnt die ideale Zeit für ausgedehnte Wanderungen. Hier leben noch Wölfe, Adler und Braunbären. Im **Naturzentrum** des Nationalparks (13 km östlich von Käylä, ausgeschildert ab dort) informiert eine Ausstellung über die Region. Eine Multimediavorführung gibt Einblick in den Artenbestand des Nationalparks. Angelberechtigungen für die Flüsse der Region sind hier ebenfalls erhältlich.

Die **wilden Stromschnellen** sind die Hauptattraktion des Parks. Am eindrucksvollsten ist die Stromschnelle **Kiutaköngäs** (1 km zu Fuß vom Naturzentrum). Zwischen schmalen Felswänden aus Quarzit und Dolomit stürzt hier der sonst ruhige Oulankajoki auf einer Länge von 600 m 14 m hinab. Bekannt ist auch **Tailvalköngäs** (9 km östlich der Straße Kuusamo–Salla). Auf dem Weg dorthin eröffnen sich Ausblicke auf die Talschluchten Ristikallios. Mutige, vor! Ein unvergessliches Erlebnis ist es, die tosenden Stromschnellen **Niskakoski** (bei Juuma) und die des **Myllykoski,** an dem eine malerische alte Mühle liegt, auf einer schaukelnden Hängebrücke zu überqueren.

Eine der **berühmtesten Wanderrouten Finnlands** ist die **»Bärenrunde«** (finnisch »Karhunkierros«, kein Rundweg!) im Oulanka-Nationalpark. Je nach Kondition kann man sich entscheiden, ob man die

Wandern geht im Oulanka-Nationalpark auch auf dem Wasser.

gesamten 95 km (4 – 6 Tage) oder die kürzere, aber anspruchsvollere »Kleine Bärenrunde« (ca. 12 km, Start und Ziel in Juuma) abwandert. Ausgangspunkt für die große Bärenrunde ist die Naturhütte Hautajärvi (an der Straße Kuusamo–Salla), Endpunkt ist Rukatunturi. Übernachten kann man immerhin **gratis in den Wildmarkshütten** am Wegesrand. Doch in der Hochsaison kann es recht voll werden, deshalb ist hier die Mitnahme von Zelt und Schlafsack zu empfehlen.
www.luontoon.fi

LAHTI

M 26

Gebiet: Südfinnland | **Einwohnerzahl:** 121 000

Überall in der Welt kennt man Lahti als Wintersportmetropole, doch auch die Musik ist hier zu Hause. Das örtliche Sinfonieorchester zählt zu den besten des Nordens und tritt in der beeindruckenden Sibeliushalle auf. Sie punktet mit einem der besten Konzertsäle weltweit.

Wer sich für Wintersport interessiert, kommt an Lahti nicht vorbei. Hier wurden seit 1926 bereits sieben Mal, zuletzt 2017, die Weltmeisterschaften in den Nordischen Skisportdisziplinen ausgetragen. Die jährlichen Meisterschaften Anfang März, bekannt unter dem Namen »Lahti Ski Games« (Salpausselän Kisat), werden bereits seit 1923 in der Stadt organisiert. Sie gehören zu den größten nationalen Winterfestivals und ziehen zahlreiche Zuschauer aus nah und fern an. Im Februar findet der »Finlandia-Lauf« (Finlandia-hiihto) von Lahti nach ▶ Hämeenlinna statt. Der 50-km-Lauf gehört zur Serie der Worldloppet-Läufe und ist der größte Skimarathon in Nordeuropa.

Sport und Musik

Wohin in Lahti?

Den Mittelpunkt der Stadt ...

Marktplatz

... bildet der recht große, von Geschäftshäusern gesäumte Marktplatz (Kauppatori). In der Kirkkokatu erhebt sich die »Kirche des Kreuzes« **Ristin Kirkko,** ein Backsteinbau, der 1978 am Standort der hölzernen Vorgängerkirche nach einem Entwurf von **Alvar Aalto** fertiggestellt wurde. Südlich vom Markt kommt man zum Rathaus. Der Jugendstilbau (1912) geht auf Pläne von Eliel Saarinen, Erbauer des Finnischen Nationalmuseums und des Bahnhofs von Helsinki, zurück.

Größter Springbrunnen von Skandinavien

Wasserorgel

Im Teich des Kariniemi-Parks steht seit 1997 der größte Springbrunnen Skandinaviens. Das Zusammenspiel von **Licht, Wasser und Farben** wirkt an Herbst- und Winterabenden am schönsten.

Hier ist immer was los

Alter Hafen

Lahtis »Schokoladenseite«, der **Vanha Satama,** liegt am Ufer des Vesijärvi. Wo einst weitab vom Stadtgeschehen Holz vom See auf die Bahn verladen wurde, lädt heute eine schön gestaltete Promenade zum Flanieren ein. Cafés und Restaurants am Seeufer sind bei gutem Wetter eine beliebte Freizeitadresse. Von hier starten Ausflugsschiffe zu Touren und Rundfahrten über den See.

Ein Augen- und Ohrenschmaus

★ Sibeliushalle

Am Alten Hafen steht eine weitere Sehenswürdigkeit: Im Frühjahr 2000 wurde mit der Sibeliushalle einer der schönsten Konzertsäle Skandinaviens eröffnet. Das von den jungen finnischen Architekten Hannu Tikka und Kimmo Lintula entworfene **Holzbauwerk** beeindruckt sowohl mit seiner fantastischen Akustik als auch mit seiner gewaltigen Glasfront, die den Blick auf den See freigibt.

Lahden Sibeliustalo: Ankkurikato 7 | Gruppenführungen nach Vereinbarung | Tel. 050 3 98 58 12, Konzerttickets Tel. 0600 39 39 49 | www.sibeliustalo.fi

1 Mamma Maria
2 Santa Fe
3 Café Sinuhe

1 Sokos Lahden Seurahuone
2 Freizeitzentrum Messilä
3 Landhaus Jokela

Für Wintersportfans ein Muss!

Wintersport-zentrum

Im Westen von Lahti liegt das weltberühmte Wintersportzentrum mit drei Sprungschanzen, Eishalle, Stadion und Skimuseum. Auf der 90 m hohen Großschanze gibt es eine **Aussichtsplattform,** von der man einen tollen Blick über das Sportgelände, die Stadt und den Ve-

LAHTI ERLEBEN

VISIT LAHTI TOURIST INFORMATION
Aleksanterinkatu 18, 15140 Lahti
Tel. 0300 47 22 22, www.visitlahti.fi

❶ MAMMA MARIA €
Das Mamma Maria gleich neben dem Marktplatz bietet authentisch italienische Gerichte und gutes, selbst gemachtes Eis.
Vapaudenkatu 10
Tel. 03 7 51 67 16
www.mammamaria.fi

❷ SANTA FE €€
Direkt am Marktplatz liegt das Santa Fe. Die Außenterrasse mit Blick auf das Markttreiben ist sehr beliebt, die Karte mexikanisch inspiriert.
Aleksanterinkatu 10
Tel. 03 7 81 80 07
www.santafelahti.com

❸ CAFÉ SINUHE €€
Das gemütliche Straßencafé ganz in der Nähe vom Marktplatz serviert ausgezeichneten Kuchen.
Mariankatu 21
Tel. 04 08 33 33 81
www.sinuhe.fi

❶ SOKOS LAHDEN SEURAHUONE €€€
Ein komfortables Spitzenhotel mit 155 Zimmern und Suiten im Zentrum der Stadt. An Wochenenden werden Preisnachlässe gewährt.
Aleksanterinkatu 14
Tel. 02 01 23 46 55
www.sokoshotels.fi

❷ FREIZEITZENTRUM MESSILÄ €€–€€€
Im Messilä gibt es gemütliche Zimmer im Hotel neben dem ehemaligen Gutshaus, in alten Speichergebäuden oder Blockhütten. Auch ein Campingplatz ist vorhanden. Restaurantplätze müssen vorgebucht werden.
Messiläntie 308
Tel. 03 8 60 11
www.messila.fi

❸ LANDHAUS JOKELA €€
Etwa 30 km westlich von Lahti erwartet Sie ein altes Herrenhaus mit 14 Zimmern, liebevoll möbliert, mit Retro-Charme.
Pihlajamäntie 23
Hämeekoski
Tel. 05 05 66 79 24
www.jokelankartano.fi

sijärvi hat. Am **Skistadion** beginnt ein 150 km langes Netz von Wanderwegen, im Winter dienen sie als Langlaufloipen.

Einmal selbst springen – ganz ohne Risiko

Das Skimuseum auf dem Sportgelände zeigt die Entwicklung des Wintersports von den Anfängen bis heute. Sportliche Eindrücke kann man auf einem **Skisprungsimulator** gewinnen oder indem man sich beim Skilanglauf versucht. Skimuseum

Di. – Fr. 9 – 17, Sa., So. 11 – 16 Uhr | Eintritt 10 €
www.lahdenmuseot.fi/museot/en/ski-museum

Unglaublich, was man aus Holz so alles bauen kann. Und erst die Akustik! Die Sibeliushalle ist für einige Superlative gut.

Rund um Lahti

Wander- und Loipengebiet

Tiirismaa Knapp 10 km nordwestlich liegt der 226 m hohe Tiirismaa. Am **Hausberg von Lahti** liegt ein Skizentrum mit zwei Skiliften und einer Slalomstrecke. Die markierten Wanderwege – rund 200 km – werden im Winter als Skiloipen präpariert.

Der Berg gehört zu den Ausläufern des Salpausselkä, einer mächtigen eiszeitlichen Endmoräne, die in zwei parallelen Höhenrücken das Seengebiet Mittelfinnlands im Süden begrenzt und sich nordöstlich in einer Länge von 550 km bis Karelien hinzieht.

Wunderschön anzusehen

Hollola Knapp 20 km nordwestlich von Lathi kommt man zu der **mittelalterlichen Steinkirche** von Hollola (Hollolan kirkko). Das zweischiffige

Gotteshaus mit einer besonders schön gestalteten Westfassade wurde bereits im 14. Jh. angelegt und war im Mittelalter eine der bedeutendsten Kirchen in ganz Finnland. Im Inneren gibt es schöne Holzschnitzereien. Kunstgeschichtlich am bedeutsamsten ist die kleine Figur des hl. Georg an einer Säule im Mittelgang. Der separat stehende Glockenturm von 1831 entstand nach einem klassizistischen Entwurf von Carl Ludwig Engel. Direkt hinter dem Friedhof liegt ein kleines **Freilichtmuseum** mit einer Ansammlung alter bäuerlicher Holzgebäude aus der Umgebung, die hier wieder aufgebaut wurden.
Freilichtmuseum: Rälssintie 6 | im Sommer Di. – So. 12 – 18 Uhr

Zwischen Himmel und Wasser

Vääksy

Vääksy liegt rund 50 km nordwestlich von Lahti. Bekannt ist der kleine Ort durch einen Kanal mit Schleuse – ein Nadelöhr, das alle Schiffe vom Vesijärvi zum Päijänne passieren müssen. Weiter nach Norden führt eine der schönsten Straßen Finnlands landschaftlich spektakulär über die zu beiden Seiten von Wasser gesäumte schmale Landbrücke **Pulkkilanharju.**
In der sichtbar von der Eiszeit geformten Landschaft zwischen Vääksy und Sismä liegt der besuchenswerte **Nationalpark Päijänne.** Kanu- und Kajakfahrer schätzen das Gebiet wegen seiner vielen kleinen Inseln mit schönen Sandstränden. Im Norden grenzt der Päijänne an, der zweitgrößte See Finnlands.

Zum Ausspannen

Heinola

Rund 40 km nördlich von Lahti kommt man zum beliebten Erholungsort Heinola **am Nordufer der Jyrängönvirta,** einer Stromschnelle des Kyminjoki. Neben der schön gelegenen Holzkirche (1811) steht der von Carl Ludwig Engel 1834 entworfene Glockenturm.

★★ LAPPEENRANTA

Gebiet: Südostfinnland | **Einwohnerzahl:** 73 000

L 29

Gut, dass die Menschen in Lappeenranta freundlicher sind, als ihr Stadtwappen es vermuten lässt. Das zeigt nämlich einen bärtigen Kerl, der grimmig blickend eine Keule schwingt. Tatsächlich hat Lappeenranta eine kämpferische Vergangenheit. Heute ist der Streit um die Stadt zum Glück Geschichte, seine Anziehungskraft hat Lappeenranta aber nicht verloren. Die Hauptattraktionen hier haben ein gemeinsames Thema: das Wasser.

Tor nach Osten

Durch die Nähe zur russischen Grenze hatte die Stadt am Südende der Finnischen Seenplatte schon immer eine große Bedeutung. Bald nach ihrer Gründung 1649 durch Schweden wurde sie zum Streitobjekt zwischen Schweden und Russen, 1741 fiel sie schließlich ans Zarenreich. Schnell entwickelte sich Lappeenranta zu einem beliebten Ferienort für die russische Oberschicht, die wegen der radioaktiven Quelle gern zur Kur kam. Nach dem Fall des Eisernen Vorhangs profitierte Lappeenranta erneut von der Nähe zur Grenze, denn bald entdeckte die russische Oberschicht das Nachbarland im Westen erneut als Urlaubsziel. Viele Russen besitzen in der Nähe des Ortes ein Ferienhaus. Krisen zwischen Ost und West beeinträchtigen Lappeenranta besonders stark: Sobald die russischen Gäste ausbleiben, geht es auch der Wirtschaft schlechter.

LAPPEENRANTA ERLEBEN

LAPPEENRANTA TOURISM INFORMATION
Brahenkatu 1, 53100 Lappeenranta
Tel. 05 66 77 88
www.visitlappeenranta.fi

Jeden Sommer kommen Künstler aus aller Welt nach Lappeenranta, um eine Welt aus Sand zu bauen, immer unter einem anderen Motto. Das Gelände mit den vergänglichen Kunstwerken ist von Anfang Juni bis Anfang September zu besichtigen.

1 TORILLA €€€
Das Restaurant im Scandic Hotel Patria lohnt einen Besuch vor allem wegen seiner hervorragenden Rentier- und Fischgerichte.
Kauppakatu 21
Tel. 05 67 75 11

2 KAHVILA MAJURSKA €€
Im alten hölzernen Garnisonsgebäude oben auf der Festung liegt eines der gemütlichsten Cafés in Finnland. Eingerichtet ist es mit stilvollen Antiquitäten; es gibt leckere selbst gebackene Kuchen und Tee aus dem Samovar. In den vielen kleinen Galerien und Kunsthandwerkboutiquen findet man schöne Mitbringsel.
Kristiinankatu 1, Tel. 05 4 53 05 54

3 SCANDIC IMATRAN VALTIONHOTELLI €€€€
Direkt an der viel besuchten Stromschnelle von Imatra entstand während der Zarenzeit dieses wie ein Märchenschloss wirkende Nobelhotel mit 144 bestens ausgestatteten Zimmern und Suiten. Es wurde 1903 errichtet und hat schon zahlreiche Persönlichkeiten von Rang beherbergt.
Torkkelinkatu 2
55100 Imatra
Tel. 05 7 89 93 00
www.scandichotels.de

1 SCANDIC HOTEL PATRIA €€€
Mit Blick auf den Seehafen liegt Lappeenrantas Top-Hotel mit 133 Zimmern und Suiten, Sauna, Restaurant und Bar.
Kauppakatu 21
Tel. 05 67 75 11
www.scandichotels.de

2 HOLIDAY CLUB SAIMAA €€€
Mehrere Hotels und Ferienanlagen auf einem Gelände bietet der Holiday Club Saimaa nahe Imatra. Die Wellness-Anlage liegt inmitten unberührter Natur und bietet vielfältigste Möglichkeiten der Freizeitgestaltung.
Rauhanrinne 1/Tiuruniementie 131
55320 Rauha
Tel. 03 06 86 10 00
www.holidayclubresorts.com/de/anlagen/saimaa

Eine Kanalfahrt, die ist lustig

Die Stadt ist auch als **Startpunkt** des Saimaakanals bekannt. Früher war der 1856 eröffnete Kanal ein wichtiger Handelsweg, heute nutzen ihn vor allem Flusskreuzfahrtschiffe auf dem Weg ins ehemalige finnische Vyborg/Viipuri und nach St. Petersburg. Saimaakanal

Touren auf dem Saimaakanal: www.saimaatravel.fi/en

Wohin in Lappeenranta?

Vier Sehenswürdigkeiten an einer Straße

Kauppakatu

Die Hauptstraße von Lappeenranta, die Kauppakatu, verläuft von Norden nach Süden. Nahe dem Marktplatz steht die große **Lappee-Kirche.** Die 1794 erbaute, schön renovierte Holzkirche ist eine der wenigen erhaltenen sogenannten Doppelkreuzkirchen in Finnland. Der frei stehende Glockenturm von 1856 ist von dem Park Keskuspuisto umgeben. An der Ecke Kauppakatu und Raastuvankatu erhebt sich das 1829 nach Plänen von Carl Ludwig Engel aus Holz errichtete **Rathaus**. Folgt man der Kauppakatu nach Norden, liegt links auf einer Anhöhe (130 m) die Stadtkirche von 1924. An der Kauppakatu kann man außerdem das **Wolkoff-Museum** besuchen, das original erhaltene und eingerichtete Wohnhaus einer russischen Emigrantenfamilie.

Wolkoffin talomuseo: Kauppakatu 26 | Führungen im Sommer Mo. – Fr. 10 – 18, Sa., So. 11 – 17 Uhr, im Winter nur Sa., So. | Eintritt 9 € | www.visitlappeenranta.fi

Der älteste Teil von Lappeenranta

Festung

Lebendigster Teil Lappeenrantas ist nach dem Hafen das Festungsviertel mit seinen Cafés, Läden, Kunsthandwerkern und Museen: Im nördlichen Teil der Festung befindet sich das **Südkarelische Museum.** Neben karelischen Trachten sind insbesondere die Exponate aus der früher finnischen Stadt Vyborg (Viipuri) und das Modell der Stadt interessant. Im **Kavalleriemuseum** in der ehemaligen Festungswache sind Uniformen, Sättel und Waffen der finnischen Kavallerie zu sehen. Auf dem Gebiet der alten Festung zeigt ein **Kunstmuseum** Wechselausstellungen.

Etelä-Karjalan museo: Kristiinankatu 15 | Juni – Aug. Mo. – Fr. 10 – 18, Sa., So. 11 – 17, Sept. – Mai Di. – So. 11 – 17 Uhr | Eintritt 9 € | www.visitlappeenranta.fi

Schiff ahoi!

Hafen

Unterhalb der Festung liegt der **größte Binnenhafen Finnlands.** Am Hafenmarkt gibt es zahlreiche Cafés, hier liegt auch das Oldtimer-Restaurantschiff »Prinsessa Armaada«. Im Osten der Bucht erstreckt sich der Kimpinen-Park mit einem Badestrand.

Rund um Lappeenranta

»See der tausend Inseln«

★★ Saimaasee

Sunde und Ströme verbinden den Saimaa, der sich nördlich von Lappeenranta erstreckt, mit seinen Nachbarn, sodass dieser Teil der Finnischen Seenplatte aus der Luft wie ein **gewaltiges Labyrinth aus**

Die Sonne verabschiedet sich hinter dem Saimaasee.

Wasser und Land erscheint. Der eigentliche, bis zu 90 m tiefe Saimaasee bedeckt – ohne die vielen Inseln – eine Fläche von etwa 1300 km², die Seenplatte umfasst insgesamt annähernd 7000 km². Den niedrigen Rand des Saimaa bildet der Höhenrücken des Salpausselkä, der den direkten Abfluss des Sees nach Süden verhindert. Das ganze Seensystem wird durch den Vuoksi entwässert: Er verlässt nördlich der Stadt Imatra den Saimaa. Das tiefdunkle, an flachen Stellen gelblich wirkende Wasser des Sees hat seinen Ursprung in den zahlreichen Mooren des Landes, seine hügeligen Ufer sind fast überall von Nadelwald, weiter nördlich auch von Birkenwald bedeckt.

Wasser marsch!

Etwa 35 km nordöstlich von Lappeenranta liegt die Stadt Imatra. Sie war wegen der Wasserfälle schon im 19. Jh. ein international bekanntes Reiseziel. Bei Imatra fällt der **Vuoksen** – eine Verbindung zwischen Saimaa und Finnischem Meerbusen – auf einer kurzen Strecke um 18 m; das Wasser hat sich mit der Kraft seines Falls eine 20 m breite Rinne in den Granit gegraben. Heute dient es, umgeleitet, der Stromerzeugung. Von Ende Juni bis Mitte August gibt es wöchentlich ein **einmaliges Spektakel:** Zu den Klängen des Musikstücks von Imatra

Jean Sibelius »Es kocht der Strom« öffnen sich die Schleusen an der Staumauer für etwa eine halbe Stunde. Dann füllt sich das ansonsten trockene Flussbett unter gewaltigem Tosen wieder mit Wasser. Direkt neben den damals viel besuchten Stromschnellen entstand während der Zarenzeit das eindrucksvolle **Valtionhotelli** (Staatshotel), ein 1903 im Jugendstil errichtetes Märchenschloss. Am westlichen Ufer des Vuoksi befindet sich ein Touristenzentrum mit Campingplatz, Bungalows, Wanderherbergen, Reitschule, Bootshafen und Badeständen.

Wasser-Spektakel Imatrankoski-Stromschnellen: im Sommer jeden Sa. 18, gelegentlich auch 21 Uhr | Eintritt frei | www.gosaimaa.com

Große Architektur

Vuoksennista

Im Stadtteil Vuoksennista sollte man das 1957 von **Alvar Aalto** errichtete **Gemeindezentrum** ansehen. Dazu gehören eine Kirche mit schlankem weißem Turm, ein Pfarrhaus, eine Friedhofskapelle und Gemeindehäuser.

Kolmen Ristin kirkko: Ruokolahdentie 27 | tgl. 9 – 15, Anf. Juni – Aug. 10 – 18 Uhr | http://imatranseurakunta.fi/22-kolmen-ristin-kirkko

★★ LAPPLAND

C–G
22–30

Gebiet: Nordfinnland, Lappland

Lappland bietet seinen Besuchern vor allem Natur und Einsamkeit. Wanderfreudige können hier Hunderte und Aberhunderte Kilometer in unberührter Wildnis unterwegs sein. Die Weite hat ihren Reiz – wer abseits der Hauptstraßen reist, muss das aber auch mit Respekt vor der mächtigen Natur tun, denn Hilfe ist meist weit entfernt.

Menschenleer

Darüber, welche Regionen zu Lappland gehören, gibt es unterschiedliche Ansichten. Schließt man sich der häufigsten Definition an, die alle Gebiete jenseits des Polarkreises dazuzählt, ist Lappland 260 000 km² groß und zählt 380 000 Menschen – in Finnisch-Lappland leben, verteilt auf 100 000 km², also etwas mehr als die Fläche Österreichs, etwa 180 000 Menschen. Das sind statistisch gesehen weniger als zwei Bewohner pro Quadratkilometer. Die menschenleere Einsamkeit zieht Besucher in ihren Bann. Für viele ist Lappland der wahr gewordene **Traum vom weißen Winterwunderland,** wieder andere schwärmen von der **Magie der sommerlichen Mitternachtssonne,** die hier wochenlang nicht untergeht.

AUF DEN BERG

Skifahrer fahren ohnehin hinauf auf den Levitunturi im lappländischen Levi – die Gondelfahrt auf den Berg lohnt sich aber auch, wenn man nicht zum Skifahren gekommen ist. In der klaren Winterluft Lapplands ist der Rundblick mehr als beeindruckend. Zum Restaurant Tuikku auf der Rückseite des Berges kann man auch mit dem Auto hinauffahren. Da das Tuikku meist über den Wolken liegt, ist es ein idealer Standort, um Nordlichter zu beobachten.

Urho-Kekkonen-Nationalpark

Nichts als Wildnis ...

Paradies für Wandervögel

Im äußersten Nordosten Lapplands liegt der Nationalpark Urho-Kekkonen (Urho Kekkosen kansallispuisto), benannt nach Finnlands langjährigem Präsidenten. Wandern ist hier Freizeitvergnügen Nummer eins. Die Flüsse werden von Kiefern-, andernorts von Fichtenwäldern und ausgedehnten Teppichen aus Rentierflechten und Weißmooren gesäumt. Der Nationalpark ist Heimat von ca. zwei Dutzend **Bären,** und immer mal wieder kommen **Wölfe** über die russische Grenze in den Park.

FINNISCH-LAPPLAND ERLEBEN

PALLASTUNTURI VISITOR CENTRE
Pallastunturintie 557
99330 Pallastunturi
Tel. 0206 93 79 30
www.luontoon.fi
Neben dem Pallastunturi Turisthotel am Fuß des Taivaskero

INARI TOURIST INFO SIIDA
Inarintie 46, 99870 Inari
Tel. 040 1 68 96 68
www.inarisaariselka.fi

IVALO
Ivalontie 10, 99800 Ivalo
Tel. 040 1 68 96 68
www.inarisaariselka.fi

SAARISELKÄ TOURIST INFO KIEHINEN
Kelotie 1/Siula, 99800 Saariselkä
Tel. 040 1 68 78 38
www.inarisaariselka.fi

MITTERNACHTSSONNE
Utsjoki: 19. Mai – 24. Juli,
Ivalo: 22. Mai – 21. Juli,
Sodankylä: 29. Mai – 14. Juli

ANREISE

PALLASTUNTURI
Von Muonio folgt man der Straße nach Rovaniemi. Nach 13 km zweigt man bei Särkijärvi von der Hauptstraße links ab und fährt auf einer Bergstrecke aufwärts. Nach weiteren 15 km kommt man zu einer Straßengabelung: Dort wendet man sich nach links, dann sind es noch 7 km bergauf zum Besucherzentrum und dem Pallastunturi Turisthotel. Während der Hauptsaison Busverbindung in den Park.

URHO-KEKKONEN-NATIONALPARK
In den Park gelangt man über Waldstraßen. Parkplätze und Informationstafeln findet man am Fluss Luttojok, in Aittajärvi und Kemihaara. Eine tägliche Busverbindung besteht auf der Strecke Rovaniemi – Sodankylä – Vuotso – Tankavaara – Kiilopää – Saariselkä und auch von Kemijärvi über Ruuvaoja nach Tulppio.

LEMMENJOKI-NATIONALPARK
Von Inari fährt man in südwestliche Richtung nach Kittilä. Hinter Menesjärvi biegt man zum Dorf Njurkulahti (Info, Zeltplätze, Privatunterkünfte und Feriendorf) ab. Motorbootverkehr zum Ravadasjärvi und nach Kultsastama.

LAPPLAND HOTEL PALLAS **€€€**
Das erste Fjäll-Hotel (errichtet 1938) auf den Höhen des Ounusselkä war immer auch Schauplatz finnischer Zeitgeschichte. Im Winter kommen viele Besucher zum Skifahren.
Pallas, Pallastunturintie 560
Tel. 016 32 33 55
www.laplandhotels.com

HOTEL IVALO **€€€**
Das Hotel am Fluss hat einfache Zimmer mit viel Holz und Fototapete (die nicht nötig wäre, denn die Natur vor dem Fenster ist schöner). Eine schöne Aussicht auf den Fluss hat man auch im Restaurant Lapin yö, in dem regionaltypische Gerichte serviert werden.
Ivalo, Ivalontie 34
Tel. 016 68 81 11
www.hotelivalo.fi

HOTEL KULTAHOVI €€
Ob Sie ein Zimmer im traditionellen Teil des 80 Jahre alten Hotels buchen oder im modernen Teil – der Ausblick auf die Stromschnellen des Juutua ist gleichermaßen toll (wenn Sie auf der »richtigen« Seite sind). Im mehrfach ausgezeichneten Restaurant Aanaar, das vom »White Guide« zu den besten Restaurants Finnlands gezählt wird, genießen Sie samische Küche mit modernem Touch – und natürlich ebenfalls den schönen Ausblick.
Inari, Saarikoskentie 2
Tel. 016 5 11 71 00
hotelkultahovi.fi

Der Traum vom Gold

Tankavaara

In Tankavaara kann man die alte Goldgräbertradition Lapplands kennenlernen – wer Geduld hat, macht sich ans Gold-Waschen. Seit den 1860er-Jahren hatte man in den Sedimenten von Bächen und Flüssen in Lappland größere Mengen Gold gefunden, was vor allem in Kemijoki zu einem richtigen Goldrausch führte. Erst 1996 wurden im finnischen Teil Lapplands bei Kittilä umfangreiche Goldvorkommen entdeckt. Nach Meinung von Geologen ließen sich aus der Ader rund 10 Tonnen Gold schürfen. Am Ort befindet sich das Informationszentrum des Nationalparks. Außerdem besitzt das Museum eine der schönsten **Mineraliensammlungen** Finnlands.

Kultamuseo: Tankavaarantie 11C, Tankavaara | Juni – Mitte Aug. tgl. 9 – 18, Mitte Aug. – Ende Sept. bis 17, Okt. – Mai Mo. – Fr. 10 – 16 Uhr | Eintritt 12/6 € | www.kultamuseo.fi, www.tankavaara.fi

Eine Woche in nordischer Natur

Wandern im Nationalpark

Die für Wanderungen im Park wichtigen Informationen sind im Informationszentrum bei Tankavaara (Kolliskaira) erhältlich. Hier erfährt man, ob einzelne Flüsse über die Ufer getreten sind, und es können Reservierungen für einige der vierzig Hütten im Park vorgenommen werden. Eine **beliebte einwöchige Wanderung** durch den Nationalpark folgt der Route Kiilopää – Suomunruoktu – Tuiskukuru – Luirojärvi – Lankojärvi – Rautulampi – Kiilopää.

Gehört zu den beliebtesten Skigebieten Finnlands

Nationalpark Pallas-Ounastunturi

Im äußersten Nordwesten des Landes liegt, nahe der schwedischen Grenze, die Berggruppe des **Pallastunturi.** Mit seinen baumlosen Hängen zählt der Pallastunturi zu den beliebtesten Skigebieten des Landes. Der Nationalpark Pallas-Yllästunturi zeigt die **karge, großartige Natur** lappländischer Gebirgslandschaft. Die um den **Ounastunturi** (723 m) vorherrschenden Fichtenwälder werden nach Norden zum Pallastunturi (807 m) hin von Kiefernwäldern abgelöst. Im Sommer warten 120 km markierte Wanderwege, im Winter 200 km Skirouten auf Outdoor-Fans. Eine sehr schöne, 55 km lange ausgeschilderte Route führt durch den gesamten Park. Sowohl in der Sioskuru-Hütte als auch in den Schutzhütten der Rentierhirten bei Tappuri kann übernachtet werden.

★ Lemmenjoki-Nationalpark

Aufregende Flusslandschaft

Größter und bekanntester Nationalpark Finnlands

Der Nationalpark Lemmenjoki nahe der norwegischen Grenze ist der größte und bekannteste Park Finnlands. Zusammen mit dem benachbarten norwegischen Nationalpark Øvre Anarjokka bildet er ein Schutzgebiet, das **fast so groß ist wie die Schweiz.** Fast 600 m hoch ragen die **Gebirgsstöcke** auf, die den Kernbereich des Nationalparks umrahmen. Östlich erheben sich der Viipustunturit/Viibustuoddarak und der Maarestatunturit/Marastaktuoddarak. Im Nordwesten ragt steil die Kette des Kietsimätunturit/Skiehttamtuoddarak auf, im Süden die Berge Skärritunturi/Skierreoaivi und Peltotunturit/Peäldotuoddar, die ein weites Tiefland mit spärlichem Birken- und Kiefernbewuchs einschließen.

Das Parkgebiet ist eine fantastische Flusslandschaft: An der im Nationalpark verlaufenden Wasserscheide entspringen zahlreiche Flüsse, u. a. Ivalojoki/Avveel, Repojoki/Riebanjohka, Lemmenjoki/Leämmi, Vaskojoki/Faku und Inarijoki-Teno/Ânarjohka-Teädnu. Bevor Lappland durch Straßen erschlossen wurde, waren Flüsse die wichtigsten Verkehrsadern der einheimischen Samen. Besonders sehenswert ist das in die Fjällgruppen Viipus- und Maarestatunturit eingebettete Tal des Lemmenjoki. Der Fluss, der dem Nationalpark seinen Namen gab, windet sich fast 70 km weit durch die Wildnis. Ein **Mekka für Trekker** – und die Goldgräber, die bis heute den großen Traum träumen.

Mit einem Hundeschlitten durch den tief verschneiten Wald zu fahren, gehört zu den faszinierendsten Erlebnissen eines Winterurlaubs im hohen Norden.

Besuch bei den Samen

Samische Dörfer

Das Wildmarkgebiet um den Lemmenjoki ist ein **traditionelles Siedlungsgebiet** der Samen. Zahlreiche Dörfer umgeben den Park in allen Richtungen. Am Rajajoki kann bei Sallivaara ein alter Rentierscheidungsplatz besichtigt werden. Dort wurden die Herden vor dem Winter zusammengetrieben und auf die Eigentümer verteilt.

In die Wildnis

Wanderungen im Nationalpark

Der beste Ausgangspunkt für Wanderungen im Lemmenjoki-Nationalpark ist **Njurkulahti.** Von hier führt ein markierter Weg entlang des Lemmenjoki zum See Ravadasjärvi (14 km). Daran schließt sich ein 20 km langer Rundwanderweg durch das **Gebiet der Goldgräber** an. Ein paar Profi-Goldwäscher suchen mit großem Einsatz am Lemmenjoki nach dem Edelmetall, und auch so mancher Tourist versucht sein Glück mit der Pfanne. Nur entlang der oben genannten Wege sind Feuerstellen und Zeltplätze eingerichtet. Am Radavasjärvi und Morgamjärvi stehen kleine Hütten. Bevor man zu einer Wanderung aufbricht, sollte man sich gutes Kartenmaterial und einen Kompass besorgen und Mückenschutzmittel einpacken.

★★ Inarisee

Zur Insel des Donnergottes

Heiliger See

Mit einer Fläche von 1040 km² ist der Inarisee (Abb. ► S. 577) etwa **doppelt so groß wie der Bodensee** – in der finnischen Statistik belegt er trotzdem nur den dritten Rang. Im Inarisee verteilen sich angeblich 3318 Inseln. Die wichtigste von ihnen ist der nur 100 m lange und 50 m breite schroffe Felsen **Ukonsaari,** denn diese Insel hat für die Sami eine besondere Bedeutung: Hier befand sich eine **Kultstätte zu Ehren des Donnergotts Ukko,** einer Hauptgottheit sowohl in der samischen als auch der finnischen Mythologie. Sobald – ungefähr ab Anfang Juni – die Eisschicht auf dem saubersten See Finnlands schmilzt, verkehrt täglich ein elektrisch betriebenes **Ausflugsboot** nach Ukonsaari. Heute dürfen auch Frauen mitfahren – in alten Zeiten durften sie die Insel nicht betreten.

In **Inari,** gelegen an der Mündung des fischreichen Joenjoki, leben nur knapp 7000 Menschen. Beim Forstamt steht das **Sámi-Freilichtmuseum** (Lappensiedlung). Neben alten Häusern zeigt es auch samisches Kunsthandwerk. Angeschlossen ist das **Museumszentrum Siida** mit Informationen über die Geschichte und Kultur der Samen. Hinzu kommt eine Informationsstelle der Forstverwaltung, wo man Wanderhütten mieten kann und Angel- und Jagdscheine sowie Auskunft über Wandertouren erhält.

Ulko museo und Siida: Inarintie 46 | Juni – Aug. tgl. 9 – 19, Sept. 9 – 18, Okt. – Mai Di. – So. 10 – 17 Uhr | Eintritt 10/8 € | www.siida.fi

OULU

G 26

Gebiet: Nordfinnland | **Einwohnerzahl:** 206 000

Oulu liegt an der Mündung des Flusses Oulujoki in den Bottnischen Meerbusen. Die größte Stadt Nordfinnlands ist Bischofssitz, Universitätsstadt und ein bedeutendes, nach wie vor wachsendes Wirtschaftszentrum Finnlands. Vor dem Aufbruch in Lapplands einsame Weiten kann man hier noch einmal Großstadtluft schnuppern.

Nicht unter-zukriegen

Was Oulu heute ist, hat sich die Stadt hart erkämpft. 1822 hatte sie sich bereits zu einer der wichtigsten Hafen- und Handelsstädte des Landes entwickelt, als ein Großfeuer nicht viel mehr als Ruinen zurückließ. Danach wurde Oulu nach Plänen von Johan Albrecht Ehrenström wieder aufgebaut und eroberte sich seine Bedeutung zurück. Neben der nordwestrussischen Stadt Archangelsk wurde die Stadt zum zweitwichtigsten Exporthafen Nordeuropas.

Besucher locken die **lebendige urbane Atmosphäre** mit alter und neuer Architektur und natürlich die nordische Natur. Im Winter findet man in der Umgebung 100 km präparierte Loipen; jährlich wird hier der Langstreckenlauf Tervahiihto veranstaltet. Wer nicht auf den Brettern stehen will, kann Eisangeln, Schlittschuhlaufen oder mit dem Motorschlitten fahren. Im Sommer bietet sich das ausgezeichnete Radwegenetz der Stadt für Unternehmungen an, das passende Rad gibt's von einem der diversen Fahrradverleihe in der Stadt. Geführte Kanutouren werden in der Umgebung, aber auch im Stadtgebiet selbst angeboten; besonders spektakulär sind die feuchten Abenteuer auf dem Oulujoki.

Wohin in Oulu?

An der Kirkkokatu

Zentrum

An der Kreuzung Kirkkokatu/Hallituskatu fällt das **Rathaus** (Kaupungintalo) mit seiner prächtigen Fassade im Stil der Neorenaissance auf. Das Innere mit dem schönen Empfangssaal und **Kristallleuchtern aus Böhme**n kann besichtigt werden. Der Prunk hat seinen Grund: Ursprünglich war das um 1886 errichtete Gebäude ein nobles Hotel und Restaurant. Nordöstlich davon steht der **Dom,** der 1777 fertiggestellt wurde und die Vorgängerkirche von 1613 ablöste. Nach dem Stadtbrand von 1822 musste er 1828–1832 anhand der Pläne von Carl Ludwig Engel erneuert werden.

Oulun tuomiokirkko: Juni – Aug. tgl. 11 – 20, Juli bis 21, Mo. – Fr. 12 – 13 Uhr | Eintritt frei, Spende erbeten

OBEN: Das Stadtmuseum im alten Zollhaus von Raahe besitzt einige Kulturschätze, darunter den ältesten Taucheranzug der Welt, den ledernen »Alten Herrn« aus dem 18. Jahrhundert.

UNTEN: Tausende Zuschauer jubeln in Oulu den besten Luftgitarristen der Welt zu.

Ausstellung auf der Insel

Insel Hupisaari

Vom Nordende der Kirkkokatu gelangt man über eine kleine Brücke in den **Stadtpark Ainola,** der schön auf der Insel Hupisaari liegt. Im Westen der Insel steht das bedeutende **Regionalmuseum.** Es präsentiert historische und ethnografische Sammlungen sowie eine Lappland-Ausstellung.

Pohjois-Pohjanmaan museo: Di. – Fr. 9 – 17, Sa., So. 10 – 17 Uhr | Eintritt 6/4 € | www.ouka.fi/oulu/luuppi/pohjois-pohjanmaan-museo

1 Ravintola Hugo
2 1881 Uleåborg
3 Sokeri-Jussi Kievari

1 Radisson Blu Hotel
2 Sokos Hotel Eden
3 Lasaretti

OULU ERLEBEN

OULU CITY TOURIST OFFICE
Torikatu 18, 90015 Oulu
Tel. 08 55 84 13 30
http://visitoulu.fi

Bei dem Volksskilanglauf-Wettbewerb Tervahiihto gibt es verschiedene Routen von 15 bis 80 km Länge. Der älteste Ski-Langstreckenlauf wird seit 1889 veranstaltet (tervahiihto.fi). Jeden August: Weltmeisterschaft im Luftgitarrespielen.

1 RAVINTOLA HUGO €€
Das Restaurant des Hotels Uusi Seurahuone bietet gehobene nordische Küche zu erstaunlich günstigem Preis – für ein exklusives Drei-Gänge Menü werden derzeit 42 Euro berechnet.
Rantakatu 4
Tel. 02 01 43 22 00
www.ravintolahugo.fi

2 1881 ULEÅBORG €€€€
In dem ehemaligen Lagerhaus wird skandinavische Küche vom Feinsten serviert. Im Sommer schaut man von der Terrasse direkt aufs Meer.
Aittatori 4–5
Tel. 08 8 81 11 88
www.uleaborg.fi

3 SOKERI-JUSSI KIEVARI €€
Das rustikale Lokal auf der Insel Pikisaari bietet herzhafte finnische Küche. Benannt ist das Restaurant, dessen Name übersetzt »Zuckerjohann« bedeutet, nach John Grunström, dem ehemaligen Besitzer der örtlichen Zuckerfabrik. Der war in ein 1000-Liter-Fass voller Sirup gefallen und wurde von einem Arbeiter gerettet, der nach Dienstschluss noch einmal in die Fabrik zurückkam, um seine vergessene Tasche zu holen. Grunström überlebte, hatte von da an aber seinen Spitznamen weg.
Pikisaarentie 2, Tel. 08 37 66 28
www.sokerijussi.fi

1 RADISSON BLU HOTEL €€€
In herrlicher Lage direkt am Marktplatz beziehungsweise am Wasser befindet sich dieses erstklassige Haus mit 222 Zimmern und Suiten.
Hallituskatu 1
Tel. 02 01 23 47 30
www.radissonblu.com/en/hotel-oulu

2 SOKOS HOTEL EDEN €€€
Das luxuriöse Spa-Hotel mit 169 komfortablen Zimmern und Suiten liegt nur 4 km außerhalb der Stadt naturnah auf einer Landzunge mit direktem Zugang zum Sandstrand. Doch große und auch kleine Badefreunde kommen schon im hoteleigenen Erlebnisbad auf ihre Kosten.
Holstinsalmentie 29
Tel. 02 01 23 46 03
www.sokoshotels.fi

3 LASARETTI €€
Der Name verrät es, das Hotel befindet sich in einem ehemaligen, aufwendig umgebauten Krankenhaus – wunderschön gelegen in einem Park auf der Insel Lasaretinsaari. Das Hotel legt großen Wert auf umweltbewusste Ausgestaltung. Es verfügt über 49 Gästezimmer, ein bestens ausgestattetes Spa und ein ausgezeichnetes Restaurant.
Kasarmintie 13
Tel. 02 07 57 47 00
www.lasaretti.com

Hier kann jeder einmal Forscher sein

Tietomaa

Das wie die Startrampe einer Raketenstation aussehende **Wissenschaftszentrum** Tietomaa ist mit Observatorium, Computer-Schau und einem Omnimax-Kino, das beeindruckende Filme zu Themen aus Natur und Wissenschaft zeigt, ideal für einen Besuch mit der ganzen Familie. An mehr als 170 Stationen kann man nach Herzenslust experimentieren und spielen.

Tiedekeskus Tietomaa: Nahkatehtaankatu 6 | Mo. – Do. 9 – 17, Fr. bis 18, Sa., So. 10 – 18 Uhr | Eintritt 15/11 € | www.ouka.fi/oulu/luuppi/tiedekeskus-tietomaa

Unmöglich, mit leeren Händen wieder zu gehen

Marktplatz

Nahe dem Hafenbecken (Venesatama) liegt der weite Marktplatz (Kauppatori) mit dem Theater, der Kongresshalle und alten Salzmagazinen, die mit der typischen rostroten Erdfarbe (Punamulta) gestrichen sind. Während auf dem Marktplatz Gemüse, Beeren, Blumen, Kleidung und Souvenirs verkauft werden, kann man sich in der Markthalle mit geräuchertem Fleisch, frischem Fisch, ofenwarmem Brot und Gewürzen eindecken. Über das Geschehen wacht der **Bronzepolizist** von Kaarlo Mikkonen.

Mo. – Do. 8 – 16, Fr. bis 17, Sa. bis 15 Uhr

Ältestes Holzhaus der Stadt

Matila-Haus

Vom Marktplatz gelangt man über Brücken auf die **Insel Pikisaari.** Hier steht ein 1739 fertiggestelltes Seemannshaus. Es ist das älteste Holzhaus von Oulu und heute als Museum zugänglich. Eingerichtet ist es im Stil der 1880er-Jahre.

Merimiehenkotimuseo: Pikisaarentie 6 | Mitte Juni – Mitte Aug. tgl. 10 – 18 Uhr | Eintritt frei

Nördlich außerhalb ...

Universität

... liegt der Stadtteil Linnanmaa mit der zweitgrößten Universität des Landes. Auf dem Campus findet man ein geologisches und ein zoologisches **Museum** sowie am Nordende des Campus, am Kuivasjärvi-See, einen **Botanischen Garten** (Buslinie Nr. 19 ab Oulu Zentrum). In den pyramidenförmigen Gewächshäusern »Romeo & Julia« gedeihen aufs Schönste subtropische und tropische Pflanzen.

Kasvitieteellinen puutarha: Garten tgl. 8 – 20, Gewächshäuser Di. – Fr. 8 – 15, Sa., So. 11 – 15 Uhr | Eintritt 3 € | www.oulu.fi/biodiversityunit

Rund um Oulu

Vom Leben der nordostbottnischen Bauern

Freilichtmuseum Turkansaari

Mit einem traditionellen Holzboot kann man von Oulu aus den Oulujoki hinauf bis zum 13 km südöstlich gelegenen Freilichtmuseum Turkansaari fahren. Früher wurden in solchen Booten Teerfässer nach Oulu transportiert. Unterwegs sieht man hübsche Villen und Saunahäuschen vorbeiziehen. Das Freilichtmuseum mit mehr als 40 alten Gebäuden bietet einen hervorragenden Einblick in das **Leben der Holzfäller und Teerbrenner** in den Weiten der finnischen Wälder. Im Sommer werden Themenwochen zum Teerbrennen, zu Handwerk, Handarbeit und Volkstanz geboten. Die Holzkirche von 1684, heute als Hochzeitskirche sehr beliebt, steht an ihrem ursprünglichen Platz. An der Decke des Museumsrestaurants hängen zahlreiche runde Knäckebrote auf einem Holzstab.

Turkansaaren ulkomuseo: Turkansaarentie 165 | Ende Mai – Mitte Aug. tgl. 10 – 18, Mitte Aug. – Sept. 10 – 16 Uhr | Eintritt 6 € | www.ouka.fi/oulu/luuppi-english/turkansaari-open-air-museum

Frische Meeresluft und feiner Sand

Insel Hailuoto

Der Küste vorgelagert, 27 km südwestlich von Oulu, liegt im Bottnischen Meerbusen die Insel Hailuoto. Im Sommer erreicht man sie mit einer stündlich verkehrenden kostenlosen Fähre von Oulunsalo aus, im Winter über eine Straße, die auf der zugefrorenen Ostsee angelegt wird. Die flache **Insel entstand erst im Mittelalter infolge einer Landhebung.** Die meisten der rund 1000 Inselbewohner leben vom Fischfang und zunehmend auch vom Tourismus. Wegen der herrlichen Sandstrände, vor allem an der Westküste, ist Hailuoto beliebt. In Marjaniemi am Ende der Insel steht ein 1872 errichteter Leuchtturm. Auf dem örtlichen Campingplatz werden auch Ferienhütten vermietet.

Vogelbeobachter kommen hierher

Liminka

Auf der Str. 4 erreicht man in südlicher Richtung nach 25 km den Ort Liminka. In einem alten Getreidespeicher ist ein historisches Museum mit einer Ausstellung über traditionelles Gewerbe untergebracht. Das Kunstmuseum logiert in einem alten Schulgebäude (1868). Der Ort liegt an der ausgedehnten flachen Bucht **Liminganlahti.** Deren seichte Ufer sind ein idealer Lebensraum für rastende Zugvögel und mehr als 900 Paare diverser Wasservogelarten. Am südlichen Ende der Bucht in Vikkula hat der World Wildlife Fund ein **Informationszentrum** errichtet. Von hier aus führen Lehr- und Naturpfade zu einem Vogelbeobachtungsturm.

Stadt aus Holz

Raahe

Die alte Stadt Raahe mit rund 200 hölzernen Bürgerhäusern aus dem 19. Jh. ist ein schönes Beispiel finnischer Holzbautradition. 1810 vernichtete ein verheerender Brand drei Viertel aller Häuser der Stadt. Beim Wiederaufbau wurden auch zahlreiche Blockhäuser aus der nahen Provinz aufgekauft, abgetragen und in Raahe wieder aufgebaut. Am Myhberg-Park steht neben vielen Holzhäusern im Stil des 19. Jh.s das älteste Haus der Stadt. Das zweigeschossige **Haus des Reeders Sovelius** (Rantakatu 36) wurde 1780 errichtet und wegen seines chromoxidgrünen Anstrichs von der Bevölkerung »gröna slottet« (grünes Schloss) genannt. Im oberen Stockwerk informiert eine Ausstellung über die Lebensweise einer Reederfamilie. In einem alten Lagerhaus von 1848 (Rantakatu 33) wurde 1862 das **älteste kulturhistorische Museum Finnlands** eröffnet. Zur Sammlung von Gegenständen der Seefahrt gehören auch zahlreiche Souvenirs der Seeleute, die sie von ihren Fahrten auf den Weltmeeren mitgebracht haben. Bedeutendstes Ausstellungsstück ist der **älteste Taucheranzug der Welt** (Abb. ► S. 137), »Wanha Herra«. Eine Kopie dieses Originals erwies sich als funktionstüchtig. Der **historische Getreidespeicher** von 1852 (Kruununmakasiini) wurde 50 Jahre lang als Kornspeicher für das ganze Land genutzt. Nach dem Kauf durch die Stadt 2001 erfuhr er eine Umwidmung und wurde Ende 2012, zum 150. Geburtstag des **Raahe-Museums,** neu eröffnet, auch mit Raum für Ausstellungen des Museums.

»Grünes Schloss«: www.raahenmuseo.fi
Lokalmuseum: Juni – Aug. Mo. – Fr. 12 – 18, Sa., So. 12 – 16, sonst Di. – Fr. 13 – 17, Sa. 12 – 16 Uhr | Eintritt 2/1€ | www.raahenmuseo.fi

Nordland-Riviera

Kalajoki

Kalajoki, 140 km südwestlich von Oulu, ist einer der beliebtesten Ferien- und Badeorte in Finnland, denn südlich des Städtchens erstrecken sich hinter Dünen die **längsten Sandstrände des Landes.** Dort sorgt der **Vergnügungspark Juku Jukumaa** für Abwechslung. Viele neue Hotels, Ferienhütten und ein Golfplatz sind entstanden; beim Feriendorf Tapion Tupa wurde ein Schwimmbad mit Saunen eröffnet. Von der Terrasse des Restaurants Rantakalla hat man eine weite Aussicht auf die Badestrände.

PORI

L 22

Gebiet: Südwestfinnland | **Einwohnerzahl:** 84 500

Jazzfans ist Pori wohlbekannt, denn das jährliche Festival genießt Weltruf. Badenixen kennen die Stadt ebenfalls, denn vor ihren Toren liegen in Yyteri einige der besten Strände des Landes. Musik und Meer sind eine vielversprechende Kombination, und Pori ist eine Stadt, die hält, was sie verspricht. Das Nebeneinander von Alt und Neu, von lebendiger urbaner Kultur und Strandgefühl direkt vor der Stadt macht es einem leicht, sich hier wohlzufühlen.

Pori Jazz ist eines der größten Jazzfestivals in Europa, dank der Besucherzahl und der verkauften Tickets auch das größte Festival in Finnland überhaupt.

Anno 1558 verlieh Herzog Johann III., ein Sohn des Schwedenkönigs Gustav Wasa, Pori die Stadtrechte. Beim letzten großen Brand (1852) wurden drei Viertel der Stadt zerstört, aber am Ufer des Kokemäenjoki kann man doch noch durch ein Stück 19. Jahrhundert schlendern. Das »neue« Pori entstand entlang zweier Esplanaden, die einander rechtwinklig kreuzen. Von wirtschaftlicher Bedeutung sind heute neben den beiden Frachthäfen auch der Fischereihafen auf der Insel Reposaari – im Übrigen ein schönes Ausflugsziel – sowie Holzveredelungs- und metallverarbeitende Industrie. Vor der Küste ist in den letzten Jahren ein riesiger Windpark entstanden.

Musik und Meer

Wohin in Pori?

Überlebte die letzte Feuersbrunst

Rathaus

Die interessantesten Gebäude und Museen liegen am nördlichen Ende der Esplanade Pohjoispuisto am Ufer des Kokemäenjoki. Der Stadtteil bietet ein geschlossenes Bild des ausgehenden 19. Jahrhunderts. Direkt an der Esplanade steht das alte Rathaus, ein **Kaufmannspalais im venezianischen Palaststil,** entworfen von dem Architekten August Krook für die Familie Junnelius und 1895 fertiggestellt.

In Rauma gab es keinen Stadtbrand, deshalb sieht man hier historische Holzhäuser in der Abendsonne leuchten.

pflegt. Aus dem 19. Jh. stammt das als Museum geführte **Bürgerhaus »Marela«:** So waren die Wohnverhältnisse einer reichen Reederfamilie um 1900. Das gut erhaltene Gebäude beeindruckt durch vom Beginn des 19. Jh.s stammende Kachelöfen, Spiegeltüren sowie Wand- und Deckenvertäfelungen, die später im Stil der Neorenaissance renoviert wurden.

Vanha Raatihuone: Kauppakatu 13 | Mitte Mai – Ende Juni, Aug. Di. – So. 10 – 17, Juli tgl. 10 – 17, Sept. – Mitte Mai Di. – Fr. 12 – 17, Sa. 10 – 14, So. 11 – 17 Uhr | Eintritt 5 € | Kombiticket für 3 Museen in Rauma 8 € | www.rauma.fi/museo

Marela: Kauppakatu 24 | Mitte Mai – Ende Juni, Aug. Di. – So. 10 – 17, Juli tgl. 10 – 17, Sept. – Mitte Mai Di. – Fr. 12 – 17, Sa. 10 – 14, So. 11 – 17 Uhr | Eintritt 5 € | Kombiticket für 3 Museen in Rauma 8 € | www.rauma.fi/museo

Vielseitig

Lönnström-Kunstmuseum

Das **private Kunstmuseum** ist in einem Gebäude von 1912 eingerichtet. Themen der Ausstellung sind bildende Kunst, Design, Fotografie und Architektur.

Lönnströmin taidemuseo: Syväraumankatu 41 | Juni Sa., So. 12 – 16, Juli – Aug. Mi. – So. 12 – 16, Sept. – Mai So. 12 – 16 Uhr | Eintritt 5 € | www.lonnstromintaidemuseo.fi

★★ PORVOO · BORGÅ

Gebiet: Südfinnland | **Einwohnerzahl:** 50 600

M 26

Die südfinnische Stadt Porvoo liegt eine gute halbe Fahrstunde nordöstlich von Helsinki und ist durchaus einen Abstecher wert, lassen doch die historischen Gassen und die malerischen Speicherhäuser etwas vom beschaulichen Leben vergangener Jahrhunderte in Finnland erahnen.

Eine inspirierende Stadt

Bummelt man heute durch Porvoos lebendige Gassen, kann man sich kaum vorstellen, dass hier einmal alles ausgestorben war. Und doch wäre Finnlands zweitälteste Stadt einmal beinahe von der Landkarte verschwunden. Nachdem Porvoo 1346 auf Befehl von König Magnus Eriksson gegründet worden war, führte die Gründung des benachbarten Helsinki zwei Jahrhunderte später zum zwischenzeitlichen Niedergang: König Gustav Wasa hatte den Bürgern Porvoos befohlen, ihre Häuser zu verlassen und nach Helsinki überzusiedeln. Für wenige Jahre wurde Porvoo zur Geisterstadt. Schon 1579 wurden die Stadtprivilegien erneuert. Ruhig wurde es um Porvoo damit aber nicht. 1708 wurde die Stadt von den Russen völlig zerstört, ein weiteres Mal 1760 – diesmal von einem Großfeuer. Um weitere Brände zu verhindern, errichtete man danach viele Häuser aus Stein.

★★ Altstadt

Das Feuer konnte ihr nichts anhaben

Ein Kleinod

Bis heute ist die **mittelalterliche Stadtanlage** mit ihren malerischen kleinen Häusern und den sich schlängelnden, mit Katzenkopfpflaster versehenen Gassen ein historisches Kleinod Finnlands geblieben.

Sakrales Schmuckstück

Mariendom

Der gotische Mariendom thront auf einem Hügel in Alt-Porvoo. Teile der Vorgängerkirche aus dem 13. Jh. sind noch erhalten, das Innere ist mit schönen **Rokoko-Ornamenten** geschmückt. Die dem Fluss zugekehrte weiße, mit Backsteinornamenten **verzierte Giebelwand** stammt aus dem frühen 15. Jh. und wurde 1978 vollständig renoviert. 1732 wurde Porvoo Bischofssitz. Neben dem Dom stehen der Glockenturm und eine kleine Holzkirche. 2006 wurde der Dom von einem betrunkenen Jugendlichen in Brand gesteckt, nach aufwendiger Renovierung konnte er zwei Jahre später wiedereröffnet werden.
Mai – Sept. Mo. – Fr. 10 – 18, Sa. bis 14, So. 14 – 17, Okt. – April Di. – Sa. 10 – 14, So. 14 – 16 Uhr | www.porvoonseurakunnat.fi

PORVOO ERLEBEN

PORVOO CITY TOURIST OFFICE
Läntinen Aleksanterinkatu
106100 Porvoo
Tel. 040 489 98 01
www.visitporvoo.fi

Von Mitte Mai bis Anfang September legt das 1912 in Helsinki gebaute Dampfschiff »J. L. Runeberg« jeden Tag um 10 Uhr von der finnischen Hauptstadt aus nach Porvoo ab. Die kleine Seereise dauert ca. 3,5 Std., die Rückfahrt nach Helsinki erfolgt um 16 Uhr (einfache Fahrt 29 €, für ein Kind 14 €, hin und zurück geht es für 39 € bzw. 19 €).
www.msjlrune berg.fi

❶ HELMI €€
Mitten in der Altstadt lockt dieses nostalgische Kaffeehaus von 1893 mit wunderhübsch eingerichteten Salons Gäste an.
Välikatu 7
Tel. 01 9 58 14 37
www.teehelmi.fi

❷ ZUM BEISPIEL €€
Das gemütliche Café/Restaurant mit dem ungewöhnlichen Namen liegt im Stadtzentrum und lädt zu einem kulinarischen Streifzug durch die Welt ein. Dem Koch kann man bei der Arbeit in der offenen Küche zusehen. Alles, was auf den Tisch kommt, ist laktosefrei zubereitet. So. ist Ruhetag.
Rihkamakatu 2
Tel. 05 04 39 60 66
http://zum.fi

❶ HAIKKO MANOR SPA €€€€
Das Haikko Manor Spa ist eine noble, schlossähnliche Herberge mit 226 Zimmern und Suiten, Spa, Wellness & Beauty Center.
Haikkoontie 114
7 km südlich von Porvoo
Tel. 01 95 76 01
www.haikko.fi

❷ HOTEL SPARRE €€
Das zentral gelegene Hotel verfügt über 40 freundlich eingerichtete Zimmer.
Piispankatu 34
Tel. 01 9 58 44 55
www.avainhotellit.fi

Im Zeichen des Jugendstils

Stadtmuseum

Vom Dom gelangt man in wenigen Minuten zum Stadtmuseum im Alten Rathaus (fertiggestellt 1764). Gezeigt werden insbesondere Dokumente über die **Fabrik Iris,** in der um die vorige Jahrhundertwende Jugendstilmöbel nach den Entwürfen von Louis Sparre und Keramiken von A. W. Finch hergestellt wurden. Eine Multimedia-Schau zeigt die Verhältnisse in Porvoo im Mittelalter.

Porvoon museo: Jokikatu 45 | Mai – Aug. Mo. – Sa. 10 – 16, So. 11 – 16, sonst Mi. – So. 12 – 16 Uhr | Eintritt 8/6 € | www.porvoonmuseo.fi

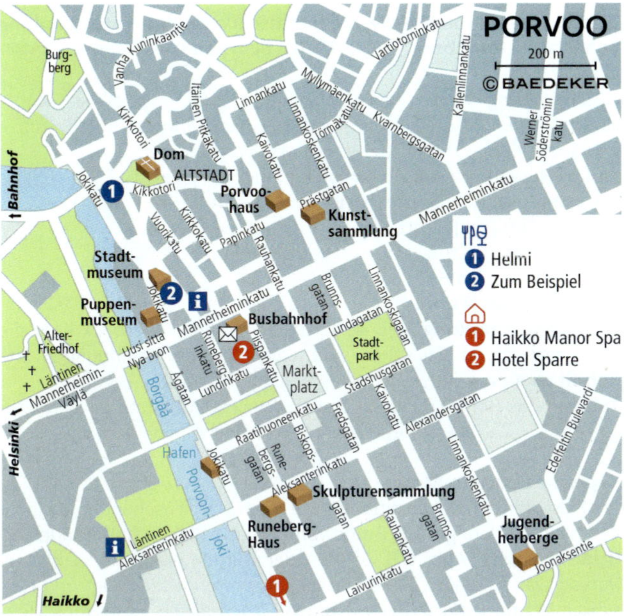

Werke lokaler Künstler

Vallgren-Edelfelt-Heim

Im Eckhaus östlich daneben, dem ehemaligen Kaufmannshaus (1762) der Familie Holm, sind die Skulpturensammlung des Bildhauers **Ville Vallgren** (1855–1940) und die Werke des Malers **Albert Edelfelt** (1854–1905) sehenswert.

Albert Edelfelts ateljémuseum: Edelfeltstigen 3 | Juni – Aug. Di. – So. 10 – 16, 2. Mai- und 1. Septemberhälfte Di. – So. 10 – 14 | Eintritt 5 € | www.albertedelfeltinateljee.fi

Durchgeplant

Empire-Stadt

Neben Alt-Porvoo besitzt die Stadt noch ein zweites historisches Gesicht. Der Nachfolger von Alexander I., Zar Nikolaus I., ließ südlich der engen Altstadt vom deutschen Architekten Carl Ludwig Engel einen dem Zeitgeist entsprechenden Stadtteil errichten. Auf quadratischem Grundriss reihen sich die Steinhäuser entlang der Straßenzüge. Dadurch sollte die Stadtansicht zum einen eine stärkere russische Prägung erhalten – zum anderen waren Steinbauten **weniger feuergefährdet.**

Im Empire-Stadtteil steht das **Wohnhaus des Dichters Johan Ludwig Runeberg.** Er arbeitete von 1837 bis 1857 am örtlichen Gymnasium und schrieb hier u. a. den Text zur finnischen Nationalhymne. Im

Nachbarhaus ist die 140 Werke umfassende **Skulpturensammlung von Walter Runeberg** (1838–1920), dem Sohn des Dichters, untergebracht.

J. L. Runebergin koti: Aleksanterinkatu 3 | Mai – Aug. tgl. 10 – 16, sonst Mi. – So. 10 – 16 Uhr | Eintritt 8/6 € (inkl. Eintritt in die Skulpturensammlung) | www.visitporvoo.fi/jl-runebergs-home

Walter Runebergin vaistoskokolema: Aleksanterinkatu 5 | Mai – Sept. tgl. 10 – 16 Uhr, sonst nach Vereinbarung | Eintritt 6/3 € (inkl. Eintritt ins Runeberg-Haus) | www.visitporvoo.fi/walter-runebergs-sculpture-collection

Mehr als 1000 Werke

Kunstfabrik

Die **Kunstsammlung Yrjö A. Jäntti** zeigt einen Überblick über die finnische Malerei. Zu sehen sind auch Grafiken, Zeichnungen und **Schnitzereien.**

Taidetehdas Konstfabriken: Läntinen Aleksanterinkatu 1 | Di. – Fr. 10 – 18, Sa., So. 11 – 16 Uhr | Eintritt frei | www.taidetehdas.fi

Typisches Porvoo-Motiv

Magazinschuppen am Fluss

Am Flussufer reihen sich pittoresk die roten Magazinschuppen aneinander, die nach dem großen Brand von 1760 mit Blockstammwänden errichtet wurden (Abb. ► S. 51) In. Hier wurden die Barken entladen. Porvoo war zu dieser Zeit ein geschäftiges Handelszentrum und Umschlagplatz für Exportgüter wie Butter, Trockenfisch, Schnittholz, Teer und Leinen. Aber auch südländische Waren wie Früchte, Gewürze, Kaffee, Tabak und Wein wurden von hier ins ganze Land transportiert. Den **roten Anstrich** erhielten die schwarz gedeckten Häuser erst Ende des 18. Jh.s, als König Gustav III. von Schweden nach Porvoo reiste. Der neue Anstrich sollte sie freundlicher aussehen lassen, zudem bot er einen idealen Schutz gegen Witterungseinflüsse. Von der großen Brücke (Mannerheiminkatu) über den Porvoonjoki bietet sich die **schönste Aussicht auf die Magazine und die Altstadt.**

Eintritt 6 / 3 €

Rund um Porvoo

»Des Teufels Butterfass«

Gletschermühlen

An der Str. 55 von Porvoo in Richtung Lahti folgt man nach ca. 26 km bei Korttia dem Hinweisschild **»Hiidenkirnu«.** Das bedeutet auf Deutsch »Des Teufels Butterfass« und bezeichnet ein Feld von etwa 20 Gletschermühlen unterschiedlicher Größe. Diese Löcher sind bis zu 10 m tief in den Granit gefräst. Sie sind in der letzten Eiszeit vor rund 10 000 Jahren entstanden, als Gletscher sich über den Felsen schoben und Schmelzwasserfluten voller Geröll und Kies starke Wirbel bildeten, die dann richtige Löcher in den Boden fraßen.

★ ROVANIEMI

Gebiet: Lappland | **Einwohnerzahl:** 63 100

F 26

Rovaniemi liegt knapp südlich des Polarkreises und ist eine beliebte Station für viele Nordkap-Fahrer. Bis zur nördlichsten Spitze Europas in Norwegen sind es noch 600 km. Der Ort entstand am Zusammenfluss von Kemijoki und Ounasjoki, wo einst Wildmarkgänger, Flößer und Goldgräber in der Wildnis ihr Glück suchten. Heute wohnt hier der Weihnachtsmann.

Das Tor zum Norden

Schon vor 8000 Jahren kamen Nomaden auf der Jagd nach Robben in das Gebiet von Rovaniemi, dauerhafte Bewohner ließen sich aber erst ab dem 11. Jh. nieder. Wie deren Nachfahren die schwedischen und russischen Steuereintreiber empfingen, die im 16. Jh. auftauchten, ist nicht überliefert, aber es lässt sich unschwer denken. Zu dieser Zeit war Rovaniemi schon ein florierendes Handelszentrum, und das ist es bis heute. Es ist die Hauptstadt und zugleich das wirtschaftliche und kulturelle Zentrum Finnisch-Lapplands.

Wie andere Orte im Norden bestand Rovaniemi einst fast nur aus Holzhäusern. Im Winter 1944/1945 brannte die deutsche Wehrmacht auf ihrem Rückzug im Lapplandkrieg die Stadt nahezu völlig nieder. Noch lange danach bedachte man in Finnland die Deutschen mit dem Schmähnamen »Lapplandverbrenner«, nicht verwunderlich angesichts der Vergangenheit. Den Plan für den Wiederaufbau entwarf der finnische Architekt **Alvar Aalto** (▶ Interessante Menschen). Er verlieh der neuen Stadt eine einzigartige Form: Als Grundriss für die Hauptstraßen wählte er die **Grundlinien des Rentiergeweihs.**

Wohin in Rovaniemi?

Rechts die Arbeit, links das Vergnügen

Stadtbild

Während die eigentliche Stadt am linken Ufer der Stromschnellen des Ounaskoski liegt, stehen am rechten Ufer mehrere öffentliche Gebäude und Sportanlagen. Im Stadtgebiet gibt es zahlreiche Halbinseln und Buchten, die im Sommer hervorragende Naherholungsgebiete sind und zum Baden einladen. Über den Kemijoki führt die 320 m lange **Brücke Jätkänkynttilä** mit einem markanten zentralen Pfeiler, an dem die Zugseile befestigt sind und dessen Spitze die ewige Flamme ziert. Bei Dunkelheit ist das Stadtwahrzeichen schön beleuchtet.

Beide von Aalto entworfen

Bibliothek und Lappia-Haus

Die Stadtbibliothek verfügt über eine umfangreiche Literatursammlung zu Lappland und zur samischen Urbevölkerung. Das Gebäude gilt als eine der bemerkenswertesten Arbeiten von **Alvar Aalto.** Das gegenüberliegende Lappia-Haus zählt ebenfalls zu Aaltos Werken und wird für Theater- und Konzertveranstaltungen genutzt.

Drinnen warten Schätze

Orthodoxe Kirche

Im Stadtteil am Ostufer der Ounaskoski-Stromschnellen steht die orthodoxe Kirche. Sehenswert sind die **wertvollen Ikonen** aus dem Kloster Valamo, die nach Voranmeldung besichtigt werden können.

Kunst und Kaffee

Korundi Kulturzentrum

In dem für kulturelle Veranstaltungen aller Art genutzten Gebäudekomplex ist auch das **Kunstmuseum** der Stadt untergebracht. Das nette Café lädt zur wohlverdienten Pause ein.

Rovaniemen taidemuseo: Lapinkävijäntie 4 | Di. – Sa. 11 – 18, Do. bis 20 Uhr | Eintritt 9/5 € | www.korundi.fi

Alles aus Lappland

★ Arktikum

Nördlich der Innenstadt steht das Arktikum. Die dänische Architektengruppe Birch-Bonderup & Thorup-Waade entwarf das ungewöhnliche Gebäude mit der weithin sichtbaren, 172 m langen **gewölbten Glaskuppel.** Bei der Gestaltung der Innenräume wurden ausschließlich lappländische Materialien und Baustoffe verwendet. Auch das Museumsrestaurant bietet nur heimische Spezialitäten wie Beeren, Pilze, Wild und Fisch.

Im Arktikum stammen allen Materialien der Innenausstattung aus Lappland.

ROVANIEMI ERLEBEN

ROVANIEMI TOURIST INFORMATION
Lordi's Square
Maakuntakatu 29–31
96200 Rovaniemi
Tel. 016 34 62 70
www.visitrovaniemi.fi

NILI €€–€€€
Rentiergeweihlampen, Rentierfelle auf den Sitzbänken und Rentier in verschiedenen Zubereitungsarten auf dem Teller: In diesem rustikalen Restaurant ist man im Zentrum der Stadt so richtig in Lappland angekommen.
Valtakatu 20, Tel. 0400 36 96 69
www.nili.fi

MARIZA €
Das Mariza ist nur mittags an Werktagen geöffnet; dann kann man sich zu geringem Preis am Buffet mit finnischer Hausmannkost bedienen.
Ruokasenkatu 2
Tel. 0400 60 89 98
www.ruokahuonemariza.fi

SCANDIC POHJANHOVI €€€€
Das Pohjanhovi ist das älteste, größte und berühmteste Hotel Lapplands. Es liegt direkt am Kemijoki und bietet allen modernen Komfort. Dass man in Lappland ist, merkt man auch im Gourmetrestaurant, und zwar nicht nur an der feinen Küche: Die Sitzlehnen der Stühle zieren stilisierte Rentiergeweihe.
Pohjanpuistikko 2
Tel. 016 465 40 14
www.scandichotels.de

HOTEL AURORA OY €€–€€€
Ein ganz besonderes Erlebnis, wie es nur im hohen Norden möglich ist, verspricht eine Nacht im gut ausgestatteten Glas-»Iglu« mit freiem Blick auf das fantastische Schauspiel der Nordlichter.
Luosto, Luppokeino 1
im Pyhä-Luosto-Nationalpark
Tel. 0400 10 22 00
www.santashotels.fi

Das **Arktische Zentrum** verschafft einen Überblick über das Leben der Menschen in einem Gebiet, das durch klimatische Extreme geprägt wird. Langen, dunklen, kalten Wintern stehen kurze Sommer gegenüber. Mithilfe moderner Techniken werden die unterschiedlichsten Landschaftsformen der Regionen nördlich des 60. Breitengrads vorgestellt. Von dem angeschlossenen Wissenschaftszentrum erarbeitete Zukunftsszenarien zeigen, wie sich unachtsame Eingriffe in die empfindliche Natur auswirken können.
Im ebenfalls hier beheimateten **Lappländischen Regionalmuseum** wird das Leben des Menschen von prähistorischer Zeit bis heute und der Überlebenskampf der Sami und Inuit in den arktischen Gebieten vorgestellt.
Pohjoisranta 4 | Juni – Aug. tgl. 9 – 18, Dez. – Mitte Jan. tgl. 10 – 18, sonst Di. – So. 10 – 18 Uhr | Eintritt 13/9 € | www.arktikum.fi

Von Bauern und Waldarbeitern

Ethnografisches Museum und Forstmuseum

Etwa 4 km südlich vom Stadtzentrum, ebenfalls am Kemijoki, stehen das **Ethnografische Museum Pöykkölä** (Bauernhäuser, bäuerliches Gerät) und das **Lappländische Forstmuseum** zur wirtschaftlichen Bedeutung der Waldarbeitertradition. Die zentrale Forstbehörde hat den **Informationsstand Etäinen** eingerichtet. Hier sind Fischereigenehmigungen, Karten, Materialien zu Wildniswanderungen und Buchungsunterlagen für Wildmarkshütten erhältlich. Zu beiden Museen fährt die Stadtbuslinie 6 ab Ruokasenkatu.

Beide Museen: Metsämuseontie 7 | Juni – Aug. Mi. – So. 11 – 17, Anfang Feb. – März Mo., Di., Mi. 10 – 16 Uhr | Eintritt 6 € | www.visitrovaniemi.fi/attraction/forestry-museum-lapland www.lapinmetsamuseo.fi

Am Polarkreis

Die magische Linie

Polarkreis

Wenige Kilometer nördlich von Rovaniemi, auf etwa **66,5° nördlicher Breite,** verläuft der Polarkreis. Er grenzt die nördliche gemäßigte Klimazone von der Polarzone ab, in der besondere Lichtverhältnisse wie Polartag, Polarnacht und Mitternachtssonne herrschen.

Hier lebt und arbeitet der Weihnachtsmann

Santa Claus Village

Rund 8 km nördlich von Rovaniemi kreuzt die Straße nach Kemijärvi den Polarkreis. Dort befindet sich das Santa Claus Village (Dorf des Weihnachtsmanns) mit eigenem Postamt, in dem der begehrte Sonderstempel zu erhalten ist. Man kann auch ein Polarkreiszertifikat erwerben. Hauptattraktion am Polarkreiszentrum ist das Büro des Weihnachtsmanns (finnisch Joulupukki). Der Weihnachtsmann fährt zwar nur in den seltensten Fällen mit einem rotnasigen Rentier namens Rudolph ein, dafür beantwortet er jeden der **über 700 000 Briefe,** die er jährlich aus aller Welt erhält. Inzwischen bekommt der alte Herr auch E-Mails, denn er hat eine eigene Website, ist also technisch durchaus auf dem neuesten Stand. Bei den vielen Anfragen und den über eine halbe Million Besuchern muss der Weihnachtsmann natürlich das ganze Jahr arbeiten, man trifft ihn also täglich in seinem Büro an und kann ihm bei der Arbeit zusehen.

Im **Weihnachtsmuseum** lernt man alles über Weihnachtsbräuche in vielen Ländern, kann Baumschmuck bewundern und alte Weihnachtsfilme sehen. Inzwischen hat sich das Santa Claus Village zu einer riesigen Shoppingmeile entwickelt mit Souvenirgeschäften aller Art.

8. Jan. – Mai 10 – 17, Juni – Aug. 9 – 18, Sept. – Nov. 10 – 17, Dez. – 7. Jan. 9 – 19 Uhr | Eintritt frei | http://santaclausvillage.info | Post an den Weihnachtsmann: Weihnachtsmann, Joulupukin Pääposti, FI-96930 Napapiiri | http://www.santaclausoffice.com | E-Mail: joulupukinpaaposti@posti.fi

BAEDEKER ÜBERRASCHENDES

6X GUTE LAUNE

Das hebt die Stimmung

1. WEIHNACHTSMANN

Leuchtende Kinderaugen sind gewiss, wenn man den Weihnachtsmann in seinem **Haus am Polarkreis** bei Rovaniemi die Aufwartung macht. Sie sind im Sommer da? Kein Problem: Der Weihnachtsmann arbeitet rund ums Jahr. (▶ **S. 154**)

2. MEERESDELIKATESSEN

Das alljährliche **Schalentierfestival in Mandal** lockt einige Tausend Besucher an. Der wohl längste Straßentisch mit allerlei Köstlichkeiten ist die Hauptattraktion. (▶ **S. 267**)

3. KRÄFTPREMIÄREN

Früher konnte man die kleinen Krebse noch das ganze Jahr über verspeisen. Doch seit sie selten geworden sind, freut man sich das ganze Jahr über auf die Krebspremiere im **August.** Bei einem fröhlichen Fest zusammen mit Freunden schmecken die Krebse besonders gut. (▶ **S. 659f**)

4. MUMINWELT

Die finnischen Schriftstellerin Tove Jannson hat sie erfunden, inzwischen sind sie Weltstars. Die Comicfiguren haben in Naantali ihren **eigenen Freizeitpark** und zaubern in der Muuminmaailma nicht nur Kindern ein Lächeln ins Gesicht. (▶ **S. 181**)

5. ALLE SINGEN MIT

Die meisten Schweden singen für ihr Leben gerne, ganz besonders zusammen im Stockholmer Freilichtmuseum Skansen. Ob live oder vor dem heimischen Fernseher, die allwöchentliche Veranstaltung **»Allsång på Skansen«** im Sommer ist ein Hit. (▶ **S. 526**)

6. NATIONALFEIERTAG

Am 17. Mai versinkt Oslo in einem **blau-rot-weißen Fahnenmeer.** Die Norweger sind stolz auf ihr Land und zeigen dies auch gerne, aber auf eine sehr sympathische Weise. (▶ **S. 657f**)

Rentiere sind nach wie vor der Stolz vieler Sami.

★ Santa Park

Hier ist das ganze Jahr über Weihnachten

5 km vom Stadtzentrum und 2 km vom Weihnachtsmanndorf entfernt entführt der Santa Park seine Besucher in eine **weihnachtliche Vergnügungswelt.**

Mitte Nov. – Ende Nov., Anfang Jan. – Ende Jan. tgl. 10 – 17, Dez. – Anfang Jan. bis 18 Uhr | Eintritt ca. 37 € | http://santaparkarcticworld.com

Ranua Wildlife Park

Polarfüchse, Braunbären, Fischotter ...

Rund 50 verschiedene Arten arktischer Tiere lassen sich in diesem Zoo in artgerechter Umgebung beobachten; dabei wandern die Besucherinnen und Besucher auf **erhöhten Bohlenstegen,** um die etwa 200 Tiere möglichst wenig zu stören. Zahlreiche Aktivitäten werden ebenfalls angeboten. Der Park liegt etwa 80 km südöstlich von Rovaniemi; es gibt regelmäßige Busverbindungen.

Ranua Zoo: Juni – Aug. tgl. 9 – 19, sonst tgl. 10 – 16 Uhr | Eintritt je nach Saison 15 – 18,50 €, erm. 13,50 – 16 € | www.ranuazoo.com

Eismeerstraße

Die wichtigste Straße nach Norden

In Rovaniemi beginnt die Eismeerstraße (Str. Nr. 4/ z. T. E75). Sie führt nach **Sodankylä,** einem Stützpunkt des Tourismus, in dem die alte Kirche (1689) wirklich sehenswert ist. Weiter geht es an den großen Wasserreservoirs Porttipahta und Lokka vorbei nach Norden. Nach knapp 100 km folgt der Urho-Kekkonen-Nationalpark (► S. 131).

Für Wintersportler und Naturfreunde

Ounasvaara

Südöstlich von Rovaniemi erhebt sich am linken Ufer des Kemijoki der Berg Ounasvaara (204 m). Dort gibt es ein Café, ein Hotel, ein **Wintersportzentrum** mit großer Sprungschanze und eine Skihütte. Der Sportpark bietet die Möglichkeit, fast 50 verschiedene Sportarten auszuprobieren. Angeboten werden z. B. Wanderungen auf Naturlehrpfaden, Golf, Skilanglauf, Schwimmen, Tennis, Trimm-dich-Pfade und eine Sommerrodelbahn. Vom Ounasvaara bietet sich ein herrlicher Blick über die Fluss- und Fjälllandschaft der Umgebung von Rovaniemi. In der **Mittsommernacht** werden hier die Johannisfeuer entzündet, ein zauberhafter Anblick. Sehr schöne landschaftliche Ziele und Rentierfarmen, die einen Einblick in die lappländische Kulturtradition ermöglichen, liegen zu Füßen des Bergs am Fluss Ounasjoki in Richtung Pello und Kittilä.

★ SAVONLINNA

Gebiet: Südostfinnland | **Einwohnerzahl:** 35 000

L 29

Savonlinna ist das urbane Herz des Saimaa-Seengebiets, die Stadt liegt auf einer Kette kleiner Inseln. Bekannt wurde sie wegen der Burg Olavinlinna und der jährlichen Internationalen Opernfestspiele. Während der Festivalzeit im Juli ist hier richtig was los, denn dann lockt Savonlinna zahlreiche Touristen und Opernliebhaber an.

Festival-stadt

Sie war Verteidigungsanlage, Zankapfel, Kriegsbeute und Gefängnis – und dann fiel sie auch noch einem Brand zum Opfer: Die Burg Olavinlinna hat eine bewegte Geschichte hinter sich. Ruhig ist es um sie bis heute nicht geworden, sie ist aber auch einfach zu fotogen! Olavinlinna steht auf einer kleinen Insel im See, eine Brücke verbindet sie mit dem Festland. Im Sommer steigen himmlische Töne von der Insel auf: Der Burghof hinter den dicken Rundtürmen stellt die Kulisse für die jährlichen Savonlinna-Opernfestspiele.

Wohin in Savonlinna?

Kuren am Wasser

Marktplatz und Kuranstalt

Die lange, in Ost-West-Richtung verlaufende Olavinkatu bildet die Hauptverkehrsstraße der Stadt. Im Westen der Altstadt liegt unmittelbar am Sund Haapasalmi der Marktplatz mit dem Anlegeplatz für

NORDISCHES BAYREUTH

Sie werden in einem Atemzug mit Salzburg und Bayreuth genannt und gelten als international bedeutendstes Ereignis im sommerlichen Finnland: die Savonlinna-Opernfestspiele. Seit über vierzig Jahren stehen sie für die landesweite Opernbegeisterung, und nicht wenige finnische Sänger haben es von hier auf die großen Bühnen der Welt geschafft.

Schon tagsüber sieht man Autos, in denen feine Jacketts und Anzüge hängen, während die Insassen in kurzen Hosen und T-Shirt aus dem Wagen steigen, um über die Seepromade zu bummeln. Ab sechs Uhr abends strömen dann immer mehr festlich gekleidete Menschen zur Burg Olavinlinna. Immerhin fasst der zum »Opernhaus« umfunktionierte Innenhof 2500 Sitzplätze, und die sind meist schon Monate vorher ausgebucht. Man muss viel Glück haben, um kurz vor Vorstellungsbeginn noch einzelne Karten von Privatpersonen zu bekommen – da scheint der Preis von bis zu 200 € noch das kleinere Problem zu sein.

»Fenster finnischer Opernkunst«

Was fasziniert die rund 60 000 Besucherinnen und Besucher, die jährlich bei den Opernfestspielen in Savonlinna dabei sind? Bei einer Führung durch die Burg erfährt man, dass die ersten Festspiele bereits 1912 bis 1916 stattfanden. Initiatorin war die auf den Bühnen der Welt beheimatete **finnische Operndiva Aino Acktè.** Sie wollte die finnische Opernkunst einem größeren Publikum bekannt machen. Der Erste Weltkrieg, die Unabhängigkeitserklärung Finnlands 1917 und die Weltwirtschaftskrise 1930 bedeuteten jeweils das vorläufige Ende der Olavinlinna-Opernfestspiele.

Zu neuem Leben erwachten die Festspiele **erst 1967.** Diesmal war es ein Wiener Gesangsprofessor, der Beethovens »Fidelio« auf der Bühne der Burg aufführen wollte. Die szenischen Möglichkeiten der Festung begeisterten ihn wie seinerzeit Aino Acktè und der erneute Auftakt der Festspiele war ein durchschlagender Erfolg.

Die Ära Talvela

Seit 1972 veranstaltet ein von dem bedeutenden finnischen **Basssänger Martti Talvela** (1935–1989) ins Leben gerufener Förderverein die Festspiele. Talvela war in seiner dreißigjährigen Karriere zu einem internationalen Star aufgestiegen – er sang an der Metropolitan Opera in New York und am Bolschoi-Theater in Moskau, an der Deutschen Oper Berlin und bei den Bayreuther Festspielen. Wie Aino Acktè wusste Talvela, wie wichtig Uraufführungen für das internationale Image der Festspiele sind, auch wenn sie größere finanzielle Risiken bedeuten. Inzwischen werden die Produktionskosten zu 80 % durch Eintrittskarten eingespielt. Nach dem Erfolg der ersten Oper von Aulis Sallinen »Der Reitersmann« – ein Auftragswerk zum 500-jährigen Bestehen der Burg – gab Talvela weitere Opern in Auftrag.

Ein Jahrhundert feinstes Musiktheater

Es sind aber nicht nur finnische Uraufführungen, die den Ruf der Opernfestspiele begründeten. Seit der Aufführung von Mozarts »Zauberflöte« unter Martti Talvela wurden auch Opern wie Richard Wagners »Tannhäuser«, »Tristan und Isolde«, »Parsifal« und »Der fliegende Holländer« gezeigt, außerdem Charles Gounods »Faust«, Mussorgskis »Boris Godunow« und die Verdi-Opern »Don Carlos«, »Aida«, »Rigoletto« oder »Macbeth«. Bekannte **ausländische Opern-Ensembles** gastieren hier ebenfalls mit eigenen Produktionen.
www.operafestival.fi

Auch Wagners »Fliegender Holländer« wurde schon vor der mittelalterlichen Kulisse der Burg Olavinlinna gegeben.

SAVONLINNA ERLEBEN

SAVONLINNA TOURIST INFORMATION

Riihisaari, 57130 Savonlinna
Tel. 044 4 17 44 66
www.visitsavonlinna.fi

RUDERN MIT ZEHNTAUSEND

Im kleinen Ort Sulkava südwestlich von Savonlinna findet am zweiten Juliwochenende die »Sulkavan Suuroudut« statt. Beim größten Ruderfestival Finnlands treffen sich bis zu 10 000 Ruderer, vom Einer bis zum Kirchboot; angefeuert werden sie von rund 20 000 Zuschauern. Der erste Wettbewerb fand 1968 mit drei Dutzend Mutigen statt, damals gewann ein 67-Jähriger das Einerrennen.

MAJAKKA €€

So wenig einladend das Gebäude aussieht – die Einrichtung des Restaurants gegenüber dem Hafen ist angenehm. Es ist bekannt für seine vorzüglichen Mittagsbuffets und die feinen Fischgerichte.
Satamakatu 11
Tel. 010 7 64 24 30
www.raflaamo.fi/fi/savonlinna/ravintola-majakka

WANHA CASINO €€€

Ein bisschen fühlt man sich zurückversetzt in alte Zeiten, als Finnland noch ein russisches Großfürstentum war. Das altehrwürdige Alte Casino ist mittlerweile ein modernes Spahotel, das Restaurant serviert ausgezeichnete und durchaus traditionelle Küche.
Kylpylaitoksentie 7
Tel. 01 57 39 50
www.spahotelcasino.fi

VILLA ARIA €€

Die originell und individuell eingerichteten Zimmer des Sommerhotels – geöffnet ist nur von Mitte Juni bis Mitte August – befinden sich in einer Holzvilla aus dem Jahr 1896. Buchen Sie ein Zimmer mit Seeblick!
Puistokatu 15
Tel. 015 51 55 55

die Schiffe des Saimaa-Verkehrs. Von hier führt in nördlicher Richtung eine Brücke zur **Halbinsel Vääräsaari.** Sie ist der Standort moderner **Kureinrichtungen** sowie des Kurhotels »Casino«; Parkanlagen laden zum Schlendern ein, eine Freilichtbühne zu Kulturgenuss.

Geborgen und herausgeputzt

Provinzmuseum

Am Südufer ragt die Halbinsel Riihisaari in den Pihlajavesi. Im ehemaligen Getreidemagazin (1851) zeigt das Provinzmuseum wechselnde Ausstellungen. Zeugnis von Fernweh und wirtschaftlicher Notwendigkeit sind die vier alten **Museumsschiffe** südlich davon.
Museot: Juni – Aug. tgl. 10 – 17, Sept. – Mitte Dez. Mi. – So. 11 – 17, Jan. – April Di. – So. 10 – 17 Uhr | Eintritt 8/4 € | www.etelasavonmuseot.fi

Den Krieg überstanden

Dom

Auf der Halbinsel Savonniemi, zwischen dem Haapasalmi und der Bucht Haislahti, erhebt sich als **neugotischer Ziegelbau** der evangelische Dom. Im Winterkrieg 1939/1940 wurde er beschädigt und 1949 neu geweiht. Zwischen 1896 und 1924 war er Bischofssitz.

Savonlinnan Tuomiokirkko: Pappilankatu 8 | Juni – Mitte Aug. tgl. 11 – 19 Uhr | Eintritt frei, Spende erbeten | www.savonlinnanseurakunta.fi

Savonlinnas Wahrzeichen

★ Burg Olavinlinna

Unbedingt sehenswert ist die Burg Olavinlinna, die wohl a**m besten erhaltene Festung Skandinaviens.** Sie liegt südöstlich der Altstadt auf einer kleinen Insel, zu der eine Brücke über die Bucht Kyrönsalmi führt. Benannt wurde die Festung nach dem norwegischen Heiligen Olav. Die 1475 gegründete Burg wurde nach dem Nordischen Krieg 1743 den Russen zugesprochen und von ihnen mehrmals verstärkt. Man betritt sie durch ein Torgewölbe an der Westseite und gelangt in den kleinen Innenhof, den ältesten Teil der Burg. Die gut renovierte Burg enthält mehrere Säle, die noch heute für Festlichkeiten und Kongresse genutzt werden.

Drei dicke Rundtürme sind erhalten; im dritten Stockwerk des sogenannten Kirchenturms steht eine kleine Kapelle für Andachten und Hochzeiten. In der »Dicken Bastion« befindet sich ein **Sommercafé.** Aus den Schießscharten und den Luken der Türme bietet sich ein schöner Blick auf die Landschaft. Die Burg beherbergt ein kleines Museum über die Geschichte der Festung und eine Sammlung orthodoxer Kirchenschätze. Olavinlinna kann nur im Rahmen einer **einstündigen Führung** besichtigt werden.

In dem von einem Zeltdach überspannten Burghof finden im Juli die **Internationalen Opernfestspiele** statt, Finnlands bekannteste kulturelle Veranstaltung. Neben den Opern, u. a. Werke finnischer Komponisten und Gastspiele auswärtiger Opernensembles, stehen auch Konzerte auf dem Programm.

Burgführungen Juni – Aug. tgl. 11 – 18, sonst Mo. – Fr. 10 – 16, Sa., So. 11 – 16 Uhr | Eintritt 10/5 € | www.kansallismuseo.fi
Opernfestspiele: http://operafestival.fi

Rund um Savonlinna

Ein Tag am Wasser

Seen

Im Norden der Stadt erstreckt sich der Haapavesi, im Süden der Pihlajavesi. Die Gewässer der Region Savo sind vom Humus der **zahlreichen Sümpfe** leicht bräunlich gefärbt. Eine Ausnahme stellt der See Puruvesi dar (östlich des Pihlajavesi). Wegen seines klaren Wassers ist er bei den Einheimischen sehr beliebt.

Musik, Geschichte und Kultur haben auf Burg Olavinlinna ihren Platz gefunden.

Von Savonlinna aus ...

Schiffsausflüge

... legen Schiffe zu allen anderen Städten am **Saimaasee** ab, etwa nach Kuopio oder Lappeenranta.

Nur ein Versehen?

Kerimäki

Der am Westufer des Puruvesi gelegene Ort Kerimäki ist bekannt für die **angeblich größte Holzkirche der Welt.** Es heißt, das 1847 erbaute Gotteshaus soll nur deshalb so riesig geworden sein, weil die Maße, auf den Plänen des Stifters in Fuß eingetragen, als Meterangaben aufgefasst wurden. In der Kirche finden Konzerte im Rahmen der Opernfestspiele von Savonlinna statt.

Kerimäen kirkko: Hälventie 1 | Mitte Juni – Mitte Aug. tgl. 10 – 18 Uhr | Eintritt frei, Spende erbeten | www.kerimaenseurakunta.fi

Ein Geschenk der Eiszeit

Punkaharju

Zurück zur Str. 14 führt der Weg direkt neben der Eisenbahnlinie auf einem schmalen Damm über den etwa 7 km langen und bis zu **25 m hohen Hügelrücken** Punkaharju. Der nach beiden Seiten steil abfallende Rücken ist ein Relikt der Schmelzwasserströme aus der letzten Eiszeit. Er ist mit Kiefern-, Lärchen- und Birkenwald bedeckt und von mehreren Wanderwegen durchzogen. Eine touristische Attraktion besonders für Familien mit Kindern ist der **Freizeitpark »Kesämaa«** bei Punkaharju.

Punkaharjun Kesämaa: Kernöffnungszeiten Juni – Aug. 10/12 – 17/19 Uhr | Eintritt je nach Saison 16 – 18 € | www.punkaharjuresort.fi/kesamaa

Der Wald und der Mensch

Finnisches Forstmuseum

Ebenfalls in Punkaharju wurde das Finnische Forstmuseum Lusto eröffnet. Es bietet Einblicke in die Geschichte von Forstkultur und Holzindustrie des Landes und vermittelt die neuesten **Erkenntnisse zu den Themen Holz und Wald.**

Suomen Metsämuseo: Lustontie 1 | Mai, Sept. tgl. 10 – 17, Juni – Aug. tgl. 10 – 18, Okt. – April Di. – So. 10 – 17 Uhr | Eintritt 11/8 € | www.lusto.fi

Ein Paradies im Wasser

Nationalpark Linnansaari

Ungefähr 45 km nordwestlich von Savonlinna entfernt liegt die Region Rantasalmi mit dem Hauptteil des Nationalparks Linnansaari im See Haukivesi. In den Park selbst gelangt man nur mit Booten. Von Rantasaari (Porosalmi) und Oravi verkehren sie von Ende Juni bis Mitte August regelmäßig. Informationen hält das **Besucherzentrum Seenland** in Rantasalmi, Ohitustie 7, bereit.

★ TAMPERE

Gebiet: Südfinnland | **Einwohnerzahl:** 238 000

L 24

Der Wandel ist gelungen: Innerhalb weniger Jahrzehnte hat sich die Industriestadt Tampere, die man gern mit dem Beinamen »Manchester des Nordens« belegte, in eine innovative Kunst- und Kulturstadt verwandelt. In die stillgelegten Fabrikgebäude sind Museen und Theater, Cafés und Restaurants eingezogen.

Eine Stadt erfindet sich neu

Tampere liegt auf der Landzunge zwischen den beiden Seen Näsijärvi und Pyhäjärvi – eine traumhafte Umgebung. Das Panorama spielte bei der Stadtgründung allerdings keine Rolle. Tampere wurde 1779 auf Befehl des schwedischen Königs Gustav III. gegründet, denn die Tammerkoski-Stromschnellen konnten bestens zur Energiegewinnung genutzt werden. Immer mehr Manufakturen siedelten sich an, und bald wurde Tampere zu einem Zentrum der Textilindustrie. Im »finnischen Manchester« rauchten die Schlote, die Stadt stieg schnell zur Nummer zwei hinter der Hauptstadt Helsinki auf. Noch in den 1970er-Jahren zählte man hier rund 350 Industriebetriebe. Dann aber begann der Niedergang, ein Betrieb nach dem anderen musste Konkurs anmelden. Aus der Industriemetropole des Landes wurde dessen Armenhaus. Doch die Stadt hat sich rasch neu definiert. Hightech und IT rückten an die Stelle der Schwerindustrie, der Dienstleistungssektor wurde gestärkt, aus den Industriequartieren wurden spannende Viertel mit interessanten Sehenswürdigkeiten.

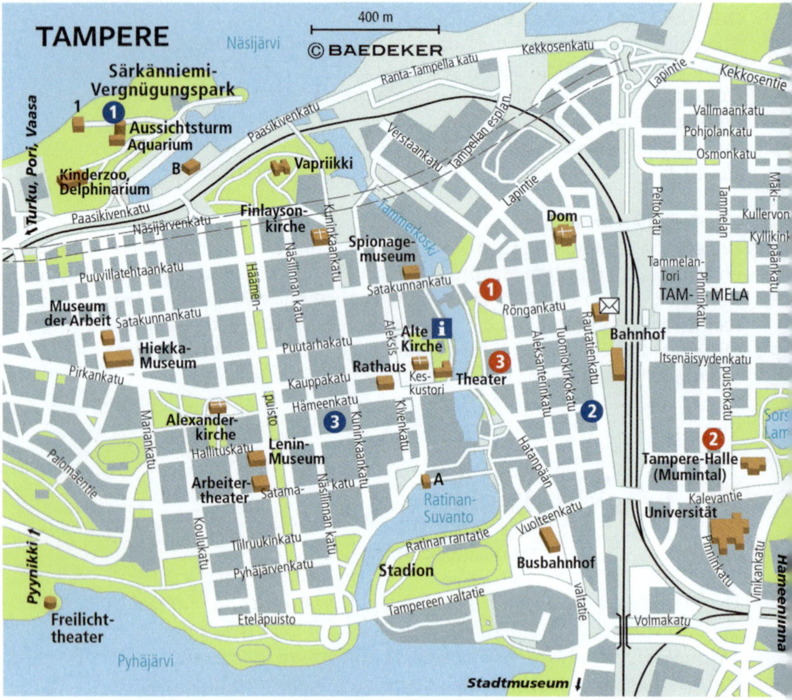

1 Näsinneula
2 Bodega Salud
3 Harald

1 Radisson Blu Grand Hotel Tammer
2 Dream Hostel & Hotel
3 Scandic Tampere Koskipuisto

A Anlegestelle »Silberlinie«
B Anlegestelle »Dichterweg«
1 Sara-Hildén-Kunstmuseum

Wohin in Tampere?

Bummeln und schauen

Keskustori

Die Hauptachse der Stadt ist die Hämeenkatu vom Bahnhof über den zentralen Platz Keskustori zur Hämeenpuisto. Die **Alte Kirche,** eine klassizistische Kreuzkirche von 1824, besitzt einen Glockenturm im Empirestil. Schöne Gebäude am Zentralplatz sind auch das 1890 von Georg Schreck entworfene **Rathaus** und das 1913 gebaute **Tampere-Theater.** Am Wasserfall liegt das Einkaufszentrum Koskikeskus.

Musterbeispiel finnischer Nationalromantik

Dom

Nördlich des Bahnhofs steht der zwischen 1902 und 1907 unter Leitung von Lars Sonck gebaute Dom. Er gilt als besonders typisches,

TAMPERE ERLEBEN

VISIT TAMPERE
Frenckellinaukio 2B, 33100 Tampere
Tel. 03 56 56 68 00
http://visittampere.fi

1 NÄSINNEULA €€
Vom langsam rotierenden Restaurant im höchsten Gebäude der Stadt, dem Näsinneula-Turm, genießt man einen hervorragenden Blick über Tampere und sein Umland.
Särkenniemi, Tel. 03 2 48 82 34
www.sarkanniemi.fi

2 BODEGA SALUD €€€
Das anspruchsvolle Gourmet-Restaurant serviert angeblich die besten Steaks in ganz Finnland. Besonders das seit vielen Jahren erprobte Rezept für Pfeffersteak erfreut sich bei den Gästen großer Beliebtheit.
Tuomiokirkonkatu 19
Tel. 01 00 55 57, www.salud.fi

3 HARALD €€
Beim Konzept des Restaurants standen die Wikinger Pate. Es gibt viele Rentiergerichte.
Hämeenkatu 23, Tel. 04 47 66 80 10
www.ravintolaharald.fi/tampere

1 RADISSON BLU GRAND HOTEL TAMMER €€€
Das Hotel mit 87 Zimmern und Suiten liegt direkt am Tammerkoski und ist eines der Traditionshotels in Tampere. Es kombiniert modernen Komfort mit etwas nostalgischer Eleganz.
Satakunnankatu 13
Tel. 02 01 23 46 32
www.radissonblu.com/en/hotel-tampere

2 DREAM HOSTEL & HOTEL €
Im Dream Hostel wohnt man günstig, aber mit Stil: Für sein Innendesign hat das Haus schon Preise gewonnen. Wer lieber doch etwas mehr Komfort möchte, bucht sich im Hotel statt im Hostel ein.
Åkerlundinkatu 2
Tel. 04 52 36 05 17
www.dreamhostel.fi

3 SCANDIC TAMPERE KOSKIPUISTO €€€
Das moderne, zentral gelegene Haus hat 289 freundlich-helle Zimmer und Suiten.
Koskikatu 5
Tel. 02 0 04 81 39
www.scandichotels.de

weit über die Grenzen des Landes hinaus bekanntes **Bauwerk des finnischen Jugendstils,** dem man auch im übrigen Stadtbild immer wieder begegnet.

Eine Fundgrube für Groß und Klein

★ Museumszentrum Vapriikki

Am Ufer des Tammerkoski in Tamperes altem Industrieviertel liegt das Museumszentrum Vapriikki, eines der vielseitigsten und interessantesten Museen der Stadt. Der Bogen der Ausstellungen spannt sich von der Archäologie über zeitgenössische Kunst bis zu Technik und Natur. Das Vapriikki beherbergt auch das **finnische Eishockey-**

museum und ein **Schuhmuseum.** Vom Restaurant Valssi genießt man einen schönen Blick auf den Fluss; im Sommer sitzt man auf der Terrasse direkt über der Stromschnelle.
Alaverstaanraitti 5 | Di. – So. 10 – 18 Uhr | Eintritt 13/6 € | vapriikki.fi

Eine drollige Gesellschaft

Mumintal-Museum

In Finnland kennt jedes Kind die Geschichten der Autorin und Künstlerin Tove Jansson (1914–2001). Im Museum, das der Stadtbücherei angeschlossen ist, erfährt man alles über die fantastische **Welt der Mumins** (► Naantali, S. 181).
Muumimuseo: Yliopistonkatu 55 | Di., Mi. 9 – 17, Do., Fr. 9 – 19, Sa., So. 11 – 17 Uhr | Eintritt 12/6 € | http://muumimuseo.fi

Als wären die Bewohner nur kurz weggegangen

★ Museum der Arbeiter

Im Arbeitermuseum werden die Lebensverhältnisse der Arbeiter aus der Zeit **um 1880 bis in die 1970er-Jahre** gezeigt. Über 30 originalgetreu eingerichtete Häuser wie Bäckerei, Schusterwerkstatt, Genossenschaftsladen und Gemeinschaftssauna sind zu sehen.
Amurin Museokortteli: Satakunnankatu 49 | Mitte Mai – Mitte Sept. Di. – So. 10 – 18 Uhr | Eintritt 7 € | www.museokortteli.fi

Geheime Botschaften und gefährliche Missionen

Spionage-museum

Alles aus der höchst spannenden Welt der Spione erfährt man im ersten Spionagemuseum der Welt. Ob Geheimschriften, Dechiffriermaschinen, Minikameras, Waffen oder Informationen über weibliche Spione wie Mata Hari: Hier ist alles ausgestellt, was man sonst nur aus Kriminalromanen kennt. Wer sein eigenes Talent als Spion prüfen will, kann einen **Agententest** absolvieren.
Vakoilumuseo: Satakunnankatu 18 | Juni – Aug. Mo. – Sa. 10 – 18, So. 12 bis 18, Sept. – Mai. tgl. 12 – 18 Uhr | Eintritt 9/6 € | www.vakoilumuseo.fi

Skulpturen und andere Kostbarkeiten

Hiekka

Im **Kunstmuseum Hiekka** werden unter anderem Werke des finnischen Bildhauer-Titanen Wänio Aaltonen sowie Gold- und Silberarbeiten gezeigt.
Hiekan taidemuseo: Pirkankatu 6 | Di. – Do. 15 – 18, So. 12 – 15 Uhr | Eintritt 10/5 € | www.hiekantaidemuseo.fi

Zwei Revolutionäre treffen sich

Lenin-Museum

Das **einzige ständige Lenin-Museum der Welt** erzählt die Geschichte des russischen Revolutionärs in erster Linie aus finnischer Sicht – dort, wo sich 1905 Lenin und Stalin zum ersten Mal begegneten.
Hämeenpuisto 28 | Juni – Aug. 11 – 18, Sept. – Mai Di. – So. 11 – 17 Uhr | Eintritt 8/6 € | www.lenin.fi

Typisch finnischer, farbenfroher Jugendstil kennzeichnet den Dom von Tampere.

Rund um Vaasa

Was die Flammen übrigließen

Alt-Vaasa

Alt-Vaasa (finn. Vanha Vaasa) liegt etwa 7 km südöstlich vom Zentrum. An diesem Platz lag ursprünglich die von Karl IX. gegründete Stadt – bis zum alles vernichtenden **Brand von 1852.**

Mit Laden, Post, Schule, Mühle ...

Handwerkerdorf Stundars

Südlich der E12 liegt bei Sulva das österbottnische Handwerkerdorf Stundars mit 60 alten Gebäuden, mehreren Werkstätten und volkskundlichen Ausstellungstücken. Stundars wurde von dem Lehrer und Ethnologen Gunnar Rosenholm gegründet. Die Bauernhäuser bilden auch die **Kulisse der Freiluftbühne** des eher volkstümlichen Sommertheaters.

Stundars: Stundarsvägen 5 | Mitte Juni – Mitte August
tgl. 11 – 16 Uhr | www.stundars.fi

Auch für die Tiere ein Paradies

Schärengürtel

Besonders reizvoll ist der abwechslungsreiche Schärengürtel im Bottnischen Meerbusen. Die noch immer aktive Landhebung lässt seit der Eiszeit immer wieder neue Inseln entstehen. Man kann zum Angeln Boote mieten oder auf Fischerbooten mitfahren. Auf den Inseln gibt es zahlreiche Hütten, die über das Verkehrsbüro der Stadt zu mieten sind. Mit dem Fernglas kann man Seevögel, mit etwas Glück sogar Seeadler, und Robben beobachten. Der grenzübergreifende **Kvarken-Archipel** mit der Hochküste auf schwedischer Seite ist UNESCO-Weltnaturerbe.

Eine Stadt tanzt

Seinäjoki

Seit 1985 bricht jedes Jahr im Sommer eine Heerschar von **Tangoverrückten und Tangotouristen** über die kleine ostbottnische Stadt Seinäjoki herein (▶ Baedeker Wissen S. 22).

www.tangomarkkinat.fi

Es ist wieder so weit: Tangomarkkinat in Seinajöki

NORWEGEN

Norwegen ist seiner außergewöhnlichen Landschaft wegen das spektakulärste skandinavische Land. Entsprechend zahlreich sind Aktivurlauber und Reisende mit Wohnmobil, eng wird es in der dünn besiedelten Region dennoch nicht. Auch Sonne und Sandstrand muss man nicht missen: Im Süden gibt es zahlreiche hübsche Badeorte.

Der Süden

Norwegens Hauptstadt Oslo liegt geschützt am Ende des Oslofjords. Die Umgebung ist hügelig und waldreich, das Meer immer nahe. So zählt Oslo zu Recht **zu den schönsten Metropolen Europas.** Insbesondere das Setesdal blickt auf eine reiche bergmännische Tradition zurück; die Telemark als Heimat des Skisports steht heute noch bei Wintersportlern im besten Ruf.

Fjordküste

Von Stavanger bis Kirkenes erstreckt sich auf 2000 km die von Fjorden gegliederte Westküste, die zu den grandiosesten Landschaften Europas zählt. Außer im Tourismus wird Geld hier vor allem mit Erdöl und Erdgas verdient, zudem mit Fischfang und Fischzucht. Die schönsten Städte sind Trondheim und die **alte Hansestadt Bergen.**

Lofoten, Vesterålen

Ein Traumziel bilden die Lofoten mit ihren wild gezackten Felswänden, die steil aus dem Meer aufsteigen; sie sind ein **Paradies für Vögel und für Naturliebhaber.** Auch ihre kleinen Schwestern, die nördlich angrenzenden Vesterålen, weisen eine besondere Mischung aus Schönheit und Wildheit auf.

Nordnorwegen

Nördlich von Mo i Rana teilt der **Polarkreis** das Land, hier beginnt Nordnorwegen. Größte Stadt ist Narvik mit dem berühmten Erzhafen. Hammerfest ist nur noch 100 km vom Nordkap entfernt, das nicht ganz korrekt als nördlichster Punkt des europäischen Festlandes bezeichnet wird – was die Touristenströme jedoch nicht stört. Hier befindet man sich in Lappland, wo die Fischerei der Rentierzucht Platz macht. In dieser äußerst dünn besiedelten Region trifft man auch die **Urbevölkerung Skandinaviens,** die Samen.

Das Rückgrat des Landes

Hinter der abwechslungsreich gegliederten Westküste Skandinaviens erhebt sich das **Hochgebirge der Skanden.** Einige wenige Durchgänge führen hinüber nach Schweden, das auch Anteil an diesem Gebirge hat. Hier reihen sich viele Nationalparks aneinander, und in der menschenleeren Wildnis leben noch Wölfe, Bären, Vielfraße und Moschusochsen.

Typisch für die Lofoten sind ihre Fischerdörfchen mit den kleinen roten Hütten und den Holzgestellen, um den gefangenen Fisch zu trocknen.

Außenbesitzungen

Als Außenbesitzungen gehören zu Norwegen noch **Spitzbergen** im Nordpolarmeer und die Bäreninsel, außerdem die Vulkaninsel Jan Mayen. Diese Regionen werden in diesem Reiseführer nicht vorgestellt.

★ ÅLESUND

K 7

Gebiet: Westnorwegen | **Einwohnerzahl:** 53 000

Einer schicksalhaften Nacht verdankt Ålesund seine reich verzierten Jugendstilbauten, mit denen der Ort einzigartig ist in Norwegen. Doch schon allein die Lage auf mehreren Inseln inmitten der Fjorde und Schären lohnt den Besuch einer der schönsten Städte Norwegens.

Klippfisch-Exporteur

In der Nacht zum 23. Januar 1904 wütete ein Feuer in der Altstadt von Ålesund und zerstörte rund 850 Holzhäuser; vier Fünftel der rund 12 000 Einwohnerinnen und Einwohner wurden obdachlos. Ursache für den Großbrand war vermutlich eine umgekippte Petroleumlampe in einer Margarinefabrik. Damit sich solch eine Katastrophe nicht wiederholen konnte, durften neue Häuser nur noch aus Stein errichtet werden. Da zu dieser Zeit der Jugendstil en vogue war, wurden praktisch alle Häuser mit farbenprächtigen Ornamenten an den Fassaden, zahllosen Türmchen und verzierten Giebeln gebaut. Nur drei Jahre dauerte der Wiederaufbau, der maßgeblich von dem deutschen Norwegenliebhaber Kaiser Wilhelm II. unterstützt wurde. Über eine Reihe von Inseln, die mit Brücken und Tunneln miteinander verbunden sind, breitet sich die lebhafte Handels- und Hafenstadt aus. Mit einer der größten und modernsten Fischereiflotten Norwegens ist Ålesund zu einem wichtigen Fischereihafen des Landes geworden und einer der weltweit größten Exporthäfen für Klippfisch.

Wohin in Ålesund?

Prachtvolle Gebäude

★ Jugendstilbauten

Auf der Insel Aspøya lohnt die Ålesunder Kirche (1909) mit beachtenswerten Fresken und wunderschöner Glasmalerei einen Besuch. Am Hellesundet, dem inneren Hafen zwischen den Inseln Aspøya und Nørvøya, stehen Ålesunds prächtigste Jugendstilbauten. Besonders sehenswert sind die Häuser in der Kongensgata auf Nørvøya und der Apotekergata auf Aspøya. In der Apotekergata befindet sich das **Jugendstilcenter,** und zwar in einem der schönsten Gebäude der

ÅLESUND ERLEBEN

TURISTINFORMASJONEN I ÅLESUND
Skateflukaia, 6002 Ålesund
Tel. 70 16 34 30
www.visitalesund.com

BOOTSFESTIVAL
Anfang Juli: Dreitägiges Großereignis, die Bootsrennen und Regatten sind nur ein Teil des Festivals.
http://batfestivalen.no

GOURMETFESTIVAL
August: Drei Tage im August sind beim Gourmetfestival (Den Norske Matfestivalen) den leiblichen Genüssen gewidmet, wobei Fisch im Mittelpunkt steht.
www.matfestivalen.no

XL DINER €€€–€€€€
Der Name lässt Riesenportionen in nüchternem Ambiente erwarten. Dann die Überraschung: Das edel eingerichtete Restaurant bietet bei wunderbarer Aussicht auf den Hafen Stock- und Klippfischgerichte aus aller Herren Länder. Es gibt Bacalahau aus Portugal, spanischen Bacalau oder Stoccafisso auf italienische Art – eine kleine Weltreise mit Norwegens Exportschlager (So. geschl.).
Skaregata 1b, Tel. 70 12 42 53
www.xldiner.no

MAKI €€€€
In dem stilvollen Restaurant im Hotel Brosundet empfiehlt es sich, dem Chef freie Hand zu lassen. Bestellen Sie ein Vier- oder Fünf-Gänge-Menü oder ein Tasting-Menü, und Sie bekommen das Beste, was die Gewässer von Sunnmøre hergeben.
Apotekergata 5, Tel. 70 11 45 00
www.brosundet.no

INVIT €€
Sie sind kaffeesüchtig? Und Sie lieben moderne Architektur und Lifestyle? Dann sind Sie zur Mittagszeit richtig im Invit, denn in der stylischen Espressobar wird nicht nur sehr guter Kaffee serviert, es gibt in der Boutique auch schicke Dinge zu kaufen.
Apotekergata 9, Tel. 70 15 66 44
www.invit.no

HOTEL BROSUNDET €€€€
Das schöne Jugendstilhotel direkt am Wasser beherbergt die Gäste in einer sehr gelungenen Mischung aus Alt und Neu. Romantisch gestimmte Honeymooner können das Zimmer 47 buchen: Es befindet sich nicht im Hotel, sondern außerhalb im Leuchtturm Molja fyr; das Frühstück wird zum Leuchtturm gebracht.
Ålesund, Apotekergata 5
Tel. 70 11 45 00
www.brosundet.no

HOTEL UNION ØYE €€€€
Der Weg zum Norangsfjord lohnt sich, denn das Union Øye ist eines der schönsten Hotels in Norwegen. In einer parkähnlichen Umgebung vor spektakulärer Bergkulisse gelegen, hat das Holzhaus im typischen Drachenstil seit seiner Gründung 1891 schon viele berühmte Gäste beherbergt. Anreisen können Sie mit dem Auto, mit dem Boot von Ålesund oder sehr exklusiv mit dem Helikopter.
Norangsfjorden
Tel. 70 06 21 00
www.unionoye.no

Stadt. Das Museum in der ehemaligen Svane-Apotheke informiert über den Stadtbrand und erzählt die Geschichte des Jugendstils in Ålesund. Das **Kunstmuseum KUBE** mit wechselnden Ausstellungen gleich nebenan ist das regionale Kunstmuseum und bildet zusammen mit dem Jugendstilzentrum die Stiftung Kulturkvartalet.
Jugendstilsenteret/Kunstmuseet KUBE: Apotekergata 16 | Mai–Sept. tgl. 10 – 17, sonst Di. – So. 11 – 16, Do. immer bis 20 Uhr | Eintritt 85/50 NOK, bis 18 J. frei (für beide Museen gültig) | www.jugendstilsenteret.no

Das beste Aquarium Norwegens

Atlantik-Meerespark

Etwa 3 km westlich vom Stadtzentrum steht auf der Landzunge Tueneset eines der größten Aquarien Nordeuropas, harmonisch eingefügt in die Küstenlandschaft. In den riesigen Acryltanks des Atlantik-Meeresparks werden **v. a. Fische und Meerestiere aus der Nordsee** präsentiert; eine Attraktion für Groß und Klein ist die Fütterung der Seelöwen und Pinguine. Der Atlanterhavsparken wurde schon zweimal zum besten Aquarium des Landes gewählt.
Atlanterhavsparken: Tuenesvegen | Juni – Aug. So. – Fr. 10 – 18, Sa. 10 – 16, Sept. – Mai Mo. – Sa. 11 – 16, So. 11–18 Uhr | Eintritt 190/90 NOK | www.atlanterhavsparken.no

Schöne Aussichten

Aksla

Östlich vom Stadtpark führen schweißtreibende, aber lohnenswerte 418 Treppenstufen zum Aksla, dem Hausberg der Stadt hinauf, dort bietet sich ein herrliches Panorama. Der weite Blick von der Cafeteria »Fjellstua«, die auch mit dem Auto über den Fjelltunvei erreichbar ist, ist vor allem bei Sonnenuntergang ein **beliebtes Fotomotiv.**

Rund um Ålesund

Freilichtmuseum nach nordischer Art

Borgund

Neben der hübschen Kirche von Borgund, etwa 4 km östlich des Zentrums, zeigt das **Sunnmøre-Museum** rund 55 Häuser aus mehreren Jahrhunderten und eine große Sammlung historischer Boote. Im Sommer legt ein **Nachbau des Wikingerschiffs** »Borgundknarren« jeden Mittwoch mehrmals zu einer einstündigen Rundtour ab.
Museumsvegen 1 | Mai – Sept. Mo. – Fr. 10 – 16, So. 12 – 16, im Juli auch Sa. 10 – 16, Okt. – April Di. – Fr. 10 – 15, So. 12 – 16 Uhr | Eintritt 80/40 NOK | www.sunnmore.museum.no

Spektakel auf der Vogelinsel

Runde

Zwischen Mitte Mai und Ende August herrscht auf der kleinen Insel Runde vor Ålesund für Vögel und Touristen Hochsaison. Während dieser Zeit tummeln sich hier einige Hunderttausend Seevögel und

OBEN: Der Hausberg Aksla bietet fantastische Aussichten auf Ålesund, das sich auf mehrere Inseln im Fjord verteilt.
UNTEN: Schöne Jugendstilverzierungen entdecken Sie im Zentrum von Ålesund an nahezu jedem Haus.

LEBEN IM STOCKWERK

Auf den oft sturmumtosten Vogelfelsen im Nordatlantik und im Nordmeer versammeln sich Hunderttausende von Seevogel-Paaren zur Brut – ein einmaliger Anblick. Jede Vogelart belegt in den meist mehrere hundert Meter hohen Felsen immer dasselbe Stockwerk: Krähenscharben und Gryllteisten im Erdgeschoss, Papageitaucher im Penthouse, dazwischen die anderen. Umziehen ärgert die Nachbarn.

▶ Norwegens Vogelfelsen
Es ist kein leichter Ausflug, wenn man die Welt der Seevögel auf einem Vogelfelsen erleben will. Regelmäßig werden Bootsfahrten angeboten. Am bequemsten ist sicher ein Besuch auf der Insel Runde, Skandinaviens südlichster Brutkolonie für Seevögel, wo ca. 170 000 Vogelpaare nisten. Zur größten Kolonie in Skandinavien auf der Insel Røst muss man schon 100 km mit dem Boot schippern.

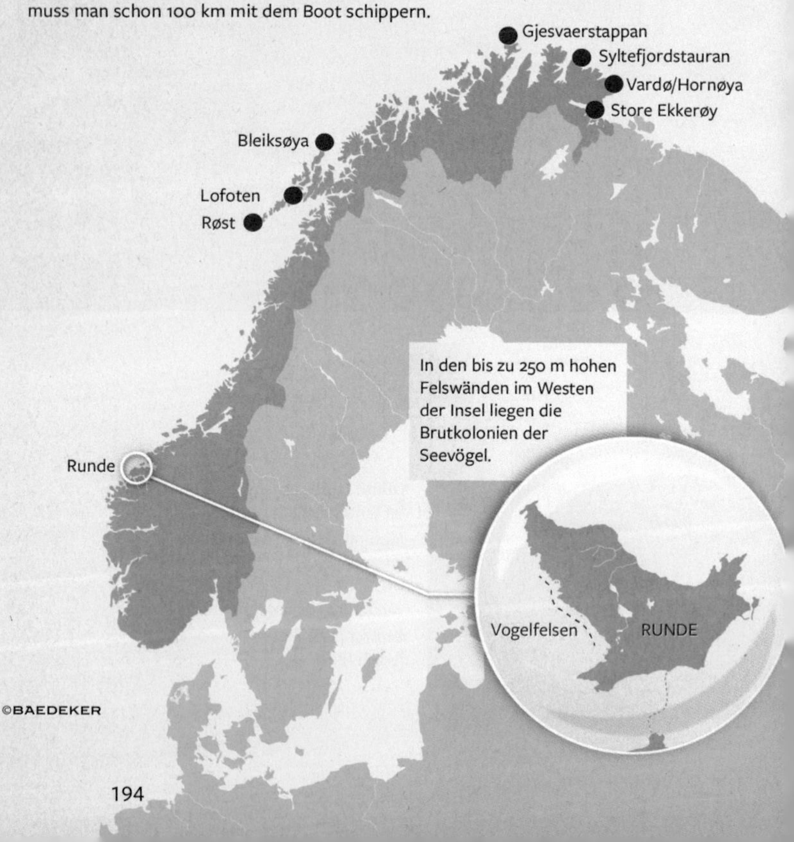

ewohner der Vogelfelsen auf Runde

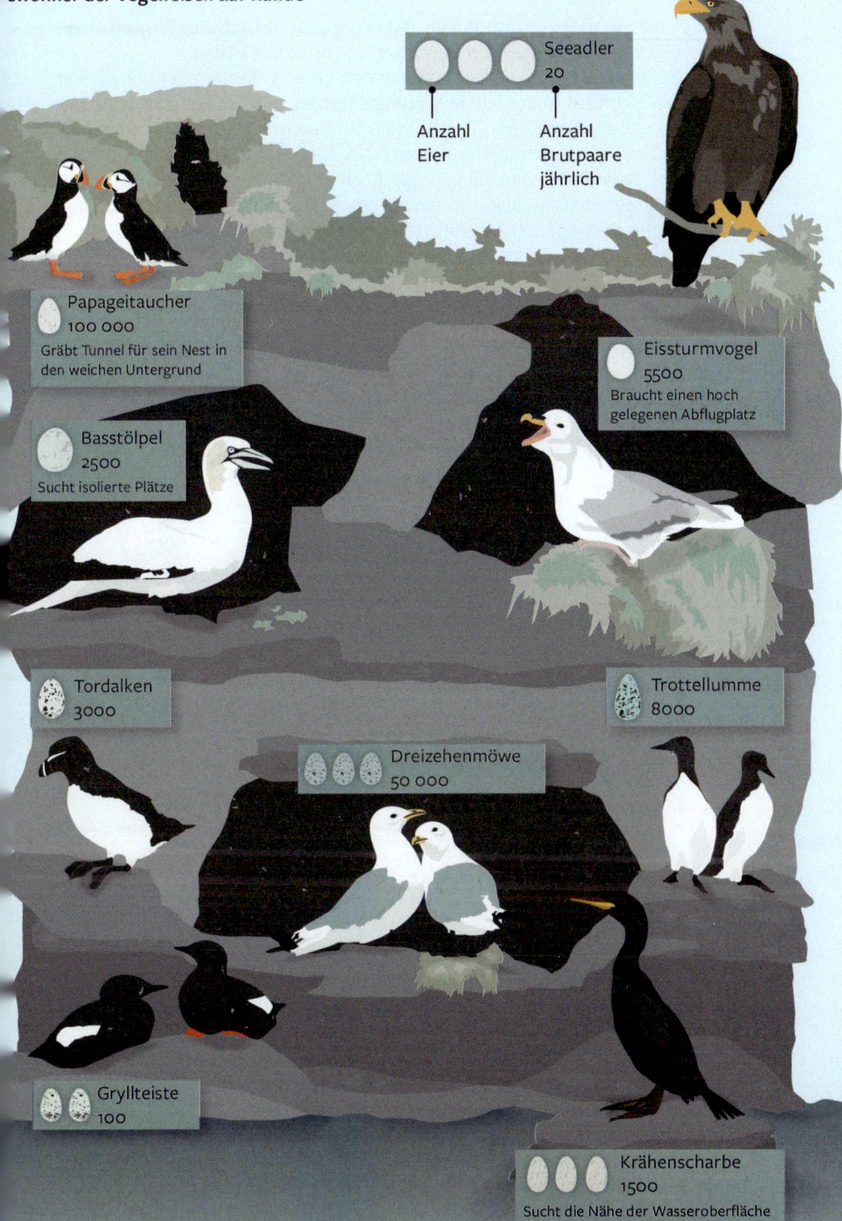

viele Hundert Ornithologen. **Norwegens südlichster Vogelfelsen** bietet zu dieser Zeit ein ohrenbetäubendes Spektakel.
Bei einer **Bootstour** kann man in den unteren Etagen der von Guano weiß gefärbten Steilküste Krähenscharben und Dreizehenmöwen beobachten. Ganz oben in der Steilwand brüten in Erdhöhlen die rotfüßigen Papageitaucher. Basstölpel, Sturmmöwen, Eissturmvögel und Seeadler beeindrucken mit ihren Flugkünsten. Obwohl das Chaos grenzenlos zu sein scheint, herrscht doch eine strenge Ordnung, und **jede Vogelart bewohnt ihr eigenes Stockwerk.**
www.insel-runde.de

BAEDEKER MAGISCHE MOMENTE

TAUSENDFACHES GEZETER

Stundenlang könnte man auf Runde den Papageitauchern zuschauen, die ganz oben im Vogelfelsen ihre Jungen großziehen. Wenn sie mit einem Schnabel voller kleiner, zappelnder Fische zurückkommen, die roten Schwimmfüße vorgestreckt, legen sie meist eine erbärmliche Landung hin, verschwinden dann aber sofort zum hungrigen Nachwuchs in ihrer Höhle an der Abbruchkante. Auch Vogeleltern haben es nicht leicht ...

Im Zeichen der Rose

Stordal-Rosenkirche

Rund 50 km östlich von Ålesund liegt Stordal mit einer ganz besonderen Kirche: Das Innere der 1789 erbauten Rosekyrkja (Rosenkirche) oder Alten Kirche (nicht zu verwechseln mit der Stordal kyrkje) ist über und über mit **herrlichen Malereien** bedeckt. Große Teile der Kircheneinrichtung stammen noch aus der mittelalterlichen Vorgängerkirche.

Stordal | Mitte Juni – Mitte Aug. tgl. 11 – 16 Uhr |
Führung 50/25 NOK

★ ALTA

Gebiet: Nordnorwegen | **Einwohnerzahl:** 15 300

C 24

Schon in der Steinzeit haben Menschen in der Gegend um den Altafjord gelebt und Tausende von Felsritzungen hinterlassen. Die größte Stadt der nördlichsten Provinz Finnmark überrascht wegen der geschützten Lage im Innern des Altafjords mit relativ mildem Klima.

Bereits vor mehr als 10 000 Jahren lebten Menschen im Raum Alta, das belegen die Felsritzungen von Hjemmeluft und Ausgrabungen am Berg Komsafjell. Die heutige Stadt wurde 1704 von eingewanderten Finnen gegründet und entwickelte sich bald zum Verwaltungszentrum der Samen. Von 1826 bis 1909 wurde am 20 km westlich gelegenen Kåfjord Kupfererz abgebaut. Ab dem 19. Jh. entwickelte sich der Schieferabbau und -export zum wichtigsten Wirtschaftszweig der Region. Gegen Ende des Zweiten Weltkriegs wurde Alta von den deutschen Besatzungstruppen völlig zerstört. Mit Ausnahme der Kirchen in Alta und Kåfjord stammt deshalb die gesamte Bebauung aus der Nachkriegszeit.

Mildes Klima im hohen Norden

Wohin in Alta?

Tiere, Menschen, Boote

★ Felszeichnungen

Zeigen sie mystische oder rituelle Handlungen? Sind sie Ausdruck einer frühen Religion? Über die Bedeutung der Felsritzungen von Alta gibt es nur Spekulationen. 1973 wurden sie am Altafjord entdeckt, seitdem hat man immer neue Felsbilder gefunden. Heute zählt man **etwa 3000 Motive** in vier verschiedenen Gebieten um den Fjord. Die Felsritzungen von **Hjemmeluft** sind die bedeutendsten, sie werden

ein und die **Kultur der Samen** wurde als förderungswürdig in der Verfassung verankert.
Altaveien 19 | Mitte Mai – Mitte Sept. tgl. 8 – 17, Mitte Juni bis Mitte Aug. bis 20, sonst Mo. – Fr. 9 – 15, Sa., So. 11 – 16 Uhr | Eintritt im Sommer 115/35, im Winter 75/20 NOK | www.alta.museum.no

Christus in Bronze

Nordlicht-kathedrale

Die Nordlichtkathedrale ist ein 2013 von Kronprinzessin Mette-Marit eingeweihter moderner Betonbau. Außen ist der Bau mit Titanplatten verkleidet, die Innenausstattung stammt von dem dänischen Künstler Peter Brandes. Sehenswert sind die über vier Meter hohe bronzene Christusfigur, die goldene Jakobsleiter und die eindrucksvolle **Lichtinstallation.**

★★ BERGEN

M 6

Gebiet: Westnorwegen | **Einwohnerzahl:** 280 000

Sie nieseln, plätschern, prasseln auf Bergen hinab: Rund 250 Tage im Jahr lassen sage und schreibe 27 verschiedene Regenarten die regenreichste Stadt Europas, die ihr feuchtes Klima ausgelassen mit einem Regenfest feiert, mal mystisch, mal feenhaft, mal dramatisch erscheinen. »Bergens Babys kommen bereits im Regenmäntelchen zur Welt«, lästert der Volksmund – doch bei Sonnenschein entfaltet die alte Hauptstadt Norwegens ein geradezu mediterranes Flair.

Zweitgrößte Stadt Norwegens

Umgeben von einem Ring teils bewaldeter Höhen, an deren Hängen sich die Stadt wie ein Amphitheater hinaufzieht, ist Bergen eine der schönsten Städte des Landes. Eine überwältigende Aussicht auf die Stadt, die Küstenlandschaft mit den Inseln Askøy und Sotra bis zum offenen Meer bietet sich – besonders hübsch morgens und bei Sonnenuntergang – vom 319 m hohen Hausberg Fløyen, zu dem man mit der Standseilbahn Fløibanen in 8 Minuten oder auf einem 3 km langen Fußweg gelangt. Auf dem Landweg war die Stadt bis zum Bau der Bergenbahn 1908 nach Oslo nur schwer erreichbar.
Seitdem wurden aber unzählige Tunnel in die Felsen gesprengt, um die Stadt, die lange ausschließlich dem Meer zugewandt war, an das Straßennetz anzuschließen. Die zweitgrößte Stadt Norwegens ist der **bedeutendste Hafen an der Westküste** mit stattlicher Handelsflotte und mehreren großen Werften. Rund 17 000 Studierende be-

suchen die zweitgrößte Universität des Landes. Trotz der nördlichen Lage gedeihen hier dank des feuchten und ungewöhnlich milden Klimas fast alle mitteleuropäisch üblichen Laubbäume und eine vielfältige Vegetation.

Die Hanse in Bergen

Geschichte

Zu allen Zeiten bildeten **Seefahrt und Fischhandel** die Grundlage des Reichtums von Bergen. Um 1070 erhob Olav Kyrre die schon damals bedeutende Hafensiedlung Bjørgvin (»Bergweide«) zur Stadt, die sich dann als zeitweilige Residenz der Könige rasch entwickelte. Noch im 17. Jh. war Bergen als Handelsplatz Kopenhagen weit überlegen, und selbst Anfang des 19. Jh.s hatte die Stadt noch mehr Einwohner als das damalige Christiania (Oslo). Seit 1236 lebten auch Deutsche in Bergen. Den eigentlichen Aufschwung verdankte die Stadt dem 1343 erstmalig erwähnten **Hanseatischen Kontor,** das, gestützt durch Privilegien der dänischen Könige, den Handel an sich zog. Getreide, Salz und Bier wurden gegen Stockfisch von den Lofoten und Klippfisch aus Kristiansund getauscht. Die Hanseaten wohnten in einem eigenen Quartier an der Deutschen Brücke (heute berühmt als »Bryggen«) mit 16 lang gestreckten, schmalen »Höfen«, die auch als Lagerhäuser dienten. 1559 wurde die Macht der Hanse gebrochen, doch das Kontor bestand noch ca. 200 Jahre lang.

In einem großen Halbkreis um die Hafenbucht Vågen liegen die ältesten Stadtteile, die sich nordöstlich am Abhang des Berges Fløyen hinaufziehen. Wie die meisten nordischen Städte wurde auch Bergen wiederholt von **verheerenden Bränden** heimgesucht. Sie haben vom historischen Kern wenig übrig gelassen; Steinbauten und breitere Straßen beherrschen heute das Zentrum. In den Stadtteilen Nordnes und am Fløyen sind aber noch Holzhäuser und enge Gassen beliebte Ziele für Spaziergänge.

Wohin in Bergen?

Mittelpunkt einer Hafenstadt

Fischmarkt

Der Marktplatz (Torget) liegt an der Stirnseite des Haupthafens Vågen, an dessen Landebrücken frühmorgens die Fischerboote anlegen. Ein **Genuss für Auge und Gaumen** ist das tolle Angebot an verschiedenen Meeresfrüchten, Krabben, Hummern, Lachs und Kaviar – alles kann auf dem malerischen Fischmarkt gekauft werden, allerdings zu stattlichen Preisen.

Bei einem Spaziergang wird die Vergangenheit lebendig

★★ Bryggen

Vom Markt aus erstreckt sich auf der Nordseite des Haupthafens Vågen die Bryggen (früher auch Tyskebryggen = Deutsche Brücke). Sie erhielt ihren Namen, weil die Holzhäuser zum einfacheren Be-

BERGEN ERLEBEN

TURISTINFORMASJON I BERGEN
Strandkaien 3
5013 Bergen
Tel. 55 55 20 00
www.visitbergen.com

BERGEN CARD
Parken ist nur auf kostenpflichtigen, markierten Plätzen erlaubt. Freie Fahrt im Nahverkehr, freien oder reduzierten Eintritt in Museen und verschiedenen Attraktionen sowie Rabatte bei Kino und Theater gewährt die Bergen Card. Sie gilt 24, 48 oder 72 Stunden lang (Erw. 280/340/410 NOK, bis 15 J. 100/130/160 NOK).

Mai/Juni: Internationale Festspiele, größtes Musikfestival Nordeuropas; Vorabbuchung ist zu empfehlen.
www.fib.no
Ende Mai/Anfang Juni: Night Jazz Festival mit internationaler Besetzung.
www.nattjazz.no
Mitte Juni: Bergenfest, Musikfestival auf der Festung Bergenhus.
www.bergenfest.no
Ende September/Anfang Oktober: Internationales Filmfestival.
www.biff.no

Bergen ist Ausgangspunkt für eine Reihe von Kurzrundreisen in die umliegende Fjordwelt.
»Norway in a Nutshell« heißt eine Tour, die Bahn- und Fährreise kombiniert; eine Fahrt mit der Bergenbahn gehört ebenso dazu wie Schiffstörns auf dem Aurlandsfjord und dem Nærøyfjord.
www.fjord-tours.com

OLEANA
Der Spontaneinkauf von Ex-First-Lady Michelle Obama machte die norwegische Strickfirma weltberühmt.
Strandkaien 2a, www.oleana.no

JUHL'S SILVERGALLERY
Silberschmuck aus Lappland, exklusiv und wunderschön.
Bryggen 39, www.juhls.no

FISCHMARKT
Der Fischmarkt mit seinem opulenten Angebot und den zahlreichen Essgelegenheiten lohnt einen Besuch: Mai–Sept. tgl. ab 9, sonst ab 10 bzw. 11 bis 23 Uhr.

❹ ENHJØRNINGEN FISKERESTAURANT €€€€
In kaum einem anderen Restaurant in Norwegen bekommt man so vorzügliche Fischgerichte. Für Fischverweigerer gibt es auch Rinderfilet. Im Sommer lockt mittags ein kaltes Fisch- und Meeresfrüchtebuffet. Unbedingt reservieren!
Enhjørningsgården 29, Bryggen
Tel. 55 30 69 50
www.enhjorningen.no

❺ FINNEGÅRDSTUENE €€€€
Tapeten und rohe Holzlatten an Decke und Wänden, dazu edel gedeckte Tische mit Kerzen – das passt durchaus zusammen. Da auch die Küche vom Allerfeinsten ist, ist ein Besuch in diesem kleinen, geradezu intimen Restaurant im historischen Bryggen-Distrikt ein Erlebnis. Am besten bestellen Sie ein Menü als Drei-, Fünf- oder Sieben-Gänge-Angebot.
Finnegården 2A, Tel. 55 55 03 00
www.dethanseatiskehotel.no

1 Bryggen Tracteursted
2 Fløien Folkerestaurant
3 Café Opera
4 Enhjørningen Fiskerestaurant
5 Finnegårdstuene

1 Clarion Collection Hotel Havnekontoret
2 Det Hanseatiske Hotel
3 Grand Hotel Terminus

❶ BRYGGEN TRACTEURSTED €€€–€€€€

In diesem historischen Restaurant fühlt man sich leicht in die große Zeit der Hanse zurückversetzt. Die Gerichte sind landestypisch und von der Hansezeit inspiriert – es werden aber auch norwegische Tapas serviert. Im Sommer öffnet ein Biergarten.
Bryggestredet 2, Tel. 55 33 69 99
www.bryggentracteursted.no
www.bellevue.no

❸ CAFÉ OPERA €€

In dem alten weißen Holzhaus gegenüber vom Theater treffen sich Jung und Alt, Journalisten und Studierende, aber auch Leute aus dem Viertel. Literarischer Salon, Kaffeebar, Weinstube, Kunstgalerie, Konzertraum, Bierbar – von allem etwas. Es gibt guten Kaffee und einfache, kleine Gerichte, dazu Livemusik und Lesungen.
Engen 18, Tel. 55 23 03 15
www.cafeopera.org

❷ FLØIEN FOLKERESTAURANT €€

Von dem Restaurant und Café hoch über Bergen, in 320 m Höhe neben der Bergstation der Fløibanen gelegen, haben Sie die beste Aussicht auf Stadt und Umgebung. Vielleicht können Sie sogar einen spektakulären Sonnenuntergang erleben. Im Café gibt es Leckeres wie Waffeln, Kuchen und ein Suppenbuffet, im À-la-carte-Restaurant norwegische Spezialitäten.
Fløyfjellet 2, Tel. 55 33 69 99
www.bellevue.no

❶ CLARION COLLECTION HOTEL HAVNEKONTORET €€€€

Opulenz in Violett mit Lüstern und Samt trifft kühles nordisches Design: Diesen stilvollen Mix bietet das Clarion bei Bryggen in einem Stadtpalais von 1920 – und für Gäste obendrein kostenlos Waffeln am Nachmittag und Dinnersnacks.
Slottsgaten 1, Tel. 55 60 11 00
www.nordicchoicehotels.no

❷ DET HANSEATISKE HOTEL €€€€

Wo die Kaufleute der Hanse einst ihre Waren lagerten, wird heute in 37 individuell eingerichteten Zimmern in edler Wäsche unter rustikalen Balken genächtigt. Eine kleine Zeitreise – bei modernstem Komfort.
Finnegården 2A, Tel. 55 30 48 00
www.dethanseatiskehotel.no

❸ GRAND HOTEL TERMINUS €€€–€€€€

Das mit einem Architekturpreis ausgezeichnete Grandhotel wurde 1928 am Bahnhof erbaut. Eine große Rolle spielt die Kunst: Zahlreiche Werke von lokalen wie regionalen Künstlern schmücken Zimmer und öffentliche Räume. Das Café gehört zu den besten an der norwegischen Fjordküste.
Zander Kaaes gate 6
Tel. 55 21 25 00
www.grandterminus.now
ww.cafeopera.org

---

und Entladen der Schiffe direkt am Hafenbecken errichtet wurden. Hier standen einst die »Höfe« der deutschen Kaufleute, die später durch steinerne, in ihrer Bauweise an die Hanseatenzeit erinnernde Lagerhäuser ersetzt wurden. Nach dem großen Brand von 1702 wurden die Kaufmannshäuser und Lagerhallen wieder aufgebaut. Heute stehen die fröhlich bunt gestrichenen Holzhäuser auf der **UNESCO-Weltkulturerbeliste.**

Wie hanseatische Kaufleute lebten und handelten

★ Hanseatisches Museum

Nur das erste Handelskontor ganz vorne am Torg, der Finnegården, ist in seinem alten Zustand erhalten und diente schon ab 1872 als Hanseatisches Museum. Der Finnegården ist **beispielhaft für die Architektur** der frühen Hansezeit: Die Räume sind dunkel und niedrig und erinnern mit ihren kleinen Fenstern an einen Schiffsrumpf. Bis 2024 wird das Haus einer grundlegenden Restaurierung unterzogen. Die Sammlungen, unter anderem von Siegeln der Hansestädte, werden bis dahin in den Schøtstuene gezeigt.

Det Hanseatiske Museum og Schøtstuene: Øvregaten 50 | tgl. Mai 10 – 17, Juni – Aug. 10 – 18, Sept. 10 – 17, sonst 11 – 15 Uhr | Eintritt 100 NOK, bis 16 J. frei | schøtstuene.no

Leben wie im Mittelalter

Bryggenmuseum

Das Bryggenmuseum zeigt archäologische Funde aus dem mittelalterlichen Bergen. Alte Handwerke werden ebenfalls vorgestellt, u. a. Schuhmacher, Kammmacher, Fassbinder und Goldschmied. Zu den kostbarsten Exponaten zählt die **weltweit größte Sammlung von Runen in Holz.**

Dreggsallmenningen 3 | Mitte Mai – Ende Aug. tgl. 10 – 16, sonst Mo. – Fr. 11 – 15, Sa./So. 12 – 16 Uhr | Eintritt 90 NOK | www.bymuseet

Eine der schönsten normannischen Kirchen des Landes

Marienkirche

Unweit des Bryggenmuseums steht die zweitürmige, romanisch-gotische Marienkirche (Mariakirken). Dieses älteste, sehr gut erhaltene Gebäude der Stadt stammt aus dem 12./13. Jahrhundert. Zwischen 1408 und 1766 gehörte die Kirche den Hanseaten; bis 1868 wurde hier auf Deutsch gepredigt. Im Chor erinnern Grabsteine an die einst hier bestatteten deutschen Kaufleute, Seeleute und Pfarrer. Die **Innenausstattung** besticht durch ein farbenprächtiges Inventar, das überwiegend aus dem 17. Jh. stammt. Der Flügelaltar im Chor wurde im 15. Jh. von norddeutschen Meistern geschaffen und im 17. Jh. übermalt. **In Norwegen einzigartig ist die prunkvolle Kanzel,** wohl ein Geschenk deutscher Kaufleute.

Von Holz zu Stein

Festung Bergenhus

Die nordwestliche Fortsetzung der Bryggen ist der Festningskai mit der alten Festung Bergenhus. Bereits im 12. Jh. verlegte König Øystein Magnusson seinen Königshof nach »Holmen« (Insel). An der Südspitze der Festung ragt der **Rosenkrantzturm** in die Höhe, benannt nach dem Schlosshauptmann Erik Rosenkrantz, der 1562 bis 1567 zwei ältere Anlagen vereinte und mit einer Renaissancefassade versehen ließ. Ältester Kern war der Wohn- und Festungsturm von König Magnus (1273), genannt »Kastell am Meer«. Aus dieser Zeit stammen das Schlafgemach des Königs und die Kapelle mit einem

Bergens einstiges Hanseviertel Bryggen gehört zum Weltkulturerbe der UNESCO.

Altar aus Speckstein. In den Ausstellungsräumen, mit schöner Aussicht auf die Stadt, werden ein Modell der Festungsanlage Bergenhus, Schwerter und Uniformen gezeigt.

Mai – Aug. tgl. 10 – 17, sonst So. 12 – 15 Uhr | Eintritt 80/40 NOK | http://forsvaretsmuseer.no

Größter mittelalterlicher Profanbau Norwegens

Håkonshalle

Hinter dem Rosenkrantzturm liegt die eindrucksvolle Håkonshalle, die König Håkon Håkonsson im 13. Jh. nach dem Vorbild gotischer Steinhallen aus England errichten ließ. In dem großen Festsaal mit einem **an ein Wikingerschiff erinnernden Holzgewölbe** finden Konzerte, Staatsempfänge und Festveranstaltungen statt.

Seehunde, Pinguine und mehr

Aquarium

Im Nordwesten der Stadt liegt an der Spitze der Landzunge Nordnes zwischen Vågen und Puddefjord der Nordnespark mit dem sehenswerten Akvariet, einem der **größten Aquarien Nordeuropas.** Versäumen Sie nicht die Fütterung der drolligen Robben und Pinguine.

Akvariet: Nordnesbakken 4 | Mai – Aug. tgl. 9 – 18, sonst 10 – 18 Uhr | Eintritt 225/165 NOK | www.akvariet.no

Seit fast 900 Jahren werden hier Gottesdienste gefeiert

Dom

Vom Nordende des Markts führt die Kong Oscars gate südöstlich zur aus dem 12. Jh. stammenden, 1593 im Renaissancestil umgebauten Kreuzkirche (Korskirken). Ziel ist jedoch die 1248 ursprünglich als Klosterkirche **im romanischen Stil** erbauten Domkirche, die 1537 einen **gotischen Chor** erhielt. Seine Highlights sind die schönen gotischen Fenster und der Altar. Der erinnert unwillkürlich an einen mittelalterlichen Reliquienschrein.

Kunstmuseum KODE

★ Kunstsammlungen

In der Rasmus Meyers allé am südlichen Seeufer und in der angrenzenden Nordahl Bruns gate reihen sich die Gebäude eines der größten Kunstmuseen Skandinaviens, aneinander: **KODE 1** (Nordahl Bruns gate 9) präsentiert Kunsthandwerk und Design, darunter eine große Porzellansammlung und Silber; **KODE 2** (Rasmus Meyers allé 3) zeigt zeitgenössische Künstler und Künstlerinnen, dazu wechselnde Ausstellungen; **KODE 3** (Rasmus Meyers allé 7) präsentiert mit der vom Kaufmann Rasmus Meyer gestifteten Kunstsammlung eine beeindruckende Schau norwegischer Kunstschaffender des 18. und 19. Jh., u. a. Hauptwerke von Edvard Munch; **KODE 4** (Rasmus Meyers allé 9) zeigt europäische Künstler von Picasso über Klee bis Miró, hat außerdem die größte Sammlung des in Norwegen beliebten Künstlers Nikolai Astrup und ist mit dem KunstLab, einem Kunstmuseum für Kinder, eine Attraktion für Familien. Zu KODE gehören auch die Museen für die Musiker Edvard Grieg, Ole Bull und Harald Sæverud.

KODE 1–4: Mitte Mai – Mitte Sept. tgl. 11 – 17, sonst Di.– Fr. 11 – 16, Sa., So. 11 – 17 Uhr | Eintritt 120/60 NOK, bis 18 J. frei, das Ticket gilt zwei Tage in allen vier Museen | www.kodebergen.no

Rund um Bergen

22 Jahre lang Wohnsitz von Edvard Grieg

★ Troldhaugen

Etwa 8 km südlich von Bergen steht Troldhaugen, das Wohnhaus von Edvard Grieg (► Interessante Menschen). Es hat Bergens Ruf als Norwegens Kulturhauptstadt begründet. 1885 bezogen Edvard und Nina Grieg die Villa, die nach viktorianischem Vorbild gebaut wurde und mit ihren nackten Holzwänden im Innern **an norwegische Bauernstuben erinnert.** Das Speise- und Wohnzimmer zeigt noch die ursprüngliche Einrichtung. In der nahen »Komponistenhütte« konnte Grieg ungestört komponieren. Wer noch mehr Genius loci sucht: Im Konzerthaus Troldsalen finden im Sommer Konzerte statt.

Troldhaugen: Troldhaugveien 65 | Mai – Sept. tgl. 9 – 18, sonst 10 – 16 Uhr | Eintritt 100/50 NOK, bis 16 J. frei | Konzertprogramm auf der Website | www.griegmuseum.no, www.kodebergen.no, Konzertkarten unter booking.visitbergen.com

Der höchste der sieben Hausberge Bergens

Ulriken

Im Südosten von Bergen erhebt sich der mit 643 m Höhe imposanteste Hausberg der Stadt, der Ulriken. Bei schönem Wetter hat man einen **weiten Rundblick.** Zu Fuß ist der Gipfel in 2 Stunden zu erreichen. Es geht aber auch gemütlicher: Alle halbe Stunde fährt ein Doppeldeckerbus vom Zentrum in wenigen Minuten zur Talstation der Ulriksbanen (Seilbahn).

Außergewöhnliche Villa mit Musiksaal

Lysøen

Knapp 30 km südlich von Bergen, auf dem Inselchen Lysøen, war der exzentrische **Geiger und Komponist Ole Bornemann Bull** zu Hause. Er wurde 1810 in Bergen geboren und starb hier 1880, hochverehrt. 1872/1873 ließ er sich eine Villa bauen, die mit ihren Zwiebeltürmchen und maurischen Stilelementen an ein Märchenschloss erinnert und ziemlich ungewöhnlich eingerichtet ist. Die Villa ist nur mit dem Boot erreichbar: ab Sørstraumen jede volle Stunde.

Villa Bull: Lysekloster | Mitte Mai - Aug. tgl. 11 - 16, im Sept. So. 11 - 16 Uhr | Eintritt 100/50 NOK | www.lysoen.no (mit Bootsabfahrtszeiten), www.kodebergen.no

Erstes Zisterzienserkloster in Norwegen

Lysekloster

In der Nähe sind die restaurierten Ruinen des Lyseklosters zu besichtigen. Mönche aus dem englischen York gründeten es 1146, bis zur Reformation war es das größte Kloster in Norwegen. Ein **beschilderter Rundgang** gibt Aufschluss über das Klosterleben im Mittelalter.

★ BODØ

E 15

Gebiet: Nordnorwegen | **Einwohnerzahl:** 52 000

Wenn Sie in den Himmel schauen, können Sie oft Seeadler im Gleitflug über der Stadt beobachten, Bodø hat nämlich den größten Bestand dieser majestätischen Vögel in ganz Europa. Kein Wunder also, dass in der Fußgängerzone dem Seeadler ein Denkmal gesetzt wurde. Highlight in der Umgebung ist der Besuch des Freilichtmuseums Kjerringøy – eine spannende Zeitreise in vergangene Jahrhunderte.

Die wichtigste Stadt in der Provinz Nordland wurde nach den Zerstörungen im Zweiten Weltkrieg modern und nüchtern aufgebaut. Verwaltung, Handel, Hafen und Industrie sind ebenso wichtig wie die Rolle Bodøs als Verkehrsknotenpunkt. Die Stadt besitzt einen der wichtigsten Flughäfen des Landes, die Nordlandbahn hat hier ihre Endstation, es gibt eine regelmäßige Fährverbindung auf die Lofoten und auch die Schiffe der Hurtigruten legen hier einen längeren Zwischenstopp ein. Die Kultur kommt dabei nicht zu kurz: Dank des klassisch-zeitgenössischen Nordland Musikkfestuke (www.musikkfestuka.no), eines der größten Musikfestivals Nordeuropas, und des rockigen Parkenfestivals (www.parkenfestivalen.no), beide im August, gilt Bodø als »Musikhauptstadt Nordnorwegens«.

Musik, Vögel und Geschichte

Wohin in Bodø und Umgebung

Besondere Attraktion: ein Flugsimulator

Norwegisches Luftfahrtzentrum

Die interessanteste Sehenswürdigkeit der Stadt ist das Norwegische Luftfahrtzentrum, das Einblick in die **Geschichte** der norwegischen und der internationalen Luftfahrt bietet.

Olaf V gate | Juni – Aug. tgl. 10 – 19, sonst Mo. – Fr. 10 – 16, Sa., So. 11 – 17 Uhr | Eintritt 175/90 NOK | http://luftfartsmuseum.no

Schönster Sandstrand nördlich des Polarkreises

Geitvågen

Folgt man der Küstenstraße nach Norden, gelangt man zum Geitvågen, einem ganz besonderen Strand. Die Mittsommernacht dort gehört zu den alljährlichen Höhepunkten für viele Einwohner von Bodø.

Das Freilichtmuseum in Kjerringøy katapultiert Sie ins norwegische Küstenleben des 19. und 20. Jahrhunderts.

BODØ ERLEBEN

DESTINASJON BODØ
Tollbugata 13, 8001 Bodø
Tel. 75 54 80 00
www.visitbodo.com

MO I RANA TURISTINFORMASJON
Ole Tobias Olsensgate 1
8622 Mo i Rana
Tel. 75 01 80 00
www.visithelgeland.com

BRYGGERIKAIA €€
Versuchen Sie bei schönem Wetter, einen Platz auf der Außenterrasse mit Blick auf den Hafen zu ergattern. Hier können Sie die Welt vorbeiziehen lassen, sich nebenher am Mittagsbufett bedienen und ein frisches Bier dazu genießen.
Sjøgata 1
Tel. 72 52 58 08
www.bryggerikaia.no

PAVILJONGEN €–€€
Wie der Name schon ahnen lässt: Dieses Lokal ist ein Pavillon. Der steht am Marktplatz und ist mit rund 200 Sitzplätzen draußen der perfekte Ort, um das Leben im Zentrum von Bodø zu beäugen. Es gibt leichte, preiswerte Mittagsgerichte, gelegentlich auch Livemusik.
Storgata 5B
Tel. 75 52 01 11
www.utibodo.no

KJERRINGØY RORBUSENTER €€
In den komfortablen Rorbuer (Fischerhütten) in einmaliger, abgeschiedener Lage direkt am Wasser ist Wohlfühlen und Entspannen angesagt, zumal Annehmlichkeiten wie Sauna und Badezuber im Freien den Aufenthalt bereichern.
Tårnvik (20 km nördlich von Kjerringøy)
Tel. 41 43 18 21
www.kjerringoy.info

★ Kjerringøy

Freilichtmuseum
Rund 40 km nördlich von Bodø liegt Kjerringøy, ein **alter Handelsplatz,** der im 19. Jh. zu den wichtigsten von Nordnorwegen gehörte. Das Freilichtmuseum mit 15 Gebäuden – unter anderem ein Wohnhaus im Empirestil, ein Kramladen, ein Postamt und ein Wirtshaus – verschafft interessante Einblicke in die Lebens- und Handelsgewohnheiten an der norwegischen Küste.
In Kjerringøy ging ein gewisser Knut Pedersen in die Lehre, der später als **Knut Hamsun** (▶ Interessante Menschen) Karriere machte. In der Nähe des Freilichtmuseums liegt das Kulturzentrum Zahlfjøsen. Zu sehen gibt es eine Webstube, eine Bootswerkstatt, eine Galerie und diverses Kunsthandwerk. Garniert wird das Ganze mit Ausschnitten aus Filmen nach Hamsuns Romanen.
Kjerringøy handelssted: Mitte Mai – Aug. tgl. 10 – 17, Sept. Di. – So. 11.30 – 15, sonst Sa. 11.30 – 15 Uhr | Eintritt 100/50 NOK | http://nordlandsmuseet.no

Stärkster Gezeitenstrom der Welt

Saltstraumen

Touristisch ziemlich ausgeschlachtet wird der 35 km östlich gelegene Saltstraumen, ein 2,5 km langer, etwa 150 m breiter und bis zu 50 m tiefer Gezeiten- bzw. Mahlstrom zwischen den Inseln Straumen und Straumøy, der den Saltfjord mit dem Skjerstadfjord verbindet. Im Wechsel der Gezeiten werden jeweils etwa 370 Mio. m^3 Wasser durch die Enge gepresst, wodurch enorme **Wirbel und Strudel** entstehen. Zahlreiche Angler versuchen hier ihr Glück. Der bislang größte am Saltstraumen gefangene Fisch war ein knapp 33 kg schwerer Dorsch.

Wilde, eiszeitlich geprägte Landschaft

Nationalpark Rago

Nur 171 km^2 groß ist der Nationalpark Rago nördlich von Bodø, zwischen der E6 und der schwedischen Grenze, auf deren anderer Seite die Parks Padjelanta und Sarek liegen. Mit dem Auto fährt man bei Nordfjord nördlich von Fauske von der E6 ab und parkt in der Siedlung Lakshola. Rago ist ein Wandergebiet, das feuchte Klima verlangt eine gute Ausrüstung. Die **landschaftliche Schönheit** dieses Parks besticht, kein Gebiet Norwegens ist auf so kleiner Fläche so vielfältig. Unterkunft bieten zwei unbewirtschaftete Hütten, die Storskogvasshytta am Auslauf des gleichnamigen Sees und die Ragohytta ca. 1 km vor der Grenze, sowie der Campingplatz Øvereng am Ende der Nebenstrecke nach Lakshola.

Sagenhafte Küste

★ Helgelandküste

Der **»Kystriksveien«** (Küstenstraße R17) führt zwischen Bodø und Steinkjer im Süden in die schönsten Ecken der Insel- und Schärenwelt Nordlands. Wo es keine Brücken gibt, sorgen Fähren für eine geruhsame Unterbrechung der Reise. Tausende Inseln und Schären werden überragt von seltsam geformten Bergen, die seit alters her die Fantasie der Bewohner beflügeln. Am bekanntesten sind von Süd nach Nord: der »Berg mit dem Loch«, **Torghatten,** bei Brønnøysund, die **»Sieben Schwestern«** (Syv Søstre) bei Sandnessjøen sowie die Berge auf den Vogelinseln Lovund und Træna. In Bodø und an der Küste nördlich und südlich stehen mehr als 30 Kunstwerke in der Weite Nordlands – die sehenswerte **Skulpturenlandschaft Nordland**. Von Brønnøysund und Sandnessjøen gibt es Schiffsverbindungen zum **Vega-Archipel**, seit 2004 UNESCO-Weltnaturerbe. Ein Museum informiert über das Zusammenleben von Eiderenten und Menschen sowie über die Gewinnung der **teuersten und besten Daunen der Welt.**

www.skulpturlandskap.no, www.verdensarvvega.no, www.visitvega.no

Saltfjell-Gebirge

Größter Nationalpark Nordnorwegens

Saltfjell-Nationalpark

Das 2250 km^2 große **Saltfjell** wird vom Polarkreis durchquert und ist Nordnorwegens größter Nationalpark. Die E6 mit der parallel verlaufenden Bahnlinie zwischen **Mo i Rana** und Bodø ist der einzige sichtbare Eingriff in diese sonst völlig unberührte Landschaft. Der Nationalpark wird von einem Netz von Wanderwegen und Hütten durchzogen, die jeweils einen Tagesmarsch voneinander entfernt liegen. Am besten wählt man die Anfahrt über die E6 bis Rognan und die nach Westen abzweigende Straße bis Storjord. **Alte Opferplätze,** Fallgruben und Steinbegrenzungen bezeugen, dass die Samen schon vor Jahrhunderten das Saltfjell-Gebirge als Jagd- und Weidegebiet nutzten.

66° 33' N

Polarkreis

In Norwegen verläuft der Polarkreis (Polarsirkel) etwa 80 km nördlich von Mo i Rana. An der Stelle, wo die E6 den Polarkreis schneidet, steht das **Polarkreis-Zentrum** mit Ausstellungen zur Kultur und Wirtschaft Nordnorwegens. Vor dem architektonisch interessanten, einer Samenhütte nachempfundenen Gebäude steht die **Polarkreis-Säule.** Hier ist ein Selfie geradezu ein Muss.

Polarsirkelsenteret: Mitte Mai – Anfang Sept. tgl. 8 – 22, sonst 9 – 17 Uhr | www.polarsirkelsenteret.no

Der Nationalpark Saltfjell ist ein Dorado für Wanderer. Im Westen können Sie dem zweitgrößten Gletscher Norwegens, dem Svartisen, nahekommen.

Zweitgrößter Gletscher Norwegens

★ Svartisen

Eindrucksvoller Anziehungspunkt für die Besucher dieser Region ist der Gletscher Svartisen (»Schwarzeis«), das größte Firnmassiv Nordskandinaviens. Es reicht bis an die Fjorde im Westen heran. Aus dem bis zu 1400 m hohen Plateau ragen einzelne Höhen auf, darunter der Snøtind (1599 m), Sniptind (1591 m) und Istind (1577 m). Ein guter Ausgangspunkt für den Besuch des Svartisen ist Mo i Rana. Wie fast alle norwegischen Gletscher schmilzt auch der Svartisen seit Jahrzehnten stark ab und die **Gletscherzungen** ziehen sich immer weiter zurück. In der Hochsaison kann man sich ab 10 Uhr bis nachmittags jede zweite Stunde über den tiefgrünen Gletschersee bringen lassen und dann rund 1,5 Std. zum Gletscherarm Østerdalsisen auf teilweise steiler, felsiger Strecke wandern.

4 km lange Kalksteinhöhle

Grønligrotte

Rund 70 % aller natürlichen Grotten Norwegens liegen hier im Saltfjell. Die Grønligrotte nördlich von Mo i Rana ist eine berühmte Touristenattraktion und **Skandinaviens einzige beleuchtete Grotte.**

Abzweigung von der E6 bei Røssvoll, 13 km nordöstlich von Mo i Rana, 10 Min. zu Fuß zum Grotteneingang | Mitte Juni – Mitte Aug. | Eintritt 165/110 NOK | www.gronligrotta.no

★★ GEIRANGERFJORD

Gebiet: Westnorwegen

K 7

Fast senkrecht ragen die Felswände an seinen Ufern auf, Wasserfälle rauschen donnernd in die Tiefe, Kreuzfahrtschiffe leuchten strahlend weiß auf der dunklen Wasseroberfläche, dazu führen atemberaubende Serpentinenstraßen in den kleinen Ort Geiranger. Der Geirangerfjord ist eine der größten Naturschönheiten des Landes und UNESCO-Weltnaturerbe.

Je weiter die Fjorde ins Landesinnere vordringen, desto enger werden sie. So auch der Geirangerfjord, eine nur 15 km lange Fortsetzung des Sunnylvsfjords, der seinerseits vom Storfjord abzweigt. Schon als hier die ersten Dampfer anlegten, wurde vom Geirangerfjord als »erhaben« und »mächtig« geschwärmt, die UNESCO adelte ihn als dramatische Naturlandschaft und die mit Abstand schönste Fjordlandschaft der Welt.

Schönste Fjordlandschaft der Welt

Von seinen fast senkrechten Felswänden, die zum Greifen nahe scheinen, ergießen sich Wasserfälle mit so klangvollen Namen wie »Der

Norwegens wohl bekanntestes Postkartenmotiv ist der Geirangerfjord.

Präsentiert einen grandiosen Blick

Flydalsjuvet

Auch der Flydalsjuvet hinter Ørjeseter lockt mit einer schönen Aussicht. Die im Rahmen des Projekts »Norwegische Landschaftsrouten« angelegten Aussichtspunkte auf zwei Plateaus sind durch einen Weg verbunden. Von hier werden die meisten **Kalenderfotos** mit dem Geirangerfjord als Motiv geschossen. Haben Sie daheim noch Platz an der Wand?

Grundlegende Informationen und fesselnde Diashow

Geiranger

Schließlich erreicht man Geiranger am Ostende des Geirangerfjords. Das **Fjordzentrum** dokumentiert eindrücklich die Lebensbedingungen entlang der Fjorde: Die Besucher werden durch eine altertümliche Fjordsiedlung und durch typische Fjordlandschaften geführt.

Norsk Fjordsenter: Gjørvahaugen 35 | Mai – Sept. tgl. 10 – 18, sonst 10 – 15 Uhr | Eintritt 125/65 NOK | www.fjordsenter.com

Mit dem besten Ausblick auf den Geirangerfjord

Ørnevegen

Ab Geiranger folgt die R63 dem Nordufer des Fjords und gelangt zur Adlerstraße (Ørnevegen), die den Geiranger- mit dem Norddalsfjord verbindet. Zunächst verläuft die Straße über 11 Serpentinen zu ihrem höchsten Punkt in Korsmyra. Von der obersten Serpentine, dem Ørnesvingen, genießt man den besten Ausblick über Geiranger, den Fjord, die Wasserfälle **»Die Sieben Schwestern«** und den Berghof Knivsflå. Auch dieser Aussichtspunkt wurde als Teil des Projekts

»Norwegische Landschaftsrouten« angelegt. Anschließend führt die Adlerstraße am Eidsvatn vorbei wieder bergab bis nach Eidsdal am Norddalsfjord. Auf der R63 gelangt man von Linge aus Richtung Osten nach Åndalsnes (Romsdal); westlich führt die Route weiter nach Ålesund.

★ GUDBRANDSDAL

Gebiet: Südnorwegen

L 10

Für viele Norweger ist es wegen seiner historischen und kulturellen Bedeutung das »Tal der Täler« oder werbewirksam das »Tal der tausend Möglichkeiten«. Zudem verläuft durch das rund 200 Kilometer lange Tal seit dem Mittelalter einer der wichtigsten Verkehrswege Norwegens.

Im Mittelalter reisten Pilger und Könige von Oslo nach Nidaros, dem heutigen Trondheim, durch das Gudbrandsdal, weil es der sicherste und einfachste Weg war. Auch wenn sich der wild schäumende Lågen an einigen Stellen durch enge Schluchten zwängen muss und das Reisen schwierig macht: Der Weg über das Gebirge war jedenfalls noch viel beschwerlicher. Eine wichtige Rolle spielte auch der 100 km lange Mjøsa-See, der die Fortsetzung des Gudbrandsdal nach Süden bildet. Auf ihm konnten die Waren aus dem fruchtbaren Tal viel einfacher nach Oslo transportiert werden als auf dem Landweg, während die feinen Herrschaften stilvoll mit dem Dampfer reisten. Ein Relikt aus vergangenen Zeiten ist der »Skibladner«: Er verkehrt zwar nicht mehr im Liniendienst, entzückt Nostalgiereisende aber immer noch als »weißer Schwan vom Mjøsa-Ssee«.

»Tal der 1000 Möglichkeiten«

Die Literaturnobelpreisträger Knut Hamsun und Bjørnstjerne Bjørnson fanden im Gudbrandsdal viele Anregungen für ihre Werke, **Sigrid Undset** (▶ Interessante Menschen), ebenfalls mit dem Nobelpreis für Literatur ausgezeichnet, verbrachte ihr halbes Leben in Lillehammer, und auch ihre bekannteste mittelalterliche Heldin, Kristin Lavransdatter, erlebte ihre Abenteuer im »Tal der Täler«. Zudem soll der sagenhafte **Peer Gynt** hier gelebt haben. Ein Gedenkstein für ihn steht in Vinstra, seinem angeblichen Hof in Håga.

Viele alte **Bauernhöfe** mit Häusern aus verwittertem Holz zeugen bis heute von der langen Geschichte dieser Kulturlandschaft. Der Talboden, aber auch die Hänge bis hinauf zur Baumgrenze, werden seit jeher landwirtschaftlich genutzt. Den alten, beschwerlichen Pilgerweg hat die gut ausgebaute E6 abgelöst, auf der sich im Sommer schier

endlose Wohnmobilkarawanen auf den Weg zum Nordkap machen. Doch wer sich nur ein kleines Stück von dieser Hauptverkehrsader entfernt, auf die angrenzenden Hochebenen fährt oder die Seitentäler Gausdal, Espedal, Vinstradal, Heidal und Ottadal erkundet, wird noch viel vom ursprünglichen Charme dieser Gegend entdecken.
Auch der **bekannteste und eigenwilligste Käse Norwegens** kommt aus dem Gudbrandsdal. In jedem Supermarkt sind die braunen Blöcke zu finden, die als Gudbrandsdalsost, Fløtemysost, Brunost oder Ekte **Geitost** verkauft werden. Für Norwegerinnen und Norweger gehört dieser Käse – der eigentlich gar kein Käse ist, denn Molke und Sahne müssen auf kleiner Flamme langsam köcheln, bis der »Käse« fertig ist – auf den Frühstückstisch, auch zum Kaffee wird er gern gegessen!

Wohin im Gudbrandsdal?

Im Innern des Trolls

Hunderfossen

Von Lillehammer folgt die E6 dem Fluss Lågen aufwärts durch das Gudbrandsdal. Nördlich der Stadt liegt das von einem künstlichen See gespeiste **Hunderfoss-Kraftwerk.** Bald darauf gelangt man zum Familienpark Hunderfossen, der schon aus der Ferne durch seinen 14 m hohen sitzenden Troll auszumachen ist. In der Abenteuergrotte in seinem Innern werden norwegische Volksmärchen lebendig. Es gibt viele Möglichkeiten, sich im **Hunderfossen Winterpark** zu vergnügen: mit einem Drink an der Eisbar, einer Übernachtung im Eishotel oder beim Eisbowling. Unweit des Familienparks liegt die **nördlichste Bob- und Rodelbahn der Welt,** wo während der Olympischen Winterspiele 1994 alle Bob- und Rodelwettbewerbe stattfanden. Sie erfüllt ihren Zweck auch im Sommer: Dann kann man hier eine rasante Radbobfahrt unternehmen.
Wer sich für den Tunnel- und Straßenbau von mittelalterlichen Pilgerwegen bis zu zeitgenössischen Hightech-Werken informieren will, sollte das **Norwegische Straßenbaumuseum** bei Hunderfossen besuchen, das anschaulich vermittelt, wie schwierig es in Norwegen ist, die Verkehrsinfrastruktur weiterzuentwickeln.

Hunderfossen Familiepark: Fossekrovegen 22 | Hauptöffnungszeiten Mitte Juni – Aug. tgl. 10 – 17, Juli bis 18 Uhr | Eintritt ab 305 NOK | www.hunderfossen.no

Hunderfossen Vinterpark: Jan. – Anfang März | www.vinterparken.no
Norsk Vegmuseum: Hunderfossvegen 757 | Mitte Juni – Mitte Aug. tgl. 10 – 17, sonst Di. – So. 10 – 15 Uhr | Eintritt frei | www.vegmuseum.no

Zu Besuch in Liliput

Øyer

Ca. 6 km hinter Hunderfossen steht rechts am Berg die im Stil des Bauernbarock gehaltene Kirche Øyer von 1725. In der Ortschaft Øyer liegt die **Hafjell-Olympia-Anlage** mit mehreren Skiliften und

GUDBRANDSDAL ERLEBEN

OTTA TURISTKONTOR
Ola Dahls gate 1, 2670 Otta
Tel. 61 24 14 44
www.nasjonalparkriket.no

WILDE WASSERTOUR
Eine Schlauchbootfahrt auf dem wilden Fluss Sjoa im Heidal ist ein sportliches Gruppenereignis wie auch ein einmaliges Naturerlebnis. Als Einstieg wählt man am besten eine dreistündige Wildwasserfahrt der Schwierigkeitsstufe zwei bis drei. Buchungen bei Sjoa Rafting.
Heidal, Tel. 90 07 10 00
www.sjoarafting.com

PILLARGURI CAFÉ €€
Seit über 100 Jahren steht das unscheinbare Holzhaus im Zentrum von Otta. Ebenso lang ist es ein Treffpunkt für alle, die unprätentiös essen wollen: deftige norwegische Gerichte, Pasta, Salate und Pizza. Gelegentlich gibt es Livemusik.
Otta, Storgata 7, Tel. 61 23 01 04
www.pillarguricafe.no

NORDRE EKRE €€€
Ein typischer alter Gudbrandsdal-Hof – Holz, Grassodendach – wurde zum Gasthof und Hotel umgebaut. Man speist in urigem Ambiente. Die Küche ist regionaltypisch, die Rohstoffe kommen von Produzenten aus der Umgebung. À la carte gibt es hier nicht, aber die Küche geht gern auf Ihre Wünsche ein. Käse spielt eine große Rolle; probieren Sie sich durch die Genüsse, die das Tal zu bieten hat! Und wenn Sie hier übernachten, werden Sie sich wie in einem früheren Jahrhundert fühlen – ohne neuzeitlichen Komfort missen zu müssen.
Nedre Heidal, Heidalsvegen 1265
Tel. 48 12 08 66, nordre-ekre.no

SYGARD GRYTTING €€–€€€
Der Hof bei Harpefoss (70 km nördl. von Lillehammer) war schon vor 700 Jahren Pilgerherberge. Inzwischen betreibt mit Hilde und Stig Grytting bereits die 16. Generation dieses hervorragend restaurierte, historische Hotel. Sie können in der uralten Herberge übernachten oder in einem der liebevoll eingerichteten Zimmer – nostalgische Gefühle sind garantiert. Das abendliche Drei-Gänge-Menü wird in ebenso wunderbarem nostalgischem Ambiente serviert. Individualreisende sind im Sommer willkommen, sonst ist das Hotel Gruppen vorbehalten
Sør-Fron, Kongsvegen 999
Tel. 61 29 85 88
www.grytting.com

20 Pisten. Eine Attraktion für Kinder bietet **Lilleputthammer** beim »Øyer Gjestegård«: eine Miniaturformat-Rekonstruktion der Storgata von Lillehammer, wie sie in den 1930er-Jahren aussah. Andere Angebote sind etwa ein Klettergarten oder eine Zirkusshow.
Lilleputthammer: Hundervegen 41 | Ende Mai – Mitte Aug. tgl. 10 – 17/18, Juli 9 – 19 Uhr | Eintritt ab 229 NOK | www.lilleputthammer.no

Kirche auf heidnischer Kultstätte

Ringebu Stavkirke Die alte Hauptstraße durch das Gudbrandsdal und der Königsweg nach Trondheim führten einst an der um 1200 erbauten Stabkirche von Ringebu vorbei, heute muss man einen kurzen Abstecher von der E6 machen. Die Kirche, auf einer heidnischen Kultstätte errichtet, wurde etwa 1630 um **Chor, Querschiff und Seitenschiffe** erweitert. Oberhalb von Ringebu zweigt der Rondevegen ins Ringebufjell ab. Sommers wie winters ist die Hochebene am Südrand des Rondane-Nationalparks ein beliebtes, aber noch recht ruhiges Wandergebiet.

An der Straße FV379 | Juni – Aug. tgl. 9 – 17 Uhr | Eintritt 60/40 NOK | www.stavechurch.no

Vorbild für eine Legende

Vinstra Sehenswert sind in Vinstra die Holzkirche von Sødorp (1752) und der Peer Gynt gården mit 18 alten Häusern. Inspiration für Henrik **Ibsens Drama »Peer Gynt«** war die historische Gestalt Peder Olsen Hågå, der 1732 – 1785 auf dem Hof Nordgardhågå lebte (Privatbesitz).

Höfe und Häuser

Heidal Bei Sjoa biegt eine Straße ins Heidal ab, das wegen der vielen **unter Denkmalschutz** stehenden Häuser und Gehöfte einen Abstecher lohnt. Die Dorfkirche ist eine Nachbildung des 1933 abgebrannten Gotteshauses von 1752. Daneben, auf dem Hof Bjølstad, steht eine Kapelle mit Portalteilen einer Stabkirche aus dem 11. Jahrhundert.

Wie Gulliver fühlt man sich im Lilleputthammer in Øyer.

Weite Aussicht

Otta

Wieder zurück auf der E6, erreicht man Otta an der Mündung des gleichnamigen Flusses in den Lågen. Von Otta führt der Rondanevegen nach **Mysuseter,** eine ehemaligen Almsiedlung direkt an der Grenze des Rondane-Nationalparks (► S. 222).

Bizarre »Priester«

Abstecher nach Mysuseter

Wer Freude an geologischen Phänomenen oder bizarren Fotomotiven hat, sollte einen kleinen Abstecher einplanen: Bei Sel/Selsverket folgt man der Straße nach Mysuseter. Nach drei Kilometern führt ein kurzer, recht steiler Fußweg zu den eigenartigen »Kvitskriuprestinn«, das sind bis zu 6 m hohe, **aus Moränenkies bestehende »Säulen«,** ihrer Form wegen auch als »Priester« bezeichnet.
Auf den folgenden Kilometern verengt sich das Gudbrandsdal; in Rosten zweigt ein Fahrweg zu dem Ferienhüttengebiet Høvringen ab, das ebenfalls einen guten Zugang zum Rondane-Nationalpark bietet.

Auftanken und einkaufen

Dombås

Dombås ist der Hauptort des Dovrefjell. Nordwestlich führt die E136, die nun dem Tal des Lågen folgt, nach Åndalsnes. Der Ort selbst ist ein typischer **moderner Verkehrsknotenpunkt** mit Tankstellen, Supermärkten, Cafeterien, diversen Übernachtungsmöglichkeiten und Souvenirshops entlang der Hauptstraße.

Peer-Gynt-Straße

Peer Gynts Schöpfer

Mystische Inspiration

Auf den Höhenwegen und in den Wandergebieten westlich und östlich des Gudbrandsdal stößt man immer wieder **auf die Spuren der sagenumwobenen Gestalt** Peer Gynt, der in dieser Region gelebt haben soll. Durch die Erzählung »Rentierjagd in Rondane« von P. Ch. Asbjørnsen, deren Hauptfigur der Bauer und Jäger Peder Olsen Hågå (1732–1785) war, wurde Henrik Ibsen zu seinem Drama »Peer Gynt« inspiriert, das Edvard Grieg vertonte.

Dichterheimat

Einstieg in die Straße

Die 91 km lange, schmale und kurvenreiche Peer-Gynt-Straße bildet zwischen Lillehammer und Vinstra eine Alternative zur E6 durchs Gudbrandsdal. Wälder, tiefblaue Seen und eine herrliche Aussicht auf das **Rondane-Gebirge** lohnen die zeitaufwendige Strecke. Bei Follebu liegt der Hof **Aulestad,** ab 1875 Wohnsitz des Dichters und späteren Literaturnobelpreisträgers Bjørnstjerne Bjørnson, der u. a. den Text der norwegischen Nationalhymne verfasst hat.

Aulestad: Aulestadvegen 6 | Ende Mai – Aug. tgl. 10 – 17, Sept. Sa., So. 11 – 16 Uhr | Eintritt 135/65 NOK | aulestad.no

»Peer Gynt« als Freilichttheater

Entlang der ausgeschilderten Straße

In Segalstad verlässt man die weiter westlich nach Vestre Gausdal und zur Espedal-Straße führende Route und folgt der ausgeschilderten Peer-Gynt-Straße, die sich immer höher schraubt. Man passiert den Ort Skeikampen am Fuß des bizarr geformten **Skeikampen** (1123 m). In Rauhagen erreicht man bei 1053 m den höchsten Punkt der Straße und hat eine grandiose Aussicht: im Norden die Bergketten von Rondane und Dovrefjell mit dem Snøhetta, im Nordwesten ▶ Jotunheimen. Nach 8 km folgt Skjærvangen, wo rechts ein Privatweg (10 km) nach Hundorp an der E6 abzweigt. Dann sind es noch ca. 5 km bis zum Touristenzentrum **Gålå** und nach Wadahl. Am Seeufer wird alljährlich im August Henrik Ibsens »Peer Gynt« im Freien aufgeführt, mit Festival-Rahmenprogramm.

Peer-Gynt-Festival: peergynt.no

Karamellisierter Ziegenkäse

Köstlicher Käse?

Wenn Sie die Heimat des berühmten Gudbrandsdal-Käses kennenlernen möchten, biegen Sie kurz hinter Gålå zur Alm »Solbråseter« ab, wo die **Bäuerin Anne Hov 1863** den karamellisierten Ziegenkäse (norwegisch: geitost oder brunost) durch Zufall »erfand«. Dieser süßliche, braune Käse ist von keinem norwegischen Frühstücksbuffet wegzudenken. Noch heute wird hier die traditionelle Käserei betrieben.

Käserei: Juli – Aug. Mi., Sa. 11 – 15 Uhr

Espedal-Straße

Alternative Strecke

Diese lohnende Alternative zur E6 durchs Gudbrandsdal führt durch eine **wilde Gebirgslandschaft mit zahlreichen Seen und Flüssen.** Ein touristisch gut erschlossenes, beliebtes Wander- und Skilanglaufgebiet erstreckt sich rund um den Espedal-See. Von Lillehammer bis Segelstad verläuft die Espedal-Straße (R255) wie die Peer-Gynt-Straße, dann nach Westen bis Vestre Gausdal. Sie folgt nun dem Svatsumdal 22 km bis nach Svatsum. Vorbei an der Espedalen Fjellstue, wo es gute Angelmöglichkeiten gibt, gelangt man nach Dalseter, wo die Peer-Gynt-Straße einmündet.

★ Rondane-Nationalpark

Erster Nationalpark Norwegens

Herrliches Wandergebiet

Rondane ist das Gebirge zwischen dem Gudbrandsdal im Westen und dem Atnedalen im Osten. Obwohl es im Rondane **zehn Gipfel über 2000 m** gibt, ist das Gebirge ein relativ leichtes Wandergebiet. Typisch sind das hochalpine, trockene Klima und die spärliche Vegetation. Fast überall bedeckt graugelbe Rentierflechte den kalkhaltigen

Endlose Weiten lassen sich im Rondane-Nationalpark erwandern.

Sandstein. Das Zentrum des Nationalparks ist die **Rondvassbu-Touristhütte,** an der sich alle Wanderwege des Gebirges kreuzen. Die Hütte ist von der Westgrenze des Parks von Mysuseter in rund 1,5 Std. Fußmarsch zu erreichen. Der lang gestreckte Rondevatn, ein See in 1100 m Höhe, zwängt sich von hier nach Norden durch das Hochgebirge. Links und rechts liegen die höchsten Berggipfel. Für die Besteigung des 2178 m hohen **Rondslott** benötigt man knapp 5 Std. Bei vielen Norwegern sehr beliebt ist eine Wanderung durch das Rondane und weiter in das nördlich anschließende Dovrefjell. Im gesamten Gebiet gibt es ein Netz von Hütten des Norwegischen Bergwanderverbands (DNT; ► S. 647), die **bequeme Tageswanderungen** auf gut markierten Wanderwegen zulassen. Das Rondane-Massiv hat auch zahlreiche Flüsse und Seen, die sich hervorragend für Bootstouren eignen. Ein ganz besonderes Erlebnis ist eine Kanuwanderung auf der **Atna.**

★ Dovrefjell

Straße der Könige

Kongevegen

Schon von der E6 aus, die den Dovrefjell-Sunndalsfjella-Nationalpark in zwei Teile zerschneidet, ist der höchste Berg, der imposante

Zottelberge auf dem Fjell: Moschusochsen haben ausgezeichnete Augen und können selbst in der Polarnacht noch gut sehen.

Snøhetta (2286 m), gut zu erkennen. Flüsse wie die **Driva** eignen sich zum Rafting wie zum Schwimmen. Eindrucksvoll ist auf dem Weg zum Fjell der **Wechsel der Vegetation** zu beobachten. Ein zunächst geschlossener Nadelwald geht in einen immer lichter werdenden Birkenbestand über, bis sich nur noch das karge Fjell ausbreitet. Bereits zu Zeiten der Wikinger war hier eine der Hauptverkehrsadern des Landes. Pilger, die das Grab des heiligen Olav in Nidaros aufsuchten, und Könige auf ihrem Weg zur Krönung in Nidaros, dem späteren Trondheim, nahmen die Strapazen einer Überquerung des Dovrefjell auf sich. Aus diesem Grund wird diese Straße auch **»Kongevegen«** (Königsweg) genannt.

Viele Vogelarten und ein Troll

Hochmoor Fokstumyra

Von **Dombås** aus erreicht man über die E6 nach 10 km Fokstua. Links der Straße beginnt das Hochmoor Fokstumyra (Naturschutzgebiet), rechts bietet sich ein Blick auf den 1716 m hohen Fokstuhø (Aufstieg ca. 3 Std.). Man passiert auf der E6 den See Vålåsjø, an dessen Ende ein Seitenweg zur Dovregubbens Hall führt. Hütten, Galerie, Restaurant und Souvenirshop laden zu einem Stopp ein, der große Troll ist ein beliebtes Fotomotiv.

Fotomotive, wohin man blickt

Dovrefjell-Sunndals-fjella-Nationalpark

Nachdem die E6 nördlich von **Hjerkinn** ihren höchsten Punkt erreicht hat, geht es durch das Tal der Driva abwärts in den Dovrefjell-Sunndalsfjella-Nationalpark mit genügsamen Hochgebirgspflanzen, eindrucksvollen Moschusochsen und wilden Rentieren. Nach 12 km erreicht man die **Kongsvold Fjellstue** an der gleichnamigen Bahnstation. Hier befindet sich eine **biologische Forschungsstation** der Universität Trondheim, die hinter dem Berghotel einen botanischen **Garten mit alpinen Pflanzen** angelegt hat. Kongsvold ist Ausgangspunkt für die Besteigung des östlich aufragenden Søndre Knutshø (1690 m; 3 – 5 Std.) und für den Wanderweg (4 – 5 Std.) zur Reinheim-Hütte (Schlüssel in Kongsvold), von wo aus man in etwa 4 Std. den **Snøhetta** besteigen kann.

Weiter abwärts im Tal der Driva beginnt nach 9 km der **Vårstigen,** ein Stück des alten Kongevegen, heute ein Fußweg mit herrlicher Aussicht. Rund 4,5 km weiter steht rechts die Drivstua, eine ehemalige Berghütte (Übernachtungsmöglichkeit); danach bietet sich links ein Blick in das **Åmotsdalen.** Der spärliche Birkenbestand geht wieder in Nadelwald über. Rund 9,5 km hinter **Drivstua** erhebt sich die Klamm **Magalaupet,** durch die auf etwa 100 m Länge die Driva schäumt. Danach erreicht man Rise. In unmittelbarer Nähe befinden sich ein Campingplatz und die Bahnstation Driva.

Das Tal wird nun wieder breiter; rechts erhebt sich der steile Ålmenberg (1340 m), den man von **Oppdal** aus in 3 Stunden besteigen kann. Bei Oppdal liegt das neben Trysil **größte zusammenhängende Skigebiet Norwegens.** Die E6 führt weiter in nordöstlicher Richtung nach Trondheim.

Von Oppdal zweigt die RV70 ab ins westlich gelegene **Sunndal.** Das romantische, von der Driva durchflossene Tal erstreckt sich bis zum Industrieort Sunndalsøra. In den angrenzenden Gebirgsregionen, besonders im nördlich gelegenen **Trollheimen,** findet man traumhaft schöne Wandergebiete. Einst war die Driva einer der besten Lachsflüsse Norwegens, doch die legendären Lachsbestände wurden von Lachsparasiten zerstört. Derzeit versucht man, durch Züchtungen die Bestände zu erneuern.

Urzeitliche Bewohner der arktischen Tundra

Moschusochsen

Moschusochsen besiedelten während der letzten Eiszeit alle eisfreien Gebiete Europas und Asiens. Doch nach dem Abschmelzen des Eises verschwanden sie fast vollkommen. Im Dovrefjell-Nationalpark gibt es eine der größten Herden, die hier 1932 und nochmals in den 1950er-Jahren durch Tiere aus Grönland wieder ansässig gemacht wurden. Der Bestand hat sich von ursprünglich 15 Exemplaren auf nunmehr etwa **300 Tiere** erhöht. Eine Begegnung mit diesen archaischen, bis zu 1,50 m hohen Fellbergen ist unvergesslich, es ist aber besser, man hält respektvollen Abstand!

HALLINGDAL

M 9/10

Gebiet: Südnorwegen

Im Sommer ist das Hallingdal ein erstklassiges Wandergebiet, man kann klettern, Rad fahren und sich auf den vielen Almen stärken. Im Winter gelten Geilo und Hemsedal als Skigebiete von internationalem Rang. Zudem locken einige Freilichtmuseen und Stabkirchen.

Alter Siedlungsraum neu entdeckt

Das bewaldete, breite Hallingdal erstreckt sich vom Nordende des Sees Krøderen nordwestlich bis zur Hardangervidda, entlang des ruhig fließenden Hallingdalselv. Als Kontrast zum grünen Tal sind die angrenzenden Höhen kahl mit einzelnen glatt geschliffenen Felsbuckeln. Zwar ist das Tal alter Siedlungsraum, doch wanderten in den letzten Jahrhunderten viele Menschen aus dem abgelegenen Tal ab. Erst seit dem Bau der Bergenbahn Anfang des 20. Jh.s und mit dem aufkommenden Tourismus boten sich im Hallingdal wieder gute Arbeitsmöglichkeiten, sodass heute mehr als 20 000 Menschen hier leben.

Wohin im Hallingdal?

Rosenmalerei ohne Rosen

Nesbyen

Ein erster Stopp lohnt sich im **Hallingdal Museum** in Nesbyen. Die meisten seiner 25 Bauernhäuser ziert Rosenmalerei, die im Hallingdal eine lange Tradition hat. Wer genau hinschaut, wird allerdings kaum Rosen entdecken, denn »ros« hat im hiesigen Dialekt die Bedeutung von »Muster«.

Vor rund 550 Mio. Jahren schlug bei Nesbyen ein Meteorit ein und verursachte einen 5 km² großen Krater. Das Gelände des **Meteoritparks** ist zu besichtigen, Geologen bieten Führungen an.

Hallingdal Museum: Møllevegen 18 | Juni – Aug. Di. – So. 11 – 16, sonst Di. – So. 9 – 15 Uhr | Eintritt 70/50 NOK | www.hallingdal-museum.no

Meteorittparken: Mitte Juni–Mitte Aug. tgl. 10–18 Uhr | Eintritt 150/75 NOK | www.meteorittparken.no

Mit den Wölfen heulen

Langedrag Naturpark

Zwischen Hallingdal und Uvdal liegt am lang gestreckten Tunhovdfjord der Naturpark Langedrag. Auf dem weitläufigen Gelände, das im Sommer viele Besucher anzieht, streunen in den Freigehegen **Wölfe, Luchse, Polarfüchse und Rentiere** umher. Außerdem werden zahlreiche Aktivitäten für Kinder angeboten, Wolfshunger kann im Restaurant gestillt werden.

tgl. 10 – 18 Uhr | Eintritt 290 NOK, bis 15 J. 240 NOK | www.langedrag.no

HALLINGDAL ERLEBEN

GEILO TURISTINFORMASJON
Vesleslåttvegen 13, 3580 Geilo
Tel. 32 09 59 00
www.geilo.no

GOL TURISTKONTOR
Sentrumsvegen 106, 3550 Gol
Tel. 32 02 97 00
www.golinfo.no

HEMSEDAL TURISTKONTOR
Høvlerivegen 6, 3560 Hemsedal
Tel. 32 05 50 30
www.hemsedal.com

DRACHENSKI
Die Hardangervidda gilt vielen Drachenskifahrern als der beste Platz der Welt zum Ausüben dieser Sportart. Der beständig blasende Wind sorgt dafür, dass sogar Touren von Hütte zu Hütte möglich sind. Kurse ab ca. 2800 NOK können über die Touristinformation in Geilo oder auch direkt gebucht werden.
www.geilo.no, www.haugastol.no/kitekurs, kitekurs.no

VASSFARET BJÖRNEPARK
Auch ein Tierpark kann seine Stars haben: Die Elchkuh »Elfine« durfte schon in einem Fernsehspot mitspielen. Auch weniger berühmte Tiere wie Luchse, Rehe und Füchse sind in dem Park in Flå zu bewundern.
www.bjorneparken.no

HALLINGSTUENE €€€–€€€€
Ein Dinner im Restaurant von Küchenchef Frode Aga, der in Norwegen aus dem Fernsehen bekannt ist, verspricht traditionelle norwegische Küche »with a twist«. Die Bergforelle in vielerlei Zubereitungsarten spielt eine wichtige Rolle auf der Speisekarte. Die Weinkarte ist beeindruckend (Mo. geschl.).
Geilo, Geilovegen 56
Tel. 32 09 12 50
www.hallingstuene.no

DR. HOLMS HOTEL €€€€
Das 110 Jahre alte Spitzenhotel zählt zu den besten Skandinaviens. Neben der feinen norwegischen Küche im Restaurant kann man auch in einem im Fünfzigerjahre-Stil eingerichteten amerikanischen Diner mit angeschlossener Bowlingbahn Pizza und andere Snacks genießen. Stilvolle Speisesäle, eine tolle Weinauswahl, ein köstliches kaltes Bufett im Sommer, Kaffee und Kuchen in der Café-Lobby – lassen Sie sich verwöhnen! Und natürlich können Sie hier auch äußerst stilvoll übernachten.
Geilo, Timrehaugvegen 2
Tel. 32 09 57 00
www.drholms.no

SKARSNUTEN HOTEL €€€€
Das auf 1000 m Höhe liegende Designhotel wurde bereits als Norwegens bestes Ski-Boutiquehotel ausgezeichnet. Viel Schiefer, Holz und Glas, eine wunderbare Aussicht und nobel in puristisch-skandinavischem Stil eingerichtete Zimmer machen den Aufenthalt zum Genuss. Norwegens Starkoch Geir Skeie kocht im Restaurant Brygga 11; freuen Sie sich auf feine Gerichte und eine vorzügliche Weinauswahl.
Hemsedal
Tel. 32 06 17 00
www.skarsnutenhotell.no

Im Naturpark Langedrag streifen Wölfe umher, allerdings im Gehege.

Top-Ziel für Wintersportler

Gol **Im Sommer eher verschlafen,** wird Gol im Winter zu einem der belebtesten Wintersportorte der Region. An den umliegenden Berghängen erschließen mehrere Skilifte ein beliebtes Alpinskigebiet. Auf den Hochebenen um Gol gibt es zudem mehr als 200 km Loipen für Langläufer.

Drachen vor der Tür

Torpo Dem Lauf des wilden, zahlreiche Fälle bildenden Hallingdalselv folgend, erreicht man die **Stabkirche** von Torpo, ältestes Gebäude im Hallingdal, mit schönen Drachenornamenten an den Portalen und einem gut erhaltenen Deckengemälde aus dem 13. Jahrhundert.

Kunst aus dem Schwabenland

Ål Der Touristenort Ål verfügt über ein kleines **Dorfmuseum** mit einer Ausstellung zur Rosenmalerei. Kunstliebhaber sollten nicht versäumen, dem **Rolf-Nesch-Museum** einen Besuch abzustatten. Rolf Nesch (1893–1975) aus dem schwäbischen Oberesslingen flüchtete 1933 vor den Nationalsozialisten nach Norwegen und lebte ab 1951 in Ål. Das Museum zeigt Zeichnungen, Ölbilder und Skulpturen des international anerkannten Künstlers.

Ål Bygdemuseum: Juli – Mitte Aug. Di. – So. 11 – 16 Uhr | Eintritt 70/50 NOK | www.hallingdal-museum.no

Nesch-museet: Kulturhus, Myren 40 | Mo. – Fr. 11 – 16 Uhr | Eintritt 45 NOK, bis 16 J. frei | aal.kulturhus.no/nesch-museet

Outdoor-Paradies

Geilo

Das etwa 800 m hoch in einem weiten Tal gelegene Geilo besteht praktisch nur aus **Hotels und Ferienhaussiedlungen.** Im Sommer bieten die vielen markierten Wege und Hütten Wanderern, Radfahrern und Reitern hervorragende Bedingungen. Angeln, Kanufahren, Rafting, Gletschertouren, Elchsafaris und Canyoning sind ebenfalls möglich. Geilo zählt zu den größten Outdoor-Zentren in Skandinavien.
Wer auf bequeme Weise zu einer grandiosen Aussicht kommen möchte, kann sich von der Sesselbahn zum 1056 m hohen **Geilohøgda** hinauftragen lassen. Von hier führt ein Weg zu dem auch im Sommer teils schneebedeckten Hallingskarvet (1933 m), dem Hausberg von Geilo. Trotz dieses riesigen Angebots wirkt der Ort im Sommer nicht überlaufen. Dies ändert sich von November bis Mai, denn Geilo zählt zu den größten Wintersportzentren Skandinaviens. Rund 60 verschiedene Abfahrten, 200 km präparierte Langlaufloipen, mehrere Skischulen und Snowboardparks lassen keine Wünsche offen. Auch Winterwandern, Eisstockschießen und Hundeschlittentouren sind möglich.

Alpinzentrum der Superlative

Hemsedal

Bei Gol biegt die RV52 ins Hemsedal ab. Der gleichnamige **Wintersportort** zählt ebenfalls zu den größten Alpinzentren Skandinaviens. Das stabile Winterklima sorgt für Schnee von November bis Anfang Mai, und die große Auswahl an Pisten – darunter auch einige schwarze – begeistert selbst gute Skifahrer.

HAMMERFEST

Gebiet: Nordnorwegen | **Einwohnerzahl:** 11 000

B 24

Früher lebte Hammerfest hauptsächlich von der Fischindustrie und dem ganzjährig eisfreien Hafen, über den fast alle Produkte der Finnmark – Fisch, Pelze und Robbenfleisch – verschifft wurden. Seit einigen Jahren sorgt »Schneewittchen« für Wohlstand.

Nördlichste Stadt Europas

Seit der Erschließung des riesigen Erdgasfelds »Snøhvit« (Schneewittchen) in der Barentssee und der Fertigstellung der Pipeline 2007 arbeitet auf einer Insel vor der Küste von Hammerfest Europas größte Erdgasverflüssigungsanlage. Das gesamte Erdgasgeschäft wird von Hammerfest aus gemanagt, was in der kleinen Stadt zu explodierenden Preisen und einem Bauboom geführt und das einst nüchterne Stadtbild komplett verändert hat. Fischverarbeitungsbetriebe gibt es zwar ebenso noch wie den Tourismus, doch mit Erdgas lässt sich viel mehr Geld verdienen.

HAMMERFEST ERLEBEN

HAMMERFEST TURIST AS
Havnegata 3, 9615 Hammerfest
Tel. 78 41 21 85
www.visithammerfest.net

MITTERNACHTSSONNE
17. Mai bis 28. Juli

ANREISE
Hammerfest ist per Flugzeug über Tromsø und Oslo sowie per Bus von Oslo via Schweden gut erreichbar. Die Schiffe der Hurtigruten legen täglich an, Schnellboote verbinden die Stadt u. a. mit Tromsø und Honningsvåg.

HURTIGRUTEN
Die Postschiffe der Hurtigruten verlassen Hammerfest täglich um 7.45 Uhr und erreichen Honningsvåg etwa um 12.45 Uhr. Von dort geht es per Bus zum Nordkap (1 Std.), nach einem kurzen Aufenthalt zurück nach Honningsvåg, dann erreicht man den Abendbus nach Hammerfest. Das Hurtigruten-Schiff in südlicher Richtung zurück fährt erst morgens um 6.45 Uhr von Honningsvåg ab, doch bei schönem Licht ist die Mitternachtssonne ein fantastischer Grund, eine Nacht wach zu bleiben.

SPORT
Wer auf dem nördlichsten Platz der Welt Golf spielen möchte, kann dies von Juni bis August am Repparfjord nördlich von Hammerfest tun. Der Sechs-Loch-Platz ist rund um die Uhr geöffnet, denn hier golft man auch unter der Mitternachtssonne. Greenfee ca. 150 NOK.
www.hammerfestgolf.no

NO. 19 €–€€
Eine Boutique? Ja, aber auch ein gemütliches Café, in dem Sie selbstgebackenen Kuchen zum Kaffee und leckere Kleinigkeiten bekommen. Dabei können Sie hübsche Küchenutensilien, Kaffee und Tee kaufen. Eine gute Idee und ein guter Stopp am Nachmittag (So. geschl.).
Strandgata 19
Tel. 78 41 18 08
www.no19hammerfest.no

MIKKELGAMMEN €€
Ein besonderes Erlebnis ist ein Besuch bei Mikkel und Solveig in ihrer samischen Hütte auf dem Hausberg Salen. Samische Gerichte vom offenen Feuer, dazu Erzählungen aus der Kultur der Ureinwohner und der typische Joik-Gesang versetzen die Gäste in eine ganz andere Welt. Wenn Sie als Gruppe von mindestens 10 Personen reisen (Anmeldung erforderlich), ist das eine spannende Option für einen ungewöhnlichen Abend.
Salen
Turistveien 80
Tel. 96 22 92 79

SCANDIC HAMMERFEST €€€
Modernes, freundliches Haus aus gelben Ziegeln mit einem Atrium über zwei Etagen. Vom Hotel hat man eine schöne Aussicht und im Restaurant »Skansen Mat og Vinstue« kann man hinter Panoramafenstern die Mitternachtssonne genießen.
Sørøygata 15
Tel. 78 42 57 00
www.scandichotels.no

Welche ist wovon die nördlichste Stadt?

Titelstreit

Die relativ kurze Geschichte des Ortes brachte einige Katastrophen: 1890 wurde Hammerfest von einem Feuer zerstört und 1944 nach einer Zwangsevakuierung von den Deutschen dem Erdboden gleichgemacht – bis auf die Friedhofskapelle. Jahrzehntelang hat Hammerfest mit dem Titel »Nördlichste Stadt der Welt« um Besucher geworben, bis 1998 auch Honningsvåg das Stadtrecht erhielt und diesen Superlativ bald darauf für sich in Anspruch nahm. Dass eigentlich keine der beiden Städte, sondern Barrow in Alaska diesen Titel verdient, hat sich mittlerweile herumgesprochen. Die beiden Städte haben sich darauf geeinigt, dass Hammerfest mit dem Slogan **»Nördlichste Stadt Europas«** wirbt und Honningsvåg sich das Nordkap auf die Fahne schreibt.

Wohin in Hammerfest?

Königliche Eisbären

Eisbärenclub

Zum Wahrzeichen des heutigen Hammerfest wurde ein Bau, dessen Glasfront mit LEDs in farbiges Licht getaucht wird: Das **Arktische Kulturcenter,** ein kubischer Bau aus Holz, Glas und Stahl, bietet ein umfangreiches Konzert- und Kinoprogramm. Direkt am Anleger der Fähre kann man Mitglied der **Royal and Ancient Society of Polar Bears** werden. In einem kleinen Museum werden Exponate gezeigt zur Erinnerung an die Zeit, als die Stadt als Eismeermetropole galt.

Arktisk kultursenter: Strandgata 30 | Tel. 78 40 20 99 | www.aks.no
Isbjornklubben: Havnegata 3 | Juni – Mitte Aug. Mo. – Fr. 8 – 19, Sa., So. 9 – 16, Mitte Aug. – Sept. Mo. – Fr. 9 – 16, Sa., So. 10 – 14, Okt. – Mai Mo. – Fr. 9 – 16, Sa., So. 10 – 13 Uhr | www.isbjornklubben.no

Im Zick-Zack unterwegs

Hammerfest-Panoramaweg

Der Hammerfest-Panoramaweg führt auf den 86 m hohen **Aussichtsberg Salen.** Der Blick über die Stadt und den Sørøysund ist wunderschön. Zurück ins Zentrum gelangt man weiter nördlich über den Sikk-Sakk veien. Wer die Aussicht ohne vorherige Anstrengung genießen möchte, kann mit dem Auto auf den Salen fahren.

Zerstörung und Wiederaufbau

Kystmuseene

Nach dem deutschen Angriff auf die Sowjetunion im Juni 1941 wurde die Finnmark zum Aufmarschgebiet für die Lapplandfront. In keiner anderen Provinz waren so viele deutsche Soldaten stationiert wie hier. Bereits 1942 begannen die Bombardements der Alliierten und Russen. Diese Ereignisse und den Wiederaufbau der Finnmark dokumentiert das **Museum des Wiederaufbaus.**

Kirkegata 21 | Juni – Mitte Aug. tgl. 10 – 16, sonst Mo. – Fr. 10 – 15, Sa., So. 11 – 14 Uhr | Eintritt 80/50 NOK, bis 16 J. frei | www.kystmuseene.no

Die Vermessung der Erde

Meridianstøtten

Die Hauptstraße führt um die Bucht herum zur Landspitze Fuglenes mit der Meridianstøtten, einer **bronzenen Erdkugel** auf einer Granitsäule, die auf der Liste des UNESCO-Weltkulturerbes steht. Sie erinnert an die 1816 – 1852 gemeinsam von Norwegen, Schweden und Russland vorgenommene Gradmessung zur Bestimmung von Größe und Form der Erde.

★★ HARDANGERFJORD

M 7

Gebiet: Westnorwegen

Während im Mai mehrere Hunderttausend Obstbäume zu blühen beginnen und die Ufer des Hardangerfjords in einem Meer aus zarten Farben und Düften versinken, liegt auf den Berggipfeln noch der Schnee. Vielfingrig und dutzendfach verästelt dringt der zweitgrößte Fjord Norwegens sage und schreibe rund 180 km ins Landesinnere vor und bietet an seinen Ufern eine Fülle spektakulärer Landschaften.

Norwegens Paradiesgarten

Pflaumen, Äpfel und Schattenmorellen reifen wegen des milden Klimas, das vom warmen Golfstrom entlang der Westküste beeinflusst wird, in den windgeschützten Tälern in einem kurzen Sommer heran. Die Früchte werden dann überall entlang der Straße angeboten. Knapp die Hälfte des in Norwegen produzierten Obstes stammt aus der Hardangerregion. Wahrscheinlich waren es die Mönche des Zisterzienserordens, die hier Anfang des 13. Jh.s den Obstbau einführten. Der 1832 in Odda geborene Knud Knudsen war Korbflechter und Fotograf, züchtete aber auch mit Leidenschaft Obstbäume und legte die ersten Plantagen an. Selbst der deutsche Kaiser Wilhelm II. kam regelmäßig zu einer Stippvisite vorbei und brachte Pfropfreiser zur Pflanzenveredlung aus den kaiserlichen Obstgärten für Knudsens Bäume am Hardangerfjord mit.

Der Fjord reicht von Bomlo an der Nordseeküste bis nach Odda. Sein Hauptarm endet bei Utne an der Spitze der Halbinsel Folgefonn. Erst hier teilt sich der Hardangerfjord in mehrere Seitenarme. Über dem Fjord liegt der **Folgefonn-Gletscher,** dessen Eiskappe eine Höhe von 1662 m erreicht.

An den Fjordufern liegen mehrere beschauliche Dörfer, aber auch Wasserkraftwerke und bedeutende Industrieorte. Östlich von Eidfjord im Innern des Fjords beginnt Europas größte Gebirgshochfläche, die ▶ Hardangervidda.

HARDANGERFJORD ERLEBEN

VISIT HARDANGERFJORD
Sandvenvegen 40
5600 Norheimsund
Tel. 56 55 38 70
www.hardangerfjord.com

ODDA TURISTKONTOR
Torget 2
5751 Odda
Tel. 48 07 07 77
www.hardangerfjord.com/odda

EIDFJORD TURISTKONTOR
Ostangvegen 1, 5783 Eidfjord
Tel. 53 67 34 00
www.hardangerfjord.com/eidfjord

ROSENDAL TURISTHOTELL €€–€€€
Unweit der Baronie Rosendal steht dieses schön renovierte Hotel mit dem schicken Restaurant Martha Meidell, in dem Sie traditionelle norwegische Gerichte genießen können, liebevoll zubereitet aus Zutaten regionaler Produzenten. Wenn Sie über Nacht bleiben, können Sie den Freitag oder den Samstag in der Weinbar Gjesten im Keller beschließen.
Rosendal, Skålagato 17
Tel. 53 47 36 66
www.rosendalturisthotell.no

TJØDNADALEN GARD €€
Etwa 10 km von Odda entfernt liegt der historische Hof Tjødnadalen mit toller Aussicht. Hier gibt es gute norwegische Küche zu moderaten Preisen; etliches wird auf dem Hof selbst erzeugt. Kinder freuen sich über den Garten mit Tieren zum Anfassen und Streicheln.
Odda, Hildal
Tel. 90 52 81 70
www.tjodnadalen-gard.no

UTNE HOTEL €€€€
Hier wurde bereits 1722 ein Gasthaus betrieben. Allein schon die alten Möbel und Antiquitäten in der Gaststube sind einen Besuch wert. Serviert wird gute Hausmannskost an einem langen Tisch für alle Gäste. Hier in der Apfelregion gibt es auch (norwegischen) Cider, man kann an einem Cider-Tasting teilnehmen. Natürlich können Sie auch stilvoll übernachten. Fernseher fehlen auf den Zimmern; man fühlt sich ins 19. Jh. zurückversetzt.
Utne, Tel. 53 66 64 00
www.utnehotel.no

BRAKANES HOTEL €€€€
Das ausgezeichnete Hotel wird schon seit Jahrzehnten gern von Urlaubern frequentiert. Zur Anlage gehört neben einem Bootsanleger auch ein Badestrand. Fragen Sie unbedingt nach einem Zimmer mit Fjordblick!
Ulvik, Promenaden 1
Tel. 56 52 61 05
www.brakanes-hotel.no

SAUDA FJORD HOTEL €€€
Das mit viel Liebe zum Detail renovierte, in einem alten Herrenhaus untergebrachte Hotel liegt in wildromantischer Umgebung am Saudafjord (Ryfylke, Røldal). Seit vielen Jahrzehnten besuchen passionierte und wohlhabende Lachsangler diese fischreiche Gegend.
Saudasjøen, Sjøen 2
Tel. 52 78 23 63
www.saudafjordhotel.no

Wohin am Hardangerfjord?

So lebte man hier in den vergangenen Jahrhunderten

Voss

Voss liegt zwar nicht am Hardangerfjord, sondern nördlich des Fjordsystems an der Kreuzung von E16 und R13, ist aber dennoch das Zentrum der Region. Zwar hat die Stadt (14 500 Einw.) architektonisch wegen der vielen nüchternen Nachkriegsbauten wenig zu bieten, doch die Lage ist einmalig: Direkt am Ufer des Vangsvatn gelegen, umgeben von hohen Bergen, ist die Stadt der ideale Ausgangspunkt für Aktivurlauber. Eines der wenigen Bauwerke, die den deutschen Bombenangriff von 1940 unbeschadet überstanden haben, ist die frühgotische **Vangskirche** von 1277 im Stadtzentrum. Im 17. Jh. wurde der einst spätgotische Altarschrank in eine barocke, mit einem Gemälde des Bergener Rubensschülers Elias Figenschoug dekorierte Altartafel umgebaut. Nördlich vom Bahnhof liegt das **Freilichtmuseum:** 16 Holzbauten des Mølsterhofs aus dem 17. bis 19. Jh. spiegeln die traditionelle Baukunst und Lebensweise der Menschen im Fjordgebiet wider. Der international renommierte Holzschnitzer bwz. Kunstschreiner **Magnus Dagestad** (1865 bis 1957) richtete sich hier noch zu Lebzeiten ein Museum für seine Arbeiten ein.

Vangskyrkja: Juni – Aug. Di. – Sa. 10 – 16 Uhr | Eintritt 20 NOK | www.voss.kyrkja.no

Voss folkemuseum: Mølstervegen 143 | Juni – Aug. tgl. 10 – 17, sonst Mo. – Fr. 10 – 15, So. 12 – 15 Uhr | Eintritt 90 NOK, bis 16 J. frei | www.vossfolkemuseum.no

Museum Dagestad: Helgavangen 54 | Juni–Aug. Di.–Sa. 11–14 Uhr | Eintritt 40 NOK

Für Outdoorfans

Rundfahrt mit Ausblick

Voss ist auch der Ausgangspunkt für eine Fahrt um den Fjord. Von hier aus nimmt man die R13 Richtung Osten. Sie führt durch eine abwechslungsreiche Landschaft mit Serpentinen, atemberaubender Bergkulisse und tosenden Wasserfällen. Einige Kilometer, nachdem man an den höchsten Punkts der Straße gelangt ist, stürzt der Wasserfall Skjervefoss in die Tiefe. Man erreicht Granvin an der äußersten nördlichen Verästelung des Hardangerfjords. Die Kirche von 1720 besitzt die vermutlich ältesten Glocken Norwegens. Von Granvin zweigt die R7 zum 7511 m langen Vallaviktunnel und zur Fährstation **Bruravik** ab, die auch von Ulvik aus am idyllischen Osafjord entlang erreichbar ist. Die Fähre nach **Brimnes** führt auf die andere Seite des Fjords Richtung Osten. Bevor der Tunnel gebaut wurde, musste man oftmals mehrere Stunden in **Kvanndal** (14 km südlich von Granvin) warten, um nach **Kinsarvik** (50 Min.) übersetzen zu können. Diese Fährfahrt ist immer noch einen Abstecher wert, vor allem, wenn man das Dorf **Utne** besuchen will.

Hier liegt die älteste staatliche Schule für Obstanbau

Abstecher nach Ulvik

Wer vor der Fahrt um den Fjord noch einen schönen Abstecher machen möchte, zweigt kurz vor der Kirche von Granvin auf die R572 zum Osafjord und zum **idyllisch gelegenen Ferienort** Ulvik ab. Eine beeindruckende, teilweise enge Panoramastraße schlängelt sich an grünen Wiesen, kleinen Gehöften und Obstbäumen vorbei. Der Blick auf Ulvik und den **von bis zu 1600 m hohen Bergen umgebenen Fjord** ist fantastisch. Ulviks kleine, weiß gestrichene Holzkirche von 1858 ist mit einer schönen Altartafel und hübschen Rankenmotiven ausgestattet.

Hinter den Kulissen

Hardanger Akvasenter

Am **Fyksesund** bietet das Hardanger Aquacenter die Möglichkeit, einen ausführlichen Blick hinter die Kulissen eines norwegischen Fischzuchtbetriebs zu werfen – von der Aufzucht der Jungfische bis zur tellerfertigen Meeresspezialität. Per Boot geht es mit einer kundigen Reiseleitung hinaus auf den Fjord zur Lachsfarm. Eine Unterwasserkamera liefert Livebilder vom Leben der Lachse.

Kvam, Steinstø Kai | Mitte Juni – Aug. tgl. 11 – 17 Uhr, sonst für Gruppen auf Anfrage | www.akvasenter.no

Knud Knudsen sei Dank: Am Hardangerfjord blühen Tausende von Obstbäumen.

Der Kunst gewidmet

Øystese

Vorbei an **Erdbeer- und Obstplantagen** erreicht man über die R7 das schön an der gleichnamigen Bucht gelegene Dorf Øystese. Gegenüber der Kirche steht ein Ensemble von Gebäuden für die Kunst: Im **Kabuso Kunstzentrum** finden wechselnde Ausstellungen und Konzerte statt, der **Hardanger Skyspace** des amerikanischen Künstlers James Turrell bietet jeweils zum Sonnenauf- und Sonnenuntergang für kleine Gruppen von Besuchern magische Lichtspiele, und das Museum für Werke des Bildhauers **Ingebrigt Vik** (1867–1927) zeigt 150 Skulpturen von ihm. Eine seiner bekanntesten Statuen ist die von Edvard Grieg in Bergen.

Kabuso und Ingebrigt Vik museum: Hardangerfjordvegen 626 | Juni – Aug. Di. – So. 10 – 17 Uhr | Eintritt 100/60 NOK, das Kombiticket für 190 NOK gilt für alle 7 Standorte des Museums Hardanger og Voss | www.kabuso.no, www.hardangerogvossmuseum.no
Hardanger Skyspace: Eintritt 120/60 NOK | www.hardangerskyspace.no

Malerisch gelegener Ferienort

Norheimsund

Perfekt geeignet für einen Zwischenstopp ist Norheimsund mit einem hübschen, kleinen Hafen und dem ehrwürdigen Sandven Hotell. Bei klarem Wetter glänzen auf der anderen Seite des Fjords die weißen Firnfelder des Gletschers Folgefonna. In der **Museumswerft** in Norheimsund kann man den Handwerkern bei der Arbeit über die Schulter schauen.

Durch den Wasserfall hindurch

Abstecher zum Steinsdalsfoss

Die R7 verlässt nun den Fjord und führt westwärts Richtung Bergen (85 km). Rechter Hand taucht mitten in der lieblichen Landschaft nach 2 km der vom Fosselva gebildete tosende Wasserfall Steinsdalsfoss auf. In den Sommermonaten treten sich hier die Touristen auf dem Weg zum Wasserfall beinahe auf die Füße. Eine Besonderheit: **Hinter der 30 m tief herabstürzenden Wasserwand** kann man hindurchgehen, ohne nass zu werden. Nach Passieren des Wasserfalls steigt die Straße an und schlängelt sich durch die imponierende Schlucht Tokagjelet.

Boote aller Art

Von Strandebarm bis Holdhus

Im Kirchdorf Strandebarm an der gleichnamigen Bucht mit schönem Badestrand gab es einst eine blühende Bootsbauindustrie, doch jetzt fertigen nur noch wenige den **»Strandebarmer«,** ein traditionelles Holzboot. Über **Oma,** wo Katamarane aus Aluminium für wohlhabende Kunden gebaut werden, erreicht man nach ca. 15 km Mundheim. Hier zweigt die R48 nach Norden Richtung Holdhus und **Eiklandsosen** ab. Die **Holzkirche von Holdhus** ist innen mit wunderschönen Ranken und Friesen dekoriert. Ihre Kanzel von 1570 ist vermutlich die älteste westnorwegische Kanzel aus der Zeit nach der Reformation.

Kein See, sondern der Hardangerfjord bei Strandebarm

Nordisches Renaissanceschlösschen

★ Baronie Rosendal

Der Hardangerfjord unterbricht an seinem Südende die R48. An der südlichen Fortsetzung der Straße liegt die Baronie Rosendal. Man erreicht sie entweder mit der Fähre von Gjermundshavn nach Løfallstrand (25 Min., 13 km südlich von Mundheim) oder durch den ca. 11 km langen Folgefonntunnel sowie von Süden her über die E134 und Skånevik. Das Schlösschen im nordischen Renaissancestil ist eine der meistbesuchten Sehenswürdigkeiten der Gegend. Mitte des 19. Jh.s wurde ein **malerischer Landschaftspark** angelegt. Von hier hat man einen herrlichen Blick auf den Hardangerfjord und die Berge mit mehreren Wasserfällen. Besonders sehenswert ist der prachtvolle **Rosengarten.** Das als **Museum** eingerichtete Schlösschen bietet Konzerte, Theateraufführungen im Burghof und Kunstausstellungen im Weinkeller. Unweit von hier steht die Kvinnherad-Kirche von 1255, eine der ältesten mittelalterlichen Steinkirchen Norwegens mit romanischen und gotischen Stilelementen.

Baronivegen 60 | Mitte Mai - Anf. Sept. Di. - So. 11 - 16, Juli - Mitte Aug. tgl. 10 - 18 Uhr | Eintritt 150/50 NOK, der Garten ist frei zugänglich, Führungen (stdl.) 75/20 NOK | www.baroniet.no

Das Freilichtmuseum in Utne zeigt neben typischen Gebäuden der Region Volkstrachten, Hardangerstickereien und Hardangerviolinen.

Rund um Sørfjord und Eidsfjord

Freundliche Uferlandschaften und wildes Hochgebirge

Sørfjord

Von Rosendal aus folgt man der R 551 Richtung Norden und verlässt bei Sunndal das Ostufer des Hardangerfjordes, denn nun führt die Straße durch einen langen Tunnel zum Sørfjord, dem **längsten Seitenarm des Hardangerfjords.** Über dessen Westufer thront der mächtige Gletscher Folgefonna, während auf der Ostseite die ► Hardangervidda zum Wandern einlädt.

Eines der ersten Hochdruckkraftwerke Europas

Kraftwerk Tyssedal

Im Kraftwerk Tyssedal, nördlich des Industrieorts **Odda** direkt am Sørfjord, kann man sich in die Zeit zurückversetzen, als hier die großen Turbinen für Energie in den Industriebetrieben von Odda und Tyssedal sorgten. Die Turbinenhalle des Kraftwerks erinnert mit ihren hohen Säulenreihen ein wenig an eine Kathedrale. Das alte Verwaltungsgebäude in Tyssedal beherbergt heute das **Norwegische Wasserkraft- und Industriemuseum.**

Norsk Vasskraft- og Industristadmuseum: Naustbakken 7 | Mitte Mai – Mitte Sept. tgl. 10 – 17, sonst Di. – Fr. 10 – 15 Uhr | Eintritt 90/60 NOK | www.nvim.no

Alles dicht beieinander

Denkmaldorf Agatunet

Von Odda schlängelt sich die schmale R550 am Westufer des Sørfjords zuerst unterhalb des firnbedeckten Folgefonn entlang, dann zwischen vielen Obstplantagen hindurch nach Aga mit dem **»Agatunet«,** einem wunderschönen, unter Denkmalschutz stehenden Dorf mit rund 40 alten Gebäuden und einer mittelalterlichen Rauchstube.

Agatunet: Mitte Mai – Mitte Juni Mi. – So. 10 – 17, Anfang bis Mitte Aug. tgl. 10 – 17 Uhr | Eintritt 100/60 NOK | www.hardangerogvossmuseum.no

Romantisches Fjorddorf

Utne

Etwa 17 km weiter nördlich liegt Utne, das vor allem wegen seiner **Aussicht über den Hardangerfjord** unbedingt einen Besuch wert ist. Wer mit der Fähre kommt, entweder von Kvanndal oder von Kinsarvik, sieht bereits von Weitem die kleine Kreuzkirche von 1895 und ein weiß gestrichenes Holzschlösschen, das im englischen Stil erbaute Utne Hotel. Nicht weit vom Anleger entfernt steht das sehenswerte **Hardanger Folkemuseum.** Oberhalb des Hauptgebäudes mit Handwerks- und Volkskunst kann man durch einen Obstgarten mit alten Obstsorten spazieren.

Hardanger Folkemuseum: Mai – Aug. tgl. 10 – 17, sonst Mo. – Fr. 9 – 15 Uhr | Eintritt 100/60 NOK | www.hardangerogvossmuseum.no

Ferienort mit Obstgärten und blühenden Wiesen

Lofthus

Wählt man die Fahrt am Ostufer des Sørfjords entlang, schlängelt sich die R13 durch Obstgärten und Wiesen und erreicht nach 30 km den hübschen Ferienort Lofthus. Südlich der Ortschaft steht die sehenswerte **Steinkirche von Ullensvang** (13. Jh.) mit einem Taufbecken und Glocken aus dem Mittelalter. In Ullensvang werden 80 % der Süßkirschen des Landes geerntet. Auf dem Gehöft Opedal, dem größten Hof in Hardanger, hatten die Mönche aus dem Lysekloster bei Bergen im Mittelalter eine Kapelle. Sie besaßen hier auch einen Obstgarten und legten den **Mönchsstieg** an, der in steilem Anstieg (ca. 3 Std.) auf die Hardangervidda führt. Oben bietet sich ein einzigartiger Blick über den Hardangerfjord. Im Garten des Ullensvang Hotels in Lofthus steht die **Hütte von Edvard Grieg.** Er zog sich zum Komponieren gerne an den Hardangerfjord zurück.

Schöne Tour

Kinsarvik

Wer an den Ausgangspunkt der Rundfahrt zurück möchte, nimmt die Fähre von Brimnes nach Bruarvik (10 Min.) und gelangt durch den Vallaviktunnel nach Granvin. Will man hingegen den Eidfjord weiter erforschen, fährt man vorbei an **Kinsarvik** (Fähre nach Utne 25 Min., Kvanndal 50 Min.), teilweise direkt an den nackten Felsen am Ufer des steilwandigen Fjords entlang, und erreicht nach ca. 40 km den kleinen Ort Eidfjord.

★ HARDANGERVIDDA

M 7-9

Gebiet: Südnorwegen | **Höhe:** 1200 – 1600 m ü. d. M.

Die mit zahlreichen Seen und weiten Moorflächen überzogene Landschaft der Hardangervidda, die größte Hochebene Europas, ist weitgehend unbesiedelt und ursprünglich. Damit dies auch so bleibt, wurde 1981 mehr als ein Drittel der rund 9000 km² umfassenden Hochfläche als Nationalpark ausgewiesen.

Im Reich der wilden Rentiere

Auf der Hardangervidda herrschen im Winter Bedingungen, die mit denen in der Arktis und Antarktis vergleichbar sind. Deshalb haben sich **Roald Amundsen und Fridtjof Nansen** hier auf ihre Polarexpeditionen vorbereitet. Auch George Lucas war vom Winter in Finse so beeindruckt, dass er hier einige Szenen seiner **»Star-Wars«-Filme** wie die Schlacht um den Eisplaneten Howth drehte. Oft fegen eisige Winde über die von den eiszeitlichen Gletschern glatt gehobelte Hochebene und lassen die Temperaturen noch kälter erscheinen, als sie eh schon sind. Nur wenige Tiere lassen sich von diesen harschen klimatischen Bedingungen nicht abschrecken, darunter die größte wild lebende Rentierherde Nordeuropas, Schneeeulen und Polarfüchse. Im kurzen Sommer zeigt die Hardangervidda ihr anderes Gesicht: Die Fjellvegetation aus Gräsern, Moosen, Flechten und Krüppelbirken explodiert förmlich innerhalb kürzester Zeit und überzieht die ansonsten öde Felssteppe mit einem grünen Teppich.

Wohin auf der Hardangervidda?

Von Hütte zu Hütte

Gut zu erwandern

In der gesamten Hardangervidda gibt es **keine Straßen oder Ansiedlungen,** das Gebiet ist jedoch mit rund 1200 km Wanderwegen und mehreren Dutzend Hütten touristisch erschlossen. An den südlichen Ausläufern der Hardangervidda führen die E134 und die RV37 entlang, an den westlichen die RV13, die über weite Strecken am Sørfjord verläuft, und am Ostrand die RV40 durch das Numedal. Wer von diesen Strecken zu Wanderungen aufbricht, beginnt seine Tour in der Regel mit einem langen Aufstieg auf die Hochebene. Nur an wenigen Stellen, wie in Rjukan, kann man sich durch eine Seilbahn den Einstieg erleichtern. Den besten Zugang zu dem Gebiet bietet die RV7 von Geilo nach Eidfjord, die zwischen Hardangervidda und dem Firnfeld des markanten Hardangerjøkul verläuft. Die RV7 steigt von Haugastøl (990 m) bis zu ihrer höchsten Stelle bei der Dyranut turisthytte (1246 m) an, danach beginnt der Abstieg ins Tal der Bjoreia.

HARDANGERVIDDA ERLEBEN

ODDA TURISTKONTOR
Torget 2
5750 Odda
Tel. 48 07 07 77
www.hardangerfjord.com/odda

EIDFJORD TURISTKONTOR
Ostangvegen 1
5783 Eidfjord
Tel. 53 67 34 00
www.hardangerfjord.com/eidfjord

GEILO REISELIVSSENTERET
Vesleslåttvegen 13
3580 Geilo
Tel. 32 09 59 00
www.geilo.no

GLETSCHERWANDERN
Von Finse aus werden Gletscherwanderungen auf den Hardangerjøkul angeboten (Auskunft über den DNT, ► S. 647).

FAHRT MIT DER TROLLBAHN
Von Juni bis August fährt zwischen Vøringfoss und dem Måbø Gård Museum stündlich die Trollbahn durch das Måbødal, vor allem für Kinder ein Spaß. Abfahrt in Vøringfoss jede volle Stunde zwischen 10 und 18, ab Måbø Gård Museum um 10.30, 11.30 Uhr usw.; Tickets gibt es im Eidfjord-Touristkontor.

FINSE 1222 €€€€
Raumhohe Fenster ermöglichen einen weiten Blick in die Hochgebirgslandschaft. Spektakulär ist auch das Essen. À la carte gibt es nicht, das Menü wechselt täglich. Ein leichter Touch ins Italienische ist auch an der Weinkarte festzustellen: Der hauseigene Wein wird in Kooperation mit einem toskanischen Erzeuger produziert. Selbstverständlich können Sie hier auch nobel nächtigen.
Finse, Tel. 56 52 71 00
www.finse1222.no

FINSEHYTTA €
Unweit der Bahnstation Finse werden in der komfortablen Berghütte preisgünstige Gerichte angeboten. Unbedingt den köstlichen Nachtisch »rømmegrøt« probieren (geöffnet Anfang Juli bis Mitte Sept. und Anfang März bis Mitte Mai).
Finse, Tel. 56 52 67 32
http://finsehytta.dnt.no

FOSSLI HOTEL €€–€€€
Das Hotel gibt es seit 1891; es bietet einen tollen Blick auf den Wasserfall und in das Måbøtal. Die Liste der berühmten Besucher ist lang, unter anderem ließ sich der Komponist Edvard Grieg hier zu seinen 19 norwegischen Volksweisen inspirieren.
Vøringfossen, Tel. 53 66 57 77
www.fossli-hotel.com

Herrliche Radstrecke
In Haugastøl beginnt der berühmte Bau- und **Versorgungsweg der Bergenbahn,** Rallarvegen. Er schlängelt sich durch die raue Gebirgswelt der Hardangervidda bis zur höchstgelegenen Bahnstation Norwegens, Finse (1222 m), hinauf und dann hinunter durch das Flåmtal

★ Rallarvegen

bis zum Meer. Rings um Finse, das zwischen den markanten Bergen Hardangerjøkul und Hallingskarvet liegt, gruppieren sich ein Hotel und eine Berghütte sowie einige Ferienhäuser. Ein kleines Museum dokumentiert die Geschichte der Bergenbahn.

Das Farbenspiel des Wassers

★ Vøringfoss

Etwa 20 km hinter Dyranut zweigt eine kleine Straße ab zu dem 1 km nördlich über dem Absturz des **Måbødal** gelegenen Fossli Hotel; von dort bietet sich ein schöner Blick auf den Vøringfoss. Hier stürzt die Bjoreia 182 m in senkrechtem Fall in einen engen Kessel hinab, aus dessen Tiefe **unaufhörlich dichter Wassernebel** zum oberen Rand aufsteigt und ein wunderbares Farbenspiel bewirkt. Hinzu kommt ein großartiger Blick hinunter ins Måbødal mit seinen fast senkrechten Felswänden. Noch beeindruckender ist der Blick auf den Vøringfoss von unten. Dazu muss man ein Stück weiter ins Måbødal fahren, vom Parkplatz am obersten Tunnelausgang sind es dann noch rund 45 Min. Gehzeit bis zum Fuß des Wasserfalls.

Achtung, nasse Füße!

Wandern auf der Hardangervidda

Die Hardangervidda ist ein Dorado für Wanderer, Angler und Jäger, im Winter ein beliebtes Skigebiet. Nur wer wandert oder auf Langlaufskiern unterwegs ist, erfasst die wahren Ausmaße dieser Hochebene. Sowohl für die Ost-West-Durchquerung von Rjukan nach Kin-

Karg und doch faszinierend: Europas größte Hochebene, die Hardangervidda.

sarvik als auch für die Nord-Süd-Durchquerung von Finse nach Haukeliseter sollte man **7 bis 8 Tage** veranschlagen. Die Wege sind gut markiert und am Ende der manchmal recht langen Tagesetappen wartet i. d. R. eine Hütte des Norwegischen Wandervereins DNT. Bis in den Mai hinein muss man noch mit Schnee rechnen, und im Sommer sind Wind, Regen und sehr frische Temperaturen keine Seltenheit. Nasse Füße werden Sie mit ziemlicher Sicherheit bekommen, packen Sie deshalb das richtige Schuhwerk ein.

HAUKELISTRASSE

Gebiet: Süd- und Westnorwegen

N 8

Die Haukelistraße beginnt in der Provinz Telemark, schraubt sich bald hoch auf das karge Haukelifjell, berührt den dramatischen Åkrafjord und endet im Küstenort Haugesund. Als eine der schönsten Routen Südnorwegens bietet sie eine Vielzahl unterschiedlicher Landschaftserlebnisse und steckt voller Überraschungen.

Von Ost nach West

Seit der Eröffnung 1886 bildet die Haukelistraße eine der wichtigsten und schönsten Verbindungen zwischen Ost- und Westnorwegen. Anfangs führt sie durch eine nackte Gebirgslandschaft mit Seen und Gebirgsübergängen, die an Großartigkeit den Alpenpässen kaum nachstehen. Dann folgt am engen Åkrafjord eine wilde Fjordlandschaft mit beinahe senkrecht aus dem Wasser aufsteigenden Felsen und sprühenden Wasserfällen. Schließlich endet die Reise in dem weiten Land um Haugesund mit Blick aufs offene Meer.

Entlang der Haukelistraße

Rømmegrøt in dramatischer Bergwelt

Start in Haukeligrend

Die Straße beginnt in Haukeligrend, einem kleinen Verkehrsknotenpunkt an der Kreuzung von E134 und RV9. Auf den ersten Kilometern kommt man vorbei an kleinen Gebirgsseen. Angelfreunde, aufgepasst: Hier gibt es Forellen (Angelkarten in den Hotels und Gebirgshütten). Hinter dem Vågslidtunnel am Südostende des tiefblauen Sees Ståvatnet taucht dann die seit 1870 bewirtschaftete Gebirgshütte **Haukeliseter** (986 m) auf, in der man beispielsweise Rahmbrei (Römmegrøt) essen und auch übernachten kann. Die Gebirgshütte ist ein guter Ausgangspunkt für Wanderungen zum Nationalpark ▶ Hardangervidda. Einige Kilometer weiter leuchten im Norden die

Firnfelder des steil abstürzenden Store Nupsfonn (1661 m) auf. Die **alte Passstraße,** eine schöne Gebirgsstrecke über das **Haukelifjell,** beginnt vor dem Ostende des 5,7 km langen Haukelitunnels und erreicht am 1145 m hohen **Dyrskar** ihren höchsten Punkt.

Ein schwitzendes Kruzifix

Røldal

Über eine beeindruckende Schnee- und Steinwüste und durch mehrere Tunnel führt der Weg hinunter nach Røldal am gleichnamigen See. Auch hier bietet sich die alte Wegstrecke an, eine um 1880 angelegte Serpentinenstraße mit sieben Kehren und beeindruckender Aussicht. Die im 13. Jh. erbaute **Stabkirche** von Røldal war einst als Pilgerziel bekannt, denn in der Johannisnacht begann das Kruzifix angeblich zu »schwitzen«.

Westlich von Røldal schraubt sich die E134 langsam zur Öffnung des 4,65 km langen **Røldaltunnels** hinauf. In Richtung Westen tauchen in der Ferne die weißen Firnfelder des bis zu 1660 m hohen Folgefonn auf.

Höchste Seilrutsche Europas

Åkrafjord

Etwa 15 km nach der Jøsendal-Kreuzung (RV13 nach Odda) beginnt der enge, von beinahe senkrecht aus dem Wasser ragenden Felsen umgebene Åkrafjord. Eine besondere Art, den Åkrafjord zu erleben, verspricht die höchste Seilrutsche Europas in der Trolljuv-Schlucht – sinnigerweise bezeichnet der Veranstalter sich als **Trolljuv Adrenalinpark.** In 105 m Höhe führt die rasante Fahrt mit der Zip-Line mit bis zu 40 km/h über den Fjord. Nicht weniger Mut braucht man für einen Bungee-Sprung in die Trolljuv-Schlucht.

Trolljuv Adrenalinpark: Trolljuv bru, Markhus | Juni – Sept. Sa., So., Mitte Juni – Mitte Aug. auch Di., Do. | Bungee-Sprung (Mindestalter 16 Jahre) 890 NOK | bungee.no/en/our-sites/trolljuv-adrenalinpark

Netter Hafen und hübsche Gässchen

Haugesund

Die E134 schlängelt sich nun durch eine sanfte, liebliche Fjord- und Seenlandschaft, die in starkem Kontrast zur schroffen Natur weiter nördlich steht, und endet im 37 500 Einwohner zählenden Haugesund an der Küste. Auf den ersten Blick wirkt die Stadt mit ihren **Offshore-Werften** und dem Aluminiumgiganten Hydro nicht besonders attraktiv. Am **Hafen** laden jedoch Gässchen und Straßen entlang des Smedasund mit hübschen, weiß gestrichenen Häusern zum Flanieren und Bummeln ein.

Rund 2 km nördlich von Haugesund ließ Erbprinz Oscar (1829–1907), später König Oscar II., das bombastische **Grabmonument Haraldshaugen** über dem angeblichen Grab von Harald Schönhaar errichten, der hier 1000 Jahre zuvor nach seinem Seesieg am Hafrsfjord **Norwegen zu einem Reich vereint** hatte. Das Monument besteht aus einem 17 m hohen Obelisken und 29 Steinen: Sie sollen die einst 29 norwegischen, nunmehr vereinten Volksstämme darstellen.

DIE HAUKELISTRASSE ERLEBEN

HAUGESUND TURISTINFORMASJON
Strandgata 171, 5525 Haugesund
Tel. 52 01 08 30
www.visithaugesund.no

STURMÜBERFAHRT
Empfehlenswert (für Seetaugliche!) ist die Tagestour von Haugesund auf die kleine, wilde Insel Utsira mitten in der oft stürmischen Nordsee (Überfahrt 1,5 Std.; 2–3 mal täglich) mit großem Reichtum an Vogelarten.

TRAKTORSAFARI
Von Viskjer setzen Sie über den Fjord und fahren dann im von einem Traktor gezogenen Anhänger auf die Eikemo-Alm (ca. 5 Std.). Steile Wege, wunderbare Aussicht, Kaffee am Lagerfeuer (auf Bestellung ab 10 Pers.).
Tel. 95 90 96 64
www.aakrafjorden.no

Jährlich im August oder September: Norwegens größtes Filmfestival in Haugesund.
filmfestivalen.no

LOTHES MAT & VINHUS €€€–€€€€
Einen schönen Blick auf den Smedasund bietet das weiß gestrichene Holzhaus, in dem Chefkoch Niklas Dahl beste norwegische Küche aus überwiegend regionalen Zutaten serviert. Es gibt auch Kochkurse, Tapas-Kurse und mehr; dazu gelegentlich Konzerte oder »Food-Theater«.
Haugesund, Skippergata 4
Tel. 52 71 22 01
www.lothesmat.no

NAUSTED €€€–€€€€
Die Geschichte des Nausted reicht bis ins Jahr 1886 zurück. Heute gehört das ehemalige Bootshaus zum kulinarischen Imperium des Maritim-Hotels. Die kreative Küche folgt dem Motto des Restaurant-Verbunds »Smak av Kysten«, Geschmack der Küste, die Atmosphäre ist eine gelungene Verbindung von Tradition mit viel Holz und Schiffsmodellen und modern (So. geschl.).
Haugesund, Åsbygaten 3
Tel. 52 86 30 30
http://hotelmaritim.no

CLARION COLLECTION HOTEL AMANDA €€€€
Das noble Hotel im Herzen von Haugesund direkt am Wasser bietet jeden Komfort. Kein Wunder, denn hier logieren während des Internationalen Filmfestivals die Größen aus der Filmbranche. Vielleicht wohnen Sie ja Tür an Tür mit einem Filmstar – vorausgesetzt, Sie haben rechtzeitig gebucht.
Haugesund, Smedasundet 93
Tel. 52 80 82 00
www.nordicchoicehotels.com

Wann geht die Welt unter?
Kurz hinter der Karmsund-Brücke auf der lang gestreckten Insel Karmøy liegt Avaldsnes, wo sich im 9. Jh. unter Harald Schönhaar **Norwegens ältester Königssitz** befand. Neben der einstigen königKarmøy

lichen Kapelle (um 1250) steht mit stolzen 7,2 m Norwegens höchster Bautastein, »Jungfrau Marias Nähnadel«. Es heißt, dass die Welt untergehen wird, sobald dieser Stein die Kirchenwand berührt.

Skudeneshavn

Entlang der hügeligen Westküste (R47) mit fantastischer Aussicht auf das offene Meer geht es nach Skudeneshavn. Auch hier finden **Fotografen schöne Motive** in Form von engen Gassen und hübsch restaurierten weißen Holzhäuschen. Alles über Skudeneshavns Blütezeit während der Heringsfischerei erfährt man in dem liebevoll eingerichteten Museum im alten Mælandsgården.

Museet Mælandsgården: Holmen 16 | Ende Juni – Mitte Aug. Mo. – Fr. 11 – 17, So. 12 – 18 Uhr | www.skudenes.no/museum

★★ JOSTEDALSBRE

L 7/8

Gebiet: Westnorwegen | **Höhe:** bis 2038 m ü. d. M.

Haushoch türmen sich die blau leuchtenden Eismassen des größten Gletschers auf dem europäischen Festland auf. Nicht weniger großartig sind die Gletscherzungen Nigardsbre und Briksdalsbre. Sie alle kann man auch im Rahmen geführter Touren erkunden.

Größter Gletscher Europas

Der zwischen dem Sognefjord und dem Nordfjord gelegene Jostedalsbre ist fast 100 km lang und umfasst mit den angrenzenden Firnfeldern eine Fläche von über 1200 km². Nur wenige niedrige Felshöcker durchbrechen die noch rund 500 m dicke Eismasse. In die umliegenden Täler greifen zwei Dutzend größere Gletscherzungen aus, von denen der 15 km lange Tunsbergdalsbre in Europa nur vom Aletschgletscher in der Schweiz übertroffen wird. Um den Jostedalsbre herum erstrecken sich noch viele kleinere Gletscher, deshalb bezeichnen die Norweger diese Gegend auch als »Breheimen«, die Heimat der Gletscher.
1991 wurde der **Jostedalsbreen-Nationalpark** (1315 km²) eingerichtet. Er umfasst außer dem Gletschereis auch baumbestandene Areale. Seit 2000 schmelzen die Gletscherarme wegen geringer winterlicher Niederschläge und heißer Sommer unaufhörlich.

Einer der meistfrequentierten Zugänge

Jostedal

Bei Gaupne, am nördlichen Ufer des Lustrafjords, zweigt die Straße ins Jostedal ab. An mehreren Stellen kann man den **Gletscherzungen bequem nahekommen.**

JOSTEDALSBRE ERLEBEN

GLETSCHERZENTRUM/ BREHEIMSENTERET
6871 Jostedal, Tel. 57 68 32 50
www.jostedal.com

GLETSCHERWANDERUNGEN
Das Gletscherzentrum organisiert Touren aller Schwierigkeitsgrade (2 bis 4 Std.), inkl. ist der Verleih einer kompletten Gletscherausrüstung plus Gletscherstiefel. Für eine Wanderung im unteren Teil des Nigardsbre ist keine besondere Kondition erforderlich.
jostedal.com/en/experience/brevandring

BRIKSDALSBRE FJELLSTOVE €€
Cafeteria und Restaurant am Ende der Straße ins Briksdal oberhalb des Parkplatzes. Ruhebedürftige sollten erst am späten Nachmittag kommen.
Briksdalsbre, Tel. 57 87 68 00
www.briksdalsbre.no

LUSTRAFJORDEN KRO €–€€
In dem Restaurant mit Terrasse direkt am Lustrafjord mit Blick auf den Feigumfoss am gegenüberliegenden Ufer gibt es Hausmannskost.
an der Str. 55, Tel. 57 68 18 80

WALAKER HOTELL €€€€
Allein schon die Lage am Lustrafjord ist traumhaft. Für Nostalgiker ist das Wallaker eines der schönsten Hotels Norwegens.
Solvorn, Tel. 57 68 20 80
www.walaker.com

URNES GARD €
Auf dem Hof fühlte sich schon im Mittelalter der Adel wohl. Neben der Vermietung von zwei Zimmern und drei Hütten bauen die Besitzer Beeren, Kirschen und Äpfel an, die sie im kleinen Hofladen verkaufen.
Ornes, am Lustrafjord
Tel. 91 53 27 84
www.urnes.no

Wachstum, Rückgang und ein Gletschersee

★★ Nigardsbre

Von Gjerde führt die R604 nach Norden. Bei Elvekrok erstreckt sich links der Nigardsbre. Das letzte Wegstück führt durch ein 3 km langes Moränenfeld, entstanden durch die Rückbildung des Nigardsgletschers in den letzten 200 Jahren. Vom Parkplatz am Ende der Straße führt ein steiniger Pfad bis zum Gletscherrand. Bequemer geht das vom Anleger am Parkplatz mit dem kleinen Boot »Jostedalsrypa«. Es pendelt ständig über den Gletschersee, den **Nigardsvatnet.**

Am Anfang der Mautstraße

Gletscherzentrum

Das **Breheimsenteret** informiert über 20 000 Jahre Natur- und Kulturgeschichte rund um den Jostedalsbre. Spektakuläre Kajaktouren auf den Gletscherseen Styggevatnet und Tunsbergdalsvatnet oder Raftingtouren auf dem Jostedalsfluss können hier gebucht werden.
tgl. Mai – Sept. 10 – 17, Mitte Juni – Ende Aug. 9 – 18 Uhr | Eintritt 70/40 NOK

Geradezu ein Muss!

Briksdalsbre

Auch auf der Nordwestseite des Jostedalsbre gibt es zahlreiche Eisabbrüche; der bekannteste ist der Briksdalsbre. Bester Ausgangspunkt dafür ist der kleine Ort **Olden am Innvikfjord.** Vorbei an der hübschen Kirche schlängelt sich die schmale Straße am Ufer des tiefgrünen Oldensees entlang und endet im von schneebedeckten Bergen umgebenen Tal. Vom Ende der Straße führt ein Wanderweg zur Gletscherzunge (hin und zurück ca. 1,5 Std.).

Warum ist das Eis blau?

Fjærland

Ein weiterer Zugang zum Jostedalsbre ist der **Fjærlandsveg** (R5). Er zweigt bei Sogndal von der R55 ab und führt auf einer landschaftlich schönen Strecke nach Fjærland. Hier informiert das **Norwegische Gletschermuseum** über die Geheimnisse des gar nicht mehr so ewigen Eises. Man kann mit Eis experimentieren und erfährt u. a., warum das Eis blau ist und die Fjorde grün sind. Fjærland ist auch wegen seiner hübschen Holzhäuser und der idyllischen Lage am Fjord einen Abstecher wert. Leseratten finden hier ein Dutzend Antiquariate.

Norsk Bremuseum: Fjærlandsfjorden 13 | April, Mai, Okt. tgl. 10 – 16, Juni – Sept. 9 – 19 Uhr | Eintritt 125/65 NOK | www.bre.museum.no

Das Gletschereis des Jostedalsbre ragt haushoch auf.

★★ JOTUNHEIMEN

Gebiet: West- und Ostnorwegen | **Höhe:** bis 2468 m ü. d. M.

L 9

Ein Bergmassiv mit grandiosen Gipfeln und Gletschern, durchzogen von klaren Bächen und Seen: »Heim der Riesen« nennen die Norweger respektvoll ihr liebstes Wandergebiet und schnüren jeden Sommer von Neuem die Wanderschuhe. Das Jotunheimen ist die alpinste Landschaft Norwegens mit den höchsten Bergen Skandinaviens.

Der Dichter Aasmund Olavsson Vinje, inspiriert von der wilden Landschaft und der nordischen Mythologie, taufte das Gebiet 1862 auf den Namen Jøtunheimen – Heim der Riesen bzw. Trolle. Denn für ihn lebten hier die Jøten, die Trolle. Später wurde daraus Jotunheimen. Zwischen Oppland im Osten und Sogn og Fjordane im Westen erstreckt sich diese berühmte Fjell-Landschaft. Weil Jotunheimen gut erreichbar ist und ein dichtes Netz von markierten Wanderwegen und Hütten aufweist, wird es auf einigen klassischen Routen, wie etwa dem Besseggengrat, zur Ferienzeit für norwegische Verhältnisse ungewöhnlich voll. Die wohl schönste Zeit zum Wandern beginnt Ende Juni – vorher beeinträchtigen Schneefelder, matschiger Untergrund und das Fehlen jeglichen Grüns die Freude – und reicht bis in den September. Im Winter ist Jotunheimen ein ausgezeichnetes und beliebtes Gebiet für Skilanglauf-Touren. Zu Ostern herrscht Hochsaison, dann zieht es viele Norweger ins Gebirge und fast alle Hütten sind geöffnet.

Wandern im Heim der Riesen

Im Jotunheimen-Nationalpark

Die höchsten Gipfel Norwegens

Zwischen Oppland und Sogn og Fjordane

Kernstück des Jotunheimen-Gebirges ist der gleichnamige Nationalpark. Der Großteil des Parkgebiets liegt **oberhalb von 1000 m** und damit jenseits der Baumgrenze. Die Fjell-Landschaft wird von majestätischen Bergen und Gletschern, aber auch von mehreren lang gestreckten Seen, kargen Tälern und baumlosen Hochebenen geprägt. Mit dem **Galdhøppigen** (2469 m) und dem **Glittertind** (2452 m) liegen hier die höchsten Berge des Landes. Der Galdhøppigen zählt zu den am häufigsten bestiegenen Gipfeln, weil er der höchste ist und der Aufstieg im Sommer als nicht allzu schwierig gilt. Der beste Ausgangspunkt zur Besteigung ist die Juvasshytta. Man sollte sich für den 3- bis 4-stündigen Aufstieg unbedingt den täglich startenden, geführten Touren anschließen, da der Weg teils über den von Spalten durchzogenen Svellnosbre führt. Für den anstrengenden Weg auf den Glittertind sollte man je nach Kondition 7 bis 9 Stunden veranschlagen.

Auf einem Bock soll Peer Gynt über den »Sensengrat« geritten sein. Ohne Tier, dafür in Wanderschuhen brechen jedes Jahr mindestens 30 000 Wanderer auf zum beliebten Besseggengrat, der den dunkelblauen Bessvatnet (rechts) und den tiefer gelegenen Gjende-See (links) trennt.

JOTUNHEIMEN ERLEBEN

VISIT JOTUNHEIMEN
Sognefjellsvegen 2, 2686 Lom
Tel. 61 21 29 90
www.visitjotunheimen.no

BEITOSTØLEN RESORT
An der Hauptstraße
2953 Beitostølen
Tel. 61 35 10 00
www.beitostolen.com

ANREISE
Eine der schönsten Straßen Norwegens verläuft durch Jotunheimen: Die Str. 51 führt von Fagernes über die Valdresflya bis zur E15 nahe dem kleinen Ort Vågåmo und endet an der E15 bei Lom. Im Winter sind die Hochgebirgsabschnitte gesperrt.

SOMMERSKI
Das Sognefjell besitzt ein kleines Sommerskigebiet; Langlaufskier kann man sich in den Berghütten entlang der Straße ausleihen.

OUTDOOR
Das gesamte Gebiet des Jotunheimen ist bekannt für seine zahlreichen Outdoor-Möglichkeiten. Sie reichen vom Bergsteigen, Klettern und Wandern über die Wassersportsarten Rafting, Kanu- und Kajakfahren bis zu Gletscherwanderungen. Über die diversen Veranstalter, Kurse und Konditionen informiert die Touristenzentrale in Lom.

STEINREICH
Im Fossheim Steinsenter am Ortsrand von Lom in Richtung Vågå ist eine große Mineraliensammlung zu besichtigen, der Laden bietet Schmuck und Mineralien.
Mai – Sept. tgl. 10 – 16, in der Hauptsaison bis 18 Uhr
Tel. 61 21 14 60
fossheimsteinsenter.no

FOSSHEIM HOTELL **€€€**
Die einstige Postkutschenstation ist seit 1897 ein luxuriöses Hotel. Es gibt verschiedene Menüs von traditionell norwegisch bis zum edlen Sechs-Gänge-Menü. Hoteldirektor und Weinliebhaber Svein Garmo führt das Haus, in dem man auch übernachten kann, in der vierten Generation.
Lom, Bergomsvegen 32
Tel. 61 21 95 00
www.fossheimhotel.no

ELVESETER HOTEL **€€€**
Das Elveseter Hotel neben der Sagasäule erinnert an ein typisches Berggehöft. Schön ist der stilvoll mit Antiquitäten eingerichtete Eingangsbereich. Gemälde u. a. von Adolf Tidemandt und alte Möbel mit Rosenmalerei sorgen für musealen Charakter.
Bøverdalen, Sognefellsvegen
Tel. 61 21 20 00
elveseter.no

★ Hurrungane

Kletterparadies
Den südwestlichen Teil des Nationalparks bildet das Hurrungane. Es ist durch das tief eingeschnittene Utladal größtenteils vom Rest Jo-

tunheimens abgeschnitten. Hier liegen auf engstem Raum **sechs der höchsten Gipfel Norwegens.** Beherrschend ist der beliebteste Klettergipfel, der imponierende Store Skagastølstind (2405 m). Das Hurrungane ist zwar das Dorado der Felskletterer, doch auch für Wanderungen lohnt sich der Ausflug in diese bizarre Bergwelt.

Fahrt über die Valdresflya

Der Südrand des Jotunheimen

Beitostølen

Von Fagernes kommend, steigt die Str. 51 Richtung Norden langsam, aber stetig an, bis bei Beitostølen die Baumgrenze und der Südrand des Jotunheimen erreicht wird. Die weitläufige Hüttensiedlung Beitostølen ist im Sommer ein guter Ausgangspunkt für Wanderungen im Gebirge, im Winter ein bekannter Wintersportort mit **familienfreundlichen Abfahrtshängen.** Skilangläufer finden hier ein einmaliges Gebiet mit gut präparierten Loipen, von denen einige bis weit ins Hochgebirge hineinführen.

Karg, aber faszinierend

Valdresflya

Nach Beitostølen steigt die Straße weiter an, passiert die Seen Bygdin und Vinstri und erreicht ihren höchsten Punkt auf der Valdresflya. Im Gegensatz zu den alpinen Gipfeln der Umgebung ist die Valdresflya eine flache, sehr karge, aber ungemein **faszinierende Hochebene.** Bevor man zum Gjende-See kommt, bietet sich bei Vargbakken (ca. 3 km südl. von Maurvangen) die Möglichkeit, in einer Halbtagestour die Knutshø zu besteigen. Ob die Knutshø nun exponierter als der Besseggen ist, mag dahingestellt sein, der Grat ist jedenfalls schmaler und die Aussicht von oben einfach grandios.

Blaugrüne Schönheit

Gjende-See

Der rund 20 km lange, aber nur einen Kilometer breite Gjende-See zählt zu den schönsten Seen Norwegens. Ausgehobelt von den Gletschern der letzten Eiszeit, entzückt er heute wegen seiner intensiv blaugrünen Farbe und der **bis zu 1300 m steilen Bergwände** ringsum. Die drei Berghütten an seinem Ufer (Gjendesheim, Memurubu und Gjendebu) und der Campingplatz in Maurvangen an der Str. 51 zählen zu den meistbesuchten Orten von Jotunheimen.

Auf den Spuren von Peer Gynt

★★
Besseggen (Abb. S. 250/251)

Viele Norweger kommen Jahr für Jahr, um den »Sensengrat« zu erklimmen. Henrik Ibsen nahm sich die Freiheit, den Besseggen zum **»Höllenritt«** zu stilisieren. Ausgangspunkt für die spektakuläre sechsstündige Tour mit absolut atemberaubenden Aussichten ist Gjendesheim.

Geschichte zum Anfassen: Die Chronik der Sagasäule von Elseveter beginnt im Jahr 872 n. Chr.

Unterwegs auf dem Sognefjellvegen

Herrliche Strecke, grandiose Aussichten

Von Skjolden ins Leirdal

Die Str. 55 schlängelt sich vom Lustrafjord über Skjolden auf das Sognefjell hinauf. Sie ist die höchste Passstraße Norwegens, eine atemberaubende Strecke durchs Gebirge, die oft noch bis in den Juni hinein von meterhohen Schneewänden gesäumt wird. Vom **Turtagrø Hotel** hat man einen grandiosen Blick auf Tal, Fjord und die Spitzen des Hurrungane. Das Hotel ist auch ein guter Ausgangspunkt für **Wanderungen.** Folgt man dem Sognefjellvegen, geht es weiter stetig bergan bis zum höchsten Punkt bei der **Sognefjellhytta** (1434 m). Eine kühne Konstruktion aus Holz und Glas als Erweiterungsbau macht die Hütte zum architektonischen Highlight. Das Panorama zu beiden Seiten der Straße zeigt eine hochalpine Landschaft mit gezackten Gipfeln, Schneefeldern und einigen kleineren Gletschern. Das Sognefjell hat ein kleines **Sommerskigebiet,** Langlaufskier kann man sich in den Berghütten entlang der Straße ausleihen. Nach der Sognefjellhytta führt die Straße langsam, aber stetig bergab, hinein ins Leirdal. Rechter Hand zweigen kurz hintereinander drei mautpflichtige Stichstraßen nach Leirvassbu, Juvasshytta und Spiterstulen ab. Am Ende jeder Straße steht eine Berghütte.

Reise durch die Geschichte

Sagasäule

Kurz vor der Abzweigung zur Juvasshytta erhebt sich links beim Elveseter Hotel die 33 m hoch aufragende Sagasäule. Sie bietet einen Querschnitt durch die norwegische Geschichte, beginnend mit dem ersten vereinigten Reich 872 **bis zur Reichsversammlung 1814.**

Der Sognefjellvegen endet in **Lom, dem touristischen Zentrum** im nördlichen Jotunheimen. Dieser Ort hebt sich wegen der vielen dunklen Holzhäuser wohltuend von vielen anderen nüchternen Orten ab. Seine größte Sehenswürdigkeit ist die 800 Jahre alte **Stabkirche,** deren Chorbogen und Kanzel (1793) von dem Holzschnitzer Jakob Sæterdalen stammen. Nur wenige Schritte entfernt steht das **Norwegische Gebirgsmuseum.** Es informiert anschaulich über die Fjells.

Norsk Fjellmuseet: Brubakken 2 | Mitte Mai – Mitte Okt. Mo. – Fr. 9 – 16, Sa., So. 10 – 15, in der Hochsaison (Mitte Juni – Mitte Aug.) Mo. – Fr. 9 – 19, Sa., So. 9 – 17, sonst Mo. – Fr. 9 – 15 Uhr | Eintritt 120/75 NOK | www.norskfjellsenter.no

KARASJOK · KÁRÁŠJOHKA

C 26

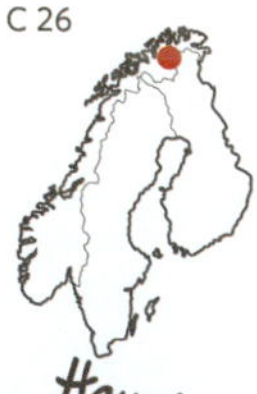

Gebiet: Nordnorwegen | **Einwohnerzahl:** 2650

Für die Samen ist Karasjok eines ihrer wichtigsten kulturellen Zentren, hier haben sie ihre eigene Zeitung, ihr Radioprogramm und das Parlament. Touristen wird im Themenpark Sápmi ein anschaulicher Eindruck vom Leben der Samen im hohen Norden vermittelt.

Haupt-stadt der Samen

Die in Karasjok geborene samische Musikerin Marie Boine ist weltweit bekannt. Sie hat mit zahlreichen Platten und Konzerten dafür gesorgt, dass der »Joik«, der typische Gesang der Samen, ein Begriff nicht nur in der Weltmusik geworden ist. Mit ihrem Fusion-Stil, der

KARASJOK ERLEBEN

KARASJOK TURISTINFORMASJON
Porsangerveien 1
9735 Kárášjohka/Karasjok
Tel. 78 46 88 00
www.visitsapmi.no/no/karasjok

BEI MUSHERN UND SCHLITTENHUNDEN
Musher Sven Engholm hat elf Mal das längste Hundeschlittenrennen Europas, den »Finnmarksløpet«, gewonnen und das legendäre »Iditarod« in Alaska unter den zehn Besten beendet. Rund 50 Schlittenhunde leben auf seinem Anwesen. Gäste wohnen in urigen Blockhütten und können mit einem Hundegespann auf Tour gehen (6 km von Karasjok).
Tel. 91 58 66 25, www.engholm.no

AUSFLÜGE
Die Touristinformation vermittelt u.a. Bootsausflüge auf dem Kárášjohka, Ausflüge zu Samensiedlungen, Hundeschlittenfahrten und Touren mit dem Motorschlitten im Winter, Goldwaschkurse und Angeltouren zu den weltbekannten Angelplätzen für Lachse beim Zusammenfluss von Kárášjohka und Anarjohka-Fluss.

SCANDIC KARASJOK €€€
Die Einrichtung des Hotels im Zentrum der Gemeinde ist von der samischen Kultur inspiriert. Im Restaurant werden auch Gerichte nach alten samischen Rezepten serviert.
Leavnnjageaidnu 49
Tel. 78 46 88 60
www.scandichotels.no

den Joik mit Musikformen aus Jazz, Rock und Folk verbindet, hat sie eine ganz eigene Musik kreiert. Wer in ihrer Heimat nun überall Samifolklore mit Rentierherden und Menschen in bunter Tracht erwartet, wird aber enttäuscht sein – zumindest im Sommer. Die Rentiere grasen nämlich auf den Sommerweiden in Küstennähe, und die meisten Sami tragen ihre Tracht nur, um entlang der Hauptrouten zum Nordkap Touristen ihre Produkte zu verkaufen.
Seit mehr als 25 Jahren tagt in Karasjok das **Sameting,** das samische Parlament. Ein besonderes Erlebnis sind die viermal im Jahr stattfindenden Sitzungen, zu denen die Parlamentarier und Parlamentarierinnen in ihren traditionellen Trachten erscheinen.
Wegen der Inlandslage sind die Temperaturunterschiede extrem: Im Winter fällt das Thermometer manchmal auf –50 °C, während es an warmen Sommertagen auf +30 °C steigen kann.

Wohin in Karasjok?

Riddo-Duottar-Museum

Über die Ureinwohner
Die **samische Sammlung** in Karasjok ist der Hauptsitz des Riddo-Duottar-Museums. Es bietet einen guten Einblick in die Kultur und

Geschichte der skandinavischen Ureinwohner mit Trachten, Wohnstätten und samischer Gebrauchskunst aus einer Messerschmiede und einer Silberschmiede.

RiddoDuottar Museat, De Samiske Samlinger: Mari Boine geaidnu 17 | Mitte Juni – Mitte Aug. tgl. 9 – 18, Sept. – Mai Mi., Do. 9 – 15, So. 12 – 16 Uhr | Eintritt 90 NOK, bis 15 J. frei | www.rdm.no

»Land der Samen«

Sápmi Park

Ebenfalls der Geschichte und Kultur der Samen gewidmet ist der Sápmi Park oder »Land der Samen«. In einem **traditionellen Sommer- und Winterwohnplatz** kann man einer samischen Familie bei der Tagesarbeit zusehen.

Leavnnjageaidnu 1 | Juni – Aug. tgl. 9 – 16, sonst Mo. – Fr. 9 – 16 Uhr | Eintritt 160/80 NOK | www.visitsapmi.no

Rund um Karasjok

Samen, Finnen, Norweger

Tannaelv

Von Karasjok kann man durch die mit Seen gesprenkelte, menschenleere Finnmark in Richtung Westen nach Kautokeino weiterfahren, oder man nimmt die E6 in Richtung Norden durch das Tanatal. Am Westufer des Tanaelv führt die Straße vorbei an den mehrere Kilometer langen **Stromschnellen Ailestrykene.** Das Tanatal war zunächst ausschließlich von Samen bewohnt, erst zwischen 1730 und 1740 tauchten die ersten finnischen Siedler auf. Die norwegische Besiedlung begann Ende des 18. Jahrhunderts.

KAUTOKEINO · GUOVDAGEAIDNU

Gebiet: Nordnorwegen | **Einwohnerzahl:** 2900

C 23/24

Die Finnmark, das Land der Samen, ist die größte und am dünnsten besiedelte Provinz Norwegens – und Kautokeino wiederum die größte und am dünnsten besiedelte Gemeinde inmitten eines riesigen Wildnisgebiets. Mit ziemlicher Sicherheit sieht man in dieser samischen Hochburg noch die traditionelle blau-rote Tracht als Alltagskleidung. Wer zu Ostern kommt, kann an den bunten Feierlichkeiten teilnehmen, Höhepunkt ist der Sami-Grand-Prix.

KAUTOKEINO ERLEBEN

KAUTOKEINO TURISTINFORMASJON

Bredbuktnesveien 6
9520 Kautokeino
Tel. 78 48 65 00
www.kautokeino.kommune.no,
www.nordnorge.com

Kautokeino hat nicht nur im Sommer ein großes Freizeitangebot für Wanderer, Kanufahrer und Reiter, sondern auch im Winter, wenn Fahrten mit Rentier- oder Hundeschlitten und Schneescootern Gäste anlocken. Ein unvergessliches Erlebnis sind auch Fahrten mit einem traditionellen **Flussboot** auf dem Kautokeino-Fluss (Details gibt es bei der Touristeninformation).

THON HOTEL KAUTOKEINO €€€

Das moderne Hotel mit ansprechender Holzfassade steht im Ortszentrum. Lobby, Restaurant und Zimmer sind farbenfroh eingerichtet und sehr komfortabel. Im Restaurant Duottar werden auch samische Gerichte serviert.
Biedjovággeluodda 2
Tel. 78 48 70 00
www.thonhotels.no

Etwas ganz Besonderes: eine Fahrt mit dem Rentierschlitten durch die zauberhafte Winterlandschaft

Kautokeino ist ein relativ junger Ort, denn bis ins 17. Jh. lebten die meisten Samen noch halbnomadisch und zogen mit ihren Rentieren von Weide zu Weide. Im Zuge der Christianisierung ließen sich die ersten Samen dort nieder, wo jetzt das Freilichtmuseum steht. Um den kleinen Ort breitet sich die menschenleere Finnmarksvidda aus, auf der im Winter Zehntausende Rentiere weiden. Offiziell ist Guovdageaidnu, so der samische Name von Kautokeino, zwar zweisprachig, doch für fast alle Bewohner ist Samisch die Alltagssprache.

Samische Hochburg

Höhepunkt des Jahres sind die Osterfeierlichkeiten. Die Menschen kommen von weit her, um zu heiraten, an der **Weltmeisterschaft im Rentierrennen** und im Lassowerfen teilzunehmen oder dem **Sami-Grand-Prix** zu lauschen. Rentierrennen finden in zwei Disziplinen statt: auf Skiern oder bäuchlings auf einem Schlitten hinter dem Tier. Der Musikwettbewerb Sami-Grand-Prix wird ebenfalls in zwei Disziplinen – Pop und Joik – ausgetragen. Neben der Rentierzucht spielt mittlerweile auch der Tourismus eine wichtige Rolle, denn Besucher können praktisch das ganze Jahr über an Aktivitäten teilnehmen, von denen viele Einblicke in die samische Lebensweise bieten.

Zur samischen Kultur gehört auch die **Silberschmiedekunst.** Kautokeino bietet hier mehrere Möglichkeiten. Am bekanntesten ist Juhls' Silvergallery, etwa 2 km von Kautokeino entfernt. Sie wurde 1959 von Frank und Regine Juhls gegründet. Nicht nur der Schmuck überzeugt durch ausgefallenes Design, auch die Architektur des Gebäudes lohnt einen Besuch.

Juhls' Silvergallery: tgl. 9 – 18 Uhr, im Sommer länger | Tel. 78 48 43 30 | www.juhls.no

Wohin in Kautokeino?

Küsten-Tundra-Museen

Guovdageainnu Gilisillju

Sehenswert ist vor allem das Freilichtmuseum, eine traditionelle Samensiedlung mit mehreren älteren Gebäuden. Wie die Samen **vor einem Jahrhundert** lebten, wird hier ausgesprochen anschaulich vermittelt.

RiddoDuottar Museat, Kautokeino bygdetun: Boaronjárga 23 | Mitte Juni – Mitte Aug. Mo. – Sa. 9 – 18, So. 12 – 18, Mitte Aug. – Sept. Mo. – Fr. 9 – 18, Sa., So. 12 – 18, sonst Mi., Do. 9 – 15 Uhr | Eintritt 50 NOK | www.rdm.no

Institut, Bibliothek, Theater

★ Samisches Kulturzentrum

In dem **architektonisch interessanten Kulturhaus,** das an ein samisches Zelt erinnert, ist das Institut der Samen samt Bibliothek und Theater untergebracht. Hier erhält man Informationsmaterial zur Kultur der Samen. Es gibt auch eine samische Hochschule für die Lehrerausbildung und eine Berufsschule für Rentierwirtschaft.

MS LOFOTEN
NARVIK

BAEDEKER WISSEN

DIE SCHÖNSTE SEEREISE DER WELT

Kennen Sie die Reichsstraße Nr. 1? Sie werden sie auf keiner Straßenkarte finden, obwohl sie für viele Norweger die wichtigste Verkehrsader des Landes ist. Es ist die »Hurtigruten«, die Schifffahrtslinie, die täglich alle Hafenstädte an der Küste zwischen Bergen und Kirkenes anläuft.

Elf Schiffe verbinden 34 Orte zwischen Süd- und Nordnorwegen. 12 Tage dauert diese Reise **entlang spektakulärer Küstenlandschaften,** wobei die Häfen, die auf der Hinfahrt nachts angelaufen werden, auf dem Rückweg tagsüber zu sehen sind. Man versäumt also nichts. Damit es nicht langweilig wird, kann man während der Reise unter mehr als 90 Ausflügen wählen. Manche Häfen unterwegs waren bis vor wenigen Jahrzehnten überhaupt nur mit den Postdampfern der Hurtigruten zu erreichen. Vor allem im Winter waren die Schiffe oft die einzige Verbindung zur Außenwelt, denn der Golfstrom sorgt dafür, dass die Häfen bis hoch hinauf in den Norden das ganze Jahr über eisfrei bleiben.
Als Erster hatte der Reeder Richard With von den Vesterålen die Idee, die norwegische Küste ganzjährig mit einer Schiffslinie zu verbinden. Er fertigte genaue Navigationstabellen an, damit seine Kapitäne auch in der Dunkelheit sturmumtoster Polarnächte mithilfe von Uhr und Kompass präzisen Kurs halten konnten. Am 2. Juli 1893 schließlich verließ Withs Schiff **»Vesterålen«** erstmals den Trondheim-Fjord in Richtung Hammerfest – es war die Geburtsstunde der Hurtigruten.

Vergnügen pur

Der Küstenexpress transportiert Einheimische, die in Nachbarhäfen Geschäfte zu erledigen haben, Berufspendler, Reisende, Post, Waren und Autos. Doch die Nordlandfahrt mit den Hurtigruten ist längst auch eine touristische Attraktion, fahren doch die Schiffe **fast die ganze Zeit in Sichtweite der Küsten,** sodass sich Urlaubern einfach grandiose Panoramen bieten und man kann – je nach Jahreszeit – die **Mitternachtssonne** und mit etwas Glück das **Polarlicht** erleben.
Die neueren Schiffe der Hurtigruten sind mit Sauna, Fitnessräumen, Gourmetrestaurants und Bars ausgestattet und machen Kreuzfahrtschiffen Konkurrenz. Auf den älteren Schiffen gibt es keinen Luxus, dafür kann man an Bord das Alltagsleben mit den nur bis zur nächsten Station fahrenden Einheimischen teilen, als säße man in einem Bus. So alltäglich die Hurtigruten für die norwegischen Passagiere ist, so spektakulär erscheint sie den mitfahrenden Touristen.
Gemächlich gleitet das Schiff zwischen den Schären hindurch und kommt zuweilen in die offene See. Viele verbringen fast jede Minute an Deck, um den Anblick der wechselnden Küstenlandschaften zu genießen: die aus dem Meer aufsteigenden Felswände der Lofoten, von den Wikingern »Insel der Götter« genannt, die Einfahrt in enge Fjorde wie den Trollfjord oder die karge Tundra der Finnmark. Zu den Höhepunkten gehört zudem die **Überquerung des Polarkreises** auf 66,5° nördlicher Breite, die meistens mit einer kleinen Feier verbunden ist.

KIRKENES

C 31

Gebiet: Nordnorwegen | **Einwohnerzahl:** 3550

Kirkenes liegt am Ende der Welt. Hier machen die Schiffe der Hurtigruten nach einem kurzen Aufenthalt kehrt, und auch auf der E6 geht es nicht mehr weiter. Doch hier oben im Norden war der Eiserne Vorhang schon lange löchrig, bevor er verschwand, und der kleine Grenzverkehr macht Kirkenes zu einer aufstrebenden Stadt am äußersten Ende Europas.

Ganz hoch im Norden

Die Hafen- und Industriestadt Kirkenes liegt an der Südseite des Varangerfjords und nur 150 km vom russischen Murmansk entfernt, das im Zweiten Weltkrieg der einzige eisfreie Hafen Russlands war. Die Deutschen griffen Murmansk von Kirkenes aus immer wieder an, die Russen schlugen zurück: 1000 Fliegeralarme und 328 Luftangriffe machten Kirkenes zur meistbombardierten Stadt Norwegens. Was dem Bombenhagel standhielt, verbrannten die Deutschen bei ihrem Rückzug.

Eisenerz und Erdöl

Wirtschaft

Kirkenes war ursprünglich ein Hafen zur Verschiffung des 11 km südlich am See Bjørnevatn geförderten Eisenerzes. Die Bjørnevatn-Gruben wurden 1996 stillgelegt. Heute setzt die Stadtverwaltung auf den wachsenden Handel mit Russland sowie auf die Erdölförderung in der Barentssee. In den Docks der norwegischen Kværner-Werft liegen vor allem russische Schiffe zur Überholung. Die **russische Grenze** mit dem Grenzposten Storskog verläuft nur wenige Kilometer vom Stadtzentrum entfernt.

Wohin in Kirkenes und Umgebung?

Überleben in den Katakomben

Andersgrotta

Die wenigen Touristen in Kirkenes sind in der Regel Passagiere von den Schiffen der Hurtigruten. Besuchen kann man die **ehemalige Grube** Andersgrotta direkt unterhalb des Stadtzentrums. In diesen kalten Katakomben überlebten die meisten Bewohner den Zweiten Weltkrieg. Ein Film vermittelt die Schrecken des Krieges. Führungen sind auf Anfrage beim Touristenbüro möglich.

Angeln und Kanufahren

Øvre-Pasvik-Nationalpark

In der Umgebung von Kirkenes ist Flussangeln, Meeresangeln und Kanufahren möglich. Überdies bietet sich eine Exkursion durch das Pasviktal in den Øvre-Pasvik-Nationalpark am Ende des 120 km langen,

KIRKENES ERLEBEN

KIRKENES TURISTINFORMASJON
Dr. Wessels gate 9, 9900 Kirkenes
Tel. 78 99 50 80
www.visitkirkenes.no

MITTERNACHTSSONNE
20. Mai bis 20. Juli

BARENTSSPEKTAKEL
Das grenzüberschreitende Barentsspektakel findet jährlich Ende Januar/Anfang Februar statt; an mehreren Tagen gibt es Musik, Theater, Lesungen, Performances, Kunst und Seminare – das meiste mit Bezug zu dieser nördlichen Grenzregion.
www.barentsspektakel.no

THON HOTEL KIRKENES €€€
Internationale Küche ist im Hotelrestaurant selbstverständlich, aber interessanter sind die typischen regionalen Gerichte aus der Finnmark.
Johan Knudtzens gate 11
Tel. 78 97 10 50
www.thonhotels.com

KIRKENES SNOWHOTEL €€€€
Jedes Jahr wird vom 20. Dezember bis 20. April das Kirkenes Snowhotel ganz aus Eis und Schnee betrieben; danach schmilzt es dahin. Die Räume sind mit Eisskulpturen geschmückt, man schläft bei –4° sehr gesund auf Eisbetten, die mit Rentierfellen bedeckt sind. Schön ist im Høyloftet Restaurant die Aussicht durch die Panoramafenster in die karge Landschaft. Im Restaurant Gabba speist man authentisch samisch.
Bjørnevatn, Sandnesdalen 14
Tel. 78 97 05 40
www.snowhotelkirkenes.com

BIRK HUSKY €€
30 km südlich von Kirkenes liegt in Sichtweite der russischen Grenze das Birk Husky Resort. Gebucht werden können u. a. Touren mit dem Hundeschlitten, geschlafen wird in einfachen Hütten oder im Gästehaus. Lokales Essen gibt es im Lavvu oder im Wikinger-Langhaus.
Svanvik, Melkefoss
Tel. 90 97 82 48
www.birkhusky.no

waldreichen Tals zwischen Finnland und Russland an. In diesem Nationalpark leben Luchse, Bären und Vielfraße, außerdem viele Vögel, die eigentlich eher in Sibirien beheimatet sind.

Rechtzeitig informieren!
Tagestouren per Schiff oder auf dem Landweg nach Murmansk und auf die Kola-Halbinsel können bei der Touristinformation gebucht werden. Da sich die **Visabestimmungen** kurzfristig ändern können, sollte man sich **rechtzeitig erkundigen.** Eventuell muss man sich das Russland-Visum schon in Deutschland besorgen. Von Kirkenes benötigten Busse ca. 4 Stunden nach Murmansk.

Ausflug nach Murmansk

KONGSBERG

N 10

Gebiet: Südnorwegen | **Einwohnerzahl:** 28 000

Die Entdeckung der Silbermine am Numedalslågen 1623 und die 1814 gegründete staatliche Waffenfabrik haben Kongsberg reich gemacht. Das stillgelegte Silberbergwerk ist heute ein Museum, und nach dem Ende der Waffenproduktion hat sich die Stadt zu einem Zentrum für Hochtechnologie entwickelt.

Jazz- und Silberstadt

Die zu beiden Seiten des Lågen im südlichen Numedal gelegene alte Grubenstadt Kongsberg – heute vor allem als Jazzstadt bekannt – verdankt ihre Gründung den Silberminen wenige Kilometer weiter südlich. In der zweiten Hälfte des 18. Jh.s waren hier bis zu 4000 Arbeiter beschäftigt, unter ihnen viele deutsche Bergleute.

Wohin in Kongsberg und Umgebung?

In den alten Werksgebäuden

Bergwerksmuseum

Am Ufer des Lågen logiert das sehenswerte Bergwerksmuseum. Es zeigt u. a. die Sammlung der »Königlichen Münze«, wo man die Herstellung von Silbermünzen seit 1686 verfolgen kann. Die seit 1957 stillgelegten Silbergruben können mit einer kleinen **Grubenbahn** besucht werden: Durch dunkle Gänge geht es 2,3 km in den Berg hinein zu der 6 °C kalten Königsgrube. Man kann auch eine dreistündige, 5 km lange Grubenwanderung unternehmen (Auskunft im Touristenbüro).

Norsk Bergverksmuseum: Hyttegata 3 | Mitte Mai – Aug. tgl. 10 – 17, sonst Di. – So. 12 – 16 Uhr | Eintritt 90/50 NOK (Museum), 160/100 NOK (Mine) | www.norsk-bergverksmuseum.no

Backstein und Barock

Kongsberg-Kirche

Südlich der Stromschnellen thront die mächtige Backsteinkirche (erbaut 1741–1761), eine außergewöhnlich ausgestattete Barockkirche mit 2400 Sitzplätzen. Bevor die Arbeiter zur Arbeit in die Gruben gingen, mussten sie sich hier jeden Morgen um fünf Uhr einfinden. Wer nicht erschien, bekam keinen Lohn. Orgel, Kanzel und Altar sind **für norwegische Verhältnisse ausgesprochen üppig** mit Gold und barocken Figuren verziert. Auffallend sind die Logen, die eher an norddeutsche Stadthäuser erinnern. Das ist allerdings kein Wunder, denn die Architekten der Kirche kamen aus Deutschland.

Blaufarbenwerk

Modum

In Modum, etwa 50 km nordöstlich von Kongsberg auf dem Weg nach Gol, lohnt sich ein Abstecher zum Blaufarbenwerk. Es wurde 1776

KONGSBERG ERLEBEN

KONGSBERG TURISTSERVICE
Kirketorget 4, 3616 Kongsberg
Tel. 32 29 90 50
www.kongsberg.no

Das Jazzfestival im Sommer bietet auf mehreren Bühnen in der Stadt, was die skandinavische und die internationale Jazzszene zu bieten haben, und hat sich zu einer erstklassigen Attraktion entwickelt.
www.kongsberg-jazzfestival.no

OPSAHLGÅRDEN €€€–€€€€
Der Hof steht im alten Teil von Kongsberg in der Nähe der Kirche. Schön sitzt man im Sommer im ruhigen Innenhof (So. geschl.). Aufs vorzügliche Dinner einstimmen kann man sich im gemütlichen Christians Kjeller oder im Bryggeripub.
Kirkegata 10, Tel. 32 76 45 00
www.opsahlgarden.no

PECKELS RESEPT €€€€
In dem gemütlich mit viel Holz eingerichteten Restaurant, benannt nach dem Apotheker Franz Peckel und seinen Rezepten, speist man exzellent. Die Bilder an der Wand erzählen von der Ortsgeschichte.
Peckelsgate 12A, Tel. 32 73 25 25
www.peckels.no

BEST WESTERN PLUS GYLDENLØVE HOTELL €€€–€€€€
Das von außen mit seiner braunen Ziegelfassade sehr nüchtern wirkende, 1951 errichtete Hotel hat ansprechend eingerichtete Zimmer, die jeden Komfort bieten. Die Lage ist sehr zentral gegenüber dem Bahnhof.
Hermann Foss gate 1
Tel. 32 86 58 00
www.bestwestern.com

zur Förderung von Kobalterz errichtet wurde und stellte im 19. Jh. ca. 80 % des weltweiten Bedarfs an diesem Farbpigment her. In den alten Werksgebäuden unterhalb des Haugefossen werden wunderschöne **Glas- und Porzellanprodukte** und Sommerausstellungen mit Werken berühmter norwegischer und ausländischer Künstler gezeigt – eine der meistbesuchten Ausstellungen Norwegens.
Blaafarveværket: Koboltveien, Åmot | Mitte Mai – Mitte Sept. Di. – Sa. 11 – 17, So. bis 18, Mitte Juni – Mitte Aug. tgl. 11 – 18 Uhr | Eintritt 60 NOK (Direktorenvilla), 100 NOK (Kunstausstellung) | www.blaa.no

Stabkirchen und schöne Aussichten

Numedal

Fährt man von Kongsberg auf der RV40 in nordwestlicher Richtung das Numedal hoch, passiert man kleine Orte wie Flesberg, Rollag und Nore mit Stabkirchen. Entlang des am Rand der ► Hardangervidda entspringenden Lågen schlängelt sich die Straße vorbei an engen Schluchten nach Rødberg, wo mitten im Ort das Werksgebäude des **Wasserkraftwerks »Nore I«** ins Auge fällt. Ein besonderes Vergnügen, vor allem mit Kindern, ist eine **Draisinenfahrt** auf der 32 km

langen, stillgelegten Strecke der Numedalsbahn zwischen Veggli und Rødberg. Mieten kann man die Schienenräder im Gasthaus Veggli Vertshus (www.veggli-vertshus.no).
Vorbei an der **Stabkirche von Uvdal** nördlich der Straße und den Abzweigungen hinauf zum Immingfjell und zur idyllisch gelegenen Gebirgsstube Solheimstulen am Rand der Hardangervidda schraubt sich die Straße zum 1100 m hoch gelegenen Berghotel Vasstulan hinauf. Von hier bietet sich eine fantastische Aussicht auf das Numedal und die Hardangervidda.

★ KRISTIANSAND

O 9

Gebiet: Südnorwegen | **Einwohnerzahl:** 92 000

Wenn Sie mit der Fähre aus Dänemark ankommen, sollten Sie nicht gleich weiterfahren, auch wenn die Industrieanlagen im Hafen nicht gerade einladend wirken. Kristiansand hat mit Posebyen ein nettes Holzhausviertel und nicht weit außerhalb der Stadt ein sehenswertes Freilichtmuseum. Außerdem verzeichnet die Stadt die meisten Sonnentage in Norwegen.

Sonnige Hafenstadt

Die streng quadratische Anordnung des Stadtkerns, sinnfällig Kvadraturen genannt, verdankt Kristiansand seinem Gründer und Namenspatron Christian IV. Der dänisch-norwegische König ließ 1641 ein schachbrettartiges Netz von Straßen im Renaissancestil entwerfen. Hier befindet sich heute Kristiansands pulsierendes Handels- und Kulturzentrum mit einer hübschen Fußgängerzone (Markensgate) und schön restaurierten Häusern. Die zehn Quer- und sieben Längsachsen der Kvadraturen wurden als breite Straßen konzipiert, um die Ausbreitung von Bränden zu erschweren, sie sollten quasi als Feuerschneisen fungieren. Genutzt hat es allerdings wenig, denn 1734 zerstörte ein Brand rund die Hälfte der Stadt. Daher sind heute fast alle Gebäude aus Stein, nur direkt an der Mündung der Otra in den Byfjord kann man durch Posebyen spazieren, ein hübsches Stadtviertel mit alten Holzhäusern. Passenderweise sind hier hauptsächlich Galerien und Werkstätten von Kunsthandwerkern untergebracht.
Zu beiden Seiten der Festung Christiansholm (1672), wo im Sommer Kunstausstellungen auf Interessierte warten, liegen gleich mehrere **Bootshäfen.** Dort wimmelt es in den Sommermonaten vor noblen Jachten und Segelbooten. Ihre Besitzer schippern gerne den Skagerrak an der »Riviera des Nordens« hinauf Richtung Risør.

OBEN: Urlauber finden an der sonnenverwöhnten Skagerakküste viele beschauliche Ferienorte.

UNTEN: Jedes Jahr am zweiten Augustwochenende wird in Mandal, der südlichsten Stadt Norwegens, das Schalentierfestival gefeiert.

KRISTIANSAND ERLEBEN

KRISTIANSAND TURISTINFORMASJON
Rådhusgata 18, 4611 Kristiansand
Tel. 38 07 50 00, www.visitkrs.no

SCHIFFSRUNDFAHRTEN
Von Kristiansand fahren Ausflugsschiffe durch die Schären zur idyllischen Insel Ny-Hellesund (Festung aus dem Zweiten Weltkrieg). Interessant sind auch Fahrten ins pittoreske Städtchen Lillesand mit schmucken weißen Patrizierhäusern und einem hübschen Hafen (Tickets im Touristenbüro).

PALMESUS BEACH FESTIVAL
Auch wenn das Wetter mal nicht mitspielen sollte: Das Palmesus Beach Festival im Juli ist mit mehr als 30 000 Besucherinnen und Besuchern die größte Strandparty Skandinaviens. Zwei Tage lang wird mit vielen Bands und Feuerwerk am Strand von Kristiansand gefeiert.
palmesus.com

2 BAKGÅRDEN RESTAURANT €€€–€€€€
Ein exzellentes Restaurant für gehobene Ansprüche: marinierte Gerichte, Fisch – alles ist sehr lecker. Mit dem Loftet und der Bar bietet es auch kleinere Räume (So. und Mo. geschl.).
Tollbodgata 5a, Tel. 38 02 12 11
www.bakgarwdenbar.no

3 RESTAURANT SJØHUSET €€€–€€€€
Draußen sitzen, den Wellen lauschen, Boote gucken und den Sonnenuntergang beobachten, das macht seit über 20 Jahren die Beliebtheit des Sjøhuset aus. Nicht zu vergessen das Essen! Durchaus erschwinglich ist die Fischplatte zur Mittagszeit.
Østre Strandgt. 12a/Markens gate
Tel. 38 02 62 60
www.sjohuset.no

1 CAFÉ GENERALEN €€
In diesem kleinen Café im Grünen werden leckere Kleinigkeiten wie Hamburger, Waffeln und Kuchen serviert. Am Donnerstag und Freitag finden Kulturabende mit Livekonzerten statt.
Ravnedalsveien 34, Tel. 38 09 07 91
www.ravnedalen.no

1 CLARION HOTEL ERNST €€€€
Das erste Haus am Platz hat geschmackvoll eingerichtete Zimmer und eine riesige, stimmungsvolle Lobby mit viel moderner Kunst. Von norwegisch-nüchtern ist hier nichts zu spüren. Auch die Einheimischen wissen das gute Restaurant und das Bistro zu schätzen.
Rådhusgaten 2, Tel. 38 12 86 00
www.nordicchoicehotels.com

2 THON HOTEL WERGELAND €€€
Ganz zentral gelegen, bietet das elegante Hotel in altem Gemäuer jeden Komfort. Einige Merkmale aus früheren Zeiten wie alte Holzbalken in einigen Zimmern haben überlebt. Ansonsten dominiert die Moderne.
Kirkegata 15, Tel. 38 17 20 40
www.thonhotels.no

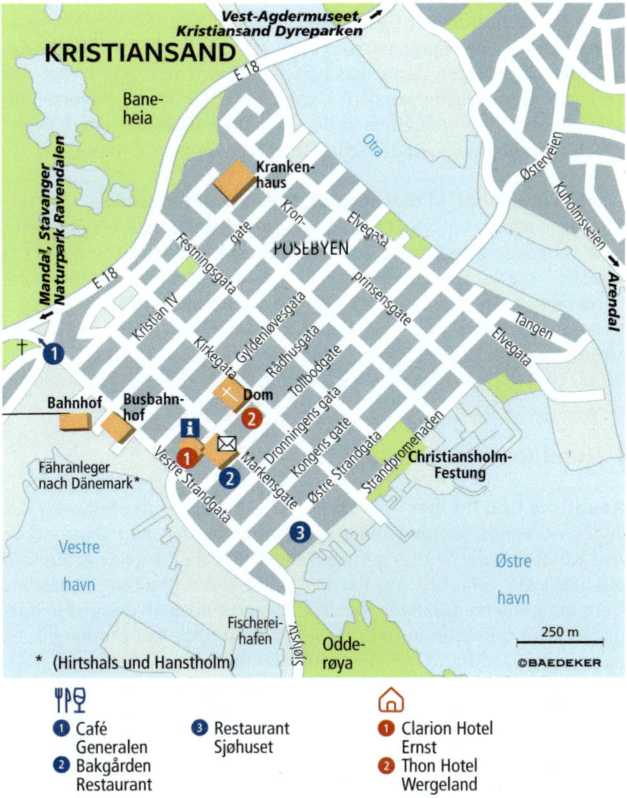

Wohin in Kristiansand?

Evangelisten aus Holz

Dom

Im Stadtzentrum am Marktplatz (Torget) fällt der nach einem Brand 1882–1885 wiedererrichtete Dom im neugotischen Stil ins Auge. Im Innern lohnen sich die Besichtigung des Altars mit dem Gemälde **»Christus in Emmaus«** und die Sammlung der holzgeschnitzten, barocken Evangelisten. Beim Dom steht ein von Gustav Vigeland geschaffenes Denkmal des Dichters Henrik Wergeland (1808–1845), eines berühmten Sohns der Stadt.

Domkirke: Gyldenløves gate 9 | Mo. - Fr. 11 - 14, Mitte Mai - Aug. 10 - 17 Uhr | häufig Gratis-Orgelkonzerte | www.kristiansanddomkirke.no

Baden und die Aussicht genießen

Naturpark Ravnedalen

Nordwestlich vom Stadtzentrum kann man im Naturpark **Ravnedalen** über 200 Stufen den Aussichtsfelsen Ravneheia erklimmen und von dort die herrliche Aussicht über die Stadt, die vorgelagerten Inseln und das Meer genießen. In dem um 1875 angelegten Park liegen gleich mehrere kleine Badeseen, Naturpfade und ein kleines Café.

Freilichtmuseum, Miniaturstadt, Spielzeugausstellung

Freilichtmuseum

Im Freilichtmuseum im Stadtteil Kongsgård wurde die **»Bygaden«**, eine schnurgerade Straße aus der »Kvadraturen«, mit möblierten Häusern, Werkstätten und Kramladen wiederaufgebaut. Ebenfalls sehenswert ist der Hof Setesdaltunet mit **Rauchlochstube** (17. Jh.).

Kristiansand Museum: Vigeveien 22b | Mitte Juni – Mitte Aug. Mo. –Fr. 10 – 17, Sa., So. 12 – 17, sonst Mo. – Fr. 9 – 14 Uhr | Eintritt 90/40 NOK | www.vestagdermuseet.no

Rund um Kristiansand

Raubtiere und Räuber

Tierpark Kristiansand

Jedes norwegische Kind muss einmal im Kristiansand Dyreparken (12 km östlich der Stadt) gewesen sein! Unschlagbare Favoriten sind die Stadt der »Räuber von Kardemomme« und Kapitän Säbelzahns Burg mit geheimen Gängen, beeindruckend sind auch das große nordische Raubtierreservat und der Affendschungel. Außerdem gibt es ein riesiges **Badeland** mit vielen Attraktionen.

Dyreparkveien | Mitte Juni – Mitte Aug. tgl. 10 – 19, sonst bis 17 Uhr | Eintritt je nach Saison ab 229 NOK (Tageskarte ohne Badeland) | www.dyreparken.no

An der »norwegischen Riviera«

Arendal

Arendal ist die größte Stadt an der Südküste des Landes. An die Windjammer-Epoche erinnern gut erhaltene Holzhäuser in den verwinkelten Gassen des Stadtteils Tyholmen westlich vom Hafenbecken Pollen. Das **Rathaus** am Hafenbecken, ein stattlicher Bau mit vier Stockwerken, wurde 1815 als Privathaus für eine Reeder-Familie errichtet und ist nach dem Stiftsgården in Trondheim das zweitgrößte Holzgebäude des Landes. Am nördlichen Stadtrand findet sich das **Aust-Agder-Kulturhistoriske Senter Kuben** mit einer Museumsabteilung für Trachten, Möbel, Puppen, Mineralien und Schiffsutensilien. Einen Besuch lohnt auch die **Bomuldsfabrik:** Auf 2500 m² ist Gegenwartskunst mit Werken von 40 norwegischen Künstlerinnen und Künstlern zu sehen.
Für die Einheimischen ist die autofreie Insel **Merdø** im Sommer ein beliebtes Ausflugsziel mit schönen Stränden. Die Fähre benötigt von Arendal aus nur 25 Minuten. Sehenswert sind einige alte Sørlandshäuser und das Merdøgaard Museum.

Aust-Agder-Kulturhistoriske Senter: Parkveien 16 | Ende Juni – Mitte Aug. Mo. – Fr. 9 – 17, So. 12 – 17, sonst Di. – Fr. 9 – 15, Sa., So. 12 – 16 Uhr | Eintritt 90 NOK, bis 15 J. frei | www.aaks.no
Bomuldsfabrik: Oddenveien 5 | Di. – So. 12 – 16 Uhr | www.bomuldsfabriken.no

Zwischendurch mal baden gehen?

Fevik

Zwischen Arendal und Grimstad im Süden liegt der Ort Fevik. Seine **Sandstrände** gelten als mit die besten in ganz Norwegen.

Heimat von Henrik Ibsen und Knut Hamsun

★ Grimstad

Zwischen Arendal und Kristiansand liegt der Urlaubsort Grimstad (23 300 Einw.). Seine Sandstrände sind wunderschön, die vorgelagerten Schären sorgen für eine idyllische Kulisse. Auch die Stadt selbst gilt als hervorragender Ort zum Ausspannen. Dazu tragen nicht zuletzt die malerischen alten Holzhäuser am Hafen bei. Mit Henrik Ibsen und Knut Hamsun lebten hier zwei der bekanntesten norwegischen Dichter. Im heutigen **Ibsen-Museum** in der Østregate nahe der Landungsbrücke, der ehemaligen Ibsen-Apotheke, ging der berühmte Dramatiker 1843 als 15-Jähriger in die Lehre. In dieser Zeit schrieb er sein erstes Drama, »Catilina«, das er 1850 unter einem Pseudonym veröffentlichte. Die authentisch eingerichteten Räume mit Manuskripten und Bildern, die Ibsen in Grimstad malte, können besichtigt werden.
Ibsen-Museet: Henrik Ibsens gate 14 | Mitte Juni – Mitte Aug. tgl. 11 – 16 Uhr | Eintritt 90 NOK, bis 15 J. frei | www.gbm.no

Norwegens südlichste Stadt

Mandal

Enge Gassen und viele schöne alte Häuser zeichnen die Altstadt der südlichsten Stadt an der **»Norwegischen Riviera«** aus. Bei schönem Wetter strömen alle zum **Sjøsanden,** denn er zählt zweifellos zu den schönsten Stränden Norwegens. Eines der eindrucksvollsten Gebäude von Mandal ist der alte Kaufmannshof Andorsengården (1801), heute Stadtmuseum mit Segelschiffgalerie, Fischereimuseum und einer Gemäldesammlung Mandaler Künstlerinnen und Künstler (u. a. Adolf Gustav Vigeland). Im Stadtteil Nedre Malmøy hat sich in einer ehemaligen Möbelfabrik ein Künstlerzentrum etabliert. In der Kulturfabrikken arbeiten viele Kunstschaffende und Kunsthandwerker; es gibt ein buntes Programm mit Ausstellungen, Workshops, Thementagen im Café und Livekonzerten im stimmungsvollen Hof.
Kulturfabrikken: Keiser Nicolausgate 8–12 | www.kulturfabrikken.biz

Der südlichste Punkt des norwegischen Festlands

★ Kap Lindesnes

Ca. 40 km westlich von Mandal liegt Kap Lindesnes, der südlichste Punkt des norwegischen Festlands, genau **2518 km vom Nordkap entfernt.** Bereits 1655 wurde hier Norwegens erster Leuchtturm ge-

Zum Nordkap wollen die meisten, aber wer kennt schon den südlichsten Punkt Norwegens, das Kap Lindesnes?

baut. Vom neuen Leuchtturm hat man einen weiten Blick, und der Sonnenuntergang lohnt sich sehr. Ein besonderes Erlebnis: Kap Lindesnes im Sturm, wenn die Wellen bis zu 14 m hoch schlagen.

LILLEHAMMER

L 11

Gebiet: Südnorwegen | **Einwohnerzahl:** 28 500

Für ein paar Tage im Jahr 1994 war Lillehammer, wunderschön oberhalb des Mjøsasees am Ausgang des Gudbrandsdal gelegen, der Mittelpunkt des Wintersports und zeigte der ganzen Welt, wie skiverrückt die Norweger sind. Auch heute bietet der Ort viele gute Wintersportmöglichkeiten. Größte Sehenswürdigkeit ist das Freilichtmuseum Maihaugen.

Die Bilder vom schneebedeckten Tal Lillehammers im Sonnenschein und den Fähnchen schwingenden Zuschauern gingen um die Welt – die Olympischen Winterspiele 1994 waren ein Wintermärchen und der Skilangläufer Bjørn Dæhlie mit seinen vier Medaillen der Held.

Nach den Spielen wurde es schnell wieder ruhig in Lillehammer, doch in vielen Köpfen spukte der Gedanke, wie man das Olympische Feuer wieder in die kleine Stadt an den Hängen am Mjøsa-See zurückholen könnte. Fast hätte es 2022 – gemeinsam mit der Hauptstadt Oslo – geklappt, doch die Regierung zog die Bewerbung zurück, der Forderungskatalog des IOC war einfach zu umfangreich. Anders als viele andere Olympia-Orte pflegt Lillehammer jedoch sein olympisches Erbe und nutzt die Anlagen auch weiterhin.

Schauplatz eines Wintermärchens

Wohin in Lillehammer?

Eines der führenden Kunstmuseen Norwegens

Lillehammer Kunstmuseum

Auf dem Marktplatz (Stortorg) lohnt das Kunstmuseum einen Besuch, auch wegen seiner **interessanten Architektur.** Es zeigt Werke der norwegischen Maler J. C. Dahl, A. Tidemand, Erik Werenskiold, Christian Krohg und Edvard Munch.

Stortorget 2 | Di. – So 11 – 16, Do. bis 20 Uhr | Eintritt 100/70 NOK | www.lillehammerartmuseum.com

Abwechslungsreiche Anlage

Olympiapark

Wenige Straßenzüge abseits der Fußgängerzone beginnen die olympischen Sportanlagen und Sportstätten. Zuerst gelangt man zu dem von Lund Hagem in traditioneller norwegischer Architektur gebauten **Olympischen Dorf** oberhalb der Stadt und zur **Håkon-Halle** (Stampesletta) mit einer leichten Dach- und Fassadenkonstruktion. Sie wurde als Eishockey-Halle errichtet und wird heute für diverse Veranstaltungen, Kongresse und Konzerte genutzt. Das **Olympische Museum,** das die Olympischen Spiele von 1896 bis in unsere Zeit beleuchtet, präsentiert sich auf dem Gelände von Maihaugen. Eine rasante Bobfahrt lässt sich im **Bob-Simulator** im Olympiapark realistisch nachempfinden. Noch aufregender ist eine Fahrt mit dem (realen) Räderbob die Olympische Bob- und Rodelbahn hinab, wobei durchaus Geschwindigkeiten von 100 km/h erreicht werden. Weniger adrenalinreich, aber anstrengender ist der Aufstieg zur **Schanzenanlage** Lysgårdbakkene (Kantvegen) mit der 120 m hohen Großschanze und der 90 m hohen Normalschanze. Mit einem **Sessellift** kann man täglich zwischen 11 und 16 Uhr auf den Turm fahren und von hier einen umfassenden Blick über die Stadt und den Mjøsa-See genießen. Für sportlich Ambitionierte: Zu Fuß sind es 954 Stufen.

http://olympiaparken.no

»Wer Großes erreichen will, …

★ Freilichtmuseum Maihaugen

… muss die Kunst des Wartens erlernen«, das war das Motto des Zahnarzts Anders Sandvig, als er 1887 mit der mühseligen Arbeit begann, Gegenstände von Bauernhöfen aus dem Gudbrandsdal zu sam-

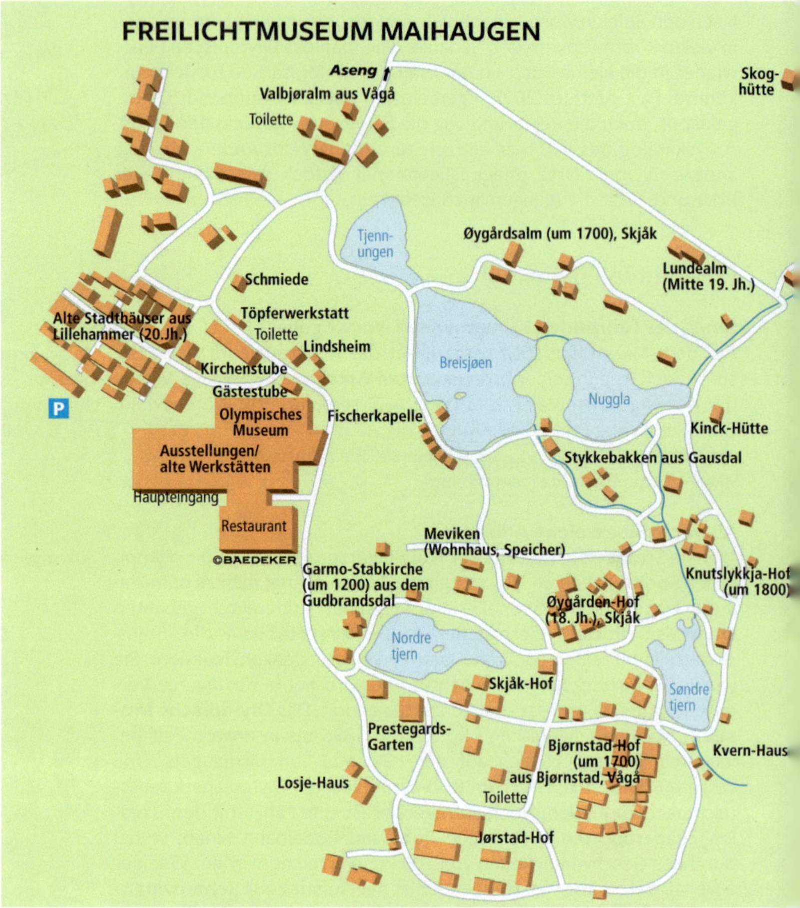

meln. Während seiner Patientenbesuche reifte die Idee, dass jemand sich um die alte bäuerliche Tradition Norwegens kümmern müsse, damit sie nicht in Vergessenheit geriete. Also begann er, alte Gebrauchsgegenstände auf den Höfen, die er besuchte, zu sammeln, manchmal ließ er sich sogar sein Honorar in Naturalien auszahlen. Anfangs stellte er seine Fundstücke in seinem Wartezimmer aus, dann in seinem Garten. Doch auch der wurde irgendwann zu klein, schließlich übernahm die Stadt seine Sammlung und richtete auf dem Maihaugen, dem Maihügel, ein **regionales Museum für das Gudbrandsdal** ein. Heute besteht das Museum aus mehr als 200 Ge-

1887 begann der Zahnarzt Anders Sandvig damit, in mühseliger Kleinarbeit Gegenstände von Bauernhöfen aus dem Gudbrandsdal zu sammeln.

bäuden. Der älteste Bau ist die **Stabkirche von Garmo,** die um 1200 in der Kommune Lom in Oppland errichtet und 1880 abgerissen wurde. Die meisten Elemente der Stabkirche sicherte sich Sandvig und ließ den Bau in Maihaugen rekonstruieren. Besonders sehenswert ist die spannende Multimedia-Ausstellung »Wie das Land unser wurde«, eine Geschichtswanderung von der Eiszeit bis in die Gegenwart.

Maihaugen: Maihaugvegen 1 | Juni – Aug. tgl. 10 – 17, Mai, Sept. – Mitte Okt. Di. – So. 10 – 16, Mitte Okt. – April Di. – Fr. 11 – 15, Sa., So. bis 16 Uhr | Eintritt 175/85 NOK (Hauptsaison), 135/65 NOK (Nebensaison) | http://maihaugen.no

Rund um den Mjøsa-See

Norwegens größter See

Mjøsa-See

Mitten in der Kornkammer Norwegens, eingebettet in Hügel, Wälder und umgeben von stattlichen Bauernhöfen, liegt der mit 362 km² größte See des Landes. An seinen Ufern gibt es zahlreiche Camping-

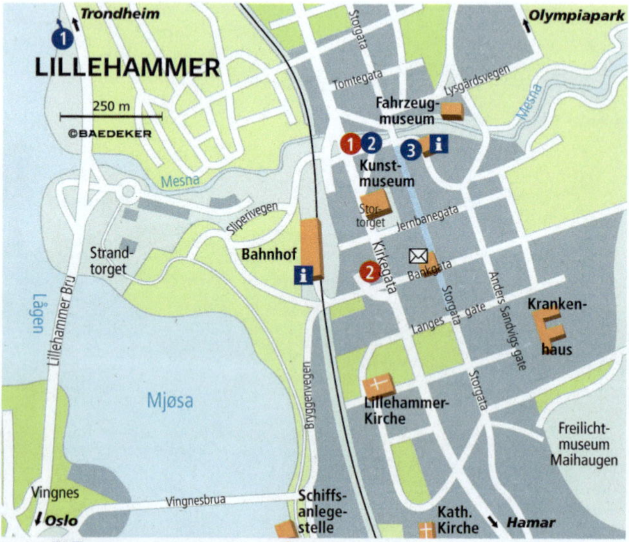

1 Trollsalen Restaurant
2 Egon Lillehammer
3 Bryggeriekjelleren

1 Mølla Hotell
2 First Hotel Breiseth

plätze und Badebuchten. Wenn im Frühsommer das mineralienreiche Schmelzwasser in den Mjøsa fließt, erhält der See eine ganz besondere, grünliche Farbe. Bekannt ist der Mjøsa auch für seinen **Reichtum an Forellen.**

Das älteste Herrenhaus von Eidsvoll

Eidsvoll 1814

Wenige Kilometer südlich des Mjøsa liegt östlich der E6 das Herrenhaus von Eidsvoll, in dessen Reichssaal 112 Repräsentanten des Landes am 17. Mai 1814 **Norwegens erste Verfassung** verabschiedeten.

Eidsvoll Verk, Magovegen 13 | Mai – Aug. tgl. 10 – 17, sonst Di. – Fr. 10 – 15, Sa., So. 11 – 16, Führung in Englisch 12.30 Uhr | Eintritt 130/60 NOK | www.eidsvoll1814.no

Größte in Fels gebaute Zuschauerhalle weltweit

Olympische Felsenhalle

1994, während der 17. Olympischen Winterspiele, stand Gjøvik (31 000 Einw.) im Zentrum der Aufmerksamkeit. Denn in der 120 m tief in den Berg gesprengten Olympischen Felsenhalle im Zentrum der Stadt wurden alle **Eishockeyspiele** ausgetragen. Sie hat immerhin eine Grundfläche von 5550 m² und 5830 Sitzplätze.

www.fjellhallen.no

LILLEHAMMER ERLEBEN

LILLEHAMMER TURISTKONTOR

Jernbanetorget 2
2609 Lillehammer
Tel. 61 28 98 00
www.lillehammer.com

Ein Erlebnis ist die Fahrt über den Mjøsa-See auf dem Raddampfer »Skibladner« (Ende Juni – Mitte Aug., außer Mo.). Die »Skibladner« ist der älteste noch in Betrieb befindliche Raddampfer der Welt. Seit 1856 fährt das betagte Schiff mit nur elf Jahren Unterbrechung im Liniendienst; als Postschiff hat es auch einen eigenen Stempel.
www.skibladner.no

3 BRYGGERIEKJELLEREN €€€

Sie wähnen sich in einer Höhle. Es ist aber nur ein lang gestrecktes Kellergewölbe, dunkel, mit Tischreihen an beiden Seiten. Es ist urgemütlich hier unten, und Sie bekommen die besten Steaks der Stadt. Das wissen auch die Einheimischen – daher besser reservieren.
Elvegaten 19
Tel. 61 27 06 60
www.bblillehammer.no

2 EGON LILLEHAMMER €€

Das Restaurant befindet sich in einer alten Mühle, die auch das Mølla Hotel beherbergt. Die Atmosphäre ist urig, beim Essen lassen sich alte Einrichtungsgegenstände bestaunen. Es gibt günstige norwegische und internationale Gerichte, dazu gute Pizza.
Elvegaten 12, Tel. 61 05 70 80
www.mollahotell.no

1 TROLLSALEN RESTAURANT €€

Wenn Sie sich einmal ganz und gar dem Kitsch und Klischee ergeben wollen, essen Sie im Trollsalen im Familienpark Hunderfossen. Sie sind umgeben von Trollen und Märchendarstellungen an den Wänden, sechs riesige Trolle tragen die Decke. Kindern wird es bestimmt großen Spaß machen – und denjenigen, die sich zu sehr gruseln, hilft sicher das leckere Essen.
Fossekroveien 71
Tel. 61 27 40 00
www.hunderfossenhotell.no

1 MØLLA HOTELL €€€

130 Jahre lang wurde in der Mühle mitten in der Stadt am Fluss Mesnelva Korn gemahlen, bis das Gebäude 1991 zu einem ungewöhnlichen Hotel umgebaut wurde. Alle Zimmer sind gemütlich mit rustikalen Kiefernmöbeln eingerichtet. Von der Bar im obersten Stockwerk genießt man den besten Blick über die Stadt, und auch die Stimmung und die Cocktails sind klasse.
Elvegaten 12
Tel. 61 05 70 80
www.mollahotell.no

2 FIRST HOTEL BREISETH €€€

Einst ein vor allem bei Künstlern sehr beliebtes Hotel, bietet das klassisch-elegante Haus im Stadtzentrum mit seinen individuell eingerichteten Zimmern heute allen Komfort, den man sich wünschen mag.
Jernbanegaten 1–5
Tel. 61 24 77 77
www.firsthotels.com

Wohin in Hamar?

Größte frei gespannte Konstruktion der Welt

Olympiahalle

Hamar (31 500 Einw.) liegt wunderschön am Ostufer des Mjøsa-Sees, der hier in den Furnesfjord übergeht. Während der Olympischen Winterspiele 1994 war die Stadt neben Lillehammer und Gjøvik Austragungsort verschiedener Disziplinen. Die Olympiahalle erhielt wegen ihrer riesigen, markanten Dachkonstruktion den Beinamen **»Vikingskipet«** (Wikingerschiff). Heute werden hier vor allem Wettkämpfe im Eisschnelllauf ausgetragen.

Althergebrachtes und ein Star der Eisenbahnwelt

Museen in Hamar

Das **Freilichtmuseum Domkirkeodden** am südwestlichen Stadtrand zeigt 50 Gebäude aus der Region Hedmark, der älteste Bau stammt aus dem Jahr 1583! Darunter sind große Bauernhöfe, kleine Häuser von Landpächtern und von Hirten während der Sommerweide benutzte Hirtenhäuser. Raffinierte Holzkonstruktionen, Schutzdächer aus Glas, Rampen, Laufstege und Treppen bilden eine stimmungsvolle Kulisse für die Exponate. Hamar besitzt zudem das **größte und älteste Eisenbahnmuseum Skandinaviens.** Zu dessen Sammlung gehören zahlreiche Lokomotiven, prunkvolle Salonwagen und historische Bahnanlagen. Im Sommer verkehrt die Museumsbahn »Tertitten« auf der 1,5 km langen Strecke bis Killingmo.

Domkirkeodden: Strandvegen 100 | Mitte Mai – Mitte Sept. Di. – So. 10 – 16, Mitte Juni – Mitte Aug. bis 17 Uhr | Eintritt 110/80 NOK | http://domkirkeodden.no

Norsk Jernbanemuseet: Strandvegen 161 | Juni und Mitte – Ende Aug. tgl. 11 – 15, So. bis 16, Juli – Mitte Aug. tgl. 10 – 17, sonst Di. – So. 11 – 15, So. bis 16 Uhr | Eintritt Sommer 120/100, Winter 100/85 NOK | http://jernbanemuseet.no

★★ LOFOTEN

Gebiet: Nordland | **Fläche:** 1308 km² |
Einwohnerzahl: 25 500

D/E
12-15

Wer in den Norden Norwegens aufbricht, hat zwei Sehnsuchtsziele: das Nordkap und die Lofoten. Bizarr aus dem Meer aufragende Berge, grüne Wiesen, feine Traumstrände und malerische Fischerdörfer sind das Markenzeichen der Inselgruppe. Außerdem ist das Licht hier einfach unvergleichlich. Wer die Lofoten einmal besucht hat, wird sie wohl nie wieder vergessen.

Kreischend folgen die Möwen vor den Lofoten dem Boot durch den Raftsund.

Die Inselkette der Lofoten ist **fast 150 km lang** und wird durch den Vestfjord vom Festland getrennt. Die vier großen Inseln Austvågøy, Vestvågøy, Moskenesøy und Flakstadøy liegen so dicht beieinander, dass sie aus der Ferne den Eindruck eines lang gestreckten, zackigen Gebirgskamms erwecken, auch Lofotenwand genannt. Auf einigen der höchsten Berge , die mehr als 1000 m Höhe erreichen, liegt bis in den Frühsommer Schnee. Die schroffen Täler und bizarren Felsformationen wurden während der letzten Eiszeit von kleinen lokalen Gletschern geformt, sie bestimmen das Bild der Inseln. Scharfe Kanten und Spitzen blieben stehen, ihre heutige Form erhielten sie durch Verwitterung.

Raue Schönheit

Haupterwerbszweig der Bevölkerung

Lofotfischerei

Der Fischfang hat auf den Lofoten **von Anfang Februar bis Mitte April Hochsaison.** Allerdings kommen heute deutlich weniger Boote als früher. Einst nahmen Tausende von Fischern teil. Verantwortlich sind die strengen Fangquoten, die dafür sorgen sollen, dass sich die Bestände wieder erholen. Den Hauptteil der Fänge bildet der Dorsch oder Kabeljau. Von Anfang Januar an kommt dieser Fisch **von der Barentssee zum Laichen an die Küste** vor den Lofoten.
Neben dem Fischfang wird stellenweise noch etwas Schaf- und Rinderzucht betrieben, es gibt auch Nerzfarmen. Der Tourismus spielt auf den Inseln vor allem im Sommer eine große Rolle. Dazu hat auch

erheblich die Einrichtung der Norwegischen Landschaftsroute beigetragen. Sie verläuft von Raftsundet bis Å über die gesamte Inselkette und ist mit Abstechern 230 km lang.

Austvågøy

Zentraler Fischereihafen

Svolvær

Hauptort und Verwaltungszentrum der Lofoten ist Svolvær an der Südküste der Insel Austvågøy. Die Stadt hat etwa 4700 Einwohner, ist eine Verkehrsknotenpunkt und der bedeutendste Handelsort der Inseln. Werke zahlreicher Maler, die auf den Lofoten Motive fanden, präsentiert das **»Nordnorsk Kunstnernesentrum«** auf Svinøya.

Amphitheater aus wilden Bergen

★ Trollfjord

Ein beliebter Ausflug führt von Svolvær in den nur 2 km langen Trollfjord, einen engen Seitenarm des **Raftsunds.** Sein Eingang ist nur etwa 100 m breit und wird auf beiden Seiten von fast senkrechten Felswänden eingerahmt. Nach der engen Einfahrt öffnet sich der Fjord so weit, dass selbst die großen Hurtigruten-Schiffe wenden können. Ringsherum baut sich ein beeindruckendes Amphitheater aus schroffen Bergen auf.

Bootstour tgl. 10, 10.30 und 13.30 Uhr, Start im Hafen von Svolvær | Dauer 3 Std. | Ticket 750/350 NOK | www.trollfjordcruise.com
Mit Hurtigruten: von Svolvær nach Stokmarknes mit dem Bus, von dort mit dem Hurtigruten-Schiff zurück (nur im Sommer möglich)

Atemberaubend ist der Blick auf das über mehrere Inseln verteilte Örtchen Reine. Es gilt als eines der schönsten auf den Lofoten.

Drei auf einen Streich

Kabelvåg

Rund 10 km südwestlich von Svolvær liegt Kabelvåg mit schön restaurierten Holzhäusern aus dem 19. Jh., heute großteils Ferienhäuser. Sehenswert sind ein Fischereimuseum und das **Lofot-Aquarium** mit Fischen und Seehunden des Vestfjords. In der **Gallerie Espolin** werden die Werke des hier bekannten Nordland-Malers Kåre Espolin Johnson ausgestellt.

Lofot-Aquarium: Storvåganveien 28 | Mai tgl. 11 - 15, Juni - Aug. 10 - 18, Sept. - Nov. und Feb. - April So. - Fr. 11 - 15 Uhr, Dez. und Jan. geschl. | Eintritt 130/100 NOK | www.museumnord.no/lofotakvariet
Gallerie Espolin: Storvåganveien 22 | Mai, Mitte - Ende Aug. tgl. 11 - 15, Juni - Mitte Aug. tgl. 10 - 18, Sept. So. - Fr. 11 - 15, Jan. - April, Okt. - Dez. Mo. - Fr. 11 - 15 Uhr | Eintritt 90/70 NOK | www.museumnord.no/galleri-espolin

»Venedig der Lofoten«

★ Henningsvær

An der vom 942 m hohen Vågakallen (Aufstieg 3,5 Std.) überragten Südwestspitze von Austvågøy liegt Festvåg; von dort gelangt man über eine Brücke zur Fischersiedlung Henningsvær, wo sich im Winter eine große Fischereiflotte versammelt. Ihr Hafen ist ein **beliebtes Fotomotiv.** Überall im Fischerdorf stehen die markanten Trockengerüste für den Stockfisch - auch **Kathedralen der Lofoten** genannt.

Galleri Lofotens Hus: Hjelskjæret | Juni - Aug. tgl. 9 - 19, April, Mai tgl. 10 - 16, Sept. - Jan. nach Vereinbarung, Feb., März Mi. - So. 10 - 16 Uhr | Eintritt 120/95 NOK | www.galleri-lofoten.no

LOFOTEN ERLEBEN

DESTINASJON LOFOTEN

Torget 18, 8301 Svolvær
Tel. 76 07 05 75
http://lofoten.info

ANREISE

Die Lofoten werden von den Schiffen der Hurtigruten angelaufen (von Bodø nach Svolvær 6 Std.); ferner gibt es Schiffsverbindungen von Svolvær nach Skutvik (2 Std.) sowie von Moskenes nach Bodø und tägliche Flugverbindungen von Bodø und Evenes nach Svolvær, Røst und Leknes. Mittlerweile sind die Lofoten auch über die Festlandsverbindung »Lofast« zu erreichen. Erfreulicherweise kann man die Brücken und Tunnel ohne Maut befahren und so erst recht die grandiose Szenerie genießen.

MITTERNACHTSSONNE

27. Mai bis 17. Juli auf der Nord- und Westseite der Inseln

FISKEKROGEN €€€-€€€€

Wie wäre es mit einer Portion Stock- oder Grenadierfisch? In diesem Hafenrestaurant kann man sicher sein, dass die Fischgerichte auf echt norwegische Art zubereitet werden. Auch Vermietung von Rorbuer (Fischerhütten).
Henningsvær, Dreyersgate 29
Tel. 76 07 46 52

BØRSEN SPISERI €€€

Das Kaihaus, einst Fischannahmestelle und das älteste erhaltene Hafengebäude, bietet den einzigartigen Rahmen für ein gutes Essen. Innen ist es durch das vom Alter gezeichnete Holz rustikal, im Gegensatz zum Essen, das filigran angerichtet serviert wird. Als Vorspeise können Sie den Teller mit Lofotendelikatessen probieren (Vorsicht! Kann Wal enthalten) oder, ganz unverfänglich, Bacalhau auf portugiesische Art oder eine leckere Fischsuppe.

Vestvågøy

Verkehrszentrum der Lofoten

Stamsund

An der Südostküste der großen Lofot-Insel Vestvågøy liegt Stamsund, einer der bedeutendsten Fischereiorte des Archipels und Verkehrszentrum der Westlofoten. Auf der Meerseite von Vestvågøy gibt es in der Bucht Vikspollen wahre **Traumstrände** – feiner weißer Sand vor einer imposanten, üppig grünen Bergkulisse. 14 km von Leknes entfernt wurden in Borg an der E10 Reste der größten Häuser entdeckt, die aus der **Wikingerzeit** bekannt sind: Immerhin beachtliche 83 x 8 m misst der Häuptlingswohnsitz von Borg. Einige Gebrauchsgegenstände waren keltischer Herkunft – Beutestücke der Wikinger aus Frankreich und England. Das rekonstruierte Gebäude beherbergt seit 1995 ein Wikingermuseum.

Lofotr Vikingmuseum: Prestegårdsveien 59 | Juni–Mitte Aug. tgl. 10 – 19, Mai, Mitte Aug.–Mitte Sept. 10 – 17, sonst Mi. und Sa. 12 – 15

Svolvær, Gunnar Bergs vei 2
Tel. 76 06 99 30, www.svinoya.no

DU VERDEN €€€€
Das Gegenteil von urigem Rorbuer-Charme bietet dieses moderne Restaurant mit zwei Abteilungen am Marktplatz. Kühl bis cool ist die Einrichtung, die Atmosphäre international – wie die Küche, denn es gibt im Basement von Sushi bis Tapas alles, was in den Metropolen der Welt zu haben ist. Aber natürlich können Sie in der ersten Etage im feinen Stil auch typische Lofotenspezialitäten bekommen wie Stockfisch und Lamm.
Svolvær, Torget 15
Tel. 76 07 09 75
www.duverden.no/svolvar

BRYGGA RESTAURANT €€€–€€€€
Hier sitzt man in rustikalem Ambiente direkt am Wasser und genießt neben dem ausgezeichneten Essen den wunderschönen Ausblick. Es gibt natürlich Fischgerichte, aber auch Fleisch wird gut zubereitet.
Å, Tel. 76 09 11 21
www.bryggarestaurant.no

NUSFJORD RORBUER €€€
Eine schönere Lofotenkulisse als in Nusfjord gibt es nirgendwo. Rote Rorbuer, ein winziger Hafen, ein alter Kaufmannsladen und im Hintergrund eine grandiose Bergkulisse – das ist einfach toll anzusehen. Die 34 Hütten haben unterschiedlichen Standard, von einfach bis komfortabel, liegen aber alle wunderschön. Ruderboote und Angelausrüstung sind im Mietpreis enthalten.
Ramberg (Nusfjord)
Tel. 76 09 30 20
www.classicnorway.no

HENNINGSVÆR BRYGGEHOTEL €€€€
Das direkt am Wasser erbaute Hotel fügt sich hervorragend in das Ortsbild des größten Fischerhafens der Lofoten ein. Seine Zimmer sind komfortabel und bieten eine schöne Aussicht auf die Berge.
Henningsvær, Misværveien 18
Tel. 76 07 47 50
www.classicnorway.no

Uhr | Wikingerfestival im August | Eintritt je nach Saison 140–200 bzw. 100–150 NOK | www.lofotr.no

Flakstadøy

Eine Kirche aus Treibholz

An der Nordwestküste der Insel Flakstadøy liegt der kleine Ort Ramberg (300 Einw., Ferienhäuser in Nusfjord). Unweit östlich steht die aus Treibholz erbaute Kirche (1780) von Flakstad mit einem für diese Gegend ungewöhnlichen Zwiebelturm. Weiteres Markenzeichen ist der **herrliche weiße Sandstrand.** Eine kurze, aber steile Tour führt auf den Nubben (240 m). Von dort bietet sich eine wunderbare Aussicht. Überdies lohnt sich ein Besuch beim Schmied von Sund, etwa 12 km von Ramberg entfernt: Er stellt handgeschmiedete »Königskormorane« her. Ramberg

Das zauberhafteste Fischerdorf auf den Lofoten

★ Nusfjord

Wer ein klassisches Lofotenmotiv sucht, findet es garantiert in Nusfjord, denn hier rahmt rund ein Dutzend roter Rorbuer den kleinen, hufeisenförmigen Hafen ein. Sie werden heute überwiegend als Unterkünfte für Touristen genutzt. Platz ist hier allerdings Mangelware, und so liegen die Häuser des Dorfes zwischen dem Ufer des Fjords Bottelvika und schroffen Bergen, von denen der höchste, der Tønsåsheia, immerhin 769 m aufragt. Mittlerweile leben nur noch rund 100 Menschen in Nusfjord, das im Sommer als **»Freilichtmuseum«** sehr viele Besucher anlockt. Statt Fisch anzulanden, wird dann am Pier Bier gezapft, und sämtliche Rorbuer um den Hafen dienen als gemütliches Feriendomizil.

Moskenesøy

Südlicher Abschluss der Inselkette

Moskenes, Å

Der Hauptort der Insel Moskenesøy ist die **Fischersiedlung Reine** (▶ Abb. S. 280/281) am Kirkefjord, Lieblingsaufenthalt vieler Maler und Bergsteiger. Rund 10 km südwestlich liegt der kleine Ort Å, der **Endpunkt der Lofotenstraße,** dessen einprägsames Ortsschild schon häufig geklaut wurde. Der ganze Ort nennt sich Museum und ist doch bewohnt. Hier erinnert noch viel an die Hochzeit des Walfangs und der Dorschfischerei. Im **Stockfischmuseum** in einem alten Speicher im Hafen erfährt man, in welche Güteklassen Stockfisch eingeteilt wird, wer die Abnehmer sind und welche Ansprüche ein erstklassiger Trockenfisch erfüllen muss. Von den Anhöhen über dem Ort blickt man auf den Gezeitenstrom Moskenstraumen zwischen dem Kap Lofotodden und der Insel Mosken; Jules Verne und Edgar Allan Poe beschrieben ihn als »Mahlstrom«.

Ein Vogelparadies

Fahrt zur Insel Værøy

Von Reine aus kommt man per Bootsfahrt zu der südwestlich gelegenen Insel Værøy, auf der nur etwa 700 Menschen wohnen. Im Süden erhebt sich das Mostadgebirge steil über dem verlassenen Ort **Mostad.** Diese Berge sind ein Vogelparadies: Von Mai bis August brüten hier **über eine Million Vögel,** in der Mehrzahl Papageitaucher, aber auch Larventaucher, Lummen, Scharben, Stummelmöwen und Seeadler. Man erreicht die Vogelberge mit dem Boot vom Ort Værøy. Auf der Insel leben die letzten Exemplare einer merkwürdigen Hunderasse mit sechs Zehen, Papageitaucherhund genannt, da er zur Jagd auf die Vögel benutzt wird.

Größte Vogelkolonie Skandinaviens

Røst

Ebenfalls von Reine (Fahrzeit ca. 5 Std.) oder Værøy (2,25 Std.) aus führen Bootsfahrten zum letzten Außenposten der Zivilisation: zu

Nusfjord: Am Ufer des Fjords Bottelvika ducken sich bunte Häuschen wie eine Spielzeugsiedlung unter die hoch aufragenden Berge von Flakstadøy.

der fast 100 km vom Festland entfernten **Inselgruppe Røst** mit hoch aufragenden, oft sturmumtosten Vogelfelsen. Hier haust die größte Vogelkolonie Skandinaviens. Neben Papageitauchern, Dreizehenmöwen, Krähenscharben, Basstölpeln und Austernfischern brüten auch selten gewordene Arten wie die große und die kleine Sturmschwalbe sowie Eissturmvögel.

NARVIK

Gebiet: Nordnorwegen | **Einwohnerzahl:** 18 500

D 18

Ihren Wohlstand hat die Stadt Narvik ihrem eisfreien Hafen zu verdanken, in dem Eisenerz aus dem schwedischen Kiruna verschifft wird. Das Erz und der Hafen waren aber auch für ihre Zerstörung verantwortlich.

In keiner anderen Stadt Nordnorwegens kann man sich so ausführlich über die jüngere Geschichte informieren. Im Zweiten

Umkämpft

Weltkrieg sicherte die Besetzung Norwegens den Deutschen den Zugriff auf das schwedische Eisenerz. Großbritannien versuchte dies zu verhindern, das Ergebnis der schweren Kämpfe war eine zerstörte Stadt.

Wohin in Narvik und Umgebung?

Zwischen den Fronten

Kriegsmuseum

Thematisiert wird das **tragische Schicksal der Stadt** im Zweiten Weltkrieg im architektonisch ansprechenden Kriegsmuseum.

Narvik Krigsmuseum: Kongensgate 39 | Mitte Juni – Mitte Aug. Mo. – Fr. 10 – 19, Sa. bis 18, So. 12 – 18, sonst Mo. – Sa. 10 – 16, So. 12 – 16 Uhr | Eintritt 100/50 NOK | http://warmuseum.no

Zwischenstopp auf dem Weg zum Nordkap

Sehenswert: ein Schild

Beim Wiederaufbau Narviks in den 1950er-Jahren setzte man auf nüchterne Steinbauten, deshalb ist der Wegweiser neben dem Rathaus das meistfotografierte Objekt. Diejenigen, die weiter nach Norden wollen, wissen jetzt, dass sie **bis zum Nordkap noch 709 km** vor sich haben und Hamburg schon 2089 km weiter südlich liegt.

Gedenken an die Kriegsopfer

Südlich des Markts

Am Südende der Kongensgate steht die schwedische Seemannskirche mit einer Bibliothek. Gegenüber erinnert ein **Denkmal** an die norwegischen Panzerschiffe »Norge« und »Eidsvold«, die bei den Kämpfen 1940 gesunken sind. Das kulturhistorische Museum Nord – Narvik zeigt alles über den **Erzhafen.** Auf dem Friedhof im Osten der Stadt wurden neben alliierten auch fast 1500 deutsche Soldaten bestattet.

Museum Nord – Narvik: Administrasjonsveien 3 | Mitte Juni – Mitte Aug. Mo. – Fr. 10 – 16, Sa., So. 12 – 15, sonst Mo. – Fr. 10 – 15 Uhr | Eintritt 65/45 NOK | www.museumnord.no/narvik

Grüne Fjordlandschaft und karges Hochgebirge

Mit der Ofotbahn Richtung Schweden

Eisenbahnliebhaber können mit der Ofotbahn einen Ausflug an die schwedische Grenze machen und erleben dabei **innerhalb von nur 42 km** den Wechsel von der grünen Fjordlandschaft zum kargen Hochgebirge. Eine tolle Aussicht haben aber nur diejenigen, die auf der linken Seite (in Fahrtrichtung) sitzen! Abfahrt ist im Hauptbahnhof Narvik.

Wander- und Wintersportgebiet

Narvikfjell

Östlich der Stadt erhebt sich das Narvikfjell, ein Wander- und Wintersportgebiet mit bis zu 1900 m hohen Bergen. Eine Gondelbahn führt zur 656 m hoch gelegenen Bergstation, wo ein **Panoramares-**

NARVIK ERLEBEN

NARVIK TURISTINFORMASJON

Kongensgate 41–43
8515 Narvik
Tel. 76 96 56 00
www.visitnarvik.com

LINKEN RESTAURANT & BAR €€€

Mit weitem Ausblick von der obersten Etage des Hotels Grand Royal können Sie feine norwegische Gerichte mit leicht französischem Touch probieren.
Kongensgate 64
Tel. 76 97 70 00
www.nordicchoicehotels.no

FISKEKROKEN €–€€

Frischer geht es wirklich nicht: Fangfrischen Fisch direkt vom Markt serviert das nette Restaurant in der Narviker Fischhalle. Wenn Sie von Fisch danach noch nicht genug haben, können Sie sich an den Ständen mit Skrei, Dorsch und anderen Meeresgenüssen eindecken.
Kongensgate 42
Tel. 90 70 99 76

QUALITY HOTEL GRAND ROYAL €€€

Die Zimmer dieses zentral gelegenen Hotels sind sehr modern eingerichtet und bieten jeden Komfort. Im Haus gibt es außer dem Restaurant Linken (siehe oben) auch noch einen Pub und einen Nachtclub.
Kongensgate 64
Tel. 76 97 70 00
www.nordicchoicehotels.no

taurant rustikale Küche mit weiten Ausblicken auf den Ofotfjord und die Berge rund um Narvik verbindet. Fünf Skilifte bringen Wintersportbegeisterte von November bis April hinauf bis auf 1030 m Höhe. Auch der nationale Fernwanderweg **»Nordlandruta«** führt durch dieses Gebiet.
www.narvikfjellet.no

Knut Hamsuns schroffe Bergwelt
Südlich von Narvik zweigt bei Ulvsvåg die R81 nach Hamarøy ab. Lohnend ist diese Inselgruppe wegen der schroffen Bergwelt, die der auf den Lofoten in nichts nachsteht. Anlässlich des 150. Geburtstags von Knut Hamsun 2009 entstand in der Nähe jenes Pfarrhofs, wo der Schriftsteller und spätere Nobelpreisträger einen Teil seiner Kindheit verbrachte, ein **architektonisch spektakuläres Dokumentationszentrum** nach dem Entwurf des New Yorker Architekten Steven Holl. Der Buchladen und das Café können während der Öffnungszeiten auch ohne Ticket besucht werden. Hamarøy
Hamsunsenteret: Juni–Mitte Aug. tgl. 10 – 18, sonst Di. – Fr. 10 – 15.30, Sa., So. 11 – 17 Uhr | Eintritt 100/50 NOK | http://hamsunsenteret.no

★ NORDFJORD

Gebiet: Westnorwegen

E 16

Gletscher, idyllische Fjord- und Fischerdörfer, tiefes, klares Wasser, steile, hohe Berge, einsame Strände, enge, kurvige Straßen und Gletscherzungen – bei einer Fahrt entlang des weit verzweigten Nordfjords, der sich mehr als 100 km von Måløy bis nach Olden ins Land hineinfrisst, erlebt man Westnorwegen von seiner schönsten Seite.

Am imponierendsten ist die Anfahrt von Osten über die alte Strynefjellstraße, die beim Grotli Høyfjellshotell von der E15 abzweigt. Diese museale, weil über 100 Jahre alte Autostraße mit ihren Reihen aus Kantsteinen und von Hand errichteten Mauern aus sorgfältig zurechtgeschlagenen Steinen zählt als Gamle Strynefjellsvegen zu den Norwegischen Landschaftsrouten. Sie ist 27 km lang und verläuft zwischen Grotli und Videsæter entlang mehrerer Seen durch eine imposante Hochgebirgslandschaft. Die Straße führt vorbei am Stryn-Sommerskigebiet – mit Sessellift zum Gletscher Tystigen – und über mehrere Haarnadelkurven hinunter ins Videdal und nach Stryn am Nordufer des Innvikfjords, dem inneren Arm des Nordfjords.

Einer der schönsten Fjorde

Hinein in den Fjord

In der steilsten Pendelseilbahn der Welt

Loen

Größte Attraktion des kleinen Ferienorts Loen am Innvikfjord ist seit 2017 der **Loen Skylift.** In gut fünf Minuten bringt die Seilbahn ganzjährig Besucher vom Fjord auf den Gipfel des 1011 m hohen Hoven. Ein Dorado für Kletterer ist der Klettersteig Via Ferrata Loen mit der Gjølmunnebrua, der **längsten Hängebrücke Europas.**

Mitte Juni – Aug. tgl. 9 – 22 Uhr, sonst kürzer, im Winter nur am Wochenende | Berg- und Talfahrt 520/270 NOK, Fahrrad 150 NOK | Geführte Via-Ferrata-Touren bietet Loen Active | www.loenactive.no

Gletscher, Wasserfälle und wunderbare Aussichten

Ausflüge

Von Loen empfiehlt sich auch ein Ausflug zum **Gletscher Kjenndalsbre,** vom Ostende des malerischen **Lovatn** kann er mit dem Ausflugsboot erreicht werden. Über den Innvikfjord und Olden geht es zum **Briksdalsbre,** einem Ausläufer des Jostedalsbre. Die schmale Straße schlängelt sich vorbei an der hübschen Olden-Kirche am Ufer

Mächtige Bergriesen lagern sich um den Lovatn-See, als wollten sie ihn beschützen.

NORDFJORD ERLEBEN

STRYN TURISTINFORMASJON
Perhusvegen 24, 6782 Stryn
Tel. 57 87 40 40
www.nordfjord.no

GLETSCHERWANDERUNGEN
Kutschfahrten mit einem Fjordpferd und Gletscherwanderungen über den Briksdalsbre: Anmeldung bei der Briksdalbre Fjellstove, Tel. 57 87 68 00. In diesem großen Berghotel kann man auch essen und natürlich übernachten. Weitere Aktivitäten rund um den Gletscher:
www.briksdalsbre.no

UNTERWEGS MIT DEN FJORDPFERDEN
Sie sehen zwar aus wie größere Ponys, doch erinnern die gelbbraunen Fjordpferde (norw. Fjording) mit ihrem dunklen Streifen auf dem Rücken und den dunklen Beinen an die letzten Wildpferde der Welt, die Prschewalskipferde in Zentralasien. Einst setzte man die Fjordpferde als genügsame Arbeitstiere ein. Heute können Sie auf ihrem Rücken Ausritte in die idyllische Landschaft unternehmen. Eine gute Adresse:
Norsk Fjordhestsenter
Nordfjordeid
Tel. 57 86 48 00
www.norsk-fjordhestsenter.no.

RESTAURANT CHARLOTTE €€€€
Wer in dieser Gegend ist, sollte das große kalte Buffet (zwischen 18 und 21 Uhr) mit schmackhaften Lachs- und Heringsgerichten, allerlei Geräuchertem und traumhaften Nachspeisen nicht versäumen.
Loen, Hotel Alexandra
Tel. 57 87 50 00, www.alexandra.no

VISNES HOTEL €€€
In diesem traditionsreichen Hotel von 1850 werden Sie von Marit und Arvid Otterdal verwöhnt. Die beiden haben eine große Leidenschaft für die norwegische Küche und beziehen ihre Rohware überwiegend von Produzenten aus der Umgebung. Sie können bei Marit auch Weinproben buchen; sie wird Ihnen gern ihre bevorzugten Weine aus dem Burgund vorstellen.
Stryn, Prestestegen 1
Tel. 57 87 10 87
www.visneshotel.no

GLOPPEN HOTELL €€€–€€€€
Paradies für Lachsangler. Das im Schweizerstil erbaute, mehrfach ausgezeichnete Haus bietet gediegenen Komfort. Hier können Sie auch vorzüglich speisen und dazu ein »Gloppen Brygg« trinken, ein Bier aus der hauseigenen Brauerei.
Sandane, Tel. 57 86 53 33
www.classicnorway.no

des tiefgrünen Oldensees entlang und endet im Innern des von Wasserfällen und schneebedeckten Bergen umgebenen Tals. Von Olden geht es bis Utvik direkt am Innvikfjord entlang und dann in Kehren mit weiten Ausblicken über den Fjord bis auf 630 m ins Utvikfjell hinauf, mit herrlichem Blick auf die Gletscher Geitenyken und Snønipa im Südosten.

Von Stryn nach Måløy

Einer der schönsten Streckenabschnitte ...

Nordfjordeid

... entlang des Nordfjords führt von Stryn hinaus zur Mündung des Nordfjords. Bis Måløy auf der Insel Vågsøy westlich der Fjordmündung geht die Straße am Fjord entlang. Bei Almenningen fällt der Blick auf den senkrecht aus der See aufsteigenden **Hornelen** – faszinierend, denn mit ihren 860 m ist dies die **höchste Seeklippe Europas!** Der Legende nach trafen sich früher hier in der Weihnachts- und in der Mittsommernacht die Hexen und der Teufel zum Tanz.

Ein Tunnel fürs Schiff

Vestkapp

Vom 33 km von Selje entfernten, 496 m hohen Vestkapp, dem westlichsten Gebirgsplateau des Festlands, hat man einen fantastischen Rundblick auf das offene Nordmeer. Für die Schiffe in Richtung Norden beginnt hier eine seit alters her **berühmt-berüchtigte Schiffspassage** über das offene Meer, bei der sie praktisch schutzlos den Stürmen ausgesetzt sind. Um die stürmischen Gewässer von Stad zu umgehen und diese Schiffspassage sicherer zu machen, entsteht hier eine neue, **weltweit einzigartige Attraktion:** ein 1,7 km langer Schiffstunnel mitten durch die Halbinsel. Der wird so dimensioniert sein, dass ihn auch die größten Schiffe der Hurtigruten problemlos passieren können.

Wenn es stürmt

Måløy

Dann, aber nur dann »singt« die 42 m hohe Brücke hinüber nach Måløy – bei einer bestimmten Windrichtung – das hohe C. Malerisch sind der **Kannestein,** ein sanduhrförmiger erodierter Felsen direkt am Meer nordwestlich von Måløy und der alte Handelsplatz Vågsberget mit sieben historischen Gebäuden.

★★ NORDKAP

Gebiet: Nordnorwegen

A 26

Eines der Traumziele Skandinaviens ist das Nordkap, ein Regen, Nebel und eisigem Wind ausgesetzter Felsen. Jedenfalls denken das offenbar eine ganze Menge Leute. Es gäbe sicher weitaus schönere Orte in Norwegen, doch das »Ende der Welt« scheint eine besondere Magie zu besitzen. Die verfliegt allerdings leicht angesichts der Menschenmassen und der durchaus gesalzenen Preise vor Ort.

Mitternachtssonne am Nordkap – das absolute Sehnsuchtsziel vieler Norwegenreisenden …

»Magere Insel« mit magischer Anziehung

Magerøy bedeutet ganz einfach magere Insel, und genau das ist auch der Eindruck, den Norwegens einzige wirklich arktische Landschaft macht. Während des kurzen Sommers schaffen es die Pflanzen kaum, die Insel mit einem grünen Teppich zu überziehen, Bäume wachsen so weit nördlich gar nicht mehr.

Wohin am Nordkap?

Am Nordende Europas

Magerøya

Das auf 71° 10' 21" nördlicher Breite und 25° 47' 40" östlicher Länge gelegene Nordkap (norwegisch Nordkapp) ist der steile nördliche Absturz der Insel Magerøy. Der Schieferfelsen gilt als die nördlichste Spitze Europas, doch zu Unrecht, denn Kap Knivskjellodden endet noch ein wenig weiter nördlich (71° 11' 8" nördl. Breite). Die 308 m hohe, steil abfallende **Nordkap-Klippe** wurde bereits 1553 von dem englischen Seefahrer Richard Chancellor entdeckt, als er auf der Suche nach einer Nordost-Passage vom Atlantik zum Pazifik war.
Ist das Wetter schlecht, kann man in die **Nordkap-Halle** flüchten: Hier warten u. a. eine Ausstellung zur Geschichte des Nordkaps, ein Restaurant und Bars auf die Besucher. Die als Tunnel angelegte Halle endet in einer weitläufigen, hohen Grotte. Ein Pfeil zeigt die Nordrichtung an, eine Granitsäule erinnert an den Besuch König Oscars II. 1873. Die Aussicht am Nordkap umfasst – allerdings nur bei gutem Wetter – nach Westen, Norden und Osten das offene Eismeer. Im Südwesten sieht man die Inseln Hjelmsøy, Måsøy und Rolvsøy, im Osten weit in der Ferne Nordkinn, im Süden die Hochfläche der Insel Magerøy.

Nordkapphallen: Mitte Mai – Mitte Aug. tgl. 11 – 1, Mitte – Ende Aug. bis 22, sonst tgl. 11 – 15 Uhr | Eintritt (Zugang zu allen Anlagen, Panoramafilm) 275/95 NOK | www.visitnordkapp.net

Durch schwieriges Gewässer sicher ans Ziel

Honningsvåg

Die kleine Hafenstadt Honningsvåg an der Südostküste von Magerøy ist Hauptort der Gemeinde Nordkap. Sie lebt hauptsächlich vom Fischfang und dem Fremdenverkehr. Sehenswert ist hier das **Nordkap-Museum,** das Einblick in die Entwicklung des Nordkap-Tourismus und die Küstenkultur der Finnmark bietet. Außerdem werden von dort Schiffsausflüge zu Norwegens größtem Vogelfelsen und zu verlassenen Fischerdörfern angeboten.

Nordkappmuseet: Holmen 1 | Mitte Juni – Mitte Aug. tgl. 10 – 18, sonst Mo. – Fr. 11 – 15 Uhr | Eintritt 50/20 NOK | www.kystmuseene.no

Ein Blick durchs Kirchentor

Umgebung des Nordkaps

Auf dem Weg von Honningsvåg zum Nordkap zweigt eine Landstraße in das 20 km entfernte **Fischerdorf Gjesvær** im Nordwesten der

NORDKAP ERLEBEN

VISIT NORDKAPP
Fiskeriveien 4, 9750 Honningsvåg
Tel. 78 47 70 30, www.nordkapp.no

ANREISE
Eine 30 km lange Tunnel- und Brückenverbindung führt vom Festland zu dem auf der Insel Magerøya gelegenen Nordkap (Maut rund 150 NOK). Von Hammerfest bestehen Flugverbindungen nach Honningsvåg, weiter geht es mit Bus oder Taxi. Lohnend ist die sechsstündige Fahrt mit einem Schiff der Hurtigruten von Hammerfest nach Honningsvåg.

MITTERNACHTSSONNE
16. Mai bis 28. Juli;
tiefster Stand um 23.35 Uhr Mitteleuropäischer Zeit.
Zwischen 22. Nov. und 11. Jan. herrscht Polarnacht, dann geht die Sonne gar nicht auf.

KING CRAB HOUSE NORTH CAPE €€
Dass man Königskrabben auch mit Kokossauce und Kartoffelsalat genießen kann, können Sie in Honningsvåg ausprobieren. Oder Sie bleiben traditionell bei Ren oder Fisch.
Honningsvåg
Sjogata 6
Tel. 45 87 53 30

CORNER SPISERI €€
Hervorragende lokale Fisch- und Fleischgerichte und Pizza. Die Spezialität ist »Finnebiff«, will heißen geschnetzeltes Rentierfleisch mit Kartoffelpüree und Preiselbeeren.
Honningsvåg
Fiskeriveien 2A
Tel. 78 47 63 40
www.utelivinordkapp.no

SCANDIC NORDKAPP €€–€€€
Das nächstgelegene Hotel zum Nordkapp greift in seiner lang gestreckten, flachen Architektur rund um die Spitze des Hauptgebäudes die Formen der umgebenden Bergwelt auf. Die Zimmer sind typisch norwegisch mit viel Holz ausgestattet, das Restaurant stillt den Hunger mit einem abwechslungsreichen Bufett.
Honningsvåg
Skipsfjorden
Tel. 78 47 72 60
www.scandichotels.no

Insel ab. Inseln und Schären schirmen den schön gelegenen Ort gegen das raue Eismeer ab. Das lokale Naturreservat ist unter Ornithologen bekannt für seinen **Vogelfelsen,** wo kreischende Scharen von Papageitauchern, Basstölpeln und Kormoranen und sogar Seeadler zu beobachten sind.

Vom **Nordkapp Turistheim** führt ein markierter Fußweg (Gehzeit ca. 20 Min.) zu einer Felsbildung namens **Kirkeporten.** Durch dieses »Kirchtor« hindurch erblickt man das Nordkap. Die Ruhe und der beeindruckende Ausblick stellen um Mitternacht eine interessante **Alternative** für diejenigen dar, die dem lästigen Rummel auf dem Nordkap-Plateau entgehen wollen.

★★ OSLO

N 11

Gebiet: Ostnorwegen | **Einwohnerzahl:** 683 000

Schöner kann eine Stadt kaum liegen: Das Zentrum schmiegt sich um den hufeisenförmigen Fjord, die Außenbezirke ziehen sich die Berghänge hinauf und verlaufen sich schließlich im Grün der Wälder. Nur wenige Hauptstädte der Welt sind so reich mit schönster Natur gesegnet wie Oslo. Hier lebt der König, hier sitzt die Regierung, hier zeigen weltberühmte Museen ihre Schätze. Charmante Kneipen, edle Restaurants und die Shoppingmeilen der Innenstadt runden den Besuch in der norwegischen Hauptstadt ab.

Zwischen Wald, Seen und Meer

Seen und Wälder, Sand und Meer erstrecken sich quasi vor der Haustür – Oslo gilt als die grünste Hauptstadt Europas, denn nur ein Viertel des 450 km² großen Stadtgebiets ist bebaut. 2019 wurde sie zur »Umwelthauptstadt« oder »grünen Hauptstadt Europas« gekürt, wegen ihrer konsequenten Umweltpolitik; was den Einsatz von Elektrofahrzeugen angeht, ist Oslo schon längst europäische Spitze. Oslo gehört aber auch zu den teuersten Städten der Welt. In den letzten zehn Jahren ist die Bevölkerung sprunghaft gewachsen, und Prognosen gehen davon aus, dass dieser Trend auch in den nächsten Jahren anhalten wird. Ähnlich verhält es sich mit den Touristenzahlen.
Mehr als ein Drittel aller Norweger lebt rund um den ► Oslofjord, der ca. 100 km ins Land einschneidet und an dessen nördlichem Ende die Metropole liegt. Das Stadtzentrum konzentriert sich um den Hafen Pipervika mit dem Laden-, Restaurant- und Kulturzentrum Aker Brygge und der Festung Akershus, um die Karl Johans gate, Oslos bekannteste Straße, an deren Westende das königliche Schloss thront, und weiter östlich rund um das Hotel Oslo Plaza, mit seinen 37 Stockwerken eines der höchsten Gebäude Nordeuropas.

Älteste Hauptstadt Skandinaviens

Geschichte

Oslo wurde **vermutlich 1050** von König Harald Hårdråde gegründet; archäologische Funde beweisen aber, dass hier bereits spätestens 900 n. Chr. ein Schiffslandeplatz mit Siedlung bestanden haben muss. Nachdem Haralds Sohn Olav Kyrre (1050–1093) den Ort zum Bischofssitz erhoben und Håkon V. (1277–1319) eine Domkirche errichtet hatte, blieb Oslo längere Zeit der kirchliche Mittelpunkt des Landes, während die Könige in Bergen residierten. Erst Håkon V. verlegte um 1300 seinen Wohnsitz von Bergen hierher und begann den Bau der Festung Akershus. Damals gründete auch die Hanse eine Niederlassung in Oslo. 1397 kam Norwegen unter die dänische Krone, Oslo verlor an Bedeutung. Nach einem Brand 1624 ließ Christian IV., der damalige dänisch-norwegische König, die Stadt in direkter Nähe

der Festung Akershus neu erbauen. Auch den Namen der Stadt änderte der Regent – er gab ihr schlicht seinen eigenen Namen. Zwischen 1624 und 1924 wurde die Hauptstadt Norwegens **Christiania** genannt (ab 1877 Kristiania geschrieben).
Seuchen und hohe Steuern, die den Bewohnern in langen Kriegen aufgebürdet wurden, verhinderten im 18. Jh. die Entwicklung Christianias zu einer Handelsstadt nach europäischem Vorbild. Erst gegen Ende des 18. Jh.s, als der Holzhandel aufblühte, ging es auch mit der Stadt wirtschaftlich aufwärts. Nachdem sich Norwegen1814 von Dänemark gelöst hatte, wurde Christiania endgültig zur neuen Haupt- und Residenzstadt; unter der Regierung von Karl XIV. Johan entwickelte sie sich zum größten Verkehrs- und Handelszentrum Norwegens. Am **1. Januar 1925** erhielt die Stadt schließlich wieder ihren alten Namen Oslo, der laut Sprachforschern »Ebene der Götter« oder auch »Ebene am Fuß eines Berges« bedeuten könnte.
Oslo ist **Sitz der Regierung** und des Königs sowie der Verwaltungsbezirke Oslo und Akershus. Mit seinen Universitäten und Hochschulen ist Oslo Norwegens größtes Ausbildungszentrum. Jedes Jahr am 10. Dezember wird im Rathaus der **Friedensnobelpreis** verliehen.

Markantes, aber architektonisch umstrittenes Wahrzeichen: Die Doppeltürme des Osloer Rathauses stammen aus der ersten Hälfte des 20. Jahrhunderts.

OSLO ERLEBEN

OSLO TURISTINFORMASJON

Jernbanetorget 1
neben dem Hauptbahnhof
Tel. 81 53 05 55
www.visitoslo.com

OSLO PASS

Im teuren Oslo lässt sich mit dem Oslo Pass eine Menge Geld sparen: Er ist für ein bis drei Tage gültig und berechtigt zur kostenlosen Nutzung öffentlicher Verkehrsmittel und zum kostenlosen Besuch von rund 30 Museen und Attraktionen. Außerdem gibt es zahlreiche Rabatte. Erhältlich ist der Pass bei der Touristeninformation, am Bahnhof und Flughafen sowie in vielen Hotels und einigen Museen. 24/48/72 Stunden: Erwachsene 395/595/745, 6–17 Jahre 210/295/370 NOK

STADTRUNDFAHRTEN

Täglich unterschiedliche Stadtrundfahrten mit Bus und Stadtführer (norw., dt., engl.) ab 10.15 und 12.30 Uhr. Start ist am Fridtjof Nansens Plass am Rathaus.

FJORDRUNDFAHRTEN

Abfahrt am Rathauskai stündlich Mitte Mai bis Ende Juni 10–16, Juli bis August 10–19 Uhr, Dauer ca. 50 Min. Angeboten werden zudem Rundfahrten zwischen den Inseln des Oslofjords mit Lunch-Buffet (2 Stunden) sowie eine romantische Fjordrundfahrt am Abend.
Informationen gibt es bei der Touristeninformation, Tel. 23 35 68 90, oder nyc.no/boatservice-sightseeing

WEIHNACHTEN IN OSLO

Um die Weihnachtszeit ist Oslo besonders stimmungsvoll. Auf der Karl Johans gate steht ein großer Weihnachtsbaum, die Geschäfte sind entsprechend dekoriert und mitten in der Innenstadt gibt es eine Schlittschuhbahn. An Adventssonntagen findet in Frognerseteren das Familien-Julebord, ein üppiges Weihnachtsmahl, statt. Im Postamt des Weihnachtsmanns und auf dem Weihnachtsmarkt im Norsk Folkemuseum auf Bygdøy herrscht Hochbetrieb.

Beliebte Einkaufsstraßen: Aker Brygge, Karl Johans gate
Große Warenhäuser: Steen & Strøm (Nedre Slottsgate), Glas Magasinet (Stortorvet), Oslo City (nahe Hauptbahnhof) mit rund 100 Geschäften.
Ein weiteres Einkaufsviertel befindet sich westlich vom Zentrum zwischen Schlosspark und Frognerpark.
Einkaufspassage Paleét (Karl Johans gate 37–43): über 40 verschiedene Läden, darunter Norwegens größter Buchladen Tanum, der auch deutsch- und englischsprachige Bücher führt. Günstige Restaurants.
Unterhalb der Festung Akershus legen die Kreuzfahrtschiffe an. Im Oslo Cruise Terminal gibt es ein großes, aber teures Angebot an typisch norwegischen Souvenirs aller Art.

FEINE KOST

Im kleinen Feinkostladen Fenaknoken bekommen Sie norwegische Schinken-, Wurst- und Käsespezialitäten, dazu geräucherten Fisch, Stockfisch und passendes Brot.
Tordenskioldsgate 12
www.fenaknoken.no

SKIFAHREN

Rund um Oslo herrschen von Januar bis März relativ sichere Schneeverhältnisse. Das Skigebiet der Nordmarka ist durch die Holmenkollenbahn gut erschlossen.

SCHWIMMEN UND SURFEN

Die schönsten Strände: Huk (auf der Halbinsel Bygdøy mit eigenem FKK-Strand), Hvervenbukta, Katta und Ingierstrand im Süden. Surfer tummeln sich vor dem Sandstrand Rolfstangen. Gute Bademöglichkeiten findet man auch an den 300 Seen der Oslomarka.

Als Amüsiermeilen der Stadt gelten das ehemalige Werftengelände Aker Brygge, die altehrwürdige Karl Johans gate, die multikulturellen Szeneviertel Grünerløkka und Grønland sowie das West End um Bogstadveien.

❶ DE FEM STUER €€€€

Moderne norwegische Küche auf höchstem Niveau serviert das Fem Stuer im Scandic Holmenkollen Park, einem der schönsten Holzhäuser der Stadt am Holmenkollen. Nur wenige Schritte sind es bis zur einmaligen Aussicht auf die Stadt und den Fjord.
Kongeveien 26, Tel. 22 92 28 76
defemstuer.no

❷ RESTAURANT FINSTUA €€€€

Vom Restaurant Finstua im ehrwürdigen Hotel Frognerseteren haben Sie einen der schönsten Ausblicke auf Oslo und Umgebung. Auch die Küche gehört mit zum Besten, was die Stadt zu bieten hat, und die Weinkarte ist ganz ausgezeichnet.
Holmenkollveien 200
Tel. 22 92 40 40
www.frognerseteren.no

❸ MAAEMO €€€€

Sehr hell leuchten die Michelin-Sterne, die das Restaurant auf Anhieb in den höchsten nordischen Gourmethimmel katapultierten. Inzwischen ist der dritte Stern hinzugekommen. Chefkoch Esben Holmboe Bang zelebriert nichts weniger als eine »Reise durch die skandinavische Landschaft« mit regionalen Produkten – wofür auch die Übersetzung des Namens steht: Mutter Erde.
Schweigaardsgate 15b
Tel. 22 17 99 69
http://maaemo.no

❹ ENGEBRET CAFÉ €€€–€€€€

Das 160-Jahre-Jubiläum konnte das gediegene Restaurant im Jahr 2017 feiern. Früher aßen hier oft Schauspieler und Besucher des alten Christiania-Theaters, das einst gegenüber stand. Heute empfiehlt sich für alle Gäste das Smørebrød-Bufett am Vormittag, eine typisch norwegische Spezialität, die hier seit 1862 angeboten wird (So. geschl.).
Bankplassen 1
Tel. 22 82 25 25
www.engebret-cafe.no

❺ BØLGEN & MOI BRISKEBY €€€

Hohe Decken, Sichtbeton, riesige Fenster: Im Industrieloft-Ambiente wird ein opulentes Frühstücksbufett angeboten und zum Lunch gibt es köstliches Brot aus dem eigenen Holzbackofen.
Løvenskioldsgate 26
Tel. 24 11 53 53
http://bolgenogmoi.no

❻ CAFÉ SORGENFRI €€

In dem mit Antikem und Kuriositäten vollgestopften Café kann man eventuelle Sorgen aufs Gemütlichste eine Weile vergessen.
Bryggetorget 4
Tel. 21 50 10 90
www.cafesorgenfri.no

Holmenkollen
Blindern (Universität)
Sørkedalsveien
Valkyriegata
Kirkeveien
Schønings gate
Suhms gate
Fagerborggata
Pilestredet
Stens-
Park
Sofies gate
Ullevå
Middelthuns gate
MAJORSTUEN
Sorgenfrigata
Industrigata
Vigeland-
Anlage
Fagerborg-
Kirche
Thereses gate
Louises gate
Martinus
Lørdahls
plass
Majorstuveien
Bogstadveien
Rosenborg-
gata
Neuberggata
Frogner-
Park
Bislett-
Stadion
Colletts
Kirkeveien
Amaldus
Nielsens
plass
Pilestredet
Sofies
Stadtmuseum
Industri-
gata
Professor
Dahls
gate
Josefines gate
Sofies
plass
Halvdan Svartes gate
Vigeland-
Museum
Nordraaks gate
Tidemands gate
Eckersbergs gate
Gyldenløves gate
Ellert Sundts gate
Hegdehaugsveien
THOMANS-
BYEN
Holtegata
Uranienborg veien
gate
Nobels gate
Gimleveien
Frognerveien
FROGNER
Uranienborg-
Kirche
Parkveien
Welha-
vens
gate
Riddervolds
plass
Løven-
skioldsgate
Oscars
Wergelands-
veien
Holbergs
plass
Thomas Heftyes gate
Elisenbergveien
Camilla Colletts vei
Riddervolds
gate
Slottparken
Bygdøy allé
Nordraaks
plass
Kultur-
histor.
Museu
Henie-Onstad-Kunstzentrum
Messe, Bygdøy, Drammen
Königliches
Schloss
Kristian
Frognerveien
Colbjørnsens gate
Carl Johan
Alte
Universität
Sophus Lies
gate
Bygdøy allé
Oscars gate
Nobel-
Institut
Parkveien
Karl Johans g.
Gabels
gate
Drammensveien
Thomas Heftyes
gate
Solli
plass
Ibsen-
Museum
National-
theater
Drammensveien
Niels Juels gate
Dokkveien Dr. Mauds gt.
SKILLEBEKK
Drammensveien
Universitäts-
bibliothek
Terrasse
Parkveien
Konzert-
haus
Fr. Nansen
plass
Storting
veien
Olaf
Bulls
plass
Observatorie
Observatorium
Nobel-
Friedens-
center
Rathaus
Frognerstranda
Munkedamsveien
Huitfeldts gate
Ruseløkk-
Munkedamsveien
Dokkveien
Vestbane-
plassen
Rådhus-
plassen
Frognerkilen
Oslotunnelen
Aker
Brygge
Akershusstranda
Fähranleger
Color Line
Pipervika
Astrup Fearnley
Museet
Akershus
Festning
BYGDØY
Seefahrts-
museum
Oslofjorden
P
1
2
4
5
6
2

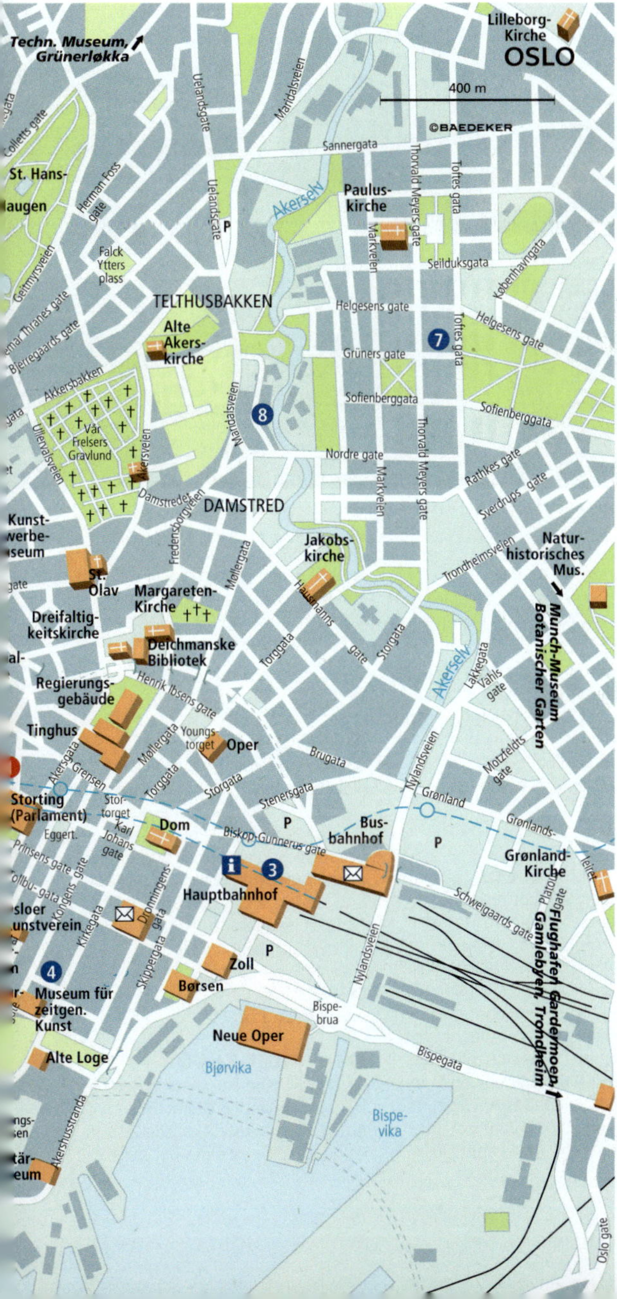

1 De Fem Stuer
2 Finstua
3 Maaemo
4 Engebret Café
5 Bølgen & Moi Briskeby
6 Café Sorgenfri
7 Fru Hagen
8 Mathallen

1 Grand Hotel
2 The Thief
3 Clarion Collection Hotel Savoy
4 Lysebu

U-Bahn (Tunnelbanen)

Das moderne Antlitz von Oslo: das Barcode Project im Stadtviertel Bjørvika

❼ FRU HAGEN €–€€

Ganz entspannt können Sie hier einen Nachmittag oder Abend verbringen. In diesem gemütlichen Café im angesagten Stadtteil Grünerløkka versinkt man in bequemen Sesseln und plüschigen Sofas, bestellt kleine Gerichte wie Sandwiches, Suppen oder Salat und lässt es sich gut gehen.
Thorvald Meyer gate 40
Tel. 45 49 19 04
http://fruhagen.no

❽ MATHALLEN €–€€€

Wenn Sie einmal nicht reservieren, sich stattdessen inspirieren lassen wollen, unternehmen Sie am besten einen Streifzug durch die Markthallen am Rand des Stadtteils Grünerløkka. Die bunte Fülle der angebotenen Lebensmittel weckt Ihren Appetit, den Sie in einem der zahlreichen Restaurants, Cafés, Bars oder an den Ständen stillen können. Das Angebot ist überwältigend: Seafood, Pizza, Süßes, Tacos, Wein, Ren, Lamm, Eis, Nudeln, Champagner, Sushi – es gibt einfach nichts, was es nicht gibt.
Vulkan 5, Tel. 40 00 12 09
http://mathallenoslo.no

❶ GRAND HOTEL €€€€

Besser und feiner geht es in ganz Norwegen kaum. Das erste Haus am Platz, 1874 eröffnet, beherbergte bereits zahllose Stars, Politiker, Nobelpreisträger. Die Zimmer sind opulent ausgestattet mit einem Mix aus Antik und Moderne, das Spa ist vom Feinsten, das Restaurant »Palmen« präsentiert sich sehr stilvoll.
Karl Johans gate 31
Tel. 23 21 20 00
www.grand.no

❷ THE THIEF €€€€

Das Hotel nahe dem Astrup Fearnley Museum im neuen Bezirk Tjuvholmen erfüllt allerhöchste Ansprüche. Von »Geo Saison« als eines der zehn

schönsten Design-Hotels Europas genannt, überzeugen die Zimmer durch die gelungene Kombination natürlicher Materialien.
Landgangen 1, Tel. 24 00 40 00
http://thethief.com

3 CLARION COLLECTION HOTEL SAVOY €€€
Neben der Nationalgalerie gelegen, nur wenige Minuten bis zur Karl Johans gate: Die Lage des Hotels ist perfekt. Günstige Sommerpreise. Ein süßer Nachmittags- sowie ein Abendsnack sind im Preis inbegriffen.
Universitetsgaten 11
Tel. 23 35 42 00
www.nordicchoicehotels.no

4 LYSEBU €€€
Wie ein altes norwegisches Gehöft wirkt das 100 Jahre alte Hotel auf dem Holmenkollen. Betrieben wird es vom Fonds für die dänisch-norwegische Zusammenarbeit; es ist ein staatliches Geschenk an Dänemark als Dank für die dänische Nahrungsmittelhilfe für Norwegen im Zweiten Weltkrieg. Die Zimmer sind nostalgisch eingerichtet, bieten aber jeden neuzeitlichen Komfort.
Lysebuveien 12
Tel. 21 51 10 00
www.lysebu.no

Man darf gespannt sein …

Projekt Fjordbyen

Seit einigen Jahren **investiert die Stadt viel Geld** in das Projekt Fjordbyen – die Stadt am Fjord. Es ist das größte städtebauliche Konzept, seit König Christian IV. Anfang des 17. Jh.s das alte Christiania hinter der Festung Akershus errichten ließ. Im Lauf der Zeit wurde das Fjordufer immer mehr zu einer tristen Angelegenheit mit Hafenanlagen, Industriegebieten, Eisenbahngleisen und einem Gewirr von Autobahnen. Man darf auf die nächsten Jahre gespannt sein, wenn das neue Munch-Museum, ein imposantes Glasgebäude, und die neue Deichmann'sche Bibliothek fertig sein werden.

Aker Brygge und Umgebung

Einkaufs- und Ausgehviertel

★ Aker Brygge

Angefangen hat die Umgestaltung der Stadt mit Aker Brygge. Vor gut 20 Jahren befand sich jenseits des Hafenbeckens Pipervika noch eine der größten Werften des Landes. Als sie schließen musste, entstand aus der ehrwürdigen Schiffswerft ein neuer Stadtteil, der durch seine faszinierende **Mischung aus alten Backsteinbauten und moderner Glas- und Stahlarchitektur** beeindruckt. Die Osloer haben diese Vergnügungsmeile begeistert angenommen. Sobald die Sonne sich blicken lässt, schlendern sie über die Uferpromenade, genießen die wärmenden Sonnenstrahlen auf den Bänken, schnuppern die Seeluft vom nahen Fjord, lauschen dem **Livejazz von den Pontons** und trinken ein Bier im Freien. Mittlerweile wird in Aker Brygge wieder gebaut, um das Angebot an Wohnungen und Büros, teils auf künstlichen Inseln, zu erweitern.

Als wär's ein Eisberg

Oper

Der Bau der Oper war ein weiterer Meilenstein im Rahmen des Projekts Fjordbyen. Der rund 550 Mio. Euro teure Monumentalbau wurde vom weltweit tätigen norwegischen Architekturbüro Snøhetta entworfen. 2008 konnte das größte norwegische Kulturprojekt der Nachkriegszeit als Mittelpunkt des neuen Stadtteils Bjørvika und neues Wahrzeichen Oslos mit viel Prominenz eingeweiht werden. Von Anfang an heimste der Bau viel Lob und einige prestigeträchtige Preise ein. Das **direkt aus dem Fjord ansteigende, begehbare Dach** ist zugleich Flaniermeile und spektakulärer Aussichtspunkt. Außerdem soll es die Offenheit der Kunst symbolisieren, die sich nicht abschottet und für jeden zugänglich ist. Die kantige Fassade besteht zu 90 % aus weißem Carrara-Marmor, die restlichen zehn Prozent aus norwegischem Granit. Auch an der Innenausstattung, hauptsächlich Eiche, hat man nicht gespart. Der Große Saal in Form eines Hufeisens ist der Dresdner Semperoper nachempfunden und wird geschmückt von einem Kronleuchter aus zahllosen Glasstücken, die als akustische Reflektoren dienen.

Den Norske Opera & Ballett: Kirsten Flagstads plass 1 | Tel. 21 42 21 21 | Führung auf Deutsch Sa. 12 Uhr | www.operaen.no

»Das Haus ist ein Dach«,

Astrup Fearnly Museum für Moderne Kunst

... soll Stararchitekt **Renzo Piano** über sein Werk, das Gebäude des Astrup Fearnley Museum für moderne Kunst, gesagt haben, als es 2012 an der Hafenspitze von Aker Brygge feierlich eröffnet wurde. Ein Dach aus Glas bietet ausgiebig Licht für die umfangreiche Sammlung des norwegischen Unternehmers Hans Rasmus Astrup, der mit Leidenschaft Werke norwegischer und internationaler Gegenwartskunst zusammenträgt, darunter Arbeiten von Anselm Kiefer, Damien Hirst und Cao Fei.

Strandpromenaden 2 | Di., Mi., Fr. 12 – 17, Do. bis 19, Sa., So. 11 – 17 Uhr | Eintritt 130/90 NOK | www.afmuseet.no

Karl Johans gate und angrenzende Viertel

Als Ausgangspunkt für einen Stadtbummel ...

Bahnhof bis Stortorget

... eignet sich der Hauptbahnhof (Sentralbanestasjonen), von hier führt die **Hauptgeschäftsstraße** und Promeniermeile Karl Johans gate zum Königsschloss.

Hier heirateten Haakon und Mette-Marit

Dom

An der Südostseite des Stortorg steht die 1697 geweihte Domkirche. Von der Ausstattung sind die Kanzel, der Altar (beide um 1700) und

Alt trifft neu: der ehemalige Hafenspeicher (rechts) und die Osloer Oper (links)

der Orgelprospekt von 1725 erhalten. Noch aus den Anfängen des 20. Jh.s stammen die **Glasfenster** von Emanuel Vigeland und die Deckengemälde von Hugo Louis Mohr.

Stortorget | tgl. 10 – 16 Uhr | www.oslodomkirke.no

Storting

Parlamentsgebäude mit schönem Park

Hinter der Kreuzung der Karl Johans gate mit der Akersgata steht links das 1861–1866 im Stil der Neugotik errichtete Parlamentsgebäude, das Storting. Im Sommer werden **kostenlose einstündige Rundgänge** durchs Parlament angeboten.

Akersgata (Eingang für Führungen) | Juli – Aug. Mo. – Fr. 10 und 11.30 Uhr Führung in Englisch | www.stortinget.no

★ Nationalgalerie

Zurzeit wegen Renovierungsarbeiten geschlossen

Die Nationalgalerie beherbergt die größte Kunstsammlung Norwegens mit einem umfassenden Querschnitt norwegischer Malerinnen und Maler vom 19. Jh. bis zur Gegenwart wie Edvard Munch. Außerdem findet man Gemälde von El Greco, Rubens und Rembrandt, von Cézanne, Degas, Gauguin, Manet, Matisse und Renoir.

Nasjonalgalleriet: Universitetsgata 13 | Wiedereröffnung 2020 | www.nasjonalmuseet.no

Zentraler Boulevard von Oslo ist die Karl Johans gate. Sie führt vom Hauptbahnhof zum Schloss.

Wikinger, Inuit- und Sibirvölker

Kultur-historisches Museum

Hinter der Nationalgalerie folgt das Historische Museum. Unter den nordischen Altertümern sind die reiche **Sammlung der Wikingerzeit** (um 800–1050) mit der Schatzkammer und eine Ausstellung mit Portalen von Stabkirchen einen ausgiebigen Blick wert.

Kulturhistorisk Museum: Frederiksgate 2 | Mai - Sept. Di . - So. 10 - 17, sonst 11 - 16 Uhr | Eintritt 100/80 NOK, Ticket gilt auch für das Wikingerschiffmuseum | www.khm.uio.no

Wachablösung täglich um 13.30 Uhr

Königliches Schloss

Am nordwestlichen Ende der Karl Johans gate steht auf einer Anhöhe inmitten eines großen Parks das Königliche Schloss, ein lang gestreckter **Bau im Empirestil** (1825–1848), den der schwedisch-norwegische König Karl Johan erbauen ließ. Eine besondere Attraktion ist die Wachablösung der königlichen Garde.

Det Kongelige Slott: Parkveien (Eingang für Führungen) | Mitte Juni - Mitte Aug., englischsprachige Führungen 12, 14, 14.20 und 16 Uhr | Ticket 135/105 NOK | www.kongehuset.no. Karten bekommt man im Voraus im Internet (www.ticketmaster.no) oder per Telefon (81 53 31 33). Der Verkauf startet bereits im März. Wer Glück hat, bekommt nicht verkaufte Karten am Eingang.

Umstrittene Architektur

Rathaus

Wenn man vom Nationaltheater nach Süden geht, kommt man zum monumentalen Rathaus. Es wurde 1931–1950 nach Plänen von Arnstein Arneberg und Magnus Poulson erbaut. Obwohl architektonisch stets umstritten, wurde der mächtige, mit Backstein verkleidete Betonbau mit den zwei klotzigen Türmen (der östliche Turm beherbergt ein Glockenspiel) zu einem Wahrzeichen der Stadt. Sehenswert ist der **reiche Freskenschmuck** innen, an dem sage und schreibe 28 Kunstschaffende, darunter Henrik Sørensen, Per Krohg und Edvard Munch, mitgewirkt haben.

Oslo rådhus: Fridtjof Nansens plass | Juli, Aug. tgl. 9 - 18, sonst 9 - 16 Uhr | Juli und Aug. kostenlose Führungen um 10, 12 und 14 Uhr | www.oslo.kommune.no

Alles über den Friedensnobelpreis

Nobel-Friedens-center

Im ehemaligen Westbahnhof ist seit Juli 2005 das Nobel-Friedenscenter untergebracht. Es informiert über Alfred Nobel und sämtliche Friedensnobelpreisträger und -trägerinnen, darüber hinaus wird mit Vorträgen, Seminaren und Dokumentationen über Friedensbemühungen in aller Welt und aktuelle Konfliktherde berichtet. Im **Nobelgarten** hat jeder und jede mit dem Preis Ausgezeichnete einen eigenen Schirm, umgegeben von Tausenden kleinen Lichtern.

Brynjulf Bulls plass 1 | tgl. 10 - 18 Uhr, Sept. - April Mo. geschl. | Eintritt 120/80 NOK | www.nobelpeacecenter.org

Nördliche Innenstadt

Hier ruhen Edvard Munch und Henrik Ibsen

Erlöserfriedhof

Nördlich erstreckt sich zwischen Ullevåls- und Akersveien der Erlöserfriedhof, **Vår Frelsers Gravlund.** Im sogenannten Ehrenwäldchen (Æreslunden) in der Mitte des Friedhofs sind die Dichter Bjørnstjerne Bjørnson und Henrik Ibsen sowie der Maler Edvard Munch bestattet.

Oslos ältestes Gebäude

Alte Akerskirche

Am Nordende des Akersveien steht auf einer kleinen Erhebung die Alte Akerskirche, **Gamle Akerskirke,** Oslos ältestes Gebäude. Vermutlich ließ Olav Kyrre sie 1150 als Basilika anglo-normannischer Art bauen. Nach 1703, als das gesamte Inventar der Kirche bei einem Brand zerstört wurde, erhielt die eher schlichte Kirche ihr jetziges Taufbecken und die wunderschöne Kanzel. Die Akustik ist ausgezeichnet.

Bitte noch etwas Geduld

Kunstgewerbemuseum

Das Kunstgewerbemuseum, eines der ältesten Museen Norwegens, wird **voraussichtlich 2020** im Neubau des Nationalmuseums wiedereröffnet.

Südliche Innenstadt

Norwegens größtes Museum zeitgenössischer Kunst

Kunstmuseum

Der Granitbau (1902) im norwegischen Jugendstil am Bankplass war früher der Hauptsitz der norwegischen Staatsbank. Inzwischen sind hier andere Schätze beheimatet. Seit 1990 beherbergte er das größte Museum zeitgenössischer Kunst Norwegens mit Werken aller bedeutenden norwegischen Künstlerinnen und Künstler **nach 1945.** Bis zum Umzug in das neue Nationalmuseum (2020) sind Ausstellungen zeitgenössischer Kunst in den Räumen der Nationalgalerie zu sehen.

Beispiel barocker Festungsarchitektur

★ Festung Akershus

An der Westseite dieses Stadtteils liegt auf der Landzunge Akersnes über dem Oslofjord die Festung Akershus, Ende des 13. Jh.s von Håkon V. begründet. Während der Regierungszeit Christians IV. wurde aus der mittelalterlichen Burg ein **Renaissanceschloss.** Besichtigen kann man den Saal Christians IV. und die Schlosskirche. In deren Krypta ruht König Håkon VII. (1872–1957).

Die Festung beherbergt das **Museum des norwegischen Widerstands** (Norges Hjemmerfrontmuseum) gegen die deutschen Besatzer während des Zweiten Weltkriegs. Im Arsenal ist das Militärgeschichtliche Museum (Forsvarsmuseet) untergebracht.

Norges Hjemmefrontmuseum: Akershus festning | Juni – Aug. Mo. – Sa. 10 – 17, So. 11 – 17, sonst Mo. – Fr. 10 – 16, Sa., So. 11 – 16 Uhr | Eintritt 60/30 NOK | www.forsvaretsmuseer.no
Forsvarsmuseet: Akershus festning | Mai – Aug. tgl. 10 – 17, sonst Di. – So. 10 – 16 Uhr | Eintritt 60/30 NOK | www.forsvaretsmuseer.no

Oslos Prenzlauer Berg

Grünerløkka

Vom Botanischen Garten erreicht man in westlicher Richtung in wenigen Minuten das Flüsschen Akerselv und kann an ihm entlang in nördlicher Richtung bis nach Grünerløkka schlendern. Grünerløkka ist schon seit einigen Jahren ein **Trendviertel.** Der schönste Teil mit erhalten gebliebener gründerzeitlicher Bebauung und grünen Innenhöfen liegt rund um die Fontäne auf dem **Olaf Ryes plass** und erstreckt sich bis zur Pauluskirche im Norden. Wer nur wenig Zeit hat, konzentriert sich am besten auf das Viertel zwischen den parallel verlaufenden Hauptstraßen Markveien und Thorvald Meyers gate. Viele haben sich in den Stadtteil verliebt, andere schätzen ihn ganz pragmatisch wegen der noch erschwinglichen Mieten. Abends trifft man sich in der Kneipe an der Ecke und freut sich, dass das Bier einige Kronen billiger als auf der Karl Johan oder Aker Brygge ist.
Gern wird Grünerløkka mit dem Londoner Greenwich Village verglichen, doch es gibt auch Ähnlichkeiten mit Prenzlauer Berg in Berlin. Das liegt daran, dass sich der **Architekt G. A. Bull** im 19. Jh. bei der Gestaltung der Fassaden vom Berliner Vorbild inspirieren ließ. In den

Mitten in der Stadt und mitten in der Natur: Im Schlosspark lässt es sich aushalten.

Kneipen und Restaurants herrscht oft bis nach Mitternacht Betrieb. Auch **Edvard Munch** war dem Charme dieses Viertels erlegen. 1885–1889 wohnte er in der Thorvald Meyers gate 48 und malte einige Milieustudien wie das Bild »Glimt fra Grünerhaven« (1887).

Liebes- und Todesfantasien, Naturmystik und ein Schrei

★ Munch-Museum

Das Munch-Museum im Osten der Stadt, an der Südseite des Botanischen Gartens, zieht an Kunst Interessierte magisch an: Hier wird der umfangreiche **Nachlass von Edvard Munch** (1863–1944; ► Interessante Menschen) gezeigt: Zwei seiner berühmtesten Bilder, »Der Schrei« (1893) und »Madonna« (um 1894), lockten 2004 auch Diebe an, die Bilder wurden aber wenige Jahre später wiedergefunden. »Der Schrei« gilt neben da Vincis »Mona Lisa« als das bekannteste Motiv der Kunstgeschichte. Munch hat vier Versionen des »Schreis« gemalt – eine weitere ist in der Nationalgalerie zu sehen. Derzeit ist das architektonisch spektakuläre neue Munch-Museum im Stadtteil Bjørvika noch im Bau. **Der Umzug** wird voraussichtlich 2020 erfolgen.

Tøyengata 53 | Mitte Mai – Anf. Sept. tgl. 10 – 17, Do. bis 19, sonst 10 – 16 Uhr | Eintritt 120/60 NOK | http://munchmuseet.no

Shoppingmeilen und schöne Altbauten

Oslos Westen

Geht man vom westlichen Ende der Flaniermeile Karl Johan gate durch den Schlosspark, trifft man bald auf den Hegdehaugsveien, der in den Bogstadveien übergeht. Im gutbürgerlichen Stadtteil Majorstua sind viele Straßen von schönen Altbauten gesäumt. Traditionell nennen die Osloer diese Gegend **»Vestkanten«** – im Gegensatz zur »Østkanten« jenseits des Flusses Akerselva. Sowohl Hegdehaugsveien als auch Bogstadveien sind beliebte Shoppingmeilen, an denen sich ein hübsches Geschäft ans andere reiht. In zahlreichen Restaurants und Bars herrscht nach Ladenschluss reges Leben.

Am Ende des Bogstadveien biegt man nach links in den Kirkeveien ein, dann folgt bald der Haupteingang des **Frognerpark.** Er ist eines der beliebtesten Naherholungsgebiete. Im Sommer ist der Park ein Tummelplatz für Spaziergänger, Jogger und Skater, im Winter für Skilangläufer. Die Grünflächen laden zum Picknick ein, für weitere sportliche Betätigung bieten sich das Frognerstadium, die Tennisplätze und das Frognerbad an.

Einzigartiger Skulpturenpark

★ Vigeland-Park

Der Frognerpark wird auch Vigelandpark genannt, denn der Bildhauer Gustav Vigeland (► Interessante Menschen) schuf die größte Sehenswürdigkeit des Parks, die Vigeland-Anlage. An den insgesamt **212 Skulpturen** arbeitete der Künstler rund 40 Jahre lang, quasi eine Lebensaufgabe. Ein 17 m hoher Monolith etwa besteht aus sage und scheibe 121 ineinander verschlungenen menschlichen Körpern.

Die Skulpturen im Vigeland-Park sorgen immer noch für Gesprächsstoff.

★★ Museumsinsel Bygdøy

Hier sind sie alle versammelt

Anfahrt

Im Sommer fahren Boote ca. alle 30 Min. vom Rathauskai zur Halbinsel Bygdøy im Westen der Stadt (ansonsten Busverkehr, auf der Straße 6 km). Die Museen dort zählen zu den Höhepunkten eines Oslo-Besuchs. Auf Wassernixen warten mehrere **Badestrände.**

Fridtjof Nansens »Fram« und Roald Amundsens »Gjøa«

Fram-Museum

An der Südostseite von Bygdøy (Anlegestelle der Motorboote) steht das Fram-Museum. Mit dem Polarschiff »Fram« versuchte **Fridtjof Nansen** (► Interessante Menschen) ab 1893, sich vom Packeis im Nordpolarmeer Richtung Nordpol mitnehmen zu lassen. Er wollte beweisen, dass das Polareis von Sibirien am Nordpol vorbei nach Grönland treibt. 660 km vom Nordpol entfernt verließen Nansen und Hjalmar Johansen die Fram, um mit Hundeschlitten vollends hinzukommen, mussten aber nach einigen Wochen aufgeben. Doch so nah am Nordpol wie sie war noch niemand gewesen. Im Fram-Museum ist auch das Polarschiff »Gjøa« aufgestellt, mit dem der norwegische Polarforscher **Roald Amundsen** 1903 bis 1906 die Nordwest-

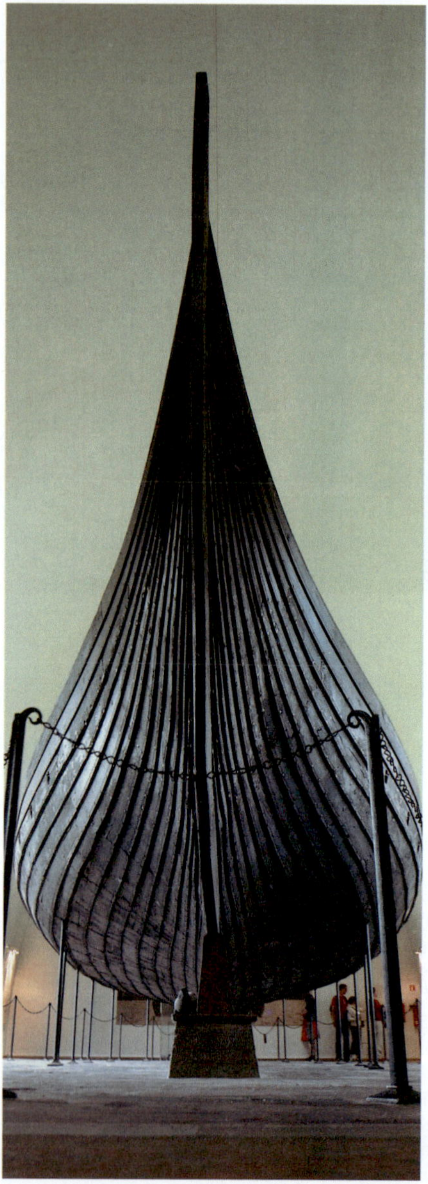

OBEN: Auf einem Papyrusboot über den Atlantik: Der Nachbau der Ra II von Thor Heyerdahl ist im Kon-Tiki-Museum zu sehen.

LINKS: Auf einem Wikingerschiff ins Jenseits: Das Osebergschiff, im Wikingerschiffsmuseum ausgestellt, diente zwei hochgestellten weiblichen Persönlichkeiten als Grabstätte.

passage durchfuhr. Jahrhundertelang hatte man diese Passage gesucht, Amundsen bewies ihre Existenz.
Bygdønesveien 39 | Juni–Aug. tgl. 9 – 18, Mai, Sept. 10 – 18, sonst 10 – 17 Uhr | Eintritt 120/50 NOK | frammuseum.no

Wie man Meere bezwingt

Seefahrts-museum

Das **Seefahrtsmuseum** präsentiert **Modelle** verschiedenster Schiffe und Boote, vom Ruderboot bis zum Öltanker, außerdem gibt es Ausstellungen zu Fischfang, Tiefseearchäologie und Wetterkunde.
Norsk Maritimt museum: Bygdønesveien 37 | Mai – Sept. tgl. 10 – 17, sonst 11 – 16 Uhr | Eintritt 120/50 NOK | https://marmuseum.no

Die Kon-Tiki, Thor Heyerdahl und der Beweis

Kon-Tiki-Museum

Für wärmere Gefilde gedacht war das Floß »Kon-Tiki« aus Balsaholz. Damit segelte **Thor Heyerdahl** (▶ Interessante Menschen) u. a. 1947 von Peru zu den ostpolynesischen Inseln. Mit dem etwa 14 m lange Papyrusboot **»Ra II«** bezwang der norwegische Anthropologe 1970 den Atlantik. Man sieht förmlich, wie die Besucherinnen und Besucher sich die Reise übers Meer damit vorzustellen versuchen.
Bygdønesveien 36 | Juni – Aug. tgl. 9.30 – 18, März, Mai, Sept., Okt. 10 – 17, Nov. – Feb. 10 – 16 Uhr | Eintritt 120/50 NOK | www.kon-tiki.no

Feuchtes Grab

Wikinger-schiff-museum

Das Vikingskipshuset beherbergt drei nach ihren Fundorten benannte Wikingerschiffe aus dem 9. Jh.: »Oseberg«, »Gokstad« und »Tune« . Sie wurden als Grabstätten für hochgestellte Persönlichkeiten beiderlei Geschlechts verwendet, wobei das Oseberg- und das Gokstadschiff auch heute noch seetüchtig wären. Das 1903 nördlich von Tønsberg entdeckte **Osebergschiff** (▶ S. 314/315), auf dem u. a. eine Wikingerfürstin bestattet worden war, ist der hervorragendste und umfangreichste Fund. Dank des feuchten Torfbodens blieben organische Materialien wie Holz und Textilien erhalten. Das 1880 ausgegrabene **Gokstadschiff** (23,3 m lang und 5,2 m breit) war im Gegensatz zum Osebergschiff ein Boot für einen See und daher weniger reich verziert. An der obersten Planke des Segel- und Ruderschiffs wurden die Schilde der Krieger aufgehängt. Eine genaue Nachbildung dieses Schiffs segelte 1893 in sechs Wochen nach Amerika und lieferte damit den Nachweis, dass die **Wikinger** die Neue Welt durchaus vor Kolumbus entdeckt haben könnten.
Vikingskipshuset: Huk aveny 35 | Mai – Sept. tgl. 9 – 18, sonst 10 – 16 Uhr | Eintritt 100/80 NOK, bis 18 J. frei | www.khm.uio.no/vikingskipshuset

Die größte Sammlung ihrer Art

Volkskunde-museum

Das Norwegische Volkskundemuseum stellt Trachten, Teppiche und Möbel mit Rosenmalerei aus, dazu Kleidung und Geräte der Samen.

DAS OSEBERGSCHIFF

Im Sommer 1903 stieß der Hofbesitzer von Oseberg auf merkwürdige Holzteile im Boden. Sie entpuppten sich als ein Wikingerschiff, das 834 n. Chr. zum Schiffsgrab umfunktioniert worden war. Zwar waren die wertvollen Grabbeigaben längst gestohlen, doch die Torferde, die das Schiff umgab, konservierte die Hölzer hervorragend. Heute bildet das Osebergschiff den größten Schatz im Wikingermuseum von Oslo.

1 Drachenkopf
Die Stevenspitze, ein Drachen- oder Schlangenkopf mit spiralgedrehtem Hals, war abgehackt worden.

7 Planken
Die Deckenplanken des 21,4 m langen und 5,1 m breiten Schiffs bestanden aus Fichtenholz und wurden mit Nägeln aus Eibenholz befestigt.

2 Seitensteuer
Bei Wikingerschiffen sitzt das Seitensteuer stets an Steuerbord, also rechts zur Fahrtrichtung. Der Boden des Schiffs ist flach, daher lässt es sich rudern und segeln (bis zu 10 Knoten = 10 Seemeilen bzw. 18,52 km/h).

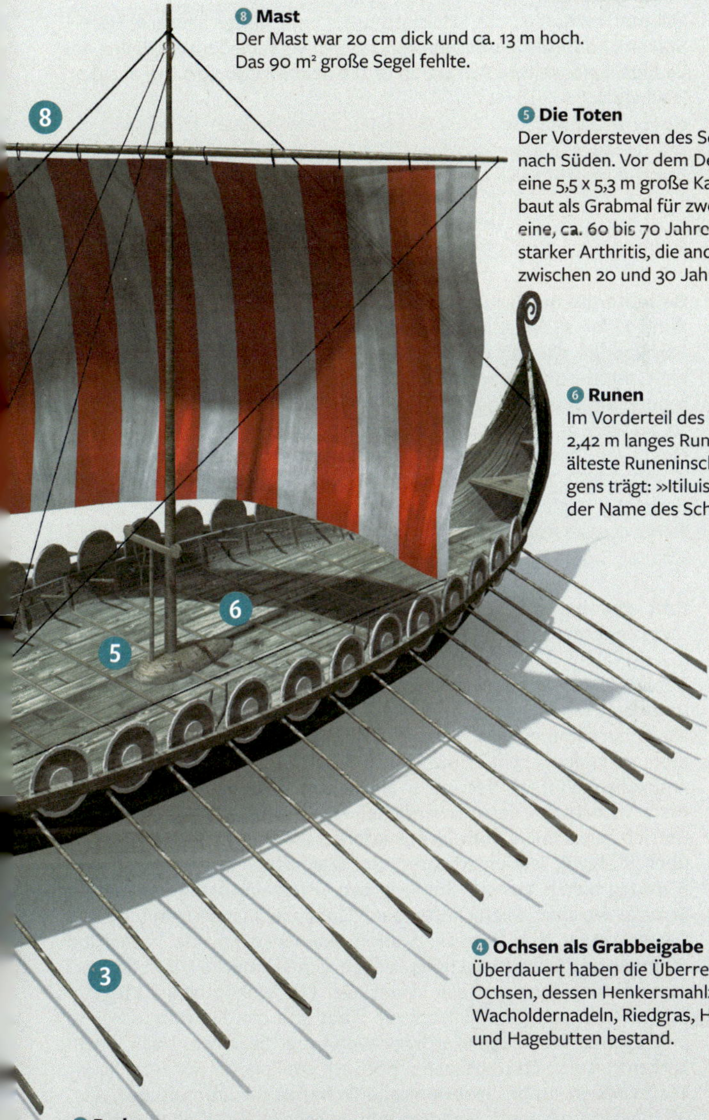

8 Mast
Der Mast war 20 cm dick und ca. 13 m hoch. Das 90 m² große Segel fehlte.

5 Die Toten
Der Vordersteven des Schiffs zeigte nach Süden. Vor dem Deck hatte man eine 5,5 x 5,3 m große Kammer aufgebaut als Grabmal für zwei Frauen. Die eine, ca. 60 bis 70 Jahre alt, litt unter starker Arthritis, die andere wurde zwischen 20 und 30 Jahre alt.

6 Runen
Im Vorderteil des Schiffs lag ein 2,42 m langes Rundholz, das die älteste Runeninschrift Norwegens trägt: »Itiluism«. War dies der Name des Schiffs?

4 Ochsen als Grabbeigabe
Überdauert haben die Überreste eines Ochsen, dessen Henkersmahlzeit aus Wacholdernadeln, Riedgras, Heidekraut und Hagebutten bestand.

3 Ruder
Alle Ruder, jeweils 3,18 m lang, sind erhalten. 30 Mann bedienten sie, auf Kisten sitzend.

Hauptattraktion ist das Freilichtmuseum mit Bürgerhäusern, Höfen, Ställen und Gesindeunterkünften aus den verschiedensten Teilen des Landes. Eine weitere Attraktion ist die **Stabkirche von Gol** aus dem Hallingdal.

Norsk Folkemuseum: Museumsveien 10 | Mitte Mai - Mitte Sept. tgl. 10 - 18, sonst Mo.-Fr. 11 - 15, Sa., So. bis 16 Uhr | Eintritt 130/40 NOK | http://norskfolkemuseum.no

Rund um Oslo

Bedeutende moderne Kunst

Henie-Onstad-Kunstzentrum

Rund 12 km südwestlich vom Stadtzentrum (Ausfahrt E18) liegt auf Høvikodden das mit dem Bus vom Hauptbahnhof erreichbare Henie-Onstad-Kunstzentrum (erbaut 1966–1968). Es zeigt eine bedeutende **Sammlung moderner Klassiker** wie Miró, Matisse und Picasso, außerdem Werke skandinavischer Künstler und Künstlerinnen. In einem Raum werden die Pokale der Eiskunstläuferin Sonja Henie (1912–1969) präsentiert. Henie errang zwischen 1928 und 1936 dreimal olympisches Gold!

Henie Onstad Kunstsenter: Sonja Henies vei 31 | Di. - So. 11 - 17 Uhr | Eintritt 120/70 NOK | www.hok.no

Erst von oben ...

Holmenkollen

... erkennt man so richtig Oslos einmalige Lage am Fjord und die endlosen Wälder der Umgebung. Am einfachsten ist es, mitten in der Stadt in die Holmenkollenbahn zu steigen und zur Skisprungschanze und dann weiter nach Frognerseteren zu fahren. Am Wochenende wird man sommers wie winters vermutlich kaum einen Platz bekommen, denn dann zieht es die Osloer in Scharen in die Natur. Die Holmenkollenbahn, aus der später die **T-Bane-Strecke** wurde, war die erste Vorortbahn der norwegischen Hauptstadt, sie wurde 1898 in Betrieb genommen. Vom Jernbanetorget am Hauptbahnhof führt sie über Storting, Nationaltheater und Majorstuen in nordwestlicher Richtung hinaus aus der Stadt. In den Osloer Vororten entlang der Strecke weichen Mietshäuser bald Einfamilienhäusern mit kleinen Gärten. Auch rund um die Station Holmenkollen, die nach rund 20-minütiger Fahrt erreicht ist, ziehen sich schmucke Häuschen terrassenförmig den Berghang hinauf. Wer hier wohnt, genießt tagtäglich einen einmaligen Blick auf die Stadt und den Fjord, muss diese privilegierte Wohnlage allerdings auch teuer bezahlen. Nach einem kurzen Fußmarsch steht man schließlich am Fuß der Schanze.
1952 wurden auf der **Holmenkollenschanze** die Olympischen Winterspiele ausgetragen. Seitdem gab es regelmäßig Weltcupwettbewerbe im Skispringen, Skilanglauf und Biathlon. Weil die Schanze nicht mehr den Bestimmungen für internationale Großveranstaltun-

Aus dieser Perspektive sieht das Ganze relativ flach aus, aber fahren Sie mal hoch auf die Sprungschanze von Holmenkollen ...

gen entsprach, wurde sie bis 2011 durch einen wunderbar elegant geschwungenen Neubau ersetzt. Ein Fahrstuhl bringt Besucher zur Aussichtsplattform, von der man einen weiten Blick über die Stadt genießt – und in die Tiefe. Dann steigt die Hochachtung vor den Skispringern und -springerinnen noch einmal deutlich.
Das **Skimuseum** unter dem Schanzenturm beleuchtet die Geschichte des Skilaufs von den Anfängen vor ca. 4000 Jahren bis in die Gegenwart. Für die Norweger ist es ein wichtiges Museum, denn sie gehen davon aus, dass sie den Skilauf erfunden haben. So erklärt sich auch das Sprichwort, das behauptet, ein echter Norweger käme schon mit Skiern an den Füßen zur Welt.
Homenkollenbakken/Skimuseet: Kongeveien 5 | Juni – Aug. tgl. 9 – 20, Mai, Sept. 10 – 17, sonst 10 – 16 Uhr | Eintritt (mit Sprungturm) 140/70 NOK | www.skiforeningen.no/holmenkollen

Beliebtester Freizeitpark Ostnorwegens

Tusenfryd

Direkt an der Kreuzung der E18 mit der E6 liegt der beliebteste Freizeitpark Ostnorwegens mit **Nordeuropas derzeit größter hölzernen Achterbahn.** Besonders hübsch ist das Wikingerland, in dem alte Wikingertraditionen wieder aufleben. Für die Jüngsten gibt es einen eigenen Park und ein Badeland.
Fryds vei 25 | Der Park öffnet Anfang Mai, unterschiedliche Öffnungszeiten, Juli – Mitte Aug. tgl. 10.30 – 19 Uhr | Eintritt nach Körpergröße, ab 269 NOK | www.tusenfryd.no

Die bekannteste Glashütte des Landes

Hadeland Glassverk

Etwa 65 km nördlich von Oslo liegt in Jevnaker am südlichen Ende des Randsfjords die bekannteste Glashütte Norwegens. Hadeland Glassverk wurde bereits 1762 gegründet, ist also der **älteste Industriebetrieb des Landes.** Hier kann man den Glasbläsern bei der Arbeit zusehen, in den Ausstellungslokalen eine Reise durch Geschichte und Design unternehmen und kunstvolle Glasarbeiten kaufen.
Glassverksveien 9 | Mo. - Fr. 10 - 15 (Museum bis 16), beide Sa. bis 16, So. 11 - 17 Uhr | Ein eigenes Glas zu blasen kostet 175 NOK | www.hadeland-glassverk.no

★ OSLOFJORD

N 11

Gebiet: Ostnorwegen

Sommerparadies, Kulturlandschaft, Naherholungsgebiet: Der rund 100 Kilometer lange Oslofjord bietet viel Abwechslung und ist seit jeher eine Lebensader des Landes. Heute lebt in seiner Nähe mehr als ein Drittel aller Norweger, an seinem Ende liegt die Hauptstadt Oslo.

Schon zur Steinzeit beliebt

Obwohl die Fjordufer und die zahlreichen Inseln für norwegische Verhältnisse dicht besiedelt sind, finden sich noch genügend stille, grüne Flecken. Die schönsten Sommerparadiese und Küstenstädte mit sehenswerten Museen liegen vor allem am Westufer, am Ostufer lohnt die alte Festungsstadt Fredrikstad einen Besuch. Die frühesten menschlichen Siedlungen am Fjord gehen bis in die Jungsteinzeit zurück, und auch die Wikinger haben hier ihre Spuren hinterlassen

Wohin an der Westseite des Oslofjords?

Der erste Ort am eigentlichen Oslofjord ...

Horten

... ist die Hafenstadt Horten (27 500 Einw.). In die alten Gebäuden der Marinestation Karljohansvern nördlich des Zentrums ist das Marinemuseum eingezogen. Davor steht die 1872 gebaute »Rapp«, das **älteste Torpedoboot der Welt.** Im gleichen Gebäudekomplex ist auch das Preus-Fotomuseum beheimatet, international renommiert und das einzige seiner Art in Norwegen. Die Ausstellungshallen wurden vom Architekten Sverre Fehn entworfen.
Eine Runde Geschichte gefällig? Südlich der Stadt, in der Nähe der mittelalterlichen Kirche von Borre, liegt das kunstvoll gestaltete Mit-

telalterzentrum »Midgard« mit effektvollen, auch für Kinder höchst spannenden Darstellungen der Wikinger-Geschichte. Der kleine **Borre-Nationalpark** besitzt Nordeuropas größte Ansammlung an Königsgräbern: 6 große und 21 kleinere Grabhügel.

Preus Museum: Kommandørkaptein Klincks vei 7 | Juni – Aug. tgl. 11 – 16, sonst Do. – So. 11 – 16 Uhr | Eintritt 80/50 NOK | www.preusmuseum.no

Midgard historisk senter: Birkelyveien 9 | Mai – Aug. tgl. 11 – 16, Sept. – Mitte Okt. Sa., So. 11 – 16, sonst Mi. 12 – 15, So. 11 – 16 Uhr | Eintritt 90/70 NOK | midgardsenteret.no

Edvard Munchs »Glückshaus«

★ Åsgårdstrand

Edvard Munch kam 1889 zum ersten Mal zur Sommerfrische nach Åsgårdstrand. Acht Jahre später kaufte er sich in dem kleinen Ort eine **alte Fischerhütte.** Hier malte er einen großen Teil seiner Werke. Der kleine Ort am Oslofjord war schon gegen Ende des 19. Jh.s Treffpunkt der Osloer Künstlerszene. Heute ist Åsgårdstrand ein typisches Küstenstädtchen mit weiß gestrichenen Holzhäusern, hinter deren Zäunen die Blumen üppig blühen. Munch zu Ehren haben die Stadteltern der Straße, die zu seinem geliebten »Lykkehuset« führt, seinen Namen gegeben. In Munchs kleinen »Glückshaus« ist heute ein Museum untergebracht.

Etwa 6 km südlich von Åsgårdstrand wurde 1904 in einem Grabhügel das **Osebergschiff** (▶ Baedeker Wissen S. 314/315) gefunden, heute stolz präsentiert im Wikingerschiff-Museum von Oslo.

Munchs hus: Edvard Munchs gate 25 | Juni – Aug. Di. – So. 11 – 17, sonst Sa., So. 11 – 16 Uhr | Eintritt 70/30 NOK | www.munchshus.no

Älteste Stadt Norwegens

Tønsberg

Tønsberg (46 000 Einw.) kann mit mehreren Superlativen aufwaten. Es wurde bereits 871 von Harald Hårfagre angelegt. Im Kastell, heute eine Ruine, verfasste im 13. Jh. König Magnus Lagabøte Norwegens erstes Landesgesetz. Auch von Håkon Håkonssons Festung **Castrum Tunisbergis** (12. Jh.), im Mittelalter Norwegens größte Burg, stehen nur noch einige Mauern. Vom Aussichtsturm blickt man auf Tønsberg und die zerklüftete Schärenlandschaft. Im Sommer zieht die bezaubernde Gegend insbesondere Norwegens High Society an. Einer der bekanntesten zeitgenössischen Maler Norwegens, Odd Nerdrum (geb. 1944), hat im **Haugar Vestfold Kunstmuseum** eine eigene Ausstellung. Das Museum steht auf dem Haugar-Hügel, in der Wikingerzeit ein bedeutender Thingplatz. Mehr über den Walfang und Norwegens große Zeit der Segelschifffahrt erzählt das **Slottsfjellsmuseum** am Fuß des Schlossbergs.

Haugar Vestfold Kunstmuseum: Gråbrødregate 17 | Juni – Aug. Mo. – Fr. 11 – 17, Sa., So. 12 – 17, Sept. – Mai Di. – Fr. 11 – 16, Sa., So. 12 – 17 Uhr | Eintritt 100/70 NOK | www.haugar.com

OSLOFJORD ERLEBEN

TURISTKONTOR VISIT HORTEN
Tollbugate 1, 3187 Horten
Tel. 33 03 17 08
www.visithorten.com
www.visitoestfold.com

FREDRIKSTAD TURISTINFORMATION
Kirkegaten 31B
1632 Gamle Fredrikstad
Tel. 69 30 46 00
www.visitoestfold.com

SANDEFJORD REISELIVSFORENING
Torpveien 130, 3241 Sandefjord
Tel. 33 46 05 90
www.visitvestfold.com/sandefjord

RADTOUREN
Wer Archäologie und Sport verbinden will, macht sich mit dem Rad auf zu den Felsritzungen entlang des Oldtidsveien (11 km ab Fredrikstad). Faltblätter mit Infos zur Route und den Felszeichnungen gibt es bei der Touristinformation. Entlang der Glomma führt der Glommastien, ebenfalls eine beliebte, ca. 30 km lange Radstrecke.

EINE NETTE BOOTSPARTIE
Ein echtes Vergnügen ist eine Tagestour auf dem Haldenkanal. Die Abfahrtszeiten der Boote »M/S Strømfoss« und »M/S Turisten« erfährt man unter Tel. 93 06 64 44 oder www.haldenkanalen.no. Übrigens ist der Kanal auch ein Paradies für Kanufahrer.

SEGELN WIE DIE WIKINGER
Die »Gaia«, eine originalgetreue Kopie des ca. 1200 Jahre alten Gokstadschiffs, liegt in Sandefjord am Museumskai und sticht hin und wieder zu Rundfahrten in See (Informationen bei der Touristeninformation).

DET GAMLE BAGERI OST & VINSTUE €–€€
Nach dem Besuch des Drøbaker Weihnachtshauses kann man beispielsweise zum Lunch oder zu Kaffee und Kuchen in dieser ebenso gemütlichen wie rustikalen Kneipe einkehren. Abends treffen sich hier die Drøbaker auf ein Glas Wein; oft wird Livemusik geboten.
Drøbak, Havnebakken 1
Tel. 64 93 21 05
www.detgamlebageri.no

BECKS BRASSERIE & BAR €€€
Restaurant, Bar und Brasserie sind in kühlem nordischen Design gehalten. Zwar gibt es auf der Speisekarte auch Fisch – den Fang des Tages oder Bacalhau auf portugiesische Art –, aber sonst ist die Karte ziemlich fleischlastig. Das Angebot für Vegetarier ist eher gering. Die Terrassenplätze sind besonders begehrt.
Tønsberg, Nedre Langgate 32
Tel. 48 05 11 11
http://becksbrasserie.no/tonsberg

HANKØ SEILERKRO €€€
Das hübsche Sommerrestaurant am Gästehafen gehört zum Hankø Fjordhotel. Sie können mit dem Auto anreisen oder mit dem eigenen Boot – das Essen schmeckt auf jeden Fall hervorragend.
Gressvik, Vikaneveien 405
Tel. 69 38 28 50
www.hankohotell.no

ENGELSVIKEN BRYGGE €€€

Das etwas versteckt liegende Fischrestaurant in der Bucht von Engelsviken (15 km nordwestlich von Fredrikstad) bereitet die absolut frischen Fische und Meeresfrüchte so köstlich zu, dass die Gäste selbst aus Oslo anreisen.
Engelsviken, Engelsvikenveien 6
Tel. 69 35 18 40
www.engelsvikenbrygge.no

MAJOR STUEN €€€

Hier wird Geschichte zelebriert, sie hängt auch an den Wänden. Das Restaurant passt zur Umgebung der historischen Altstadt von Fredrikstad. Im »Majoren«, wie es die Einheimischen nennen, gibt es aber sehr zeitgemäße Küche. Gäste werden mit vorzüglichen Fisch- und Wildgerichten verwöhnt.
Gamle Fredrikstad
Voldportgata 73
Tel. 69 32 15 55
www.majoren.no

HOTEL REFSNES GODS €€€€

Schon die Lage auf einer Insel im Oslofjord ist wunderbar: Im herrschaftlichen Anwesen aus dem 18. Jh. erwartet ein entsprechend luxuriöses Hotel Gäste mit Kleingeld. Das trotz moderner Erweiterungen sehr ruhige Haus verfügt über eine 400 Werke umfassende Kunstsammlung (darunter Originale von Munch und Warhol), einen eigenen Strand und einen Bootsanleger.
Moss, Godset 5
Tel. 69 27 83 00
www.refsnesgods.no

THON HOTEL ÅSGÅRDSTRAND €€€

Direkt am Strand gelegenes, komfortables Ferienhotel mit angenehmer Atmosphäre, das sich dem Maler Edvard Munch, dem einst berühmtesten Feriengast des kleinen Ortes, verpflichtet fühlt.
Åsgårdstrand, Havnegata 6
Tel. 33 02 07 40
www.thonhotels.com

HOTEL KONG CARL €€–€€€

Ein bisschen kann man sich im »König Karl« schon fühlen wie ein König. In dem altehrwürdigen Haus vom Ende des 17. Jh.s gibt es »historische Zimmer«. Die Atmosphäre ist gediegen, der Komfort neuzeitlich, und die Küche wird im ganzen Land gerühmt.
Sandefjord, Torgata 9
Tel. 33 46 31 17
www.kongcarl.no

Walfänger und Kurgäste

Sandefjord

Auf die alten Zeiten von Sandefjord (63 500 Einw.) gehen das interessante und durchaus kritische **Walfangmuseum** und das Seefahrtsmuseum ein. Bis Mitte des 19. Jh.s war die Stadt ein bekannter Kurort. Das frühere hölzerne Kurhaus wurde in ein **Kulturhaus** umgebaut, in dem per Ausstellung die alten Zeiten heraufbeschworen werden. Vom Sandstrand Tallakshamn im Süden der Halbinsel Østerøya führt ein schmaler Pfad in etwa einer halben Stunde zum **Feuerturm Tønsberg Tønne** (35 Min.). Der Blick von hier auf den Skagerrak ist bezaubernd. Östlich von Sandefjord liegt der Gokstadhügel (► Oslo, Wikingerschiff-Museum).

Hvalfangstmuseet: Museumsgaten 39 | im Sommer tägl. 10 – 17 Uhr, sonst kürzer | Eintritt 70/50 NOK | www.hvalfangstmuseet.no

Auch wenn man etwas gegen den Walfang hat: Das Hvalfangstmuseet in Sandefjord lohnt sich, denn es informiert ausgewogen und höchst interessant darüber.

Hauptstadt der norwegischen Wikinger

Wikingerstadt Kaupang

Nach der Abzweigung zum Lotsenhafen Ula führt kurz vor Larvik ein Weg zu einem der Hotspots der Wikingerzeit ab. Die idyllisch am Viksfjord gelegene Wikingerstadt Kaupang – in der Ynglinge-Saga als **Sikringssal** erwähnt – gehörte zusammen mit Ribe und Hedeby in Dänemark und Birka in Schweden zu den wichtigsten Handelsplätzen des Nordens. Sie war vermutlich die Hauptstadt der norwegischen Wikinger. Bei archäologischen Ausgrabungen wurden Reste einer Königshalle, Häuser mit Feuerstellen, Werkstätten (Schmieden, Webstuben und Glasperlenfertigung), Straßen und ein Hafen freigelegt. Alles deutet auf eine feste Ansiedlung zwischen 770 und 920 mit einem ganzjährig geöffneten Markt hin.

Mineralwasser und ein Luther-Porträt

Larvik

In der einstigen Grafschaftshauptstadt Larvik (47 000 Einw.) legen ein- bis zweimal täglich die **Fähren nach Dänemark** ab. Hier sprudelt Norwegens einzige natürliche Mineralquelle, die schwefelhaltige Kochsalzquelle Kong Håkons kilde. Klingt schlimmer, als es ist: **Farris-Mineralwasser** können Sie im Supermarkt in durchaus trinkbarer Form erwerben. Das stattliche Gut Herregården im Südosten der Stadt war ab 1680 die Residenz der Grafen von Larvik und beherbergt heute das **Stadtmuseum.** In der hübschen **Larvik-Kirche** aus dem 17. Jh. südlich der Eisenbahn hängt ein **Gemälde von Lucas Cranach d. Ä.:** Abgebildet ist Martin Luther. Rund 90 Grabhügel aus der Eisenzeit sind im **Bøkeskogen** erhalten geblieben, Norwegens größtem Buchenwald nordwestlich der Stadt.

200 Sonnentage im Jahr

Stavern

So versucht das **Seebad** Stavern südlich von Larvik Gäste anzulocken. Mitten im Ort imponiert die von dicken Wällen umgebene Seefestung Fredriksvern, die 1760 König Frederik V. als Marinestation errichten ließ. Im ehemaligen Kommandantengebäude arbeiten nun Kunsthandwerker und stellen ihre Werke aus.

Wohin an der Ostseite des Oslofjords?

Weihnachten rund um die Uhr

Drøbak

Im Badestädtchen Drøbak an der schmalsten Stelle des Oslofjords lag einst **Oslos Winterhafen.** Wenn der Fjord zugefroren war, mussten Passagiere und Waren von hier auf dem Landweg nach Oslo transportiert werden. Am kleinen Bootshafen stehen pittoreske Holzhäuser und ein Aquarium. Im Ortskern lädt Norwegens einziges ganzjährig betriebenes Weihnachtshaus, **»Treegaardens julehus«,** zum Stöbern ein (mit eigenem Poststempel!).

Die **Festung Oscarsborg,** errichtet, um Oslo gegen Angriffe von See her zu verteidigen, zeugt von unruhigen Zeiten. Bekannt wurde Oscarsborg durch die Versenkung des Kreuzers »Blücher« am 9. April 1940, der am deutschen Überfall auf Norwegen beteiligt war.

Besterhaltene Festungsstadt Skandinaviens

Fredrikstad und Umgebung

Fredrikstad, 1567 auf Befehl des schwedischen Königs Fredrik II. gegründet, ist reich an Wällen, Zugbrücken und Bastionen. Verwinkelte Gassen mit grobem Kopfsteinpflaster führen durch die **charmante Altstadt,** wo in den restaurierten Häusern viele Künstlerinnen und Künstler Ateliers betreiben. Von den einst 130 Kanonen sind heute noch 60 auf den Wällen der Festungsanlage zu sehen. Besuchenswert sind das Frederikstad Museum, das **Fußballmuseum** im Stadion von Fredrikstad, das Herrenhaus Elingaard und das Walfangmuseum im Keller des Bullgården (Toldbodgate).

500 m von der Altstadt entfernt geht die martialische Stadtfestung in Form der Außenanlage **Kongsten Fort** (1685) weiter. Unterirdische Räume und Gänge im Fort geben einen Einblick in die militärische Denkweise der frühen Neuzeit.

Fredrikstad Museum: Tøihusgaten 14 | Mitte Juni – Anf. Sept. tgl. 12 – 16, April – Mitte Juni Sa., So. 12 – 16 Uhr | Eintritt 75/30 NOK | http://ostfoldmuseene.no/avdelingene/fredrikstad-museum

Sehenswerter Dom

Modernes Frederikstad

Am westlichen Ufer der **Glomma, Norwegens längstem Fluss,** erstreckt sich der moderne Industrie- und Hafenbereich von Frederikstad, erreichbar mit dem Boot oder über die 40 m hohe Fredrikstadbrua. Dort ragt die neugotische Domkirche von 1880 auf. Sie besitzt eine der größten Orgeln Norwegens mit 4000 Orgelpfeifen und Glasmalereien von Emanuel Vigeland, dem Bruder von Gustav Vigeland (▶ Interessante Menschen).

Idyllische Lage

Halden

Halden liegt schön am Iddefjord und ist von zahlreichen idyllischen Seen umgeben. Hoch über der Stadt thront die Festung Fredriksten, erbaut zwischen 1661 und 1701. Sie wurde auf zwei Bergrücken angelegt und beherbergt heute ein höchst ziviles Restaurant. Ein kriegs- und kulturhistorisches Museum dokumentiert die Geschichte der Festung. Als die Zeiten in dieser Gegend friedlicher wurden, besann man sich auf eine entsprechende Nutzung: Inzwischen ist die Festung ein beliebter Veranstaltungsort für **Kulturevents** aller Art.

Größte Einbogenbrücke der Welt

Svinesundbrücke

Über den Svinesund führt heute in beträchtlicher Höhe eine geradezu filigran wirkende Brücke. Das Bauwerk ist mit 247 m Spannweite die größte Einbogenbrücke der Welt und verbindet via Europastraße Oslo–Göteborg **Norwegen mit Schweden.**

Idylle pur: In Frederikstad mündet die Glomma in den Oslofjord.

ROMSDAL

Gebiet: Westnorwegen

K 7/8

Zuerst zwängt sich die Rauma wild schäumend durch enge Schluchten, doch nur wenige Kilometer weiter öffnet sich das Romsdal und der Fluss mäandert still durch grüne Auen. Die Aussicht ist überall grandios, denn das Tal wird von beeindruckenden Bergriesen eingerahmt, die kurz vor Åndalsnes im mächtigen Romsdalshorn und in der senkrechten Trollwand gipfeln. Die Krönung des Bergpanoramas bietet ein Abstecher zu den Serpentinen des Trollstigen.

Wilde Gipfel über dem Romsdalfjord

Das Romsdal bildet eine der schnellsten Verbindungen vom Fjell zum Fjord. Wer in Dombås startet, erreicht auf der E136 nach ca. 100 km Åndalsnes am großartigen Romsdalfjord. Das smaragdgrüne Wasser der Rauma und die hohen Berge lassen sich aber auch aus dem Zugfenster genießen. Das Zauberwort heißt Raumabahn (www.nsb.no). Sie gilt als Meisterwerk des Eisenbahnbaus, denn die Trasse war nur durch Wendetunnel und aufwendige Brücken zu verwirklichen. Von Ende Mai bis Ende August werden Sightseeingzüge eingesetzt, an einigen Tagen auch eine Dampflokomotive. Teile des Films »Harry Potter und der Halbblutprinz« wurden zwischen Oslo und der norwegischen Fjordregion entlang der Raumabahn gedreht.

Wohin im Romsdal und Umgebung?

Wilde Schlucht

Im Romsdal abwärts

Wenn man dem Romsdal über die E136 abwärts Richtung Meer folgt, verengt es sich zunehmend. Von der kurvenreichen Straße bieten sich immer wieder schöne Ausblicke auf die tosende Rauma. Beim Wasserfall **Slettafoss** hat sie eine wilde Schlucht durch die Felsmassen gegraben. In **Verma** (273 m) überquert die Bahn auf der 76 m langen und 59 m hohen Kylling bru den Fluss, nahe dem Vermafoss-Kraftwerk. In einer Talweitung bei Malstein ragt das Romsdalshorn wuchtige 1550 m in die Höhe.

Die höchste Felswand Europas

Trollveggen

Manchen wird es schon vom Anschauen schwindlig: Die mächtige Trollveggen (Trollwand) gegenüber dem Romsdalshorn, gekrönt von den **Trolltindene** (Trollzinnen), ist die höchste Felswand Europas und misst vom Fuß bis zum Gipfel fast 1800 m, wovon der nahezu senkrechte Teil 1000 m ausmacht und 50 m überhängt. Durch die Wand führen einige sehr schwierige Kletterrouten. 1965 wurde sie

ROMSDAL ERLEBEN

ÅNDALSNES OG ROMSDAL REISELIVSLAG

Jernbanegata 1
6300 Andalsnes
Tel. 71 22 16 22
www.visitandalsnes.com

VISIT NORDMØRE & ROMSDAL

Torget 4, 6413 Molde
Tel. 70 23 88 00
www.visitmolde.com

DESTINATION KRISTIANSUND & NORDMØRE

Kongens Plass 1
6501 Kristiansund
Tel. 70 23 88 00
www.visitkristiansund.com

ANREISE

Man erreicht das Tal entweder von Åndalsnes aus oder von Südosten her durch das Gudbrandsdal über die E136 ins obere Romsdal.

MOLDE JAZZFESTIVAL

In der zweiten Julihälfte kommen Jazzmusiker und -fans aus aller Welt zum Festival in Molde.
www.moldejazz.no

NORSK FJELLFESTIVAL

In Åndalsnes ist im Juli eine Woche lang das Norsk Fjellfestival zu Gast: Das breite Programm bietet Attraktionen für die ganze Familie.
www.norskfjellfestival.no

SJØSTJERNA FISKERESTAURANT €€€

In der »Klippfischmetropole« Kristiansund gibt es selbstverständlich etliche Restaurants, die das typische Gericht der Region servieren. Ein empfehlenswertes ist das Sjøstjerna im Stadtzentrum. Der »Bacalhau nach Art des Hauses« ist die portugiesische Variante mit Oliven (So. geschl.).
Kristiansund, Skolegata 8

erstmals durchstiegen. Da die Berge so hoch und mächtig sind, ist in diesem Tal beinahe fünf Monate im Jahr die Sonne nicht zu sehen. Das kann schon aufs Gemüt schlagen. Das architektonisch interessante **Besucherzentrum** bietet eine Aussichtsplattform, eine Ausstellung zur Geschichte der Trollwand und eine Cafeteria.

Trollveggen Besøkssenter: Juni – Aug. tgl. 9.30 – 19 Uhr, teils kürzer | visit-trollveggen.com

★ Trollstigen

Meisterwerk der Straßenbaukunst

An der Sogge bru zweigt links die R63 ab und führt durch das Isterdal nach Valldal. In **elf atemberaubenden Serpentinen** schraubt sich der **»Trollstigen«** auf 18 km Länge mit einer Steigung von 12 % den Berg hoch und bietet für alle Mitfahrenden einen herrlichen Ausblick auf die wildromantische Gipfelkette. Jährlich fahren mehr als eine

Tel. 71 67 87 78
www.sjostjerna.no

SMIA €€€–€€€€

Mehrfach ausgezeichnetes Restaurant in einer ehemaligen Schmiede von 1787; an der Einrichtung ist die Geschichte des Hauses abzulesen. Besonders empfehlenswert: Bacalao oder die gemischte Fischplatte mit dem Tagesfang.
Kristiansund
Fosnagaten 30b
Tel. 71 67 11 70
www.smia.no

YTTERBRYGGA RESTAURANT €€€

Die Überfahrt von Gjetøy zur Insel Håholmen (im Sommer stündlich 11–21 Uhr) lohnt sich nicht nur wegen dieses Restaurants in einem Speicherhaus aus dem 18. Jh. Am alten Klippfischkai findet man natürlich auch echten Klippfisch auf der Speisekarte. In dem Ensemble aus 25 historischen Häusern und Hütten, die das Hotel Håholmen bilden, können Sie noch in mehreren anderen Restaurants speisen und überaus gemütlich übernachten.
Insel Håholmen
Håholmen Havstuer
Tel. 71 51 72 50
www.classicnorway.com

THON HOTEL KRISTIANSUND €€€

Einen schönen Blick über den Sund auf die Stadt bietet das zum schicken Hotel umgebaute ehemalige Speichergebäude von 1915. Die Zimmer sind modern eingerichtet, alte Holzbalken kontrastieren den kühlen nordischen Stil. Auf der Terrasse direkt am Wasser sitzt es sich prima.
Kristiansund, Fiskergata 12
Tel. 71 57 30 00
www.thonhotels.com

SCANDIC SEILET €€€

Das Scandic Seilet ist architektonisch wohl einzigartig in Nordeuropa: Das Gebäude in Form eines Großsegels ist teilweise in den Romsdalfjord hineingebaut. Alle Zimmer haben Panoramablick. Für das leibliche Wohl sorgen das Restaurant Seilet, die Skybar in 60 m Höhe und das Restaurant direkt am Fjordufer.
Molde, Gideonvegen 2
Tel. 71 11 40 00
www.scandichotels.com

halbe Million Touristen die Straße nach oben. Erdrutsche machten es nötig, die spektakuläre Straße an manchen Stellen umzubauen. Auf der Stigfoss bru überquert man den Stigfoss und gelangt zur Trollstigheimen Fjellstue auf der Passhöhe (Aussichtsplattform). Dann führt die Straße abwärts nach Valldal am Tåfjord.

»Das alpine Dorf am Fjord«

Die E136 endet in Åndalsnes am Isfjord. Westlich davon erstreckt sich der **malerische Romsdalsfjord,** in dem auch einige Kreuzfahrtschiffe einen Stopp einlegen. Der nach dem Zweiten Weltkrieg modern wieder aufgebaute Ort gilt als Hauptstadt der norwegischen Bergsteiger und wird deshalb auch als »alpines Dorf am Fjord« bezeichnet. 2016 wurde mit dem Nationalen Bergsportzentrum die jüngste Attraktion eröffnet: Eine **21 m hohe Indoor-Kletterwand** Åndalsnes bietet 60 Routen unterschiedlicher Schwierigkeitsgrade. Weniger anstrengend ist die interaktive Ausstellung über die Geschichte des Bergsports in Norwegen.

Norsk Tindesenter: tgl. 9 - 18 Uhr, teils länger | Eintritt 140/85 NOK
tindesenteret.no

Die »Rosenstadt«

Molde

Molde (27 000 Einw.) liegt bereits am Meer. Ihren Beinamen »Rosenstadt« kreierte Norwegens bekannter Dichter Bjørnstjerne Bjørnson, der in Molde zur Schule ging. Hier ist das Klima wegen des warmen Golfstroms so mild, dass sogar Kastanien, Linden und vor allem unzählige Rosen gedeihen. Wunderschön ist das **»Moldepanorama«** mit seinen teilweise schneebedeckten Berggipfeln auf der anderen Seite des Fjords. An der Wand im Seitenschiff der modernen Domkirche (1957) mit sehenswerten Glasmalereien hängt das Altarbild der 1940 zerstörten Kirche, »Die Auferstehung« von Axel Ender. Im Westen der Stadt liegt der **Waldpark Reknesparken** mit dem Romsdalmuseum, einem hübschen Freilichtmuseum mit rund 70 alten Gebäuden aus dem Romsdal. Lohnende Aussichtspunkte bei Molde sind der Tusten (696 m; Aufstieg 3 Std.) und der 407 m hohe Varden, der vom Zentrum in ca. 1 Std. erklommen werden kann (Autostraße und Aussichtsrestaurant). Oben auf dem Varden bietet sich eines der berühmtesten Panoramen Norwegens: **222 Gipfel** sollen zu sehen sein.

Romsdalsmuseet: Per Amdams veg 4 | Mitte Juni - Mitte Aug. tgl. 11 - 17, sonst Mo. - Fr. 11 - 15, Sa., So. bis 16 Uhr | Eintritt 100/50 NOK | www.romsdalsmuseet.no

Klippfischmetropole auf drei Inseln

Kristiansund

Am Ausgang des Sunndals liegt Kristiansund, eine nüchterne, nach dem Zweiten Weltkrieg wieder aufgebaute Stadt. Ihre Geschichte ist untrennbar mit Dorsch und Hering verbunden. Die Statue des **»Klippfischweibs«** am Hafen erinnert daran, dass zwischen 1750 und 1950 fast alle Stadtbewohner davon lebten. Bis nach Portugal wurde der Trockenfisch, dort »Bacalhau« genannt, gehandelt. In einem der vielen Fischrestaurants der Stadt kann man noch immer einen Hauch von Portugal schnuppern, denn der Klippfisch wird hier mediterran mit Olivenöl, Oliven, Paprika und Tomaten zubereitet. Ein Speicher beim Hafenbecken Vågen, in dem früher Klippfisch gelagert wurde, dient heute als Klippfischmuseum.

Von Insel zu Insel gelangt man am besten mit einem der **Sundboote,** die ständig hin- und herpendeln. Eine Rundfahrt ist die beste Art, einen Überblick über die Inselstadt zu gewinnen. Sundbåten ist das möglicherweise älteste öffentliche Transportsystem der Welt: Seit 1876 ist es ununterbrochen in Betrieb.

Klippfiskmuseet: Dikselveien 20 | Mitte Juni - Mitte Aug. tgl. 12 - 17 Uhr | Eintritt 70 NOK | www.nordmore.museum.no

OBEN: Die Aussichtsplattform ist nichts für schwache Nerven, der Trollstigen aber auch nicht: Über elf Haarnadelkurven schlängelt sich die Straße an einer steilen Gebirgswand hinauf.

UNTEN: Der Geruch von Salz und Fisch liegt im alten Speicher noch immer in der Luft. Damals stellte man Klippfisch her, heute ist hier das Norsk Klippfiskmuseum zu Hause.

Atlanterhavsveien

Eine der eindrucksvollsten Küstenstrecken Europas
Zwischen Vevang und Kårvåg, 28 km südwestlich von Kristiansund, liegen unzählige Inseln, die noch bis vor wenigen Jahrzehnten nur mit Fähren zu erreichen waren. Der knapp 8,5 km lange Atlanterhavsveien verläuft direkt am Meer mit Blick auf die **zerklüftete Schärenlandschaft.** Die Inseln und Holme entlang dieser Strecke werden durch insgesamt zwölf Brücken und mehrere Dämme verbunden. Auch Taucher kommen gerne, schließlich gibt es nicht umsonst mehrere Tauchcenter in der Gegend. Bei Windstille bietet sich eine herrliche Aussicht auf das offene Meer, bei kräftigem Nordwest ein faszinierendes Schauspiel der Naturgewalten.

★ RØROS

K 12

Gebiet: Mittelnorwegen | **Einwohnerzahl:** 5700

Bitterkalt, aber wunderschön: Røros ist Norwegens einzige Stadt im Gebirge. Als »Vater« der Stadt gilt ein gewisser Hans Olsen Aasen. Er war 1644 bei einem Jagdausflug zufällig auf Erz gestoßen und soll damit die mehr als 300-jährige Geschichte des Kupfererzabbaus angestoßen haben. Die Holzhäuser in der Altstadt sind Zeugen dieser Zeit und stehen seit 1980 auf der UNESCO-Weltkulturerbeliste.

Historische Bergbaustadt

Der von Hans Olsen Aasen errichtete und bis heute erhalten gebliebene Aasengården unweit der Kirche ist das älteste Gebäude von Røros. Weil Norwegen zu dieser Zeit keine ausgeprägte Bergbautradition hatte, strömten bald nach der Entdeckung des Kupfererzes Bergleute und Ingenieure auch aus Deutschland nach Røros, wovon unter anderem Straßennamen deutschen Ursprungs zeugen. Der erste Direktor der Erzgruben, Oskar Schwatz, war ein Schwarzwälder. Nach über 300 Jahren, in denen in mühevoller Arbeit rund 110 000 t Kupfer zutage gefördert worden waren, schloss 1977 schließlich die letzte Grube von Røros.
300 Jahre Bergbau sind nicht spurlos vorübergegangen. Geblieben sind bis heute die großen, dunkelbraunen Schlackenhalden und die Wunden in der Natur durch das jahrhundertelange Abholzen der Wälder um Røros. An die Glanzzeit der Bergbaustadt erinnert der jährliche **»Rørosmartnan«** im Februar mit Konzerten in der alten Schmelzhütte und in der Bergmannskirche, Pferde- und Schlittenparaden, Skirennen, Tanz und »Bergmannbüffets« (www.rorosmartnan.no).

RØROS ERLEBEN

DESTINASJON RØROS
Peder Hiortsgata 2, 7374 Røros
Tel. 72 41 00 00
www.roros.no

KAFFESTUGGU RØROS €€
Das Café in einem der ältesten Gebäude der Stadt bietet sich für einen Imbiss an. Pastellfarbene Wände, der alte Ofen, Porträts und die Bauernmöbel machen seinen Charme aus.
Bergmannsgata 18
Tel. 72 41 10 33
http://kaffestuggu.no

VERTSHUSET RØROS €€
In diesem kleinen Restaurant im Zentrum sollten Sie den typischen norwegischen Rahmbrei, »Römmegrøt« auf Norwegisch, probieren. Eine weitere Spezialität ist das im Haus gebraute Bier »Rammkjellaren«.
Kjerkgata 34
Tel. 72 41 93 50
www.vertshusetroros.no

PEDER HIORT MATHUS €€–€€€
Im alten Direktoriumsgebäude, das zum Hotel Bergstaden gehört, wird in uriger Atmosphäre unter niedrigen Balkendecken deftige Küche serviert.
Osloveien 2, Tel. 72 40 60 80
http://bergstadenshotel.no

VERTSHUSET RØROS €€€
Gemütlicher Gasthof im historischen Zentrum; für die Unterbringung können Sie zwischen zwei Stilen wählen – eher zeitgemäß in einer ehemaligen Wollfabrik oder im alten Holzgebäude des Rammgården von 1844.
Kjerkgata 34, Tel. 72 41 93 50
www.vertshusetroros.no

ERZSCHEIDERGÅRDEN €€–€€€
Das kleine, gelb gestrichene Holzhaus auf einem Hügel in der Nähe der Kirche stammt aus dem 17. Jh. Hier kann man schön mit Blick auf Røros wohnen.
Spell Olaveien 6, Tel. 72 41 11 94
www.erzscheidergaarden.no

Wohin in Røros und Umgebung?

Kultur- und Industriedenkmal

★ Bergstaden

Die 75 denkmalgeschützten, stilgerecht restaurierten Häuser in der Bergstaden (Altstadt) vermitteln einen hervorragenden Eindruck der **Bergbauarchitektur.** Die ersten Häuser entstanden Ende des 17. Jh.s in der Nähe des ersten Schmelzwerks am Hitterfluss. Zum Wohnhaus gehörten oft auch Viehställe, Backstuben und Vorratshäuser. Ein gutes Beispiel dafür ist der **Per-Amundsa-Hof** (18. Jh.) in der Bergmannsgata 37, der mit Schlacke aus den Gruben gedeckt ist. Im unteren Teil der Altstadt siedelten sich die reicheren Bürger und Bergwerksdirektoren an. Die Größe und Ausstattung der Häuser sind sichtbare Zeugnisse der Klassengrenzen.

Am Malmplassen (Erzplatz) lockt das **Bergwerksmuseum** mit diversen Modellen (1 : 10) alter Bergwerkstechniken. Im Grubenraum des Museums, untergebracht in der ehemaligen rekonstruierten Schmelzhütte, erfahren Wissbegierige, wie mühsam das Erz Ende des 18. Jh.s in den unteren Gruben gewonnen wurde, nämlich durch die sog. Feuersprengung.

Smelthytta: Lorents Lossius gata 45 | Mitte Juni – Mitte Aug. tgl. 10 – 18, sonst 10 – 15/16 Uhr | Eintritt 110 NOK | http://rorosmuseet.no

»Bergstadens Ziir«

Røros-Kirche

Das Wahrzeichen der Stadt ist die aus Stein gebaute, achteckige und sehr sehenswerte **Barockkirche** von 1784 an der Kjerkgata. Sie wird völlig zu Recht auch »Bergstadens Ziir« genannt. Den markanten quadratischen Turm schmücken die **Bergmannszeichen** Hammer und Schlägel.

Warm anziehen!

Olavsgrube

Wenn andere eine Grube graben, könnte man interessehalber mal einfahren, z. B. in die etwa 13 km östlich der Stadt gelegene Olavsgrube, eine 1936 entdeckte Kupfermine. In der 500 m tief im Berg liegenden **Bergmannshalle** finden im Sommer auch Konzerte statt. Hier herrscht das ganze Jahr hindurch eine konstante Temperatur von 5 °C, sodass man bei einem Besuch warm angezogen sein sollte.

Olavsgruva: Führungen Anf. – Mitte Juni und Mitte Aug. – Mitte Sept. tgl. 15, Mitte Juni – Mitte Aug. 11, 13, 15 und 17 Uhr | Eintritt 130 NOK | http://rorosmuseet.no

Weglose Wildnis

Abstecher in die Femundsmarka

Die Femundsmarka ist eine ziemlich dünn besiedelte Wildnis nahe der schwedischen Grenze. Es ist sehr schön hier, aber einsam, und genau diese Mischung schätzen manche Wanderer und Kanufahrer. Der **Femundsmarka-Nationalpark** (573 km^2) ist eine Wildnis aus mächtigen Kiefern, Felsblöcken, Flüssen und Seen, durch die keine Straße verläuft. Einen ausgesprochen bequemen Einstieg bietet das Schiff »Fæmund II«. Die »Fæmund II« verkehrt im Sommer in der Regel täglich. Oder man beginnt die Tour von Elgå oder Valdalen auf norwegischer oder Sylen/Grøvelsjøen auf schwedischer Seite. Der **Seenreichtum** der Femundsmarka lässt das Herz von Kanubegeisterten höherschlagen, ermöglicht er doch unzählige Kanutouren. Der **Femund-See** selbst ist wegen seiner vielen kleinen Inseln vor allem im Mittelteil (südlich von Elgå) landschaftlich reizvoll. Wegen der oft sehr plötzlich auftretenden Winde, die für hohe Wellen sor-

Schlicht und rustikal wirkt die Altstadt von Røros, beredtes Zeugnis der Zeit, als das Tagwerk noch im Wesentlichen aus der Arbeit unter Tage bestand.

Ein kleines Idyll am Femund-See: Der Weiler Elgå bietet vor allem Ruhe in wundervoller Natur.

gen, ist aber Vorsicht geboten. Diesbezüglich wesentlich sicherer ist der westlich vom Femunden gelegene **Isteren-See.** Er ist zwar nur 18 km lang, doch sollte man mit Kompass und Karte umgehen können, denn seine vielen schönen Inseln verwandeln ihn in ein **Labyrinth.**

Fahrplanauskünfte unter Tel. 96 39 20 17 oder www.femund.no

Über Generationen ungestört

Gutulia-Nationalpark

Südlich der Femundsmarka, direkt an der schwedischen Grenze, liegt der Gutulia-Nationalpark. Sein **Baumbestand ist uralt:** Die Fichten sind bis zu 300 Jahre alt, viele Kiefern stehen hier sogar schon seit 500 Jahren. Von der R654 zweigt ein ausgeschilderter Weg ab, an dessen Ende gibt es einen Parkplatz. Von hier aus erreicht man, immer am Ufer des Gutulisjøen entlang, in einer guten halben Stunde die Alm. Im Juli gibt's hier Kaffee und Waffeln.

SETESDAL

Gebiet: Südnorwegen

N/O 8

Aus der Vogelperspektive wirkt das Setesdal, als hätte ein riesiger Troll mit seinem Beil eine Kerbe geschlagen und so den südlichen Teil Norwegens in zwei ungefähr gleich große Hälften geteilt. Lange war es ein abgeschiedenes, schwer zugängliches Tal. So blieben hier viele alte Gehöfte und Traditionen erhalten. Doch seit in den 1960er-Jahren die ganzjährig befahrbare Straßenverbindung fertiggestellt wurde, verläuft durch das Tal eine wichtige Verbindung von der Südküste nach Bergen und ins Fjordland.

Lebendige Traditionen

Durch das Tal fließt die Otra. Sie bildet mehrere lang gestreckte Seen, die wegen ihrer Größe und der hohen Felswände zu beiden Seiten teilweise an Fjorde erinnern. Die Sandstrände entlang des Flusses und der Seen sind im Sommer beliebte Badeplätze. Nur wenige Straßen führen aus dem Tal auf die Hochebenen rechts und links. Hier liegen noch relativ wenig erschlossene Wandergebiete, zum Großteil oberhalb der Baumgrenze. In den letzten Jahren hat der Tourismus das Tal entdeckt; bei Skifahrern, Kletterern, Kanufahrern und Wanderern gilt das Setesdal als Geheimtipp. Bekannt ist es außerdem für seine Silberschmiede, die ihre qualitativ hochwertigen Arbeiten überall zum Verkauf anbieten. Wahrscheinlich kam das erste Silber schon früh aus Kongsberg ins Setesdal und wurde hier zu Schmuck für die Volkstracht verarbeitet.

Wohin im Setesdal?

Mineralienparadies

Evje

Verlässt man Kristiansand auf der R9 in Richtung Norden, kommt man nach Evje. Die Gegend ist für ihre Mineralienvorkommen bekannt und im **Setesdal Mineralpark,** 10 km südlich von Evje, sind Mineralien und eine nachgebaute Grube zu besichtigen. Mineraliensammler können sich hier eindecken.

Mineralparken: Mineralvegen 1 | Mitte Mai – Okt. meist Mo. – Fr. 10 – 16, Mitte Juni – Mitte Aug. tgl. 10 – 18 Uhr; die genauen Zeiten stehen auf der Webseite | Eintritt 180/135 bis 210/185 NOK | www.mineralparken.no

Wintersport und Dampfschifffahrt

Byglandsfjord

Die Straße führt östlich am See Byglandsfjord entlang. Am Nordende des Sees stehen alte Vorratshäuser (»stabbur«) **auf Pfählen.** Das

SETESDAL ERLEBEN

EVJE/HORNNES TURISTINFORMASJON
Verksmoen 4, 4735 Evje
Tel. 37 93 23 46, www.setesdal.com

HOVDEN TURISTINFORMASJON
Hovdetun, 4755 Hovden
Tel. 37 93 93 70
www.hovden.com

KLETTERN WIE TARZAN
Der Klatreskogen (Kletterwald) in Hornnes hat für schwindelfreie Menschen (größer als 1,40 m) Nervenkitzel zu bieten: rasante Drahtseilfahrten über den Fluss, Tarzanschwünge in den Bäumen (Kernöffnungszeiten Mitte Juni – Mitte Aug. tgl. 10 – 18 Uhr, sonst wechselnde Öffnungszeiten (siehe Webseite), Eintritt 320/170 NOK).
www.klatreskogen.no

FEINER SILBERSCHMUCK
Im gesamten Setesdal wird Silberschmuck gefertigt. In Nomeland betreibt die Familie Bjørgum in einem alten Setesdalhof die Silberschmiede Sylvartun Sylvsmed. Sie ist für ihren hochwertigen, handgearbeiteten Silberschmuck bekannt (im Sommer Mo. – Sa. 10 – 18, So. 11 – 18 Uhr, Tel. 37 93 63 06).

FJELLGÅRDEN HOVDEN **€€**
Im alten Bauernhaus »Den Gamle gaard« kann man in der gemütlichen Stube am offenen Feuer ein traditionelles Essen genießen oder einen Kaffee trinken. Merethe Hjemdahl und Rolf Arne Haugen kümmern sich um den Hofladen und bieten auch Übernachtungsmöglichkeiten.
Hovden, Breivevegen 40
Tel. 90 19 07 71
www.fjellgardenhovden.no

FURUMO **€€**
Unprätentiös und gesund: In dem altehrwürdigen, gelb gestrichenen Holzhaus im Zentrum des Orts kann man Kleinigkeiten essen oder ein komplettes Menü bestellen. Es gibt Brot aus der eigenen Bäckerei und im Laden Bio-Produkte.
Hovden
Tel. 41 20 43 17
http://hovdenalpinsenter.no

HOVDEN RESORTS **€€€**
Das Resort bietet moderne, komfortable Hütten, aber auch Appartements und Hotelzimmer mit Holzausstattung unweit des Skigebiets und des Golfplatzes in grandioser Hochgebirgslage.
Hovden
Tel. 37 93 88 00
www.hovdenresort.com

Oldtimerschiff »Bjoren« war noch bis 1962 im Liniendienst über den See unterwegs, heute dient es als Ausflugsdampfer.
Dampbåten »Bjoren«: Ende Mai – Ende Aug. immer So. 12 Uhr und weitere Termine | Tickets 250/150 NOK | Buchung/Info Tel. 99 51 82 03 | www.setesdalsmuseet.no/faste-utstillingar/bjoren/

Wintersport- und Bergsteigerzentrum

Hovden

Das schön oberhalb der Einmündung der Otra in das Hartevatnet gelegene Hovden ist das wichtigste Wintersport- und Bergsteigerzentrum im Setesdal. Im kleinen **Hovden Jernvinnemuseum** werden Neugierige durch Licht-, Ton- und Raucheffekte in die Wikingerzeit zurückversetzt. Das **Hovden Badeland** ist mit Wasserrutsche, Sauna und Solarium der richtige Ort für regnerische Tage. An der Straße folgen nördlich von Hovden der Lislevatn, der Breivatn und der Sessvatn. Hier erreicht die Strecke mit 917 m ihren höchsten Punkt zwischen Kristiansand und Haukeligrend; von dort kann man auf der Haukelistraße nach Haugesund fahren.

Jernvinnemuseet: Mitte Juni – Mitte Aug. tgl. 11 – 19 Uhr | Eintritt frei | www.setesdalsmuseet.no

Hovden Badeland: Skulevegen 9 | Kernöffnungszeiten im Sommer tgl. 10 – 19 Uhr, sonst wechselnde Öffnungszeiten (siehe Webseite) | Eintritt 143/118 bis 160/128 NOK | www.badeland.com

Setesdalsmuseet: Unter diesem Begriff werden mehrere kleine Heimatmuseen zusammengefasst, Rygnestadtunet und Tveitetunet in Valle, das Bygland Museum in Bygland, das Evje und Hornnes Museum sowie das Iveland und Vegusdal Bygedmuseum in den gleichnamigen Orten. Infos und Öffnungszeiten unter www.setesdalsmuseet.

★★ SOGNEFJORD

Gebiet: Westnorwegen

L 6/7

»König der Fjorde« wird er genannt, denn keiner ist gewaltiger: Mit einer Länge von 204 km reichen seine Ausläufer fast bis in die Nähe von Hardangervidda, Jotunheimen und Jostedalsbre. An seiner tiefsten Stelle misst er gut 1300 m, während die Berge an seinen Ufern bis zu einer Höhe von 1700 m aufragen. Das vom Golfstrom beeinflusste Klima lässt Walnuss- und Aprikosenbäume gedeihen, berühmte Ferienorte und Kulturdenkmäler wie die älteste Stabkirche des Landes reihen sich an seinen Ufern.

Norwegens längster und tiefster Fjord

An der Meeresseite ist der Sognefjord (Abb. ► S. 582) breit und karg, weiter im Landesinnern wird er immer schmaler und verästelt sich mehrfach. Vor allem die kleinen Fjordarme wie Fjærlandsfjord, Aurlandsfjord oder Nærøyfjord bieten spektakulärste Anblicke. Der nur 18 km lange Nærøyfjord zählt zu den engsten Fjorden Europas, er wird von über 1000 m hohen Felswänden fast erdrückt. Auch der Aurlandsfjord ist an dramatischer Kulisse kaum zu überbieten.

Ähnlich wie am ▶ Hardangerfjord, geschieht auch am Sognefjord fast alles gleichzeitig. Während an den Hängen noch die Obstbäume blühen, reifen am Wasser schon die Erdbeeren, kurz darauf färben sich die Kirschen rot. Frühling, Sommer und Herbst verschmelzen hier quasi zu einer einzigen Jahreszeit.
Der Sognefjord war schon immer eine wichtige Verkehrsader. Besonders verkehrsgünstig liegt der kleine Ort **Balestrand;** hier kamen deshalb schon früh die Touristen an. Rund um den Sognefjord kann man einen ganzen Urlaub verbringen und die Stabkirchen von Kaupanger, Urnes, Borgund und Hopperstad besichtigen, Wanderungen zu traumhaft schönen Wasserfällen oder Bootstouren auf den engen Fjordarmen unternehmen. Auch eine Fahrt mit der **Flåmbahn** vom Aurlandsfjord hinauf auf die Hardangervidda ist ein Erlebnis. Nur das Nordufer des Sognefjords ist durchgehend durch Straßen erschlossen. Aber es verkehren **zahlreiche Fähren** bis hinein in die kleinsten Verästelungen des Fjords. Von Bergen fahren Ausflugsschiffe sogar bis nach Årdalstangen am östlichen Fjordende.

Wohin am Sognefjord?

Hauptort des westlichen Sognefjordgebiets

Lavik

Inmitten zahlreicher Schären beginnt westlich von Rysjedalsvika der Sognefjord. Bald verändert sich auch die Landschaft: Zu beiden Seiten des Fjords werden die Felswände immer höher und steiler. Sehr schön ist der **Amtmannshof Alværen** von 1760 in dem kleinen Ort Lavik. Kaum vorstellbar: Beim Hof Breivik, 15 km weiter, ist die tiefste Stelle des Sognefjords (1308 m).

Romantischer Fjordort

Balestrand

Nach dem 7,5 km langen Høyangertunnel folgt Balestrand. Es wurde schon Ende des 19. Jh.s von Deutschen und Engländern als Ferienort entdeckt. Zu den berühmtesten Gästen gehörte der deutsche **Kaiser Wilhelm II.,** der standesgemäß im Kviknes Hotel übernachtete.

Von der Borgund-Stabkirche abgeschaut

Hopperstad-Stabkirche

Um die hübsche Hopperstad-Stabkirche zu besuchen, muss man auf die Balestrand gegenüberliegende Fjordseite von Vangsnes aus mit der Fähre nach Dragsvik übersetzen. Den Westeingang der Kirche (1130) ziert ein sehr **eindrucksvolles Drachenportal.** Laubengang, Dachreiter und Apsis wurden nach dem Vorbild der Borgund-Stabkirche rekonstruiert.

Sehr zu empfehlen ...

Fjærlandsfjord

... ist ein Abstecher zum Fjærlandsfjord nördlich von Balestrand (Ausflugsschiff nach Mundal), einem rund 26 km langen Seitenarm

SOGNEFJORD ERLEBEN

VISIT SOGNEFJORD
Parkvegen 11, 6856 Sogndal
www.sognefjord.no

BALESTRAND TURISTINFORMASJON
Kaien, 6899 Balestrand
Tel. 94 87 75 01
http://visitbalestrand.com
www.sognefjord.no

LINDSTRØM HOTEL €€€
Das Buffet im Haupthaus dieses Hotels ist überaus reichhaltig, v. a. die Auswahl an Gebäck und Käse. Hier können sie auch sehr gepflegt übernachten; am schönsten sind die Zimmer im alten Holzgebäude im Schweizerstil von 1845.
Lærdalsøyri, Tel. 57 66 69 00
www.lindstroemhotel.no

CIDERHUSET €€
Auch in der norwegischen Obstregion gibt es Cidre oder Cider. Verkosten lässt sich das prickelnde Getränk im Ciderhuset. Natürlich können Sie den vergorenen Apfelsaft – im eigenen Bio-Obstgarten wachsen 60 Sorten Äpfel! – auch kaufen. Die Küche ist international inspiriert.
Balestrand, Sjøtunsvegen 32
Tel. 90 83 56 73
www.ciderhuset.no

PERGOLA €€€
Das Restaurant des schicken Quality Hotel Sogndal erinnert an Italien und das Essen ans Mittelmeer, die Zutaten stammen jedoch großteils aus der Region. Pasta, Pizza & Co. sind vielleicht einmal eine willkommene Abwechslung zum norwegischen Fisch – aber der fehlt natürlich auch nicht auf der Karte.
Sogndal, Gravensteinsgata 5
Tel. 57 62 77 00
www.nordicchoicehotels.com

URNES GARD €–€€
Traditionsreiche Farm in unmittelbarer Nähe der Urnes-Stabkirche. Im Café gibt es einfache Mahlzeiten sowie eigene Äpfel, Kirschen, Erdbeeren, Himbeeren und Blaubeeren.
Ornes, Tel. 91 53 27 84
www.urnes.no

KVIKNES HOTEL €€€€
Traumhaft: ein Essen oder eine nostalgische Nacht in dem aus Holz direkt am Fjord erbauten Prunkbau mit eigenem Jachthafen und Badestrand. Im Erweiterungsbau enttäuschen die Zimmer. Angeboten werden aber herrliche Angel- und Bootstouren und Hubschrauberrundflüge über den Gletscher Jostedalsbreen. Das Kviknes gehört wie das Stalheim Hotel (s. u.) zur noblen Gruppe De Historiske, die besondere Hotels und Restaurants in Norwegen vereint.
Balestrand, Kviknevegen 8
Tel. 57 69 42 00, www.kviknes.no

STALHEIM HOTEL €€€€
Südwestlich vom Ende des Nærøyfjords steht auf der Höhe das Hotel Stalheim, das schon vor über 350 Jahren als Poststation auf dem Weg von Oslo nach Bergen diente. Zahlreiche Künstler haben sich von der fantastischen Aussicht inspirieren lassen. Die können Sie auch genießen, denn aus den nobel eingerichteten Zimmern geht der Blick weit …
Stalheim, Tel. 56 52 01 22
www.stalheim.com

des Sognefjords. Nördlich vom idyllischen Fjordort Fjærland lohnen die Gletscher **Suphellebre** und **Bøyabre,** beides Arme des großen ▶ Jostedalsbre, einen Besuch.

Paradiesgärten

Leikanger

Entlang des kurvigen Nordufers führt die R55 mitten durch eine der größten Obstbauregionen Norwegens nach Leikanger und Hermansverk. Während im Mai auf den Bergen noch der Schnee liegt, blühen am Ufer bereits **über 80 000 Obstbäume.** Wegen des vom Golfstrom beeinflussten Klimas reifen hier innerhalb des kurzen Sommers sogar Walnüsse, Aprikosen und Pfirsiche.

Älteste erhaltene Säulenstabkirche Norwegens

★ Urnes-Stabkirche

12 km nördlich von Sogndal kann man nach Svolvorn abbiegen. Direkt unterhalb des 1690 errichteten Walaker Hotels mit eigener Kunstgalerie legt jede volle Stunde ein kleines Schiff (es nimmt auch einige Autos mit) zur Stabkirche von Urnes (11. Jh.) ab. Die steht auf einer Landzunge am Ostufer des 45 km langen **Lustrafjords.** Nach ca. 20 Minuten Aufstieg steht man vor der Säulenstabkirche mit ihrem beeindruckenden Nordportal von 1060: kämpfende Löwen, Drachen und Schlangen, dazu ein prachtvolles Muster im sogenannten Urnes-Stil. Im Innern der Kirche sind die Hochsäulen mit ornamentierten Würfelkapitellen besonders eindrucksvoll.

Urnes stavkyrkje: Mai – Sept. 10.30 – 17.45 Uhr | Eintritt 90/70 NOK | www.stavechurch.com

Alltagsleben am Fjord

Kaupanger

Etwa 10 km südöstlich von Sogndal liegt direkt am Fjord Kaupanger. Es war im Mittelalter ein bedeutender Handelsplatz. Sehenswert ist auch hier die **Stabkirche** (ca. 1185), die zwar später Fenster und einen Anbau erhielt, aber noch einen vollständig erhaltenen Innenraum mit mächtigen, durch Bogenarkaden miteinander verbundenen Hochsäulen hat.

Ebenfalls einen Besuch wert ist das Kaupanger Heimatmuseum, **»De Heibergske Samlinger«,** benannt nach dem Lehrer Heiberg, der den Grundstock für dieses Museum zusammentrug. Im Freilichtmuseum stehen 30 Gebäude von der Hütte aus dem Mittelalter bis zum modernen Bauernhaus aus den 1980er-Jahren. Weiter zeigen die Sammlungen Gerätschaften rund die Feldwirtschaft, das Jagen, das Bierbrauen und anderes mehr. Im angeschlossenen **Fjordmuseum** am Fährkai werden so ziemlich alle Fragen rund um Fjord, Fischerei und Fährwesen geklärt.

Kaupanger stavkyrkje: Juni – Aug. tgl. 10 – 17 Uhr | Eintritt 70/50 NOK | www.stavechurch.com

Sogn Fjordmuseum: Juni – Aug. tgl. 10 – 17, Mai, Sept. 10 – 15, sonst Mo. – Fr. 10 – 15 Uhr | Eintritt 80/30 NOK | www.dhs.museum.no

OBEN: Der schöne Prinz: Der Fjærlandsfjord ist ein Seitenarm des Sognefjords, des »Königs der Fjorde«.
UNTEN: Holzschnitzereien an der Stabkirche von Urnes, der ältesten Holzkirche der Welt.

Im Zeichen des Lachses

Lærdal

Wer noch einer **Stabkirche** einen Besuch abstatten möchte, setzt die Reise um den Fjord Richtung Lærdal fort. Am Eingang des Tales liegt das verschlafene Städtchen **Lærdalsøyri.** Im alten Stadtkern sind viele hübsche Holzhäuser zu sehen. Dann führt die Straße durch die malerische Schlucht Svartegjel, geschaffen vom Lærdalselv. Das **Wildlachszentrum** am seinem Ufer gilt als das größte und eindrucksvollste der vielen Lachsaquarien in Norwegen. Hier erfährt man alles über den Lebensraum und die Wanderung der Lachse und die Geschichte des Lachsfangs. Im Observatorium lassen sich wilde Lachse und Meeresforellen beobachten, in einer Werkstatt wird die hohe Kunst des Fliegenbindens vorgeführt.

Norsk villakssenter: Mitte Mai – Aug. 10 – 16, Juli – Mitte Aug. bis 18 Uhr | Eintritt 90/60 NOK | www.norsk-villakssenter.no

Mystische Drachenköpfe, Fabeltiere und Ranken

★★ Borgund-Stabkirche

Die Stabkirche von Borgund am anderen Ende des Lærdal zählt zu den ursprünglichsten und schönsten des Landes. Besonders bemerkenswert sind die mit Drachenköpfen verzierten obersten Giebel, die mit kunstvollen Schnitzereien geschmückten Portale und der fast fensterlose Innenraum. Diese kleine, vom Teer geschwärzte Stabkirche wurde vermutlich schon um 1150 erbaut. Bis auf ein nachträglich eingeschnittenes Fenster ist sie stilgerecht restauriert und zeigt noch heute die ursprüngliche Anlage. Wuchtige Holzsäulen tragen die kunstvolle Dachkonstruktion und trennen das Hauptschiff von den niedrigeren Seitenschiffen. Da diese Kirche **zu den Hauptattraktionen Norwegens gehört,** muss man wegen Überfüllung manchmal lange auf Einlass warten.

Borgund stavkyrkje: Mitte April – Ende Sept. tgl. 10 – 17, Mitte Juni bis Mitte Aug. 8 – 20 Uhr | Eintritt 90/70 NOK | www.stavechurch.com

Einer der längsten Straßentunnel der Welt

Aurlandsfjord

Auf der Rückfahrt von Borgund kommt man durch einen sage und schreibe **24,5 km langen Tunnel** an die Spitze des Aurlandsfjords. Der Tunnel verbindet das Lærdal mit dem Aurland. Die **Einfahrt in den Aurlandsfjord,** einer südlichen Verzweigung des Sognefjords, ist beeindruckend: An manchen Stellen ragen die mächtigen Felsen bis zu 1500 m hoch und beinahe senkrecht aus dem Wasser auf.

Spektakulärste Bahnlinie Norwegens

★ Flåmbahn

Südlich von Aurlandsvangen liegt am Südende des Aurlandsfjords der **Touristenort Flåm** am Ausgang des Flåmdal. Hier endet die Flåmbahn, eine Zweigstrecke der Bergenbahn, die zur Bahnstation Myrdal

Wer ist die Schönste im ganzen Land? Die Borgund-Stabkirche liegt im Ranking an der Spitze.

BAEDEKER ÜBERRASCHENDES

6x TYPISCH

Dafür fährt man nach Skandinavien

1. STABKIRCHEN

Von den rund drei Dutzend Stabkirchen sollte man sich wenigstens drei anschauen: Die größte steht in **Heddal** und ist v. a. wegen der fünffach gestapelten Dächer sehenswert; die älteste in **Urnes** ist wegen der in einem ganz eigenen Stil ausgeführten Schnitzereien ein Muss; die in **Borgund** ist für viele die schönste.
(▶ **S. 340, 343, 350f**)

2. DESIGN

Carl Larsson war in erster Linie Maler, dann aber auch Trendsetter in Sachen Einrichtung und damit der Wegbereiter für **Ikea.**
(▶ **S. 397, 441, 566**)

3. FJORDE

Von der Südküste bis in den hohen Norden gliedern Fjorde die Küste. Die längsten wie Sognefjord und Hardangerfjord ragen **bis zu 200 km** ins Landesinnere. Geirangerfjord und Nærøyfjord gehören sogar zum UNESCO-Weltnaturerbe.
(▶ **S. 345**)

4. SAUNA …

… **mit Bier und Wurst,** statt mit Kräuteraufguss und Ruheraum? In Finnland auf jeden Fall. Wer die Nordmenschen verstehen will, muss mit ihnen in die Sauna gehen. Doch Vorsicht: Die »zehn Saunaregeln«, wie man sie aus Deutschland kennt, gibt es dort nicht.
(▶ **S. 657**)

5. PAUSE MACHEN

Die Finnen sind die **Weltmeister im Kaffeetrinken.** Durchschnittlich trinkt jeder von ihnen (Kinder und Babys eingerechnet) vier Tassen täglich. Auf dem Land ist meist die örtliche Tankstelle der Treffpunkt, in Helsinki der Marktplatz am Hafen.
(▶ **S. 652**)

2. SMÖRGÅSBORD

Ein üppiges Buffet für den großen Hunger mit kalten und warmen Vorspeisen, diversen Hauptgerichten und Desserts mit **typisch schwedischen Köstlichkeiten.**
(▶ **S. 649**)

östlich von Voss führt. Die zwischen 1920 und 1940 gebaute Flåmbahn ist die **steilste Eisenbahnstrecke** der Welt, die **ohne Zahnräder** überwunden wird. Sie hat 22 Tunnel und während der 50-minütigen Fahrt von Flåm nach Myrdal (Anschluss zur Bergenbahn) schafft sie einen Höhenunterschied von 864 m auf einer Distanz von nur 20 km. Das Panorama wechselt ständig zwischen hohen, schneebedeckten Bergen, tosenden Wasserfällen und grünen Wiesen. Laut dem Magazin »National Geographic« gehört die Tour mit der Flåmbahn zu den zehn schönsten Zugreisen Europas. Besonders für Gruppen ist eine frühzeitige Buchung sehr zu empfehlen, denn der Andrang ist logischerweise groß.

Flåmsbana: Über den Fahrplan – im Sommer verkehrt die Bahn etwa 10-mal, sonst 4- bis 6-mal täglich – sowie über Preise und Rabatte informiert die Website www.visitflam.com/flamsbana.

Engster Fjord Norwegens

★★ Nærøyfjord

Die Fähre von Kaupanger nach Gudvangen (2 Std. 20 Min.) zweigt in den imponierenden Nærøyfjord ab, in dem man mit ein wenig Glück Seehunde erspähen kann. Auch sonst ist die Schiffsfahrt durch den an manchen Stellen nur 250 m breiten Fjord atemberaubend. Seit 2005 steht der Nærøyfjord auf der **UNESCO-Liste des Weltnaturerbes.** An seinem Ende liegt der Ort Gudvangen; zwischen Voss und Gudvangen verkehren Busse.

★★ STAVANGER

Gebiet: Westnorwegen | **Einwohnerzahl:** 134 000

O 6

Sie ist die Ölboomtown Norwegens und die teuerste Stadt des Landes, dafür gibts vielfältige kulturelle Angebote, darunter spannende und spezielle Museen. Die Altstadt mit weiß gestrichenen Holzhäuschen zählt zu den vielen ruhigen und charmanten Seiten Stavangers. Absolutes Highlight in der Umgebung ist der Preikestolen, eines der schönsten und beeindruckendsten Ausflugsziele des Landes – für Schwindelfreie.

Öl!

Norwegens viertgrößte Stadt am Byfjord erlebte Anfang der 1970er-Jahre einen enormen Aufschwung, als in der Nordsee vor Stavanger Ölvorkommen entdeckt wurden. Die Erschließung der Ölfelder wurde von Stavanger aus koordiniert, im großen, durch vorgelagerte Inseln geschützten Hafenbecken liegen mehrere Werften. Im südlich der Stadt gelegenen Gansfjord wurden die Bohrinseln für die etwa

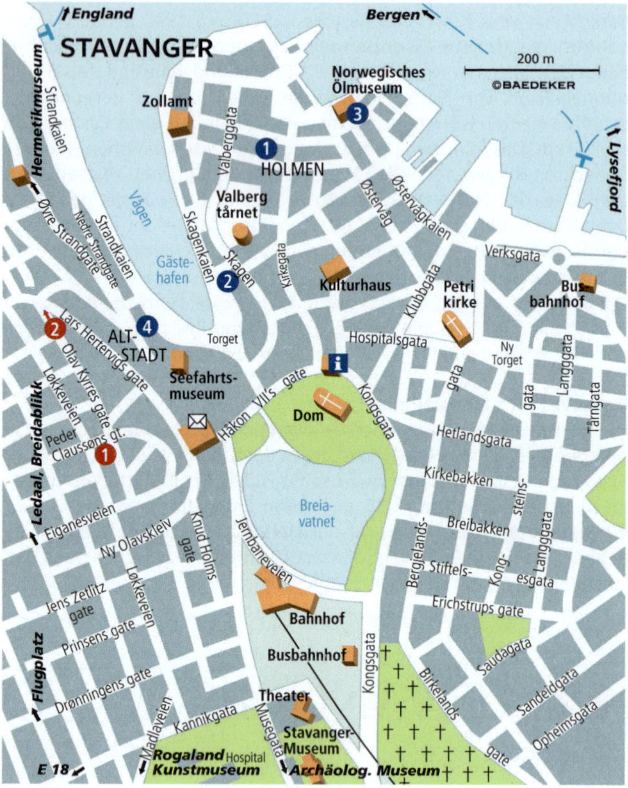

1 Gaffel & Karaffel
2 N. B. Sørensens Dampskibsexpedition
3 Bølgen & Møi
4 Tango Bar & Kjøkken

1 Comfort Hotel Square
2 Norneshuset

320 km südwestlich vor Stavanger liegenden Erdölfelder »Tor«, »Ekofisk« und »Eldfisk« gebaut. Die für die Ölgesellschaften arbeitenden Amerikaner, Franzosen und Engländer, aber auch die Studierenden der verschiedenen Hochschulen tragen dazu bei, dass die Bewohner von Stavanger als besonders weltoffen gelten.

Im Jahr der Stadterhebung 1125 wurde der Bau des Doms begonnen. Schnell entwickelte sich die Stadt zu einem bedeutenden geistlichen Zentrum. Als im 16. Jh. große **Heringsschwärme** auftauchten, wurde Stavanger auch wichtiger Fischereiort. Doch als der Hering längere Zeit ausblieb und die Stadt von mehreren Bränden heimgesucht

STAVANGER ERLEBEN

STAVANGER TURISTINFORMASJON

Strandkaien 61
4005 Stavanger
Tel. 51 85 92 00
www.regionstavanger-ryfylke.com

1 GAFFEL & KARAFFEL €€€–€€€€

Ja, das Essen ist ganz exquisit in dem alten rot-weißen Stadthaus. Vorzügliche Fischgerichte gibt es natürlich, und auch sonst bleiben praktisch keine Wünsche unerfüllt. Aber fast noch reizvoller ist die großartig bestückte Weinbar im Keller. Hier kann man sich schon einmal festsetzen.
Øvre Holmegate 20
Tel. 51 86 41 58
www.gaffelogkaraffel.no

2 N.B. SØRENSENS DAMPSKIBS-EXPEDITION €€€–€€€€

Gourmets speisen edel in der »Anderen Etage« im oberen Stock. Preisgünstiger isst man unten im rustikalen Restaurant Dampskibsexpedition. Dafür genießt man auch ein wunderbares maritimes Ambiente mit von überall her zusammengetragenen Ausstellungsstücken, wofür das Restaurant ausgezeichnet wurde.
Skagen 26
Tel. 51 84 38 20
www.herlige-stavanger.no

3 BØLGEN & MØI €€

Im Museumscafé mit wunderbarer Aussicht auf den Hafen gibt es mittags kleine Gerichte und leckeren Käsekuchen, abends eine Speisekarte mit gehobenen Preisen für Feinschmecker und Leute mit dem nötigen Kleingeld.
Kjeringholmen (im Ölmuseum)
Tel. 51 93 93 51
www.bolgenogmoi.no

4 TANGO BAR & KJØKKEN €€–€€€

Allabendlich wechselt das Menu, die Qualität bleibt immer gleich hoch. Im Tango werden hauptsächlich regionale und saisonale Produkte gekonnt verarbeitet. Reizvoll ist der werktägliche Champagner-Lunch (nicht im Juli und August). So. geschlossen.
Nedre Strandgate 25
Tel. 51 50 12 30
www.tango-bk.no

1 COMFORT HOTEL SQUARE €€€€

Überaus trendy mit Street Art, modernem Design und leuchtenden Farben – so präsentiert sich das sehr komfortable Hotel mit der geschwungenen Holzfassade im Stadtzentrum. Dafür erhielt es auch einen Preis als Norwegens Trendhotel Nummer eins. Von der tollen Dachterrasse genießen Sie einen spektakulären 360-Grad-Rundblick über Stavanger.
Løkkeveien 41
Tel. 51 56 80 00
www.nordicchoicehotels.no

2 NORNESHUSET €€

Das ehrwürdige, strahlend weiße Holzhaus in Skudeneshavn, Baujahr 1830, ist das älteste und größte der Häuserreihe am Wasser. Ein schmaler Steg ist der ideale Platz für ein gemütliches Frühstück. Per und Berit Nornes haben die Zimmer schön altmodisch eingerichtet und sorgen für das Wohl der Gäste.
Nordnes 7, Skudeneshavn
Tel. 52 82 72 62
www.norneshuset.no

worden war, wurde der Bischofssitz 1672 nach Kristiansand verlegt. Zu Beginn des 19. Jh.s kehrte der Hering zurück, und 1873 wurde in Stavanger Norwegens erste Konservenfabrik eröffnet. Die letzte Sardine wurde in den 1950er-Jahren verpackt und in die Welt geschickt.

Wohin in Stavanger?

Unter Denkmalschutz

★ Gamle Stavanger

In den Gässchen von Alt-Stavanger auf der Westseite des Vågen erinnern die rund 170 liebevoll restaurierten, weiß gestrichenen Holzhäuser mit **alten Gaslaternen** und hübsch verzierten Fenstern und Türen an die Zeiten, als hier Fischer, Handwerker und Seeleute wohnten, um die Wende vom 18. zum 19. Jahrhundert.

Eiserne Abbilder

»Broken Colums«

Bei einem Stadtbummel trifft man unweigerlich auf die »Broken Colums« des Londoner Künstlers **Antony Gormley.** Er hat 23 eiserne Statuen in der Stadt aufgestellt, alle 1,95 m groß und genaues Abbild seiner selbst. Die erste steht am Kunstmuseum, 41 m über dem Meeresspiegel, jede weitere exakt 1,95 m tiefer, die letzte auf der Schäre Natvigs Minde in der Hafeneinfahrt und teils schon unter Wasser.

Bedeutendes mittelalterliches Sakralbauwerk

Dom

Am kleinen See Breiavatnet oberhalb des Vågen steht der beeindruckende Dom. Die im anglonormannischen Stil Ende des 11. Jh.s erbaute, dreischiffige Basilika ist dem heiligen Svithun geweiht. Nach einem Brand 1272 wurde u. a. ein **prachtvoller gotischer Chor** gebaut. Das reichhaltige Interieur stammt aus der Barockzeit, im 19. und 20. Jh. wurde der gesamte Bau restauriert. Sehenswert im Innern sind eine reich geschnitzte barocke Kanzel (1658) und ein steinernes Taufbecken aus gotischer Zeit. Das östliche Fenster mit Szenen aus dem Neuen Testament schuf der norwegische Maler Victor Sparre 1957.

Kunst, Kinder, Kultur, Konserven

Museen

Alles über die Herstellung von Sardinenkonserven, bis zum Zweiten Weltkrieg der wichtigste Industriezweig Stavangers, erfährt man im **Konservenmuseum** (Hermetikkmuseet). In den Sommermonaten werden dienstags und donnerstags Sprotten geräuchert.
In der Strandkaien, ebenfalls in der historischen Altstadt gelegen, beleuchtet das **Maritimmuseum** rund 200 Jahre Stadtgeschichte und Schifffahrt.
Im architektonisch beeindruckenden **Ölmuseum** am Kai Kjeringholmen nördlich des Zentrums, das an eine Ölbohrplattform erinnert und als eines der besten Geschichtsmuseen Norwegens ausgezeich-

net wurde, wird alles Wissenswerte über den Ölboom in Norwegen, die erfreulichen Folgen für das Land und über die Entstehung von Gas und Erdöl präsentiert. Kinder können auf einer rekonstruierten Ölbohrinsel selbst den Bohrer bewegen oder sich durch ein Rettungsnetz »in Sicherheit« bringen.

Am Mosvannpark südwestlich des Zentrums steht – als Teil des Stavanger Museum – das **Kunstmuseum.** Es zeigt im Wechsel Teile seiner 2000 Werke umfassende Sammlung der norwegischen Malerei von 1900 bis heute. Einzigartig sind die gewaltigen Naturbilder des aus Stavanger stammenden Malers Lars Hertervig (1830–1902).

An der Muségata steht das **Stavanger Museum** mit natur- und völkerkundlichen Sammlungen. Das Norwegische Kindermuseum beschäftigt sich mit der Geschichte der Kindheit. Besonders spannend für den neugierigen Nachwuchs ist der angegliederte Park mit historischen Spielen.

Norsk Hermetikkmuseet: Øvre Strandgate 88 | Mitte Mai – Mitte Sept. tgl. 10 – 16, sonst Di. – Fr. 11 – 15, Sa., So bis 16 Uhr | Eintritt 95/50 NOK | norskhermetikkmuseum.no

Stavanger Maritime Museum: Strandkaien 22 | Mitte Mai – Mitte Sept. tgl. 10 – 16, Do. bis 19, sonst Di. – Fr. 11 – 15, Sa., So. bis 16 Uhr | Eintritt 95/50 NOK | stavangermaritimemuseum.no

Norsk Oljemuseum: Kjeringholmen | Juni – Aug. tgl. 10 – 19, sonst Mo. – Sa. 10 – 16, So. bis 18 Uhr | Eintritt 120/60 NOK | www.norskolje.museum.no

Stavanger Kunstmuseum: Henrik Ibsens gate 55 | tgl. 11 – 16, Do. bis 19 Uhr | Eintritt 95/50 NOK | stavangerkunstmuseum.no

Stavanger Museum/Norsk Barnemuseum: Muségata 16 | Di. – Fr. 11 – 15, Sa., So. bis 16 Uhr | Eintritt 95/70 NOK | stavangermuseum.no

Rund um Stavanger

Blicke auf die Stadt

Vålandshaug

Die schönste Aussicht auf die Stadt bietet sich vom 85 m hohen **Vålandshaug** am südlichen Stadtrand (Zufahrt über die Hornklovesgate). Wunderschön ist auch die Aussicht vom **Ullandshaug-Turm,** südwestlich von Stavanger im Stadtwald Sørmarka.

Drei Schwerter und eine Einigung

Hafrsfjord

Stavanger spielte in der Frühgeschichte des Norwegischen Reichs eine bedeutende Rolle: Harald Hårfagre schlug am See Hafrsfjord im Süden der Stadt die Kleinkönige und schuf damit die Voraussetzung für die **Reichsbildung um 872.** Zum Gedenken an dieses historische Ereignis wurden 1983 am Hafrsfjord drei martialische, überdimensionale Schwerter in den Fels gerammt (Abb. ▶ S. 397). Der Künstler Fritz Røed bildete die Griffe der mächtigen Wikingerschwerter anhand von diversen Funden aus verschiedenen Teilen des Landes nach. Die **Kronen** repräsentieren die an dieser Schlacht beteiligten norwegischen Distrikte.

Disneyland Norwegens

Freizeitpark Kongeparken

Der Freizeitpark Kongeparken liegt **ca. 30 km südlich von Stavanger** an der E39 bei Ålgård und ist das Disneyland Norwegens.
Ålgård, Kongsgata 20 | Ende April – Mitte Sept. an Wochenenden, in den Ferien täglich | Über die genauen Öffnungszeiten und unterschiedlichen Eintrittspreise informiert die Webseite www.kongeparken.no.

Das besterhaltene Kloster Norwegens

Utstein-Kloster

Von Stavanger gelangt man durch den fast 6 km langen und 223 m unter dem Meeresspiegel liegenden Byfjordtunnel zur Insel Mosterøy. Von Stavanger verkehrt auch ein Schiff zum Utstein-Kloster. Da es direkt am Kloster kaum Parkplätze gibt, lohnt es sich, das Auto einen Kilometer davor zu parken und die landschaftlich schöne Strecke zu Fuß zurückzulegen. Das Augustinerkloster Utstein auf **Mosterøy** wurde bereits im 13. Jh. erwähnt. In dieser idyllischen Anlage, umgeben von hohen alten Bäumen, dem blauen Meer und sanften Hügeln mit Wiesen, auf denen Schafe weiden, werden im Sommer Konzerte veranstaltet. Heute dient das Kloster auch als Tagungsort für Kurse und Konferenzen.
Mosterøyveien | Mitte Mai – Mitte Sept. Mo. – Sa. 10 – 16, So. 12 – 17, sonst nur So. 12 – 17 Uhr | Eintritt 95/50 NOK | utsteinkloster.no

Wie viel wiegt das menschliche Gehirn?

Wissensfabrik Sandnes

Ein genauerer Blick auf Pegasus, Orion und andere Sternkonstellationen gefällig? Alle Fragen werden beantwortet in der Wissensfabrik in Sandnes, einem Teil des Regionalmuseums Jærmuseet. 2009 wurde die Wissensfabrik mit dem »Micheletti Award« für das **beste Technologiemuseum Europas** ausgezeichnet.
Vitenfabrikken: Sandnes, Storgata 28 | Sommer Di. – Fr. 10 – 16, Sa. 11 – 16, So. 12 – 17, sonst Di. – Fr. 10 – 15, Sa. 11 – 16, So. 12 – 17 Uhr | Eintritt 130/70 NOK | www.jaermuseet.no

Leuchttürme und Sandstrände

Jæren

Vier Leuchttürme in Jæren, die zum Teil noch in Betrieb sind – Friluftsfyret Kvassheim, Obrestad Fyr, Feistein Fyr und Tungenes Fyr –, dienen heute v. a. als **Ausflugsziele mit Informationswert:** als Cafés, Ausstellungsorte oder Übernachtungsmöglichkeiten. Es lohnt sich also, die Küste mit dem Fahrrad oder Auto abzufahren.

Mit ziemlich weichen Knien nähern sich die meisten der Kante des Preikestolen, um das obligatorische Foto zu machen und einen Blick in die Tiefe zu werfen.

Weiße Sandstrände, ganz wie im Süden: der Solstranden beim Flugplatz, der Hellestøstrand (30 km südwestlich Stavanger) und der Orresanden auf dem Jærenriff gehören zu den schönsten Stränden Norwegens.

★★ Preikestolen

Weiter Blick auf wilde, menschenleere Bergwelt

Rund 40 km hat sich der oft nur einen Kilometer breite **Lysefjord** ins Land gefressen. Seinen Namen »heller Fjord« verdankt er den blanken Felswänden an seinen Ufern, die fast 1000 m hoch aufragen. Jedes Jahr wandern mehr als 200 000 Menschen zur **Felskanzel** Preikestolen und genießen den **atemberaubenden Blick** von der 604 m hohen Plattform auf den türkisfarben leuchtenden Fjord, manche allerdings nur zögerlich.

Rund 2 Stunden dauert die Wanderung über **Bohlenwege** und **Felsblöcke,** bis man die Felskanzel erreicht. Im Sommer geht es oft nur im Gänsemarsch vorwärts, ein für Norwegen ungewohntes Wandererlebnis. Doch die Mühe lohnt sich, denn die 25 mal 25 m große Felskanzel, deren Wände senkrecht, teilweise sogar überhängend abbrechen, ist unglaublich beeindruckend. Es ist der weite Blick auf die wilde, menschenleere Bergwelt und die türkisfarbene Wasserfläche des Lysefjords, auf der die Ausflugsboote winzig klein wirken, der jeden und jede fasziniert.

Entstanden ist der Preikestolen durch eine **Frostsprengung** vor rund 10 000 Jahren, als ein Gletscher noch bis zum Felsen reichte. Schmelzwasser gefror in den Spalten und sprengte kantige Blöcke ab. Bei genauerem Hinsehen lässt sich ein Riss entlang des Plateaus identifizieren.

Von Stavanger ist der Preikestolen über die RV13 bis Lauvvik am Høgsfjord (von dort Fähre nach Jøssang) erreichbar. Hier zweigt rechts eine Stichstraße zur Preikestolhytta ab, wo die Wanderung beginnt. Mit der Tagestour **»Lysefjorden in a Nutshell«** bietet der norwegische Reiseveranstalter Fjord Tours Ausflüge zum Preikestolen. Ein weiterer Ausflug beinhaltet einen Stopp am 1000 m hoch gelegenen Aussichtspunkt **Ørneredet** (Adlernest) und die Fahrt nach **Lysebotn.** Von dort startet eine Fjordrundfahrt auf dem Lysefjord mit Ausblick vom Schiff zum Preikestolen hinauf. Zurück nach Stavanger geht es per Bus ab Lauvvik.

www.norwaynutshell.com

Autofahrer, aufgepasst

Lysebotn

Die **27 Haarnadelkurven** bei Lysebotn sind nicht von schlechten Eltern. Wer ganz schnell nach unten möchte: Südwestlich von Lysebotn ragt der für Base Jumping, die riskantere Form des Fallschirmspringens, gerne genutzte Felsen **Kjerag** 1000 m in den Himmel, vom Parkplatz bei Øygardstøl mit einer anspruchsvollen Bergtour zu erreichen. Hin und zurück dauert sie ungefähr 5 Stunden.

★ TELEMARK

Gebiet: Südnorwegen

N 8-10

Die Telemark beginnt an den Sandstränden des Skagerrak und dehnt sich in ein gebirgiges Hinterland mit hervorragenden Skigebieten aus. Hier wurde der Telemarkschwung erfunden, daher gilt die Region auch als Wiege des modernen Skisports. Neben Skifahren, Baden und Wandern lockt eine Fahrt auf dem Telemarkkanal.

An der zerklüfteten Küste mit idyllischen Schären liegen zahlreiche Ferienhütten, hübsche Küstenstädtchen mit weiß gestrichenen Holzhäusern und – im Sommer – zumeist überlaufenen Jachthäfen. Wer Ruhe sucht, findet sie im hügeligen, bewaldeten Hinterland.

Trubel oder Ruhe? Alles da!

Wohin in der Telemark?

»Ibsen-Stadt«

Skien (54 800 Einw.), Hauptstadt des Bezirks Telemark, ist seit Jahrhunderten ein wichtiger Handels- und Industrieplatz. Seit 1873 ist die hiesige Papierfabrik das beherrschende Unternehmen. Etwa ab dem Skien

Gemächlich geht es auf dem Telemarkkanal bis nach Dalen, 105 geruhsame Kilometer bis ins Herz Südnorwegens.

DIE TELEMARK ERLEBEN

RJUKAN TURISTKONTOR
Torget 2, 3660 Rjukan
Tel. 35 08 05 50
www.visitrjukan.com
www.visittelemark.com

GAUSTABLIKK RESTAURANT €€–€€€
Mitten im Skigebiet können Sie im Restaurant des Hotels Gaustablikk typisch norwegische Gerichte in guter Qualität und einen wunderbaren Ausblick durch die Panoramafenster genießen.
Rjukan, Kvitåvatnvegen 372
Tel. 35 09 14 22
www.gaustablikk.no

GVEPSEBORG PANORAMA CAFÉ €€
Das Essen ist wirklich gut, wird aber fast zur Nebensache, denn in dem Restaurant an der Bergstation der Krossobahn genießen Sie vor allem einen tollen Blick auf Rjukan und den Gaustatoppen.
Rjukan, Kraftledningsveien 1
Tel. 90 27 16 49
www.gvepseborgpanoramacafe.no

RJUKAN ADMINI HOTEL €€€€
Sich einmal wie ein König fühlen? Oder wie ein Industriekapitän? Das Rjukan Admini gibt Ihnen diese Möglichkeit, denn in dem wunderbaren Holzgebäude im norwegischen Jugendstil residierte einst der mächtige Boss der Hydro. Hier wurden am Originalschauplatz Teile der norwegisch-britischen TV-Serie »The Heavy Water War« über den Kampf der Nazis um das kostbare »Schwere Wasser« gedreht. Heute gehören die prachtvollen Hotelzimmer zum Feinsten, was in Norwegen zu finden ist. Das hat allerdings seinen Preis.
Rjukan, Sølvvoldveien 3
Tel. 90 89 49 09
www.rjukanadmini.com

HOTEL DALEN €€€€
Ein architektonisches Kleinod ist dieses Hotel am Telemarkkanal: Schweizerstil, Drachenstil und Nationalromantik bilden in dem Holzpalast eine perfekte Symbiose. Hier haben schon gekrönte Häupter übernachtet. Gönnen Sie sich eine Tasse Tee und ein Stück Kuchen auf der Terrasse mit Blick auf den weitläufigen Park.
Dalen
Tel. 35 07 90 00
www.dalenhotel.no

16. Jh. verwüsteten zahlreiche **Brände** die Stadt, nach dem letzten 1886 musste fast der gesamte Stadtkern neu aufgebaut werden.
In Skien wurde 1828 **Henrik Ibsen** (▶ Interessante Menschen) im Stockmannsgården am Torget geboren. Das Haus existiert nicht mehr, es wurde 1886 beim großen Stadtbrand zerstört. Sieben Jahre nach der Geburt von Henrik zog die Familie Ibsen auf den Hof Venstøp fünf Kilometer nördlich von Skien und schließlich in die Snipetorpgate (Ibsengården), die noch heute mit hübschen Holzhäusern aus dem 18. Jh. zum Entlangschlendern einlädt.

Historische Wasserstraße

★ Telemarkkanal

Der 105 km lange Telemarkkanal verbindet die Orte Skien und Dalen und führt vom Meer bis ins Herz der Provinz Telemark. Die Schifffahrtsstraße wurde nach **fünfjähriger Bauzeit 1892** fertiggestellt. Sie nutzt zum größten Teil natürliche Wasserwege, lediglich zwei Kanäle waren notwendig, um alles miteinander zu verbinden. Im Verlauf dieser beiden Kanäle gibt es 18 Schleusen, schließlich muss ein Höhenunterschied von 72 m überwunden werden.

Man kann den Kanal im eigenen Boot oder als Passagier auf einem der Veteranendampfer befahren. Die **»Victoria«,** Baujahr 1882, und die **»Henrik Ibsen«,** Baujahr 1907, starten in Skien oder Dalen zu der rund elfstündigen Fahrt durch den Telemarkkanal. Nur zentimeterweise können die Schiffe in die Schleusenkammern hineinmanövriert werden. Dann werden die Holztore von zwei Schleusenwärtern mit einer ausgeklügelten, aber verblüffend simplen Hebelkonstruktion ohne viel Kraftaufwand geöffnet und geschlossen. So wandert das Schiff mit jeder Schleuse ungefähr fünf Meter den Berg hinauf. Im Sommer verlassen die »Victoria« und die »Henrik Ibsen« wechselweise jeden Morgen um 8.10 Uhr Skien und laufen gegen 18 Uhr in Dalen im Westen des Sees Bandak ein. Der kleine Ort ist von bis zu 700 m steil aufragenden Bergen umgeben. Zurück geht es ab Dalen um 8.10 Uhr bzw. 8.30 Uhr, Ankunft in Skien ist um 17.30 Uhr. Kürzer geht es auch: Die viel jüngere »Telemarken« verkehrt täglich zwischen Akkerhaugen und Lunde.

Telemarkskanalen: Fahrten/Rundfahrten Tel. 40 92 00 00 | http://channels.visittelemark.com/telemarkskanalen

Wasserachterbahn voraus

Bø Sommarland

Badespaß verspricht das Bø Sommarland zwischen Skien und Dalen bei Bø. In diesem **Freizeitpark** warten mehr als 20 verschiedene Wasseraktivitäten, darunter eine Riesenrutsche und die größte Wasserachterbahn Europas.

tgl. Mitte Juni – Mitte Aug. | Eintritt ab 289 NOK | genaue Öffnungszeiten und Eintrittspreise auf www.sommarland.no

Größer gibt es die nicht

★ Heddal-Stabkirche

Die Stabkirche von Heddal (Hitterdal) westlich des kleinen Industriestädtchens Notodden (50 km nördlich von Skien an der E134) stammt aus der Mitte des 13. Jh.s (1849 – 1851 wiederhergestellt; mehrmals restauriert). Sie ist die **größte erhaltene Säulenstabkirche Norwegens** (▶ Baedeker Wissen S. 356/357).

Einer der schönsten Berge Norwegens

★ Auf dem Gaustatoppen

Nicht weit entfernt von Rjukan erhebt sich der Gaustatoppen, jährlich das Ziel von etwa 30 000 Wanderbegeisterten. Der höchste Berg der Telemark (1883 m) ist problemlos von Stavsro in rund 2 Stunden

HEDDAL-STABKIRCHE

Der Sage nach soll der Troll Finn, der im Svintruberg bei Heddal lebte, die Kirche in nur drei Tagen erbaut haben. Kunsthistoriker haben an der rechten Seite des Südportals eine Runeninschrift gefunden, die darauf schließen lässt, dass das Gotteshaus 1242 der Jungfrau Maria geweiht wurde. Die ältesten Teile stammen aber wohl aus dem Jahr 1147. Wegen ihrer Größe und der fünf sich überlappenden Dächer wird die Stabkirche von Heddal auch als »gotische Holzkathedrale« bezeichnet.

Heddalsvegen 412 | Mitte Mai – Mitte Sept. tgl. 10 – 17, So. ab 12.15 Uhr
Eintritt: 80 NOK | www.heddalstavkirke.no

1 Hauptraum

Die Kirche von Heddal ist die größte Stabkirche Norwegens: Erbaut aus Kiefernholz, ist sie 24 m lang, 14 m breit und 26 m hoch. Stabkirchen sind keine Übersetzung des Steinbaus in Holz, sondern eine eigens entwickelte Form mit einem mächtigen Hauptraum, in dem man das Nachleben der nordischen Königshalle vermutet. Im Innern von Heddal steht u. a. ein geschnitzter Bischofsstuhl (12. Jh.) mit Szenen aus der Sigurd-Sage. Sigurd und König Gunnar ziehen aus, um Brunhild den Nibelungen-Ring zu bringen. Der Altar der Kirche aus dem Jahr 1667 stammt von einem unbekannten Künstler. In der Mitte ist die Kreuzigung Christi dargestellt, darüber die Auferstehung. Mitte des 19. Jh.s war Heddal restauriert worden und erfuhr dabei einige Veränderungen. Sie wurden Mitte des 20. Jh.s wieder zurückgebaut, um den mittelalterlichen Charakter der Kirche wiederherzustellen.

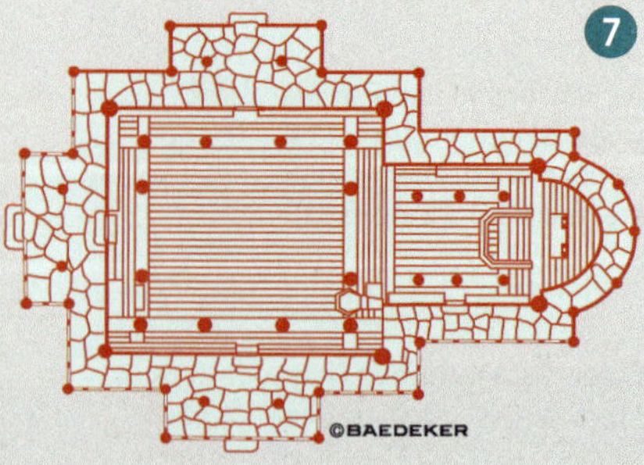

2 Stäbe

Die Deckenplanken des 21,4 m langen und 5,1 m breiten Schiffs bestanden aus Fichtenholz und wurden mit Nägeln aus Eibenholz befestigt.

3 Andreaskreuze

Typisch für die norwegischen Stabkirchen sind die Andreaskreuze, die sich auf der Höhe des ersten Dachabschlusses um die gesamte Kirche ziehen und dabei für weitere Steifigkeit sorgen.

4 Svalgang

Um die Kirche herum läuft der überdachte Svalgang, in dem einst die Männer ihre Waffen ablegen mussten, bevor sie am Gottesdienst teilnahmen

7 Grundriss

Wie die meisten christlichen Kirchen ist sie Ost-West-orientiert. Im Osten (rechts) befindet sich der Chor (der älteste Teil der Kirche) mit einer halbrunden Apsis.
Die Türen der Stabkirchen sind immer schmal. Rechts am Südportal fällt neben den Holzschnitzereien das eigenartige Kapitelltier mit Menschenkopf auf.

5 Dachschindeln
Einander schuppenförmig überlappende Holzschindeln decken das fünffach getreppte Dach ab. Die Hälfte der Schindeln wurde zwischen 1998 und 2004 ausgetauscht. Man verwendete dafür nach mittelalterlichem Vorbild in Handarbeit hergestellte Schindeln. Außerdem muss die Kirche regelmäßig geteert werden, damit sie auch künftig Wind und Wetter standhält. Weil Gerüste nicht befestigt werden dürfen, übernehmen Bergsteiger diesen Job.

6 Dachreiter
Wie das Dach selbst hat in Heddal auch der Dachreiter mehrere Etagen. Die Türme sind leer – der Glockenturm steht abseits der Kirche.

Taufen, Trauungen, Gottesdienste – die Heddal-Stabkirche wird immer noch genutzt.

zu besteigen. In der Steinhütte des Wandervereins auf dem Gipfel werden kleine Mahlzeiten serviert. Wer sich den schweißtreibenden Aufstieg ersparen möchte oder schlecht zu Fuß ist, kann auch mit der **Gaustabanen** bis zum Gipfel fahren.

Schon mal einen Berg von innen »erklommen«? Die weltweit einmalige **Bahn im Innern des Bergs** wurde in den 1950er-Jahren vom Militär zum Materialtransport gebaut. Die Fahrt beginnt südlich von

Rjukan in Longefonntippen. Anfangs geht es horizontal, dann steigt man in eine Standseilbahn um zur Überwindung der 650 Höhenmeter. Die Bergstation befindet sich rund 80 m unterhalb der Berghütte.
Gaustabanen: Retour-Ticket 390/195 NOK | www.gaustabanen.no

Tal unter reflektierter Sonne

Rjukan

Die Stadt liegt zwischen den Ausläufern der größten Hochebene Europas, der Hardangervidda, und dem Gaustatoppen. Das in Ost-West-Richtung verlaufende Tal ist so eng, dass die tief stehende Sonne es von Oktober bis März nicht über die Berghänge schafft. Um den Talbewohnern auch im Winter ein wenig Sonne zu schenken, wollte schon vor 100 Jahren der norwegische Ingenieur Sam Eyde auf dem Berg Spiegel aufstellen, doch damals war das technisch noch nicht möglich. Zum hundertsten Jubiläum dieser Idee im Jahr 2013 hat sich die Stadt dann doch die Sonne ins Tal geholt. Dafür wurden oben am Berg drei **»Heliostaten«** – jeweils 17 m^2 große Spiegel – aufgestellt. Sie lenken die Sonnenstrahlen auf den Marktplatz. Wenn im Frühjahr wieder der erste direkte Sonnenstrahl ins Tal fällt, wird nach wie vor das **»Solfest«** (Sonnenfest) gefeiert.

Norwegens erste Seilbahn

Krossobanen

Rjukan entstand auf dem Reißbrett, als hier 1911 das große Vemork-Wasserkraftwerk und eine Salpeterfabrik gebaut wurden. 2015 wurde die Industrieregion Notodden-Rjukan zum **UNESCO-Weltkulturerbe** erklärt. Vom Ortszentrum führt die Krossobahn ins Gebirge hinauf. Norsk Hydro baute 1928 Norwegens erste Seilbahn, damit die Arbeiter am Wochenende Sonne und frische Luft genießen konnten. Von der Bergstation führt eine beliebte Radtour zur Berghütte Kalhovd. Von hier geht es per Rad oder Bus zurück nach Rjukan.
www.krossobanen.no

Der Kampf um das Schwere Wasser

Norwegisches Industriearbeitermuseum

Rjukan wurde im Zweiten Weltkrieg bekannt, als die Deutschen an dem hier hergestellten Schweren Wasser (Deuteriumoxid) interessiert waren. Mithilfe mehrerer **Sabotageaktionen** konnten die Alliierten verhindern, dass der kostbare Rohstoff zur Herstellung von Atombomben nach Deutschland gebracht wurde, nachgerade ein Sujet für spannende Thriller.
Mehr über das Thema erfährt man auf dem **Saboteur-Pfad** und im nahe gelegenen Norwegischen Industriearbeitermuseum im Vemorker Wasserkraftwerk. Es war Anfang des 20. Jh.s das größte Wasserkraftwerk der Welt. Noch heute imponierend ist die mächtige Kraftwerkhalle mit den riesigen Turbinen, in der man sich vorkommen musste wie eine Ameise.
Norsk industriarbeidermuseum: Mitte Juni – Aug. tgl. 10 – 18, sonst 10 – 16 Uhr | Eintritt 95/65 NOK | http://nia.no

Eine Reise durch die Skigeschichte

Morgedal

Das **Norwegische Skimuseum** im kleinen Ferienort Morgedal nimmt Sie mit auf eine 4000 Jahre zurückreichende Reise durch Norwegens Skigeschichte. Am Küchenherd des Geburtshauses von Sondre Norheim, Pionier des modernen Skilaufs, wurden die Olympischen Flammen für die Winterspiele 1952 in Oslo, 1960 in Squaw Valley und 1994 in Lillehammer entzündet.

Norsk Skieventyr: Vårstaulvegen 2 | Mitte Juni – Mitte Aug. tgl. 10 – 18, Mai – Mitte Juni und Mitte – Ende Aug. tgl. 11 – 17, Sept. Sa., So. 11 – 17 Uhr | Eintritt 100/50 NOK | www.vest-telemark.museum.no

★ TROMSØ

C 19/20

Gebiet: Nordnorwegen | **Einwohnerzahl:** 76 000

Tromsø nennt sich auch »Paris des Nordens«, denn die Hafenstadt rühmt sich einer lebendigen Kultur- und Restaurantszene mit ausgeprägtem Studenten- und Nachtleben. Was Paris aber nicht bieten kann: Mitternachtssonne im Sommer und Polarlicht im Winter.

Tor zum Eismeer

Von Tromsø starteten Anfang des 20. Jh.s etliche Expeditionen in arktische und antarktische Gebiete, was der Stadt den Beinamen »Tor zum Eismeer« eintrug. Einen Überblick über das heutige Geschehen verschafft man sich am besten vom Hausberg aus.

Nördliche Superlative

★ Aussicht vom Storsteinen

Tromsø ist eine Stadt, die man sich unbedingt von oben anschauen muss. Die einfachste Möglichkeit dazu bietet die Kabinenbahn Fjellheisen. Sie schaufelt Besucher auf den 420 m hohen Hausberg Storsteinen. Vom Gipfel hat man einen herrlichen Ausblick auf die Stadt: Wie ein Korken im Flaschenhals klemmt die kleine Insel **Tromsøya** mit dem Zentrum der Stadt zwischen Festland und der viel größeren Kvaløya. Vom Storsteinen ist das weiße Dach der Eismeerkathedrale zu sehen, ebenso die kühn geschwungene Brücke hinüber nach Tromsøya.

Gern weist Tromsø auf seine **nördlichen Superlative** hin: die nördlichste Universität, der nördlichste Botanische Garten, die nördlichste Brauerei und die nördlichste Kathedrale.

Fjellheisen: Solliveien 12 | Juni – Juli tgl. 10 – 1, sonst 10 – 23 Uhr (letzte Auffahrt 30 Min. vor Schluss) | Retourticket 210/100 NOK | www.fjellheisen.no

Wohin in Tromsø?

Die nördlichste Kirche Europas
Auf dem Festland direkt an der Tromsø-Brücke steht die architektonisch interessante Tromsdalen-Kirche, die »Eismeerkathedrale«. Sie wurde 1965 vom Architekten Jan Inge Hovig erbaut und symbolisiert die dunkle Jahreszeit und das Nordlicht. Die farbenfrohe, 23 m hohe **Glasmalerei** im Innern stellt die Wiederkehr Christi dar.

★ Eismeerkathedrale

Ishavskatedralen: Hans Nilsens vei 41 | Juni - Mitte Aug. tgl. 9 - 19, So. ab 13, April - Mai und Mitte Aug. - Dez. tgl. 14 - 18, Jan. - März 13 - 18 Uhr | im Juni und Juli tgl. 14 Uhr Orgelkonzert, Juni - Mitte Aug. tgl. 23 Uhr Mitternachtssonnenkonzert, Feb. - Mitte März Do. - So. Nordlichtkonzert | Eintritt 50 NOK, Konzerte: Orgelkonzert 80 NOK, Nordlicht- und Mitternachtssonnenkonzert 195/50 NOK | www.ishavskatedralen.no

An drei Orten stellt das Stadtmuseum aus
In der Innenstadt präsentiert es eine Ausstellung über Stadtgeschichte und Jugendkultur. Im **Freilichtmuseum Folkeparken** im Süden der Stadt werden 13 Bauern- und Herrenhäuser gezeigt, dazu eine informative Ausstellung über die Lofot-Fischerei. Im Straumen gård auf Kvaløya (s. u.) stehen Bauernhäuser aus dem 19. Jahrhundert.

Perspektivet Museum

Perspektivet Museum: Storgata 95 | Mai - Mitte Okt. Di. - Fr. 10 - 16, Sa., So. 11 - 17 Uhr | Eintritt frei | www.perspektivet.no
Folkeparken: Kvaløyvegen 38 | Juni - Sept. tgl. je nach Wetter | Eintritt frei | www.perspektivet.no

Im ewigen Eis
Dieses sehr sehenswerte Museum zeigt u. a. Gegenstände von **Roald Amundsens Südpolarexpedition.**

Polarmuseum

Søndre Tollbodgata 11 | Mitte Juni - Mitte Aug. tgl. 9 - 8, sonst 11 - 17 Uhr | Eintritt 60/30 NOK | uit.no/tmu/polarmuseet

»Museum des Jahres 2017«
Das Nordnorwegische Kunstmuseum, nordwestlich der Schiffsanlegestelle in der Nähe der Touristeninformation gelegen, zeigt auf zwei Etagen in wechselnden Ausstellungen Werke nordnorwegischer Künstlerinnen und Künstler **vom frühen 18. Jh. bis heute.**

Nordnorwegisches Kunstmuseum

Nordnorsk Kunstmuseum: Sjøgata 1 | tgl. 10 - 17 Uhr | Eintritt 80 NOK, bis 18 J. frei | www.nnkm.no

Größte neugotische Holzkirche Norwegens
Südwestlich der Schiffsanlegestelle steht im Zentrum von Tromsø der Dom (1861) mit schönen Glasmalereien. Um 1250 ließ König **Håkon Håkonsson** an dieser Stelle eine Kirche errichten. Sie bildete den Kern der sich nach und nach entwickelnden Siedlung.

Dom

TROMSØ ERLEBEN

VISIT TROMSØ
Kirkegata 2, 9253 Tromsø
Tel. 77 61 00 00
www.visittromso.no

ANREISE
Täglich laufen die Schiffe der Hurtigruten den Hafen an. Im Sommer ist Tromsø Endpunkt von Spitzbergen-Kreuzfahrten. Es gibt Flugverbindungen nach Longyearbyen auf Spitzbergen, Oslo und anderen größeren Städten.

Das Internationale Filmfestival begeistert jedes Jahr in der dritten Januarwoche zahlreiche Besucher: Es ist das größte Publikumsfilmfest Norwegens.
www.tiff.no

Ende Januar findet das Nordlichtfestival statt: klassische und innovative Musik, oft als Crossover mit traditionellen Musikstilen.
www.nordlysfestivalen.no

MITTERNACHTSSONNE
21. Mai bis 23. Juli

Mitte Juni findet der Mitternachtssonnen-Marathon, der weltweit nördlichste Marathonlauf, statt. Kürzere Strecken von 2, 4, 10 oder 21 km können ebenfalls absolviert werden.
www.msm.no

❷ COMPAGNIET RESTAURANT €€€€
Sie lieben französische Küche, möchten aber auch gern die norwegische kennenlernen? Das Compagniet gilt als bestes Restaurant Nordnorwegens und bietet beides: Norwegisches mit französischem Touch. Die exzellenten Gerichte, serviert in wunderschönem Ambiente, sind beliebt, daher rechtzeitig reservieren. Hervorragende Weinkarte (So. geschl.).
Sjøgata 12
Tel. 77 66 42 22
www.compagniet.no

❹ ARCTANDRIA SJØMAT RESTAURANT €€–€€€€
Hier finden Sie gleich drei Restaurants: Im Vertshuset Skarven gibt es einfache, aber exotische Kleingerichte, das Arctandria ist ein hoch gelobtes Fisch- und Schalentierrestaurant mit regionalen und samischen Spezialitäten, und im Skarvens Biffhus kommen saftige Steaks in verschiedenen Größen auf den Teller.
Strandtorget 1
Tel. 77 60 07 20
www.skarven.no

❶ EMMAS DRØMMEKJØKKEN €€–€€€€
Bei Emma haben Sie drei Möglichkeiten: Das Under im Erdgeschoss serviert kleine Gerichte zu moderaten Preisen, das intimere Drømmekjøkken in der 1. Etage gehobene norwegische Küche, das winzige Kamerset ganz oben kann man für private Feiern mieten. Drommekjøkken heißt übrigens Traumküche – nichts weniger als das kann man bei diesem Restaurant erwarten.
Kirkegata 8
Tel. 77 63 77 30
www.emmasdrommekjokken.no

❸ BLÅROCK CAFÉ €
Eine Institution in Tromsø und – passenderweise – das wahrscheinlich nördlichste Rock-'n'-Roll-Café der Welt. Viele kleine, gemütliche Räume

auf mehreren Etagen mit authentischer Einrichtung aus aller Welt. An den Wochenenden sorgen DJs für tolle Stimmung. Hin und wieder gibts auch Livemusik auf die Ohren.
Strandgata 14/16
Tel. 77 61 00 20

❷ RADISSON BLU €€€€

Buchen Sie unbedingt ein Zimmer mit Blick auf den Tromsøsund! Sie werden sich von dem Blick kaum losreißen können. Na ja, vielleicht für einen Gang in den Pub Rorbua, der zum Hotel gehört, auch wenn die beiden Gebäude total gegensätzlich sind – das Hotel ist modern und schick, der Pub davor in einem alten, rot gestrichenen Holzhaus untergebracht. Auch das rote Holzhaus daneben mit der Pizzeria Yonas gehört zum Radisson Blu.
Sjøgata 7
Tel. 77 60 00 00
www.radissonblu.no/hotell-tromso

❶ SCANDIC ISHAVSHOTEL €€€–€€€€

Fast wie ein Schiffsbug ragt das markante Gebäude in den Hafen hinein. Aus den Zimmern und den Restaurants bieten sich spektakuläre Ausblicke. Hier wohnen Sie erstens zentral und zweitens in einem der besten Hotels der Stadt.
Fredrik Langes gate 2
Tel. 77 66 64 00
www.scandichotels.com

OBEN: Mit der Seilbahn geht es in wenigen Minuten hinauf auf den Storsteinen. Für die Rückkehr ins Tal gibt es verschiedene Möglichkeiten ...

UNTEN: Stilisierte Eisplatten als Wände und von Eiszapfen inspirierte Kristallkronleuchter tragen zum kühlen, aber faszinierenden Ambiente der Eismeerkathedrale bei.

Die nördlichste Brauerei der Welt

Mit diesem Attribut wirbt in der Storgata die Brauerei Mack für sich. Während einer Führung durch den Bierkeller erfährt man alles über die Geschichte dieser Brauerei, die übrigens mit einem **Bäcker aus Braunschweig** begann, und viel Wissenswertes über die Kunst des Bierbrauens. Zusätzlich dürfen Sie einen Blick in die Mikrobrauerei werfen: Hier werden die neuesten Biersorten kreiert. In Macks legendärer Kneipe, den »Ølhallen« direkt nebenan, lässt man die Tour mit frisch gezapftem Bier ausklingen.

Macks Ølbryggeri

Storgata 4 | www.mack.no | Führung: Mo. – Fr. 15.30, Sa. 14.30 Uhr | Ticket 180 NOK inkl. 1 Bier | tgl. Bierverkostung, Ticket 450 NOK inkl. 5 Biere

Samische Kultur und arktische Natur

Weiter südwestlich gelangt man, vorbei an der Universität, zum 2 km entfernten Tromsø-Museum im Volkspark mit natur- und kulturhistorischen Sammlungen. Vor allem die samische Kultur und die arktische Natur werden beleuchtet, was auch für Kinder spannend ist. Unter anderem wird man umfassend über die Volksmusik Lapplands informiert, etwa den **Joik der Samen.** Eine Hörprobe gefällig? Setzen Sie mal einen Kopfhörer auf!

Tromsø-Museum

Lars Thørings veg 10 | Juni – Aug. tgl. 9 – 18, sonst Mo. – Fr. 10 – 16.30, Sa. 12 – 15, So. 11 – 16 Uhr | Eintritt 60/30 NOK | www.uit.no/tmu/tmu

Wie Eisschollen, die sich übereinanderschieben, ...

... sieht das Gebäude des weiter südlich liegenden Polaria-Erlebniszentrums aus. Es vermittelt einen Einblick in die **arktische Lebenswelt.** In großen Aquarien kann man arktische Fische und andere Meerestiere beobachten – interessant für Groß und Klein.

Polaria-Erlebniszentrum

Hjalmar Johansens gate 12 | Mitte Mai – Aug. tgl. 10 – 19, sonst 10 – 18 Uhr | Eintritt 130/65 NOK | polaria.no

Rund um Tromsø

Hübsche alte Häuser, noch ältere Felsritzungen

Westlich von Tromsø liegt die Insel Kvaløya (»Walinsel«) mit saftigen Weiden zum Sandnessund hin, über den die 1,2 km lange Sandnessund-Brücke führt. Sehenswert sind die **2500 bis 4000 Jahre** alten Felsritzungen von Skavberg nahe Straumhella im Süden der Insel an der R862.

Insel Kvaløya

Arktisches Naturparadies

Etwa 70 km südöstlich von Tromsø liegt die Halbinsel Lyngen mit fast 2000 m hohen und schneebedeckten Gipfeln, **»Lyngsalpen«** genannt, ein nahezu unerschlossenes Wander- und Klettergebiet. Der

Lyngenfjord

Lyngenfjord erstreckt sich vom Vorgebirge Lyngstuen etwa 80 km nach Süden. Er zählt zu den großartigsten Fjorden Norwegens. Von Tromsø erreicht man ihn auf der E8 bis Nordkjosbotn, dann weiter auf der E6 nach Norden.

Bergsteigerparadies

Store Jægervasstind

Nördlich von **Lyngseidet** ragt der Store Jægervasstind imposante 1596 m hoch auf. Obwohl ihn der Engländer William S. Slingsby bereits 1898 bezwang, empfinden es viele Bergsteiger als Herausforderung, neue Aufstiegsrouten zu erkunden. Ein guter Ausgangspunkt dafür ist die **Jægervasshytta** am Jægervatnet im Westen.

★★ TRONDHEIM

J 11

Gebiet: Mittelnorwegen | **Einwohnerzahl:** 195 500

Diese beiden Fotomotive wird sich wohl kein Trondheimbesucher entgehen lassen: die Westfassade des Nidarosdoms und die Reihe bunter Speicherhäuser am Fluss. Die drittgrößte Stadt und erste Hauptstadt Norwegens liegt malerisch an einer südlichen Bucht des Trondheimfjords.

Königsstadt

Zwar ließ bereits Olav Tryggvason 997 den Königshof »Nidarnes« erbauen, doch als der eigentliche Gründer der Stadt (1016), die bis zum 16. Jh. »Nidaros« (Mündung des Nid) genannt wurde, gilt Olav der Heilige. Nach Olavs Tod 1030 zogen Scharen von Pilgern zum Totenschrein des heilig gesprochenen Königs: So wurde Trondheim zur größten und reichsten Stadt des Landes. Die Reformation setzte den Pilgerzügen ein Ende; der Schrein wurde nach Dänemark entführt und dort vernichtet, der Leichnam im Dom an einer unbekannten Stelle beerdigt. Kirchen und Klöster verschwanden bis auf eine kleine Zahl. Anfang des 17. Jh.s erlebte die Stadt durch den zunehmenden Holzhandel wieder einen Aufschwung. Anfang des 19. Jh.s war Trondheim mit 9500 Einwohnern ebenso groß wie Christiania, das heutige Oslo.

Jahrhundertelang unverändert genutzt

★ Bunte Speicherhäuser

Der schönste Blick auf die alten, **auf Pfählen** stehenden Lagerhäuser aus dem 18./19. Jh. bietet sich von der Bybrua, einer roten Holzbrücke von 1861, die den Nidelv nordöstlich des Doms überquert. Die Speicherhäuser wurden zum größten Teil restauriert. Bereits vor rund 1000 Jahren ließ Olav Tryggvason am Nidelv die ersten Speicher

OBEN: Der Sage nach soll die Gamle Bybrua denjenigen Glück bringen, die sie überqueren.

UNTEN: Die prachtvollen Glasfenster im Nidaros-Dom stammen von Gabriel Kielland, einem Sohn der Stadt (1871–1960).

TRONDHEIM ERLEBEN

TURISTINFORMASJON
Nordre gate 11, 7011 Trondheim
Tel. 73 80 76 60
http://visittrondheim.no

1 TO ROM OG KJØKKEN €€€€
In diesem schicken Lokal in einem alten Holzhaus in der City gibt es norwegische Küche vom Feinsten mit einem Touch ins Mediterrane. Das geht gut zusammen, wie Sie bestimmt feststellen werden. Angeboten werden auch Kochkurse, ebenso Bier-, Wein-, und Cocktailkurse.
Carl Johans gate 5, Tel. 73 56 89 00
www.toromogkjokken.no

2 TRONDHJEM MIKROBRYGGERI €€–€€€
Bier und Burger: Hier werden Sie satt – bei der riesigen Auswahl von gewaltigen Burgern kein Problem – und können Ihren Durst mit vor Ort gebrautem Bier löschen, und das alles in der Atmosphäre eines urigen Brauhauses.
Prinsens gate 39
Tel. 73 51 75 15
www.tmb.no

3 VERTSHUSET TAVERN €€
Seit 1739 ist das Gasthaus beim Trondelag Folkemuseum in Betrieb. Hier wird in herrlich nostalgischem Ambiente rustikal und traditionell nach Omas Rezepten gekocht (Mo. geschl.).
Sverresborg allé 11
Tel. 45 48 88 89
www.vertshusettavern.no

4 PERSILLERIET €
Knackig frische, vegetarische Bioküche – wenn Sie mal eine Pause von Fisch und Fleisch brauchen oder ohnehin darauf verzichten: Dieses freundliche Restaurant ist der Lunchtreff für alle Vegetarier! Es gibt eine Dependance im St.-Olavs-Hospital.
Erling Skakkes gate 39
Tel. 73 60 60 14
www.persilleriet.no

2 CLARION COLLECTION HOTEL GRAND OLAV €€€€
Haus der Spitzenklasse, modern eingerichtete Zimmer mit verspielten Details. Die hochklassige Gastronomie (Restaurant, Café, Bar, Night Club) wird gern besucht.
Kjøpmannsgata 48
Tel. 73 80 80 80
www.nordicchoicehotels.no

4 STOKKØYA SJØSENTER €€€
Auf der etwa drei Autostunden nördlich von Trondheim gelegenen Insel Stokkøya steht dieses außergewöhnliche Hotel direkt am Strand. Preiswürdige Architektur und vorzügliches Essen bilden eine perfekte Symbiose für Liebhaber guten Designs und guter Küche in fast unberührter Natur.
Troningsveien 7, 7178 Stokkøya
Tel. 72 53 43 28, www.stokkoya.no

am Øvre Elvehavn errichten, doch schon bald brannten sie wieder ab. Die Holzhäuser auf der Ostseite des Flusses dienten früher als Arbeiterwohnungen.
Wer über die Bybrua geht, ist nach wenigen Schritten im Stadtteil **Bakklandet.** Auch er ist für seine kleinen Holzhäuser bekannt, in die

1 Olav-Tryyvason-Säule
2 Alte Lagerhäuser

Essen
1 To Rom og Kjøkken
2 Trondhjem Mikrobryggeri
3 Vertshuset Tavern
4 Persilleriet

Übernachten
1 Garden Hotel Clarion Collection
2 Stokkøya Sjøsenter

NIDAROSDOM TRONDHEIM

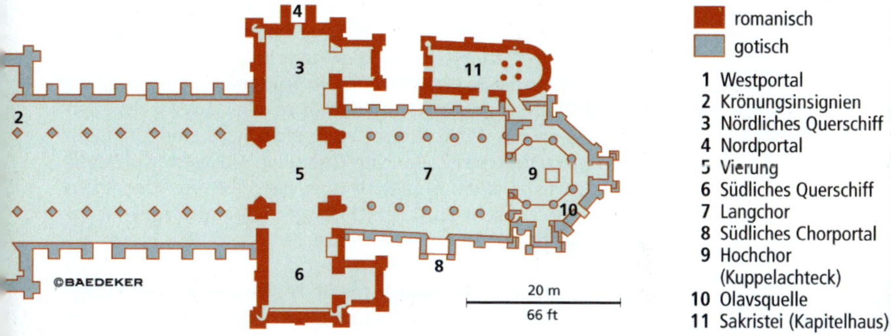

heute Cafés, Werkstätten und Boutiquen eingezogen sind. Trondheims Altstadt wird vom Nidelv umschlossen und bildet so eine Halbinsel. Sie ist nur im Westen mit dem Festland verbunden und hier befindet sich ein Großteil der Sehenswürdigkeiten. Insofern ist alles gut zu Fuß zu erreichen.

Wohin in Trondheim?

Im Zentrum von Trondheim

Torget

Mittelpunkt von Trondheim ist der Torget (Marktplatz) am Schnittpunkt der beiden Hauptverkehrsstraßen Kongensgata und Munkegata. Auf dem Platz steht eine achteckige Säule mit einem Standbild des Wikingerkönigs und Stadtgründers **Olav Tryggvason.**

Skandinaviens großartigste mittelalterliche Kirche

★★ Nidaros-Dom

Der Nidaros-Dom wurde von König Olav Kyrre (1066–1093) **über dem Grab Olavs des Heiligen** begonnen und nach der Errichtung des ganz Norwegen umfassenden Erzbistums Nidaros 1151 bedeutend erweitert. In Anlage und Ausführung ist er die großartigste Kirche Skandinaviens und Trondheims bedeutendste Sehenswürdigkeit. Im 11. und 12. Jh. diente der Dom als Grabstätte der Könige. Bereits im 15. Jh. wurden hier mehrere Könige gekrönt, seit 1814 ist die Segnung des norwegischen Königs im Dom zu Trondheim durch die Verfassung festgelegt. Im Dom werden auch die **Krönungsinsignien** aufbewahrt und ausgestellt.

Das gotische Hauptschiff des Nidaros-Doms entstand um 1280.

Querschiff, Kapitelhaus und das prachtvolle frühgotische Kuppelachteck sind im spätromanischen Übergangsstil gebaut, als Material diente der blaugraue Seifenstein aus der Umgebung von Trondheim. Zu Beginn des 13. Jh.s entstand der Langchor mit dem Südportal, 1280 das gewaltige Hauptschiff und der Turm im gotischen Stil. Nach mehreren Bränden lag der westliche Teil in Trümmern. Das Erwachen des Nationalbewusstseins im 19. Jh. bewahrte den Dom vor dem Zerfall: 1869 begann die Wiederherstellung und am 28. Juli 1930, zur 900-Jahr-Gedenkfeier des Todes von Olav dem Heiligen, wurde die Kirche neu geweiht. 1963 versetzte man die 1930 von der Firma Steinmeyer aus dem schwäbischen Oettingen gebaute Orgel mit barockem Orgelprospekt unter die Rosette, 1914 bis 1968 wurde die Westfront restauriert.
Wunderschön ist die **Westfassade** mit Statuen norwegischer Könige und Bischöfe und biblischer Figuren. Im Dom herrscht eine feierliche Atmosphäre: Einzige Lichtquelle sind die bunten Glasfenster (1913 bis 1934) von Gabriel Kielland und die **Glasrosette** über der Orgel.
Bispegata 11 | Juni – Aug. Mo. – Fr. 9 – 18, Sa. 9 – 14, So. 13 – 17, Mai, Sept. Mo. – Fr. 9 – 15, Sa. 9 – 14, So. 13 – 16, Okt. – April Mo. – Sa. 9 – 14, So. 13 – 16 Uhr | Eintritt 110/45 NOK, Kombi-Ticket mit Museet Erkebispegården (s. u.) und Krönungsinsignien 200/80 NOK, Turmbesteigung (Mitte Juni – Mitte Aug.) 50 NOK | www.nidarosdomen.no

Imposanter mittelalterlicher Steinbau

Erzbischöfliches Palais

Nebenan steht das Erzbischöfliche Palais, wo diese höchsten kirchlichen Würdenträger wohnten. Nordeuropas ältestes Profangebäude war einst von dicken Ringmauern umgeben. Heute sind hier ein **großes Museumszentrum** mit interessanten Ausstellungen zur Geschichte Norwegens und Trondheims, eine Waffensammlung und das Museum der Widerstandsbewegung (1940–1945) untergebracht.
Erkebispegården: Kongsgårds gate 1b | Juni – Aug. Mo. – Fr. 10 – 17, Sa. 10 – 15, So. 12 – 16, Mai Mo. – Sa. 10 – 15, So. 12 – 16, Sept. – April Di. – Fr. 11 – 14, Sa. 11 – 15, So. 12 – 16 Uhr (Krönungsinsignien nur Sa./So.) | Eintritt 110/45 NOK, Kombiticket mit Krönungsinsignien und Dom (s. o.) 200/80 NOK | www.nidarosdomen.no

Am schönsten morgens oder bei Sonnenuntergang

Festung Kristiansten

Wenn man von der Bybrua durch die Vorstadt Bakklandet die Anhöhe hinaufgeht, gelangt man zu der im 17. Jh. von General Caspar de Cicignon im europäischen Barockstil erbauten Festung Kristiansten. Von hier bietet sich ein **weiter Blick über die Stadt.**
Kristiansten Festning: Innenräume Juni – Aug. tgl. 11 – 15 Uhr; die Festungsanlage ist täglich von 9 – 24 Uhr geöffnet | Eintritt frei

Standesgemäße Unterkunft für zu krönende Häupter

Stiftsgården

Nördlich vom Marktplatz, in der Munkegata, steht der um 1770 erbaute Stiftsgården, ein mächtiges gelbes Holzhaus mit etwa 140 Zimmern. Diese standesgemäße Bleibe diente dem norwegischen König bei Besuchen in Trondheim als Wohnsitz. Krönungsfeierlichkeiten vieler Könige, zuletzt die Haralds V. 1991, fanden im Stiftshof statt. Das Gebäude ist im Rahmen stündlicher Führungen zu besichtigen.

Munkegata 23 | Führungen JunivMitte Aug. Mo. – Sa. stdl. 10 – 15, So. 12 – 15 Uhr | Ticket 110/60 NOK | http://nkim.no/stiftsgarden

Über 400 Jahre Kunstgewerbe

Kunstgewerbemuseum

Das 1893 gegründete Kunstgewerbemuseum zeigt **historische Möbel und Einrichtungsgegenstände** vom 16. bis Mitte des 20. Jh.s, darunter Trondheimer Silberschmiedearbeiten des 17./18. Jh.s, Gegenstände der Arts-and-Crafts-Bewegung vom Ende des 19. Jh.s, eine Jugendstilsammlung, modernes skandinavisches Design, Wandteppiche von Hanna Ryggen, Trachten und eine Japan-Sammlung.

Nordenfjeldske Kunstindustrimuseum: Munkegata 3–7 | Juni – Mitte Aug. Mo. – Sa. 10 – 16, So. 12 – 16, sonst Di., Mi., Fr. 10 – 15, Do. 12 – 20, So. 12 – 16 Uhr | Eintritt 110/60 NOK | http://nkim.no

Norwegische Malerei trifft dänische

Kunstmuseum

Westlich vom Dom zeigt das Trondheim Kunstmuseum norwegische Malerei **seit 1850;** ausgestellt sind auch einige Werke des Künstlers Edvard Munch. Ebenfalls sehenswert: eine Sammlung dänischer Kunstschaffender.

Trondheim Kunstmuseum: Bispegata 7b | Mitte Juni – Mitte Aug. Mo. – Sa. 10 – 16, So. 12 – 16, sonst Mi. 12 – 20, Do. – So. 12 – 16 Uhr | Eintritt 120/60 NOK | http://trondheimkunstmuseum.no

Aktuellen Werken und Trends ...

Trøndelag Senter

... widmet sich das **Zentrum für zeitgenössische Kunst.** Wer sich für Videokunst interessiert, wirft einen Blick in die »Black Box«.

Trøndelag Senter For Samtidskunst: Fjordgata 11 | Mi. – Fr. 12 – 17, Sa., So. 12 – 16 Uhr | Eintritt frei | www.samtidskunst.no

Mehrfach ausgezeichnet

Pop- und Rockmuseum Rockheim

Norwegens erstes Pop- und Rockmuseum präsentiert in einem alten Speicher mit architektonisch gelungenem Aufsatz auf sechs Etagen norwegische Musik- und Kulturgeschichte von den 1950er-Jahren bis heute. Mit dabei sind international bekannte Namen wie a-ha sowie nationale Größen wie Alf Prøysen oder Bjørn Eidsvåg. In der **Konzerthalle** auf dem Museumsgelände geben Newcomer und norwegische Musiklegenden Gastspiele.

Brattørkaia 14 | Juli – Aug. tgl. 10 – 17, sonst Di. – Fr. 10 – 16, Sa., So. 10 – 17 Uhr | Eintritt 140/100 NOK | http://rockheim.no

Rund um Trondheim

Trondheim zu Zeiten der Wikinger

NTNU-Wissenschaftsmuseum

Etwas außerhalb des Zentrums liegen mehrere Gebäude der Universität mit mineralogischen, botanischen, zoologischen und archäologischen Sammlungen sowie eine bedeutende Bibliothek mit alten Handschriften und einer Ausstellung zu sakraler Kunst. Besonders gelungen ist die Ausstellung »Trondheim im Mittelalter« in einem einstigen Lagerhaus von 1843. Das **Alltagsleben** jener Zeit wird anhand von archäologischen Funden und rekonstruierten Werkstätten und Wohnräumen anschaulich dargestellt.

Vitenskapsmuseet: Erling Skakkes gate 47a | Di. - Fr. 10 - 16, Sa., So. 11 - 16 Uhr | Eintritt 80/40 NOK | www.ntnu.no/museum

Schöne Aus- und Einblicke

Trøndelag Volkskundemuseum

Auf einer Anhöhe im Südwesten der Stadt, wo die **Sverresborg** von König Sverre (1177–1202) stand, wartet auf einem riesigen Gelände in schöner Aussichtslage das Volkskundemuseum auf Neu- und Wissbegierige.

Trøndelag Folkemuseum: Sverresborg Alle 13 | Juni - Aug. tgl. 10 - 17, sonst Di. - Fr. 10 - 15, Sa., So. 12 - 16 Uhr | Eintritt Sommer 165/125, Winter 125/110 NOK | http://sverresborg.no

Die Welt der Musik

★ Ringve-Museum

Auf dem Hof Ringve Gård ist im 17. Jh. der Seeheld und Abenteurer Tordenskjold aufgewachsen. Ein Botanischer Garten umgibt den Ringve-Hof heute. Sehenswert sind die authentisch im Stil der Zeit eingerichteten Zimmer der Komponisten Chopin, Grieg, Beethoven und Mozart. Eine ganz besondere Attraktion ist das 1999 eröffnete musikhistorische Museum im Heuboden. Es präsentiert eine umfangreiche Sammlung an Tasten-, Blas- und Streichinstrumenten aus aller Welt, dazu eine ausgezeichnete Sammlung **norwegischer Volksmusikinstrumente.**

Ringve Musikkmuseum: Lade allé 60 | Juni - Aug. tgl. 10 - 17, sonst Di. - So. 11 - 16 Uhr | Eintritt 130/110 NOK | http://ringve.no

Ein netter Ausflug ...

Gråkallen

... führt von Trondheim auf dem Fjellsetervei zur Fjellseter (Skigebiet, Sprungschanze) und zur Fjellseter-Kapelle 8 km westlich der Stadt. Von hier folgt man einem Fußweg (15 Min.) zum Gipfel des Gråkallen (556 m) mit **sagenhafter Aussicht über den Trondheimfjord** und auf die Berge von Trollheimen. Etwas anstrengender geht es auch: Man kann von Trondheim mit der **Gråkallbahn** (Abfahrt von der St. Olavsgate) oder mit dem Bus von der Dronningensgate bis Lian (30 Min.) fahren und von dort über Fjellseter und Skistua zum Gråkallen aufsteigen (hin und zurück 2,5 Std.).

Schauplatz eines Mordes

Stiklestad

95 km nordöstlich von Trondheim liegt der für Norwegen bedeutsame Ort Stiklestad. Dort, wo heute der **Altar der Stiklestad-Kirche** steht, wurde der Nationalheilige König Olav, alias Olav Haraldsson (995–1030), am 29. Juli 1030 von seinem Erzfeind Tore Hund ermordet. Olavs Leichnam überführte man später nach Trondheim.
Jedes Jahr um den 29. Juli erleben hier 5000 Zuschauer die Schlacht bei Stiklestad hautnah, 300 Schauspieler geben ihr Bestes.

Der Goldene Umweg

Halbinsel Inderøy

Ein kurzer Abstecher von der E6 nördlich von Trondheim führt auf die Halbinsel Inderøy im Trondheimsfjord. In dieser Region haben sich schon vor vielen Jahren **lokale Unternehmen** zusammengeschlossen, um ihre Produkte gemeinsam zu vermarkten. Mittlerweile umfasst dieser »Goldene Umweg« 22 Angebote, darunter Bauernhöfe mit Hofläden, Restaurants und Cafés, Aquavitbrennereien, ungewöhnliche Hotels, Galerien und Ateliers, Skulpturenparks und historische Orte.
www.dgo.no

Wer mag, kann im Pop- und Rockmuseum Rockheim selbst aktiv werden: Kreieren Sie Ihren eigenen Musikmix oder lassen Sie sich von Insidern ganz spezielle Griffe auf der Gitarre zeigen!

VARANGER-HALBINSEL

B 29-32

Gebiet: Nordnorwegen

Arktische Stürme heulen des Öfteren über die baumlose Halbinsel Varanger. Die alten Handelsbeziehungen zwischen Norwegern, Samen und Russen sind bis heute lebendig und werden hier jedes Jahr im Juli mit diversen Veranstaltungen und Attraktionen gefeiert.

Unwirtliche Gegend

Jahrhundertelang betrieben Russen, Norweger und Samen entlang der Barentsküste einen regen Handel, der erst mit der russischen Revolution endete. Dieser »Pomorhandel« – Pomor leitet sich vom russischen Begriff für Küstenbewohner ab – stand für den Austausch von Fisch, Getreide und Holz zwischen Nordnorwegern und Russen aus der Weißmeerregion. Seit dem Ende der Sowjetunion sind auch die alten Handelsbeziehungen im hohen Norden wieder lebendig. Zwischen Tanafjord und Varangerfjord ragt die Halbinsel in die **Barentssee.** Die Landschaft ist karg, das Klima reichlich unwirtlich. Das Innere ist menschenleer, nur entlang der Küste gibt es einige kleine Orte, deren Bewohner in erster Linie vom Fischfang leben. Da es nur wenige Straßen gibt, bilden bis heute die Schiffe der Hurtigruten eine wichtige Lebensader.

Wohin auf der Varanger-Halbinsel?

»Finnische Hauptstadt Norwegens«

Vadsø

Vadsø (6000 Einw.), von den Deutschen im Zweiten Weltkrieg zur Festung ausgebaut und von den Alliierten fast vollständig zerstört, ist das **Verwaltungszentrum der Finnmark.** Im 19. Jh. wanderten hier so viele Finnen ein, dass der Ort auch »finnische Hauptstadt Norwegens« genannt wurde. So treffen in diesem Grenzland die norwegische, finnische, samische und russische Kultur aufeinander.

Über die finnische Einwanderung

Varanger-Museum

Sehenswert ist vor allem das Varanger-Museum in Vadsø mit dem **Tuomainenhof.** Er ist in erster Linie der Geschichte der finnischen Einwanderer gewidmet, ihrem Alltagsleben und ihrer wirtschaftlichen Entwicklung. Ein Solitär ist das dänisch-norwegische Patrizierhaus Esbensenhof, ein Handelshaus von 1850 und das einzige Gebäude dieser Art im Verwaltungsbezirk Finnmark.

Hvistendahlsgate 31 | Mitte Juni – Mitte Aug. Di. – So. 11 – 17 Uhr | Eintritt 80 NOK | www.varangermuseum.no

VARANGER-HALBINSEL ERLEBEN

VISIT VARANGER
Brugata 2, 9800 Vadsø
Tel. 45 00 18 75
www.visitvaranger.no

ANREISE
Vadsø und Vardø werden tgl. von den Postschiffen der Hurtigruten angelaufen. Vom nächstgelegenen größeren Flughafen in Kirkenes mit Direktverbindung von Oslo gehen Flüge u. a. nach Vardø, Vadsø und Båtsfjord.

In Vadsø wird Mitte August das Varanger-Jazzfestival veranstaltet, das größte im hohen Norden.
www.varangerfestivalen.no

MITTERNACHTSSONNE
16. Mai bis 29. Juli

NORDPOL KRO €–€€
Nordnorwegens ältestes Gasthaus liegt in der Nähe des Kais. Äußerlich unscheinbar, ist es ein stimmungsvoll eingerichteter Pub mit viel Lokalkolorit. Hier bekommen Sie Pizza und kleine Gerichte, dazu Mack-Bier. Über die Stadtgrenzen hinaus bekannt sind die Livekonzerte.
Vardø, Kaigate 21
Tel. 78 98 75 01
www.nordpolkro.no

VARANGER LODGE €€€€
Modern und luxuriös ausgestattet, gleichzeitig mit viel Birkenholz auf die traditionelle Rorbuer-Architektur der Region verweisend, sind die Hütten der Varanger Lodge eine großartige Möglichkeit, die raue arktische Landschaft zu genießen. Panoramafenster öffnen den Blick zum Fjord direkt vor der Hütte. Ein breites Angebot an Aktivitäten wie Königskrabbensafari, Hochseefischen oder Hundeschlittentouren ergänzen das umfangreiche Angebot.
Nesseby, Kløvnes
Tel. 48 17 47 75
www.fishingvaranger.com

Nördlichste Festung der Welt

Festung Vardøhus

Als einer der östlichsten Orte Norwegens liegt Vardø direkt an der Eismeerküste auf einer Insel, die mit dem Festland durch einen **3 km langen Unterwassertunnel** verbunden ist. Die Festung Vardøhus, die nördlichste Festung der Welt, wurde bereits im 14. Jh. angelegt und vom dänischen König Christian 1734 bis 1738 in achteckiger Sternform umgebaut. Sie ist neben der Festung Akershus in Oslo die einzige mit eigenem Kommandanten. Wenn nach der langen Winterdunkelheit etwa am 22. Januar die Sonne wieder am Horizont erscheint, werden die Kanonen der Festung abgefeuert und die Kinder bekommen schulfrei.

Vardøhus Festning: Mitte April – Mitte Sept. 10 – 21, sonst 10 – 18 Uhr | www.forsvarsbygg.no

Wasser, Feuer, Stille

Hexenmonument Steilsenet

300 m südlich der Festung in Vardø gibt es eine besondere Gedenkstätte. Steilneset, oft auch Hexenmonument genannt, ist den 91 Menschen, 77 Frauen und 14 Männern, gewidmet, die zwischen 1598 und 1692 der Hexerei bezichtigt und verbrannt wurden. Das Denkmal besteht aus einer **Gedenkhalle,** entworfen vom Schweizer Architekten Peter Zumthor, sowie einem **Flammenhaus** mit einer Installation der französisch-amerikanischen Künstlerin Louise Bourgeois. Ihr Zentrum bildet eine ewige Flamme und sieben Spiegel. Letztere symbolisieren die Richter, von denen die Angeklagten umringt waren. Die lang gestreckte Gedenkhalle gleicht einem aufgebockten Kajak unter einem Fischtrockengestell. Innen ist es dunkel, vor 91 schmalen Fenstern (für jedes Opfer eines) hängen Auszüge aus den Gerichtprotokollen der Hexenprozesse.

BAEDEKER MAGISCHE MOMENTE

HEXENGEDENKEN

Im Zentrum steht ein Stuhl, aus dem eine Gasflamme lodert, umgeben von sieben ovalen Spiegeln, die das Licht des Feuers reflektieren und vervielfachen. Ist es hier auch passiert? Das Mahnmal im kleinen Küstenort Vardø erinnert auf ebenso schlichte wie eindringliche Weise an die düstere Zeit, als in Nordnorwegen 91 der Hexerei beschuldigte Menschen am Ende ihrer Prozesse einen entsetzlichen Tod auf dem Scheiterhaufen fanden.

Belebte Vogelfelsen

Hornøya

Norwegens östlichster Punkt liegt auf der Insel Hornøya vor der Stadt Vardø. Die Insel liegt mit 31° 10' östlicher Breite übrigens östlicher als St. Petersburg oder Istanbul. Auf Hornøya gibt es einen Leuchtturm mit einfachen Übernachtungsmöglichkeiten, doch die Hauptattraktion sind die Vogelfelsen. Sie gehören zu den größten Nordnorwegens, hier brüten bis zu 80 000 Seevögel.
www.hornoya.com

★ VESTERÅLEN

Gebiet: Nordnorwegen

C/D 15-18

Nördlich der Lofoten erstrecken sich die Vesterålen. Etwas zu Unrecht stehen sie im Schatten ihrer berühmten Schwestern. Während jene wegen ihrer wild gezackten Berge schroff und unwirtlich wirken, sind die Berge auf den Vesterålen in der Regel sanfter, einladender. Diese Inselgruppe ist so abwechslungsreich, dass hier fast alle norwegischen Landschaftstypen zu finden sind.

Von dem sommerlichen Touristenansturm, der die Lofoten mittlerweile alljährlich zuverlässig überschwemmt, merkt man auf den Vesterålen kaum etwas. Außerhalb von Andenes, das viele Besucher wegen der Walsafaris anzieht, ist man an den Stränden und erst recht im Innern der Inseln meist allein. Der Archipel besteht aus den Inseln Andøy, Langøy, Hadseløy und Skogsøy, außerdem dem westlichen Teil von Hinnøy sowie dem nördlichen Teil von Austvågøy.

Sanfte Schwestern der Lofoten

Sehenswertes auf den Vesterålen

Nach Spitzbergen die zweitgrößte Insel Norwegens

Hinnøya

Hauptort der weit verzweigten Insel Hinnøya ist **Harstad.** Die meisten Sehenswürdigkeiten von Harstad sind auf der Trondenes-Halbinsel etwa 3 km nördlich vom Stadtzentrum zu finden. Hier steht die besterhaltene mittelalterliche Kirche Nordnorwegens, die 1250 errichtete Trondenes-Kirche. Später wurde die romanische Steinkirche mit ihren fast 2 m dicken Mauern zu Verteidigungszwecken genutzt. Grandios ist von hier die Aussicht auf den Vågsfjord. Die im Westen von Harstad direkt am Wasser entlangführende Strecke wird auch »Mitternachtssonnenweg« genannt. Im Südwesten der Insel thront der 1266 m hohe **Møysalen,** der **höchste Gipfel der Vesterålen,**

VESTERÅLEN ERLEBEN

HARSTAD TURISTKONTOR
9486 Harstad
Rikard Kaarbøsgate 11
Tel. 77 01 89 89
www.destinationharstad.no

VESTERÅLEN REISELIVSLAG
8401 Sortland
Kjøpmannsgt. 2
Tel. 76 11 14 80
www.visitvesteralen.com

ANREISE
Die Vesterålen sind dank Brücken und Tunnel vom Festland aus komplett mit dem Auto zu erreichen. Die Schiffe der Hurtigruten laufen Stokmarknes, Sortland, Risøyhamn und Harstad an.

Jedes Jahr im Juli lockt in Melbu das Internationale Kulturfestival, mit Konzerten und Theateraufführungen auf Hadseløya.
www.sommermelbu.no

Im Juni erhalten junge Künstlerinnen und Künstler die Gelegenheit, sich bei den Sommerfestspielen in Harstad vorzustellen. Beliebt ist auch das Fischereifestival im Juli.
www.festspillnn.no

MITTERNACHTSSONNE
vom 16. Mai bis 29. Juli

WALSAFARIS
Eine besondere Attraktion: Walsafaris vom ehemaligen Walfängerort Andenes aus. Mitarbeiter des Walforschungsinstituts und des World Wildlife Fund (WWF) begleiten die Touren, die man auch im Ort Stø auf Langøya buchen kann.
Juni – Mitte Sept.
Tel. 76 11 56 00
www.whalesafari.no
Dauer 5 Std.

STRAND HOTELL SORTLAND €€€
Das kleine Hotel (37 Zi.) im Zentrum ist wegen seiner kräftig blauen Farbe nicht zu verfehlen. Einige Räume wurden von der Norwegischen Akademie für Innendekor gestaltet und verleihen dem Haus eine sehr individuelle Note. Das Restaurant Spisestua hat sich mit nordnorwegischer Küche einen Namen gemacht. Es serviert arktische Fisch- und Fleischgerichte.
Sortland, Strandgata 34
Tel. 76 11 00 80
www.strandhotell.no

SJØHUS SENTERET €€€
Sieben komfortable Holzhäuser direkt am Wasser mit je zwei Schlafräumen. Auf Wunsch wird der große, hölzerne Badezuber angeheizt. Das Restaurant Sjøstua im Haupthaus bringt frische Fischgerichte auf den Tisch, als Beilage gibt es einen schönen Blick auf die Mitternachtssonne.
Sortland, Ånstadsjøen
Tel. 76 12 37 40
www.lofoten-info.no/sjohussenteret

HOLMVIK BRYGGE €–€€
Einfache Unterkunft in einem alten Fischerhaus in Nyksund.
Nyksund
Tel. 76 13 47 96
www.nyksund.com

Auf Andøya wähnt man sich fast an karibischen Traumstränden – wenn es nicht so frisch wäre ...

mit einem schönen Panorama über die Vesterålen und die Lofoten bis hin zu den Bergen Richtung Schweden. Für den Auf- und Abstieg von Kaljord am Ende der R822 muss man etwa 9 Stunden einrechnen. Von Lødingen im Süden der Insel (R85) kann man mit der Fähre nach Bognes (E6) übersetzen.

Alles über

Andøya

Auf einem Felsen direkt am Sund liegt der alte Handelsort Risøyhamn mit dem kulturhistorischen Andøymuseum. Inmitten ausgedehnter Moorflächen ragen bis zu 600 m hohe Berge auf. Der Fischerort Andenes mit seiner 2,5 km langen Mole liegt an der Nordspitze der Insel. In einem alten Bürgerhaus befindet sich ein Polar- und Fischereimuseum. Alles über Wale erfährt man live bei den **Walfsafaris** (▶ Magischer Moment S. 382). Dabei bekommt man in der Regel bis zu 20 m lange Pottwale oder kleinere Arten zu Gesicht. Wer festen Boden unter den Füßen bevorzugt, geht in das Walzentrum von Andenes.

Hvalsafari: Andenes, Hamnegata 1C | Mitte Mai – Mitte Aug. 3 – 4 Touren tägl., sonst weniger, Okt. – März i. d. R. Mi. und Sa. je 1 Tour; Dauer 2 – 4,5 Std. | Ticket 1095/795 NOK | im Sommer unbedingt im Voraus buchen | www.whalesafari.no.

Eine der größten Vogelkolonien Nordeuropas

Langøya Langøya bildet mit seinen vielen Halbinseln und Fjorden den größten Teil der westlichen Vesterålen. Ca. 20 km westlich des alten Handelsplatzes **Sortland** ragt die atemberaubende Felsnadel des Reka-Gipfels in den Himmel. Die 607 m steil aufsteigende Südwestwand ist noch nie bezwungen worden. Wenn Sie es also probieren wollen ... Auf dem Weg von Sortland nach Nyksund kommt man nach Jennestad, einst einer der größten Handelsplätze in Nordland. Ein Kramladen, eine Galerie und die schöne Lage am Wasser lohnen den Besuch. In Nyksund, einst verlassen, gibt es heute wieder Leben: Galerien, Cafés und Restaurants laden zu einem Besuch ein.

BAEDEKER MAGISCHE MOMENTE

100 % WALGARANTIE

Dass Sie einen Wal sehen, garantieren die Veranstalter, wahrscheinlich wird es sogar ein beeindruckender Pottwal sein. Erst wenn sich das Boot dem dunklen Körper, der nur wenige Zentimeter aus dem Wasser ragt, nähert, ahnt man seine Größe. Sehr fotogen hebt ein Pottwal vor jedem Tauchgang seine Fluke für einen kurzen Augenblick aus dem Wasser – das perfekte Fotomotiv!

Bei **Nykvåg** (zwischen Malnes und Hovden) im Westen direkt am offenen Meer haust auf den Felsen Fuglenyken und Måsnykas eine der größten Vogelkolonien Nordeuropas. Die Vesterålen besitzen zudem die größten Seeadlerbestände Nordeuropas. Für temperaturunempfindliche Badelustige ist der 800 m lange **Sandstrand von Fjærvoll** (südlich von Føre) zu empfehlen.

Hier geht es ab in den Fjord

Hadseløya

Stokmarknes auf der Insel Hadseløy ist ein Handelszentrum mit einer bedeutenden Handelsflotte und Ausgangspunkt für Schiffstouren in den **Trollfjord** (▶ Lofoten), eine der schönsten Fjordfahrten Norwegens. Zur Erinnerung an den Gründer der Hurtigruten, Kapitän Richard With, wurde das **Hurtigruten-Museum** eingerichtet. Sehenswert ist auch die Hadsel-Kirche von 1824 südlich des Zentrums mit einer Altartafel von ca. 1500. Im Süden der Insel liegt der Hafenort Melbu. Sehenswert sind der alte Melbu Hovedgård (1830) mit einem schönen Vorratshaus (»Stabbur«) und der 200 Jahre alte Rødgården, in dem wechselnde Sommerausstellungen stattfinden. Bei Taen erstreckt sich ein herrlicher Sandstrand.

Hurtigrutemuseet: Richard Withs plass | Mitte Juni – Mitte Aug. tgl. 10 – 18, Mai – Mitte Juni und Mitte Aug. – Sept. tgl. 12 – 16, sonst tgl. 14 – 16 Uhr | Eintritt 100/45 NOK | www.hurtigrutemuseet.no

SCHWEDEN

Schweden ist das größte Land Skandinaviens. Als Urlaubsland bietet es eine enorme Vielfalt: Lappland und die großen Nationalparks im Norden ziehen vor allem Outdoor-Freunde an. Die südlicheren Regionen werden gern von Familien besucht und von Gästen, die Erholung in einer einsamen Hütte suchen oder Strandurlaub an Schwedens Sonnenküsten machen wollen.

Südschweden

Die Landschaft in Südschweden unterscheidet sich kaum von der in Norddeutschland und Dänemark. **Skåne** (Schonen), der südlichste Zipfel Schwedens, ist ein flacher Landstrich voll endloser Felder mit wenig Wald. Nordisches Gepräge hat die Landschaft Småland. Halland im Westen zeichnet sich durch bekannte Badeorte und schöne Strände aus. Blekinge im Osten ist hügeliger als Skåne, besitzt Laubwälder und schöne Strände an der stark gegliederten Küste. Strände sind auch das Markenzeichen der Inseln Öland und Gotland. Doch ansonsten haben die beiden nicht viel gemeinsam. Während das kleinere **Öland** windzersaust und mit karger Vegetation vor der Ostküste liegt, zeichnet sich **Gotland** weiter draußen durch mildes und sonniges Klima aus und wird nicht umsonst »Insel der Rosen« genannt.

Mittelschweden

In Mittelschweden wechseln Felder mit waldreichen Gebirgen und vermoorten Hochflächen ab. Im Osten liegt Stockholm hinter einem dichten **Schärengürtel.** Vänersee und Mälarsee prägen das Zentrum dieser Region. Nördlich von Stockholm beginnt für viele erst das richtige Schweden. Uppland mit seiner lebhaften Hauptstadt Uppsala und Gästrikland sind mit ihren Wäldern und Seen erste Vorboten des Nordens. In Västmanland und Dalarna wird die Landschaft bereits wilder. **Dalarna** ist eine der beliebtesten Feriengegenden des Landes. In Hälsingland und Medelpad, den Landschaften an der Küste, herrscht Landwirtschaft vor. Nördlich von Jämtlands größter Stadt Östersund beginnt der äußerst dünn besiedelte Teil Schwedens.

Nordschweden

Die meisten Menschen in Nordschweden leben in den Küstenlandschaften Ångermanland, Västerbotten und Norrbotten. Norrland und Lappland sind Gebiete mit endlosen Wäldern. In **Lappland,** der flächenmäßig größten Landschaft Schwedens, leben die wenigsten Menschen. Die Bevölkerung konzentriert sich auf Bergbaustädte wie Kiruna. Statt Nadelwäldern wachsen hier lichte Birkengehölze, das Land ist oft sumpfig und moorig. Durch diese Region streifen halbwilde Rentierherden, seit alters her die Lebensgrundlage der Samen.

Auf der Insel Käringön im Bohuslän-Archipel wirkt ein Häuschen farbenfroher als das andere.

★ BOHUSLÄN

O 12

Landschaft: Bohuslän | **Provinz:** Västra Götaland Län

Der Küstenstrich nördlich von Göteborg bis zur norwegischen Grenze mit seinen unzähligen, von Wind und Wasser glatt polierten Schären ist eine beliebte Urlaubsregion. Die Badeorte sind rustikal bis mondän, die Möglichkeiten für einen Urlaub am Meer vielfältig. Wer das Geheimnisvolle liebt, findet in Tanum Hunderte in den Felsen geritzte Figuren, Schiffe und längst vergessene Symbole.

Klippen, Krabben und Kunst

Wenn der Sommer zu Ende geht, startet an der Westküste die Hummersaison. Am dritten Montag im September um Punkt 7 Uhr geht es hinaus aufs Meer zu Hummersafaris, und an Land werden nach Lust und Geldbeutel in Restaurants und Fischbuden große Mengen der Schalentiere verspeist.
Für die Einheimischen besteht kein Zweifel daran, dass vor der Küste Bohusläns die besten Schalentiere gefangen werden; ihre Hummer bezeichnen sie deshalb auch gerne als »schwarzes Gold des Meeres«. Und noch eine kulinarische Köstlichkeit gibt es in Bohuslän: Austern. Viele werden in der Nähe von Grebbestad handverlesen – Anlass für eine Meisterschaft der skurrilen Art: Seit 2005 steht Grebbestad jedes Jahr im Frühling im Zeichen der **nordischen Meisterschaft im Austernöffnen.**

Wohin in Bohuslän?

Hauptverkehrsader der Region

Inseln und Seebäder

Entlang der von Göteborg über Uddevalla zur schwedisch-norwegischen Grenze führenden E6 empfehlen sich **diverse Abstecher** über kleine Nebenstraßen hin zum Meer, zu idyllischen Inseln und zahlreichen bekannten Seebädern. Dafür sollte man etwas Zeit mitbringen, »abhaken« wäre schade!

Beliebtes Ausflugsziel der Göteborger

Kungälv

Rund 20 km nördlich von Göteborg liegt dieses idyllische Städtchen direkt an der E6. Die Ruinen der **Festung Bohus** oberhalb von Kungälv gaben der Landschaft ihren Namen. Von den oberen Mauern bietet sich ein schöner Blick auf den Nordre Älv, in den hier der Göta Älv mündet, und auf die umliegende Landschaft. Strategisch bedeutsam war die Festung Bohus, weil bis 1658 der Göta Älv die **Grenze zwischen Schweden und Norwegen** bildete. Zu ihrer Verteidigung wurde 1308 die Burg errichtet und nach dem Nordischen Krieg im Renaissancestil neu gebaut.

Bohus Fästning: tgl. Mitte Mai - Mitte Sept. 10 - 17, Mitte Juni - Mitte Aug. bis 18, Mitte April - Mitte Mai und Mitte Sept. - Okt. Sa., So. 11 - 16 Uhr | Eintritt 100/60 SEK | www.bohusfastning.com

Schwedens Beitrag zu Coca Cola

Glasmuseum Surte

Unmittelbar südlich von Kungälv lohnt die stillgelegte Glashütte von Surte einen Besuch. Im Glasmuseum findet man eine Ausstellung über **Alexander Samuelson,** den Erfinder der Coca-Cola-Flasche. Angegliedert ans Museum ist die Glasbläserei von Heino Jakobsson mit dem Verkauf eigener Kreationen.

Surte Glasbruksmuseum: Kvarnvägen 6, Surte | Mitte Juni - Mitte Aug. Di. - Fr., So. 10 - 16, sonst Di. - Fr. 11 - 15, So. 12 - 15 Uhr | Eintritt 40 SEK, bis 20 J. frei | www.glasbruksmuseet.se

Autofreie Insel

★ Marstrand

Marstrand (mit dem gleichnamigen Hauptort) war einst eine Hochburg der Heringsfischerei, bis sie im 19. Jh. zum Nobel-Ferienort vor den Toren Göteborgs avancierte. Die Insel ist beliebt bei Seglern, im Sommer findet vor Marstrand die **Segelregatta** Matchcup Sweden statt. Tagesausflügler setzen mit der Fähre von Köon aus in wenigen

Sommer, Sonne, Seglerparadies: Bohuslän und seine Schäreninseln sind wie geschaffen für einen Urlaub auf dem Segelboot.

BOHUSLÄN ERLEBEN

LYSEKILS TURISTBYRÅ
Strandvägen 9
45330 Lysekil
Tel. 0523 1 30 51
www.vastsverige.com/lysekil

STRÖMSTAD TURISTBYRÅ
Ångbåtskajen 1, 45230 Strömstad
Tel. 0526 6 23 30
www.vastsverige.com/stromstad

TANUMSHEDE TOURISTINFORMATION
Apoteksvägen 6
45731 Tanumshede
Tel. 0525 6 11 88
www.vastsverige.com/tanum

UDDEVALLA TURISTCENTER
Södra Hamnen 2
45142 Uddevalla
Tel. 0522 69 84 84
www.vastsverige.com/uddevalla

MITTELALTERTAGE IN KUNGÄLV
Um den 20. Juli herum gibt es auf der Bohus Fästning bunte Mittelaltertage.
www.medeltidsdagarna.se

HUMMERSAISON
Am ersten Montag nach dem 20. September beginnt die Hummersaison: Dann fährt man hinaus auf's Meer zu Hummersafaris, und die an Land Zurückgebliebenen warten sehnsüchtig auf die Ausbeute.

FERNWANDERWEG BOHUSLEDEN
Der Fernwanderweg ist relativ einfach, gut markiert und 360 km lang. Er beginnt in Lindome (Mölnlycke) südlich von Göteborg und führt bis Strömstad.

RADWANDERWEG CYKELSPÅRET
Der Radwanderweg Cykelspåret (290 km) führt von Göteborg über Jörlanda, Lysekil und Tanumshede nach Svinesund. Er verläuft meist auf kleinen Wegen. Routenbeschreibungengibt es in den Touristenbüros, Hotels und in der Jugendherberge Strandflickorna. Wer's komfortabler mag, findet in der dazugehörigen, alten Villa des Havshotels 15 nostalgisch eingerichtete Räume.

Minuten über, um zwischen den bunten Holzhäusern herumzuschlendern. Ein besonders schöner Holzbau ist das **Societetshus** von 1887 im nördlichen Teil der Insel. Heute wird das grün-weiße Holzgebäude als nobler Veranstaltungsort genutzt. Auf seiner Terrasse ist der Sonnenuntergang besonders schön zu beobachten.
Im Juli 1980 hat die Popgruppe **ABBA** in Marstrand das Musikvideo zu ihrem Song »The winner takes it all« gedreht. Bei den Außenaufnahmen muss man genau hinschauen, um die Insel zu erkennen. Bei den Innenaufnahmen ist es einfacher, die entstanden überwiegend im Societetshus.
Societetshuset: Långgatan 1 | Tel. 0303 6 06 00

SALT OCH SILL €€€
Klädesholmen ist die Heringshauptstadt Schwedens. Folgerichtig werden in dem ausgezeichneten Restaurant Salt och Sill die besten Heringe in weitem Umkreis serviert. Den Bezug zum Meer unterstreicht, dass das Restaurant und das dazugehörige Hotel im Wasser »schwimmen«.
Klädesholmen, Tjörn
Tel. 0304 67 34 80
www.saltosill.se

SUNDSBY GÅRDSCAFÉ €€
Schwedenidylle pur am Nordende der Insel Tjörn: In dem schönen Haus aus dem 16. Jh. wird im Café hausgemachter Kuchen serviert, das Restaurant arbeitet vorwiegend mit lokalen Bio-Produkten, im Hofladen kann man sich mit Leckereien eindecken (im Sommer tgl. geöffnet, sonst Fr. – So.).
Hjälteby, Sundsby säteri
Tel. 0304 66 63 00
www.sundsbygardscafe.se

MORTENS KROG €€
Das Mortens ist alles in einem: Restaurant, Café, Bar, Musikkneipe und Nachtclub. Man kann günstig Kleinigkeiten und Snacks ordern, klassische Menüs gibt es auch, und zur Musik, häufig live, kann man die Getränkekarte durchprobieren.
Uddevalla, Kungsgatan 17
Tel. 0522 66 53 00
www.mortenskrog.se

LEUCHTTURMINSEL PATER NOSTER €€€
Auf einer kleinen Felseninsel gut 5 km vor Marstrand erhebt sich ein roter Leuchtturm. In den dazugehörigen Gebäuden gibt es ungewöhnliche Übernachtungsmöglichkeiten in 10 einfach und hübsch eingerichteten Zimmern, dazu kommen zwei Restaurants und Konferenzräume. Der Bootstransfer ist im Preis enthalten.
Hamneskär
Tel. 0702 69 93 39
www.paternosterlighthouse.com

STORA HOTELLET BRYGGAN €€€
33 Zimmer im Stora Hotellet direkt am Wasser hat Kapitän Charles Klassen, der Gründer des Hotels, in seliger Erinnerung an Hafenstädte und Mädchen, an Eroberer und den »Rest der Welt« benannt und individuell eingerichtet.
Fjällbacka
Ingrid Bergmans Torg
Tel. 0525 76 50 20
www.storahotellet-fjallbacka.se

Schwedens viertgrößte Insel

Tjörn

Wer Tjörn besuchen will, fährt von Stenungsund aus über den 5 km langen Tjörnleden, dessen Herzstück drei imposante Brücken bilden. Im Hauptort **Skärhamn** ist das **Nordische Aquarellmuseum** sehenswert. Es fügt sich architektonisch sehr gelungen in die Schärenlandschaft ein und zeigt wechselnde Ausstellungen. Malerisch ist auch das Dörfchen **Kyrkesund,** wo sich im Sommer unzählige Segelboote und Motorboote durch den engen Sund schieben.

Nordiska Akvarellmuseet: Södra Hamnen 6, Skärhamn | Mai – Anf. Sept. tgl. 11 – 18, sonst Di. – So. 11 – 16 Uhr | Eintritt 50 SEK, bis 26 J. frei | www.akvarellmuseet.org

Am Ende eines Fjords gelegen

Uddevalla

Uddevalla ist eine lebhafte Industriestadt nördlich von Göteborg am Kattegatt bzw. am Byfjord. Am östlichen Stadtrand liegen die Skålgrusbänkar, die **größten fossilen Muschelbänke** der Erde. Am Südufer des Byfjord schließt sich an das Stadtgebiet von Uddevalla mit **Gustafsberg** einer der ältesten Badeorte Schwedens an. Sehenswert ist hier u. a. das Bohusläns Museum am Nordufer der Bäveån.

Bohusläns Museum: Museigatan 1 | Mo., Fr. – So. 10 – 16, Di. – Do. 10 – 20 Uhr | Eintritt frei | www.bohuslansmuseum.se

Nobler Badeort

Lysekil

Der Ort liegt am Eingang des Gullmaren, einem weit ins Land reichenden Fjordarm. An die lange Tradition als nobler Badeort erinnern die beiden prächtigen altnordischen Villen »Storstugan« und »Lillstugan« an der Strandpromenade, die der Badearzt Carl Curman Ende des 19. Jh.s errichten ließ. Im Havets hus bekommt man Fische und Pflanzen der Gegend zu sehen. Attraktionen sind das **Tunnelaquarium,** in dem die Besucher durch Unterwasserröhren laufen und ringsherum Haie und Seesterne schwimmen, sowie das **Streichelaquarium.**

Havets Hus: Strandvägen 9 | Mitte Juni – Mitte Aug. tgl. 10 – 18, Feb. – Mitte Juni und Mitte Aug. – Anf. Nov. tgl. 10 – 16, sonst Sa., So. 10 – 16 Uhr | Eintritt 120/70 SEK | www.havetshus.se

Fischerdorf in modernem Stil

Fiskebäckstil

Mit einer kleinen Fähre überquert man von Lysekil aus den Gullmarenfjord und ist schon mitten im **malerischen Ort** Fiskebäckskil. Hier gibt es viele Ferienhäuser. Zum Zeitvertreib schlendert man zwischen weißen Villen und pastellfarbenen Wohnhäusern umher, genießt Sonne und Meer sowie ausgezeichnete Fischgerichte.

Manche mögen's voll

Smögen

Smögen, am Ende der Sotenäs-Halbinsel, platzt während der Saison aus allen Nähten. Über die **kilometerlangen Holzstege** schieben sich die Touristenscharen im Schneckentempo vorwärts, erwartet von Dutzenden von Läden in den einstigen Bootsschuppen.

»Arche des Nordens«

Nordens Ark

Bei Hunnebostrand, 20 km östlich, bietet die **Nordens Ark** ein einzigartiges Reservat für vom Aussterben bedrohte Tierarten. Hier haben **alte skandinavische Haustierrassen,** aber auch einige Exoten wie Pandas, Schneeleoparden oder tadschikische Wildschafe eine Heimstatt gefunden. Unbedingt ein **Fernglas** mitbringen.

Nordens ark: Hunnebostrand, Åby Säteri | Juli – Mitte Aug. tgl. 10 – 19, April – Juni und Mitte Aug. – Sept. tgl. 10 – 17, sonst tgl. 10 – 16 Uhr | Eintritt 250/100 SEK | nordensark.se

OBEN: Die bunten Fischerhütten sind das Wahrzeichen von Smögen.

UNTEN: Geradezu modern muten die in Stein geritzten Menschen und Schiffe in den Felsenbildern von Tanum an.

Ein Ort, geprägt von starken Frauen

Fjällbacka

Fjällbacka ist einer der schönsten Orte an der Westküste, denn die steilen Wände des Vetteberg ragen fast senkrecht unmittelbar hinter den letzten Häusern auf und lassen den bunten Holzhäusern nur wenig Platz. Die schwedische Schauspielerin **Ingrid Bergman** verbrachte in dem Ort regelmäßig ihren Urlaub, ihr zu Ehren wurde der Hauptplatz nach ihr benannt. **Camilla Läckberg,** 1974 in Fjällbacka geboren, zählt zu den meistgelesenen schwedischen Krimiautorinnen. Ihre Bücher spielen alle in der Nähe ihres Geburtsorts.

Letzte größere schwedische Stadt vor der Grenze

Strömstad

Rund 20 km nördlich von Strömstad kennzeichnet der Svinesund die Grenze zu Norwegen. Ihn überspannt eine 420 m lange Brücke, von der man eine grandiose Aussicht genießt. Einst ein kleines Fischerdorf, begann auch in Strömstad im 19. Jh. das Kur- und Badeleben. Ein beliebtes Ausflugsziel sind die **Koster-Inseln** 10 km vor der Küste. Die beiden Hauptinseln, Norrkoster und Sörkoster, sind autofrei und stehen unter Naturschutz. Vom Norra Hamn in Strömstad fahren mehrmals täglich Boote zu den Koster-Inseln. 2009 wurde Schwedens erster Meeresnationalpark, der **Kosterhavet Marine National Park,** eröffnet. An seiner nördlichen Grenze schließt sich jenseits der norwegischen Grenze der Ytre-Hvaler-Nationalpark an. Hier leben nicht nur sämtliche für die schwedische Westküste charakteristischen Pflanzen und Tiere, sondern auch 300 endemische Spezies.

Rund um Tanum

Herausragende Kulturstätte

★ Felsritzungen Tanum

Die Menschen der Bronzezeit (1800 – 400 v. Chr.) haben rings um Tanum eindrucksvolle Spuren hinterlassen, die berühmten Felsbilder **(schwedisch hällristningar),** die heute auf der UNESCO-Weltkulturerbeliste stehen. Es existieren vier große Fundstellen: Vitlycke, Aspeberget, Fossum und Litlesby. Etwas weiter weg liegt Torso mit ebenfalls bemerkenswerten Felsritzungen.

Meistbesuchte Fundstelle

Vitlycke

Der Felsen von Vitlycke, wenige Meter abseits der Straße den Hang hinauf, ist mit 170 Schalengruben und fast 300 Figuren eine der größten Fundstellen. Hier sind fast alle Ritzungen mit roter Farbe ausgemalt. Das nahe Vitlycke-Museum vermittelt anschaulich Deutungen dieser Zeichnungen. Ein Highlight sind **nächtliche Führungen** im Spätfrühling und Frühherbst mit Taschenlampen als Lichtquelle.

Vitlycke-Museum: Tanumshede, Vitlycke 2 | Mai – Aug. tgl. 10 – 18, Sept. – Anf. Nov. tgl. 10 – 16 Uhr | Eintritt frei | www.vitlyckemuseum.se

Ein Wanderweg vorbei an Felsritzungen

Aspeberget

Aspeberget ist mit Felsbildern übersät, doch einige Bilder sind so schwer beschädigt, dass sie abgedeckt werden mussten. Eine Figur lässt 29 Schalengruben über ihrer riesigen Hand schweben. Die Bedeutung ist unklar, eine mögliche Erklärung ist, dass es sich um einen **Kalender** handelt.

Felsenbild mit 130 Figuren

Fossum

Bei Fossum blieb ein umfangreiches Felsenbild voller Figuren erhalten, möglicherweise eine **Kampf- oder Jagdszene.**

Könnte ein Vorgänger Odins sein

Litlesby

In Litlesby ist der 2,30 m große Speergott die dominierende Gestalt. Hier haben die Künstlerinnen und Künstler über einen Zeitraum von mehr als 1000 Jahren ihre Kunstwerke in den Fels geschlagen. Die ältesten Bilder stammen aus der Zeit **um 1200 v. Chr.**

Schiffsdarstellungen

Torsbo

In Torsbo, in der Nähe von Hamburgsund, stößt man auf fast 1000 Felsritzungen auf 10 Felsen. Zu sehen sind **mehr als 100 Schiffe.** Das größte hat eine Länge von 4,5 m und 124 Passagiere an Bord. Mit der Handwerkstechnik der Bronzezeit war es kaum möglich, solch große Schiffe zu bauen. Vermutlich hat das Riesenschiff von Torsbo eine rituelle Bedeutung als **Symbol für die Fahrt ins Totenreich.**

★ FALUN

Landschaft: Dalarna | **Provinz:** Dalarna Län
Einwohnerzahl: 59 500 | **Höhe:** 113 m ü. d. M.

M 16

»Das größte Wunder Schwedens, aber auch schrecklich wie die Hölle«, urteilte der Botaniker Carl von Linné über das Kupferbergwerk von Falun. Heute ist die Grube stillgelegt, doch im Besucherstollen kann man einen Eindruck von den einst unmenschlichen Arbeitsbedingungen unter Tage gewinnen. Oberirdisch gibt es noch Stadtteile mit hübschen Holzhäusern, die wie früher alle mit der ochsenblutroten Farbe »Falu rödfärg« gestrichen sind.

Himmel und Hölle

Noch im 18. Jh. war Falun von der Industrie schwer gezeichnet – zahlreiche Berichte belegen, dass damals dunkler Rauch über der Stadt hing. In der alten Bergwerksstadt am nördlichen Ufer des kleinen Runnsees wurden schon vor 1000 Jahren große Kupfererzvor-

kommen entdeckt. Wegen dieses Reichtums war Falun für viele Jahrhunderte von großer wirtschaftlicher Bedeutung für Schweden und im 17. Jh. die zweitgrößte Stadt nach Stockholm. Rund 1200 Arbeiter waren in der damals größten Kupfergrube der Welt beschäftigt. Zahlreiche Bergleute verloren bei Grubenunglücken ihr Leben. Einer von ihnen, Mats Israelsson, der 1677 verschüttet wurde, wurde posthum berühmt, da seine Leiche 40 Jahre später geborgen und von seiner einstigen, alt gewordenen Verlobten identifiziert werden konnte. Der Körper des jungen Mannes war durch das Kupfervitriol in den Stollen konserviert worden.
Im modernen Falun spielt der Bergbau keine Rolle mehr. Die einst ärmlichen Unterkünfte der Arbeiter haben sich in mustergültige Siedlungen aus bunt gestrichenen Einfamilienhäusern verwandelt, die als **»Holzstadt Falun«** zusammen mit den Bergwerken als Weltkulturerbe der UNESCO geführt werden. Ein Relikt aus der Zeit des Bergbaus ist bis heute beliebt: die Wurst Falukorv. Für den Transport des Kupfers aus der Grube wurden Seile benötigt, die einst aus Ochsenhaut gefertigt wurden. Aus dem Fleisch der Ochsen machte man haltbare Wurst. Falukorv wird beispielsweise in dicke Scheiben geschnitten und gebraten mit Nudeln oder Kartoffelbrei serviert. Mit Zwiebeln und Tomatensauce wird sie zu Korvei Stroganoff.

Wohin in Falun?

Prächtige Renaissance

Stadtzentrum

An der Ostseite des Stortorg erhebt sich die **Kristine Kyrka** (erbaut 1642–1655). Das Kircheninnere ziert eine prachtvolle Barock- und Renaissanceausstattung, bei der die Farben Karolinerblau und Sandsteinrot vorherrschen.

Kristine Kyrka: Kristinegatan 13 | Mitte Juni – Mitte Aug. tgl. 10 – 18, sonst bis 16 Uhr

Mehr als Dalapferde

Dalarnas Museum

Das Volkskunstmuseum der Region Dalarna steht unweit vom Stortorg am westlichen Ufer der Faluå. Hier findet man eine der größten Sammlungen von »Dal-Malerei« – bemalte Kästchen, Schränke, ganze Interieurs und Wandpartien, entstanden zwischen 1780 und 1860. Publikumsmagnet sind das Arbeitszimmer und die Bibliothek der Literaturnobelpreisträgerin **Selma Lagerlöf.**

Dalarnas Museum: Stigaregatan 2 – 4 | Di. – Fr. 10 – 17, Sa., So. 12 – 17 Uhr | Eintritt frei | www.dalarnasmuseum.se

Sport- und Freizeitgebiet

Lugnet

Nordöstlich der Stadt erstreckt sich die große Anlage Lugnet, weithin sichtbar durch die **Skisprungschanzen.** Der Turm der 90-m-

FALUN ERLEBEN

FALUN TURISTINFORMATION
Trotzgatan 10–12, 79183 Falun
Tel. 0771 62 62 62
www.visitdalarna.se

RÅDHUS KÄLLAREN KÖK & BAR €€–€€€
In einem urigen Gewölbekeller werden Tacos und Burger, aber auch klassische Gerichte aus der schwedischen Küche serviert. Die Getränkekarte ist beachtlich. (So. geschl.)
Slaggatan 2
Tel. 023 71 13 22
www.radhuskallarenfalun.se

BANKEN BAR & BRASSERIE €€–€€€
Das Eckhaus ist prächtig, die Atmosphäre gediegen, gut und gediegen das Essen. Die Karte ist recht fleischlastig, doch auch an Vegetarier ist gedacht. Im selben Gebäude, um die Ecke in der Stadshusgränd 2, residiert der ebenfalls vorzügliche Ableger Banken Två rum & kök. (So. geschl.)
Åsgatan 41
Tel 023 71 19 11
www.bankenfalun.se

HENNICKEHAMMARS HERRGÅRD €€€€
Der Gutsherrenhof liegt am Hemtjärnsee 4 km südlich von Filipstad, pflegt schwedische Traditionen, führt eine ausgezeichnete Küche und hat sehr geschmackvoll eingerichtete Zimmer. Das Hotel profitiert nicht nur von den traumhaften Wäldern und Seen in seiner Umgebung, sondern setzt sich auch für deren Erhalt ein und wurde dafür mit dem »Svenska Mötens Umweltdiplom« ausgezeichnet.
Filipstad
Tel. 0590 60 85 00
www.hennickehammar.se

FALU FÄNGELSE VANDRARHEM €€
Das ist schon etwas Besonderes: In dieser Jugendherberge übernachtet man in einem ehemaligen Gefängnis und kann zwischen »Zellen« mit ein bis vier Betten wählen. Die Küche ist ganz entschieden besser als Gefängniskost, die Lage sehr schön zentral.
Falun, Villavägen 17
Tel. 023 79 55 75
www.falufangelse.se

Schanze kann besichtigt werden. Hier wurden bereits viermal die Nordischen Skiweltmeisterschaften ausgetragen.

Lugnet: Lugnetvägen 11 | Sprungschanze (Aufzug) Mo. – Fr. 8 – 20, Sa., So. 9 – 20 Uhr | Eintritt: 50/30 SEK | Skimuseum tgl. 10 – 18 Uhr | Eintritt 50/30 SEK | www.lugnet.se

Schwedens ältestes Bergwerk

★ Falun Gruva

Südwestlich vom Zentrum liegt das ausgedehnte Werksgelände des Kupferbergwerks (Falu Koppargruva), dessen Erzvorkommen **bereits von den Wikingern ausgebeutet** wurden. Heute ist es Faluns größte Attraktion. Das Bergwerksmuseum dokumentiert die Ge-

Wunden in der Landschaft: die stillgelegten Kupfergruben von Falun

schichte des Erzbergbaus in Falun und bietet interessante Einblicke in die Geologie der Gegend und die Firmengeschichte des Großkonzerns Stora, der die Grube betreibt. Gegenüber vom Museum befindet sich der Zugang zum **Besucherstollen.** Er führt bis in eine Tiefe von 55 m. Warme Kleidung und wasserdichtes Schuhwerk sind sehr empfehlenswert!

Gruvmuseet: Gruvsplatsen 1 | Mitte Juni – Mitte Aug. tgl. 10 – 17.30, Mai – Mitte Juni und Mitte Aug. – Sept. Mo. – Fr. 10 – 16, Sa., So. 10 – 15, Okt. – April Sa., So. 10 – 15 Uhr | Eintritt 230 SEK, bis 15 J. 100 SEK | www.falugruva.se

Am Weg des Wassers

Vattnets Väg

Wer sich mit der historischen Bergbaukultur der Region näher befassen möchte, folgt der etwa 30 km langen Wanderroute »Vattnets Väg« (Weg des Wassers). Er führt ab der Grube Falun **entlang historischer Kanäle, Gräben und Dämme** durch die ehemalige Bergbauregion. Sie hat heute ein reiches Vogelleben, seltene Pflanzen und eine fantastische Natur zu bieten.

www.varldsarvetfalun.se

Rund um Falun

Auf den Spuren von Carl Larsson

Sundborn

Rund 4 km nordöstlich von Falun liegt am kleinen Tofta-See der idyllische Ort Sundborn. Hier lebte der schwedische Maler Carl Larsson (1853–1919) von 1901 an mit seiner Frau Karin, die ebenfalls Künstlerin war. **Carl Larssons Gården** ist heute ein Museum. Der Publikumsandrang ist groß, daher sollte man in der Hochsaison Wartezeiten einkalkulieren. Zwischen 1905 und 1912 porträtierte Carl Larsson einige Dorfbewohner und schenkte diese Gemälde später der Gemeinde Sundborn. Heute ist Carl Larssons **Porträtsammlung** im Gemeindehaus neben der Kirche zu sehen.

Carl Larsson-Gården: Sundborn, Carl Larssons väg 12 | Zutritt nur mit Führung | Mai – Sept. tgl. 10 – 17, Okt. – April Mo. – Fr. 11, Sa., So. 13 Uhr | Eintritt 195–220, bis 16 J. 60 SEK | www.carllarsson.se
Porträtsammlung: Kyrkvägen 20 | Eintritt frei

Outdoor-Freuden und Knäckebrot

Filipstad

Filipstad liegt südwestlich von Falun an der Kreuzung der Straße Nr. 63 und 64. Die Stadt am kleinen See Daglösen ist eingebettet in eine waldreiche, hügelige Landschaft. Man kann dort hervorragend wandern, auf **Elchsafari** gehen, fischen oder im klaren Wasser des Sees schwimmen. Der Bergbau ist längst passé, heute zählt die »Wasabröd AB« zu den wichtigsten Arbeitgebern. Das bedeutendste Sommerereignis ist die »Fili-Bjur-Woche« Ende Juli mit Musik und Tanz. Jährlich im September findet der Jahrmarkt »Oxhälja« statt. An mehr als 1000 Marktbuden werden Würstchen, Schnürsenkel, Kleidung und Krimskrams aller Art angeboten (www.oxhalja.se).

Heimat des Julbocks

Gävle

Lebhaft geht es in der ältesten Stadt Norrlands am Bottnischen Meerbusen zu: breite Einkaufsstraßen voller Menschen, dazu ein riesiger Hafen, von dem aus Holz und Erz verschifft werden. In ganz Schweden ist Gävle, ca. 50 km östlich von Falun, allerdings v. a. wegen seines »Julbocks« bekannt. Seit 1966 wird auf dem Slottstorg am 1. Dezember ein **Ziegenbock aus Stroh** aufgestellt. Der Erste seiner Art war beachtlich, immerhin 13 m hoch, 7 m lang und 3 t schwer. Doch lange sollte die Freude am neuen Wahrzeichen nicht währen, denn schon am Neujahrstag ging der Bock in Flammen auf. Zwar wurde der Brandstifter gefasst und bestraft, doch er fand Nachahmer. Denn von nun an konnte man jedes Jahr Wetten darauf abschließen, wie lange der Bock aus Stroh vor Zündlern beschützt werden konnte. Nicht lange, wie die Erfahrung zeigt: Einer brannte schon, bevor er überhaupt aufgestellt werden konnte, einigen waren nur wenige Stunden Vorweihnachtsfreude gegönnt.

www.visitgavle.se/gavlebocken

★★ GÖTEBORG

Landschaft: Bohuslän | **Provinz:** Västra Götaland Län
Einwohnerzahl: 580 200 | **Höhe:** Meereshöhe

P 12

Göteborg, die zweitgrößte Stadt des Landes, punktet mit dem größten Hafen Schwedens. Als typische Hafenmetropole zeichnet sich die weltoffene Stadt durch ein lebhaftes Kultur- und Nachtleben aus. Wer über die Kungsportsaveny und durch die Fisch- und Markthallen flaniert, wird die Stadt mit ihrem hervorragenden Gastronomieangebot schnell lieben lernen.

Schwedens Tor zur Welt

Im Jahr 2021 begeht Göteborg seinen 400. Geburtstag. Dies muss natürlich gebührend gefeiert werden, am besten mit einem ganz neuen Stadtteil auf dem ehemaligen Werftgelände am Frihamnen. Damit will sich die Stadt einen lang gehegten Wunsch erfüllen: eine direkte Verbindung zum Meer. Moderne Büro- und Wohnhäuser werden bis zu 30 Stockwerke in den Himmel wachsen. Statt der Kreuzfahrtschiffe legen dort dann nur noch die Boote der Freizeitkapitäne an. Doch die Verwirklichung dieser Pläne wird sich hinziehen – vermutlich bis ins Jahr 2040. Zur großen Geburtstagsfeier wird aber zumindest der zehn Hektar große Jubiläumspark fertig sein.

Auch wenn dieser neue Stadtteil das Gesicht der Stadt zu beiden Seiten des ins Kattegat mündenden Göta älv verändern wird, kann sie doch ihre Vergangenheit nicht verleugnen. Großen Einfluss auf die Stadtentwicklung hatten die Niederländer, die man im 17. Jh. nach Schweden geholt hatte. So war es nicht verwunderlich, dass der Grundriss der Stadt nach holländischem Vorbild mit Kanälen und Befestigungen angelegt wurde. Dank des ganzjährig eisfreien Hafens entwickelte sich die Stadt rasch und wurde zum Umschlagplatz für Holz und Eisen. Die 1731 gegründete Schwedische Ostindische Kompanie unterhielt hier einen der wichtigsten europäischen Umschlagplätze für **Möbel, Porzellan, Tee und Seide.**

Während der von Napoleon 1806 verhängten Kontinentalsperre war Göteborg der Hauptlagerplatz für den britischen Handel mit Nordeuropa. Die Gewinne aus dem florierenden Handel flossen auch in die Industrialisierung: Werften und Industriebetriebe wie Esab, SKF, Hasselblad und Volvo siedelten sich an. Neue Stadtteile wie Haga und Majorna entstanden, in der Innenstadt spiegeln die Prachtbauten – z. B. entlang der Kungsportsaveny – den Wohlstand der damaligen Zeit. Die Blütezeit als **Welthafen** begann für Göteborg zu Beginn des 20. Jh.s, als es den Schiffsverkehr nach Übersee aufnahm. Heute ist der Göteborger Hafen einer der größten in Skandinavien und eine wichtige Station auf den Routen von zahlreichen Passagier- und Frachtschiffen.

Der rot-weiße »Lippenstift« am Hafen ist nicht zu übersehen – es sei denn, man genießt von der Aussichtsplattform des Büroturms den herrlichen Blick.

Wohin im Zentrum?

Flanieren, bummeln, schauen

Altstadt

Ursprünglich wurden – wie in vielen holländischen Städten – die **Hauptverkehrswege Göteborgs von Kanälen gebildet**. Die meisten sind längst zugeschüttet und durch Straßen ersetzt, so z. B. die Östra Hamngatan und die Västra Hamngatan. Nur der Stora Hamnkanal und der einstige Wallgraben, der die Altstadt im Süden begrenzt, existieren noch.

Der weite, rechteckige Gustav Adolfs Torg an der Nordseite des Stora Hamnkanal bildet den repräsentativen Kern der Altstadt. Die Nordseite des Platzes begrenzt das stattliche Gebäude der **Börse,** an der Westseite steht das 1672 von Nicodemus Tessin d. Ä. erbaute Rådhus, das einen hübschen Innenhof besitzt.

Lebendige Stadtgeschichte

Stadsmuseum

In der Norra Hamngatan 12 steht das palastähnliche, 1750 errichtete ehemalige Gebäude der Ostindischen Kompanie, in dessen prunkvollen Hallen heute Göteborgs Stadsmuseum untergebracht ist. Es informiert über Archäologie, Kulturgeschichte und Stadtentwicklung und beherbergt auch die Überreste des einzigen in Schweden gefundenen **Wikingerschiffs.**

Göteborgs Stadsmuseum: Norra Hamngatan 12 | Di. – So. 10 – 17, Mi. bis 20 Uhr | Eintritt 60 SEK | http://goteborgsstadsmuseum.se

GÖTEBORG ERLEBEN

GÖTEBORGS TURISTBYRÅ
Kungsportsplatsen 2
41110 Göteborg
Tel. 031 3 68 42 00
www.goteborg.com

BORÅS TOURIST CENTER
Sven Eriksonsplatsen 3
50315 Borås, Tel. 033 35 70 90
www.boras.com

GÖTEBORG PASS
Der Göteborg Pass gewährt ermäßigten oder freien Eintritt zu vielen Sehenswürdigkeiten und Freizeiteinrichtungen, Stadtrundfahrten und Schiffsexkursionen sowie kostenlose Fahrten mit öffentlichen Verkehrsmitteln. Erhältlich in Tourismusbüros, Hotels und Zeitungskiosken. Es gibt ihn für 1, 2, 3 oder 5 Tage. Preis für Erwachsene/Kinder und Jugendliche bis 16 Jahre: 1 Tag 345/173 SEK, 2 Tage 545/273 SEK, 3 Tage 695/348 SEK, 5 Tage 995/498 SEK.

STADTRUNDFAHRTEN
Einstündige Bustouren starten mehrmals täglich am Stora Teatern, Tickets 180 SEK.
www.stromma.se/goteborg

HAFENRUNDFAHRTEN
Die Hafen- und Kanalrundfahrten (ca. 50 Min.) mit flachen Paddan-Booten starten am Kungsportsplats.
www.stromma.se/goteborg

BESICHTIGUNGSTOUREN
Nostalgische Touren durchs Zentrum mit bis zu 100 Jahre alten Trambahnen: Vintage Tram Ringlinien; die Waggons können auch gemietet werden. Die hippe Variante sind Segway-Touren. Eine geführte Tour auf den Besenstielen mit zwei Rädern kostet 420 SEK für eine Stunde.
www.ringlinien.org
www.segwayadventure.se

NORDSTAN
Schwedens größtes Einkaufszentrum mit 150 Geschäften am Hauptbahnhof ist ganz nach dem Geschmack von Shoppingfreaks.
www.nordstan.se

KUNGSPORTSAVENY
Auf der Kungsportsaveny und in den kleinen Nebenstraßen gibt es unzählige Geschäfte und Kunstgalerien.

AN DER KUNGSGATAN
Eine 3 km lange Shoppingmeile bilden Kungsgatan, Korsgatan, mehrere Einkaufsgalerien und -passagen. Auch ein Bummel über die Linnégatan und deren Nebenstraßen lohnt sich.

ANTIQUITÄTEN
Antikhallarna in der Västra Hamngatan: Kunst und Krempel auf drei Etagen.
www.antikhallarna.se

HAGA
Die Fußgängerzone Haga Nygata ist gesäumt von alten, restaurierten Häusern, in denen viele Cafés und Antiquitätenläden untergebracht sind.

Jedes Jahr Ende Januar/Anfang Februar zieht Nordeuropas bedeutendstes Filmfestival mehr als 200 000 Fans an. Der Hauptpreis des Göteborg International Filmfestival ist der »Goldene Drache«.
www.goteborgfilmfestival.se

❶ KOKA €€€–€€€€
Hier werden kunstvoll angerichtete Kreationen der neuen schwedischen Küche in skandinavisch-minimalistischem Ambiente serviert. Für seine Kochkunst erhielt Björn Persson von Michelin schon einen Stern.
Viktoriagatan 12, So. geschl.
Tel. 031 7 01 79 79, www.kockvin.se

❷ FISKEKROGEN €€€
Die Einheimischen nennen es das beste Fischrestaurant Göteborgs – und das will was heißen! Probieren Sie Ahlströms Meeresfrüchteplatte mit Hummer, Austern, Lachs und Venusmuscheln. Auf der Weinkarte stehen mehr als 400 erlesene Tropfen.
Lilla Torget 1, Tel. 031 10 10 05
www.fiskekrogen.com, So. geschl.

❸ HAEVEN 23 €€€
Auf Dill gedünsteter Dorsch mit Kichererbsenpüree oder Entenbrust an Süßkartoffeln – toll ist aber nicht nur die Küche, sondern auch die Aussicht aus der 23. Etage des Gothia Tower.
Mässans Gata 24, Tel. 031 7 50 88 05
www.heaven23.se

❹ BISTRO SÖDRA 32 €€€
In diesem kleinen Bistro isst man nicht nur gut, sondern auch in schönem Ambiente, wurde es doch in Zusammenarbeit mit einigen der besten Glaskünstler stylisch eingerichtet. Auf der Karte stehen auch vegetarische Gerichte.
Södra Vägen 32, Tel. 031 16 11 83
http://bistrosodra32.se

❺ SJÖMAGASINET €€€
Ulf Wagners mit einem Michelin-Stern geadelter Gourmettempel – 2011 »bestes Businessrestaurant Schwedens« – logiert im alten Gebäude der Ostindischen Kompanie von 1775 an der Hafeneinfahrt. Tipp: Sommerbuffet am Mittag (Mo. – Fr. 11.30 – 14 Uhr).
Adolf Edelsvärdsgata 5
Tel. 031 7 75 59 20
www.sjomagasinet.se, So. geschl.

❻ RESTAURANG GABRIEL €€
Fangfrische Krabben, Langusten und Hering mit Kartoffelpüree werden auf der Empore von Göteborgs Feskekörka, der »Fischkirche«, serviert. Ab 7 Uhr finden Fischauktionen statt.
Fisktorget, Feskekörka
Tel. 031 13 90 51
www.restauranggabriel.se
So./Mo. geschl.

❶ ELITE PLAZA €€€€
Stuckdecken und erlesene Antiquitäten verleihen der 1889 erbauten Nobelherberge (130 Z.) im Herzen der Stadt das gewisse Etwas. Zum Hotel gehört das Feinschmeckerlokal Swea Hof.
130 Z., Västra Hamngatan 3
Tel. 031 7 20 40 00, www.elite.se

❷ HOTEL WATERFRONT GOTHENBURG €€€–€€€€
Das rote Backsteingebäude am Göta Älv war früher eine Brauerei. Maritimes Flair, historisches Ambiente, große, moderne Zimmer. Im Restaurant genießen Gäste eine tolle Sicht auf die Älvsborg-Brücke. 148 Z.
Klippan 1, Tel. 031 7 20 22 00
www.novotel.se

❸ BARKEN VIKING €€€
Für Wasserratten: Das historische Viermast-Segelschiff wurde zum Hotel mit maritimem Flair ausgebaut. Das Schiff liegt im Göteborger Gästehafen nahe der Oper vor Anker. Zur Auswahl stehen 29 Kajüten von einfach bis luxuriös.
Gullbergskajen, Lilla Bommens Torg 10, Tel. 031 63 58 00
www.liseberg.com

1 Koka
2 Fiskekrogen
3 Haeven 23
4 Bistro Södra 32
5 Sjömagasinet
6 Restaurang Gabriel

Willkommen im ältesten Haus von Göteborg

Kronhus

Etwas nördlich vom Stadtmuseum steht an der Kronhusgatan das 1643–1653 erbaute Kronhus (ehem. Zeughaus). Es ist Göteborgs ältestes erhaltenes Haus. Im sehenswerten **Reichssaal** wurde 1660 der fünfjährige Karl XI. zum König ausgerufen. Rund ums Kronhus erstreckt sich eine Reihe niedriger Häuser mit Läden mehrerer Kunsthandwerker.

⌂					
1	Elite Plaza	3	Barken		
2	Hotel Waterfront Gothenburg		Viking		Fußgängerzone

Schiff ahoi!

Maritiman

Geht man vom Kronhus zum Ufer des Göta Älv, sieht man schon bald die Schiffe des Maritima Centrum. Hier können u. a. das U-Boot »Nordkaparen« und ein Kanonenboot besichtigt werden. Ein weiteres hier vertäutes Schiff dient als **Jugendherberge.**

Maritiman: Packhusplatsen 12 | Juni – Aug. tgl. 10 – 18, Mai 11 – 16 Uhr | Eintritt 140/80 SEK | www.maritiman.se

Außergewöhnliche Architektur

Operan

Am Flussufer in nördlicher Richtung folgt bald das 1994 eröffnete Opernhaus. Architekt Jan Izkowitz ließ sich vom Meer und der umliegenden Landschaft inspirieren. Bei Dunkelheit spiegelt sich die **bunt-spektakuläre Beleuchtung** des Gebäudes recht stimmungsvoll im Wasser.

Göteborgs Operan: Christina Nilssons Gata | im Sommer tgl. Führungen um 13 und 15 Uhr, Anmeldung Tel. 031 13 13 00 | Eintritt 70/35 SEK | http://sv.opera.se

Der »Lippenstift«

Utkiken

Von der Promenade am Opernhaus hat man einen guten Blick auf das rot-weiß gestreifte Hochhaus Utkiken. Der Volksmund hat ihm umgehend dem Spitznamen »Lippenstift« verliehen. Von der 86 m hoch gelegenen Aussichtsplattform bietet sich **der beste Rundblick** über Göteborg. Vor dem Hochhaus liegt die Viermastbark »Viking« vor Anker, ein schwimmendes Hotel.

Wenn die Sonne langsam untergeht, ist Göteborgs Jachthafen »the place to be«. Schauen Sie dann auch zum Opernhaus am Lilla-Bommen-Kai hinüber und genießen Sie das faszinierende Farbenspiel.

Entlang der Kungsportsaveny

Göteborgs Avenue

Der Kungsportsplats mit dem Reiterstandbild Karls IX. ist ein belebter Verkehrsknotenpunkt. Hier beginnen zum einen Rundfahrten mit Bus oder Paddan-Booten, zum anderen die **Flanier- und Shoppingmeile** Kungsportsaveny. Sie wird gesäumt von schönen Häusern und unzähligen Cafés, Restaurants und Kneipen, in denen bis spät in die Nacht Hochbetrieb herrscht.

★ Kungsportsaveny

Kleines Paradies inmitten der Stadt

Der 1842 eröffnete Trädgårdsföreningens Park dient als grüne Oase mitten in der Stadt. Sehenswert sind das historische **Palmenhaus** und das **Rosarium.**

Trädgårdsföreningens Park

Mai – Sept. tgl. 7 – 20, sonst bis 18, Palmenhaus Juni – Aug. 10 – 20, sonst bis 16 Uhr | Eintritt frei | www.tradgardsforeningen.se

Europäisches Design und Kunsthandwerk

Das nach seinen Gründern, den Brüdern Röhss, benannte Museum liegt ungefähr in der Mitte der Kungsportsaveny und zeigt europäisches **Design und Kunsthandwerk** vom 17. Jh. bis heute. Parallel zu den Dauerausstellungen werden mehrmals im Jahr **außergewöhnliche Einzelausstellungen** gezeigt.

Röhsska Museum

Wasagatan 37–39 | Di., Mi. 11 – 18, Do. bis 20, Fr. – So. bis 17 Uhr | Eintritt 60 SEK, unter 25 J. frei | http://rohsska.se

Klassizistisch

Die Kungsportsaveny endet am Götaplats. In dessen Zentrum steht eines der Wahrzeichen der Stadt, der riesige **Poseidon-Brunnen** (1931) von Carl Milles, dem bedeutendsten schwedischen Bildhauer. Um den Platz gruppieren sich das Konzerthaus, das Kunstmuseum und das Staatstheater.

Götaplats

Kunst in allen Facetten

Das riesige Kunstmuseum verfügt über eine beeindruckende Sammlung und widmet sich in erster Linie dem Schaffen nordischer Künstler (Edvard Munch, Carl Larsson, Anders Zorn ...) vom 15. Jh. bis zur Gegenwart. Auch die europäische Elite wie Rembrandt, Rubens, van Gogh, Cézanne, Picasso und Chagall ist vertreten. Mittlerweile ist auch das Hasselblad Center im Kunstmuseum untergebracht. Es zeigt wegweisende Beispiele **moderner Fotografie** und sehr gute Wechselausstellungen.

Konstmuseet

Konstmuseet: Götaplatsen 6 | Di., Do. 11 – 18, Mi. 11 – 20, Fr. – So. 11 – 17 Uhr | Eintritt 60 SEK | http://konstmuseum.goteborg.se
Hasselblad Center: Götaplatsen 6 | Öffnungszeiten wie Kunstmuseum | Eintritt 60 SEK | www.hasselbladfoundation.org

Rund um die östliche Innenstadt

Fun pur!

Liseberg

Der Liseberg-Vergnügungspark ist eine gigantische Mischung aus Kirmes und Kultur mit Achterbahnen, Wildwasserbahnen, Fahrgeschäften, Theater-, Kleinkunst- und Konzertbühnen sowie Cafés und Restaurants. Besondere Attraktionen sind »Helix«, die schnellste und längste Achterbahn Skandinaviens, sowie »AtmosFear«, der höchste Freefall-Tower Europas. Überragt wird die mit 20 ha größte Anlage ihrer Art in Nordeuropa vom 146 m hohen Liseberg-Turm, von dem aus man einen **hervorragenden Blick** über die Stadt hat.

tgl. geöffnet | weitere Infos siehe www.liseberg.se

Experimentieren und verstehen

Universeum

Im **Wissenschaftszentrum** Universeum kann man exotische Tiere wie Rochen und Haie beobachten, fremde Galaxien und Mondfahrzeuge untersuchen und vor allem viel experimentieren.

Södra Vägen 50 | tgl. 10 – 18 Uhr | Eintritt 190/135 SEK | www.universeum.se

Multikulti

Världskulturmuseet

Das **Museum für Weltkultur** ermöglicht eine Entdeckungsreise durch die multikulturelle Welt. Sehr eindrucksvoll ist das Gebäude der Londoner Architekten Cecile Brisac und Edgar Gonzales.

Södra Vägen 54 | tgl. 11 – 17, Mi. bis 20 Uhr | Eintritt frei | www.varldskulturmuseerna.se

In den angrenzenden Stadtteilen

Grüne Paradiese

Slottsskog & Botaniska Trädgard

Folgt man der Linnégatan (westlich der Innenstadt), die mit ihren vielen Restaurants, Cafés und kleinen Läden die zweite Aveny Göteborgs ist, vom Järntorg in südlicher Richtung bis zum Linnéplats, erreicht man den Slottsskog. Er ist **Göteborgs größter Park** und ein beliebtes Naherholungsgebiet.

Die südöstliche Fortsetzung des Slottsskog bildet der **Botanische Garten** mit 16 000 Pflanzenarten. Bereits 1923 angelegt, wurde er einmal zum schönsten Park des Landes gekürt.

Botaniska Trädgård: Carl Skottsberg Gata 22 | tgl. 9 – 21 Uhr, Gewächshäuser Mai – Aug. 10 – 17 Uhr | Eintritt 20 SEK | www.gotbot.se

Sjöfartsmuseet Akvariet

Ehrwürdiges Naturmuseum

Westlich vom Järntorg am Ufer des Göta Älv befindet sich das **Schifffahrtsmuseum** mit dem **Aquarium.** Ersteres informiert über die

Die Feskekörka wird in der ersten Jahreshälfte 2020 geschlossen und soll dann renoviert werden. Ob sie danach wieder als Fischmarkthalle öffnet, ist derzeit noch unklar.

Entwicklung der schwedischen Seefahrtsgeschichte vom 16. Jh. bis zur Gegenwart, Letzteres zeigt das reiche Leben in den skandinavischen Gewässern.

Karl Johansgatan 1 – 3 | Wegen Renovierung ist das Museum bis voraussichtlich 2021 geschlossen | www.sjofartsmuseetakvariet.se

Ein Wahrzeichen der Stadt

Feskekörka

In der Nähe des Seefahrtsmuseums steht die **Fischmarkthalle.** Ihren Namen »Feskekörka« oder »Fiskekyrkan« (Fischkirche) verdankt sie den kirchenähnlichen Hallen (erbaut 1874).

Kunst und Kultur – im Graffiti-Look

Röda Sten Konsthall

Verfehlen kann man die Röda Sten Konsthall direkt am Fluss unter der Älvborgsbron wahrlich nicht, denn die Backsteinfassade ist über und über mit bunten Graffiti verziert. Das Kulturzentrum bietet viel beachtete, wechselnde **Ausstellungen zeitgenössischer Kunst** und war auch schon Bestandteil der Göteborger Kunstbiennale.

Di. – Fr. 12 – 17, Sa., So. 12 – 18 Uhr | Eintritt 40 SEK | www.rodasten.com

DER LUXUS DER LANGSAMKEIT

Zu den schönsten Erlebnissen eines Schwedenurlaubs gehört es, an einem Sommerabend durch den Göta-Kanal zu schippern. Mit einer Gesamtlänge von 390 km stellt das »Blaue Band« zwischen Mem südwestlich von Stockholm und Göteborg eine Verbindung zwischen Ost- und Nordsee her. Das Mammutprojekt sollte vor allem dem Transport von Waren dienen, ohne dass im Kategatt Wegzoll an die Dänen bezahlt werden musste. Aber es kam anders.

Schon Gustav Wasa hatte mit dem Gedanken gespielt, zwischen Göteborg und Stockholm eine Wasserstraße zu schaffen. Doch erst König Karl II. nahm 1716 das Projekt in Angriff. Die Wasserfälle von Trollhättan bildeten einen der vielen Knackpunkte. Die Ingenieure Swedenborg und Polhern versuchten, sie durch Schleusen zu umgehen. Als der Schutzdamm 1755 aber durch Treibholz brach, ruhte die Arbeit, bis **Freiherr Baltasar Bogislaus von Platen** mithilfe der besten Kanalbauer, die er gewinnen konnte, 1810 erneut einen Anlauf nahm. 58 000 Soldaten gruben und sprengten sich bis 1832 durch Schwedens Mitte, 7 Mio. Tagwerk lang. Mühselig war die Arbeit, zumal der gesamte Abraum von Hand abtransportiert werden musste. Pro Woche 14 Flaschen Branntwein sollten die

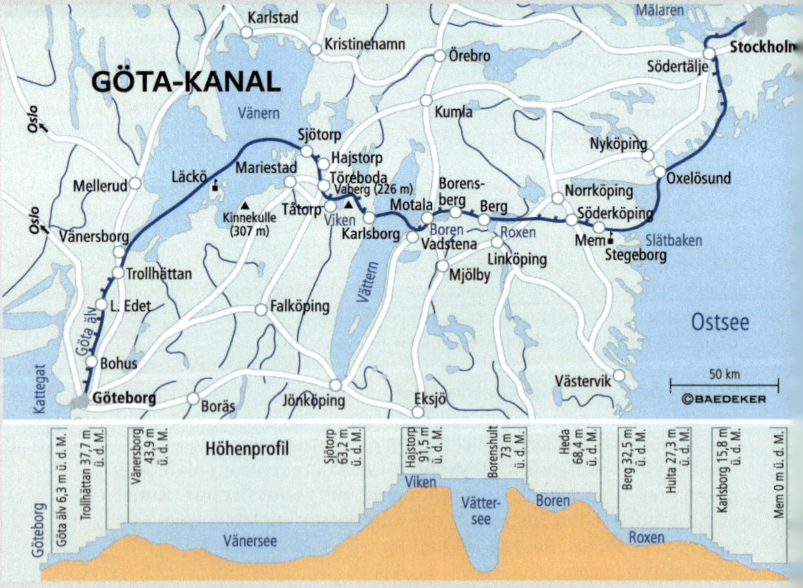

Nichts ist am Göta-Kanal eilig, und Freizeitkapitäninnen müssen schon mal selbst Hand anlegen, um die Schleusen zu überwinden. Wie man sieht: kein Problem.

Arbeitsmoral aufrechterhalten. Motala am Vättersee wurde das Zentrum des Kanalbaus und die Wiege der schwedischen Maschinenbauindustrie, da dort die Schleusentore hergestellt wurden.

Liebenswert altmodisch

In vielen Schleifen schlängelt sich der Kanal übers Land, weil man den natürlichen Höhenlinien folgte, um nur eine Kanalseite mit einem künstlich aufgeschütteten Damm sichern zu müssen. Nach seiner Eröffnung am 26. September 1832 boomte der Schiffsverkehr wie geplant, doch nur wenige Jahrzehnte später machten Eisenbahn und Lkw den langsamen Wasserweg unrentabel. Die Kanalgeschichte wird in den Museen von Motola und Sjötorp erzählt, Höhepunkt ist die **Schleusentreppe in Berg.** Heute schippern über den Kanal Schwedenreisende, die Ruhe und Gelassenheit suchen. Von Mai bis September genießen Sie an Bord der historischen Kanalschiffe MS Juno (1874), MS Diana (1931) und MS Wilhelm Tell (1912) zwei- bis sechstägige Touren durch das sommerliche Schweden. Immer mit Blick auf herrliche Landschaften und idyllische Städte, nicht zu vergessen die gute Küche an Bord. Oder Sie werden selbst zum Skipper, mieten sich ein Hausboot und bestimmen selbst das – stets gemächliche – Tempo. Spannend ist dabei das Meistern der Schleusen. Ein wenig Erfahrung als Bootsführer ist ratsam, mitunter wird von den Vercharterern auch die Vorlage eines Führerscheins verlangt. Unbedingt rechtzeitig buchen!

AB Göta Kanalbolag, Box 3, 59121 Motala, Tel. 0141 20 20 50
www.gotacanal.se

Rund um Göteborg

Ausflug in die Schären

Göteborgs skärgård

Vor Göteborg liegt ein ausgedehnter Schärengarten mit größeren Inseln wie Öckerö und unzähligen kleinen, die alle beliebte Ausflugsziele sind. Im Sommer werden Ausflugsfahrten ab Lilla Bommen, Stenpiren und Packhuskajen angeboten. Die Schiffe verkehren **das ganze Jahr über** täglich, Fahrpläne gibt es im Touristenbüro.

Very british

★ Tjolöholm Slott

Weiter südlich bei Kungsbacka (E6, Ausfahrt Fjärås) empfiehlt sich ein Abstecher in westlicher Richtung zum Schloss Tjolöholm. Das Schloss, ein massiger, mittelalterlichen Vorbildern nachempfundener Bau aus rotem Granit, wurde 1898–1904 **im englischen Tudorstil** errichtet. Am Fuß des Schlosshügels stehen das Wirtschaftsgebäude, das Wagenmuseum und die Cafeteria.

Mitte Juni – Ende Aug. tgl. 11 – 16, sonst Sa., So. 12 – 15 Uhr | nur im Rahmen von Führungen zugänglich | www.tjoloholm.se

Tour durch die Textilstadt

Borås

Das südschwedische Borås liegt ca. 65 km östlich von Göteborg zu beiden Seiten der Viskan. Größere Bedeutung als Handelsstadt gewann es erst, als Eisenbahn und Textilmaschinen hier Einzug hielten. Borås ist **reich an Skulpturen im öffentlichen Raum.** Eine davon

Tudorstil in Schweden: Schloss Tjolöholm mutet so gar nicht skandinavisch an.

ist die 9 m hohe Pinocchio-Statue. Insgesamt zieren rund 30 international angesehene Werke die Stadt, ein Spaziergang durch das schöne Stadtzentrum führt an den meisten vorbei. Im westlichen Stadtteil Parkstaden, schon etwas außerhalb des Zentrums, liegt der Ramnapark mit dem **Borås Museum,** einem Freilichtmuseum mit historischen Holzhäusern und der um 1690 entstandenen Ramna-Kirche. Das **Kunstmuseum** zeigt neben Werken moderner schwedischer Künstlerinnen und Künstler auch Videoboxen und Kunstwerkstätten. In Alingsås findet alljährlich Nordeuropas größtes Event für experimentelle Lichtinstallationen statt, das bis zu 80 000 Neugierige anzieht: **»Lights in Alingsås«** ist die erste Adresse für europäische und internationale Lichtdesigner (www.lightsinalingsas.se).

Borås Museum: Ramnaparken | Mitte Mai – Mitte Sept. Di. – So. 12 – 16 Uhr | Eintritt frei | www.boras.se/borasmuseum

Konstmuseum: Kulturhuset, P. A. Halls Terrass 2 | Di. – Fr. 12 – 17, Do. bis 20, Sa., So. 12 – 16 Uhr | Eintritt frei | www.boras.se/konstmuseum

★★ GOTLAND

Landschaft: Gotland | **Provinz:** Gotland Län | **Einwohnerzahl:** 60 000

P/Q 19/20

»Gotland ist die Insel der Götter«, sagen die Schweden. Und sie haben recht: So warm und sonnig wie auf Gotland ist es nirgends sonst im Land. Außerdem ist das Meer hier quasi omnipräsent und geheimnisvolle, bizarre Kalksteine werfen Fragen auf. Praktischerweise lässt sich alles – die Stadt Visby, die Kalksteinformationen, Strand und Meer – bequem mit dem Drahtesel erradeln.

Insel der Götter

Gotland war mit seiner Hauptstadt Visby eine unentbehrliche Anlaufstation für Segelschiffe, die auf dem Weg durch die Ostsee ins Baltikum und über die Flüsse bis tief hinein nach Russland und zurück waren. Bis zum Beginn des 12. Jh.s hatten die Inselbewohner selbst den Warenverkehr unter Kontrolle. 1161 erhielten die Gotländer eine Handelslizenz für die deutschen Länder, 1280 trat die Inselhauptstadt Visby der Hanse bei und schloss mit Lübeck ein Schutzbündnis gegen Seeräuber. Doch ihre strategisch wichtige und ökonomisch vielversprechende Lage sollte die Insel in der Folgezeit zum Zankapfel der Mächtigen machen. 1361 eroberte sie der Dänenkönig Waldemar Atterdag. Vier Jahre später fiel Gotland in die Hände von Piraten, die 1398 vom Deutschen Ritterorden wieder vertrieben wurden. Der Orden verkaufte seine Beute 1408 an Erich von Pommern, den Regenten der vereinigten skandinavischen Königreiche. Ab 1449 stand

GOTLAND ERLEBEN

GOTLAND TURISTBYRÅN

Donners plats 1, 62157 Visby
Tel. 0498 20 17 00
www.gotland.com
www.gotlandsresor.se

Fähre von Oskarshamn auf dem schwedischen Festland nach Gotland: drei Stunden. Im Sommer verkehren auch Fähren zwischen Visby und Grankullavik auf Öland. Diese Überfahrt dauert zwei Stunden. Im Sommer laufen die Fähren Visby bis zu zehn Mal täglich an.
www.destinationgotland.se

MEDELTIDSVECKA

Größtes Ereignis ist das Mittelalterfestival Anfang August (KW 32) in Visby mit stimmungsvollen Konzerten in den Kirchenruinen bei Kerzenlicht, Tanz, farbenprächtigen Ritterspielen und einem Mittelaltermarkt.
www.medeltidsveckan.com.

FISCHEN

Rund 800 km Küstenlinie hat Gotland – ein Paradies für Sportfischer. Den Sport nach anerkannt ökologischen Standards zu betreiben ermöglicht der schwedenweite Anbieter FishYourDream. Zur Unterbringung gibt es Kooperationen mit Hotels, aber auch Hütten mit Selbstversorgung; Individualisten könnensogar rollende Saunawagen mieten. Wer Forellen im Wildwasser beobachten möchte, kann einen erfahrenen Guide für kleine Gruppen buchen.
FishYourDream, Tel. 0733 76 18 97, www.fishyourdream.com

INSEL DER RADFAHRER

Gotland ist ideal für Radtouren: Wenig Autoverkehr, kaum Steigungen und viele Campingplätze – nur der Wind kann manchmal stören. Fahrradvermietungen gibt es u. a. am Hafen in Visby und in der Österport. Fahrrad mit Anhänger und Campingausrüstung gibt es bei Gotlands Resor.
Visby, Färjeleden 3
Tel. 0498 20 12 60
www.gotlandsresor.se

Dem Motto »Kulinariska Gotland« (Kulinarisches Gotland) haben sich acht preisgekrönte Restaurants verschrieben, zum Nachkochen gibt es auch ein Kochbuch.
www.kulinariskagotland.com

❶ DONNER'S BRASSERIE €€–€€€

Eines der »Kulinariska«-Restaurants. In einem urigen Kellergewölbe aus dem Mittelalter serviert es Fisch- und Fleischgerichte, Fish & Chips und für Vegetarier Falafel.
Donners Plats 3, Visby
Tel. 0498 27 10 90

❷ MUNKKÄLLAREN €€–€€€

Erst lässt man sich Einheimisches und Internationales zu erschwinglichen Preisen gut schmecken, danach an der Bar, im Jazz- oder im Nachtclub den Abend ausklingen. Als Liveacts treten hier vor allem gotländische Musiker auf.
St. Hansgatan 40, Visby
Tel. 0498 27 14 00
www.munkkallaren.se
So., Mo. geschl.

1 Donner's Brasserie
2 Munkkällaren
3 Sankt Hans Café

1 Hotel 1

3 SANKT HANS CAFÉ €

In gotischen Kirchenruinen hat sich dieses lauschige Gartencafé eingenistet. Zwischen dem Gemäuer und Pflaumenbäumen stehen kleine Sitzgruppen.
St Hansplan 2, Visby
Tel. 0498 21 07 72

MAVEN €€€

Hier wohnen Sie in stilvoll und modern eingerichteten Ein- und Mehr-Zimmer-Cottages mit allem Drum und Dran inmitten der herrlichen Natur von Kappelshamn, 37 km nordöstlich von Visby. Zum Strand sind es nur 300 m.
Anne und Stefan Lundgren
Hangvar Flenvike, 62454 Lärbro/
Kappelshamn
Tel. 0709 58 60 52
www.maven.se/en-GB

1 HOTEL 1 €€€

Das vorzügliche Designhotel vermietet individuell und edel eingerichtete Zimmer. Sein Restaurant befindet sich in einem alten Gebäude von 1880. Weinverkostungen machen das Urlaubsglück perfekt. 42 Z.
Strandgatan 13, 62157 Visby
Tel. 0498 21 00 10
www.hotell.nu

GOTLANDS RESOR

Die Agentur vermittelt Privathäuser und »Bondestugor«, Freizeithäuser, die aus typisch gotländischen Materialien erbaut wurden.
Färjeleden 3, 62158 Visby
Tel. 0498 20 12 60
www.gotlandsresor.se

die Insel wieder unter dänischer Oberhoheit und kam erst 1645 zurück an Schweden. Noch zweimal stand Visby unter Fremdherrschaft: Von 1676 bis 1679 regierten die Dänen und 1808 immerhin 23 Tage lang die Russen.

Insel-Eigenheiten

Gotlands Charakter

Gotland ist mit 125 km Länge und bis zu 55 km Breite nach Seeland die zweitgrößte Insel der Ostsee. Sie wird von einem 20–30 m hohen Kalksteinplateau ohne größere Binnenseen, Wasserläufe oder Täler gebildet, denn das Wasser versickert rasch im porösen Boden. Die **Westküste** ist überwiegend schroff und steil, nach **Osten** wird die Insel flacher, hier findet man die schönsten Sandstrände, die häufig von kleinen Dünen und Kiefernwäldern flankiert werden. Wegen des angenehmen Klimas ist die Vegetation artenreich und üppig, selbst zarte Orchideen gedeihen hier. Weideland und Felder prägen die Landschaft ebenso wie Wälder, die immerhin knapp die Hälfte der Insel bedecken.

Insel der vielen Gotteshäuser

Gotlands Kirchen

94 Kirchen stehen verstreut über die Insel, was angesichts der geringen Bevölkerungsdichte eine erstaunliche Zahl und ein Hinweis auf den Wohlstand ist, der zur Zeit ihrer Erbauung herrschte. Die mittelalterlichen Steinkirchen entstanden vom späten 12. Jh. bis zur Mitte des 14. Jh.s, viele sind kunstvoll verziert. Die ersten gotländischen Kirchen wurden im romanischen Stil errichtet, später baute man im gotischen Stil mit Spitzbögen. Mit der Eroberung durch die Dänen 1361 war der Bauboom schlagartig zu Ende, Gotland verarmte. Nur innen wurden die Kirchen noch mit **Wandmalereien** verschönert.

Wohin in Visby?

★★ Inselhauptstadt Visby

»Stadt der Rosen und Ruinen ...«

wird Visby, die Inselhauptstadt an der Westküste, gern genannt. Beides ist richtig, denn Rosen blühen hier dank des milden Klimas recht üppig, und von den einst 17 Kirchen stehen bis auf eine Ausnahme nur noch Ruinen, steckten doch 1525 die Lübecker fast die ganze Stadt in Brand. Rund 150 Häuser blieben von der Katastrophe verschont, sodass man sich heute durchaus noch ein Bild von einer mittelalterlichen **Hansestadt** machen kann.
1995 wurde Visby von der UNESCO zum **Weltkulturerbe** erklärt. In den engen, kopfsteingepflasterten Gassen kann man wunderbar zwischen Fachwerkhäusern und Kirchenruinen umherschlendern. Im Sommer herrscht in den Gassen und auf dem Marktplatz viel Trubel; Ruhe finden Sie in verwinkelten Hinterhöfen, wo winzige Cafés und Restaurants kleine Oasen bilden.

Wahrzeichen der früheren Hansestadt

Stadtmauer

Visbys größter Schatz ist die 3,5 km lange Stadtmauer aus dem 13. Jahrhundert. Noch heute **umgibt sie nahezu vollständig die Altstadt,** verstärkt durch 44 Türme von 15 bis 20 m Höhe. An der Seeseite ist der Kruttornet (Pulverturm) in den Mauerring integriert, nahe der Nordecke der Jungfrutornet (Jungfrauenturm), in den der Sage nach die Goldschmiedstochter eingemauert wurde, die aus Liebe zum Dänenkönig Atterdag die Stadt verraten hatte.

8000 Jahre Inselgeschichte

Gotlands Museen

Mitten in Visby steht an der Strandgatan das Museum **Gotlands Fornsal** (Altertümermuseum), dessen hervorragende Sammlungen rund 8000 Jahre Inselgeschichte präsentieren. Neben den Runensteinen, die zwischen 400 und 1100 n. Chr. geschaffen wurden und einzigartig in der nordischen Kunst sind, stellen die Gold- und Silbergegenstände sowie die römischen Münzfunde besondere Schätze dar. Im **Fenomenalen,** der technisch-naturwissenschaftlichen Abteilung des Museums, kann man auch selbst experimentieren. Das **Kunst-**

Verwinkelte Gassen, an gefühlt jeder zweiten Ecke eine Ruine, und dann natürlich die imposante Stadtmauer – völlig zu Recht wurde die Altstadt Visbys 1995 ins UNESCO-Weltkulturerbe aufgenommen.

museum umfasst Werke der gotländischen bildenden Kunst seit dem 19. Jh., der Schwerpunkt liegt auf den Werken zeitgenössischer Künstler.

Gotlands Fornsalen: Strandgatan 14 | Mai - Sept. tgl. 10 - 18, sonst Di. - So. 11 - 16 Uhr | Eintritt 150, im Winter 100 SEK | www.gotlandsmuseum.se

Konstmuseet: S:t Hansgatan 21 | Öffnungszeiten, Eintritt und Webseite wie Gotlands Fornsalen | Kombiticket 190, im Winter 140 SEK

Fenomenalen: Skeppsbron 4 | Do., Fr. 12 - 16, Sa., So. 11 - 16 Uhr | Eintritt 70 SEK | www.fenomenalen.se

Ruinen, Kirchen, Kneipen

Historisches Zentrum

Auf der Südseite des Marktplatzes (Stortorg) steht die Ruine der gotischen Kirche **St. Karin** (1250 geweiht). Sie war einst Teil eines Franziskanerklosters und gilt als schönste Ruine von Visby. Am Marktplatz geht es dank der vielen Kneipen und Restaurants bis in die Nacht lebhaft zu und im Sommer sind die Freiluftterrassen immer gut besucht. Nördlich vom Marktplatz befinden sich direkt an der St. Hansgatan die **Ruinen der Kirchen Drotten und St. Lars** (13. Jh.), deren mächtige Türme einst auch der Verteidigung dienten.

Der dreitürmige **Dom St. Maria** war ursprünglich das Gotteshaus der deutschen Kaufleute (1225 geweiht). Er wurde mehrmals umgebaut und 1899–1907 restauriert. Heute ist er die einzige Kirche in Visby, in der noch Gottesdienste abgehalten werden. Beachtenswert sind die **in Lübeck aus Walnuss- und Ebenholz gearbeitete Barockkanzel** (1684) und ein Taufstein aus rotem Gotlandmarmor (13. Jh.). Durch eine Seitenstraße gelangt man von der Heiliggeistkirche, vorüber an den Resten der kleinen St.-Gertrud-Kapelle, zur Ruine von **St. Nicolai.** Mit dem Bau der einstigen Dominikanerklosterkirche war um 1230 begonnen worden, 1525 benahmen sich die Lübecker auch hier ausgesprochen unfein. Heute dient sie im Sommer als Kulisse für sehr stimmungsvolle Singspiele. Schön ist ein halbstündiger **Spaziergang** durch die Norderport, vorbei an der Ruine von St. Göran (13. Jh.), auf den **Galgenberg.**

Rund um Visby

Shakespeare im Kloster

Richtung Südosten

Man verlässt Visby durch die Söderport und folgt der Straße Nr. 143 nach Roma. 2 km südöstlich des Ortes steht die Ruine der Zisterzienserabtei **Romakloster,** 1164 gegründet und nach der Reformation zerstört. In der Ruine der romanischen Kirche werden im Sommer Shakespeare-Stücke aufgeführt.

Etwa 7 km östlich von Roma liegt **Dalhem.** Die um 1250 erbaute Kirche zählt wegen ihrer Wand- und Glasmalereien zu den interessantesten auf Gotland. Im 300 m südlich gelegenen, stillgelegten Bahnhof hat das **Eisenbahnmuseum** seinen Sitz. Eine Schmalspurbahn lockt mit kurzen Fahrten nach Hesselby. An verkehrsfreien Tagen kann man zwischen 11 und 15 Uhr auch eine Draisine mieten und auf eigene Faust losfahren.

Hesselby Järnvägsstation: Dalhem | Juni Mo. – Fr., So., Juli – Mitte Aug. tgl. 11 – 16, Café bis 16.30 Uhr | www.gotlandstaget.se

Heilkräuter und Höhlen

Richtung Norden

Verlässt man Visby auf der Straße Nr. 149 nördlich durch die Norderport, zweigt nach 4 km westlich eine Straße zum Seebad Snäckgårdsbad ab. Dort folgt nach 6 km ein **Heilkräutergarten** mit Hunderten verschiedener Heilpflanzen – nicht nur für Kräuterhexen ein aromatisches Erlebnis.

An der Straße Nr. 149 kommt nach 4 km die Gemeinde Lummelunda mit einem sehenswerten, erst vor wenigen Jahrzehnten entdeckten und erschlossenen **Tropfsteinhöhlensystem.** Neben normalen Führungen werden nach Voranmeldung abenteuerlichere Touren mit Helm und Grubenlampe angeboten. Schließlich kommt man zum Fischerhafen **Lickershamn.** Ein 600 m langer, schmaler Weg führt auf dem Klint entlang zu einem der schönsten und größten **Raukar,** der **»Jomfru« bzw. Jungfrau,** von wo sich ein herrlicher Blick bietet.

Krusmyntagården: Krusmyntavägen 4 | Juni – Aug. tgl. 10 – 18, im Juli bis 20 Uhr | Eintritt frei | http://krusmynta.se

Lummelundagrottan: Lummelundsbruk | Juni – Aug. tgl. 9 – 18, Mai, Sept. 10 – 15 Uhr | Eintritt 150/75 SEK, Abenteuertour 1200 SEK | www.lummelundagrottan.se

Wohin in Gotlands Norden?

Kirchentouren

Von Bro nach Bunge

Durch die Norderport fährt man auf der ins Inselinnere führenden Straße Nr. 148 in Richtung Flughafen und weiter zu dem kleinen Ort **Bro.** Dessen romanisch-gotische Kirche (13. Jh.) mit barocker Innenausstattung zählt zu den schönsten auf Gotland. An der Außenfassade der Kirche befinden sich Steine mit Tierdarstellungen und Symbolen, die von einer älteren Kirche stammen. Über **Lärbro,** an der Kirche von Rute (um 1260) vorbei, erreicht man Bunge mit einer **Wehrkirche** aus dem 14. Jahrhundert. Ihr Südportal ist reich geschmückt, zudem weist sie zahlreiche außerordentlich schöne Wandmalereien aus dem Jahrhundert ihrer Entstehung auf.

Landleben von einst

Bungemuseet

Das **Bungemuseum** ist eines der größten und ältesten **Freilichtmuseen** in Schweden. Die drei Bauernhöfe aus dem 17., 18. und 19. Jh.

Der Reiz des Nordens: ein Sonnenuntergang in der spektakulären Kulisse des »Raukar Hunden« auf Gotland.

SAGENHAFTE KALKSTEINSÄULEN

Auf der Insel Fårö stehen im Naturschutzgebiet Langhammars die schönsten Raukar am Strand. Schon der Naturforscher Carl von Linné hat in den bis zu 10 m hohen Kalksteinskulpturen Statuen, Pferde, Geister und Teufel gesehen. Auch heute gehört nur wenig Fantasie dazu, in diesen bizarr erodierten Säulen allerlei Gesichter und Formen zu erkennen. Nehmen Sie sich die Zeit und schauen Sie sich die Raukar bei unterschiedlichen Lichtverhältnissen und Sonnenständen an, Sie werden überrascht sein, was Sie alles »entdecken«.

geben Einblicke in das ländliche Leben auf der Insel Gotland. Sehenswert sind auch die beiden großen Runensteine.

Bungemuseet: Fårösund, Hägur 119 | Mitte Mai – Mitte Sept. tgl. 11 – 16, Mitte Juni – Mitte Aug. 10 – 17 Uhr | Eintritt 100 SEK | www.bungemuseet.se

Einzigartige Felsformationen

★★ Raukar

In nur 6 Minuten kann man von Fårösund aus zur nordöstlich vorgelagerten **Insel Fårö** (Schafsinsel) übersetzen. Sie ist wenig überlaufen und hat attraktive Sandstrände (Sudersandviken, Ekeviken, Norsta Auren) zu bieten. Viele kommen jedoch her, weil hier die schönsten Raukar aufragen: Im Naturreservat **Digerhuvud** stehen auf 3,5 km² mehrere Hundert der verwitterten Kalktürme, die größten sind rund 8 m hoch. Etwas nördlicher, in Langhammars, stehen noch mal 50 Raukar.

Wohin in Gotlands Süden?

Pippi-Langstrumpf-Land

Villa Kunterbunt

Von Visby bis zur Südspitze Gotlands sind es ca. 80 km. 4 km südwestlich von Visby steht die als Villa Kunterbunt durch die Verfilmung der Pippi-Langstrumpf-Geschichten bekannt gewordene Villa Villekulla. Sie ist die größte Attraktion des **Kneippbyn-Vergnügungsparks** mit Shows, Wasserrutsche und Fahrgeschäften.

Kneippbyn | Ende Mai – Aug. tgl. 10/11 – 17/18 Uhr | Eintritt je nach Saison 195 – 295 SEK | http://kneippbyn.se

Beeindruckende Kliffspitze

Högklint

Etwa 4 km weiter erhebt sich der Högklint, eine 45 m hohe Kalksteinklippe, von der man eine weite Sicht auf das Meer und auf Visby hat. **Tipp:** bei schönem Wetter dort oben den Sonnenuntergang genießen! Nach wenigen Minuten Weiterfahrt sind die Kirche von Tofta aus dem 13. Jh. und das **Tofta-Strandbad** erreicht.

Badeort mit Raukar und Steinsetzungen

Ljugarn

An der Südostküste liegt der Hafen- und Badeort Ljugarn. 2,5 km nordöstlich erstrecken sich die Raukarfelder von Folhammar. Nördlich von Ljugarn ist in einem Waldgebiet die **Torsburg** (ca. 5. Jh.) zu sehen, die älteste prähistorische Befestigungsanlage der Insel. Sie zieht sich um einen steilen Kalkhügel, an der Südseite verläuft eine 1,5 km lange und 4 bis 7 m hohe Mauer mit Aussichtsturm. Bei Guffriede südlich von Ljugarn sind sieben große **schiffsförmige Steinsetzungen** aus der Bronzezeit sehenswert.

★ HELSINGBORG

Landschaft: Skåne (Schonen) | **Provinz:** Skåne Län
Einwohnerzahl: 148 500 | **Höhe:** Meereshöhe

Q 13

Hier, an der schmalsten Stelle des Öresunds, liegt Dänemark zum Greifen nah – und so blicken Sie vom Wahrzeichen der Stadt, dem Kärnan, über die Meerenge hinweg auf das dänische Helsingør. Kein Wunder also, dass Helsingborg eine lebhafte Handelsstadt mit dem wichtigsten Fährhafen des Landes ist. Doch die Stadt lockt auch mit einem charmanten alten Zemtrum, in deren hervorragenden Restaurants und Kneipen Sie sich wunderbar verlieren können.

Tor zum Kontinent

Wegen der strategisch wichtigen Lage war Helsingborg ständig von Dänen und Schweden umkämpft. Heute lebt man in guter Nachbarschaft und erreicht in gut 20 Minuten mit der Fähre das jeweils andere Land. Im Mittelalter war die Stadt ein bedeutendes administratives Zentrum für das nördliche Skåne und militärischer Stützpunkt. Insgesamt sechs Mal eroberten die Schweden Helsingborg, um es ebenso oft wieder an die Dänen zu verlieren. Während der Schonischen Kriege (1675–1679) wurde die Stadt fast vollständig zerstört. Nur die Marienkirche und das Jacob-Hansen-Haus blieben damals verschont. Erst Magnus Stenbock schlug die Dänen 1710 entscheidend in einer der blutigsten Schlachten, die je auf schwedischem Boden

HELSINGBORG ERLEBEN

HELSINGBORGS TURISTBYRÅ
Kungsgatan 11
25221 Helsingborg
Tel. 042 10 43 50
www.visithelsingborg.com

Fähren über den Öresund ins dänische Helsingør verkehren rund um die Uhr alle 20, nachts alle 30 Minuten.

Das vielfältige Angebot in Helsingborg ist in erster Linie auf die Kurzurlauber aus Dänemark abgestimmt. Beliebte Shoppingmeilen sind Kullagågatan (Schwedens erste Fußgängerzone, mit zahlreichen Mode- und Geschenkboutiquen), Bruksgatan und Gustav Adolf Torg im südlichen Teil von Helsingborg.

VÄVAREN I BÅSTAD
Kurz bevor man nach Båstad kommt, lohnt sich ein Besuch beim »Vävaren i Båstad« in Boarp. Hier können Sie bei der Herstellung von Leinenprodukten zuschauen und hochwertige Tischtücher oder Bettwäsche erstehen.
Boarpsvägen 116, Tel. 0431 731 08
www.vavarenibastad.se
Mo. – Fr. 10 – 12.30 und 13 – 18, Sa. 10 – 14 Uhr

❶ GASTRO €€€€
Edles Restaurant mit französischem Touch; die Küche von Karl Bengtsson gehört laut schwedischer Gourmetbibel »White Guide« zu Skånes Top Ten (So. geschl.).
Järnvägsgatan 3
Tel. 042 24 34 70
www.gastro.nu

❷ SILLEN & MAKRILLEN €€–€€€
Schlemmen mit Blick auf Dänemark: Das ausgezeichnete Seafood-Restaurant liegt direkt am Wasser. Seine hohen Glasfenster bieten einen herrlichen Blick über den Öresund.
Gröningen Norra 1
Tel. 042 28 15 53, www.sillen makrillen.se, tgl. ab 17 Uhr

❸ PÅLSJÖ KROG €€
Die Fischgerichte sind großartig, Gleiches gilt für den Blick zum dänischen Hamletschloss Kronborg.
Drottninggatan 151
Tel. 042 14 97 30
www.palsjokrog.se

❶ ELITE HOTEL MOLLBERG €€€
Im wohl ältesten Hotel Schwedens – es besteht seit Anfang des 14. Jh.s – entspannen Sie im Spa mit Blick auf die Marienkirche. Die Kaffeemarke »Mollbergs Blend« ist ein Aushängeschild. 104 Z.
Stortorget 18
Tel. 042 37 37 00, www.elite.se

❷ RADISSON BLU METROPOL HOTEL €€€
Wohlfühloase in Hafennähe: In den schönen Zimmern fühlt man sich sofort wie zu Hause. Ein Highlight ist das Frühstücksbuffet mit riesiger Auswahl an Brot und Brötchen, Kaffee und reichlich Obst. Abends lockt das gemütliche Restaurant mit außergewöhnlichen Kronleuchtern, großen Holztischen und bodentiefen Fenstern.
Carl Krooks Gata 16
Tel. 04 26 23 79 00
www.radissonblu.com/en/hotel-helsingborg

1 Gastro
2 Sillen & Makrillen
3 Pålsjö Krog

1 Elite Hotel Mollberg
2 Radisson Blu Metropol Hotel

stattgefunden haben. Als Folge davon lebten im 18. Jh. nur rund 700 Menschen hier, und es dauerte bis zur Mitte des 19. Jh.s, bis sich Helsingborg von den Kriegsschäden erholt hatte und allmählich zum Zentrum der nördlichen Öresundregion wurde.

Wohin in Helsingborg?

Repräsentative Plätze

Hamntorg & Stortorgt

An der Nordseite des Hafens zieht sich der **Hamntorg** hin. Hier steht das Seefahrtsmonument, eine Merkur-Plastik von Carl Milles auf hoher Säule, daneben ein weiteres Denkmal, das an die Ankunft des fran-

Helsingborgs Rathaus, nur wenige Schritte vom Fähranleger entfernt, ist für manche Reisende das erste Bild von Schweden.

zösischen Marschalls Jean-Baptiste Bernadotte nach seiner Ernennung zum schwedischen König Karl XIV. Johann (1810) erinnert. In unmittelbarer Nähe des Fährhafens liegt der lang gestreckte **Stortorg,** der Hauptplatz der Innenstadt. Bemerkenswert ist das schöne Jugendstilgebäude, ehemals die Bank von Schonen, heute ein Hotel. An der Kreuzung mit der Strandgatan erhebt sich das neugotische **Rathaus,** ein mächtiger roter Klinkerbau mit Türmchen und Zinnen und einem 65 m hohen Turm aus dem Jahr 1897. Hinter dem Rathaus beginnt die großteils als Fußgängerzone gestaltete Altstadt mit ihren repräsentativen Häusern.

Backsteinrote Ikone

Kärnan

Über dem lang gestreckten Stortorg ragt das Wahrzeichen der Stadt auf: der Kärnan (spr. tchärnan), ein 35 m hoher, vierkantiger Backsteinturm. Der **alte Verteidigungsturm** mit bis zu 4,50 m dicken Mauern bildete um 1400 den Mittelpunkt einer von Valdemar Atterdag errichteten Festung, die 1680 zerstört wurde. Das kleine Museum im Turm besitzt ein Modell der einstigen Festung, auch die Burgkapelle ist hier zu finden.

Slottshagsgatan | Juni – Aug. tgl. 10 – 18, April, Mai, Sept. Di. – So. 11 – 15 Uhr | Eintritt 60 SEK | http://karnan.se

Moderne Architektur und Kultur

Dunkers Kulturhaus, entworfen von dem dänischen Architekt Kim Utzon, wird für Musik- und Theatervorstellungen genutzt, außerdem für wechselnde Ausstellungen. Um das Kulturhaus ist ein komplett **neuer Stadtteil direkt am Wasser** entstanden, architektonisch interessant und sehenswert.

Dunkers Kulturhus

Dunkers Kulturhus: Kungsgatan 11 | Mo. – Fr. 8 – 20, Sa., So. 10 – 17 Uhr | Eintritt 100 SEK | http://dunkerskulturhus.se

Das alte Schonen

Durch die Stenbocksgatan, die die Innenstadt im Osten begrenzt, kommt man zum Freilichtmuseum Fredriksdal. In der prachtvollen Parkanlage stehen das klassizistische Haupthaus Fredriksdals Herregård von 1787 und einige altschonische Bauernhäuser. Bemerkenswert ist auch das 1995 eröffnete **Druckereimuseum.**

Freilichtmuseum Fredriksdal

Fredriksdal: Gisela Trapps Väg 1 | Mai – Aug. tgl. 10 – 18, sonst 10 – 16 Uhr | Eintritt Juni – Aug. 100 SEK, sonst 70 SEK oder frei | www.fredriksdal.se

Grafiska Museet: Gisela Trapps väg 5 | Mai – Aug. tgl. 11 – 16, sonst Mo. – Fr. 11 – 16 Uhr | Eintritt 70 SEK | www.grafiskamuseet.se

Rund um Helsingborg

Erfolgreiches Wasser

Der Mineralquellenort Ramlösa Brunn, rund 4 km südlich vom Zentrum, bringt u. a. ein im ganzen Land geschätztes Tafelwasser hervor. Im Brunnspark gibt es einen Wasserpavillon, der die über **300-jährige Kurtradition** fortführt.

Ramlösa Brunn

Ein königliches Geschenk

Schloss Sofiero, 5 km nördlich von Helsingborg, wurde 1864 vom späteren König Oscar II. für seine Frau Sofia gebaut und diente beiden als Sommerresidenz. Das hervorragende Restaurant in der ersten Etage zählt zu den besten Schwedens. Die gepflegte Parkanlage, einer der schönsten Parks Skandinaviens, ist ein beliebtes **Ausflugsziel.** Berühmt sind die Rhododendren, deren Zucht König Gustav VI. besonders am Herzen lag. Interessant sind auch die Themengärten mit Duftpflanzen und Obstbäumen.

★ Sofiero Slott

Sofiero Slott: Mitte April – Mitte Sept. tgl. 10 – 18, sonst 10 – 16 Uhr, Park ab 10 Uhr | Eintritt 120 SEK | http://sofiero.se

Restaurant: Tel. 042 14 04 40 | www.sofieroslottsrestaurang.se

Wilde Felsen und Keramik

Rund 35 km nordwestlich von Helsingborg erstreckt sich die Halbinsel Kullen. Ihr äußerster Zipfel, die Küste von Kullaberg, steht unter

Halbinsel Kullen

Ein raues Fleckchen Schweden ist das Naturreservat Kullaberg.

Naturschutz. Sie bildet eine für Südschweden einmalige Geländeformation – eine 15 km lange Gneisscholle, die stehen blieb, als sich das umliegende Land senkte. Entstanden ist ein wildes Szenario: Die **roten Gneisfelsen,** in die die Brandung Grotten und Schluchten gefressen hat, fallen bis zu 50 m senkrecht zum Meer ab. Auf verschlungenen Wegen kann man entlang der Kullabergküste wandern und die Aussicht genießen. Weiter im Landesinnern erstrecken sich Laub- und Nadelwälder, Wiesen und Moore. Die höchste Erhebung ist der 187 m hohe Berg Håkull, größter Ort der Halbinsel **Höganäs,** eines der wichtigsten schwedischen Keramikzentren. Das Höganäs-Museum zeigt eine Keramikausstellung, im Museumsshop kann man gute Qualität erwerben.

Höganäs Museum och Konsthall: Polhemsgatan 1 | Di. – So. 13 – 17 Uhr | Eintritt 50 SEK | www.hoganasmuseum.se

Ins Töpferland

Ängelholm

Ängelholm, östlich von Höganäs und nördlich von Helsingborg gelegen, gehört wie seine Umgebung zum »Sveriges Keramikbygd«, zum **schwedischen Töpferland.** Auch hier herrscht an Töpferateliers kein Mangel. Der schöne, kilometerlange Sandstrand an der Skäldervikenbucht bietet viele Bademöglichkeiten.

Zum Relaxen ins Warmbadehaus

Bärenhalbinsel

Ca. 60 km nördlich von Helsingborg liegt die Bjärehalvön. Folgt man auf der Straße von Ängelholm aus der Küste, passiert man einige schöne Badeplätze und erreicht schließlich **Torekov,** Fischerort und Seebad, mit malerischen Holzhäuschen. Herrlich entspannt man in dem kleinen, sanierten Warmbadehaus von 1876.

Torekovs Warmbadhus: Hamnplanen | Öffnungszeiten und Preise siehe Webseite | www.torekovswarmbadhus.com

Die kleine Tennishauptstadt Schwedens

Båstad

Båstad ist das Herz der Bärenhalbinsel und zugleich ein international bekanntes **Golf- und Tenniszentrum.** Im Tennisstadion, das direkt am Meer liegt und Teil einer modernen Hotel- und Kuranlage ist, finden regelmäßig die schwedischen Sandplatzmeisterschaften statt. Rings um den Ort locken viele schöne Sandstrände.

Sveriges Tennismuseum: Köpmansgatan 2 | Fr. – So. 11 – 15 Uhr | www.sverigestennismuseum.se

★★ INLANDSVÄGEN

Landschaft: Jämtland, Lappland | **Provinz:** Jämtland Län, Norrbotten Län, Västerbotten Län, Västernorrland Län

E-G
19/20

Wer ganz weit in den Norden Schwedens fahren möchte, kann zwischen zwei Routen wählen: zwischen der Strecke entlang der Küste und dem Inlandsvägen, der »Inlandsstraße«. Diese Route, die Europastraße 45, führt von Göteborg knapp 2000 km durchs Landesinnere und endet oberhalb des Polarkreises in Karesuando an der schwedisch-finnischen Grenze. Bereit für einen Road-Trip der besonderen Art?

Road-Trip in den hohen Norden

Waldliebhaber und -innen sind hier richtig: Der im Folgenden beschriebene nördliche Teil des Inlandsvägen führt vom Städtchen Dorotea durch die endlosen Wälder Mittel- und Nordschwedens. Beim Blick aus dem Autofenster sieht man rechts und links nur Wald, hin und wieder einen See, einen Bauernhof oder einen kleinen Ort. Die meisten größeren Orte liegen an der Küste, das Landesinnere von **Schwedisch-Lappland** ist dünn besiedelt. Wer ein wenig Zeit mitbringt, kann viele wunderbare Abstecher in die Fjälls und Nationalparks des hohen Nordens unternehmen und dort tolle Wandererfahrungen machen. In vielen Orten bietet sich auch Gelegenheit, die faszinierende **Kultur der Samen** näher kennenzulernen.

INLANDSVÄGEN ERLEBEN

ARVIDSJAUR TURISTBYRÅ
Storgatan 13, 93381 Arvidsjaur
Tel. 0960 1 75 00
www.visitarvidsjaur.se

GÄLLIVARE TURISTCENTER
Centralplan 4, 98236 Gällivare
Tel. 0970 1 02 20
www.welcometogallivare.com

JOKKMOKK TURISTINFORMATION
Stortorget 4, 96223 Jokkmokk
Tel. 0971 2 22 50
www.destinationjokkmokk.se

VILHELMINA TURISTINFORMATION
Tingsgatan 1, 91233 Vilhelmina
Tel. 0940 3 98 86
www.southlapland.com

BAHNFAHRTEN
Die Inlandsbahn fährt von Kristinehamn am Nordende des Vänersees bis ins lappländische Gällivare. Diese 1300 km zählen zu den landschaftlich schönsten Bahnstrecken Schwedens. Im Sommer kann man mit Schienenbussen oder nostalgischen Dampfzügen in gemütlichem Tempo reisen. Die Inlandsbahnkarte für 1995 SEK macht es möglich, 14 Tage lang unbegrenzt zu touren; 500 SEK kostet eine Verlängerungswoche.
Infos: Tel. 0771 53 53 53
www.inlandsbanan.se

BEGLEITETE WANDERUNGEN
Für alle, die nicht allein in die Wildnis aufbrechen möchten, bietet die »Jokkmokkguiderna« ganzjährig Aktivitäten an. Es gibt Wanderungen entlang des Muddus-Flusses bis zum Wasserfall, Tagestouren mit dem Kanu oder das Sommertraining der Schlittenhunde.
www.jokkmokkguiderna.com

Einer der besten Orte, um qualitativ hochwertiges samisches Kunsthandwerk zu erwerben, ist Jokkmokk. In Jokkmokks Tenn (Järnvägsgatan 19) können Sie den Künstlern bei der Arbeit zuschauen. Jokkmokks Stencenter am Talvatissee offeriert eine große Auswahl an Silberschmuck und Gebrauchsgegenständen aus Stein und Edelsteinen.

LAPONIAKÅTAN €€€
Samische Spezialitäten gibt es in der »Lapplandhütte«, im Sommer als BBQ. Sie können aber auch in einem der anderen Restaurants des Hotels speisen: Vorzüglich ist es immer; die Küche ist in der Gourmetbibel »White Guide« gelistet.
Arvidsjaur, Storgatan 45
Tel. 0960 5 55 00
www.hotell-laponia.se

WILDACT ADVENTURES €€–€€€
Ein besonderes Erlebnis im Winter verspricht ein Dinner auf einer Huskyfarm. Wildact liegt 23 km von Arvidsjaur entfernt, das Restaurant ist im Haupthaus. In der Küche wird alles aus regionalen Zutaten zubereitet, das Brot ist selbst gebacken. Im Sommer gibt's u. a. Kochkurse für das Leben in der Wildnis.
Arvidsjaur, Storberg 4
Tel. 0960 1 60 52
www.wildact.ch

KITTELFJÄLL VÄRDHUS €€–€€€

Dieses Wirtshaus bietet gute Hausmannskost in schöner Natur. Im Winter ideal für eine Stärkung zwischen den Skiabfahrten.
Kittelfjäll
(130 km von Vilhelmina)
Sagavägen
Tel. 0940 57 47 00
www.kittelfjallvardshus.se

HANS PÅ HÖRNET €–€€

Sehr leckerer Kuchen und günstige Tagesgerichte machen das Hans zu einem schönen Ort für eine ausgedehnte Pause. Originelle Torten mit Figuren wie Pippi Langstrumpf kann man auch bestellen (So. geschl.).
Arvidsjaur, Storgatan 21
Tel. 0960 1 02 10
www.hanspahornet.blogspot.com

HOTEL JOKKMOKK €€€

Komfortables Hotel mit schöner Aussicht auf den Talvatis-See. Für das Wildnisfeeling sorgen eine Torfhütte und die Sauna direkt am See. Samische Spezialitäten wie geräucherte Rensteaks oder Elchfilets gibt es im Hotelrestaurant.
Jokkmokk, Solgatan 45
Tel. 0971 7 77 00
www.hoteljokkmokk.se

HOTELL DOROTEA €€–€€€

Nahe dem See und trotzdem mitten in der Stadt. Ausgezeichnete Küche mit Wildspezialitäten.
Dorotea
Bergsvägen 2
Tel. 0942 4 77 80
www.hotelldorotea.nu

Von Dorotea bis Arvidsjaur

Das Tor nach Lappland

Dorotea & Vilhelmina

Das Städtchen Dorotea bildet auf dem Inlandsvägen das südliche Tor nach Lappland. Gegründet wurde die Pfarrei 1799, benannt hat man sie nach der schwedischen Königin Frederika Dorotea Vilhelmina V. von Baden, der Frau Gustavs IV. Adolf.
Ihren Namen gab die Königin auch dem weiter nördlich gelegenen ansehnlichen Marktort Vilhelmina mitten im südlichen Lappland. Vilhelmina ist der **Sitz der offiziellen Vertretung der Samen.** Das kleine Museum an der Hauptstraße des alten Ortskerns hat Sammlungen zur Heimatkunde, Steinzeit und Samenkultur. Die nahe gelegene, 1792 gegründete Kirchstadt bestand früher aus 75 Häusern und war damit eine der größten im Norden, doch ein verheerender Brand, der 1921 große Teile Vilhelminas fast völlig zerstörte, ließ nur gut zwei Dutzend der kleinen Holzhäuser weitgehend unbeschädigt.

Minusrekord!

Malgovik

Dass es im Winter in dieser Region klirrend kalt werden kann, zeigt der schwedische **Kälterekord:** In diesem Dorf, 20 km nördlich von Vilhelmina, fiel am 13. Dezember 1943, dem Tag des Luciafestes, das Thermometer auf unglaubliche minus 53 °C!

Wander- und Wintersportfreuden

Saxnäs

Ein lohnender Ausflug führt von Vilhelmina nordwestlich über Laxbäcken zum Dorf Saxnäs. Es liegt in einer großartigen Gebirgslandschaft am Südufer des **Kultsjön** und ist ein wunderbares Wander- und Wintersportzentrum. Weiter in nordwestlicher Richtung folgt **Fatmomakke,** eine alte Kirchstadt der Samen, wo Hunderte von **»Kåten«** stehen, die zeltähnlichen Hütten der Samen. Hier finden jährlich Anfang Juni und Anfang September Kirchenfeste statt. Von Mitte Juni bis Mitte August gibt es geführte Wanderungen durch die Kirchstadt, sie starten am Länsmansstuga am See.

Einblicke in die Kultur der Samen

Arvidsjaur

Arvidsjaur ist einer der bedeutendsten Orte der südlichen Lappmark, in dem sich wichtige Straßen kreuzen. Der Ort lebt vor allem von der Holzverarbeitung und der Rentierzucht, ist aber auch ein **traditioneller Versammlungsplatz** der Samen. Im Gamla Prästgård, dem alten Pfarrhof am nordwestlichen Ortsausgang, ist das **Heimatmuseum** untergebracht. Es präsentiert viel Interessantes und Wissenswertes über die Kultur der Waldsamen.

Die bedeutendste Attraktion und ein echtes Muss ist die **Lappenstadt** (»Lappstaden«) im Zentrum von Arvidsjaur. Sie ist Schwedens älteste noch erhaltene Samensiedlung und umfasst ungefähr 80 Holzhäuser aus dem 17. Jahrhundert. Am Eingang steht das »Arvasgärden«, wo Sie Ausflüge buchen, Souvenirs kaufen und die samische Küche genießen können.

Hembygdsmuseet Gamla Prästgården: Magnus Berlinvägen 24 | Ende Juni – Ende Aug. Mo. – Fr. 10 – 16, Sa. 10 – 14 Uhr | Eintritt frei | www.hembygdarvidsjaur.se

Lappstaden: Borgargatan | Führungen Mitte Juni–Mitte Aug. tgl. 17 Uhr

Trips auf der Schiene

Inlandsbahn

Von Arvidsjaur aus kann man verschiedene Touren mit einer Dampflok auf den Schienen der Inlandsbahn unternehmen. Die Züge führen einen Restaurantwagen mit. Je nach Strecke ist ein Badeaufenthalt bzw. Grillen oder der Besuch des Eisenbahnmuseums möglich. Ein Erlebnis der besonderen Art verspricht eine Fahrt mit einer **Draisine** auf den stillgelegten Bahnstrecken durch Schwedens Wildnis, etwa die 75 km lange Tour von Arvidsjaur nach Jörn (Abfahrt von der Eisenbahnstation).

Glänzende Kunst

Areplog

Westlich von Arvidsjaur führt die Straße Nr. 95 durch eine wald- und wasserreiche Landschaft zum traumhaft schön am Südende des Sees

Für den Samenmarkt in Jokkmokk putzen sich alle aufs Schönste heraus.

Hornavan gelegenen Kirchdorf Arjeplog. Weltruf genießt das **Silbermuseum,** das die Kultur der Samen wie auch die der Neusiedler zeigt und die wohl größte Sammlung samischer Silberarbeiten besitzt. Der Arzt Einar Wallquist kam 1922 aus Stockholm hierher in die Wildnis. Er hat den Grundstock für die Sammlung geliefert: Viele Patienten, die er in weit abgelegenen Gegenden betreute, bezahlten ihn in Naturalien aller Art.

Silvermuseet: Torget, Arjeplog | Mitte Juni - Mitte Aug. tgl. 9 - 17, sonst Mo. - Fr. 10 - 13 und 14 - 16, Sa. 10 - 14 Uhr | Eintritt 80 SEK | http://silvermuseet.se

Urwaldwanderung

Pieljekaise-Nationalpark

Fährt man von Arjeplog weiter in nordwestlicher Richtung, erreicht man bei Jäkkvik den Pieljekaise-Nationalpark. Seit 1909 ist der **Birken-Urwald** im Pieljekaise geschützt, 1913 wurde er auf die heutige Größe von 15 km² erweitert. Zwei Wanderwege erschließen den Park: der etwa 22 km lange Weg zwischen Jäkkvik und Veiejnäs und der rund 27 km lange Abschnitt des Kungsleden zwischen Jäkkvik und Adolfström.

Jokkmokk

Samisches Zentrum

★★ Ajtte-Museum

In Jokkmokk, dem wichtigsten **Zentrum der schwedischen Samen,** erfährt man viel über die Traditionen dieses indigenen Volks. Jokkmokk ist auch ein hervorragender Ausgangspunkt für Trips in der riesigen Wildnis der Nationalparks Padjelanta, Stora Sjöfallet, Sarek und Muddus.

An der Kyrkogatan steht die Hauptattraktion: das **Ajtte-Museum.** Hier wird die Alltags- und Festkleidung der Samen aus Leder sowie Kunsthandwerk aus Silber gezeigt. Sie bekommen aber auch einen spannenden Einblick in das traditionelle Leben der Nomaden und die Rentierzucht sowie in ihre Religion und ihre Mythen. Beeindruckend ist der Raum des »Noajdden«: Der samische Schamane war früher das wichtigste Mitglied der Gemeinschaft, denn mit seiner magischen Trommel (»Trolltrumma«) fand er Antworten auf alle wichtigen Fragen des Lebens.

Ajtte: Kyrkogatan 3 | Mitte Juni - Mitte Aug. tgl. 9 - 18, sonst Di. - Fr. 10 - 16, Sa., So. 12 - 16 Uhr | Eintritt 90 SEK | www.ajtte.com

Lebendiges Markttreiben

Jokkmokks Marknad

Seit 1605 findet jedes Jahr Anfang Februar der große **Wintermarkt,** Jokkmokks Marknad, statt. Er hat einen festen Platz im Jahresrhythmus der Nordländer. Die Menschen drängeln sich vor den langen Reihen der Verkaufsstände und das Dorf blüht für einige Tage auf. Es gibt Stände mit Rentierfellen, Rentierfleisch, Rentierwurst, Fellschuhen und Messern. Als **Rahmenprogramm** werden Kunstausstellungen und Vernissagen, Film- und Tanzvorführungen, Vorträge und Konzerte angeboten (www.jokkmokksmarknad.se).

Farbenfrohes Gotteshaus

Samenkirche

Am nordwestlichen Ortsrand steht die schlichte, rot gestrichene hölzerne Samenkirche von 1753. Nachdem sie 1972 völlig niedergebrannt war, wurde sie rekonstruiert und vier Jahre später geweiht. Der Innenraum ist in den Farben Blau, Rot und Gelb gehalten und entspricht damit der **traditionellen Färbung** der samischen Jokkmokktracht. Die Gemeindekirche von 1889 ist ein stattlicher Holzbau mit grünen Dächern und spitzem Turm.

Für Pflanzenliebhaber

Fjällträdgård

Einige Minuten Fußweg vom Ajtte-Museum entfernt erstreckt sich am Mühlbach Kvarnbäcken der Fjällträdgård, der **Botanische Garten.** Hier wachsen viele Pflanzen auf engem Raum, die sonst nur verstreut im schwedischen Gebirge vorkommen. Wer sich auch für ihre Heilwirkungen begeistert, findet hier einschlägige Informationen. Im Informationsgebäude läuft außerdem eine Diashow des bekannten Naturfotografen Edvin Nilsson.

Die Zukunft der riesigen Rentierherden im schwedischen Teil Lapplands ist ungewiss. Die Flächen, auf denen sie grasen, bergen reiche Rohstoffvorkommen ...

Rund um Jokkmokk

Reise in Lapplands Vergangenheit

Arctic Circle Gateway 97

Knapp 50 km südöstlich liegt am Lule Älv der Ort Vuollerim mit einem anschaulich gestalteten Museum zur Vor- und Frühgeschichte Lapplands. Einige Kilometer vom Museum entfernt hat man 1983 Überreste einer rund **6000 Jahre alten Siedlung** entdeckt. Das vage Puzzle aus der Zeit der Fischer, Jäger und Sammler fügten Archäologen zu einem Bild des steinzeitlichen Lebens im Norden Schwedens zusammen, wie es gewesen sein könnte. Unter dem Namen Arctic Gateway 97 wurde das Museum 2019 neu eröffnet.

Arctic Circle Gateway 97: www.thearcticcircle.se

Frequentierte Gebirgsstation

Kvikkjokk

Nördlich von Jokkmokk führt die Straße Nr. 45 nach Kvikkjokk, eine landschaftlich schöne, ca. 130 km lange Strecke, vorbei an Seen und kleinen Samendörfern. In Kvikkjokk, am Ende zweier großer Gebirgstäler, endet sie. Diese komfortable und viel genutzte Gebirgsstation ist **Ausgangspunkt grandioser Wandertouren** in den angrenzenden Nationalpark. Von hier aus ist auch der Einstieg in den Kungsleden problemlos möglich.

Die letzte Wildnis Europas

Sarek-Nationalpark

Gelegenheitswanderer sollten im Sarek **keine längeren Touren** unternehmen, denn markierte Wanderwege oder Hütten gibt es nicht. Unterwegs müssen reißende Gebirgsflüsse ohne Brücken überquert werden, die Pfade – wenn vorhanden – sind häufig feucht oder sumpfig. Zudem zählt der Sarek zu den regenreichsten Gebieten Schwedens. Zum Schnuppern gibt es einfache Tagestouren, bei denen Sie von Kvikkjokk aus die grandiose Bergwelt erleben: Die Wanderung auf den Berg Snjerak ist rund 7 km lang und markiert. Ein weiterer Aussichtsberg ist der **Namatj,** der heilige Berg der Samen.

Die Nationalparks Padjelanta, Stora Sjöfallet, Muddus und Sarek bilden zusammen mit den Naturreservaten Rapadalen, Sjaunja, Stubba, Sulitjelma und Tjuoltdalen das insgesamt 9400 km² umfassende Gebiet von **»Laponia«,** seit 1996 UNESCO-Weltkultur- und -naturerbe. Im **Welterbegebiet** siedelt das indigene Volk der **Samen** und bildet sieben Samebyer.

https://laponia.nu/en/

Mehrtageswanderung

Padjelantaleden

Der Padjelantaleden ist ein rund 150 km langer, gut markierter **Sommerwanderweg,** an dem im Abstand von 10 bis 20 km Selbstversorgerhütten eingerichtet sind. Man kann ihn in Kvikkjokk, Vaisaluokta oder bei den Akkahütten am anderen Ende des Akkajauresees beginnen. In der Regel benötigt man 10 bis 15 Tage für den ganzen

INTO THE WILD

Keine markierten Wege, keine Brücken über reißende Flüsse und keine Hütten zum Übernachten, kurzum: keine touristische Infrastruktur. Das ist der Sarek-Nationalpark. Für viele ist es die letzte Wildnis Europas. Erfahrene Wanderer, die auch im weglosen Gelände nicht die Orientierung verlieren und bereit sind, einen Rucksack mit Schlafsack, Zelt und Verpflegung für mehrere Tage zu tragen, erleben die Weite Lapplands in ihrer ganzen Ursprünglichkeit. Dazu gehört allerdings auch, dass man garantiert nasse Füße bekommt und wahrscheinlich mehr als einmal im Regen steht, denn der Sarek zeigt sich oft von seiner rauen Seite.

Weg. Achtung: Da nur der Anfangs- und Endpunkt gut zu erreichen sind, der Rest aber fernab jeglicher Straße verläuft, kann man die Wanderung kaum abkürzen. Bohlenwege über mooriges Terrain und Brücken über Bachläufe erleichtern das Wandern.

Von Jokkmokk nach Malmberget

Das erste Wasserkraftwerk

Porjus

Setzt man von Jokkmokk die Fahrt auf dem Inlandsvägen fort, folgt das Dorf Porjus. Es entstand zu Beginn des 20. Jh.s, als das **erste schwedische Wasserkraftwerk** gebaut wurde. Mit dem Strom, den die Wasserkraft des Lule Älv lieferte, sollte die Erzbahn elektrifiziert werden. Mittlerweile wurde der gesamte Fluss in den Dienst der Stromerzeugung gestellt. Die alte Turbinenhalle des ersten Kraftwerks kann besichtigt werden.

Vattenkraftverk: Mitte Juni – Mitte Aug. tgl. Führungen 10.30 – 16.30 Uhr | Tel. 097 37 76 00 | http://corporate.vattenfall.se

Kultur- und Wintersportzentrum

Gällivare

Wer von Porjus auf dem Inlandsvägen weiterfährt, erreicht Gällivare. Dieses **Zentrum einer Großgemeinde** liegt in einem reichen Eisenerzgebiet, in dem überwiegend Magnetit abgebaut wird. Im Stadtbereich ist ein Kulturpfad ausgeschildert, ein Heimatmuseum ergänzt das kulturelle Angebot. Der Bahnhof ist ein bemerkenswerter, denkmalgeschützter Holzbau von 1894. Am Südrand von Gällivare steht zwischen der Eisenbahnlinie und dem Vassara Älv die Lappenkirche (Lappkyrkan), 1747 zur Missionierung der Samen erbaut. Ihren Beinamen »Ettöreskyrka« (Ein-Öre-Kirche) bekam sie, weil zur Finanzierung des schlichten Baus jeder schwedische Haushalt vier Jahre lang eine Öre jährlich beisteuern musste.

Die wichtigste Sehenswürdigkeit der Stadt ist der 823 m hohe Berg **Dundret.** Auf seinem Vorgipfel thront das stattliche Hotel Dundret, Zentrum des großen Wintersport- und Freizeitgebiets Dundrets Fritidsby (www.dundret.se). Auf den mit niedriger, tundraartiger Vegetation bedeckten Hauptgipfel führt eine steile Nebenstrecke. Bei Gällivare liegt die Kupfermine Aitik, der größte Kupfererztagebau Europas.

Der Grubenort

Malmberget

Malmberget ist eine im Zentrum ziemlich gesichtslose, moderne Stadt. Sie schließt nördlich an Gällivare an. Weiter oben am Berghang zieht sich zwischen lichten Birkenwäldern der ältere Siedlungsteil mit stattlichen Holzhäusern hin. Außerhalb des Ortes erreicht man das **Grubenmuseum** (Besichtigungen können über das Touristenbüro Galliväre organisiert werden).

Auf den Spuren der Samen wandern

Rallarstig

Auf dem Wanderpfad Rallarstig zwischen Gällivare und Porjus gingen bereits im 18. Jh. die Samen und die ersten schwedischen Siedler, die ihn als Handelsweg nutzten. Der Rallarstig ist benannt nach den »Rallare«, den **Eisenbahnarbeitern,** die unter härtesten Bedingungen die Erzbahn nach Kiruna bauten.

★ KALMAR

Landschaft: Småland | **Provinz:** Kalmar Län
Einwohnerzahl: 69 200 | **Höhe:** Meereshöhe

Q 17

In Kalmar wurde Geschichte geschrieben, denn hier vereinten sich 1397 Dänemark, Schweden und Norwegen. Das mächtige Wasserschloss spiegelt bis heute den Glanz großer Zeiten.

Schauplatz der Geschichte

Wegen ihrer strategisch günstigen Lage – geschützt durch die Insel Öland – stieg die heutige Provinzhauptstadt schon in der Wikingerzeit zu einem bedeutenden Handelsplatz auf. Im 11. Jh. baute Schweden die Stadt als Seefestung gegen Dänemark aus. Später wurde Kalmar Mitglied der Hanse.
Ihren großen historischen Auftritt hatte die Stadt 1397: Damals wurde die **Kalmarer Union** geschlossen, die bis 1523 die drei Königreiche Dänemark, Norwegen und Schweden einte. In Schweden kennt jedes Schulkind dieses historische Datum. 1647 ging das mittelalterliche Kalmar, das einst nahe beim Schloss lag, bei einem Brand fast vollständig in Flammen auf. Die Stadt wurde nun auf der Insel Kvarnholmen wieder aufgebaut, jetzt, typisch für die Barockzeit, mit sich rechtwinklig kreuzenden Straßen. Die Kalmarer waren allerdings nicht begeistert von dem neuen Standort und viele siedelten nur unter Zwang auf die Insel über.
Idyllisch und friedlich steht das **Schloss,** das Wahrzeichen der Stadt, auf einer kleinen Insel, rot leuchten seine mächtigen Mauern. Zum Meer hin hat Kalmar einen großen, natürlichen Schutzwall: die langgezogene Ferieninsel Öland.

Wohin in Kalmar und Umgebung?

Altstadt auf der Insel

Altstadt auf Kvarnholmen

An dem weiten Marktplatz (Stortorg) fallen der Dom und das Rathaus auf. Beide wurden in der zweiten Hälfte des 17. Jh.s nach Plänen von Nicodemus Tessin d. Ä. errichtet. Der **Dom,** eine Kreuzkirche mit vier Ecktürmen, wirkt mit seiner klassizistischen, zweigeschossigen Fassade **eher wie ein Palast** als wie ein Gotteshaus. Im Innern steht ein prachtvoller Barockaltar (1709–1710).
Nicht weit von der Kirche entfernt zeigt das **Seefahrtsmuseum** Schiffsmodelle, Navigationsinstrumente und eine Ausstellung zur Seefahrtsgeschichte.
Sjöfartsmuseum: Södra Langgatan 81 | Mitte Juni – Mitte Aug. tgl. 12 – 16, sonst So. 12 – 16 Uhr | Eintritt 50 SEK | www.kalmarsjofartsmuseum.se

KALMAR ERLEBEN

KALMAR TURISTCENTER
Ölandskajen 9, 39120 Kalmar
Tel. 0480 41 77 00
www.kalmar.com

VÄSTERVIK TURIST CENTER
Stora torget 4, 59333 Västervik
Tel. 0490 8 75 20
www.vastervik.com

❶ MR & MRS HANSSON €€–€€€
Stilvoll eingerichtetes Restaurant mit vielfältigem Angebot (So. geschl.). Tipp: Mo. – Fr. gibt es 11 – 14 Uhr (Sa. 12 – 14 Uhr) ein besonders günstiges Mittagessen vom Grill.
Norra Långgatan 1
Tel. 048 01 04 21
www.mmhansson.se

❷ GRÖNA STUGAN €€–€€€
Fisch-, Fleisch-, Gemüse- oder Pastagerichte, Pizza und Vegetarisches – die »Grüne Hütte« serviert ab 17 Uhr leckere europäische Gerichte in stilvollem Ambiente zu fairen Preisen.
Larmgatan 1, Tel. 048 01 58 58
www.gronastuganikalmar.se

❸ KÄLLAREN KRONAN €€
Gemütliche Schenke im Gewölbekeller eines der ältesten Steinhäuser der Stadt. Passend dazu gibt es ein Menü aus dem Jahr 1660.
Ölandsgatan 7, Tel. 0480 41 14 00
www.kallarenkronan.com

❶ SLOTTSHOTELLET €€€
Stilecht! Die meisten Zimmer haben antikes Mobiliar und Kristallkronleuchter, wie es sich für ein »Schlosshotel« gehört. Es liegt praktisch beim Schloss und Park (44 Z.).
Slottsvägen 7, Tel. 0480 8 82 60
www.slottshotellet.se

❷ KAPTENSVILLAN €€
Das heimelige B & B ist in der von Kapitän Isaksson 1912 erbauten Villa untergebracht. Göta-Kanal-Kapitän Håkansson und seine Frau haben die drei Zimmer mit viel Liebe zum Detail stilsicher eingerichtet.
Söderportsgatan 7
Tel. 0480 1 95 80
www.kaptensvillan.se

GARPENS FYR B&B €€
Auf der winzigen Leuchtturminsel im Kalmarsund, 15 Schiffsminuten von Bergkvara entfernt, wähnt man sich weit entfernt vom Alltag. Das ehemalige Haus des Leuchtturmwärters wurde in ein ungewöhnliches B & B mit hübschen Zimmern verwandelt, mit Rundum-Seeblick (nur Mai bis Sept.).
Garpens Fyrplats, Bergkvara
Tel. 0730 70 34 88
http://garpen.se/en

Erfolgreiche Schatzsuche

Kalmar Läns Museum

Dieser Museumsbesuch begeistert Groß und Klein, denn fast alles dreht sich im Provinzmuseum um die **»Kronan«** – ein Kriegsschiff, das 1679 vor Kalmar sank und 300 Jahre später geborgen wurde. Kanonen, Musikinstrumente, Schmuck, Kleidung, Hab und Gut der Be-

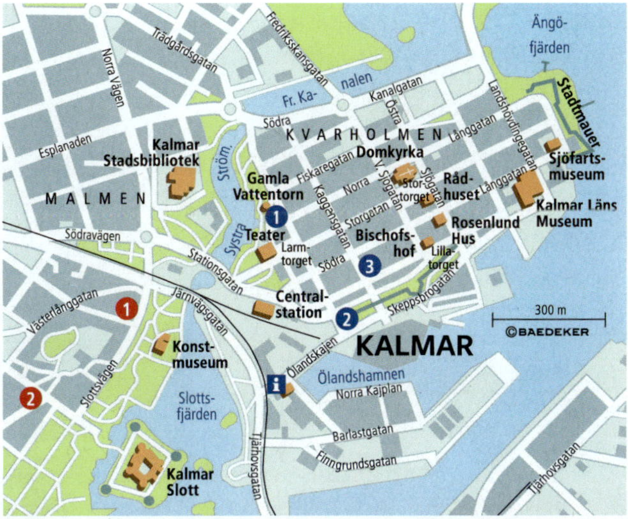

satzung sowie der 1982 geborgene **Goldschatz** – mit 255 Dukaten der größte in ganz Schweden – werden im Museum gezeigt.
Skeppsbrogatan 51 | Juni – Aug. tgl. 10 – 17, Mi. bis 20, sonst Mo. – Fr. 10 – 16, Sa., So. ab 11 Uhr | Eintritt 100 SEK | www.kalmarlansmuseum.se

Das Wahrzeichen der Stadt

★ Kalmar Slott

Von Wassergräben umgeben ist das wuchtige mittelalterliche Schloss von Kalmar. Die ersten Teile des fünftürmigen Baus entstanden bereits gegen Ende des 11. Jahrhunderts. Als Festung konnte das Schloss von 1307 bis zum Beginn des Kriegs gegen Dänemark 1611 sage und schreibe **24 Belagerungen** standhalten. Sein heutiges Aussehen mit den wuchtigen Ecktürmen erhielt es im 16. Jh., als die Wasakönige Gustav, Erik XIV. und Johan III. die Burg zu einem Renaissancepalast umbauten. Nach 1677 verfiel das Schloss zusehends und wurde anderweitig genutzt. Mal war es Schnapsbrennerei, mal Gefängnis, bis es Mitte des 19. Jh.s Stück für Stück restauriert wurde. Höhepunkt der Besichtigung ist das **Gemach von König Erik:** Es ist mit einer exquisiten Intarsienvertäfelung und zahlreichen Wandgemälden geschmückt.
Kungsgatan 1 | Juni – Mitte Aug. tgl. 10 – 18, sonst 10 – 16 Uhr | Eintritt je nach Saison 110 – 155 SEK | www.kalmarslott.se

OBEN: »Ich hab' ein Haus, ein Äffchen und ein Pferd« – Pippis Villa Kunterbunt steht in Astrid Lindgrens Värld am Rand von Vimmerby.

UNTEN: Trutzig auf einer Halbinsel gelegen, beeindruckt Schloss Kalmar schon von Weitem (fast) jeden.

Kunst und Design

Konst-museum

Das Kalmarer Kunstmuseum steht in einem Park neben dem Schloss. Es zeigt **schwedische Kunst aus dem 19. und 20. Jh.** (u. a. Siri Derkert, Per Ekström, Axel Kargel, Carl Larsson und Anders Zorn) sowie kontinentaleuropäische Kunst bis zur Gegenwart.

Stadsparken | Juli tgl. 11 – 17, sonst Di. – Fr. 12 – 17, Mi. bis 20, Sa., So. 11 – 16 Uhr | Eintritt: 50 SEK | www.kalmarkonstmuseum.se

Über den Kalmarsund

Ölandbrücke

Die 1972 eröffnete Ölandbrücke, mit 6072 m **eine der längsten Brücken Europas,** verbindet den Stadtbereich mit der östlich, jenseits des Kalmarsunds, vorgelagerten Insel Öland. Bei der Fahrt über die Brücke genießt man prachtvolle Ausblicke nach beiden Seiten. Die Passage ist kostenlos, Radfahrer müssen den ebenfalls kostenlosen Cykelbuss nehmen, der jede halbe Stunde von Öland und jede volle Stunde von Kalmar fährt (7 – 19 Uhr).

Vor grandioser Schärenkulisse

Västervik

Einst war Västervik (nördlich von Kalmar) so bedeutend, dass es in einem Atemzug mit Kalmar genannt wurde. Vor allem die Einnahmen aus der Werftindustrie und der Fischerei trugen zum Wohlstand bei, der sich auch im Stadtbild niederschlug. Sorgten die über **5000 Schäreninseln** vor der Stadt früher für Schutz, bilden sie heute ein einzigartiges Segel- und Surfparadies. Direkt am Fischer- und Bootshafen liegt der **Fisch- und Gemüsemarkt.** Wer buntes Markttreiben liebt, ist hier richtig. Zwischen Markt und Gertrudskirche stehen Västerviks malerische alte Holzhäuser.

Auf den Spuren von Astrid Lindgren

★ Vimmerby

Gut 50 km westlich von Västervik kommt man zum Städtchen Vimmerby. Zigtausende strömen jährlich hierher, denn die berühmte schwedische Schriftstellerin Astrid Lindgren wuchs nördlich dieser Stadt auf dem Hof Näs auf. Diese Chance kann man nicht ungenutzt verstreichen lassen: Im **Freizeitpark »Astrid Lindgrens Welt«** am nordwestlichen Stadtrand sind viele Details aus ihren Kinderbüchern nachgebaut, z. B. Pippi Langstrumpfs Villa Kunterbunt; dazu gibt es ein buntes Veranstaltungsprogramm speziell für kleinere Kinder. Mit großem Aufwand wurde der Bereich, der sich mit Ronja Räubertochter beschäftigt, um das Zehnfache erweitert: Viel Hightech macht die Mattisburg, den Höllenschlund und die Wolfsschlucht zu einem Multimedia-Spektakel für Groß und Klein.

Astrid Anna Emilia Ericsson, die als Astrid Lindgren Weltruhm erlangte, wurde auf dem **Hof Näs** geboren. Seit 2007 ist der Hof ein Kulturzentrum, das sich ganz dem Leben der Autorin widmet. Das Elternhaus kann (geführt) besichtigt werden, im Ausstellungs-Pavillon werden ihr Leben und Werk präsentiert, im schön angelegten Garten kann man sich den »Limonadenbaum« anschauen. Wer sich noch weiter auf die Spuren der Bücher von Astrid Lindgren begeben will, wird ringsum rasch fündig: Auf den drei kleinen Höfen **Sevedstorp** in Pelarne (15 km von Vimmerby entfernt) wurden die Bullerbü-Filme gedreht. Den Hof Katthult von Michel aus Lönneberga gibt es ebenfalls: **Gibberyd** liegt in Rumskulla, ca. 25 km von Vimmerby entfernt. Im »Katthultsboden« kann man Michels Requisiten, Keramik und Kunsthandwerk erwerben (www.katthult.se).

Astrid Lindgrens Värld: genaue Zeiten und Preise siehe Webseite | www.astridlindgrensvarld.se

Astrid Lindgrens Näs: Prästgårdsgatan 24 | Juni – Aug. tgl. 10 – 18 Uhr, sonst kürzer | Eintritt je nach Saison 100 – 170 SEK | www.astridlindgrensnas.se

★ KARLSKRONA

Q 16

Landschaft: Blekinge | **Provinz:** Blekinge Län
Einwohnerzahl: 67 900 | **Höhe:** Meereshöhe

Wo gibt es das sonst: eine Stadt, die sich auf 33 Inseln verteilt? Das ist Karlskrona mit seinem üppigen Schärengürtel. Hier ist also Insel-Hopping angesagt, wenn man die Sehenswürdigkeiten und Stadtteile besuchen möchte, was dank vieler Brücken sehr einfach möglich ist – und maritimes Flair ist garantiert!

33 Schären – eine Stadt

Heute hat Karlskrona, Sitz einer Marineakademie, wegen seiner Lebensmittelproduktion und der IT-Betriebe politische und wirtschaftliche Bedeutung. Die einst so blühende Werftindustrie hingegen ist erheblich zurückgegangen. Ein Teil der Militäranlagen, der Marinehafen, die Innenstadt auf Trossö und einige Gebäude auf den Inseln Stumholmen und Björkholmen gehören zum UNESCO-Weltkulturerbe. Karlskrona ist aber auch ein herrlicher Badeort und ein Sprungbrett in die südlichste Schärenwelt Schwedens. Die Insel Hasslö hat einige Badeplätze zu bieten, ist sonnenverwöhnt und nennt sich deshalb Lilla Hawaii – kleines Hawaii.

Wohin in Karlskrona?

Altstadtinsel

Trossö

Der auf der Altstadtinsel Trossö gelegene **Stortorg** ist der Hauptplatz der Stadt. Begrenzt wird er von der **Dreifaltigkeitskirche** (1802) und

von der barocken **Frederikskirche** (1744), die Pläne für beide stammen von Nicodemus Tessin d. J. Am Fischmarkt zeigt das **Blekinge Museum** seine kulturgeschichtlichen Sammlungen.
Weiter östlich, am Rand des Marinestützpunkts, steht die dunkelrote **Admiralitetskyrka** von 1685. Interessant sind ihr hoher Zentralraum mit offener Balkenkonstruktion und die in Blau und Grau gehaltene Kuppel. Die originelle, oft fotografierte Holzfigur vor der Kirche heißt der **»Alte Rosenbohm«.** Wer ihren Hut anhebt, kann eine Münze in die Sammelbüchse werfen. Wenige Meter nördlich an der Drottninggatan gibt es die kleine Figur »Sprungen ur boken«: Sie zeigt **Nils Holgersson,** wie er aus einem Buch springt.
Blekinge Museum: Borgmästaregatan 21 | Mitte Juni – Mitte Aug. tgl. 12 – 18, sonst Di. – Fr. 11 – 17, Sa., So. 11 – 16 Uhr | Eintritt frei | www.blekingemuseum.se

Feuerbereit

★ Marinemuseum

Das Marinemuseum existiert bereits seit 1752, das erklärt die umfangreiche **Sammlung, die ihresgleichen sucht.** Seit 1997 ist sie in einem außergewöhnlichen Bau auf der Insel Stumholmen in der Nähe des Stadtzentrums untergebracht. Er bietet sogar Platz für die Rekonstruktion des Kanonendecks der »Dristigheten« im Maßstab

Viel Wasser, rote Holzhäuschen und ein Kanu – auf und zwischen den Inselchen im Blekinge-Archipel werden schwedische Urlaubsträume wahr.

1:1 bietet. Darüber hinaus zeigt das Museum historische Waffen und nautisches Gerät, zahlreiche Schiffsmodelle, Navigations- und Kommunikationstechnik sowie als Höhepunkt eine grandiose Sammlung **Galionsfiguren.** Ein verglaster Unterwassertunnel gibt den Blick auf den Grund der Ostsee und ein Wrack aus dem 18. Jh. frei.

Stumholmen | Juni - Aug. tägl. 10 - 18, Mai, Sept. tägl. 10 - 16, sonst Di. - So. 19 - 16 Uhr | Eintritt frei | www.marinmuseum.se

Rund um Karlskrona

Beliebter Kurort

Ronneby

Der westliche Zweig der E22 führt nach Ronneby. Eine 1705 entdeckte eisenhaltige Quelle machte im 19. Jh. aus dem verschlafenen Dorf einen gefragten Kurort. In der **Heiligkreuzkirche** (11. Jh.) wurden bei Renovierungsarbeiten Wandgemälde aus dem 15./16. Jh. freigelegt. Ein makabres Andenken ist eine Tür mit Axthieben. Sie erinnert an die Zeit, als Ronneby noch dänisch war und schwedische Eroberer 1564 ein Blutbad unter den in die Kirche geflüchteten Einwohnern anrichteten.

KARLSKRONA ERLEBEN

KARLSKRONA TURISTBYRÅ
Stortorget 2, 37134 Karlskrona
Tel. 0455 30 34 90
www.visitkarlskrona.se

ÖSTERSJÖFESTIVALEN
Mitte Juli findet in Karlshamn ein weithin bekanntes Volksfest statt.
www.ostersjofestivalen.se

BOOTSTOUREN
Vom Fisketorg (Fischmarkt) in Karlskrona starten Ausflugsboote in die östlichen Schären.

SEGELN
Jährlich im August zieht die Sail Karlskrona Segelfreunde aus einem weiten Umkreis an.
www.balticsail.info/karlskrona

RADTOUREN
Blekinge eignet sich hervorragend für Radtouren, eine Zusammenstellung der schönsten Touren ist in den Touristenbüros erhältlich.

❶ PORSLINAN €€
Hier trifft sich die Jugend der Stadt zum Essen, Trinken und Musikhören. Oft geben regionale Bands Einblicke in das aktuelle schwedische Musikgeschehen.
Östra Hamngatan
Tel. 0455 1 69 22
www.ungdomenshus.se

❸ LENNARTHS KONDITORI €
Traditionsreiches Bäckerei-Café mit unwiderstehlichem Kuchen – im Sommer schmeckt er draußen am kleinen Springbrunnen.
Norra Kungsgatan 3
Tel. 0455 31 32 32

❶ CLARION COLLECTION HOTEL €€€
Mit seiner Glasfassade ist das Hotel im Herzen von Karlskrona ein Wahrzeichen der Stadt. Die Tapeten in den Zimmern beschreiben ihre Geschichte. Das große Frühstück, Nachmittagssnack und Abendessen sind inklusive. Wunderschöner Innenhof mit Garten.
Skeppsbrokajen
Tel. 045 5 36 15 00
www.nordicchoicehotels.com

❷ FIRST HOTEL STATT €€€
Charmante Nobelherberge aus der Zeit um 1900. Feinschmeckerbistro, mehr als 200 Whiskysorten im Fox & Anchor Pub und Abtanzen im Statt Nightclub (107 Z.).
Ronnebygatan 37–39
Tel. 0455 5 55 50
www.firsthotels.com

Auf Elchsafari

Das **größte Wildreservat Nordeuropas** liegt zwischen Karlshamn und Ronneby. In diesem 9 km² großen Naturschutzgebiet stehen die Chancen recht gut, ein Elchfoto zu schießen. Zudem lassen sich hier heimische Wildtiere wie Damhirsche, diverses Rotwild, Wildschwei- Eriksberg ne, Mufflons, Wisente und Steinadler in ihrem natürlichen Lebensraum beobachten.

Eriksberg: Trensum, Guöviksvägen 353 | im Juni nur an den Wochenenden | Ende Juni – Ende Aug. tgl. 12 – 19 Uhr | Eintritt 205/130 SEK | www.eriksberg.nu

Auf nach Übersee!

Karlshamn

Von Karlshamn aus stachen im 19. Jh. zahlreiche schwedische Auswanderer in See, auf dem Weg in eine ungewisse Zukunft in Amerika. Das Emigrantendenkmal im Hamnpark erinnert an diese Zeit. Übrigens wurde in Schweden einst Tabak angebaut und im 18. Jh. in Karlshamn in 40 Fabriken zu **»snus«, Kautabak, und Zigarren** verarbeitet. An der Drottninggatan liegt das Kulturkvarter mit einer historischen Druckerei und der Kunsthalle. Hier hat auch das **Punschmuseum** seinen Sitz. Es bewahrt Original-Produktionsräume aus den wilden Zeiten auf, als Karlshamn noch eine Schnapsbrennermetropole und als »Sündenbabel« verschrien war und viel Geld mit »Carlshamns Flaggpunsch« verdient wurde.

Im **Entdeckerzentrum Kreativum** in der ehemaligen Baumwollspinnerei Strömma können Jung und Alt Naturwissenschaften und Technik spielerisch-praktisch erleben.

Punschmuseet: Vinkelgatan 8 | Juni – Aug. Di. – So. 13 – 17, sonst Mo. – Fr. 13 – 16 Uhr | Eintritt 50 SEK | www.karlshamnsmuseum.se
Kreativum: Strömmavägen 28 | Mitte Juni – Mitte Aug. tgl. 11 – 16, sonst Sa. – So. 11 – 16 Uhr | Eintritt 160 SEK | www.kreativum.se

★ KIRUNA

E 21

Landschaft: Lappland | **Provinz:** Norrbotten Län
Einwohnerzahl: 23 000 | **Höhe:** 506 m ü. d. M.

Die nördlichste Stadt Schwedens ist ein Paradies für echte Nordland-Fans – schließlich liegt sie ungefähr auf dem gleichen Breitengrad wie Mittelgrönland. Eingebettet in riesige Wildmarkgebiete ist Kiruna der ideale Standort für Ausflüge mit dem Hundeschlitten, Wanderungen, Bergtouren, Rafting und Angeln – natürlich nur überall dort, wo die Minengesellschaft noch nicht mit dem Abbau des Erzes begonnen hat.

Kiruna hat ein Problem: Sein Untergrund ist löchrig wie ein Schweizer Käse. Das größte Eisenerzbergwerk der Welt hat sich mittlerweile bis unter die ersten Häuser an der westlichen Stadtgrenze gefressen.

Coole Nächte: Wahre Eiskunst ist im Eishotel in Jukkasjärvi zu bestaunen.

Alles dreht sich um Eisenerz

Erste Risse im Boden lassen vermuten, dass Kiruna irgendwann in einem großen Loch versinken wird. Deshalb muss die Stadt umziehen, denn die Alternative, den Erzabbau zu stoppen, würde der Stadt die Lebensgrundlage entziehen. Es wird der größte Umzug aller Zeiten. Die meisten Häuser im Osten der Stadt können wohl stehen bleiben, aber rund 3000 werden der Mine weichen müssen; sie werden abgerissen, die Minengesellschaft baut neue. Nur wenige Gebäude, wie die Kirche, werden an den neuen Standort einige Kilometer weiter östlich umgesetzt. Die erste Phase des Umzugs hat schon begonnen, vollendet wird er aber wahrscheinlich erst im Jahr 2033 – wenn alles planmäßig verläuft.

Schon im 17. Jh. war bekannt, dass hier viel Erz liegt, aber der Transport des Eisenerzes durch die Wildnis zum nächsten Hafen war ein Riesenproblem. Erst die Bahnlinie nach Narvik brachte 1902 den Durchbruch und machte LKAB zur größten Erzmine der Welt. 24 Stunden am Tag, 365 Tage im Jahr rollen die Waggons in Richtung Kiruna und Luleå. Die mehr als 5000 t schweren Züge werden von den **stärksten Lokomotiven der Welt** übers Gebirge gezogen.

KIRUNA ERLEBEN

KIRUNA LAPPLAND TOURISTINFORMATION

Lars Janssongatan 17, 98131 Kiruna
Tel. 0980 1 88 80
www.kirunalappland.se

MITTERNACHTSSONNE

Kiruna: 27. Mai bis 14. Juli

Am letzten Juniwochenende geben sich schwedische und andere Bands beim Kiruna-Festival die Klinke in die Hand.
kirunafestivalen.nu

Das Touristenbüro vermittelt Wanderungen, Goldwaschen, Begegnungen mit der samischen Kultur, Ausritte mit Islandpferden, die Besteigungen des Kebnekaise-Südgipfels, Hundeschlitten-, Schneemobil- und Raftingtouren, Kanukurse und Angeltrips. Abschlagen unter der Mitternachtssonne mit fantastischer Fernsicht ist auf einem spektakulären 18-Loch-Golfplatz möglich.
http://bjorkliden.com

AUSFLUG MIT DER BAHN NACH NARVIK

Ein echtes Erlebnis ist die Fahrt mit der Lapplandbahn von Abisko zum norwegischen Erzhafen Narvik. Wegen der Aussicht sollte man Richtung Norwegen rechts sitzen. Fahrtdauer knapp 2 Std.

SAMISCHE MODE

In Karin Vasaras Renskinn Atelje kann man exklusive Mode aus Rentierleder erstehen: hervorragende Qualität, von samischen Traditionen beeinflusst.
Geologgatan 6, Mo. – Fr. 10 – 18 Uhr, karin-vasara-design.webnode.se/en

ICEHOTEL RESTAURANT **€€€€**

Das Beste, was die Region zu bieten hat, serviert Küchenchef Alexander Meier im Restaurant des Eishotels, das allerdings im »warmen« Teil des Hotels liegt. Genießen Sie Ren-, Elch- oder Fischgerichte auf höchstem Niveau, köstliche Beeren und eine Auswahl von Spitzenweinen.
Jukkasjärvi, Marknadsvägen 63
Tel. 0980 6 68 00
www.icehotel.com

SKÁIDI **€€–€€€**

Das Skáidi bietet neben einheimischer Kost wie Fisch, Elch- und Rentierfleisch auch dreigängige Luxusmenüs. Es fühlt sich der Slow-Food-Bewegung verpflichtet.
Nikkaluokta (60 km von Kiruna)
Tel. 0980 5 50 15
www.nikkaluokta.com

CAFÉ SÁPMI **€€**

Etwa 20 km östlich von Kiruna können Sie echte samische Traditionen erleben. In dem Komplex, der auch eine Lodge und ein Freilichtmuseum beherbergt, speisen Sie im großen Lappenzelt, rund um die offene Feuerstelle wird samisches Essen wie Rentierfleisch serviert.
Jukkasjärvi, Marknadsvägen 2
Tel. 0980 2 13 29, http://nutti.se

ICEHOTEL JUKKASJÄRVI **€€€€**

Dieses spezielle Hotel wird jedes Jahr neu errichtet – und zwar aus Schnee

und Eis. Trotz der eisigen Zimmertemperatur von –5 bis – 8 °C sollten Sie sich eine Nacht gönnen. Sie schlafen auf einem Bett aus Eis auf Rentierfellen im Thermoschlafsack – kuschelig warm und sehr gesund. Die Übernachtung im Eis hat ihren Preis, aber es lohnt sich (▶ Abb S. 447)!
Jukkasjärvi, Marknadsvägen 63
Tel. 0980 6 68 00
www.icehotel.com

SCANDIC FERRUM €€
Das Zimmer in dem zentral gelegenen Hotel sind gemütlich eingerichtet, mit dem üblichen guten Scandic-Standard. In Mommas Steakhouse können Sie, bei wunderbarer Aussicht auf den Kebnekaise, Elchburger zu Livemusik genießen.
Lars Janssonsgatan 15
Tel. 0980 39 86 00
www.scandichotels.com

Wohin in Kiruna und Umgebung?

Unter Tage

★ Besucherstollen

Mehrmals täglich bietet die Minengesellschaft Besichtigungstouren zu einer Demonstrationsgrube an. Sie liegt **540 m tief im Inneren des Bergs.** Die Tunnel sind so groß, dass man mit dem Bus zur Erzader fahren kann.

Führungen können im Touristenbüro oder online gebucht werden | Ticket 380 SEK | www.kirunalapland.se

Erinnert an ein Samenzelt

Kirche

Südöstlich vom Stadtzentrum steht auf einer Anhöhe die 1912 von Gustaf Wickman errichtete **Holzkirche,** eine Stiftung der LKAB, die auf Hjalmar Lundbohm zurückgeht. Dessen ausdrücklicher Wunsch war es, das Gotteshaus ähnlich einem Lappenzelt zu gestalten. 2001 wurde die Kirche zu Schwedens schönstem Gebäude gewählt.

Prämiertes Rathaus

Stadhus

Wenn man von der Kirche westlich geht, erreicht man das an seinem skelettartigen Uhrturm schon von Weitem zu erkennende Rathaus, entworfen von Artur von Schmalensee. 1964 bekam es **Schwedens Architekturpreis** als schönstes Gebäude des Landes. Trotzdem ist das Rathaus wegen seiner eigenwilligen Architektur auch immer umstritten gewesen.

Anspruchsvolle Gipfeltour

Kebnekaise

Noch innerhalb der Gemeindegrenze, ungefähr 90 km westlich vom Zentrum, erhebt sich der Kebnekaise, **mit 2117 m der höchste Berg Schwedens.** Wer den südlichen Gipfel besteigen möchte, fährt auf einer einfachen Straße bis zur Hüttensiedlung Nikkaluokta, von dort geht es zu Fuß über die Kebnekaise Turiststation zum Gipfel. Von Mitte Juni bis Ende September werden geführte Touren auf den Gipfel angeboten (Dauer: rund 10 Std.).

Siedlung der Samen

Jukkasjärvi

Etwa 20 km östlich von Kiruna liegt, abseits der nach Gällivare führenden Straße, das kleine Jukkasjärvi am gleichnamigen See und am Torne Älv, einem der schönsten Wildmarkflüsse Schwedens. Am Ende der Straße trifft man auf eine kleine, rot gestrichene, einfache Kirche. Ihre Ursprünge reichen bis ins Jahr 1600 zurück, der heutige Bau stammt von 1726. Damit ist dies die älteste Kirche Lapplands. Wenige Schritte weiter am Seeufer befindet sich das Freilichtmuseum Jukkasjärvi Hembygdsgård. Es präsentiert Sammlungen zur Kultur der Samen.

Bester Einstieg in die Wildnis Lapplands

Abisko

★ Kungsleden

Abisko, eine kleine Streusiedlung 96 km nordwestlich von Kiruna, liegt am südlichen Ufer des Torneträsk. Einen bequemeren Einstieg in die Wildnis Lapplands gibt es nicht, denn die Lapplandbahn und die gut ausgebaute E10 führen nach Abisko. Hier beginnt der berühmte **Wanderweg Kungsleden** (Baedeker Wissen S. 642–643) und hier lassen sich auch herrliche Tagestouren unternehmen. Im **Naturum**

bekommt man von den Bergführern Informationen zum Abisko-Nationalpark und zur lappländischen Flora und Fauna. Auch kann man – mit oder ohne Bergführer – bis zu den samischen Opferklippen Luopakte oder auf dem alten Rallarweg entlang der Eisenerzbahn zum Rombakenfjord wandern. Der liegt bereits in Norwegen.

Wanderungen der Superlative

★ Abisko-Nationalpark

Der nur 7700 ha große Abisko-Nationalpark wirkt **wie ein arktischer Kräutergarten** im nördlichen Lappland. Kernstück ist eine Talsenke, die im Süden und Westen von mächtigen Fjällmassiven und im Norden vom **Torneträsk** eingerahmt wird. Besonders eindrucksvoll ist der tiefe Cañon des Abiskojakka. Hier wachsen krautreicher Birkenwald und vereinzelte Kiefern.

Grandiose Ausblicke

Njullá

Auf den nordwestlich von Abisko gelegenen Berg Njullá (1163 m) führen ein markierter Weg und eine **Seilbahn.** Der Blick über den Torneträsk und die Berge ist unvergesslich.

Unberührte Natur im Abisko-Nationalpark: eine unglaubliche Weite, Hügel, Berge, wenige Bäume und (wenn man Glück hat) grasende Rentiere am Straßenrand.

LINKÖPING

O 16

Landschaft: Östergötland | **Provinz:** Östergötland Län
Einwohnerzahl: 163 200 | **Höhe:** 40 m ü. d. M.

Wenn Sie wissen möchten, wie die Schweden vor 100 Jahren in einer Kleinstadt gelebt haben, dann sollten Sie Gamla Linköping, ein Freilichtmuseum der besonderen Art, besuchen: Bei der Sanierung der Stadt in den 1950er-Jahren haben kluge Köpfe 90 Häuser aus dem Zentrum nicht einfach entsorgt, sondern in einem neuen historischen Stadtteil wieder aufgebaut.

Schweden vor 100 Jahren

Freilichtmuseen, in denen Traditionen gepflegt werden, gibt es viele in Schweden, doch Gamla Linköping ist mehr: Die historischen, aus dem Zentrum der Stadt umgesiedelten Häuser sind noch heute bewohnt und werden ebenso wie die Kopfsteinpflastergassen, die Laternen und die Gärten mit den roten Zäunen liebevoll gepflegt.
Den wirtschaftlichen Aufschwung brachte 1937 die Verlegung der Flugzeugproduktion von **Saab** nach Linköping. In den 1960er-Jahren wurde die Universität gegründet. Heute ist die Stadt bekannt für ihre High-Tech- und Software-Industrie

Lebendige Geschichte

Gamla Linköping

In Gamla Linköping haben sich viele Handwerksbetriebe und Künstler niedergelassen, Tante-Emma-Läden und Kunstgewerbeateliers verkaufen Nostalgisches, zudem gibt es diverse kleine Museen. So können Besucher eine **Zeitreise** unternehmen und am Leben dieses Stadtteils teilnehmen – ein Angebot, das vor allem an Wochenenden gerne angenommen wird.
Friluftsmuseet Gamla Linköping: Tunnbindaregatan 1 | Läden und Werkstätten Mo. – Fr. 10 – 17, Sa., So. 11 – 16 Uhr, teilweise länger | Eintritt frei | www.gamlalinkoping.info

Wohin in Linköping und Umgebung?

Wahrzeichen der Stadt

Stortorget & Domkyrka

Auf dem Marktplatz (Stortorg) steht der Folkunga-Brunnen (1927), eines der bekanntesten Werke von Carl Milles. Östlich des Hauptplatzes erhebt sich die 1802 erbaute **St.-Lars-Kirche** mit einem Turm aus dem 12. Jahrhundert.
Der **Dom,** eine der bedeutendsten und schönsten Kathedralen des Landes, steht nordwestlich vom Stortorg in einem kleinen Park. Der ursprünglich romanische Bau von 1230 wurde später durch Um- und Ausbauten gotisch vollendet, an den Flanken der Seitenschiffe kann

LINKÖPING ERLEBEN

LINKÖPING TURISTINFORMATION

Konsistoriegatan 7, 58222 Linköping
Tel. 013 1 90 00 70
http://visitlinkoping.se

1 WÄRDSHUSET GAMLA LINKÖPING €€€

Die beiden historischen Holzhäuser wurden vor dem Abriss gerettet und im Freilichtmuseum Gamla Linköping wieder aufgebaut. Heute gibt es hier Hausmannskost, internationale Gerichte und ein günstiges Lunchbuffet.
Gästgivaregatan 1
Tel. 013 13 31 10
www.wardshuset.se

2 MODMED €€–€€€

Gönnen Sie sich das Besondere: Das Restaurant im Scandic Hotel wurde mehrmals in Folge als bestes Restaurant in Östergötland ausgezeichnet. Serviert werden internationale Gerichte, beeinflusst von schwedischer Küche. Tipp: An einem Tisch mit Blick auf den Fluss Stangan schmeckt es noch besser.
Gamla Tanneforsvägen 51
Tel. 013 4 95 54 00
www.modmed.se

3 STÅNGS MAGASIN €€–€€€

Perlhuhnbrust mit Pilzrisotto und glasierten Schwarzwurzeln – die Küche im 200 Jahre alten Gasthaus ist hervorragend (So. geschl.).
Södra Stånggatan 1
Tel. 013 31 21 00
www.stangsmagasin.se

1 SCANDIC FRIMURARE HOTELLET €€€

Zentral gelegen an Linköpings Flaniermeile. Vielleicht etwas kitschig, aber durchaus sehenswert: die Eingangshalle des Hotels ganz in Rot und Rosa und mit goldenen Säulenkapitellen (206 Z.).
St. Larsgatan 14
Tel. 013 4 95 30 00
www.scandic-hotels.se

---

man noch romanische Bauteile entdecken. Der 107 m hohe Turm, das **Wahrzeichen Linköpings,** wurde erst 1886 angefügt.
Domkyrka: Sankt Persgatan | tgl. 9 – 18, Di. bis 21 Uhr | Führungen 11, Sa., So. 17 Uhr, auch in Deutsch

Bunte Sammlung

Östergötlands Länsmuseum

Unweit von Dom und Schloss, wo heute die Bezirksregierung residiert, lockt eines der ältesten und größten Provinzmuseen des Landes Besucher in ein architektonisch interessantes, funktionalistisches Gebäude von 1939. Das Museum zeigt Sammlungen zur Vor- und Frühgeschichte, schwedische Kunst vom Mittelalter bis zur Gegenwart sowie eine kleine **medizingeschichtliche Sondersammlung.**
Raoul Wallenbergs plats | Di. – So. 11 – 16, Mi. und Do. bis 20 Uhr | Eintritt 70 SEK | ostergotlandsmuseum.se

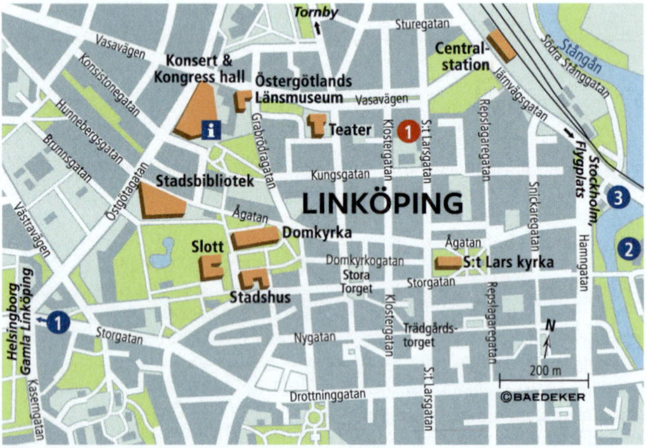

1 Wärdshuset Gamla Linköping
2 ModMed
3 Stångs Magasin

1 Scandic Frimurare hotellet

Ritterkämpfe live

Ekenäs Slott

Das stattliche weiße **Renaissanceschloss** liegt 20 km östlich von Linköping. Sehenswert ist das farbenfrohe Ritterturnier Anfang Juni.

Ringstorp | Juni, Aug. Sa., So. 13 – 16, Juli Di. – So. 13 – 16, Park tgl. 8 – 20 Uhr | Eintritt 90 SEK | www.ekenasslott.se

Von Schleuse zu Schleuse

Kinda-Kanal

Lohnend ist eine Fahrt auf dem Kinda-Kanal, der den Roxensee mit einigen südlich gelegenen, von der Stångån durchflossenen Seen verbindet. Wer auf dem Kanal unterwegs ist, passiert auf 80 km Länge insgesamt 15 Schleusen. Die Fahrt führt **an einigen Landsitzen vorbei** und endet in Horn am Südende des Åsundsees. Auch zwei nostalgische Dampfer bieten Ausflugsfahrten an.

Für Flugzeugfans

Flygvapen-museum

Im Luftwaffenmuseum auf dem Flugplatz Malmen werden 100 Jahre technologische Entwicklung im Flugzeugbau dokumentiert und rund 50 zum Teil **einzigartige Exponate** gezeigt.

Carl Cederströms gata 2 | Juni – Aug. tgl. 11 – 17, Do. bis 20 Uhr, Sept. – Mai Mo. geschl. | Eintritt frei | www.flygvapenmuseum.se

Rösser zu verkaufen

Pferdemarkt in Ulrika

Etwa 40 km südwestlich von Linköping liegt das Örtchen Ulrika, dessen berühmter und traditionsreicher Pferdemarkt **jährlich im September** rund 40 000 Besucher und Besucherinnen anzieht.

★★ LULEÅ

Landschaft: Norrbotten | **Provinz:** Norrbottens Län
Einwohnerzahl: 78 900 | **Höhe:** Meereshöhe

G 23

Verlockend an der Stadt am Bottnischen Meerbusen sind vor allem die rund 700 vorgelagerten Schäreninseln – ein bezauberndes, auch botanisch interessantes Ausflugsziel. Luleå selbst ist eine nüchterne Industriestadt, die neben Narvik der wichtigste Hafen für den Erzexport ist. Geschätzt wird die Stadt aber, weil man hier gut einkaufen kann und es viele Restaurants, Kneipen und Hotels gibt. Eine echte Sehenswürdigkeit ist Gammelstad, die größte Kirchstadt in ganz Schweden.

Eine ganze Kirchenstadt

Das alte Luleå lag bei seiner Gründung 1621 noch an der Mündung des Flusses Lule Älv. Doch die starke Landhebung führte dazu, dass der Hafen nach wenigen Jahren versandete und die Stadt 1649 gut 10 km Kilometer weiter südöstlich auf eine Halbinsel am Fluss verlegt werden musste. So sollte der lebenswichtige Zugang zum Meer dauerhaft gewährleistet bleiben. In der Folgezeit vernichteten Brände mehrmals die alte Bausubstanz. Nach Luleå kommt das wertvolle Eisenerz aus Kiruna per Eisenbahn und wird von hier aus verschifft. Heute ist die Stadt aber auch ein Dienstleistungs- und Verwaltungszentrum: So hat Facebook hier 2013 sein erstes Rechenzentrum außerhalb der USA eingerichtet.

Wohin in Luleå und Umgebung?

Museum, Theater und Hochschule

Kernstadt

Das **Norrbottens Museum** im Stadtzentrum zeigt archäologische und lokalhistorische Funde und informiert über die Geschichte der Samen. Nördlich der Innenstadt liegt die Bucht Stadsviken mit dem **Norra Hamn,** von dem die Ausflugsschiffe auslaufen. In einem stattlichen Holzbau ist das **Theater** Norrbottens untergebracht. Nordwestlich vom Zentrum erstreckt sich an der Ausfallstraße in Richtung Haparanda das Gelände der Technischen Hochschule, auf dem das **Haus der Technik** technische und naturwissenschaftliche Zusammenhänge erklärt und zum Experimentieren einlädt.

Norrbottens Museum: Storgatan 2 | Mitte Juni – Mitte Aug. tgl. 11 – 17, sonst Di. – Fr. 10 – 16, Mi. bis 20, Sa., So. 11 – 16 Uhr | Eintritt frei | norrbottensmuseum.se
Teknikens Hus: Teknikens Hus väg 2 | Mitte Juni – Mitte Aug. tgl. 10 – 17, sonst Di. – So. 10 – 16 Uhr | Eintritt 95 SEK | www.teknikenshus.se

OBEN: Viel idyllisch-maritimes Flair verbreitet die Luleå vorgelagerte ausgedehnte Inselgruppe.

UNTEN: Von weither angereiste Kirchgänger fanden einst in den Holzhäuschen eine Unterkunft.

LULEÅ ERLEBEN

LULEÅ TURISTBYRÅ
Kulturens Hus
Skeppsbrogatan, 97185 Luleå
Tel. 0920 45 70 00, visitlulea.se

HAPARANDATORNIO TURISTBYRÅ
Krannikatu 5, 95336 Haparanda
Tel. 0922 2 62 00
www.haparandatornio.com

IM SCHÄRENGARTEN
Vom Norra Hamn verkehren von Mitte Juni bis Mitte August täglich Boote in den Schärengarten, Abfahrt meist gegen 10 Uhr (Infos und Fahrkarten im Touristenbüro).

MIT RENTIEREN
Beim Ausflug mit einem Rentier erlebt man die sanfte Natur der Tiere in ihrer natürlichen Umgebung. Außerdem nehmen sie einem auch das Gepäck ab (Infos und Buchungen im Wildnisdorf Solberget).
www.solberget.com

HEMMA GASTRONOMI MATBAR €€
Hier ist Schlemmen angesagt! Mit Blick aufs Wasser können Sie wunderbare Fisch- und Fleischgerichte probieren, Salate und Süßes, und alles auch im Deli oder in der Bäckerei kaufen. Es werden halbe Portionen serviert, sodass Sie gut mehrere Gerichte kombinieren können (So. geschl.).
Norra Strandgatan 1
Tel. 0920 22 00 02
www.hemmagastronomi.se

BASTARD BURGERS €
Der Anspruch ist hoch und gleichzeitig einfach: die besten Burger überhaupt zu braten. Das Fleisch kommt ausschließlich von lokalen Erzeugern, das Brot ebenfalls, die Zutaten sind hausgemacht. Es gibt auch vegetarische Varianten. Perfekt für den Hunger zwischendurch.
Stationsgatan 29
www.bastardburgers.se

TREEHOTEL €€€€
Ein Ufo ist in den Bäumen gelandet; ein riesiges Vogelnest hängt zwischen den Zweigen; ein spiegelnder Kubus glänzt zwischen den Ästen: Die »Zimmer« des Baumhotels, 85 km nordwestlich von Luleå, sind einzigartig und bizarr. Mehrere ganz unterschiedlich gestaltete Kabinen hängen in den Bäumen, alle sind komfortabel für 2 bis 5 Personen eingerichtet, mit Toiletten und fließendem Wasser. Das Beste aber ist die unvergleichliche Aussicht auf Tal, Fluss und Wald.
Harads, Edeforsväg 2A
Tel. 0928 103 00
www.treehotel.se

HAPARANDA STADSHOTELL €€€
In dem prächtigen, 1900 eröffneten Haus haben sich die Mächtigen aus dem Zarenreich, der Sowjetunion und dem Westen getroffen und Politik gemacht. Sehenswert ist der Ballsaal mit den funkelnden Kronleuchtern, bemerkenswert das Gourmetrestaurant im Keller, das regionale Zutaten verarbeitet.
Torget 7, Tel. 0922 614 90
www.haparandastadshotell.se

Kirchgang ist Pflicht

★★ Gammelstad

Etwa 10 km nordwestlich, dort, wo Luleå im 14. Jh. ursprünglich gegründet wurde, befindet sich Gammelstad. Als man im 15. Jh. mit dem Bau der Kirche begann, lag sie etwas erhöht mitten in der Mündung des Lule Älv. Über **400 kleine Holzhäuschen** scharten sich um die Kirche, in denen die Kaufleute und Kirchenbesucher übernachteten, wenn sie ihrer Gottesdienstbesuchspflicht nachkamen. Denn wer bis zu 10 km von einer Kirche entfernt wohnte, musste jeden Sonntag zum Gottesdienst erscheinen, bei 20 km Anreise nur alle 14 Tage. Die Gläubigen konnten dann in den Holzhäuschen nächtigen. Heute sind diese Kirchstädte gut besuchte Sehenswürdigkeiten. Einst gab es in Schweden mehr als 70 davon, von denen heute noch 16 erhalten sind. Gammelstad ist die größte, am besten erhaltene und seit 1996 **UNESCO-Weltkulturerbe.** Die Kirche ist ein gotischer Bruchsteinbau mit klassizistischem Turm, beachtenswerter Kanzel und einem Antwerpener Schnitzaltar.
www.lulea.se/gammelstad

★★ LUND

Landschaft: Skåne (Schonen) | **Provinz:** Skåne Län
Einwohnerzahl: 124 900 | **Höhe:** Meereshöhe

R 14

Lund besitzt neben Uppsala die renommierteste schwedische Universität mit rund 40 000 Studierenden. Wichtigste Sehenswürdigkeit der Stadt ist der imposante Dom, das bedeutendste romanische Bauwerk des Landes.

Alte Stadt, junges Flair

Die südschwedische Stadt liegt etwa 20 km nordöstlich von Malmö. Sie wurde wahrscheinlich 990 vom dänischen König Sven Gabelbart gegründet. Seit 1666 ist Lund Sitz einer Hochschule. Vom 12. bis zum 15. Jh. war es die größte Stadt Skandinaviens und Sitz eines dänischen Bischofs, 1104 sogar des Erzbischofs. Aus diesem Grund wurde sie seinerzeit auch »Metropolis Daniae« genannt. Auf den ersten Blick erscheint Lund mit seinen Kopfsteinpflastergassen, dem Dom und der alten Bausubstanz betulich und gemütlich. Doch in den vielen Cafés und Restaurants tummeln sich überwiegend junge Leute. Und das ist kein Wunder: Lund hat eine der größten Universitäten Skandinaviens. Weithin sichtbares Symbol für die Geschichte der Stadt ist der Dom, ihre Zukunft aber sind die Studierenden, die ihr Kulturleben entscheidend prägen und an der Verwirklichung vieler innovativer Projekte beteiligt sind. So verwundert es nicht, dass Lund zu den am schnellsten wachsenden Städten Schwedens gehört.

Wohin in Lund?

Älteste und bedeutendste Kirche Schwedens

★★ Dom

Der Dom von Lund ist die bedeutendste romanische Kirche des Landes und Lunds wichtigste Sehenswürdigkeit. Er wurde mehrfach umgebaut und ist unbedingt einen Besuch wert. Bis auf die Renaissancekanzel und den prächtigen, geschnitzten Altarschrein, der aus Norddeutschland stammt (14. Jh.), ist der Kirchenraum weitgehend schmucklos. Immer am Semesterende werden in der Kirche die frisch Promovierten der Universität geehrt. Besonders schön ist die geräumige **Krypta,** die über die gesamte Breite des Gebäudes geht. Der **Brunnen** trägt niederdeutsche Inschriften, er ist ein Werk des westfälischen Meisters van Düren, der 1512–1527 in Lund lebte. Für Lunds Einwohner bildete dieser Brunnen übrigens lange Zeit die einzige Trinkwasserversorgung.

Mit dem Pferd die Wendeltreppe hoch

Kungshus

Beim Lundagård, dem Park nahe beim Dom, erhebt sich das turmgeschmückte Gebäude. **König Karl XII.** soll hier die Wendeltreppe hinaufgeritten sein, als er, von Feldzügen auf dem europäischen Festland kommend, sein Lager in Lund aufschlug.

Der Blick vom Chorgestühl aus dem 14. Jh. auf das prachtvolle Apsismosaik im Dom zu Lund belegt den deutlich lombardischen Einfluss.

Nicht weit entfernt befindet sich das **Historische Museum** der Universität mit Sammlungen prähistorischer Funde und kirchlicher Altertümer.
Historiska Museet: Krafts Torg 1 | Di. – So. 12 – 17, Do. bis 20 Uhr | Eintritt 50 SEK | www.historiskamuseet.lu.se

Von Volkskunst bis zu modernem Design

Kulturen

Am Tegnérplatz steht das klassizistische Gebäude des kulturhistorischen Museums »Kulturen« mit Mobiliar, Hausgerät, guter Keramiksammlung sowie einer großen Freilichtabteilung mit rund 40 alten Bauernhäusern aus der Region. Das Freilichtmuseum wurde **1882 als eines der ersten seiner Art** eröffnet.
Tegnérplatsen | Mai – Mitte Sept. tgl. 10 – 17, sonst Di. – Fr. 12 – 16, Sa., So. 10 – 16 Uhr | Eintritt Hochsaison 130, sonst 90 SEK | www.kulturen.com

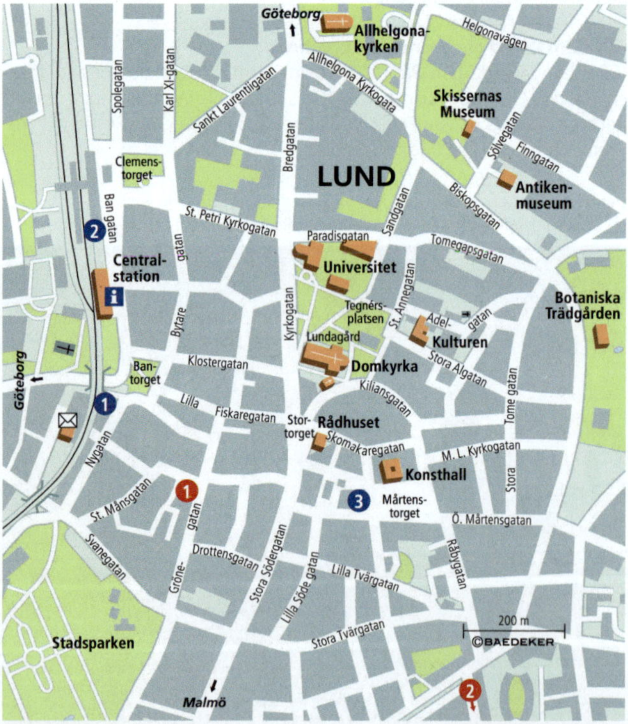

1 Bantorget 9
2 Godset
3 Saluhallen

1 Hotel Concordia
2 The More Hotel

LUND ERLEBEN

LUND TOURIST CENTER
Bangatan 1, 22221 Lund
Tel. 046 3 59 50 40
www.visitlund.se

HEAVEN, THE LODGE €€€€
Am höchsten Punkt Schonens, etwa 20 km südöstlich von Lund, liegt in den Wäldern das »American Hideaway« The Lodge im Neuengland-Stil. Das Restaurant »Heaven« verspricht den Himmel: mit schwedischen und internationalen Gerichten aus regionalen Produkten in höchster Qualität. Probieren Sie das monatlich neu kreierte 4-Gänge-Menü; Restaurantmanagerin und Sommelière Joanna empfiehlt dazu die passenden Weine von der beeindruckenden Karte.
Genarp, Södra Ugglarp 621
Tel. 046 24 89 08
www.thelodge.se

❶ BANTORGET 9 €€€–€€
In den drei kleinen Häusern aus dem 19. Jh. wurde früher Brot gebacken, heute gibt es das selbst gebackene Brot zu regionalen Spezialitäten. Die Speiseräume sind im Stil von 1900 möbliert.
Bantorget 7 – 9, Tel. 046 30 39 99
www.bantorget9.se

❷ GODSET €€
Chic, modern und köstlich ist die Küche in Lunds guter Bahnhofsgaststätte, die mit ungewohnten Kreationen begeistert. Kulinarische Pioniere testen nach dem Hirsch an Kastanienpüree die Crème brûlée mit Lakritzeis! So. geschlossen.
Bangatan 3, Lund
Tel. 046 12 16 10, www.godset.se

❸ SALUHALLEN €–€€
Ein Fest für Augen und Gaumen! In der Markthalle von 1906 gibt es in kleinen Restaurants und an Ständen für jeden kulinarischen Geschmack etwas – ob Fisch, Fleisch, vegetarisch oder vegan, ob schwedisch, asiatisch oder italienisch. Tipp: Bei »Rosie's« Cakes & Tea gibt es am Nachmittag den traditionellen britischen Afternoon Tea und auch sonst noch viel Leckeres (Eingang: Vastra Martensgatan 7).
Mårtenstorget 1
www.lundssaluhall.se

❶ HOTEL CONCORDIA €€€–€€€€
Erstklassiges Hotel (62 Z.) mit langer Geschichte. Im 19. Jh. wohnten hier Gelehrte, die den Schriftsteller August Strindberg im gegenüberliegenden Haus kopfschüttelnd dabei beobachteten, wie er versuchte, Gold herzustellen.
Stålbrogatan 1
Tel. 046 13 50 50
www.concordia.se

❷ THE MORE HOTEL €€–€€€
Das 2012 eröffnete Boutique-Hotel in einem Eisenbahndepot von 1906 verfügt über geräumige, minimalistisch eingerichtete Studios im nordischen Stil. An den Küchenzeilen können Mittag- oder Abendessen selbst zubereitet werden. Das Frühstück ist dennoch im Preis enthalten. Mit Fahrradverleih.
Kastanjegatan 18
Tel. 046 2 71 64 00
http://themorehotel.se/lund

Man sieht es: Landskrona slott ist ein »Schloss« ganz ohne Repräsentationszwecke.

Moderne Kunst

Konsthall

Südöstlich vom Lundagård liegt der Mårtenstorg und an dessen Nordseite die Kunsthalle, in der moderne schwedische Kunst und Sonderausstellungen gezeigt werden. Der **Architekt Klas Anshelm** entwarf diesen schnörkellosen, gradlinigen Bau und war auch für die Erweiterungsbauten der Universität verantwortlich.

Mårtenstorget 3 | Di., Mi., Fr. und So. 12 – 17, Do. 12 – 20, Sa. 10 – 17 Uhr | Eintritt frei | http://lundskonsthall.se

Garant der Zukunft

Universitet

Am nördlichen Rand des Lundagård ziehen die hervorragend restaurierten klassizistischen Gebäude der Universität die Blicke auf sich. Die **Universitätsbibliothek** weiter nördlich besitzt wertvolle Handschriften und mehr als 2,5 Mio. Bücher.

Wie Kunst entsteht – von der Skizze über Modelle bis zum fertigen Kunstwerk –, veranschaulicht das **Skizzenmuseum.** Im Skulpturensaal sind u. a. Werke von Henry Moore, Picasso sowie Christo und Jeanne-Claude zu sehen.

Ihre wissenschaftliche Neugier können Jung und Alt im **Vattenhallen-Wissenschaftszentrum** befriedigen.

Skissernas Museum: Finngatan 2 | Di., Mi. 11 – 17, Do. 11 – 21, Fr. 11 – 18, Sa., So. 12 – 17 Uhr | Eintritt 80 SEK | www.skissernasmuseum.se

Vattenhallen Science Center: John Ericssons väg 1 | Kernöffnungszeiten Mitte Juni – Mitte Aug. Di. – Sa. 10 – 16 Uhr, weitere Veranstaltungen siehe Webseite | Eintritt 70 SEK | www.vattenhallen.lth.se

Rund um Lund

Das weiße Schloss

Bosjökloster Slott

Die direkte Umgebung von Lund ist flach und wenig spektakulär. Ungefähr 30 km nordöstlich von Lund erreicht man Schloss Bosjökloster. Sehen Sie sich hier die Ausstellungen im Schloss und die ehemals landwirtschaftlichen Gebäude an, die mittelalterlichen Gewölbe, die alte Klosterkirche, den kleinen Kräutergarten, die prächtigen Blumengärten mit Staudenbeeten und **Tausenden von Rosen** sowie den Park mit Tiergehegen und die tausendjährige Eiche.

Höör | Mai - Sept. tgl. 8 - 18, sonst 9 - 16 Uhr | Eintritt 100/80 SEK, je nach Saison | www.bosjokloster.se

Den Tieren auf der Spur

Djurpark

Rund 3 km nördlich des Ortes Höör liegt Skånes Tierpark mit mehr als **800 nordischen Tieren** wie Wölfen, Elchen, Luchsen und Adlern.

Höör, Jularp 150 | März - Okt. tgl. geöffnet, 10 - 17/18 Uhr | Eintritt je nach Saison 209–279 SEK | www.skanesdjurpark.se

Mächtiges Bollwerk

Landskrona

Ein netter Ausflug ührt nach Landskrona. Dort lohnt sich der Besuch der wuchtigen Zitadelle, des Landskrona Slott. Der Zweckbau aus rotem Ziegelmauerwerk wurde 1549 errichtet. Das ringsum geschlossene, von einem Wassergraben umzogene Karree liegt inmitten einer weiteren Wall- und Grabenanlage. Im südwestlichen Eckturm gibt es eine **Fotodokumentation** zu sehen, im südöstlichen die Zellen der von 1825–1940 bestehenden Haftanstalt.

Besichtigung nur an ausgewählten Terminen | www.citadellet.com

Radler- und Feinschmeckerinsel

Insel Ven

Von Landskrona (im Sommer auch von Helsingborg und Råå) fahren Schiffe in 25 Min. zur Insel Ven. Die kleine Insel kann man bequem mit einem Leihfahrrad oder zu Fuß erkunden. Auf Ven haben sich zahlreiche Künstler niedergelassen, die alljährlich zu Christi Himmelfahrt die **»Kunstrunde«** veranstalten und Besuchern ihre Ateliers öffnen. Der berühmte dänische Astronom **Tycho Brahe** lebte 1578 - 1598 in **Schloss Uranienborg** auf Ven. Der dänische König Frederik II. (Ven wurde erst 1658 schwedisch) hatte ihm die Insel mit ihrer klaren, staubfreien Luft für seine Forschungen zur Verfügung gestellt. Im Observatorium entdeckte Brahe **die erste Supernova** – mit bloßem Auge, denn das Fernrohr war noch nicht erfunden. Vom Schloss ist heute nichts mehr zu sehen, stattdessen beschreibt ein Museum das Leben und die Arbeit des Sternenforschers.

Tycho Brahe-Museet: Landsvägen 182 | tgl. Juli 10.30 - 17, Aug. 10.30 - 16, Mai, Juni und Sept. 11 - 16 Uhr | Eintritt 80 SEK | www.landskrona.se/tychobrahe

★ MÄLARSEE

N 18

Landschaft: Södermanland, Uppland und Västmanland

Entlang der verschlungenen Ufer des Mälarsees liegt die bevölkerungsreichste Region Schwedens. Die Hauptstadt Stockholm an seiner Ostseite machte früher den See für den Adel höchst attraktiv, der hier eine große Zahl stattlicher Schlösser und Herrensitze errichten ließ. Die zugehörigen Ländereien wurden nie bebaut, deshalb ist um den See auch heute noch sehr viel Grün zu finden.

Eine Bucht wird zum See

Einst war der Mälarsee eine Bucht der Ostsee. Die Landhebung nach der Eiszeit hat im 12. Jh. die Verbindung zum Meer gekappt und ihn zum Binnensee gemacht. Nach Vänersee und Vättersee ist der Mälarsee mit 1140 km² das drittgrößte Binnengewässer Schwedens. Die Ufer des 120 km langen und bis zu 50 km breiten Sees sind durch eine Vielzahl von Buchten, Inseln, Halbinseln und Wasserarmen so stark gegliedert, dass er nicht wie ein Binnenmeer, sondern wie ein vielfach verzahntes Labyrinth aus Wasser und Land wirkt. Wie geschaffen für eine Entdeckungstour!

Wohin in Södertälje und Umgebung?

Wikingererbe

Södertälje

Südwestlich von Stockholm kommt man zur Industriestadt Södertälje, die aus einem **Handelsplatz der Wikinger** hervorgegangen ist. Am Stortorget stehen die St.-Ragnhild-Kirche und das Rathaus von 1965.

Königliche Sommerresidenz

Tullgarns Slott

Schloss Tullgarn, bis 1950 Sommerresidenz der königlichen Familie, steht südlich von Södertälje an einer Ostseebucht. Es beherbergt eine Suite im Stil des schwedischen Klassizismus, ein Frühstückszimmer im Stil der süddeutschen Renaissance und eine einzigartige Sammlung original **holländischer Kacheln.**

Vagnhärad | Juni – Aug. Führungen tgl. 11 – 16 Uhr, Sept. nur Sa., So. | Eintritt 100 SEK | www.kungahuset.se

Wohin in Mariefred und Umgebung?

Kleinstadtidyll beim Märchenschloss

Mariefred

Unterhalb der Kirche von 1624 liegt der alte Teil des Städtchens Mariefred, dessen enge Gassen von malerischen Holzhäusern gesäumt werden. Nördlich der Kirche, am Marktplatz, steht das Rathaus, ein attraktiver Holzbau von 1784. Im alten Gripsholm Kungsladugård ist heute ein internationales Zentrum für grafische Kunst untergebracht. 1895 wurde die Bahnlinie nach Mariefred eröffnet; heute wird die **Schmalspurbahn** von einem Museumsverein betrieben.

Nordöstlich außerhalb des Zentrums liegt der Friedhof von Mariefred. Hier ist der deutsche Schriftsteller **Kurt Tucholsky** bestattet, der im Sommer 1929 in Mariefred wohnte, wo er den Stoff für seine Sommergeschichte »Schloss Gripsholm« fand. Sein schlichtes Grab unter einer alten Eiche auf dem Friedhof ziert das Goethe-Zitat »Alles Vergängliche ist nur ein Gleichnis«.

Östra Södermanlands Järnväg: mehrmals tgl. Fahrten auf der Strecke Mariefred–Läggesta | Dauer ca. 45 Min | ab 100 SEK | www.oslj.nu

Wuchtiges Schloss mit viel Romantik

★ Gripsholms Slott

Das auf einer Insel im Mälarsee gelegene Schloss Gripsholm gilt als Inbegriff der schwedischen Romantik und zählt zu den berühmtesten Bauwerken des Landes. Vielen Deutschen ist es aus der Literaturgeschichte ein Begriff: Kurt Tucholsky hat ihm mit seiner Erzählung **»Schloss Gripsholm. Eine Sommergeschichte«** ein Denkmal gesetzt. Von Stockholm aus Anreisenden sei ein Tagesausflug mit dem Dampfschiff empfohlen.

Gustav I. Wasa ließ die unregelmäßige Sechseckanlage mit vier Türmen und vier Meter dicken Mauern 1537 – 1545 als Schloss und Festung bauen. Zu den Hauptattraktionen gehört der **Große Reichssaal**

Schilfhalme und der Morgendunst nehmen Schloss Gripsholm viel von seiner Wuchtigkeit.

MÄLARSEE ERLEBEN

ESKILSTUNA TURISTBYRÅ
Fristadstorget 1, 63220 Eskilstuna
Tel. 016 7 10 70 00
http://eskilstuna.nu

STRÄNGNÄS & MARIEFREDS TURISTBYRÅ
Kyrkogata 13, 64730 Mariefred
Tel. 0159 2 97 90
www.strangnas.se/turism

SIGTUNA TURISTBYRÅ
Stora Gatan 33, 19323 Sigtuna
Tel. 0859 48 06 50
destinationsigtuna.se

VÄSTERÅS TOURIST CENTER
Kopparbergsvägen 1
72213 Västerås
Tel. 021 39 01 00, visitvasteras.se

Eine sehr nostalgische Fahrt kann man mit dem historischen Dampfer »Mariefred«, Baujahr 1903, nach Stockholm und Schloss Gripsholm unternehmen. Wechselnde Fahrzeiten.
Tel. 08 6 69 88 50, mariefred.info

Der Sörmlandsleden, ein gut markierter Rundwanderweg von insgesamt rund 1000 km Länge, führt durch die ganze Provinz. Der Wanderweg ist in etwa 100 Etappen eingeteilt.
http://sl.test.holmerwd.se

TRÄDGÅRN **€€€**
Fast fühlt man sich in dem großen Atrium unter dem Glasdach wie im Freien. Die Küche serviert Klassiker, dazu gibt es eine gute Weinauswahl. Sollten Sie zufällig Großhändler sein: Freitags ab 15 Uhr wird ab 4 Personen das ziemlich alkohollastige »Grosshandlarlunch« angeboten.
Eskilstuna, Drottninggatan 4
Tel. 016 14 50 30
http://restaurangtradgarn.gastrogate.com

(Astraksaal) mit einer Kassettendecke von 1570 und zahlreichen Porträts. In einem der Türme ließ Theaterkönig Gustav III. 1782 ein **Schlosstheater** einrichten, das heute noch bespielbar ist. In der Geschichte des Landes spielte Schloss Gripsholm mehrmals eine Rolle – so auch 1809, als König Gustav IV. Adolf hier zur Abdankung gezwungen wurde. Karl XV. war der Letzte, der das mehrfach erweiterte Schloss bis 1864 bewohnte.
Mai – Sept. tgl. 10 – 16, April, Okt., Nov. Sa./So. 12 – 15 Uhr | Eintritt: 130 SEK | www.kungahuset.se

Wohin in Eskilstuna und Umgebung?

Metallverarbeitung im »schwedischen Solingen«

Eskilstuna

Eskilstuna bildet das Bindeglied zwischen dem Mälarsee und dem südwestlich gelegenen Hjälmaren-See. Die Anfänge der **Eisenindus-**

HORNUDDEN TRÄDGARD €€

Etwa 7 km nördlich von Strängnäs liegt ein kleines Paradies für Liebhaber guter Bio-Kost. Restaurant und Café gehören zu einem großen Hof. Hier werden nur Produkte aus eigenem Anbau oder von befreundeten Produzenten aus der Region verarbeitet. Entspanntes Genießen mit Blick von der Terrasse auf den See (nicht tgl. geöffnet).
Strängnäs, Aspö Hornudden 1
Tel. 0152 3 26 18
http://hornudden.net

TANT BRUNS KAFFESTUGA €

Die Kaffeestube von Tante Braun genießt einen ausgezeichneten Ruf. Das Gebäude ist aus dem 17 Jh., die Atmosphäre urig-gemütlich. Kaffee und selbst gemachtes Gebäck sind so gut, dass das Café zu den besten im Land gezählt wird.
Sigtuna, Laurentii Gränd 3
Tel. 08592 5 09 34
tantbrun-sigtuna.se

GÖRVÄLNS SLOTT €€€€

Die Lage an einer östlichen Bucht des Mälaren ist traumhaft, das Schloss ein Rausch. Haben Sie keine Angst vor kräftigen Farben und üppigem Dekor, schwedische Nüchternheit ist hier ein Fremdwort. Alles ist vom Feinsten: Einrichtung, Service, Restaurant. Dafür gab es zahlreiche Auszeichnungen, darunter 2014 als Schwedens bestes Boutiquehotel und 2016 als drittbestes Hotel in Schweden bei »Traveller's Choice«.
Järfälla
Görvälnsvägen
Tel. 08 12 00 02 00
www.gorvalnsslott.se

GRIPSHOLMS VÄRDSHUS & HOTEL €€–€€€

Der älteste Gasthof Schwedens, ursprünglich ein Kloster aus dem 15. Jh., ist heute ein wunderschönes Hotel mit Aussicht auf Schloss Gripsholm. Fühlen Sie sich wie »Inga Lindström«, denn nicht nur die Zimmer sind romantisch eingerichtet, im Städtchen wurden auch einige Folgen der TV-Serie gedreht.
Mariefred
Kyrkogatan 1
Tel. 0159 3 47 50
www.gripsholms-vardshus.se

---

trie reichen in dieser Gegend bis ins 16. Jh. zurück. Die Stadt wurde nach dem englischen Missionar Eskil benannt, der heiliggesprochen wurde.

Nordwestlich vom Zentrum gelangt man zum Freilichtmuseum **Rademacherschmiede,** einem Handwerks- und Kunstgewerbezentrum. Die Gold-, Silber- und Kupferschmieden sowie Kunstgewerbeläden befinden sich in historischen Gebäuden aus dem 17. Jahrhundert. Auf dem Gelände gibt es auch ein gemütliches Café.

Westlich außerhalb liegt der **Parken-Zoo,** eine Kombination von Parkanlage, Abenteuerland und Tiergarten.

Rademachersmedjorna: Rademachergatan 42–51 | ganzjährig geöffnet, Öffnungszeiten siehe Webseite | Eintritt frei | www.eskilstuna.se/rademachersmedjorna

Parken Zoo: Flackstavägen 13 | Mitte Mai–Aug. tgl. 10 – 17, Juli bis 19, Sept. Mo. – Sa. 10 – 17, Okt. nur Sa. 10 – 17 Uhr | Eintritt ab 250 SEK | www.parkenzoo.se

OBEN: Västerås ist mit über 1000 Jahren eine der ältesten schwedischen Siedlungen. Sie wurde im 12. Jh. zum Bischofssitz ernannt und erhielt Stadtstatus.

UNTEN: Der Anundshög, hier die beiden Schiffssetzungen, diente lange als Thingplatz.

Gutshof wie vor 100 Jahren

Julita

Südwestlich von Eskilstuna liegt am Öljaren-See der kleine Ort Julita. Das ausgedehnte **Gut Julita Gård** war einst ein Kloster und bildet heute mit Herrenhaus, französischem Park und landwirtschaftlichem Musterbetrieb ein gern besuchtes Ausflugsziel. Um den See führt ein Rundweg.

Julita Gård: Katrineholm | Juni – Aug. tgl. 10 – 17, Mai, Sept. Sa., So. 10 – 16 Uhr | Eintritt 120 SEK | www.nordiskamuseet.se

Wohin in Västerås und Umgebung?

Geschichtsträchtige Modestadt

Västerås

Im Mittelalter war Västerås eine der bedeutendsten Städte des Landes. Von den elf Reichstagen, die in Västerås abgehalten wurden, hatte der von 1527 die größte Bedeutung, weil damals unter Gustav Wasa die **Einführung der Reformation** beschlossen wurde. Heute leben hier rund 150 000 Menschen. Die Stadt ist ein wichtiger Industriestandort, doch ein Label mit zwei Initialen hat sie weltweit bekannt gemacht: **H & M!** Zudem bietet sie Gelegenheit, die regionale Spezialität »Västeråsgurkor« einzukaufen, Salzgurken in Dill.

Nördlich vom Marktplatz (Stortorg) erhebt sich der **Dom,** der 1271 geweiht und später mehrmals umgebaut wurde. 1694 fügte Nicodemus Tessin d. J. den 103 m hohen Turm an. Sehenswert ist der teilweise in Gold gefasste gotische Schnitzaltar. Links vor der Hauptfassade steht ein mächtiges Bronzedenkmal von Carl Milles (1923) für Johannes Rudbeckius, der 1619 – 1646 Bischof von Västerås war.

In der Karlsgatan im Osten der Innenstadt sind in einem mächtigen alten Industriegebäude gemeinsam das **Kunst- und das Provinzmuseum** untergebracht. Hier wird über die Geschichte der Region informiert, es ist überwiegend schwedische Kunst aus dem letzten Jahrhundert zu sehen.

Västerås Konstmuseum & Västmanslands Läns Museum: Karlsgatan 2 | Mitte Juni – Mitte Aug. Mo. – Fr. 10 – 16, Sa., So. 12 – 16, sonst Di. – Fr. 10 – 17, Mi. bis 20, Sa., So. 12 – 16 Uhr | Eintritt frei | www.karlsgatan2.se

Bestattungsplatz der Wikinger

Anundshög

Anundshög liegt 6 km nordöstlich außerhalb des Zentrums. Die Grabhügel und schiffsförmigen **Steinsetzungen** aus der Wikingerzeit entstanden zwischen 500 und 1050 n. Chr. und gehören zu den umfassendsten Anlagen dieser Art in Schweden.

Mit einem verwunschenen Park

Tidö Slott

Rund 15 km südwestlich von Västerås steht an einer kleinen Bucht des Mälarsees **Schloss Tidö,** eines der am besten erhaltenen schwedischen Schlösser aus der Übergangszeit zwischen Renaissance und Barock. Die Schlosskapelle und einige Schauräume können im Sommer besichtigt werden.

April, Mai Sa., So. 11 - 17, Juni - Aug. Di. - So. 11 - 17, Sept. Fr. - So. 12 - 17 Uhr | Eintritt 90 SEK | tidoslott.se

Wohin in Enköping?

Paradies für Gartenliebhaber

Enköping

Wegen der Landhebung hat Enköping am Nordufer des Mälarsees seinen Hafen verloren, was den Handel mit Eisenerz zum Erliegen brachte. Stattdessen bekam die Stadt den Auftrag, das **Königshaus mit Gemüse** zu versorgen. Auch Tabak und vor allem Meerrettich wurden angebaut. Heute ist Enköping durch seine Parks eine grüne Stadt, Besucher lockt man vor allem im Frühjahr durch blühende Gärten an.

Wohin in Sigtuna und Umgebung?

Städtchen mit Geschichte und viel Charme

Sigtuna

Sigtuna liegt am Sigtunafjärden, einer nördlichen Verzweigung des Mälarsees. Im Sommer ist die Stadt ein beliebtes Ziel der Ausflugsboote, die in Stockholm oder Uppsala ablegen und dem Ort jede Menge Tagesausflügler bescheren. Der Ortskern ist Fußgängerzone, und so kann man sehr gemütlich an den schmucken Holzhäusern vorbeibummeln, in denen viele Geschäfte untergebracht sind. Sehenswert ist **das angeblich kleinste Rathaus Schwedens** von 1744.

Dort, wo vor 1000 Jahren der Königshof von Erik Segersäll stand, befindet sich heute das **Sigtuna-Museum.** Hier werden Funde aus der Wikingerzeit und dem frühen Mittelalter gezeigt.

Am Altstadtrand steht die kleine **Marienkirche** aus dem 13. Jh., ein gotischer Backsteinbau, in dessen Innerem ornamentale Malereien aus der Erbauungszeit zu sehen sind.

Rådhuset: Stora Torget 4D | Juni - Aug. 12 - 16 Uhr | Eintritt frei | www.sigtunamuseum.se

Sigtuna Museum: Stora Gatan 55 | tgl. 12 - 16 Uhr, Sept. - Mai Mo. geschl. | Eintritt 100 SEK, Okt. - April frei | sigtunamuseum.se

Klotzen, nicht kleckern

★ Skokloster Slott

Schloss Skokloster ist ein weithin sichtbarer weißer Vierflügelbau mit laternengekrönten Ecktürmen. Ursprünglich war es ein 1244 gegründeter Zisterzienserkonvent, der jedoch 1574 bis auf die Kirche abgerissen wurde. Das zugehörige Gut erhielt der Feldmarschall Hermann von Wrangel. Sein Sohn Carl Gustav, der spätere Reichsadmiral und Reichsmarschall von Schweden, ließ sich dort Mitte des 17. Jh.s das

Schloss als **Residenz** bauen. Der Baumeister des im Barockstil errichteten Gebäudes war zunächst Jean de la Vallée, später löste ihn Nicodemus Tessin d. Ä. ab. Die Räume sind reich ausgestattet und per Führung zugänglich. Neben sehenswerten Stuckarbeiten und Gemälden sind auch die Gemälde- und die Waffensammlung sehr eindrucksvoll.
Håbo | Juni – Aug. tgl. 11 – 17, Mai, Sept. Sa., So. 11 – 16 Uhr | Eintritt frei | www.skoklostersslott.se

★★ MALMÖ

Lage: Skåne (Schonen) | **Einwohnerzahl:** 342 000
Höhe: Meereshöhe

R 13/14

Malmö, die drittgrößte Stadt Schwedens, lockt mit einer gemütlichen, von Kanälen durchzogenen Altstadt sowie vielen netten Restaurants und Straßencafés. Kulturfreunde finden in der Festung Malmöhus einige Museen, und wer noch mehr Großstadtluft schnuppern will, ist via Öresundbrücke oder mit dem Schnellboot in nur einer halben Stunde in Dänemarks Hauptstadt Kopenhagen. Für Stadturlauber auch nicht uninteressant: Malmös langer Sandstrand.

Boomtown am Öresund

Besuchern präsentiert sich Malmö höchst unterschiedlich: Wenig attraktiv sind die als Folge von Abriss und Wiederaufbau in den 1960er- und 1970er-Jahren entstandenen Stadtteile. Ganz anders das Bild der Altstadt innerhalb des ringförmigen Kanals zwischen der Festung Malmöhus und dem Stortorget, wo viele alte Prachtbauten erhalten geblieben sind. Das Malmö der Zukunft kann man sich bei einem Spaziergang durch das moderne Trendviertel Västra Hamnen anschauen. Seit Eröffnung der Brücke über den Öresund ist Malmö mit der dänischen Hauptstadt Kopenhagen zu einem wirtschaftlichen Ballungsraum zusammengewachsen. 2011 wurde Malmö vom World Wide Fund For Nature (WWF) für die nachhaltig angelegte Stadtentwicklung zum Klimaschutz als »Earth Hour Capital 2011« ausgezeichnet.

Wohin in Malmö?

Per Pedes unterwegs

Stortorget

Die meisten Sehenswürdigkeiten sind gut zu Fuß erreichbar. Sie liegen innerhalb des Ringkanals, der die Altstadt umschließt. Ihr Zentrum bildet der Stortorget mit einem 1896 gegossenen Reiterstand-

TECHNISCHES MEISTERWERK

Seit am 1. Juli 2000 die Öresundbrücke nach sieben Jahren Bauzeit eröffnet wurde, kann man mit dem Auto in knapp zehn Minuten von Dänemark nach Schweden fahren, statt die Fähre zu nehmen. Blickfang des imposanten Bauwerks sind die beiden 2 km weit sichtbaren Pylone.

❶ Tunnel und Insel Peberholm
Die 16 km lange Querung des Öresunds beginnt auf der dänischen Seite mit der Fahrt durch einen 4 km langen Unterwassertunnel. Darüber liegt die Einflugschneise des Kopenhagener Flughafens. Ans Licht kommt der Tunnel auf der künstlich angelegten Insel Peberholm (Pfefferinsel), wo die Auffahrt auf die 7845 m lange Brücke beginnt.

❷ Zufahrtsbrücken
Im Westen und im Osten führen zwei 3 bzw. 3,7 km lange Zufahrtsbrücken auf die Hochseilbrücke.

❸ Hochseilbrücke
Kernstück der Öresundquerung ist die 1092 m lange Hochseilbrücke. Ihre beiden gigantischen, H-förmigen Pylone aus Stahlbeton, die mit Kletterschalungen betoniert wurden, erheben sich 206 m über den Sund. Aufgrund ihrer Spannweite von 490 m handelt es sich hier um die längste Schrägseilbrücke der Welt mit Auto- und Schienentrasse.

❹ Fahrbahn
Dem Autoverkehr stehen vier Fahr- und zwei Standstreifen zur Verfügung. Rund 20 000 Fahrzeuge rollen täglich über die 1 Mrd. teure Brücke, deren Baukosten über Mauteinnahmen refinanziert werden sollen.

❺ Schienentrasse
Auf dem ca. 8 m tiefer liegenden Unterdeck rollt der Schienenverkehr.

GOLDEN GATE BRIDGE
San Francisco, 1937, 37 Mio. US$

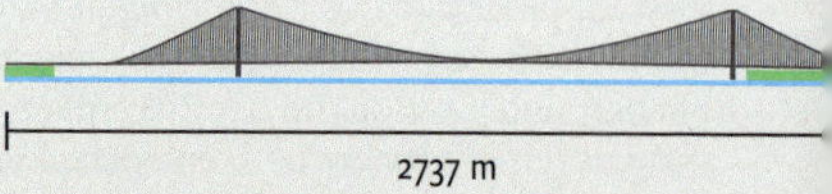

VERRAZANO NARROWS BRIDGE
New York, 1964, 320 Mio. US$

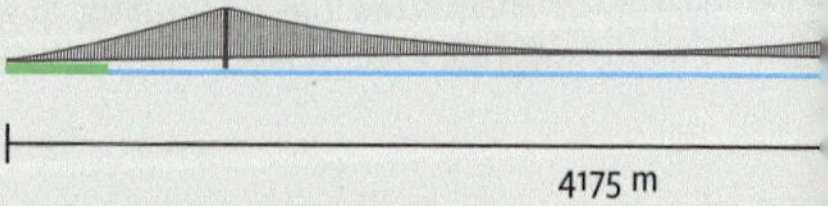

ÖRESUNDBRÜCKE
Kopenhagen – Malmö, 2000, 1 Mrd. €

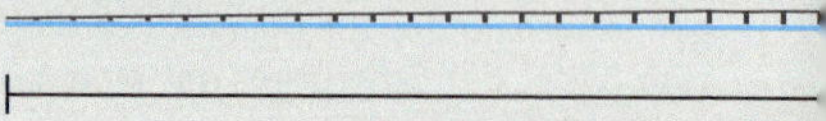

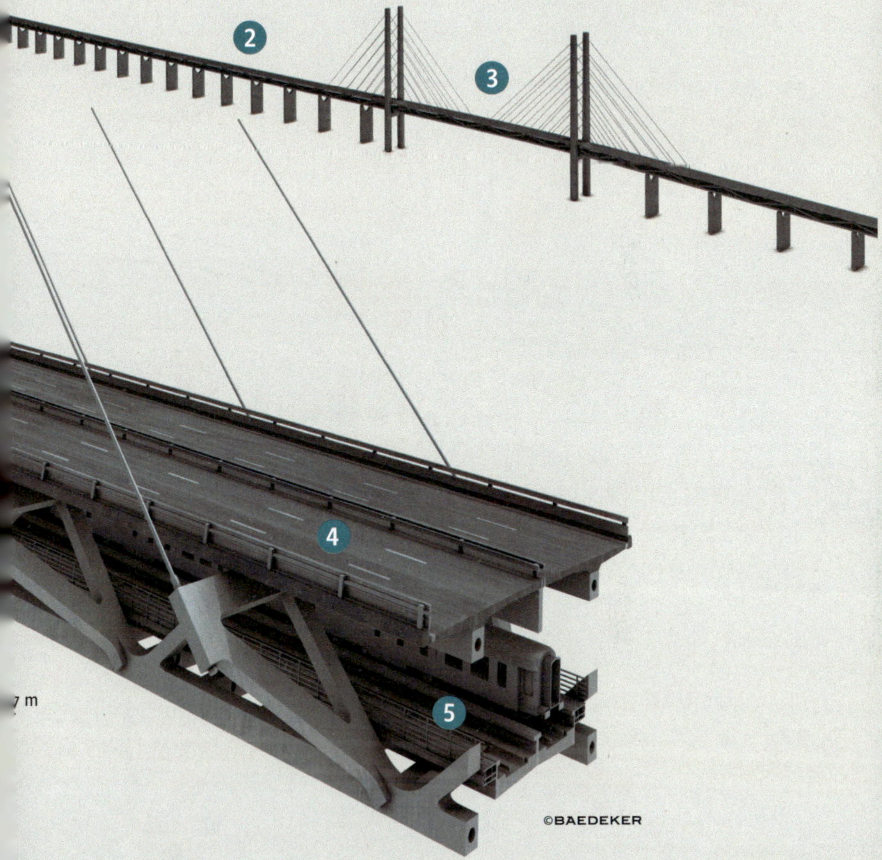
2
3
4
5
©BAEDEKER

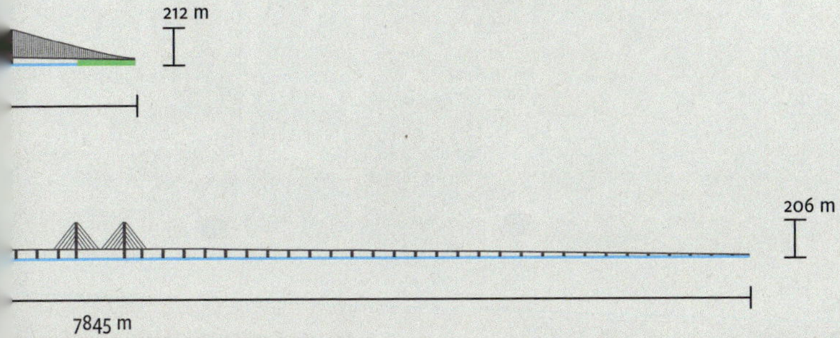
212 m
206 m
7845 m

Essen und Trinken

1. Årstiderna i Kockska huset
2. Bloom in the Park
3. Gustavino
4. Malmö Chokladfabrik
5. Smak

Übernachten

1. Mayfair Hotel Tunneln
2. Radisson Blu Hotel
3. Scandic Hotel Kramer

MALMÖ ERLEBEN

MALMÖ TURISTBYRÅ
Skeppsbron 2, Börshuset
21120 Malmö
Tel. 040 34 12 00
www.malmotown.com

ÖRESUND-TICKET
Wer Lust auf einen Abstecher in die dänische Hauptstadt Kopenhagen hat, nimmt am besten den Zug: Der braucht vom Hauptbahnhof Malmö nur 35 Minuten, und mit dem Öresund-Rund-Ticket kann man für 299 SEK (bis 15 J. 149 SEK) zwei Tage lang mit Bussen und Bahn die gesamte Öresundregion erkunden.
Skånetrafiken, Tel. 0771 77 77 77
www.skanetrafiken.se

KANALRUNDFAHRT
Gegenüber vom Hauptbahnhof legt von April bis Sept. mehrmals täglich das Ausflugsboot Rundan zu einer schönen Tour durch Kanäle und Schlosspark ab.
www.stromma.se

Höhepunkt im Kulturkalender ist das jährliche Malmöfestival Mitte August mit kostenlosen Konzerten, Theater weiteren Veranstaltungen sowie kulinarischen Spezialitäten. Mit 1,5 Millionen Besuchern ist es das größte Festival Südschwedens.
www.malmofestivalen.se

Wichtigste Einkaufsmeilen sind die Fußgängerzone Södergatan und angrenzende Straßen. Am Lilla Torg findet man im Form Design Center schwedisches Kunsthandwerk, größte Shopping Mall ist das Hansa Zentrum an der Stora Nygatan. Flohmarktfreunde treffen sich sonntags an der Södra Promenaden.

Malmö hat mehr als 600 Restaurants. Freiluftfans schlemmen in den Lokalen am Lilla Torg, exotische Genüsse gibt es rund um den Möllevångstorget.

❶ ÅRSTIDERNA I KOCKSKA HUSET €€€
Scholle Walewska oder Steinbutt in Champagnersauce? Im Keller (16. Jh.) servieren Marie und Wilhelm Pieplow schwedische Gabelhappen. Ambitionierte Hobbyköche buchen Kurse mit 3-Gänge-Menü (So. geschl.).
Frans Suellsgatan 3
Tel. 040 23 09 10,
www.arstiderna.se

❷ BLOOM IN THE PARK €€€
Wie wäre es vor dem Konzertbesuch im Pildammsparken mit einem Abendessen im Bloom, das ausschließlich lokale Erzeugnisse verwendet? Stardesigner Jonas Lindvall verwandelte das Edellokal in einen Iglu in Gold, Grau und Weiß.
Pildammsvägen 2, Tel. 04 07 93 63
www.bloominthepark.se

❸ GUSTAVINO €€
In der heimeligen Weinbar werden in italienisch-schwedischem Ambiente kleine Gerichte aus dem Lazio serviert. Hier stehen die Weine im Vordergrund – zur Auswahl gibt es 200 Tropfen! Durch große Rundbogenfenster schweift der Blick auf den Stortorget. Der Inhaber spricht dank seiner deutschen Mutter perfekt Deutsch (So., Mo. geschl.).
Kyrkogatan 3, Tel. 07 30 76 79 53
www.gustavino-malmo.se

4 MALMÖ CHOKLADFABRIK €€
Eine süße Verführung ist die Schokoladenfabrik. Seit 1888 stellt man hier Pralinen, Trüffel und andere Versuchungen her. Im Café kann man Kleinigkeiten essen (nicht nur Schokolade) und im kleinen Museum alles über Schokolade lernen (So. geschl.).
Möllevångsgatan 36
Tel. 040 45 95 05
www.malmochokladfabrik.se

5 SMAK €
»Smak« heißt Geschmack – und der Name ist Programm. Gekocht wird mit saisonalen Zutaten aus der Region. Kunstsinnige Genießer kommen sonntags zum Brunch.
Konsthall
St. Johannesgatan 7
Tel. 040 50 50 35
www.restaurangsmak.se

1 MAYFAIR HOTEL TUNNELN €€€–€€€€
Als das im 13. Jh. begonnene Gebäude noch der Wohnsitz des Gouverneurs von Malmö war, logierten hier Könige. Und im Gewölbekeller, in dem heute das Frühstück serviert wird, saßen auch schon die Pop-Könige George Harrison und Paul McCartney (70. Z.).
Adelgatan 4, Tel. 040 10 16 20
www.mayfairtunneln.com

2 RADISSON BLU HOTEL €€€
Wohnen mit Aussicht: Das sehr schöne alte Fachwerkgebäude mit modernem Glasanbau liegt in ruhiger Lage, nur wenige Gehminuten vom Stortorget entfernt. Die geräumigen, hellen Zimmer in den oberen Stockwerken bieten einen traumhaften Blick über die Dächer der Altstadt. Das Hotel liegt zentral und doch sehr ruhig.
Östergatan 10, 21125 Malmö
Tel. 04 06 98 40 00
www.radissonblu.com/en/hotel-malmo

3 SCANDIC HOTEL KRAMER €€€
Fünf Minuten vom Bahnhof entfernt, bietet der Bau (113 Z.) aus dem 19. Jh. großzügige Zimmer im nordischen Stil mit Blick auf den Stortorget. Wellnessbereich, mahagonigetäfelte Bar, schwedische Klassiker im Feinschmeckerrestaurant.
Stortorget 7, 20121 Malmö
Tel. 04 06 93 54 00
www.scandichotels.com

bild von Karl X. Gustav, der die Provinz Skåne 1658 mit Schweden vereinigte. An der Ostseite des weiten Stortorget, den zahlreiche stattliche Gebäude aus der Zeit um 1900 umgeben, steht das prachtvolle **Renaissance-Rathaus** von 1546, links über Eck die Residenz des Landeshauptmanns. Die Kyrkogata führt zur **Petri-Kirche.** Sie entstand im 14. Jh. als gotischer Backsteinbau nach dem Vorbild der Lübecker Marienkirche. Schmucklose Gewölbe überspannen das weiß verputzte Innere, Renaissance-Epitaphe zieren die Pfeiler. Der Kirchenschatz ruht in einer Panzerglasvitrine im Nebenschiff.

Das ganze Jahr Design

Lilla Torg

Schönster Platz ist der Lilla Torg mit seinen für Schweden so ungewöhnlichen farbigen Fachwerkhäusern aus dem 16. bis 18. Jh. – sie sind ein dänisches Erbe und machen den »Kleinen Platz« richtig heimelig. Im Sommer wird in zahlreichen Straßenlokalen geschlemmt, gelacht, geflirtet, im Winter drehen nicht nur die Einheimischen zu Pop und Rock Pirouetten auf dem Eis. Ein Torweg führt zum Speicher des Hedmanska Gården – hier präsentiert und verkauft seit 1964 das **Form Design Center** skandinavisches Design von 50 Firmen – Klassiker von Georg Jensen, Marimekko aus Finnland, Kosta Boda und Orrefors, aber auch Werke junge Designer.

Form Design Center: Lilla Torg 9 | Di. – Sa. 11 – 17, So. 12 – 16 Uhr | Eintritt frei | www.formdesigncenter.com

Stattlich und stolz

★★ Altstadt

Zu den schönsten **alten Bürgerhäusern** Malmös gehören das Flensburgska Hus von 1589 in der Södergatan 9 und das Jörgen Kocks Hus von 1525 sowie das Rosenvingeska Hus von 1534 in der Västergatan 2 bzw. 5. Das Tunnelns Hus in der Adelgatan 4 ist auf 1519 datiert, das Diedenska Hus in der Östergatan 6 auf 1620 und das Thottska Hus zwei Häuser weiter auf 1558. Szenegänger zieht es in die Gassen rund um den Gustav Adolfs Torg und nach **Möllevangen,** wo Malmös multikulturelles Herz schlägt.

Kunst und Musik

Museen und Opernhaus

Südlich vom Stortorget, in der Nähe vom Triangeln, stellt die Kunsthalle zeitgenössische Kunst aus. Nicht weit entfernt steht mit dem Malmö Oper & Musiktheater ein Meisterwerk des Funktionalismus. Das Museum für moderne Kunst, untergebracht im ehemaligen Gaswerk von Malmö, präsentiert eine umfangreiche Sammlung von Gegenwartskunst – und **Fotografie von 1840 bis heute.**

Malmö Konsthall: Sankt Johannesgatan 7 | tgl. 11 – 17, Mi. bis 21 Uhr | Eintritt frei | www.konsthall.malmo.se

Moderna Museet: Ola Billgrens Plats 2–4 | Di. – So. 11 – 18 Uhr | Eintritt frei | www.modernamuseet.se

7 Museen auf einen Streich

Schloss Malmöhus

Ein Wassergraben umgibt Schloss Malmöhus. Die vierflügelige Festungsanlage mit gedrungenen Ecktürmen wurde 1537–1542 erbaut und nach einem Brand 1870 erneuert. In der Festungsanlage sind **mehrere Museen** untergebracht: Naturmuseum, Kunstmuseum, Stadtmuseum, Militär- und Spielzeugmuseum sowie das Technik- und Seefahrtsmuseum.

Malmöhusvägen | tgl. 10 – 17 Uhr | Eintritt 40 SEK | http://www.malmo.se/museer

Trendviertel

Västra Hamnen

Nördlich von der Festung Malmöhus entsteht seit einigen Jahren auf ehemaligem Hafen-, Werft- und Industriegelände der **moderne Stadtteil** Västra Hamnen. Die Fertigstellung ist um das Jahr 2030 geplant, dann sollen hier 25 000 Menschen wohnen und ebenso viele arbeiten. Wahrzeichen des mehrfach preisgekrönten Prestigeobjektes (und zunehmend auch ganz Malmös) ist das weithin sichtbare Hochhaus **»Turning Torso«,** ein nach Plänen des spanischen Stararchitekten Santiago Calatrava erbautes Hochhaus, das vom Erdgeschoss bis zur Spitze um 90° verdreht ist – daher sein Name. Mit 190 m Höhe ist es das höchste Gebäude Schwedens. Västra Hamnen könnte mit seiner modernen Architektur, die auch öffentliche Plätze, Springbrunnen, Skulpturen, Freilichtbühnen, Fußgängerzonen, Parks und Sportanlagen beinhaltet, zu einem Trendsetter werden. Der Autoverkehr wurde auf ein Mindestmaß reduziert, Fahrradfahrer haben Vorfahrt. Zu dem hohen Freizeitwert des Quartiers trägt auch die kilometerlange Uferlinie mit Promenade und Badeplätzen bei.

Vom Stadtzentrum direkt zum Strand

Ribersborg

Schön wie die Copacabana soll der **citynahe Sandstrand in Ribersborg,** der sich an Västra Hamnen anschließt, sein – das behaupten jedenfalls die Einheimischen. Immerhin hat man sich in den 1920er-Jahren die Mühe gemacht, den Sand aus dem Öresund zu baggern und mit der Eisenbahn hierher zu schaffen. Ist es für den Strand zu kalt, besuchen Sie einfach das nostalgische »Kallbadhus« am Ende der Seebrücke, hier gibt es eine Sauna. Außerdem warten verschiedene Spa-Behandlungen sowie ein Restaurant und ein Café auf Sie.

Trelleborg und Umgebung

Wikinger unter Palmen

Trelleborg

Nach Trelleborg, der **südlichsten Stadt Schwedens,** bringen die Fährschiffe zwar viele Besucher, doch die fahren fast alle sofort weiter. Schade, denn die Stadt hat einige Museen und die **Reste einer Wikingerburg** zu bieten. Wegen der Palmen und exotischen Bäume auf der Strandgatan nennt sich Trelleborg auch **»Stadt der Palmen«.** Die müssen aber trotz des recht milden Klimas im Winter in ein beheiztes Quartier. Im 12. Jh. gegründet, hatte die Stadt ihre erste Blütezeit im Mittelalter dank der damals reichen Heringsgründe in der Ostsee. 1619 verlor sie zugunsten von Malmö die Stadtrechte, erhielt sie aber 1867 erneut. Heutzutage sind die **Fährverbindungen** nach Travemünde, Rostock und Sassnitz sowie ins polnische Šwinoujšcie ein bedeutender Wirtschaftsfaktor.

Das Zentrum der Altstadt bildet der Stortorget. An der nordöstlichen Ecke des Stadtparks steht der nüchterne Klinkerbau der **Kunsthalle,** ein Geschenk des Bildhauers Axel Emil Ebbe (1868–1941) an seine Heimatstadt. In den 1980er-Jahren wurden die Überreste einer 1000 Jahre alten Wikingerburg, der **Trelleborg** aus der Zeit Harald Blauzahns, entdeckt. Ursprünglich hatte die Befestigungsanlage einen

OBEN: Modernes Malmö: Über dem komplett umgemodelten Werftviertel steigt spektakulär der »Turning Torso« von Santiago Calatrava in die Höhe.

UNTEN: Wie es sich als Wikinger lebte, lernt man im Foteviken-Museum kennen.

RELIKTE DER WIKINGER

Während der Wikingerzeit (793 bis 1050) gingen von Schweden viele Raubzüge und Handelsexpeditionen bis zum Schwarzen und zum Kaspischen Meer aus, wo die Nordmänner Handelsverbindungen mit Byzanz und der arabischen Welt errichteten. Doch die meisten Wikinger waren keine brutalen Krieger, sondern lebten größtenteils als Bauern, Handwerker, Schiffsbauer oder Händler.

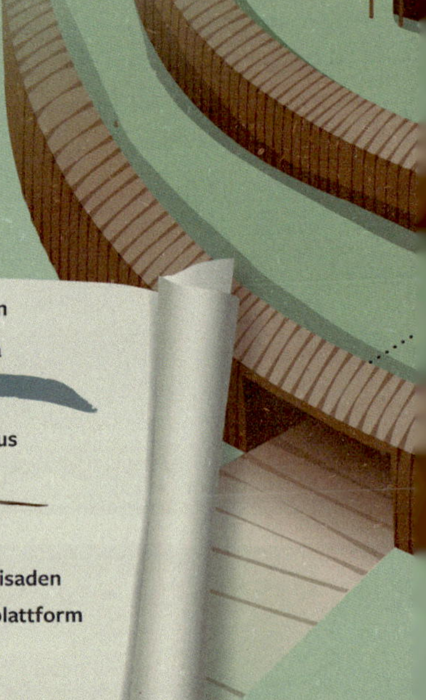

▶ **Die Wikingerburg in Trelleborg**
Die Trelleborg am Zusammenfluss von Vaarbyå und Tudeå war eine von einer Eichenstammpalisade umgebene Ringburg mit 140–143 m Durchmesser und hatte ursprünglich in alle vier Himmelsrichtungen ein Tor.

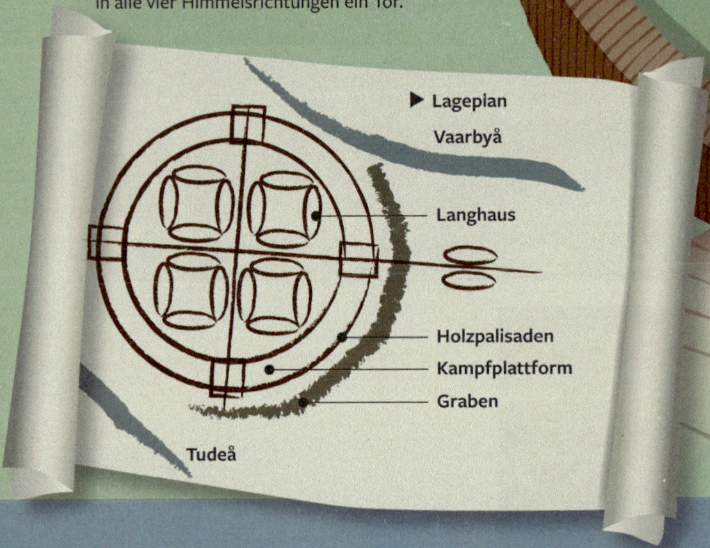

▶ **Schiffssetzungen**
Schiffssetzungen sind bootförmige Steinsetzungen an Grabstätten, die vor allem im Ostseeraum zu finden sind (allein 350 auf Gotland). Die größte erhaltene Schiffssetzung (67 m lang und mittig 19 m breit) ist Ales Stenar bei Kåseberga an der Südküste der Provinz Schonen. Gleich fünf Schiffe fand man am Anundshög in Västmanland, wobei die beiden längsten (54 und 51 m) aneinander gebaut sind.

Wikinger live erleben
Zum Beispiel im Historiska museet in Stockholm (www.historiska.se), oder im UNESCO-Weltkulturerbe Birka (Handelsplatz auf Björkö) und Hovgården (Königshof auf Adelsön). Ein ganzes Dorf gibt es im Freiluftmuseum Foteviken zu sehen.

www.fotevikens museum.se (In Englisch)

Wikinger
Die Bezeichnung »Wikinger« ist bis heute nicht eindeutig geklärt. Am wahrscheinlichsten ist die Abstammung vom nordischen »vikingr« = »Krieger auf See«.

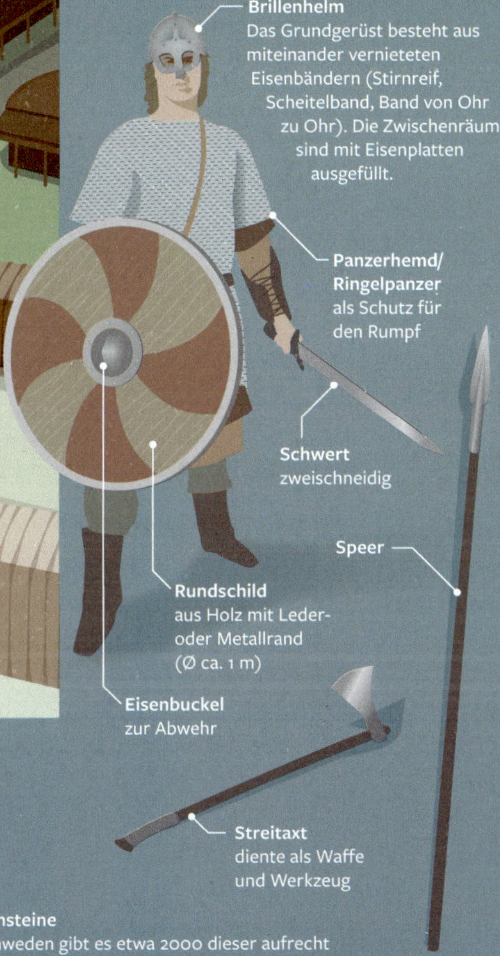

Brillenhelm
Das Grundgerüst besteht aus miteinander vernieteten Eisenbändern (Stirnreif, Scheitelband, Band von Ohr zu Ohr). Die Zwischenräume sind mit Eisenplatten ausgefüllt.

Panzerhemd/ Ringelpanzer
als Schutz für den Rumpf

Schwert
zweischneidig

Speer

Rundschild
aus Holz mit Leder- oder Metallrand (Ø ca. 1 m)

Eisenbuckel
zur Abwehr

Streitaxt
diente als Waffe und Werkzeug

Runensteine
In Schweden gibt es etwa 2000 dieser aufrecht stehenden, mit Runen versehenen Steine, die als Denkmal oder zum Gedenken an einen Verstorbenen aufgestellt wurden. Mit rund 750 Zeichen trägt der mehr als 3,80 m hohe Runenstein von Rök die längste bekannte Runenschrift.

Durchmesser von knapp 150 m. Gegenwärtig ist ein Viertel rekonstruiert (Bryggaregatan).
Wer mehr über das Leben der Wikinger erfahren möchte, sollte das **Fotevikens Museum** nördlich von Höllviken besuchen. Im Sommer wird das Dorf von »echten« Wikingern bevölkert.
Axel Ebbes konsthall: Hesekillegatan 1 | Ende Juni – Mitte Aug. tgl. 12 – 16 Uhr | Eintritt 40 SEK | www.trelleborg.se/museum
Trelleborg: Västra Vallgatan 6 | Mitte Juni – Aug. tgl. 10 – 17, Mai – Mitte Juni und Sept. Do. – Mo. 12 – 16, April und Okt. Sa., So. 12 – 16 Uhr | Eintritt: 40 SEK | www.trelleborg.se/trelleborgen
Foteviken: Mitte Juni – Aug. tgl. 10 – 16, Mai – Mitte Juni und Sept. Mo. – Fr. 10 – 16 Uhr | Eintritt: 110 SEK | www.foteviken.se

NORRKÖPING

O 17

Landschaft: Östergötland | **Provinz:** Östergötland Län
Einwohnerzahl: 143 900 | **Höhe:** Meereshöhe

Der Motala Ström, der mitten durch die Stadt fließt, lieferte früher die Energie für die Textilfabriken. So wurde im 19. Jh. aus Norrköping das »Manchester Schwedens«. Zwar ist die Textilindustrie längst in Billiglohnländer abgewandert, doch die Fabriken existieren noch und werden heute von Unternehmen, der Universität und von Museen genutzt. Das industrielle Erbe der Stadt ist noch allgegenwärtig.

Hafenstadt mit Industrieerbe

Über 400 Jahre war die Textilindustrie der wichtigste Wirtschaftszweig der Stadt, doch in den 1960er-Jahren mussten die meisten Fabriken wegen der billigeren Produktionsmöglichkeiten im Ausland schließen. Die Hafenstadt liegt an der Mündung des Motala Ström in die Ostseebucht Bråviken, die sich 50 km weit ins Binnenland vorschiebt und die natürliche Grenze zwischen der Waldlandschaft im Norden und dem fruchtbaren Land im Süden bildet. Auf seinem Weg durch die Stadt bildet der von den Einheimischen nur »Strömmen« genannte Fluss einige sehenswerte Wasserfälle.

Wohin in Norrköping und Umgebung?

Mein kleiner grüner Kaktus

Innenstadt

Südlich vom Bahnhof liegt der **Karl Johans Park,** in dem jedes Jahr im Juni ein neues, kunstvolles Kakteenmotiv aus rund 25 000 dieser

NORRKÖPING ERLEBEN

NORRKÖPING TURISTCENTER
Källvindsgatan 1
60240 Norrköping
Tel. 011 15 50 00
www.upplev.norrkoping.se

KOPPARHAMMAREN €€
Das Kopparhammaren kann seine Geschichte als Industriegebäude nicht leugnen – das gibt einen ganz eigenen Charme. Serviert wird schwedische Küche. Freitag und Samstag wandelt sich das Restaurant ab 22 Uhr zum angesagten Nachtklub (So., Mo. geschl.).
Korsgatan 3
Tel. 011 4 74 20 20
www.kopparhammaren.se

MAURITZBERG SLOTTS RESTAURANT €€€
Wenn Sie die Atmosphäre eines Schlosses schätzen, das bereits Kulisse für die romantische TV-Serie »Inga Lindstöm« war, und dazu ausgezeichnete Küche in schwedischer Tradition genießen wollen, buchen Sie in dem wunderbar am Meeresarm Bråviken gelegenen Herrenhaus aus dem 16. Jh. einen Tisch. Überzählige Kalorien können Sie anschließend auf dem Golfplatz loswerden.
Vikbolandet
Mauritzbergsvägen 5
Tel. 0125 5 01 00
www.mauritzberg.se

THE LAMP €€–€€€
Als Erstes fällt natürlich diese riesige Lampe auf, ein Gigant unter den Lampen. Dass in dem schicken Designrestaurant auch das Essen groß ist, ist eigentlich selbstverständlich. Gekocht wird schwedisch mit internationalem Touch (So. geschl.). Wenn Sie modernes Design lieben, können Sie in ebenso schicken Zimmern im Hotel übernachten.
Hospitalsgatan 5
Tel. 011 12 20 10
www.thelamphotel.se

ELITE GRAND HOTEL €€–€€€
Sehr eindrucksvoll thront das Hotel in zentraler Lage am Ufer des Motala. Die Zimmer sind stilvoll eingerichtet, vom Frühstücksraum bietet sich der beste Blick auf den Fluss.
Tyska Torget 2
Tel. 011 36 41 00
www.elite.se

stachligen Pflanzen entsteht. Jenseits des Motala Ström befindet sich der **Deutsche Platz** (Tyska Torg) mit der Hedwigskirche, die im 17. Jh. für den deutschen Teil der Bevölkerung erbaut wurde. An der Südseite des Platzes steht das Rathaus (1907–1910). Sein Glockenspiel erklingt täglich um 12 und 17 Uhr.

Kunst und Arbeit

Das **Museum der Arbeit** ist in einer alten Baumwollfabrik eingerichtet und beleuchtet in wechselnden Ausstellungen die Welt der Arbeiter und Arbeiterinnen in der Zeit der frühen Industrialisierung. Museen

Am südlichen Ende der Drottninggatan gelangt man zum **Kunstmuseum** mit schwedischer Malerei und Plastik sowie einem Skulpturengarten. Die Sammlung schwedischer Kunst des 20. Jh.s gilt als eine der besten des Landes.
In Norrköpings **Stadtmuseum,** das sich westlich vom Zentrum am Motala Ström auf mehrere Gebäude verteilt, lebt die große Zeit der örtlichen Textilindustrie wieder auf.
Arbetetsmuseum: Laxholmen | Mo. - Fr. 9 - 17, Sa., So. 11 - 17 Uhr | Eintritt frei | www.arbetetsmuseum.se
Konstmuseum: Kristinaplatsen | Juni - Aug. Di. - So. 12 - 16, Mi. bis 20, sonst Di. - So. 11 - 17, Mi. bis 20 Uhr | Eintritt frei | www.norrkopingskonstmuseum.se
Stadsmuseum: Holmbogränd | Juni - Aug. Di. - Fr. 11 - 17, Sa., So. 11 - 16, sonst zusätzlich Do. bis 20 Uhr | Eintritt frei | www.norrkopingsstadsmuseum.se

Größter Zoo Nordeuropas

Kolmårdens Djurpark

Im nordöstlich von Norrköping am Bråviken gelegenen Hafenort Kolmården machen Tiger den Elchen Konkurrenz: Im Kolmårdens Djurpark gibt es ein **Elefanten- und Raubtierhaus,** ein Delfinarium und eine Tropenschau.
Mai - Aug. tgl. geöffnet, genaue Öffnungszeiten und Eintrittspreise siehe Webseite | www.kolmarden.com

An den Bildern im Gewölbe der Risinge Gamla Kyrka kann man seine Bibelfestigkeit überprüfen: Wer erkennt die Szenen?

Kleinod unter den schwedischen Landkirchen

Marienkirche Risinge

Den kleinen, nordwestlich gelegenen Ort Risinge erreicht man von Norrköping auf der Straße Nr. 51. Hier steht die in der zweiten Hälfte des 12. Jh. erbaute Marienkirche (Sankta Mariasväg 3), deren **Kalkmalereien aus dem frühen 15. Jh.** zu den interessantesten ihrer Art in Schweden zählen.

Hübsche Altstadt mit Kanalhafen

Söderköping

Die 17 km südöstlich von Norrköping am Göta-Kanal gelegene Stadt Söderköping wurde im 13. Jh. als Lübecker Handelskolonie gegründet und war im Mittelalter einer der wichtigsten schwedischen Handelsplätze. Wegen der **schönen alten Häuser und engen Gassen** ist das Drothemsviertel in der Nähe des Rathausplatzes mit der gleichnamigen Kirche sehenswert, ebenso das Schulhaus. In der Nähe des Ramunderbergs fließt der Göta-Kanal durch Söderköping. Im Sommer zählen der Kanalhafen und die Schleuse mitten in der Stadt wegen ihrer Cafés, Restaurants und Handwerksläden zu den beliebtesten Treffpunkten. Liebhabern der Verfilmungen von Astrid-Lindgren-Büchern kommen einige Ecken sicherlich bekannt vor, denn hier sind **Teile der »Madita«-Filme** gedreht worden.

Inselerlebnisse

Schären

Zwischen Arkösund im Norden und Gryt im Süden liegt vor der Küste ein relativ kleiner, aber schöner Schärengarten. Von Söderköping führt die Straße Nr. 210 nach Sankt Anna und weiter nach Tyrislöt, wo sich eine Schärenlandschaft wie aus dem Bilderbuch öffnet. An etlichen Stellen kann man hier baden, Boot fahren und angeln. Zahlreiche **Bootsverbindungen erschließen die Inselwelt,** Infos zu Fahrplänen gibt es in den Touristenbüros von Norrköping, Söderkö

★ ÖLAND

Landschaft: Öland | **Provinz:** Kalmar Län | **Einwohnerzahl:** 26 000

P7Q
17/18

Nur der schmale Kalmarsund trennt die zweitgrößte Insel Schwedens vom Festland. Bei den Schweden, einschließlich der Königsfamilie, ist Öland ein beliebtes Urlaubsziel wegen der vielen Strände und der Sonne, die hier häufiger scheint als anderswo. Wahrzeichen der Insel sind die Windmühlen.

Fast immer streicht ein Seewind über die Insel, deshalb spannte man in der Vergangenheit die Gratis-Windkraft zum Antrieb von Wind-

ÖLAND ERLEBEN

ÖLANDS TURIST CENTER
Storgatan 1, 38731 Borgholm
Tel. 0485 8 90 00, www.oland.se

TRÄFFPUNKT ÖLAND 102
am Brückenkopf Färjestaden
38633 Färjestaden
Tel. 0485 8 90 00, www.oland.se

WALPURGISFEUER
Ende April flammen an der Schlossruine Borgholm die Walpurgisfeuer auf.

GEBURTSTAGSFEIER VON KRONPRINZESSIN VICTORIA
Jährlich am 14. Juli. Feierliches Ereignis und Volksfest für die ganze Familie mit einem großen Künstleraufgebot in der Sportarena Borgholm.

Die schönsten Sandstrände, an denen man freilich selten allein ist, sind in der Böda-Bucht zu finden. Öland ist ein Paradies für Radfahrer, Räder vermieten u. a. die Campingplätze. Weitere Adressen über die Touristeninformation Borgholm (s. o.).

LAMMET & GRISEN €€–€€€
Der Name ist Programm, denn köstliche Lamm- und Schweinefleischgerichte kommen hier auf den Tisch. Außerdem ist die Dachterrasse der schönste Platz, um sich den Sonnenuntergang anzusehen.
Löttorp, Hornvägen 35
Tel. 0485 2 03 50, www.lammet.nu

EKSGÅRDEN €€–€€€
Stall und Scheune waren das früher, heute ist in dem wunderschön umgebauten Haus ein Restaurant untergebracht, das schwedische Küche in bester Bio-Qualität aus Zutaten der Region serviert – so gut, dass es vom »White Guide« empfohlen wird. In der Hochsaison täglich geöffnet.
Färjestaden, Eksgården Gårdby 149
Tel. 0485 3 34 50
eksgarden.com

KACKELSTUGAN €–€€
Vor allem Hähnchengerichte nach Rezepten aus aller Welt (aber mit einheimischem Geflügel) werden hier serviert. Außerdem produziert die hauseigene Brauerei verschiedene Biere von Pale Ale bis Pils.
Borgholm, Västra Sörbys bygata 16
Tel. 0485 56 02 36
kackelstugan.com

GALLERI BLÅ PORTEN €
Reizvoll an dem hübschen Haus mit der blauen Tür sind vor allem die Galerie, in der ganz unterschiedliche schwedische Künstler ausstellen, und die schöne Aussicht. Zum Kunstgenuss kommt im Sommer der Genuss schwedischer Küche oder einer Pizza.
Alby, Tel. 0485 4 50 51
www.blaporten.se

GUNTORPS HERRGÅRD €€–€€€
Alter öländischer Herrenhof mit schönen Gästezimmern. Erstklassiges Restaurant mit typisch schwedischem Smörgåsbord und vielen lokalen Spezialitäten wie Elchsalami, geräuchertem Aal, Leberpudding und dem typischen eingelegten Hering.
Borgholm, Guntorpsgatan
Tel. 0485 1 30 00
www.guntorpsherrgard.se

Insel der Sonne und der Winde

mühlen ein. Einst standen auf Öland rund 2000 davon, 400 Windmühlen sind noch erhalten. Sie sind das Charakteristikum der Insel und stehen unter Denkmalschutz. Kulturinteressierte finden hier außerdem mittelalterliche Kirchen und vorgeschichtliche Befestigungsanlagen.

Im Gegensatz zum mittleren und nördlichen Schweden, wo Granit vorherrscht, bildet Öland ein nahezu ebenes, leicht nach Osten geneigtes Kalkplateau, dessen Westrand eine scharf abfallende Kante bildet. Die Ostküste hingegen flacht sanft ab und ist von Dünen und Flugsand bedeckt. Nur ein relativ schmaler Streifen am Fuß der westlichen Plateauränder ist landwirtschaftlich nutzbar.

Im Süden der Insel erstreckt sich die **Stora Alvaret,** eine verkarstete, von niedrigen Steinmauern unterteilte Steppenheide. Die meiste Zeit des Jahres scheint sie nichts als eine eintönige Schafweide zu sein. Doch im Frühjahr verwandelt sich die Landschaft in einen **bunten Blütenteppich** aus gelben Sonnenröschen, duftendem Klee und blauen Kugelblumen, gefolgt von seltenen Orchideen. Im Herbst hingegen rasten hier die Kraniche in großer Zahl – ein unvergesslicher Anblick. Die Mitte Ölands, zwischen Borgholm und Färjestaden, ist in Küstennähe von Laub- und Nadelwald geprägt, während das Inselinnere von **Haselbüschen und Waldwiesen** bedeckt ist. Der Norden schließlich geht in eine Felsküste über, während im Osten Landzungen mit flachen Buchten voller Dünen abwechseln.

Südlich von Färjestaden

Über den Kalmarsund

Ölandbrücke

Von Kalmar kommend, überquert man die engste Stelle des Kalmarsunds auf der Ölandbrücke. Sie zählt mit 6070 m zu den längsten Brücken Europas und konfrontiert die Fahrer mit oft **heftigem Seitenwind.** Dafür bietet sich für alle Mitfahrenden ein schöner Rückblick auf Kalmar.

Am Tor nach Öland

Färjestaden

Direkt beim östlichen Brückenkopf liegt der Hafenort Färjestaden; im **Träffpunkt Öland** gibt es ein Informationszentrum mit »Historium«, einer Ausstellung zur Geschichte Ölands.

Der nahe gelegene **Ölands Djurpark,** ein Freizeitzentrum, lockt mit Zoo, Dinosaurierpark, Schwimmbad und Märchenland. Für die Fahrt nach Süden empfiehlt es sich, nicht die im Inselinnern verlaufende Straße Nr. 136 zu benutzen, sondern die sehr viel interessantere **Landstraße in Ufernähe.**

Ölands Djur- och Nöjespark: Färjestaden, Djurparksvägen 1 | Mitte Juni – Mitte Aug. tgl. 11 – 16/17 Uhr | Eintritt 150 SEK | www.olandsdjurpark.com

Der Stein des Weisen

Karlevistenen

Nach rund 4 km erreicht man den Karlevistenen. Dieser **älteste Runenstein der Insel** trägt eine ausführliche Inschrift, die besagt, dass der Stein von Sibbe dem Weisen, einem dänischen Seekönig, am Ende des Jahres 1000 gesetzt wurde.

Per Schiff ins Reich der Toten

Mysinge Hög & Gettlinge

Rund 3 km östlich von Mörbylånga ragt der **bronzezeitliche Grabhügel** Mysinge Hög auf, von dessen Höhe man einen herrlichen Blick über die Weite der Stora Alvaret hat. In der Umgebung sind sehenswerte Kammergräber aus der jüngeren Steinzeit erhalten.
Von Mysinge folgt man weiter der Straße Nr. 136 in südlicher Richtung, wo bald das Gräberfeld von Gettlinge mit mehr als **200 Gräbern aus der Eisenzeit** folgt. Es ist damit eines der größten der Insel. Im nördlichen Teil des rund 2 km langen Felds sind Steinsetzungen in Schiffsform und etliche Monolithen zu sehen.

Öland zu Füßen

Långe Jan

Von Ottenby führt eine Stichstraße durch das **Naturreservat** bis zur Südspitze von Öland, wo der Långe Jan steht, mit 42 m der höchste Leuchtturm Schwedens. Von ihm aus hat man eine herrliche Sicht. Am Fuß des Leuchtturms wartet das Naturum mit einem kleinen Vogelmuseum und einer Vogelstation.

Ottenby Naturum: Ende Juni – Mitte Aug. tgl. 10 – 18, sonst 11 – 16/17 Uhr | geführte Touren zur Vogelbeobachtung von Frühling bis Herbst | Tel. 0485 66 12 00 | www.birdlife.se

Einst gab es rund 2000 Windmühlen auf Öland, heute sind es immerhin noch rund 400, darunter diese bei Gärdslösa.

Alltag in Eisenzeit und Mittelalter
Von Ottenby folgt man nun der nahe der Ostküste nach Norden verlaufenden Landstraße. Nördlich von Össby liegt die Eketorpsborg, ein **rekonstruiertes Wehrdorf** aus der Eisenzeit (ca. 300 bis 1200 n. Chr.). Wer sich ein eindrückliches Bild der Zeit verschaffen möchte, als man die Häuser noch mit Kuhdung isolierte, ist hier richtig. Im Sommer wird vorgeführt, wie Handwerker in der Eisenzeit und im Mittelalter arbeiteten. Wer will, kann mitmachen oder original eisenzeitliche Suppe kosten.

★ Eketorp

Eketorps borg: Mitte Juni – Mitte Aug. tgl. 10.30 – 18, Mitte Aug. – Anf. Sept. Mi. – So. 11 – 17 Uhr | Eintritt 120 SEK | www.oland.se

Nördlich von Färjestaden

Zeitreise im Freilichtmuseum
Entweder man setzt die oben beschriebene Rundfahrt von Eketorp aus fort oder fährt von Färjestaden aus direkt an die Westküste nach Norra Möckleby. Je weiter man der Küstenstraße nach Norden folgt, desto mehr wird die Landschaft von Kiefernwäldern und Wacholderheiden geprägt. Bei Länglöt zweigt eine Nebenstraße ab, die nach Himmelsberga führt: Herrenhaus und vier stattliche Bauernhöfe aus dem 18./19. Jh. bilden heute ein **Freilichtmuseum.** Im Museumsshop kann man Kunsthandwerk erstehen.

Himmelsberga

Borgholm, Himmelsberga Bygata | Juni – Aug. tgl. 11 – 17, Mai, Sept. Sa., So. 11 – 17 Uhr | Eintritt 80 SEK | www.olandsmuseum.com

Zwei Kirchen, viele Mühlen
In Gärdslösa steht die besterhaltene mittelalterliche Kirche der Insel, ein romanischer Bau aus dem 12. Jh. mit gotischem Chor. Seine Wände sind mit Malereien nach alttestamentlichen Motiven geschmückt. Etwas weiter trifft man direkt an der Straße auf mehrere **Windmühlen.** Es sind typisch öländische, kleine **Bockwindmühlen,** die auf einem dicken Eichenstamm ruhen und mit einem langen Hebel in den Wind gedreht werden müssen.

Gärdslösa

Vom Meer geschaffen
Bei Byrum an der Westküste liegt Ölands einziges (und unter Naturschutz stehendes) Gebiet, wo insgesamt 120 bizarre und höchst fotogene **Felsnadeln,** die sogenannten Raukar, zu finden sind.

Byrums Raukar

Im Zauberwald
Der Norden von Öland ist von einem rund 6000 ha großen Parkgelände bedeckt. Hier gedeihen mehr als **50 Baumarten.** Ein Teil des Parks wird wegen der vom Seewind zerzausten, skurril anmutenden Kiefern »Trollskogen« (Trollwald) genannt. An der Nordspitze steht der

Trollskogen & Bödabucht

Leuchtturm Långe Erik. Südlich davor erstreckt sich die **Bödabucht,** die wegen ihrer schönen **Sandstrände** zu den beliebtesten Urlaubsgebieten Ölands gehört.

Hexentreff

Byxelkrok

Nahe bei dem kleinen Fischerort Byxelkrok erstreckt sich das von Carl von Linné als **Neptuni Åkrar** (Äcker des Neptun) bezeichnete Gebiet. Diese eigenartige Strandformation besteht aus losen Steinen, auf denen im Hochsommer der Natternkopf, ein Borretschgewächs, meerblau blüht. Vom Strand blickt man auf **Blå Jungfrun.** Diese Insel aus rötlichem Granit ist Nationalpark und gilt als Treffpunkt von Hexen. Wer das überprüfen will, kann im Sommer an einer Bootstour teilnehmen und auf gut markierten Wegen die Insel erkunden.

Windmühle und Palastruine

Borgholm

Auf der abseits der Küsten durch das Inselinnere führenden Straße Nr. 136 fährt man wieder nach Süden und an Sandviks Kvarn vorbei, der mit acht Stockwerken **größten holländischen Windmühle auf**

In Schiffsform gesetzte Steine auf dem Gräberfeld von Gettlinge und dahinter eine typische Bockwindmühle – zwei Hauptattraktionen der Insel.

Öland. Dann folgt Borgholm, die einzige Stadt der Insel, die mit ihrer Hafenpromenade, Restaurants und Geschäften ein Anziehungspunkt für alle Inseltouristen und entsprechend überlaufen ist. Im Sommer bestehen Bootsverbindungen nach Oskarshamn auf dem schwedischen Festland und zur Insel Blå Jungfrun. Rund 1 km südwestlich der Stadt liegt erhöht die mächtige Ruine von **Schloss Borgholm.** Es wurde 1572 an der Stelle einer alten Burg errichtet, später umgebaut und 1806 durch einen Brand zerstört. Heute finden in der Ruine Musikfestspiele statt.

Borgholms Slott: Borgholm, Sollidenvägen 5 | Mai – Aug. tgl. 10 – 18, April, Sept. 10 – 16 Uhr | Eintritt 100/60 SEK | www.borgholmsslott.se

Klassizistisches Kleinod

★ Sollidens Slott

Unweit südlich von Borgholm liegt in einer geschützten Senke Schloss Solliden. Das weiße, klassizistische Schlösschen wirkt bescheiden, gegenüber steht etwas erhöht das kleine, ganz mit Grün überwucherte Spielhaus. 1903–1906 wurde das Anwesen für Königin Victoria angelegt, es dient heute der schwedischen Königsfamilie als Sommersitz. Besichtigt werden kann der **englische Park** mit seinen schönen alten Bäumen und Skulpturen.

Borgholm | Mitte Mai – Aug. tgl. 11 – 18, Sept. 11 – 16 Uhr | Eintritt 120/60 SEK | www.sollidensslott.se

Odins Ross und Noahs Arche

Karums Alvar

Rund 15 km südöstlich von Borgholm liegt im Inselinnern das große eisenzeitliche Gräberfeld Karums Alvar mit der 30 m langen schiffsförmigen Steinsetzung **»Arche Noah«.** Bei den beiden unweit gelegenen Kalksteinhügeln soll der Sage nach Odin sein Ross Sleipnir angebunden haben.

ÖREBRO

Landschaft: Närke | **Provinz:** Örebro Län
Einwohnerzahl: 136 900 | **Höhe:** 22 m ü. d. M.

N 16

Wahrzeichen der Stadt ist das Renaissanceschloss mit seinen vier wuchtigen Türmen auf einer Insel mitten im Fluss Svartån. Schon früh nutzten Reisende zwischen Nord- und Ostsee hier die Furt, um den Fluss zu überqueren. Später baute man eine Brücke, sicherte sie mit einer Festung und legte darum eine Siedlung an. Als Bindeglied zwischen Bauernland und Bergbaugebiet ist Örebro bis heute ein wichtiges Handelszentrum.

Das Herz Schwedens

Örebro nennt sich stolz das »Herz Schwedens«, auch wenn es allenfalls mitten in Südschweden liegt – doch eben auch auf halbem Weg zwischen Göteborg und Stockholm und damit im Zentrum des bevölkerungsreichsten Teils des Landes. Historisch betrachtet wird Örebro seinem Etikett ebenfalls gerecht. Denn auf Örebro Slott, dem imposanten und trutzig wirkenden Wahrzeichen der Stadt, entstanden die Säulen der schwedischen Staatsordnung. 1347 verfasste ein von König Magnus Eriksson einberufenes Parlament Schwedens erstes landesweites Grundgesetz, 1617 führte Gustav II. Adolf auf Schloss Örebro die erste schwedische Reichstagsverordnung ein.

Wohin in Örebro und Umgebung?

Im Zentrum

Nikolaikirche

In der Nikolaikirche (18. Jh.) am Marktplatz wurde 1810 der französische Marschall **Jean-Baptiste Bernadotte** zum Thronfolger gewählt, da das schwedische Königshaus keine Nachkommen hatte. In der Kirche ist der legendäre schwedische Volksheld und Reichshauptmann **Engelbrekt Engelbrektsson** bestattet; sein Bronzestandbild steht gegenüber der Kirche vor dem neugotischen Rathaus. Jeden Tag um 12.03, 18.03 und 21.03 Uhr erklingt dessen Glockenspiel.

Trutzig und imposant

Schloss Örebro

Nördlich vom Marktplatz erhebt sich auf einer Flussinsel das Schloss, ein viertürmiger Renaissancebau, der heute neben dem Schlossmuseum auch das **Tourismusbüro** beherbergt. Die ältesten Teile des Schlosses wurden in der zweiten Hälfte des 13. Jh.s, das heutige Schloss Ende des 16. Jh.s errichtet. Im **Örebro Länsmuseum,** östlich des Schlosses, sind umfangreiche Sammlungen zur Kunst- und Kulturgeschichte zu sehen.

Örebro slott: Kansligatan 1 | tgl. 10 – 18 Uhr | Eintritt 60 SEK | www.orebroslott.se

Örebro läns museum: Engelbrektsgatan 3 | Di. – So. 10 – 17, Mi. bis 20 Uhr | Eintritt frei | www.olm.se

Wie im alten Örebro

Wadköping

Folgt man dem Fluss in östlicher Richtung, kommt man zum Freilichtmuseum von Wadköping, dem ältesten Viertel Örebros. Die Häuser hatten früher im Zentrum von Örebro gestanden, mussten jedoch Neubauten weichen und wurden hier wieder aufgebaut. So ist in Wadköping auch ein **sehenswerter historischer Stadtteil** mit Handwerksbetrieben, Museen, Läden und Cafés entstanden.

Friluftsmuseet Wadköping: Bertil Waldéns Gata 1 | Mai – Aug. tgl. 11 – 17, sonst bis 16 Uhr | Eintritt frei | www.orebro.se/wadkoping

OBEN: Auf Schloss Örebro begann die Geschichte der aus Frankreich stammenden Bernadotte-Familie als schwedische Königsdynastie.

UNTEN: Der Herbst am Hjälmar-See hat durchaus seine Reize.

ÖREBRO ERLEBEN

ÖREBRO TOURISTINFORMATION
Schloss, Kansligatan 1
70135 Örebro
Tel. 019 21 21 21
www.visitorebro.se

AUSFLÜGE
Im Hochsommer verkehren Ausflugsboote auf dem Hjälmarkanal, 40 km nordöstlich von Örebro.
Touristenbüro Arboga, Tel. 0589 8 71 51, und Kungsör, Tel. 0227 60 01 01

VOGELBEOBACHTUNG
Jedes Jahr Ende März rasten zwischen 1000 und 3000 Singschwäne auf ihrem Weg nach Russland und Finnland am Tysslingen-See westlich von Örebro. Sie vollführen vor allem am Morgen ihre Tänze und trompeten lautstark. Seit der See renaturiert wurde, lohnt sich auch ein Besuch außerhalb der Schwanenrast, denn jetzt brüten wieder unzählige Vögel am Tysslingen.

KANUFAHREN
Der Hjälmarkanal ist auch bei Kanuten ein beliebtes Revier. Routenbeschreibungen und Adressen von Kanuvermietern hält die Touristeninformation bereit.

RAGNARS RESTAURANG €€
In Örebros Saluhall gibt es eine Reihe guter Restaurants. Empfehlenswert: Ragnars. Serviert werden kleine Gerichte zu angemessenen Preisen.
Kungsgatan 13
Tel. 019 7 07 04 50
http://ragnarsrestaurang.se

KITCHEN & TABLE €€–€€€
Sternekoch Marcus Samuelsson hat mit Kitchen & Table eine Kette geschaffen, die ein Manhattan-Feeling erzeugt. Caesar Salad und Butcher's and Gardner's sind Klassiker im Restaurant gegenüber der Saluhall, aber auch Schwedisches steht auf der Speisekarte.
Kungsgatan 14
Tel. 019 6 70 67 07
http://kitchenandtable.se

GRYTHYTTANS GÄSTGIVAREGÅRD €€€€
Edler Gasthof rund 70 km nordwestlich von Örebro. Historisch-romantische Zimmer mit fantasievollen Namen und je eigener Geschichte. Die exklusive Küche zählt zu den besten des Landes, erlesen ist auch die Weinkarte.
Grythyttan, Prästgatan 2
Tel. 0591 6 33 00
grythyttansgastgivaregard.se

Idyllisch

Arboga

Rund 40 km nordöstlich von Örebro liegt die Stadt Arboga. Sie entstand im 12. Jh., als der Fluss schiffbar gemacht wurde, und entwickelte sich rasch zu einem betriebsamen Handelsplatz. Diese Bedeutung verlor sich allerdings, als man im 17. Jh. die Bergbausiedlungen Nora und Lindesberg gründete und den Hjälmarkanal anlegte. Im idyllischen Zentrum gibt es noch viele Kaufmanns- und Handwerkerhäuser. Wenige Schritte westlich vom Rathaus ist das **Stadtmuseum** zu finden, das über die Zeit der Zünfte informiert.

Arbogamuseum: Nygatan 37 | Di. – Do. 13 – 16, Sa. 11 – 14 Uhr | www.arbogamuseum.se

Weit verzweigtes Wasserstraßennetz

Hjälmarkanal und -see

Die Verbindung zwischen Arboga und Hjälmarsee bildet der 13,7 km lange Hjälmarkanal, der mit neun Schleusen eine Höhendifferenz von 22 m überwindet. Der 483 km² große See erstreckt sich östlich bis Södermanland. An dem **fischreichen Gewässer** leben viele Vögel.

ÖSTERSUND

Landschaft: Jämtland | **Provinz:** Jämtland Län
Einwohnerzahl: 63 800 | **Höhe:** 286 m ü. d. M.

J 15

Östersund, die einzige größere Stadt in Jämtland, ist das moderne Kultur- und Wirtschaftszentrum der Provinz mit entsprechend guten Einkaufsmöglichkeiten. Die Region gilt als sehr schneesicher und ist ein Mekka des Biathlons – häufig startet hier der Weltcup. Zuletzt wurden 2019 die Weltmeisterschaften in dieser Sportart ausgetragen. Immer sehenswert ist das Jamtli-Historieland, ein einzigartiges Museum.

Das Ungeheuer von Storsjö

Schweden hat sein einziges Seeungeheuer unter Naturschutz gestellt: Nach einer Sage lebt seit Urzeiten das »Storsjödjur« im Storsjön. Hunderte wollen das seeschlangenähnliche Tier gesehen haben. Lange setzte man alles in Bewegung, um das Ungeheuer zu erlegen, doch es entging stets seinen Häschern. 1986 stellte die Bezirksregierung das Wesen unter Naturschutz; damit ist es endlich vor Jägern sicher. Alles nur Einbildung? Vielleicht, aber da das Ungeheuer vom Storsjö, das in Anlehnung an seinen möglichen Verwandten Nessie im schottischen Loch Ness auch »Storsie« genannt wird, jederzeit wieder einmal sein Haupt aus den Fluten strecken kann, hat man vorsorglich Aussichtspunkte um den See angelegt.

Wohin in Östersund und Umgebung?

Frösön

Im Storsjön-See liegt, durch eine Fußgänger- und eine Straßenbrücke mit Östersund verbunden, die fruchtbare Insel Frösön. Auf dem

ÖSTERSUND ERLEBEN

ÖSTERSUND TURISTBYRÅ
Rådhusgatan 44
83182 Östersund
Tel. 063 7 01 17 00
www.visitostersund.se

ÅRE TURISTBYRÅ
St Olavsväg 33
83013 Åre
Tel. 0647 1 77 20
www.visitare.se

Auf dem Storsjön verkehrt im Sommer die »Thomée«, der 1875 erbaute, älteste Dampfer Schwedens, ab Östersund zu den Inseln Verkön und Andersön.
www.visitostersund.se

YRAN
Storsjöyran, kurz Yran, ist Schwedens ältestes Stadtfest. Es findet in Östersund seit den1960er-Jahren Ende Juli statt und ist mit rund 50 000 Besuchern eines der größten Musikfestivals in Skandinavien.
http://yran.se

WINTERSPORT
Wegen des stabilen Winterwetters kommt so manche Biathlon-Nationalmannschaft nach Östersund zum Training. Auch Touristen finden hier ideale Bedingungen zum Eisangeln, Skilanglauf oder zum Schlittschuhlaufen auf dem See.
Wer mit dem Schneemobil die tief verschneiten Pisten und Wälder erkunden will, kann auf geführte Touren gehen oder ein Gefährt mieten und auf eigene Faust losfahren.

SIR WINSTON **€€–€€€**
Very british – so sieht es aus in dem Restaurant mit Bar im Zentrum von Östersund. Die Küche ist aber von schwedischer Qualität, und Sommelière Ann Svensson empfiehlt die passenden Weine.
Prästgatan 19
Tel. 063 10 68 00
www.sirwinston.se

JAZZKÖKET **€€**
Vielleicht sind Sie gerade während des »Yran« in Östersund. Aber auch sonst regt die musikgetränkte Atmosphäre in der »Jazzküche« dazu an, »Soul Food« im jämtländischen Stil zu genießen – alles ganz ökologisch (So. geschl.).
Prästgatan 44
Tel. 063 10 15 75
www.jazzkoket.se

SIR WINSTON VERKÖ SLOTT **€€€**
Zum selben Haus wie das Sir Winston gehört Schloss Verkö auf der gleichnamigen Insel. Keine Stadtatmosphäre, sondern pure Inselidylle und stilvolles Interieur sorgen für ein ebenso stilvolles Dinner, im Sommer auf der Schlossterrasse. Das eigene Taxiboot bringt die Gäste zur Insel, im Winter der Eisexpress über den zugefrorenen See. Ebenfalls äußerst stilvoll können Sie im Verkö Slott übernachten.
Verkön
Tel. 063 10 37 00
www.sirwinston.se

Östberg steht ein Aussichtsturm. Nördlich vom Östberg befindet sich der **Frösö-Zoo** mit über 700 verschiedenen Tierarten. Ferner gibt es ein Naturkundemuseum, einen Zirkus und ein Restaurant.

Frösö Zoo: Frösön | Mitte Juni – Mitte Aug. tgl. 10 – 16, Juli bis 18 Uhr | Eintritt 250 SEK | www.frosozoo.se

Zeugnis der Christianisierung

Runenstein

Der Runenstein von Frösön vor dem Provinzparlament ist der nördlichste Schwedens und auf ihm wird erstmals der Name der Provinz Jämtland erwähnt. Auch von der Christianisierung der Region ist die Rede, was sonst nirgendwo nachzulesen ist. Auf diesem Stein sind zudem die Runen in den Körper einer Schlange eingeritzt, was manche mit der **Sage vom Storsjö-Ungeheuer** in Verbindung bringen.

Jämtlands Kultur

Jamtli

Die bedeutendste Sehenswürdigkeit von Östersund ist das **Museum Jamtli** im Norden der Stadt, eine Kombination von Volkskunde- und Freilichtmuseum. Im Hauptgebäude finden sich Gemälde aus Jämtland und Härjedalen, eine Sammlung zur Samenkultur, präparierte Tiere, Hausgerät, Steinzeitfunde sowie die über 1000 Jahre alten **Teppiche aus Överhogdal.**

Jamtli: Museiplan 2 | Mitte Juni – Mitte Aug. tgl. 11 – 17, sonst Di. – So. 11 – 17 Uhr | Eintritt: 100 SEK | www.jamtli.com

Schwedens Wintersportort Nr. 1

Åre

Schon 1954 richtete der Wintersportort die Ski-Weltmeisterschaft aus, 2007 war Åre wieder Schauplatz einer **alpinen Ski-WM.** Alte und neue Nobelhotels prägen das Gesicht des an sich winzigen Ortes mit nur 1500 Einwohnern. Unmittelbar bei Åre erhebt sich 1420 m hoch der **Åreskutan,** einer der bekanntesten Berge Schwedens, der bequem mit der **Kabinenbahn** erreichbar ist. Im Sommer bietet sich die Bergstation als Ausgangspunkt für Wanderungen an. Im Winter ist sie das Zentrum eines Alpinskigebiets der Spitzenklasse. Anfänger erreichen mit einem Verbindungslift das Skigebiet **Åre Björnen** mit leichten Abfahrten.

Wasserfall der Superlative

Tännfors

Unweit westlich von Duved zweigt rechts die Straße zum Tännfors ab, **Schwedens größtem Wasserfall.** Er liegt in einem Naturschutzgebiet. Hier stürzt der Indalsälv auf 60 m Breite 32 m tief in den Nornsjö. Rund 400 m³ Wasser donnern hier pro Sekunde in die Tiefe – ein grandioses Schauspiel! Die Touristenstation Tännforsen ist von Mai bis September geöffnet und bietet köstlich-knusprige Tännfors-Waffeln. Wer noch kein Mitbringsel hat: Im Souvenirladen wird samisches Kunsthandwerk angeboten.

tannforsen.com

★★ SILJANSEE

L/M 15

Landschaft: Dalarna | **Provinz:** Dalarna Län | **Höhe:** 161 m ü. d. M.

Der Siljansee, von sanft ansteigenden, teilweise bewaldeten Ufern umrahmt, ist das Herz der mittelschwedischen Landschaft Dalarna. Hier setzt man schon lange auf den Tourismus, doch große Hotelbauten und touristischen Rummel wird man nirgends finden. Wer hierher kommt, schätzt die Ruhe, will wandern, angeln oder an den schönsten Mittsommerfeiern Schwedens teilnehmen.

Mittsommerflair

Der Siljansee entstand vor rund 360 Mio. Jahren durch den **Einschlag eines riesigen Meteoriten.** Aus der Luft erkennt man noch heute die ringförmige Kraterwand um den See. Der hat eine Fläche von 290 km², ist bis zu 120 m tief, 36 km lang, bis zu 25 km breit und wird vom Österdal Älv durchströmt. Die Orte rund um den See – vor allem Mora, Rättvik und Leksand – sind beliebte Ferienziele.
Am Siljansee finden jährlich **Mittsommerfeiern** mit Tanz um den Maibaum statt. Die Spielmänner spielen mit ihren Fiedeln auf, und viele holen ihre farbenprächtige Tracht aus dem Schrank.

Von Mora um den Orsasee und Siljansee

Zielort des Wasalaufs

Größter Ort am Siljansee

Mora liegt am nördlichen Ufer des Siljansees. Die Stadt ist Geburts- und Wirkungsstätte des Malers und Bildhauers Anders Zorn (1860 bis 1920) und gilt als der beliebteste Urlaubsort am Siljan. Seit 1922 wird es jährlich am ersten Sonntag im März turbulent: Dann endet hier der Wasalauf (Vasaloppet), mit 90 km **der längste Skilanglauf der Welt.** Am nordöstlichen Rand der Innenstadt von Mora steht auf einem künstlich aufgeschütteten kleinen Hügel das Denkmal für Gustav Wasa von Anders Zorn (1903). Ganz in der Nähe befindet sich das **Vasaloppets Hus.** Es informiert Wissbegierige über die Geschichte des Wasalaufs.

Vasaloppets Hus: Mo. – Fr. 8 – 12 und 13 – 16.30 Uhr | www.vasaloppet.se

Dreimal Zorn

Zorngården, Zorn-Museum und Zorns Gammelgård

Noch weiter westlich liegt der Zorngården, ein hübscher Park mit alten Holzhäusern sowie dem Wohnhaus und Atelier des Künstlers Anders Zorn, der hier von 1896 an mit seiner Ehefrau Emma lebte. Nebenan steht das **Zorn-Museum** mit einer umfangreichen Sammlung von Werken des Malers und Bildhauers. Südlich vom Stadtkern liegt am Ufer des Siljansees das **Freilichtmuseum** Zorns Gammelgård, wo

SOMMERFREUDEN

Mittsommer ist eines der wichtigsten Feste im Jahresverlauf. Man trifft sich mit der Familie und Freunden, macht eine Bootstour, fährt zur Hütte oder auf den nächsten Campingplatz. Ein reich gedeckter Tisch und der ein oder andere Schnaps gehören auch dazu. Besonders stimmungsvoll sind die Mittsommerfeiern am Siljansee: Hier holt man noch die Tracht aus dem Schrank, geht auf den Festplatz und hilft, den Maibaum aufzurichten. Danach wird getanzt.

man typische alte Holzhäuser aus der Region und ein eindrucksvolles Textilmuseum besichtigen kann.

Zorngården: Vasaloppsspåret | Besichtigung nur mit Führung Juni – Aug. tgl. 9.30 – 16 jede halbe und volle Stunde, sonst Di. – Fr. um 13, 14 und 15, Sa., So. auch 12 Uhr | Eintritt 100 SEK | www.zorn.se

Zornmuseet: Vasagatan 36 | Juni – Aug. tgl. 9 – 17, sonst Di. – So. 11.45 – 16 Uhr | Eintritt 100 SEK | www.zorn.se

Zorns Gammelgård och Textilkammaren: Yradsvägen 3 | Mitte Juni – Mitte Aug. tgl. 11 – 16 Uhr | Eintritt 50 SEK | www.zorn.se

SILJANSEE ERLEBEN

MORA TOURIST INFORMATION
Köpmannagatan 3A, 79230 Mora
Tel. 0771 62 62 62
www.visitdalarna.se

Weitere Touristinformationen unter:
www.visitdalarna.se

EXKURSIONEN
Elchsafaris und Ausritte mit Isländerpferden werden vom Sportzentrum Orsa Grönklitt angeboten. Weitere Veranstalter nennen die Touristeninformationen in Älvdalen und Mora.
Tel. 0250 4 62 00
www.orsagronklitt.se

WANDERN UND RADFAHREN
Der »Siljansleden« ist ein 340 km langer Wander- bzw. 310 km langer Fahrradweg rund um den Siljansee. Die Strecke ist durchgehend markiert, leicht zu bewältigen und hat ausreichend Rast- und Übernachtungsmöglichkeiten. Auch im Sommer kann man den Wasalauf absolvieren – in Form einer wenig beschwerlichen Wanderung. Der 90 km lange Weg ist durchgehend markiert und folgt überwiegend der Skispur. Übernachtung in Hütten.

WINTERSPORT UND WASALAUF
Die Skihänge am Siljansee sind leicht bis mittelschwer und ideal für Anfänger und Familien. Skilangläufer finden in den Wäldern Hunderte von Kilometern gespurter Loipen.
Traditionell wird der Wasalauf am ersten Sonntag im März ausgetragen. Rund 15 000 Skiläufer machen sich im klassischen Stil auf den 90 km langen Weg von Sälen nach Mora. Kürzere Strecken gibt es auch.

FLOSSFAHRT
Am Ufer des Klarälven bei Stöllet kann man unter Anleitung sein eigenes Floß bauen und sich dann wie Huckleberry Finn einen oder mehrere Tage lang den Fluss hinuntertreiben lassen.
www.vildmark.se

MUSIK VID SILJAN
Anfang Juli wird in Rättvik mehrere Tage lang musiziert, vom Sinfonieorchester bis zur Spelmansstämma.
www.festivalinfo.se

CLASSIC CAR WEEK
Oldtimerfreunde treffen sich in der ersten Augustwoche in Rättvik. Liebevoll restaurierte Straßenkreuzer verstopfen dann die Straßen der kleinen Stadt.
www.classiccarweek.com

OPER IM STEINBRUCH
Dalhalla, 7 km nördlich von Rättvik, ist ein stillgelegter Steinbruch, an dessen Grund sich ein kleiner See befindet. Die Senke hat die Form eines Amphitheaters und begeistert Besucher durch die vorzügliche Akustik. Im Sommer werden in diesem spektakulären Ambiente Opern- und Musikabende geboten.
www.dalhalla.se

ÅKERBLADS HOTELL & GÄSTGIVERI **€€€–€€€€**
Wunderschönes Hotel an einem sanften Abhang am Siljansee. Exklusive Küche – jedes Jahr ist das Åkerblads unter den besten Gourmetrestaurants Schwedens zu finden. Erschwinglich sind das Smörgåsbord oder das Dagens Rätt zur Mittagszeit.
Tällberg, Sjögattu 2
Tel. 0247 5 08 05, www.akerblads.se

SJÖVILLAN RESTAURANG & BAR €€–€€€

Hervorragend zubereitete Gerichte, u. a. ist die Schalentierplatte empfehlenswert. Es gibt auch ein preisgünstiges Lunchbuffet.
Rättvik, Långbryggevägen 20
Tel. 0248 1 34 00, visitsjovillan.se

KUNGSHAGA HOTELL €€

Sommerrestaurant in einem alten Herrenhaus mit guter Küche. Die schöne Aussicht über die friedliche grüne Landschaft sorgt für gute Laune.
Orsa, Lindängsvägen 11
Tel. 0250 4 42 60, kungshaga.se

KORSTÄPPANS HERRGÅRD €€–€€€

Wenn Sie eintauchen wollen in eine gute alte Zeit, als die Welt (angeblich) noch in Ordnung war, übernachten Sie in diesem über 100 Jahre alten, eleganten Herrenhaus. Die Zimmer sind romantisch, die Einrichtung ist klassisch, der Ausblick schön und die Küche ausgezeichnet: Hier können Sie gut entspannen – ohne auf neuzeitlich-modernen Komfort zu verzichten.
Leksand, Hjortnäsvägen 33
Tel. 0247 1 23 10
www.leksandresort.se/korstappans-herrgard

GREEN HOTEL €€–€€€

Die weitläufige Hotelanlage bietet individuell eingerichtete, schöne Zimmer, darunter einen Familienraum und ein Zimmer für Gäste mit Hund, eine gute Küche und ein Schwimmbad. Buchen Sie ein (teureres) Zimmer mit Blick auf den See.
Tällberg, Ovabacksgattu 17
Tel. 0247 5 00 00, greenhotel.se

Freizeit- und Raubtierpark

Orsasee

Nördlich von Mora erstreckt sich der 56 km² große und bis 97 m tiefe Orsasee, an dessen nördlichem Ufer die Orte Våmhus und Orsa liegen. **Orsa Grönklitt,** 17 km nordwestlich von Orsa, ist ein Freizeitgebiet mit Angel- und Wassersportmöglichkeiten, im Winter kann man Ski fahren. Außerdem ist Grönklitt für den **Orsa-Raubtierpark** bekannt. Auf einem Areal von rund 325 000 m² leben Bären, Luchse, Leoparden, Wölfe, sibirische Tiger und kleinere Raubtiere, die man von Aussichtsplattformen aus beobachten kann, teils auch bei der Fütterung.

Orsa Rovdjurspark: Björnparksvägen | Mitte Juni – Mitte Aug. tgl. 10 – 17, sonst bis 15 Uhr | Eintritt je nach Saison 150 – 285 SEK | www.orsarovdjurspark.se

Mitbringsel vom Siljansee

Nusnäs

Das bunt lackierte hölzerne **Dalapferdchen,** wohl das bekannteste Souvenir Schwedens, wird im rund 10 km östlich von Mora gelegenen Ort Nusnäs hergestellt. Meist sind die Dalapferdchen rot bemalt, stehen nach Größen sortiert auf stämmigen Beinen in den Regalen und warten auf Käufer.

Grannas: Edåkersvägen 24 | Mitte Juni – Mitte Aug. Mo. – Fr. 9 – 18, Sa., So. 9 – 16, sonst Mo. – Fr. 9 – 16, Sa. (nur Shop) 10 – 13 Uhr | www.grannas.com

Flache Bucht mit Freilichtmuseum

Rättvik

Von Mora führt die Straße Nr. 70 in östlicher Richtung am Seeufer entlang nach Rättvik, das an einer Bucht des Siljansees liegt. Im Freilichtmuseum **Rättviks Gammelgård,** 2 km nördlich vom Zentrum, sind rund 30 Häuser, altes Hausgerät und Volkstrachten sowie schöne Dalamalereien zu sehen. Das **Naturmuseum** im Kulturhaus am Südrand der Innenstadt informiert u. a. über den Meteoriteneinschlag, der sich wohl vor über 300 Millionen Jahren im Bereich des heutigen Siljansees ereignete.

Rättviks Gammelgård: Mitte Juni – Mitte Aug. tgl. 11 – 17 Uhr
Naturmuseum: Storgatan 2 | im Sommer Mo. – Do. 11 – 19, Fr. bis 16, Sa. bis 14, So. 13 – 16 Uhr | www.rattvik.se/kulturhus

Märchen, Biken, Waldarbeit

Gesunda und Siljansfors

Die Landstraße umrundet nun den Westteil des Siljansees und führt über Gesunda und Sollerön nach Mora zurück. In Gesunda hat Anders Zorn 1906 das erste schwedische Spielmannstreffen veranstaltet. Das **Tomteland** (Nikolausland) am **Gesundaberg** besteht aus einer Gruppe von Blockhäusern mit Nikolauswerkstatt und ist vor allem für Kinder ein Erlebnis. Auf dem auch mit dem Lift zu erreichenden Gipfel des Bergs genießt man einen schönen Rundblick. Hier liegt auch eines der mit Abstand größten Mountainbike-Zentren Schwedens.

Die von Mora in Richtung Malung führende Straße Nr. 45 berührt den Ort Siljansfors, wo im interessanten **Waldmuseum** erläutert wird, wie beschwerlich die Waldarbeit vor 200 Jahren war.

Tomteland: Gesundaberget | Mitte Juni – Mitte Aug. tgl. 10 – 16 Uhr, im Dez. an Wochenenden | Eintritt 200/230 SEK | www.tomteland.se
Siljansfors Skogsmuseum: Mai – Sept. tgl. 10 – 17 Uhr | Eintritt 60 SEK | www.skogsmuseum.se

Die raue Seite

Fjälldalarna

Wer den Siljansee gesehen hat, könnte Dalarna für ein liebliches, leicht hügeliges Waldland halten, doch fährt man von Mora aus Richtung Nordwesten, gelangt man ins raue »Fjälldalarna«, die **südlichste Wildnis Schwedens.** Sie vermittelt einen Eindruck von der Kargheit des Nordens, die aber auch ihre Reize hat, denn Berge, weite Sumpfgebiete und einsame Wälder bieten Kanufahrern, Wanderern und Skiläufern beste Möglichkeiten. Man kann auch auf Elch- und Bärensafari gehen oder mit dem Kanu den Biberspuren folgen.

Purpurfarben mit Kristallen

Älvdalen

Das Städtchen Älvdalen liegt in Schwedens einzigem Porphyrgebiet. Das vulkanische Gestein wird hier seit 1788 abgebaut. Das **Porphyrmuseum** im Zentrum von Älvdalen zeigt eine Sammlung dieser Steine, hinzu kommt eine geologische Abteilung. Kombiniert wird das

Ganze mit Gitarren und Akkordeonen des hier einst ansässigen Traditionsherstellers Hagström.

Porfyr- & Hagströmmuseet: Dalgatan 81 | Ende Juni – Aug. tgl. 10 – 17, sonst nur Sa. 10 – 15 Uhr | www.alvdalen.se

Sogar mit Après-Ski

Sälen

Von Älvdalen lohnt sich, speziell im Winter, ein Abstecher ins westlich gelegene Sälen, nämlich wegen seiner hervorragenden Wintersportmöglichkeiten. Am ersten Wochenende im März fällt in Sälen der Startschuss zum traditionsreichen **Wasalauf.**

Ausblick auf das Fjällgebirge

Njupeskärsfall

Die Straße Nr. 70 führt weiter nach Nordwesten Richtung Idre und die Landstraße dann nach Westen bis Mörkret an der Nordseite des **Fulufjäll.** Vom Parkplatz geht es in einer kurzen Wanderung zum **Njupeskärsfall,** den mit 93 m höchsten Wasserfall Schwedens.

Ski und Wandern sicher

Idre

Idre ist ein kleines Dorf, das sich hervorragend als Ausgangspunkt für Unternehmungen im nordöstlich gelegenen Nipfjäll eignet. Im Winter ist der Wintersportort Idre Fjäll, 10 km nördlich von Idre, ein **schneesicheres Alpin- und Langlaufgebiet,** viele Abfahrten sind für Kinder und Anfänger geeignet. Folgt man der Straße Nr. 70 weiter nach Westen, erreicht man die norwegische Grenze.

Die beliebten Dalapferdchen aus Nusnäs werden noch von Hand hergestellt.

★★ STOCKHOLM

Landschaft: Södermanland | **Provinz:** Stockholm Län
Einwohnerzahl: 970 000 | **Höhe:** Meereshöhe

N 18/19

Der häufig bemühten Floskel »Venedig des Nordens« sind die Stockholmer längst überdrüssig. Sicher, das Puzzle aus Inseln, Kanälen und Brücken zwischen Mälaren und Ostsee erinnert an die italienische Lagunenstadt. Doch die Mischung aus Großstadtflair, Natur und allgegenwärtiger Nähe zum Wasser, das mystische Licht langer Sommertage, die majestätische Würde einer Königsstadt und die vielen Prachtbauten machen Vergleiche mit anderen Städten hinfällig. Stockholm ist Stockholm!

Stadt der Inseln und Brücken

»Stockholm ist nicht nur Schwedens Hauptstadt, sondern auch die Kapitale Skandinaviens und eine der schönsten und aufregendsten Städte der Welt«, behauptet Stockholms ehemaliger Bürgermeister Sten Nordin stolz. Ob ungewöhnliche Cafés, Retro-Shops und Designerläden im multikulturellen Bohème-Viertel Södermalm, ob historische Restaurants und hippe Kneipen in Gamla Stan, ob Einkaufstempel in Norrmalm, Långholmen als Picknick- und Badeinsel oder das aufregende Nachtleben in Östermalm – die zahlreichen Viertel und Stadtteile der auf sage und schreibe 14 Inseln schwimmenden Metropole im Mälarsee haben alle ihren ganz eigenen Charakter. Und dank des weltweit ersten Nationalstadtparks, der sich quer durch eine Stadt zieht, ist Stockholm nicht nur vom Wasser, sondern auch von sehr viel Grün geprägt. Sightseeing, shoppen, schick essen, picknicken, radeln, joggen, Kanu und Kajak fahren – in Stockholm geht das alles nebeneinander!

Stockholm heißt wörtlich **»Pfahlinsel«.** Keimzelle der Stadt ist das Inselchen Helgeandsholmen, das heute fast ganz vom Reichstag eingenommen wird. Dann breitete sich die Siedlung auch auf die Inseln Stadsholmen und Riddarholmen aus. Letztere ließ der Reichsverweser Birger Jarl 1252 befestigen, um die Bürger vor den ständigen Überfällen, besonders von See her, zu schützen. Diese Inseln bilden heute die Altstadt Gamla Stan. Ende des 13. Jh.s wurde dann eine befestigte Burg auf Stadsholmen gebaut, genannt Tre Kroner (Drei Kronen), wobei sich die drei Kronen, die das Staatswappen noch heute zeigt, auf die vereinigten Königreiche von Götaland, Svealand und Norrland beziehen.

Im 14. Jh. hatte die **Hanse** großen Einfluss auf die Geschicke der Stadt, viele Deutsche siedelten sich hier an. Im 18. und 19. Jh. zerstörten immer wieder Brände viele Holzhäuser, und so überwiegen heute bei Weitem die Stein- und Betonbauten. Im Zuge der baulichen Entwicklung verschob sich das Stadtzentrum nach Norrmalm.

★★ Gamla Stan (Altstadt)

Stockholms Herz

Historisches Zentrum

Wegen seiner Prachtbauten, der malerischen Gassen und der vielen Restaurants ist Gamla Stan der **Touristenmagnet** schlechthin. Die vom Gustav Adolfs Torg am Südrand der Nordstadt kommende Norrbro führt zunächst zur Insel Helgeandsholmen. Den westlichen Teil nimmt das 1898–1904 errichtet Gebäude des Reichstags ein.

Königlicher Arbeitsplatz

Kungliga slottet

Unmittelbar südlich der Norrbro steht auf Stadsholmen das mächtige Königliche **Schloss.** Es wurde nach Plänen von Nicodemus Tessin d. J. 1754 vollendet und steht an der Stelle der mittelalterlichen Vasaburg, die 1697 einem Brand zum Opfer gefallen war.

Das Schloss gilt als **einer der bedeutendsten Barockbauten Nordeuropas** und umfasst mehr als 600 Räume. Man kann sich glatt darin verlaufen. Heute ist das Schloss der Amtssitz des Königs; der Wohnsitz der königlichen Familie ist jedoch in Drottningholm. Im ersten Stock liegen die Gemächer König Oskars II. (gest. 1907), im zweiten Stock die Prunkräume und die Gästezimmer. Ein silberbeschlagener Thronsessel steht im Reichssaal im Südflügel. In der Schatzkammer im Keller werden die schwedischen Reichsinsignien aufbewahrt (Schlüssel, Reichsapfel und Zepter), ebenso das **Reichsschwert von Gustav Wasa;** in der Rüstkammer funkeln Prunkharnische, Festgewänder und Staatskarossen.

Wie es sich für ein königliches Schloss gehört, findet Tag für Tag im Schlosshof die traditionelle **Wachablösung** mit Marschmusik unter lauten militärischen Kommandos und den Augen zahlreicher Zuschauer und Zuschauerinnen statt.

Slottsbacken, Gamla Stan | Mai – Sept. tgl. 10 – 17, sonst Di – So. 10 – 16 Uhr | Eintritt 160 SEK | www.kungahuset.se

Wachablösung: Juni – Aug. Mo. – Sa. 12.15, So. 13.15, sonst Mi., Sa. 12.15, So. 13.15 Uhr

Große Momente im Leben der Royals

Storkyrkan

Südwestlich vom Schloss erhebt sich die **Domkirche.** Sie ist das älteste Gotteshaus der Stadt, wurde 1306 geweiht, fast 200 Jahre lang ausgebaut und 1736–1743 barockisiert. Als Hochzeits- und Krönungskirche der schwedischen Monarchen besitzt sie eine besonders reiche Innenausstattung. Neben dem prächtigen, in Silber und Schwarz gehaltenen Renaissancealtar ist die vom Lübecker Meister Bernt Notke geschaffene Skulpturengruppe des hl. Georg mit dem Drachen berühmt.

Trångsund 1 | tgl. ab 9, Juni – Aug. bis 18, Mai, Sept. bis 17, sonst bis 16 Uhr | Eintritt 60 SEK, bis 18 J. und für Betende frei | www.svenskakyrkan.se/stockholmsdomkyrkoforsamling

STOCKHOLM ERLEBEN

STOCKHOLM VISITOR CENTER

Sergels Torg 5, 10327 Stockholm
Tel. 08508 2 85 08
www.visitstockholm.com

STOCKHOLMPASS

Der Stockholmpass gewährt freien Eintritt in mehr als 60 Museen und Sehenswürdigkeiten sowie freie Fahrt mit dem Hop-on-/Hop-off-Bus und Bootstouren. Kosten für Erwachsene/ Kinder: 1 Tag 669/335, 2 Tage 929/465, 3 Tage 1129/565, 5 Tage 1479/740 SEK. Erhältlich bei Tourismusinformationen im Stadtbereich oder online unter www.stockholm pass.com

Um den Stockholmer Nahverkehr unbegrenzt zu nutzen, kann man zusätzlich zum Stockholmpass die Travelcard besorgen, die es für 24 Std. (130/90 SEK) und 72 Std. (260/170 SEK) gibt.

U-BAHN

Das wichtigste und bequemste innerstädtische Verkehrsmittel ist die Tunnelbana (U-Bahn), mit deren Bau schon 1930 begonnen wurde. Sie erschließt heute mit drei Linien auch das nahe Umland. Wer den Stockholmpass besitzt, fährt kostenlos. Sonst kann man Netzkarten mit 24, 48, 72 und 120 Stunden Gültigkeit erwerben. Fährt man nur in der Innenstadt, kann man auch die »rabattkuponger« (Streifenkarte) kaufen, auf der man je nach Zonenzahl Felder abstempelt. Einzelfahrkarten sind im Vorverkauf – also bei »Pressbyråer« oder am Automaten – wesentlich billiger als direkt an der Eingangssperre. Im Bus kann man keine Fahrkarten kaufen, wer damit fahren will, muss sich sein Ticket vorab beschaffen.
Fahrpläne und weitere Infos: http://sl.se

KUNST IM UNTERGRUND

U-Bahn fahren lohnt sich in Stockholm gleich doppelt, denn die »Tunnelbana« ist weit mehr als nur ein bequemes Transportmittel, sie ist auch die längste Galerie der Welt. Seit rund 50 Jahren sind die Bahnhöfe die legale Spielwiese der künstlerischen Avantgarde. Mittlerweile haben verschiedene Künstler fast alle Bahnhöfe fantasievoll und farbenfroh ausgeschmückt.

NACH DROTTNINGHOLM UND BIRKA

Vom Kai am Stadshus verkehren Ausflugsschiffe nach Drottningholm (ca. 2 Std.) und Birka (7,5 Std.).
Fahrplan: Tel. 08 12 00 40 00 und www.stromma.se/kanalbolaget

ÖFFNUNGSZEITEN

Die großen Kaufhäuser und viele große Geschäfte sind werktags teils bis 22, So. 12–16 Uhr geöffnet. Kleinere Läden haben werktags 10–18/19 Uhr geöffnet.

DROTTNINGGATAN

Nördlich vom Reichstag durchzieht die Drottninggatan die Stadt. Dicht an dicht stehen hier große Kaufhäuser und Shoppingketten, Boutiquen und Nobelgeschäfte.

KUNGSGATAN/STUREPLAN

Vom Stureplan gehen alle wichtigen Einkaufsstraßen ab, so auch die Kungsgatan, erste Anlaufstelle in der City mit Nobelgeschäften und Läden

»Tur och retur« (»Hin und zurück«) heißt das Dekor, mit dem die Wände und die Decke der Metrostation T-Centralen verziert ist.

aller Art. Exklusive Shoppingwünsche oder die Sehnsucht nach einem deutschsprachigen Buch werden in der Sturegallerian am Stureplan befriedigt. Schwedische Glaskunst gibt es z. B. bei Orrefors/Kosta Boda und Nordiska Kristall.

NORRMALM UND ÖSTERMALM

Hier findet man exklusive Geschäfte für Mode und Design sowie erstklassige Einrichtungshäuser. Östermalm ist außerdem bekannt für Antiquitäten, Kunst und Kunsthandwerk. Kulinarische Köstlichkeiten aus ganz Schweden bieten die Händler in der großen Markthalle am Östermalmstorg feil.

SÖDERMALM

Einstiges Arbeiterviertel im Süden der Stadt, heute Treff der Bohème: jede Menge Galerien, trendige Mode- und Designergeschäfte, dazu am Wochenende der Designmarkt »Street«.

NORDISKA KOMPANIET (NK)-KAUFHAUS

Luxus und schwedisches Kunsthandwerk hinter Jugendstilfassaden in der Hamngatan.

MARKT

Mo. – Sa. bieten am Hötorget Gemüse- und Blumenhändler ihre Waren an, am Sonntag ist Flohmarkt.

Epizentren des Nachtlebens sind der Stureplan, die Prachtstraßen Kungsgatan und Birger Jarlsgatan sowie der Bezirk um den Kungsträdgården.

1 ABSOLUT ICEBAR

Hier liegt die Temperatur konstant bei –5 °C: Alles außer den Drinks ist aus Eis.
Vasaplan 4, Nordic Sea Hotel
Tel. 08 50 56 31 24
www.icebarstockholm.se

STOCKHOLM
U-Bahn (Tunnelbana)
Hop-on-Hop-off Sightseeing-Boote
Vasastaden
Flughafen Arlanda
Humlegården
Kungliga Biblioteket
Strindbergs-museet
Johannes kyrka
A. Fredriks Kyrka
Folketshus Stora Teat.
Scala
Norra Latin City Conference Center
Hötorget
Konsert-huset
NORR-MALM
Vasateatern
Oscars-teatern
City-terminalen
T-Centralen
Sergels Torg
Kultur-huset
Stadsteatern
NK
Hallwylska museet
Dramat. teatern
Ingenjörs akad.
Stureplan
Östermalmstorg
Kungsträdgården
Jakobs-kyrka
Operan
Klara kyrka
T-Centr. Central-station
Dans-museet
Konst.-akad.
Rosenbad
Riksdagshuset
Medeltids-museet
Livrust-kammaren
Kungliga Slottet
Helgeands-holmen
Riddar-huset
Vaxholm
Rådhuset
Kungsholms kyrka
KUNGS-HOLMEN
Stadshuset
Riddarfjärden
Birger-Jarls-torg
Svea Hovrätt
Evert Taubes Terrass
RIDDAR-HOLMEN
Riddar-holms-kyrkan
Stor-kyrkan
Nobel-museet
GAMLA STAN
Post-mus.
Tyska kyrkan
Gamla Stan
Slussplan
Slussen
Katarina-hissen
Stockholms Stadsmuseum
Maria Magdalena kyrka
S:t Pauls-kyrkan
Mariatorget
SÖDERMALM
Söder-hallarna
Medborgar-huset
Medborgarplatsen
Sankt Eriks Katolska Domkyrka
Globe, Skogs-
Drottningholm
Gripsholm Slott
Långholmen, Lilla Essingen
Mälaren (Mälarsee)
Tantolunden
Zinkens-damms idrottsplats
Skinnerviks-parken
Ånghäst-parken
Söder Mälarstrand
Norr Mälarstrand

Restaurants

1. Operakällaren
2. Wedholms Fisk
3. Sturehof
4. Den Gyldene Freden
5. Eriks Gondolen
6. Fem Små Hus
7. Pelikan
8. Zum Franziskaner
9. Fåfängan

Hotels

1. Grand Hotel Stockholm
2. Victory Hotel
3. Mälardrottningen Yacht Hotel
4. af Chapman & Skeppsholmen
5. Loginn Hotel

Bars

1. Icebar
2. Cadierbaren
3. Café Opera
4. Golden Hits

Fußgängerzone

❷ CADIERBAREN
Elegante Bar mit bequemen Sitzgruppen und schöner Aussicht auf das Schloss. Tagsüber gute Adresse für Brunch und Afternoon Tea, abends tolle Cocktails, z. B. »Ebony & Ivory« aus Butterscotch, Vanille und Chocolate Cream.
Södra Blasieholmshamnen 8
im Grand Hotel, Tel. 08 6 79 35 85
www.grandhotel.se/mat-dryck/cadierbaren

❸ CAFÉ OPERA
Weltstars wie Mick Jagger, Madonna und die Backstreet Boys haben hier schon gefeiert.
Karl XII:s Torg, Tel. 08 6 76 58 07
www.cafeopera.se

❹ GOLDEN HITS
Dinnershows und Karaoke. Am Wochenende stehen lange Warteschlangen vor dem hippen Club im Retro-Stil.
Kungsgatan 29, Tel. 08 50 55 60 80
www.goldenhits.se

❶ OPERAKÄLLAREN €€€€
Michelin-besternte kulinarische Höhenflüge in der Oper, fürstliches Ambiente mit Panoramablick aufs Schloss inklusive. Im Weinkeller Nobis lagern edle französische Raritäten.
Karl XII:s Torg, Tel. 08 6 76 58 00
www.operakallaren.se
Mo., So. geschl.

❷ WEDHOLMS FISK €€€€
Lachstartar, Scholle mit Krabben, in Knoblauch gedünstete Riesengarnelen, Mönchsfisch mit Entenleber – in dem Fischrestaurant wird auf höchstem Niveau geschlemmt!
Nybrokajen 17, Tel. 08 6 11 78 74
www.wedholmsfisk.se
So. geschl.

❸ STUREHOF €€€
Gegrillter Steinbutt, Lachs mit Dillkartoffeln oder Sturehofs Bouillabaisse? Die Brasserie mit Terrasse steht für hervorragende Meerestiere.
Stureplan 2, Tel. 08 4 40 57 30
www.sturehof.com

❹ DEN GYLDENE FREDEN €€€–€€€€
Am Stammtisch des 1722 eröffneten Kellerlokals soll schon so mancher Nobelpreisträger bestimmt worden sein, gehört das Gebäude doch der Svenska Akademie. Nicht minder legendär ist die schwedische Küche mit Krabben, Köttbullar, Ryggbiff und geräuchertem Rentier.
Österlånggatan 51
Tel. 08 24 97 60
www.gyldenefreden.se

❺ ERIKS GONDOLEN €€€€–€€€
Ob bei Hummer, Entenbrust oder Gondolens Schokoladendessert, die Aussicht in 36 m Höhe über Stockholms Hafeneinfahrt ist wundervoll.
Stadsgarden 6, Tel. 086 41 70 90
www.eriks.se

❻ FEM SMÅ HUS €€€
Das Restaurant macht seinem Namen alle Ehre – übersetzt bedeutet Fem Små Hus »fünf kleine Häuser«. In den Gewölberäumlichkeiten des Feinschmeckerlokals kommen traditionelle schwedische Fisch- und Fleischgerichte auf den Tisch. Werktags werden mittags günstige Tagesgerichte angeboten.
Nygränd 10, Tel. 08 10 87 75
www.femsmahus.se

❼ PELIKAN €€€
Traditionsreiches Restaurant mit konservativem Interieur und entspannter Atmosphäre. Das Pelikan war einst das Stammlokal des Dichters und Komponisten Carl Michael Bellmann (1740–1795).

Blekingegatan 40
Tel. 08 55 60 90 90
www.pelikan.se

8 ZUM FRANZISKANER €€–€€€

Schwedische Hausmannskost und deutsche Brauhausatmosphäre – das passt durchaus zusammen. In einem der ältesten Restaurants Schwedens (seit 1622 im selben Haus) finden sich viele Touristen aus aller Welt neben Einheimischen und probieren Bier aus Franken, speziell aus Bamberg.
Skeppsbron 44
Tel. 08 411 83 30
zumen.se

9 FÅFÄNGAN RESTAURANT & CAFÉ €€

Im östlichsten Zipfel von Södermalm, hoch über den Kais für die großen Kreuzfahrtschiffe, sitzt es sich im Sommer besonders gut unter den Linden auf der Terrasse des beliebten Cafés. Beobachten Sie den Schiffsverkehr, genießen Sie die Aussicht, kleine Gerichte und guten Kaffee.
Klockstapelsbacken 3
Tel. 08 6 42 99 00
http://fafangan.se

1 GRAND HOTEL STOCKHOLM €€€€

Staatsgäste und Nobelpreisträger logieren seit 1874 gegenüber vom Schloss im Grand Hotel (359 Z.). Das Fünf-Sterne-Haus ist Mitglied der »Leading Hotels of the World«. Mathias Dahlgren erhielt 2010 als erster schwedischer Koch drei Michelin-Sterne: zwei für sein Nobelrestaurant Matsalen und einen für das Menü seiner Foodbar Matbaren (www.mathias-dahlgren.com).
Södra Blasieholmshamnen 8
Tel. 08 6 79 35 00
www.grandhotel.se

2 VICTORY HOTEL €€€€

Maritimes Boutiquehotel: Die nostalgischen Zimmer im Stil des 18. Jh.s erinnern aber eher an schwedische Seehelden. Angeschlossen sind das vielfach ausgezeichnete Restaurant Leijonhornet (Tel. 08 7 50 64 00 80) und das kleine Bistro Djuret, in dem jeden Tag nur das Fleisch einer Tierart auf der Speisekarte steht (Tel. 08 50 64 00 84, www.djuret.se).
Lilla Nygatan 5, Tel. 08 50 64 00 02
www.thecollectorshotels.se

3 MÄLARDROTTNINGEN YACHT HOTEL €€€

Die 1924 für den Millionär Billing gebaute Luxusjacht mit 61 Kabinen ist seit 1982 vor Riddarholmen vertäut.
Gymnasiegränd
Tel. 08 54 51 87 90
www.malardrottningen.se

4 AF CHAPMAN & SKEPPSHOLMEN €

Weit mehr als eine »herkömmliche« Jugendherberge! Man schläft entweder in den komfortablen Kajüten an Bord des 1888 gebauten Dreimasters oder auf Skeppsholmen in einem Holzlager aus dem 19. Jh. in Stockbetten – rechtzeitig reservieren! Die »Bar Chapman« serviert auch Drinks im Freien.
Flaggsmansvägen 8
Tel. 08 4 63 22 66
http://svenskaturistforeningen.se/afchapman

5 LOGINN HOTEL €€

Schwarzer Rumpf, weiße Aufbauten: Mit schönem Blick auf Altstadt und Kungsholmen liegt hier die 1928 gebaute »Kronprinsesse Märtha« vertäut und dient als Hotel. Die kleinen Kajüten haben maritimen Charme und verfügen über ein eigenes Bad, gespeist wird an Deck.
Söder Mälarstrand Kajplats 16
Tel. 08 4 42 44 20
www.loginn.se

OBEN: Farbenfroher Treffpunkt in historischem Ambiente: Stortorget im Herzen des gemütlichen Altstadtviertels Gamla Stan

UNTEN: Bürgerhäuser mit hohen Giebeln erinnern an die Zeiten, als dort reiche Kaufmannsfamilien residierten.

Kleiner Hauptplatz

Stortorget

Südlich des Doms liegt der nicht sonderlich große Stortorget, einst der Hauptplatz der Stadt. Er wird beherrscht von der klassizistischen Säulenfassade der Börse (1778), heute beherbergt das Gebäude das **Nobelmuseum** mit Wissenswertem zur Geschichte des Nobelpreises sowie zu den Preisträgerinnen und Preisträgern. 2020 soll das Museums umziehen in einen Neubau am südlichen Ende der Halbinsel Blasieholmen in der Nähe des Nationalmuseums. Direkt am Stortorg stehen einige schmale Bürgerhäuser mit stattlichen Renaissancefronten. 1520 spielte sich hier das **»Stockholmer Blutbad«** ab, als Christian II. von Dänemark 82 führende Männer Schwedens hinrichten ließ.
Eine schmale Gasse führt vom Stortorget zur **Deutschen Kirche** (Tyska Kyrkan), dem einstigen Gotteshaus der deutschen Kaufmannsgilde, einem Werk der Backsteingotik, jedoch mit starkem Renaissance-Einschlag. Der Turm kam im 19. Jh. hinzu. Nicodemus Tessin d. Ä. entwarf die Kanzel aus Ebenholz und Alabaster.

Nobelmuseum: Börshuset, Stortorget 2 | Juni – Aug. tgl. 9 – 20, sonst Di. – Do. 11 – 17, Fr. 11 – 20, Sa., So. 10 – 18 Uhr | Eintritt 120 SEK | www.nobelcenter.se

Besondere Gebäude

Riddarhus

Im Riddarhus westlich der Kirche hielten bis 1866 die schwedischen Ritterschaften ihre Versammlungen ab. Das Gebäude entstand 1641 bis 1674 nach Plänen des französischen Architekten Simon de la Vallée. Beim Riddarhus geht es über den Riddarholmskanal zur Insel Riddarholmen, der »Ritterinsel«. Viele der ehemaligen Adelspaläste sind heute Regierungsgebäude. Auf dem **Birger Jarlstorg** steht auf hoher Säule ein Standbild des legendären Stadtgründers.

Königliche Grablege

Riddarholmen

An der Südseite des Platzes steht die an ihrem durchbrochenen Turmhelm schon von Weitem zu erkennende **Riddarholm-Kirche,** einst Teil eines Franziskanerklosters. Seit 1807 wird sie nur noch als Beisetzungs- und Gedächtniskirche genutzt und ist Grablege der schwedischen Könige, u. a. liegt hier Gustaf II. Adolf.

Mitte Mai – Ende Sept. tgl. 10 – 17 Uhr

Södermalm

Schwedens Prenzlauer Berg

Trendviertel

Im 19. Jh. war Södermalm das Viertel der Arbeiter, Kunstschaffenden und Prostituierten. Die »anständigen« Stockholmer machten einen großen Bogen um »Söder«. Heute ist Södermalm der angesagteste Bezirk Stockholms.

Stadtteilgeschichte

Stadtmuseum

Wie so viele Gebäude der Stadt wurde auch das Stadtmuseum nach Plänen von Nicodemus Tessin d. Ä. erbaut. Das Museum informiert – u. a. anhand von **Stadtmodellen** – über die Geschichte Stockholms vom Jahr 1527 bis heute. Darüber hinaus werden die einzelnen Stadtteile mit ihren Besonderheiten vorgestellt. Nach etlichen Jahren aufwendiger Renovierung wurde es 2019 feierlich wiedereröffnet.

Stadsmuseet: Ryssgården | www.stadsmuseum.stockholm.se

Beste Aussichten

Viertel am Mariaberget

Über die Hornsgatan und die Bellmansgatan erreicht man das nordwestlich von Södermalm gelegene Viertel am Mariaberget mit seinen engen, zum Teil steilen Gassen. An den **Hornsgatspuckeln** – einer kleinen Straße parallel zur Hornsgatan – liegen etwa ein Dutzend Galerien; schon früher haben viele Künstlerinnen und Künstler hier gelebt. Lohnend ist der kurze Fußweg den Monteliusvägen entlang, der zu einem der schönsten Aussichtspunkte der Stadt führt.

Ein anderer sehr beliebter Aussichtspunkt im Viertel ist die **Fjällgatan.** Von hier aus genießt man einen ausgezeichneten Blick über Stockholm, deswegen ist die Straße auch regelmäßig Ziel der Rundfahrtbusse, die hier eine Pause für den Fotostopp einlegen.

Ein populärer Zeitgenosse

S:ta Maria Magdalena Kyrka:

Die Maria Magdalena Kirche an der Hornsgatan/Bellmannsgatan erhielt ihr heutiges Aussehen Ende des 17. bzw. Anfang des 18. Jh.s, als sie im Barockstil umgebaut wurde. Auf dem Friedhof liegt der in Schweden sehr bekannte Dichter, Volkssänger und Komponist **Evert Taube** (1890–1976).

Bellmannsgatan 13 | Mo. – Sa 11 – 17, Do. bis 19, So. 10 – 17 Uhr

South of Folkungagatan

Medborgarplatsen

Entlang der **Götgatan** – einer der beliebtesten Einkaufstraßen Stockholms, die Södermalm in Nord-Süd-Richtung durchschneidet – erreicht man den Medborgarplatsen. Er ist der wichtigste Platz und Verkehrsknotenpunkt dieses Stadtteils. An seiner Südseite steht die Markthalle **»Söderhallarna«** mit zahlreichen Lebensmittelständen und Restaurants.

Südlich der Folkungagatan **SoFo** (»South of Folkungagatan«) beginnt Södermalms Ausgehbezirk. Hier gibt es neben Restaurants und Kneipen auch kleine Galerien und Boutiquen.

Lichtbildkunst

Fotografiska

Im alten Zollgebäude, erbaut zwischen 1906 und 1910 von dem schwedischen Architekten Ferdinand Boberg, ist heute das **größte Fotografie-Museum Nordeuropas** untergebracht. Es ist die Plattform für mehrere große und gut ein Dutzend kleinerer Wechselaus-

Romantischer geht's kaum: Blick vom Monteliusvägen am Nordufer von Södermalm

stellungen pro Jahr. Vom Museumsrestaurant im Obergeschoss hat man einen ausgezeichneten Blick auf Gamla Stan mit dem Königsschloss und auf die Insel Skeppsholmen.
Stadsgårdshamnen 22 | So. – Mi. 9 – 23, Do., Sa. bis 1 Uhr | Eintritt 165 SEK | www.fotografiska.eu

Auf ein Bier mit Strindberg

Mosebacke Torg

Von den Mosebacke-Terrassen, dem **schönsten Biergarten der Stadt,** genießt man einen weiten Blick über Stockholm. Weil August Strindberg hier auch gern zu Gast war und den Biergarten in seinen Werken literarisch verewigt hat, steht dort eine Strindberg-Statue des Bildhauers Carl Eldh.

Südlich von Södermalm

Ritt auf der Kugel

Globen/ Ericsson Globe

Die Stadt liegt Ihnen zu Füßen! An der Außenhaut des »Ericsson Globe« fährt der **»SkyView«,** ein gläserner Aufzug, hinauf zum höchsten Punkt des Gebäudes in 85 m Höhe – ein fantastischer Ausblick auf das südliche Stockholm ist garantiert. Die 16 000 Zuschauer fassende Mehrzweckhalle wurde anlässlich der Eishockeyweltmeisterschaft

1989 gebaut. Ihre weiße, weithin sichtbare Kuppel hat dem Globe den Spitznamen »hartgekochtes Ei« eingebracht. Mit einem Durchmesser von 110 m und einem Rauminhalt von mehr als 600 000 m³ ist es das **größte kugelförmige Bauwerk der Welt.**

SkyView: Mo. – Fr. 10 – 18, Sa., So. 10 – 16 Uhr | Ticket 160 SEK | www.stockholmlive.com

Ein Friedhof als Welterbe

Skogskyrkogården

Der Waldfriedhof in Stockholm zählt zu den wichtigsten Werken moderner Landschaftsarchitektur und gilt als einer der schönsten Friedhöfe weltweit. Seit 1994 steht er auf der **Weltkulturerbeliste der UNESCO.** Er entstand als Ergebnis eines Architektenwettbewerbs 1914. Der wurde von den beiden jungen Architekten Gunnar Asplund und Sigurd Lewerentz gewonnen, die dann im Lauf von mehr als 40 Jahren Schwedens größten Friedhof schufen. Besonders sehenswert sind der Ulmenhügel und das von Asplund 1939 entworfene riesige Granitkreuz. Den Friedhof kann man ganzjährig rund um die Uhr besuchen.

Sockenvägen 492 | Besucherzentrum: Mai – Sept. tgl. 11 – 16 Uhr | http://skogskyrkogarden.se

Blasieholmen und Skeppsholmen

Schöne Künste in neuem Licht

★★ Nationalmuseet

Nordwestlich der Altstadt liegt Blasieholmen. Dort stellt das Nationalmuseum Gemälde, Grafiken, Zeichnungen und Skulpturen berühmter schwedischer und internationaler Künstlerinnen und Künstler aus; die Sammlung umfasst rund 16 000 Werke vom späten Mittelalter bis zum Beginn des 20. Jahrhunderts. Einen Schwerpunkt bildet die **schwedische Malerei** des 18. und 19. Jahrhunderts. Gezeigt werden auch Arbeiten europäischer Klassiker wie Rembrandt, Rubens, Goya, Renoir, Degas und Gauguin. Die **Sammlung französischer Malerei** aus dem 18. Jh. zählt zu den bedeutendsten weltweit. Daneben zeigt das Museum die berühmte **Gustavsberg-Porzellansammlung.**

Das Museum hat eine über fünfjährige Renovierung hinter sich, Ergebnis: mehr Raum für Ausstellungen und Besucherservice. Dank der neuen Klimaanlage können nun auch empfindliche Gemälde und Kunstwerke gezeigt werden, die bisher im Depot bleiben mussten.

Södra Blasieholmshamnen 2 | Di. – So. 11 – 19, Do bis 21 Uhr | Eintritt frei | www.nationalmuseum.se

Hostel am Pier

»af Chapman«

Über die Skeppsholmsbron erreicht man die Insel **Skeppsholmen,** wo als weithin sichtbarer Blickfang das als Jugendherberge dienende

Auf der Insel Skeppsholmen war bis Mitte des letzten Jahrhunderts viel Militär zu Hause. Heute präsentiert hier das Moderna Museet Gegenwartskunst.

einstige Segelschulschiff **»af Chapman«** vor Anker liegt. An Bord kann man in gemütlichen Kajüten übernachten.

Kunstgenuss plus Sonnenterrasse

★ Moderna Museet

Nahebei findet sich das Moderna Museet. Seine große Sammlung zeitgenössischer Kunst und Fotografie gehört zu den besten Europas. Neben Werken großer, dominierender Künstler wie Picasso, Matisse, Dalí und Klee werden laufend Ausstellungen zur Gegenwartskunst gezeigt. Nach dem Kunstgenuss kann man sich im Museumsrestaurant verwöhnen lassen, am besten auf der **Sonnenterrasse** mit Blick aufs Wasser und die Insel Djurgården.

Im angrenzenden Gebäude zeigt das **ArkDes** (Zentrum für Architektur und Design) zahlreiche Modelle und Zeichnungen – von den ersten Langhäusern der Wikinger über die typisch schwedischen Holzhäuser bis zu modernen Wohnsiedlungen. Dazu kommen wechselnde Ausstellungen.

Moderna Museet: Exercisplan 2 | Di., Fr. 10 – 20, Mi., Do. 10 – 18, Sa., So. 11 – 18 Uhr | Eintritt 150 SEK, einige Ausstellungen frei | www.modernamuseet.se

Arkitektur- och Designcentrum: Exercisplan 4 | Öffnungszeiten wie Moderna Museet | Eintritt frei | www.arkdes.se

Feines aus Fernost

Östasiatiska Museet

Das kleine, sehenswerte **Ostasiatische Museu**m zeigt Kunst und Kunsthandwerk aus China, Japan, Korea und Indien und nennt eine der bedeutendsten Sammlungen chinesischer Kunst sein eigen.

Tyghusplan 4 | Di. 11 - 20, Mi. - So. 11 - 17 Uhr | Eintritt frei | www.varldskulturmuseerna.se/ostasiatiskamuseet

Norrmalm und nördliche Innenstadt

Jüngere Stadtarchitektur

Norrmalm

Dies ist die **moderne City** Stockholms. Die meisten Gebäude zwischen Sergels Torg, Hötorg, Stureplan und Norrmalmstorg wurden nach 1945 errichtet und haben die Altbauviertel verdrängt.

Königsmord beim Maskenball

Gustav Adolfs Torg

Von Gamla Stan kommt man über die Norrbro zum Stadtteil Norrmalm und zum Gustav Adolfs Torg. Das 1783 erbaute Erbfürstenpalais ist seit 1906 Sitz des Außenministeriums. Rechts, mit Blick auf den Strömmen, steht die **Oper.** Hier wurde 1792 Gustav Adolf bei einem Maskenball ermordet. Östlich des Platzes erstreckt sich der **Kungsträdgården,** im Sommer ein sehr beliebter Treffpunkt. Die Standbilder in diesem Park zeigen die Könige Karl XII. und Karl XIII.

Hauptachse der City

Hamngatan

An der Nordseite des Kungsträdgården verläuft die Hamngatan, die **Hauptachse** der neueren Innenstadt. In der Nähe des Norrmalmstorg steht der architektonisch gelungene Komplex des NK-Kaufhauses, von dessen Dachrestaurant sich ein weiter Rundblick öffnet. Das Gebäude Hamngatan Nr. 4 ist das von spanischen Vorbildern beeinflusste ehemalige **Hallwylsche Palais.** Im heutigen Hallwylska museet kann man sich ansehen, wie Adlige vor gut 100 Jahren lebten.

Hallwylska Museet: Hamngatan 4 | Juli - Aug. Di. - So. 10 - 19, sonst Di. - Fr. 12 - 16, Mi. bis 19, Sa., So. 11 - 17 Uhr | Eintritt frei | www.hallwylskamuseet.se

Schwedisches Nationaltheater

»Dramaten«

Am Nybroplan sticht die Jugendstilfassade des **Königlichen Dramatischen Theaters,** kurz »Dramaten« genannt, hervor. Es wurde 1908 eröffnet, auch Ingmar Bergman hat hier gearbeitet.

Nybroplan 6 | Führungen Sa. 17 Uhr | Ticket 90 SEK | Anmeldung und Theater-Tickets Tel. 086 67 06 80 | www.dramaten.se

Geschäftszentrum Stockholms

Sergels Torg

Am Westende der Hamngatan bildet der weite Sergels Torg einen städtebaulichen Akzent. Sein Wahrzeichen ist die knapp 40 m hohe

OBEN: Der Goldene Saal im Stadshuset trägt seinen Namen zu Recht.

UNTEN: Das »Dramaten« verbindet königliches Theater und prachtvolle Architektur.

gläserne Skulptur **»Kristallvertikalaccent«** von Edvin Öhrström. Der in mehreren Ebenen angelegte Platz mit einer stets belebten Einkaufspassage ist ein zentraler Verkehrsknotenpunkt und ein **beliebter Jugendtreff.** Seine Südseite wird beherrscht vom **Kulturhaus,** das wegen seiner vielen interessanten Kulturveranstaltungen, aber auch dank Galerien, Lesesaal, Theater und Cafés zu den meistbesuchten Sehenswürdigkeiten der Stadt zählt.

Kulturhuset Stadsteatern: Öffnungszeiten der einzelnen Einrichtungen variieren, siehe www.kulturhuset.stockholm.se

Bei Orpheus den Sommer genießen

Hötorget

Vom Sergels Torg führt die Sergelsgatan nach Norden zum Hötorg, wo das **Konserthus** steht, Heimstatt der Stockholmer Philharmoniker. Hier werden auch jährlich die **Nobelpreise** verliehen, mit Aus-

nahme des Friedensnobelpreises, der in Oslo vergeben wird. Vor dem Gebäude steht der **Orpheus-Brunnen** von Carl Milles.
Östlich und westlich des Hötorget verläuft die **Kungsgatan,** eine der Hauptgeschäftsstraßen im Innenstadtbereich. Man flaniert an den beiden 17-stöckigen Königstürmen und dem exklusiven Einkaufszentrum Sturegallerian vorbei.

Wo Strindberg seine letzten Jahre verbrachte

Strindbergsmuseet

Westlich parallel zum Sveavägen verläuft die z. T. als Fußgängerzone gestaltete Drottninggatan, wo einst der Dichter August Strindberg im **»Blauen Turm«** lebte. Heute kann man seinen Arbeitsplatz, seine Bibliothek und auch einige seiner bekannten Gemälde besichtigen.
Drottninggatan 85 | Di. – So. 12 – 16, Juli – Mitte Aug. ab 10 Uhr | Eintritt 75 SEK | www.strindbergsmuseet.se

In der Östermalmer Markthalle gibt es alles, was das Herz und der Magen begehren: Neben Obst, Gemüse, Fleisch, Käse und Kaffee findet man alle Sorten von frischem, geräuchertem und gebeiztem Fisch.

Kungsholmen

★ Stadshuset

Blau ist nicht blau, aber golden ist golden

Das Stadshus am Ufer des Riddarfjärden ist eines der markantesten Wahrzeichen von Stockholm. Der dunkelrote Klinkerbau mit grün patinierten Kupferdächern wurde 1911–1923 von Ragnar Östberg errichtet. Für die Innenausstattung waren verschiedene Künstler verantwortlich. Ein Fahrstuhl führt hinauf zur Plattform des 106 m hohen Turms, von wo man eine gute Rundsicht genießt. Die **Blaue Halle** ist ein gedeckter Innenhof mit Säulengang. Im großen Ratssaal, heute Sitzungssaal des Stadtrats, soll die offene Dachkonstruktion das Flair einer Wikingerburg erzeugen. Mehr als 18 Mio. farbige Steinchen sind im **Goldenen Saal** zu prächtigen goldgrundigen Mosaiken zusammengesetzt. In den Sälen findet das jährliche Bankett zu Ehren der frisch gekürten Nobelpreisträger und -trägerinnen statt.

Hantverkargatan 1 | Besichtigung nur geführt (Englisch oder Schwedisch), genaue Zeiten siehe Webseite | Tickets April – Okt. 120 SEK, Nov. – März 90 SEK | http://international.stockholm.se/the-city-hall/

Östermalm

Feine Adresse

Strand-
vägen

Es ist noch gar nicht so lange her, da grasten in Östermalm die königlichen Schafherden, denn erst im 19. Jh. wurde das Viertel Teil der City. Das Zentrum liegt um den Östermalmstorg, den stattliche Häuser, Geschäfte, Restaurants und Galerien säumen. Zwischen Nybroplan und Djurgården verläuft eine der schönsten **Flaniermeilen** der Stadt, der Strandvägen, an dem zahlreiche palastartige Bauten aus dem 19. Jh. stehen.

1000 Jahre schwedische Geschichte

Historiska
Museet

An der vom Humlegården südöstlich verlaufenden Linnégatan, Ecke Narvavägen, steht das Historische Museum, das mit einer Vielzahl archäologischer Funde die Frühgeschichte Schwedens bis zum Mittelalter zeigt. Besonders beeindruckend sind der als unterirdische Schatzkammer gestaltete **Goldraum** und die Bildsteine aus Gotland.

Historiska Museet: Narvavägen 13 – 17, Juni – Aug. tgl. 10 – 17, sonst Di. – So. 11 – 17, Mi. bis 20 Uhr | Eintritt frei | historiska.se

Djurgården

Insel, Stadtteil und Park

Natur und
viel Kultur

Djurgården ist die **grüne Lunge** der Stadt. Fast die ganze Insel wird als Naherholungsgebiet und für Kultur und Vergnügen genutzt. Hier stehen viele der interessantesten Museen Stockholms.

Einblicke in die Kultur der Nordländer

Nordiska
Museet

Das **Nordische Museum** besitzt umfangreiche Sammlungen zur nordischen Volkskunde. Eine Ausstellung samischer Kultur zeigt Jagd- und Fischfanggeräte, Schnitzereien aus Rentiergeweih, Schamanentrommeln und andere kultische Gegenstände. Weitere Themen sind schwedische Trachten und Brauchtum, Puppenstuben, volkstümliche Keramik, Tischkultur seit dem 17. Jh. und verschiedene Weihnachtsbräuche.

Djurgårdsvägen 6 – 16 | Juni – Aug. tgl. 9 – 18, sonst 10 – 17, Mi. bis 20 Uhr | Eintritt 140 SEK | www.nordiskamuseet.se

Die schwedische Titanic

★
Vasamuseet

Hochmut kommt vor dem Fall. Hätte auch Gustav II. Adolf auf diese Binsenweisheit gehört, das spektakuläre Vasa-Museum hätte nie seine Pforten geöffnet. Doch bisweilen sind Könige beratungsresistent, und so wurde ein prächtiges Kriegsschiff gebaut, dass zum Scheitern verurteilt war. Dabei sollte die **»Vasa«** zum Flaggschiff der neuen Ostseemacht Schweden werden, mit 64 Kanonen und 445 Mann Besatzung,

und die Feinde das Fürchten lehren. Allerdings missachtete man auf königliches Geheiß einfache Gesetze der Physik: Um die Vorgaben Seiner Majestät umzusetzen, war ein zweites Kanonendeck vonnöten, der Schwerpunkt des Schiffes dadurch zu hoch. Der größere Tiefgang hatte zudem zur Folge, dass schon bei geringer Krängung (Seitenneigung) die Kanonenluken unter dem Wasserspiegel lagen. Niemand wollte oder konnte den König auf diese Konstruktionsmängel hinweisen, und so nahm das Schicksal auf der Jungfernfahrt 1628 schon nach wenigen Metern seinen Lauf. Die erste stärkere Böe brachte das Schiff zum Kentern, mindestens 30 Frauen und Männer starben.
Nicht minder abenteuerlich klingt das weitere Schicksal der »Vasa«. 333 Jahre lag sie auf dem Grund der Ostsee, bevor sie aufwendig geborgen wurde. Nochmals 29 Jahre dauerte es, bis das gigantische Puzzle **aus über 14 000 Teilen** zusammengesetzt und ein eigens dafür errichteter Museumsbau eingeweiht werden konnte. Seitdem ist das Vasa-Museum schon von Weitem an den aufragenden Schiffsmasten zu erkennen. In dem abgedunkelten Museumsbau ragt das 52,5 m hohe Schiff empor. Es kann auf mehreren Ebenen umrundet werden. Zahlreiche Exponate erzählen in einer atemberaubenden Ausstellung die Geschichte der schwedischen »Titanic«, ihrer Rekonstruktion und das Schicksal der verunglückten Seeleute nach.
Hinter dem Vasa-Museum liegt der **Vasa Hamnen,** wo einige historische Schiffe aus neuerer Zeit verankert sind, darunter der Eisbrecher »St. Erik« und das Feuerschiff »Finngrundet«.
Juni – Aug. tgl. 8.30 – 18, sonst 10 – 17, Mi. bis 20 Uhr | Eintritt 130 SEK | www.vasamuseet.se

Mamma Mia!

★ ABBA The Museum

Wer mit der Musik der schwedischen Popgruppe ABBA aufgewachsen ist, wird viel Spaß haben im ABBA-Museum. Hier sind nicht nur die Stationen im Leben von Frida und Agnetha, Björn und Benny nachgezeichnet und viele **ABBA-Memorabilia** wie Kostüme und Goldene Schallplatten ausgestellt, man kann sich auch auf einer Bühne mit Songs der Gruppe aus- und die berühmten Glitzerfummel (virtuell) anprobieren. So viel Interaktivität hat ihren Preis.
Djurgårdsvägen 68 | Mai – Aug. tgl. 9 – 20, sonst meist 10 – 17/18 Uhr | Eintritt 250 SEK (nur Kartenzahlung) | www.abbathemuseum.com

Das ganze Jahr über …

Gröna Lund

Achterbahn und Zuckerwatte das ganze Jahr über bietet der **Freizeitpark** Gröna Lund Tivoli. Seit 1883 drehen sich hier die Karussells, mittlerweile sind Varietés, Musikbühnen, Los- und Würstchenbuden, Cafés und Restaurants dazugekommen.
Lilla Allmänna Gränd 9 | Juli – Aug. tgl. 10 – 22/23 Uhr | Eintritt 120 SEK | Djurgårdsfähre ab Slussen oder Nybrokai, Haupteingang Allmänna Gränd | www.gronalund.com

OBEN: ABBA-Devotionalien satt gibt es im Museum der Band.
UNTEN: Irren ist königlich: 1628 kenterte die »Vasa« nach nur wenigen Metern der Jungfernfahrt, danach lag sie 333 Jahre lang auf dem Grund der Ostsee!

Zu Besuch bei Pippi und Michel

Junibacken

Der besonders bei Familien beliebte Junibacken, in einer ehemaligen Bootshalle untergebracht, erweckt die **Romanwelt von Astrid Lindgren** zum Leben. Auf einer Rundfahrt mit der Bimmelbahn trifft man Karlsson vom Dach, Michel aus Lönneberga, Ronja Räubertochter, Pippi Langstrumpf und all die anderen Helden aus Lindgrens Büchern. Aber auch Figuren vieler anderer nordischer Kinderbuchautoren sind hier zu Hause: Willi Wiberg von Gunilla Bergström, die Mumins von Tove Jansson sowie Pettersson und Findus von Sven Nordqvist.

Galärvarvsvägen 8 | Juli – Mitte Aug. tgl. 10 – 18, sonst 10 – 17 Uhr | Eintritt 185/155 SEK | www.junibacken.se

Tour de Schweden

★ Skansen

An den Hängen hinter Gröna Lund zieht sich das 1891 eröffnete **Freilichtmuseum** Skansen hin, das **erste seiner Art weltweit.** Auf dem rund 30 ha großen Gelände sind historische Gebäude aus allen Landesteilen, Kunstgewerbeateliers, eine Glashütte und eine Holzkirche zu sehen, dazu gibt es Spielplätze, Buden mit allerlei Süßigkeiten und Souvenirs sowie eine Konzertmuschel. Vom Aussichtsturm des Cafés Bredablick überschaut man die ganze Stadt. Im kleinen Zoo leben Tiere, die für Schwedens Wildmark typisch sind, sowie alte Haustierrassen.

In Skansen werden Feste noch wie anno dazumal in farbenfrohen Trachten gefeiert.

Auf dem Museumsgelände befinden sich auch das Tabakmuseum, das Biologische Museum mit Dioramen nordischer Tiere und ein Zirkus.
tgl. geöffnet, Juni – Aug. 10 – 20, sonst kürzer, genaue Zeiten siehe Webseite | Eintritt je nach Saison 125 – 185 SEK | www.skansen.se

Die Stars von morgen

Liljevalchs Konsthall

Die Kunsthalle veranstaltet im dreimonatigen Wechsel hochkarätige Ausstellungen mit Werken schwedischer **Nachwuchskunstschaffenden.** Vor allem der alljährliche Frühjahrssalon (Vårsalongen) von Ende Januar bis Ende März hat seit der ersten Veranstaltung 1921 einen festen Platz im Kulturkalender der Stadt. Am Eingang steht auf hoher Granitsäule »Der Bogenschütze« von Carl Milles.
Djurgårdsvägen 60 | Di. – Do. 12 – 20, Fr. – So. 11 – 17 Uhr | einzelne Ausstellungen kostenpflichtig | www.liljevalchs.se

Kunst in Jugendstilambiente

Thielska galleriet

Die Thielska Galerie – in einmaliger Lage am äußersten östlichen Zipfel von Djurgården – beherbergt in den Räumen einer weißen Jugendstilvilla eine sehr gute Sammlung **nordeuropäischer Kunst.** Zu den Höhepunkten der Sammlung schwedischer Kunstschaffender gehören Bilder von Carl Larsson und die teils großformatigen Landschaften von Bruno Liljefors. Von dem Norweger Edvard Munch sind elf Bilder zu sehen, darunter »Das kranke Kind«, »Verzweiflung« und »Die Mädchen auf der Brücke« sowie Druckgrafiken.
Sjötullsbacken 8 | Di. – So. 12 – 17, Do. bis 20 Uhr | Eintritt 130 SEK | www.thielska-galleriet.se

Im Schloss des Malerprinzen

Waldemarsudde

Im Süden der Insel ließ sich Prinz Eugen (1865–1947), der als Maler berühmt gewordene Sohn Oscars II., auf dem in den Saltsjön hinausragenden Landvorsprung ein Palais bauen. Heute ist es ein gut besuchtes Museum und zeigt einige seiner eigenen Werke und Stücke aus seiner **persönlichen Kunstsammlung,** dazu Wechselausstellungen. Palais und Galerie stehen in einem wunderschönen Park.
Prins Eugens Väg 6 | Di. – So. 11 – 17, Do. bis 20 Uhr | Eintritt 150 SEK | www.waldemarsudde.se

Vetenskapsstaden und Lidingö

Im Univiertel

Wissenschaftsstadt

Das **Seehistorische Museum** informiert über Unterwasserarchäologie, die Geschichte der Kriegsmarine und zeigt das rekonstruierte Achterkastell des Schoners »Amphion«. Das **Technische Museum,** das größte Wissenschafts- und Technologiemuseum des Landes, zeigt Maschinen vom Bergbau bis zum Haushaltsbereich. Das **Tekno-**

rama lädt zum Experimentieren ein. Entdeckungsreisen zu den Kulturen der Erde bietet das **Etnografiska Museet.**

Sjöhistoriska museet: Djurgårdsbrunnsvägen 24 | Di. – So. 10 – 17 Uhr | Eintritt frei | www.sjohistoriska.se

Tekniska museet: Museivägen 7 | tgl. 10 – 17, Mi. bis 20 Uhr | Eintritt 120 SEK | www.tekniskamuseet.se

Etnografiska museet: Djurgårdsbrunnsvägen 34 | Di. – So. 11 – 17, Mi. bis 20 Uhr | Eintritt frei | www.etnografiska.se

★ Hagaparken

Victorias Garten

Gustav III. wollte im Hagapark eigentlich ein zweites Versailles schaffen. Seine Ermordung 1792 verhinderte die ambitionierten Pläne. Der Pavillon Gustav III. ist eines der schönsten Beispiele des gustavianischen Stils, vor allem das Interieur mit Wandmalereien und Spiegelsälen ist sehenswert. Auffällig stehen die drei Kupferzelte an einem Hügel, die Militärzelten des römischen Heeres nachempfunden wurden. Einst dienten sie als Ställe, heute ist in einem ein Museum über die Geschichte des Parks untergebracht. In der Nähe der **Kupferzelte** flattern im Fjärils- & Fågelhuset exotische Vögel und tropische Schmetterlinge in Glashäusern frei herum. Weiter sehenswert sind der Echotempel, die chinesische Pagode, der türkische Kiosk, die Finnhütten und der heute als Hotel genutzte Stallmeisterhof. Das schlichte **Haga-Schloss** wurde 1802–1805 im Auftrag von Gustav IV. Adolf errichtet. Seit ihrer Hochzeit 2010 leben Kronprinzessin Victoria und ihr Ehemann Prinz Daniel in dem Schloss.

Pavillon: Besichtigung nur im Rahmen einer Führung | Juni – Aug. Di. – So. 12, 13, 14, 15 Uhr | Eintritt 100 SEK | www.kungahuset.se

Fjärilshuset: Mo. – Fr. 10 – 16, Sa., So. bis 17 Uhr | Eintritt 175 SEK | http://fjarilshuset.se

★ Millesgården

Skulpturenreich

Im Nordosten des Stadtgebiets liegt auf der waldreichen Insel Lidingö der gleichnamige Villenvorort. Sehenswert ist der Millesgården, ehemals **Wohnung und Atelier** des Bildhauers Carl Milles (1875 bis 1955), heute Museum. Im Freigelände stehen Repliken verschiedener Arbeiten des Künstlers. Vom Garten aus hat man einen sehr schönen Blick auf die Stadt.

Herserudsvägen 32 | Mai – Sept. tgl. 10 – 17, sonst Di. – So. 11 – 17 Uhr | Eintritt 150 SEK | www.millesgarden.se

Rund um Stockholm

★★ Drottningholms slott

Wohnsitz der königlichen Familie

Rund 11 km westlich vom Zentrum steht auf einer Insel im Mälarsee Schloss Drottningholm. Es wurde 1662 im Auftrag Königin Eleonoras

Auch für Schwäne keine schlechte Adresse: Schloss Drottningholm, der Wohnsitz der schwedischen Königsfamilie

von Nicodemus Tessin d. Ä. nach französischen und holländischen Vorbildern errichtet. Carl Hårleman und Carl Fredrik Adelcrantz bauten im 18. Jh. neue Flügel an, so entstanden Räume im französischen Rokokostil. Das Schloss zählt heute zum UNESCO-Weltkulturerbe. Besichtigt werden können das Erdgeschoss und einige weitere Räume. Der klassizistische Bau von 1766 wird heute noch regelmäßig für Aufführungen von **Barockopern** genutzt – wer Zeit hat, sollte sich diese Gelegenheit nicht entgehen lassen! Im Rahmen einer Führung kann man das Foyer und den Zuschauerraum besichtigen. Ein Nebengebäude beherbergt das seit 1922 bestehende Theatermuseum, die größte theatergeschichtliche Sammlung des Landes. Aus dem Jahr 1766 stammt das **Kina Slott,** ein kostbar ausgestatteter Pavillon mit Nebengebäuden nach chinesischen Vorbildern.

Schloss: Mitte Januar – März Sa., So. 12 – 16, April. Di. – So. 10 – 16, Mai – Sept. tgl. 10 – 17, Okt. Di. – So. 10 – 16, Nov. – Mitte Dez. Sa., So. 10 – 16 Uhr | Eintritt 130 SEK | www.kungahuset.se

Theatermuseum: Führungen Mai – Aug. tgl. 11 – 16.30, April tgl. 11 – 15.30, Sept. tgl. 12 – 15.30, Okt. Fr. – So. 12 – 15.30, Nov. – Mitte Dez. Sa., So. 12 – 15.30 Uhr, in Englisch stdl., in Deutsch im Sommer zweimal tgl. | Eintritt 100 SEK | www.dtm.se

★★
Schären

Urlaub von der Großstadt

Der Stockholmer **Skärgarden** besteht aus **rund 24 000 Inseln.** Mitte des 19. Jh.s bauten sich die ersten Stockholmer in den Schären ihre ersten Sommerhäuschen – heute ist deren Zahl auf rund 50 000 angewachsen. Eine ganze Flotte von **weißen Schärendampfern** bricht jeden Tag von der Hauptstadt in die Inselwelt auf.
http://waxholmsbolaget.se

»Hauptstadt der Stockholmer Schären«

Vaxholm

Besonders beliebt sind die Feste in **Vaxholm.** Am Tag der Schärenboote (Skärgårdbåtens dag) Anfang Juni gibt es eine Parade der Schärendampfer, Musik und Tanz, am längsten Tag des Jahres wird ein traditionelles Mittsommerfest gefeiert und Mitte August ist Schärenmarkt (Skärgårdsmarknad).

Vielfalt im Schärengarten

Artipelag

Kunst, Kulinarik und Veranstaltungen aller Art kombiniert das Zentrum Artipelag im Schärengarten vor Stockholm. Das vom Architekten Johan Nyrén entworfene Gebäude beinhaltet eine großzügige Kunstgalerie, es gibt eine Designboutique, Veranstaltungs- und Konferenzräume, Raum für Kinder und zwei Restaurants mit schönem Ausblick in die Schärenlandschaft. Am bequemsten ist Artipelag mit der Fähre, die vom Nybrokajen ablegt, zu erreichen (www.stromma.se).
Gustavsberg, Artipelagstigen 1 | Di. – Do. und Sa., So 11 – 17 Uhr | http://artipelag.se

Kein gewöhnliches Segelboot, sondern ein besonders schneller Schärenkreuzer

Wikinger-Metropole

Björkö

Etwa 28 km westlich von Stockholm liegt im Mälarsee die kleine Insel Björkö (Birkeninsel). Hier wurde gegen Ende des 8. Jh.s die Wikingersiedlung **Birka** gegründet. Außerhalb der Siedlung erstreckt sich ein Gräberfeld; es ist mit rund 2500 Grabstätten das größte seiner Art in Schweden. Birka zählt zum UNESCO-Weltkulturerbe. Im Museum kann man sich über den Stand der laufenden Ausgrabungen informieren.
www.birkavikingastaden.se

★ SUNDSVALL

Landschaft: Medelpad | **Provinz:** Västernorrland Län
Einwohnerzahl: 99 700 | **Höhe:** Meereshöhe

R 18

Holz hat Sundsvall reich gemacht. Nach einem Brand im Jahr 1888 wurde die Stadt ganz aus Stein und – Geld spielte keine Rolle – prachtvoll wiederaufgebaut. Die einstige Metropole der Holzbarone ist heute das wichtigste Wirtschaftszentrum der Region.

Phönix aus der Asche

An der Mündung der Selångerån in den Bottnischen Meerbusen gelegen, war Sundsvall dank der günstigen Lage am Wasser und an den westwärts führenden Fernhandelswegen schon im 6. Jh. ein bedeutender Handelsplatz. Ein stürmischer Aufschwung setzte im 19. Jh. ein, als zahlreiche Sägewerke gegründet wurden. Heute hat die Stadt einen Ölhafen und ist Zentrum der schwedischen Holz- und Papierindustrie. Der Gesamtplan der alten Stadtanlage geht auf Nicodemus Tessin d. Ä. zurück. 1888 brannten große Teile der Stadt ab, bei ihrem Wiederaufbau wurden im Stadtzentrum breite Straßen angelegt. Heute ist »Stenstaden« – die Stadt aus Stein – mit ihren repräsentativen Häusern rund um den Marktplatz ein architektonisches Highlight. Sundsvall kann man angenehm zu Fuß erkunden, denn viele Fußgängerzonen durchziehen die gesamte Innenstadt.

Wohin in Sundsvall und Umgebung?

Geschichte und Kultur in alten Lagerhäusern

Kulturmagasin

In der Verlängerung der Nybrogatan steht das leicht an seiner verglasten Front erkennbare Kulturmagasin. Es beherbergt eine Bibliothek, das Medelpad-Archiv sowie das **städtische Museum.** Im Museum kann man den **Grabfund von Högom** bestaunen (aus der Zeit

SUNDSVALL ERLEBEN

VISIT SUNDSVALL
Stora Torget
85230 Sundsvall
Tel. 060 6 58 58 00
www.visitsundsvall.se

HÄRNÖSANDS TURISTBYRÅ
Stora Torget 2
87130 Härnösand
Tel. 0611 2 04 50
www.harnosand.se

Das Gefühl der Schwerelosigkeit und den Eindruck, vom Wind getragen fliegen zu können, kann man in Sundsvalls Vindtunnel Förening im Freifall-Simulator erleben.
Regementvägen
Tel. 070 5 58 67 03, svf.nu

M/S MEDVIND €€
Im Sommer legt das Ausflugsboot Mo. – Fr. um 12 Uhr zu einer 4-stündigen Schärenfahrt ab. An Bord erwartet Sie ein reichhaltiges Buffet mit Fisch und Schalentieren.
Sundsvall, Inre Hamn
Tel. 060 55 22 90
www.msmedvind.com

VÄGGIVÄGG €€-€€€
In dem schönen alten Holzhaus in der Nähe der Domkirche gibt es eine kleine Speisekarte mit ausgezeichneten Gerichten. Im Sommer sollten Sie sich einen Platz auf der Terrasse sichern (So., Mo. geschl.).
Härnösand
Brunnshusgatan 1
Tel. 0611 2 47 45
www.vaggivagg.com

HOTELL ROYAL €€
Die Räume in diesem schönen Holzgebäude im Zentrum sind relativ klein und in frischen, warmen Farben gehalten. Im Restaurant serviert Mathias Eriksson gute, preisgünstige Gerichte.
Härnösand, Strandgatan 12
Tel. 0611 2 04 55
www.hotelroyal.se

ca. 500 n. Chr.). Zwei Ausstellungen sind der Stadthistorie und der Holzwirtschaft gewidmet. Eine Sammlung zeitgenössischer Kunst rundet das Angebot ab.
Packhusgatan 4 | Mo. – Do. 10 – 19, Fr. bis 18, Sa., So. 11 – 16 Uhr | Eintritt frei | www.sundsvall.se/kulturmagasinet

Blick von oben auf vergangene Zeiten

Freilichtmuseum

Der Stadtberg Norra Berget ist ein beliebtes Freizeitgebiet. Vom Aussichtsturm auf dem höchsten Punkt genießt man einen weiten Blick. Rund **40 historische Häuser** aus Medelpad wurden in der weitläufigen Parkanlage wieder aufgebaut und bilden ein sehenswertes Freilichtmuseum.
Norra Berget: Gustaf Adolfsvägen 18 | ganzjährig geöffnet | www.norraberget.se

Wohnen direkt am Wasser auf der Insel Trysunda an der Höga Kusten

Weltweit größte Landhebung

★ Höga Kusten

Zwischen den Küstenstädten Härnösand (ca. 40 km nordöstlich von Sundsvall) und Örnsköldsvik weiter nördlich erstreckt sich die Höga Kusten, ein am Bottnischen Meerbusen gelegener Küstenabschnitt. Die »Hohe Küste«, UNESCO-Weltnaturerbe, ist insofern interessant, als hier die **weltweit größte Landhebung** nach der letzten Eiszeit stattgefunden hat. Bis heute hat sich das Land um 286 m gehoben, und jedes Jahr kommen weitere 8 mm hinzu. Nirgendwo sonst am Bottnischen Meerbusen findet man so dicht am Wasser so hohe Berge, Grotten und Geröllfelder.

Beliebteste Sommerstadt Nordschwedens

Härnösand

Um die Region rund um die Höga Kusten zu erkunden, bietet sich Härnösand als Ausgangspunkt an. Die alte Hafenstadt, die schon 1565 die Stadtrechte erhielt, breitet sich zu beiden Seiten des Härnösunds aus. Ihr Stadtbild wird geprägt von **pastellfarbenen Holzhäusern** und eleganten Steingebäuden. Vom Festland führt die Nybrogatan auf die Insel Härnö mit der Altstadt. Nördlich der Nybro liegt ca. 1,3 km außerhalb der Stadt das **Länsmuseum,** ein Freilichtmuseum mit vielen alten Häusern aus dem Ångermanland. Auch Härnösands altes Rathaus von 1727 und einige weitere historische Holzhäuser aus der Stadt werden gezeigt. Der großzügige Neubau des Provinzmuseums wurde wegen seiner gelungenen Ausstellungen **preisgekrönt.** Teilweise kurios sind die Nachlässe von Kapitänen, die um die halbe

Welt gereist sind. Darunter finden sich Vogeleier und Mineralien, nautisches Gerät und Puppenstuben.
Murberget Länsmuseet Västernorrland: Murbergsvägen 31 | Mitte Juni – Mitte Aug. tgl. 11 – 16 Uhr, sonst Mo. geschl. | Eintritt frei | www.murberget.se

Golden Gate Bridge in Schweden

Högakusten-bron

Rund 20 km nördlich von Härnösand überspannt die imposante Högakustenbron, mit 1800 m **eine der längsten Hängebrücken der Welt,** das Mündungsdelta des Ångerman Älv. An ihrer Nordseite gibt es eine Hotelanlage, eine Touristeninformation und Kinderspielplätze. Hier beginnt der Högakustenleden, ein 130 km langer **Wanderweg.** Eine detaillierte Beschreibung ist in den Touristenbüros von Härnösand, Kramfors und Örnsköldsvik erhältlich.

UMEÅ

J 211

Landschaft: Västerbotten | **Provinz:** Västerbotten Län
Einwohnerzahl: 128 200 | **Höhe:** Meereshöhe

Im Jahr 1888 vernichtete ein Brand drei Viertel der Häuser und alle drei Werften in der nordschwedischen Hafenstadt am Bottnischen Meerbusen. Beim Wiederaufbau wurden breite Straßen mit Birkenalleen angelegt, die der ansonsten nüchternen und dicht bebauten Stadt heute ein wenig Flair verleihen.

Wieder aufgebaut

Umeå, der Hauptort der Provinz Västerbotten, liegt am linken Ufer des Ume Älv vor dessen Mündung in den Bottnischen Meerbusen. Erst mit dem Aufschwung der Holzindustrie begann in der zweiten Hälfte des 19. Jh.s die Blütezeit der Stadt. Forstwirtschaft und Holzverarbeitung spielen auch heute noch eine ausschlaggebende Rolle, wichtig sind außerdem die Forsthochschule und seit 1965 die Universität. Nicht zuletzt den mehr als 30 000 Studenten sind die vielen Musik- und Filmfeste rund ums Jahr zu verdanken. Umeå war 2014 gemeinsam mit Rīga europäische Kulturhauptstadt.

Wohin in Umeå und Umgebung?

Frauenmuseum und Gitarren

Zentrum

Neben dem Rådhusparken findet sich das Frauenmuseum: Mit Ausstellungen zu den Themen **Geschlecht und Macht** oder Identität

UMEÅ ERLEBEN

VISIT UMEÅ TURISTCENTER
Rådhusesplanaden 6A
90328 Umeå
Tel. 090 16 16 16
www.visitumea.se

SKELLEFTEÅ TURISTCENTER
Trädgårdsgatan 7
93131 Skellefteå
Tel. 0910 45 25 10
visitskelleftea.se

Der Vindel Älv ist ein ideales Revier für Wassersportler. Viele Veranstalter bieten auch Wildwassertouren mit Jet- und Raftingbooten an. Vermittlung und weitere Infos über die Touristeninformation.

Die schönsten Sandstrände am Meer befinden sich ungefähr 20 km südlich von Umeå bei Norrmölje Havsbad und Bettnesand Havsbad. Östlich vom Zentrum lohnt die Umelagun, ein Freizeitbad mit beheizten Becken, einen Besuch.
www.medley.se/umelagun

EDLE LEDERWAREN
In Bölebyns Garveri werden edle Lederwaren nach alter Tradition und mit altem Werkzeug handgefertigt. Die Gerberei, die mit Birkenrinde arbeitet und einzigartig in ganz Skandinavien ist, beliefert auch das Königshaus (Juli von Mo.–Fr. 12–16 Uhr, sehr schönes Freiluft-Café).
Nya Älvvägen 647
Tel. 0911 620 23
www.boleby.com

SÄVARGÅRDEN €€€
Eines der Gebäude im Freilichtmuseum Gammlia ist der Sävargården, ein im späten gustavianischen Stil errichteter Bau von 1806. Fast ein wenig feierlich ist die Atmosphäre in den edlen Speisesälen. Aber man kommt schnell wieder auf den Boden: Klassisch-kreative schwedische Küche, die in der Gourmetbibel »White Guide« gelobt wird, macht den Besuch zu einem Genuss.
Umeå, Helena Elisabeths väg 4
Tel. 090 77 02 22, savargarden.se

LEVAR HOTELL RESTAURANT €€
Das älteste Gasthaus von Västerbotten existiert seit 1635. Heute ist es ein hübsches Hotel mit ehrwürdigem Restaurant, in dem gute schwedische Küche mit Produkten aus der Region serviert wird.
Riksvägen 12, Nordmaling, So. geschl., Tel. 0930 101 09, www.levarhotell.se

CAFÉ LILLA MARI €–€€
Urgemütlich geht es zu in dem kleinen, mit viel Krimskrams eingerichteten Café, das etwas zurückversetzt in einem alten roten Holzhaus zu finden ist. Beim Kaffee können Sie aus mehr als 40 Zubereitungsarten wählen, dazu gibt es Kuchen, aber auch kleine kalte und warme Gerichte.
Skellefteå, Köpmangatan 13
Tel. 0910 391 92, cafelillamari.se

GRANÖ BECKASIN €€€€
Haben Sie sich als Kind gewünscht, einmal im Baumhaus zu übernachten? Dafür ist es nie zu spät: In den Wäldern um Granö können Sie für eine Nacht

oder ein romantisches Wochenende ein »Vogelnest« buchen. Anders als im Kindertraum sind die Baumhäuser der Beckasin Lodge aber mit jedem Komfort ausgestattet, Bad, Wifi und eine traumhafte Aussicht inklusive.
Västana 15, an der E12 ca. 80 km nordöstlich von Umea
Tel. 0933 410 00
http://granobeckasin.com/boende/fagelnasten

HOTELL GAMLA FÄNGELSET **€€**
Ein besonderes Schlafgefühl werden Sie in dem einfachen Hotel und Vandrarhem haben, das 1861 errichtet wurde und bis 1981 als Gefängnis diente. Die Fenster der hell eingerichteten Zimmer sind vergittert. Es gibt Einzel-»Zellen«, Doppel- und Vierbettzimmer, gemeinsame Bäder, Küche.
Umeå, Storgatan 62
Tel. 090 10 03 80

wird hier die Geschichte und Situation von Frauen behandelt. Wer Rock, Pop, Blues und Jazz mag, der mag auch Gitarren. Wie die Zwillingsbrüder Samuel und Michael Åhdén. Sie haben über 300 rare Oldtimer-Exemplare aus den 1950er- und 1960er-Jahren gesammelt und präsentieren sie im **Guitars – The Museum** im ersten Stock eines ehemaligen Schulgebäudes im Zentrum.

Kvinnohistoriskt Museum: Storgatan 46A | Juni – Aug. Mo. – Fr. 10 – 17, Sa. 10 – 15, sonst Di. – Fr. 10 – 17, Do. bis 19.30, Sa., So 12 – 16 Uhr | Eintritt frei | www.kvinnohistoriskt.se
Guitars – The Museum: Vasagatan 18 – 20 | Mo – Sa. 12 – 18 Uhr | Eintritt 150 SEK | www.guitarsthemuseum.com

Kulturgeschichte von Västerbotten

Västerbottens Museum

Nordöstlich außerhalb des Zentrums steht das Bezirksmuseum Västerbottens. Es zeigt optisch und didaktisch gelungen die Vor- und Frühgeschichte, Dioramen mit einheimischen Tieren sowie eine interessante Ski-Sammlung mit dem **angeblich ältesten Ski der Welt.** Im Bild Museet stehen zeitgenössische Kunst und Fotografien im Vordergrund. Das angeschlossene **Freilichtmuseum Gammlia** mit historischen Gebäuden geht nahtlos in ein Freizeitgelände über.
Helena Elisabeths Väg 3 | tgl. 10 – 17, Mi. bis 21, Sa., So. 11 – 17 Uhr, im Winter Mo. geschl. | Eintritt frei | www.vbm.se

Stromschnellen

Vindel Älv

Der Vindel Älv zählt zu den vier Nationalflüssen Schwedens. Als einziger Strom in Nordschweden wird er nicht für die Energiegewinnung genutzt. Sehenswert sind die über 100 Stromschnellen auf dem 470 km langen Fluss. Am spektakulärsten: der Mårdseleforsarna (an der Straße Nr. 363, ca. 70 km von Umeå). Die kleinen Inseln darin (mit Grill- und Rastplätzen) sind **mit Hängebrücken** verbunden.

Tor zu Västerbotten

Skellefteå

Skellefteå (73 000 Einw.), an der Mündung des Skellefte Älv in den Bottnischen Meerbusen gelegen, verdankt seinen Aufschwung den

Erzfunden im Umland. In den Gruben des **Bergwerksorts Boliden** wurden Gold, Silber und Kupfer gewonnen. Der Stadtkern besitzt noch den ursprünglichen rechteckigen Grundriss und zeigt mit den gut erhaltenen Holzhäusern das typische Bild einer gewachsenen norrländischen Stadt. Im Bereich von Nordånpark und Bonnstan sind mehr als 100 Kirchhäuser aus dem 17. Jh. zu sehen. Bei der Kirche der Landsgemeinde (1485 erbaut) sind vor allem der Viersäulenportikus und die Kuppel bemerkenswert, im Innern der **Lübecker Flügelaltar** von Bernt Notke und die kleine Skellefte-Madonna (12. Jh.). Das nahe **Heimatmuseum** zeigt Bronzeschmuck aus der Zeit um 300 – 400 n. Chr. und informiert über die Stadtgeschichte.

Skelleftea Museum: Nordanå | Di. 10 – 19, Mi. – So. 10 – 16 Uhr | Eintritt frei | http://skellefteamuseum.se

Entspannung und Kultur

Piteå

Für die Schweden liegt Piteå an **»Norrlands Riviera«** – wegen des 5 km langen Sandstrands, der dank überraschend vieler Sonnenstunden ein vergleichsweise angenehm temperiertes Wasser aufweist. Im ehemaligen Rathaus mit schöner Holzarchitektur, ist das Stadtmuseum untergebracht.

Piteå museum: Storgatan 40 | Di. – Fr. 9 – 16, Sa. 11 – 15 Uhr | Eintritt frei | www.piteamuseum.nu

★ UPPSALA

Landschaft: Uppland | **Provinz:** Uppsala Län
Einwohnerzahl: 227 500 | **Höhe:** 7 m ü. d. M.

N 18

Trotz der beeindruckenden Zahl historischer Bauten und Zeugnisse ist Uppsala durch die vielen Studierenden eine junge, lebendige Stadt – und eine Stadt der Radfahrer. Neben Schloss und Dom bilden die vielfältigen Reminiszenzen an den Botaniker Carl von Linné, der hier studierte und arbeitete, die wichtigsten Sehenswürdigkeiten der alten Bischofsstadt.

Quirlige Stadt der Wissenschaft

Der berühmteste Bürger Uppsalas war der aus Småland stammende Botaniker Carl von Linné (1707–1778). Er entwickelte ein geniales Nomenklatursystem, das erstmals Ordnung in die Pflanzenwelt brachte und noch heute international gültig ist. Linné, der »Buchhalter des Lebens«, unterrichtete an der Universität der Stadt und war später auch ihr Rektor. An ihn erinnern der Botanische Garten, das Linné-Museum und sein Sommerhaus außerhalb der Stadt.

Viele schwedische Könige wurden in Uppsalas Domkirche gekrönt und bestattet.

Die **weltberühmte Universitätsstadt** und viertgrößte Stadt des Landes liegt nordwestlich von Stockholm in einer fruchtbaren Ebene an beiden Ufern der Fyrisån. Sie ist die Hauptstadt von Uppland und Sitz des evangelischen Erzbischofs von Schweden. Die Universität wurde 1477 von Erzbischof Jakob Ulvsson gegründet und entwickelte sich zu einer Hochburg des Geisteslebens. Für die Innenstadt von Uppsala ist heute die Untergliederung in einen überwiegend kirchlich-akademischen Bereich westlich der Fyrisån und das eigentliche Zentrum mit Rathaus, Verwaltungseinrichtungen und Wirtschaftsunternehmen östlich des Flusses kennzeichnend. Die meisten Sehenswürdigkeiten Uppsalas liegen im Westteil der Stadt.

Wohin in Uppsala und Umgebung?

★ Domkyrka

Skandinaviens größte Kirche.
Der 1435 geweihte Dom auf dem ansteigenden rechten Flussufer wurde durch Brände mehrmals beschädigt und jeweils im Stil der Zeit wiederhergestellt. Seine beiden Westtürme erhielten 1745 neue Helme. Nach der umstrittenen Restaurierung in der Zeit des Historismus (um 1880) wurde in den letzten Jahrzehnten versucht, das mittelalterliche Erscheinungsbild der Kirche wiederherzustellen. Dennoch ist der Bau ein **Sammelsurium unterschiedlicher Stilepochen.** Bis ins 18. Jh. wurden hier Schwedens Könige gekrönt und viele berühmte Schweden bestattet: In der Hauptchorkapelle befindet sich das um 1576 in den Niederlanden gefertigte Grabmal von König Gustav

Wasa. Nahe beim Chorhaupt steht der 1577 angefertigte vergoldete Metallsarkophag mit den Gebeinen König Erichs des Heiligen, des schwedischen Nationalheiligen, der 1160 von den Dänen erschlagen wurde. Beim Kircheneingang ist links in den Fußboden das Epitaph des Botanikers Carl von Linné eingelassen. Im nördlichen Fassadenturm wurde das **Dommuseum** eingerichtet, in dem prunkvolles liturgisches Gerät sowie der Domschatz zu sehen sind.
Das **Upplandsmuseet** nördlich des Doms hat sich der Kulturgeschichte der Region verschrieben.

Uppsala domkyrka: Domkyrkoplan | tgl. 8 - 18 Uhr | Eintritt frei | www.uppsaladomkyrka.se
Dommuseum (Skattkammaren): Mai - Sept. Mo. - Sa. 10 - 17, So. 12.30 - 17, sonst Mo. - Sa. 10 - 16, So. 12.30 - 16 Uhr | Eintritt 50 SEK | www.uppsaladomkyrka.se
Upplandsmuseet: St. Eriks Torg 4 | Di. - So. 12 - 17 Uhr | Eintritt frei | www.upplandsmuseet.se

Ein »Anatomisches Theater«

Gustavianum

Wenige Schritte vom Dom entfernt steht auch das von einer Kuppel gekrönte Gustavianum mit dem **Museum für nordische Altertümer** und das **Victoria-Museum,** das ägyptische und griechische Altertümer ausstellt. Etwas ausgefallen ist das Anatomische Theater (1663), ein Hörsaal mit Blick auf den Seziertisch.

Gustavianum: Akademigatan 3 | Juni - Aug. Di. - So. 10 - 16, sonst 11 - 16 Uhr | Eintritt 50 SEK | www.gustavianum.uu.se

Bibliophile Schätze

Universitetsbibliothek Carolina Rediviva

Zwischen der Universität und dem Schloss prangt das stattliche Gebäude der Universitätsbibliothek (Carolina Rediviva), der mit über fünf Millionen Bänden größten Bibliothek des Landes. Im Ausstellungsraum ist als kostbarster Besitz der **Codex Argenteus** zu sehen, ein Evangelienbuch auf pupurfarbenem Pergament in gotischer Sprache aus dem 6. Jahrhundert. Seinen Namen verdankt er dem silberbeschlagenen Einband (17. Jh.). Zum Bestand der Bibliothek gehört auch der Codex Upsaliensis, die älteste erhaltene Handschrift der von Snorre Sturlasson verfassten **jüngeren Edda.**

Dag Hammarskjöldsväg 1 | Mo. - Fr. 8.30 - 21, Sa. 9 - 18 Uhr | Eintritt frei | www.ub.uu.se

Auf der Suche nach Frieden

Uppsala slott

Von der Bibliothek führt der Weg den Berg hinauf zum Schloss, dessen Bau 1548 unter Gustav Wasa begonnen wurde. Von den Bastionen bietet sich ein **schöner Blick auf Stadt und Umland.** Im Schloss ist neben dem städtischen **Kunstmuseum** auch das **Haus des Friedens** untergebracht. Es präsentiert Themen wie soziale Probleme und internationale Konfliktlösungen. Neben wechselnden Ausstellun-

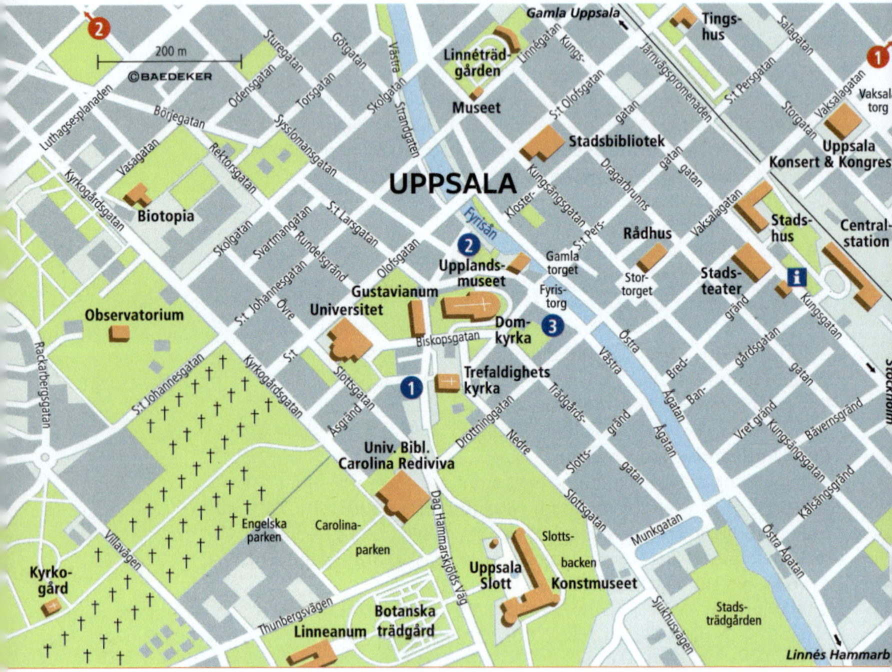

1 Villa Anna
2 Saluhallen
3 Hambergs Fisk

1 Gimo Herrgård
2 Huset Bror August

gen finden sich Informationen über die schwedischen »Friedensikonen« Dag Hammarskjöld, Raoul Wallenberg und Folke Bernadotte.

Uppsala slott: Sturesalven | Mitte Juni – Mitte Aug. tgl. 10 – 18 Uhr, sonst kürzer (siehe Webseite) | Eintritt 120 SEK | www.vasaborgen.se

Fredenshus: Uppsala slott, Eingang A2 | Mi. – Fr. 15 – 18, Sa., So. 12 – 16 Uhr | Eintritt frei | www.fredenshus.se

Linnés Vermächtnis

Botaniska trädgård

Das **Linnéanum im Botanischen Garten** beherbergt das Institut für systematische Botanik und eine Kakteensammlung. Im tropischen Gewächshaus gibt es ein großes Victoria-Regia-Becken, Orchideen und im Innenhof einen **stilechten Japangarten.**

Linneanum: Villavägen 6 – 8 | Park tgl. 7 – 19, Mai – Sept. bis 21 Uhr | Eintritt frei

Tropiska växthuset: Juni – Aug. Di – Fr. 9 – 15, Do. bis 20, Sa., So. 11 – 16 Uhr

UPPSALA ERLEBEN

DESTINATION UPPSALA
Stationsgatan 20A, 75340 Uppsala
Tel. 018 7 27 48 00
www.destinationuppsala.se

MIT VOLLDAMPF NACH LÄNNA
Im Sommer kann man mit dem Dampfzug, Triebwagen oder Oldtimer-Bus gemütlich von Uppsala ins 20 km östlich gelegene Länna fahren. In den Sommermonaten (ca. Mitte Juni bis Mitte Sept.) Abfahrt ab Ostbahnhof (Uppsala Östra Station). Weitergehende Informationen findet man unter:
www.lennakatten.se

Schöne Geschäfte reihen sich v. a. am Stora Torget und in der Kungsängsgatan aneinander. Wer in der Stadt des Wissens nach Büchern Ausschau halten möchte, stöbert in Antiquariatsständen, die jeden Samstag am Fluss bei der Dombrücke ihre Waren feilbieten.

❶ VILLA ANNA €€–€€€
In dem preisgekrönten Restaurant in wunderschönem, typisch skandinavischem Ambiente werden Klassiker der schwedischen Küche kreativ zubereitet. Tipp: Mittags gibt es ein günstiges Tagesmenü inkl. Dessert für 175 SEK.
Odinslund 3, Tel. 018 5 80 20 00
www.villaanna.se

❷ SALUHALLEN €–€€€
Die Markthalle birgt zahlreiche Restaurants, z. B. das preiswerte Hyllan, in dem sich eine junge Klientel trifft (Tel. 018 15 01 50). In der Caviar Skaldjur och Bar (Tel. 018 10 44 45) gehört zum Kaviar ein prickelnder Champagner.
St. Eriks Torg

❸ HAMBERGS FISK €€
Hummer, Garnelen, Heilbutt, Dorsch oder Dorade: Was darf es heute sein? Seit Jahrzehnten servieren die Hambergs gute maritime Küche.
Fyristorg 8
Tel. 018 71 21 50
www.hambergs.se

❶ GIMO HERRGÅRD €€€
In Schwedens erstem gustavianischen Herrenhaus aus dem 17. Jh., umgeben von Wäldern und Seen, geht es so richtig nobel zu. Das Haus verfügt über ein Restaurant mit ausgezeichneter Speisekarte. Die Weine überzeugen auch anspruchsvolle Gaumen. Freitags und samstags wird von 14 bis 16 Uhr ein vorzüglicher Afternoon Tea zelebriert. Und damit die Fitness bei all dem Schlemmen nicht zu kurz kommt und die Hosen nicht zu sehr kneifen, verleiht das Hotel Fahrräder.
Bruksgatan 14, Gimo
Tel. 017 38 89 00
www.gimoherregard.se

❷ HUSET BROR AUGUST €€
Das hübsche Gästehaus (4 Z.) gehört – zusammen mit Kühen und Schafen – zum Kroksta-Hof, 10 km nordwestl. von Uppsala. Sauna und Massagen sorgen fürs Verwöhnprogramm.
Krokstagård
74022 Bälinge
Tel. 018 35 71 48
www.husetbroraugust.se

Alles präpariert

Evolutionsmuseum

Westlich des Botanischen Gartens stehen drei Gebäude des Evolutionsmuseums der Universität, zwei davon sind öffentlich zugänglich: Im **Museum für Zoologie** werden mehr als 5000 Tiere aus aller Welt von der Arktis bis zu den Tropen ausgestellt, darunter ausgestorbene Arten; im **Museum für Paläontologie** ist die skandinavienweit größte Sammlung von Dinosaurierskeletten zu bestaunen, darunter das weltweit einzige Exemplar des langhalsigen Euhelopus zdanskyi.

Evolutionsmuseet Zoologie: Villavägen 9; **Paläontologie:** Norbyvägen 22 | Di. - So. 12 - 16 Uhr | Eintritt 50 SEK | www.evolutionsmuseet.uu.se

Einblicke ins Künstlerleben

Bror Hjorths Hus

Einer der bedeutendsten schwedischen **Maler und Bildhauer** des 20. Jh.s war Bror Hjorth (1894–1968). Seine Werke sind überall zu sehen, auch auf schwedischen Briefmarkenserien. Sein Atelier und Wohnhaus, ein schönes rotes Holzhaus, ist heute Museum.

Norbyvägen 20 | Mitte Juni - Aug. Di. - So. 12 - 16, sonst Do. - So 12 - 16 Uhr | Eintritt frei | http://brorhjorthshus.se

Linnés Garten

Linné trädgard

Im Norden der Innenstadt liegt an der Svartbäcksgatan der 1655 angelegte und einst von Carl von Linné betreute Garten, in dem er die Pflanzen nach seinem bahnbrechenden System ordnete. Hier befindet sich auch das **Linné-Museum** mit allerlei Kuriositäten und Tierpräparaten.

Linnémuseet: Svartbäckgatan 27 | Juni - Aug. tgl. 11 - 17, Mai und Sept. Mo. geschl. | Eintritt 80 SEK | www.linnaeus.se

Die Götter der Wikinger

Gamla Uppsala

Rund 5 km nördlich vom Zentrum liegt Gamla Uppsala, Keimzelle der heutigen Stadt und ehemaliger Hauptort des Svea-Reichs. Der archäologische Bereich mit Grabhügeln und Thinghügel reicht bis ins 4. Jh. n. Chr. zurück: Er gehört zu den größten derartigen Denkmälern in Skandinavien. Gleich nebenan steht der Dom von Alt-Uppsala, vermutlich im 11. Jh. errichtet und später zum Bischofssitz aufgestiegen. Man vermutet, dass hier oder in der Nähe ein Tempel für Odin stand. Sicher ist, dass Alt-Uppsala das **religiöse Zentrum** des wikingerzeitlichen Schwedens war. Ein Museum erläutert die Ausgrabungsstätte und führt in die mit ihr verbundenen Mythen ein.

Gamla Uppsala Museum: Juni - Aug. tgl. 11 - 17, Mai, Sept. tgl. 10 - 16, sonst Mo., Mi., Sa., So. 12 - 16 Uhr | Eintritt 80 SEK | www.raa.se/gamlauppsala

Carl von Linné Sommerhaus

Linnés Hammarby

Ein lohnendes Ausflugsziel ist Linnés Hammarby, das knapp 10 km südöstlich von Uppsala gelegene einstige Sommerhaus des Botanikers Carl von Linné. Er hatte das Haus 1758 erworben und ließ sein Arbeits- und Schlafzimmer **mit Seiten aus Botanik-Büchern von Kollegen tapezieren.** Noch heute bedecken diese Pflanzenzeichnungen lückenlos die Wände. Im Hauptgebäude sind Hausrat, Textilien und Kleidungsstücke zu sehen.

Museum Mai – Aug. Di. – So. 11 – 17, Sept. Fr. – So. 11 – 17 Uhr, Park jeweils bis 20 Uhr, Linnés Haus nur mit Führung, englischsprachig 12.30 Uhr | Eintritt 80 SEK | http://botan.uu.se/vara-tradgardar/linnes-hammarby

★ VÄNERSEE

Landschaft: Värmland, Dalsland und Västergötland

N/O 13/14

Einsame Schäreninseln, weiße Sandstrände, winzige Badefelsen und weite Wasser bis zum Horizont – Schwedens größter See hat viele Gesichter. Ringsum liegen idyllische Städtchen, zahlreiche Wanderwege laden zum Entspannen in traumhafter Natur ein, die einer artenreichen Vogelwelt ein Zuhause bietet. Kurzum: Wer die Seele baumeln lassen möchte, macht es am besten hier!

Der Sommer verabschiedet sich am See mit einem geradezu fulminanten Farbspektakel.

VÄNERSEE ERLEBEN

KARLSKOGA TURISTBYRÅ
Kungsvägen 34
69131 Karlskoga
Tel. 0586 21 61 00
www.visitkarlskogadegerfors.se

KARLSTAD TURISTBYRÅ
Västra Torggatan 26
65184 Karlstad
Tel. 054 5 40 24 70
www.visitkarlstad.se

LIDKÖPING TURISTBYRÅ
Nya Stadens Torg
53131 Lidköping
Tel. 0510 2 00 20
www.vastsverige.com/lackokinnekulle

MARIESTADS TURISTCENTER
Esplanaden 5
54286 Mariestad
Tel. 0501 75 58 50
www.vastsverige.com/mariestad

TROLLHÄTTAN TURISTBYRÅ
Åkerssjövägen 10
46153 Trollhättan
Tel. 0520 1 35 09
www.vastsverige.com/visittrollhattanvanersborg

VÄNERSBORG TURISTBYRÅ
Kungsgatan 9
46233 Vänersborg
Tel. 0521 135 09
www.vastsverige.com/visittroll-hattanvanersborg

ELCHSAFARI
Die Tafelberge am Südrand des Vänern sind allein schon einen Ausflug wert, mehr noch, wenn man ihn mit einer Elchsafari verbindet. Von Vänersborg aus startet der Bus im Juli und August Mo. und Do. jeweils um 18.30 Uhr.
Anmeldungen unter Visit Trollhättan, Vänersborg, Bahnhof Vänersborg, Tel. 0521 1 35 09

DRAISINENFAHRT
Von Gullspång an der Nordostküste des Vänern kann man mit der Draisine bis Degerfors fahren.
Buchung Tel. 073 7 55 17 56

ALBERT KÖK €€€–€€€€
In dem wunderschönen alten Holzhaus wird Exzellentes geboten, die Menüs sind ausgezeichnet. Zur Mittagszeit auch sehr gut, aber deutlich preisgünstiger (So., Mo. geschl.).
Trollhättan, Strömsberg
Tel. 0520 1 29 90
www.alberthotell.com

HVITA HJORTEN €€
Mit wunderbarer Sicht auf Schloss Läckö und den See können Sie im »Weißen Herzen« im Naturum gute schwedische Küche mit Produkten in bester Bio-Qualität aus der Region und dem Schlossgarten genießen. Im Sommer sollten Sie einen Tisch auf der Terrasse am Ufer buchen (Mai–Sept. tgl., April, Okt., Nov. nur am Wochenende geöffnet).
Läckö Slott, Naturum
Tel. 0150 1 05 00
www.lackoslott.se

KANALHOTELLET €€
Das 1894 im Schweizer Stil erbaute Hotel am Göta-Kanal ist ein ausgesprochen beliebtestes Fotomotiv. Vom eleganten Speisesaal des Restaurants genießt man einen herrlichen

Blick auf den Kanal und die vorbeiziehenden Schiffe.
Karlsborg, Storgatan 94
Tel. 0505 1 21 30, kanalhotellet.se

SCANDIC ARVIKA €€€
Bis es von der Scandic-Gruppe übernommen wurde, hieß das noble Hotel im Stadtzentrum »Oscar Statt« und spiegelte die Geschichte Arvikas wider, das zu Anfang des 19. Jh.s noch Oskarstad hieß.
Arvika, Torggatan 9
Tel. 0570 1 97 50
www.scandichotels.se

HOTELL LÄCKÖ €€
Hotel mit viel Atmosphäre im Zentrum von Lidköping. Trotz zahlreicher Renovierungen im Laufe der Jahre kann man immer noch das Flair der Gründungszeit vom Ende des 19. Jh.s genießen.
Lidköping, Gamla Stadens Torg 5
Tel. 0510 2 30 00
www.hotellacko.se

Kind des Meeres

Der Legende nach ist das binnenmeerähnliche Gewässer dem Wutanfall eines Riesen zu verdanken. Als dieser in grauer Vorzeit mit einem Pflug sein Feld beackerte, aber keine einzige Furche hinbekam, riss er vor Zorn zwei riesige Erdstücke aus dem Boden und schleuderte sie in die Ostsee. Aus den Brocken entstanden Öland und Gotland. Die Löcher, die sich mit Wasser füllten, wurden zu den Seen Vänern und Vättern. Vertraut man eher der Wissenschaft, dann war der heute bis zu 106 m tiefe und mit 5585 km² Fläche größte See Skandinaviens noch vor rund 9000 Jahren Teil der Ostsee. Durch die Landhebung wurde die Bucht von der Ostsee abgetrennt, ein Vorgang, der bis heute anhält.
Gegenwärtig liegt der Wasserspiegel des Vänersees 45 m über dem Niveau des Meers. Über den Trollhättan-Kanal ist der See mit dem Kattegat und über den Göta-Kanal mit der Ostsee verbunden. Startort der hier beschriebenen, etwa 400 km langen Rundtour um den See gegen den Uhrzeigersinn ist Trollhättan.

Wohin in Trollhättan und Umgebung?

»Trollywood« am Göta Älv

Trollhättan

Trollhättan wird gern **»Trollywood«** genannt, denn hier werden auch Filme produziert. Mit rund 20 Produktionen im Jahr, auch bekannten wie etwa Lars von Triers »Dogville« mit Nicole Kidman, ist die Stadt jetzt reif für einen **»Walk of Fame«** nach Hollywood-Art. Die ersten goldenen Sterne strahlen schon.
Einst bildete der Göta Älv in der Stadt tosende Wasserfälle und Stromschnellen, doch schon lange ist das Flussbett trockengelegt und das Wasser fließt durch den 28 km langen Trollhättankanal. Der beste Blick auf das Flussbett bietet sich von der Kung-Oscars-Brücke. Von hier führen **Treppen mit Aussichtskanzeln** abwärts.

Eine falsche Mumie

Vänersborg Nördlich von Trollhättan liegt Vänersborg. Die Innenstadt ist zum Teil durch Häuser aus dem 18. Jh. geprägt, von denen die Länsresidens (1754) sehenswert ist. Am See erstreckt sich die Parkanlage Skräcklan mit der Skulptur »Frida« von Axel Wallberg. Im nahen stadtgeschichtlichen Museum gibt es u. a. ein **ägyptisches Kabinett** (mit falscher Mumie), einen Porzellansaal und als Highlight eine Sammlung präparierter exotischer Vögel, die der Forschungsreisende Axel Ericson stiftete.

Vänersborgs Museum: Östra Plantaget, Wallgatan 17C | Juni - Aug. Mi. - So. 12 - 16, sonst Do. - So. 12 - 16 Uhr | Eintritt frei | www.vanersborgsmuseum.se

Wohin in Lidköping und Umgebung?

Weißes Gold

Lidköping An der Bucht Kinneviken und der Mündung des Flusses Lidan liegt die Industriestadt Lidköping. Ihr Wahrzeichen ist das hölzerne **Jagdschlösschen** am Stortorget, das früher als Rathaus diente. An den weiten Platz schließt sich die hübsche Fußgängerzone mit niedrigen Häusern an. Lohnend ist der Besuch der **Porzellanmanufaktur** Rörstrand im Industriegebiet. Das große Werksmuseum zeigt Porzellan und Keramik ab dem 18. Jh. und eine Tonbildschau zur Werksproduktion. Mit Verkaufsausstellung.

Rörstrand Museum: Fabriksgatan 4 | Di. - Fr. 10 - 17, Sa. bis 16 Uhr | Eintritt frei | www.rorstrand-museum.se

Ein Schloss am See

Kallandsö Nördlich von Lidköping ragt die Halbinsel Kallandsö in den Vänern. Nahe der Spitze steht, etwas erhöht, **Schloss Läckö.** Ab 1298 wurde es zunächst als Festung errichtet und nach der Reformation mehrfach umgebaut. Das mehr als 700 Jahre alte Schloss ist die **meistbesuchte Sehenswürdigkeit Westschwedens.** Nicht nur die herrliche Lage, auch die interessanten Ausstellungen und Konzerte im Königssaal und auf dem Burgwall sind verlockend. Für Gartenliebhaber ist der Schlossgarten ein Paradies. Das prunkvoll ausgestattete Innere des Schlosses ist nur mit Führung zugänglich.

Läckö slott: Mitte April–Mitte Okt. tgl. 10 - 18 Uhr | Eintritt 100, in der Nebensaison 80 SEK | www.lackoslott.se

Tafelberg mit Lavapanzer

Kinnekulle Der Tafelberg Kinnekulle liegt an der Bucht Kinneviken. Vom **306 m hohen Gipfel** genießt man einen Panoramablick auf den Vänersee. Die Tafelberge in diesem Gebiet entstanden vor etwa 500 Millionen Jahren. Damals lagerten sich Sedimente auf dem Meeresboden ab, die zum Teil von untermeerischer Lava bedeckt wurden. Diese harte Lava bildete einen perfekten Panzer: Während bei der später einsetzenden Landhebung die ungeschützten Sedimentgesteine abgetragen wurden, blieben jene mit Lavahülle stehen.

Naturschauspiel mit Kranichen

★ Hornborgasjön

Der Hornborgasee zwischen Skara, Skövde und Falköping ist wegen seines reichen Vogellebens weit über die Landesgrenzen hinaus berühmt. Im Frühjahr kommen in der Regel rund 10 000 Kraniche zu dem von weiten Sumpfflächen umgebenen See und bieten beim Paarungsritual den sehenswerten **»Tanz der Kraniche«**, der jedes Jahr auch zahlreiche Ornithologen und Naturfotografen anlockt. Im **Naturum Hornborgasjön** am Ostufer des Sees bei Fågeludden (Broddetorp) bekommt man alle Informationen. Am südwestlichen Ende des Sees liegt der **Beobachtungspunkt Trandansen** mit Touristeninformation, Ausstellung und Cafeteria.

Västergötlands Zentrum

Skara

Einen netten Abstecher bildet die Fahrt nach Skara. Es ging aus einer alten Thing- und Kultstätte hervor und wurde später Bischofssitz. Seine imposante **Domkirche** ist ein dreischiffiger, gotischer Bau aus den Jahren 1312–1350. Einige Schritte weiter nordöstlich breitet sich der Stadsträdgård aus, darin steht das Provinzmuseum von Västergötland und unmittelbar daneben das **Freilichtmuseum Fornbyn**

Wenn in der letzten März- bis zur zweiten Aprilwoche rund 10 000 Kraniche am Hornborgasee zum Tanz bitten, bieten sie ein unvergleichliches Naturspektakel.

mit Häusern aus der Gegend von Skaraborg. In der Umgebung des 27 km südlich gelegenen Städtchens Falköping findet man etwa **zwei Drittel der 300 bekannten Ganggräber Schwedens** aus der Zeit um 3300 v. Chr.; das bekannteste Grab liegt östlich der Kirche von Luttra.

Västergötlands Museum: Stadsträdgården | Mai – Sept. tgl. 10 – 17, Sa., So. 11 – 16 Uhr | Eintritt frei | www.vastergotlandsmuseum.se
Fornbyn: Mai – Sept. tgl. 8 – 20, sonst 8 – 16 Uhr | Eintritt frei | www.vastergotlandsmuseum.se

Neue Stadt

Mariestad

Der nächste größere Ort am Vänersee ist die an der Mündung der Tidan gelegene Industriestadt Mariestad. Nach einem Brand 1895 musste die Stadt **nahezu völlig neu** aufgebaut werden. Im nördlichen Teil der Innenstadt steht der 1593–1619 erbaute Dom, auf einer Insel im Fluss das Schloss Marieholm.

Wohin am nördlichen Vänersee?

Picasso am Hafen

Kristinehamn

Kristinehamn an der nordöstlichsten Stelle des Vänersees wurde Mitte des 19. Jh.s an das Eisenbahnnetz angeschlossen und stieg zum **Umschlagplatz** für das Holz der Region und das Eisenerz aus Bergslagen auf. Im Sporthafen steht die einem Seezeichen ähnelnde, 15 m hohe Betonskulptur. Pablo Picasso schenkte sie 1964 der Stadt.

Frieden schaffen mit Waffen?

Karlskoga

Rund 25 km östlich von Kristinehamn befindet sich am Nordufer des kleinen Möckelnsees in einem alten Bergbaugebiet die Stadt Karlskoga. Außerhalb liegt Alfred Nobels Björkborn, ein weitläufiges Werksgelände. Der Herrenhof **Björkborn** diente **Alfred Nobel** einst als Wohnsitz und Arbeitsstätte. Sein elegantes, weißes Haus ist zum größten Teil noch so eingerichtet wie zu seinen Lebzeiten. Besichtigt werden kann auch das Labor, in dem er u. a. Versuchen mit künstlich hergestellter Seide und synthetischem Gummi nachging, glücklicherweise ohne dass seine Umgebung in Mitleidenschaft gezogen wurde. Sein riesiges Vermögen, erwirtschaftet größtenteils durch Waffenverkäufe, wird von der Nobelstiftung verwaltet, die nur die Zinsen als Nobelpreis ausschüttet.

Das **Bofors Industriemuseum** in den ehemaligen Werkstätten dokumentiert die insgesamt mehr als 350-jährige Geschichte des Rüstungskonzerns, der noch heute der Hauptarbeitgeber in der Stadt ist.

Alfred Nobels Björkborn: Björkbornsvägen 10 | Juni – Aug. Di. – So. 11 – 16 Uhr | Eintritt 100 SEK | nobelkarlskoga.se

Friedliche Trennung

Karlstad

Karlstad, das Kultur- und Handelszentrum Värmlands, liegt an der Mündung des 460 km langen Klarälv in den Vänersee. Die Älvgatan vermittelt mit ihren alten Bürgerhäusern ein Bild des alten Karlstad vor dem großen Brand von 1865. Auch die Domkirche (1723–1730) und das Bischofspalais von 1780 stammen noch aus jener Zeit. Auf dem Stortorg steht ein Friedensmonument von Ivar Johnsson, Erinnerung an die Auflösung der schwedisch-norwegischen Union 1905. Mitten in der Stadt auf der Landzunge Sandgrundsudden führt das **Värmlands Museet** durch 10 000 Jahre Geschichte der Provinz. Im schlichten ersten Museumsbau von Cyrillus Johansson wird värmländische Kunst vom 18. Jh. bis zur Gegenwart gezeigt. Das neuere Gebäude (1998) nach Plänen von Carl Nyrén beherbergt Dauer- und Wechselausstellungen sowie ein großes Café.

Värmlands Museum: Sandgrundsudden | Mo. - Fr. 10 - 18, Sa., So. 11 - 16 Uhr | Eintritt 80 SEK | http://varmlandsmuseum.se

Wohin an den Frykenseen?

Wie Perlen an der Schnur

Frykenseen

Nördlich von Karlstad erreicht man über die Straßen Nr. 61 und 45 das Gebiet der Frykenseen, drei lang gestreckten, schmalen Seen, bekannt durch Selma Lagerlöfs Roman **»Gösta Berling«.**

Besuch im »Land der Sehnsucht«

★ Rottneros

Der 40 ha große Rottneros-Park gehört zu den wichtigsten Sehenswürdigkeiten Värmlands. Vorbild für das klassizistische Herrenhaus war **»Ekeby«** in Selma Lagerlöfs »Gösta Berling«. Die gepflegte Gartenanlage beinhaltet nicht nur schöne Blumenbeete, die in Zusammenarbeit mit der deutschen Blumeninsel Mainau gestaltet werden, sondern auch Skulpturen von internationalen Künstlern wie Carl Milles, Gustav Vigeland und Jean Goujon. Für Kindern gibt es Nils-Holgersson-Abenteuerpark, Minizoo und Tropenhaus.

Ende Mai - Anf. Juli und Mitte - Ende Aug. tgl. 10 - 16, Juli - Mitte Aug. 10 - 17 Uhr | Eintritt 100 SEK, im Juli 120 SEK | rottnerospark.se

Selma Lagerlöfs »Broby«

Sunne

Nach weiteren 5,5 km erreicht man Sunne, das »Broby« aus »Gösta Berling«. Der als **Sommerziel** gerne besuchte, freundliche Ort liegt am Sund zwischen Mellan Fryken und Övra Fryken. Beachtenswert ist die erhöht gelegene Kirche aus dem 19. Jahrhundert.

Selma Lagerlöfs Heimat

★ Mårbacka

Von Sunne führt eine Landstraße zum nahe am Ostufer des Sees gelegenen Gut Mårbacka, wo die Dichterin Selma Lagerlöf (1858 bis

Wildblumen, Holzhäuser – Selma Lagerlöfs Gut Mårbacka ist ein Idyll wie vor 100 Jahren.

1940) geboren wurde und ab 1907 wieder wohnte. Im Sommer kann man im Rahmen von Führungen durch das Herrenhaus wandern. Der beeindruckendste Raum ist die **Bibliothek** des Hauses, hier schrieb Selma Lagerlöf viele ihrer berühmten Romane.
Auf dem Friedhof von Östra Ämtervik südlich von Mårbacka ist die Schriftstellerin begraben.

Mårbacka Minnesgården: Mårbacka 42 | Mai und Sept. Sa., So. 11 – 15, Juni – Aug. tgl. 11 – 16, Juli 10 – 17 Uhr | Eintritt 105 SEK | www.marbacka.com

Wohin am Westufer des Vänersees?

Historische Wasserstraße nach Norwegen

Dalslandkanal

Bei Köpmannebro beginnt der 1864–1868 von Nils Ericsson erbaute Dalslandkanal. Insgesamt 254 km lang, verbindet er mit 29 Schleusen ein ganzes System von Seen, das sich bis auf norwegisches Gebiet erstreckt. Nur 12 km der gesamten Strecke sind ein Kanal im eigentlichen Sinn, der Rest besteht aus natürlichen Binnengewässern. Die **beliebte Touristenroute** wird von Ausflugsschiffen, Kanuten und Freizeitkapitänen befahren.

Brückenkreuz

Haverud

In Haverud gibt es einen ganz besonderen »Verkehrsknotenpunkt«, denn hier fahren die Schiffe nicht nur durch Schleusen, sondern werden auf einem **Aquädukt** über den Taleinschnitt befördert. Eine Eisenbahnbrücke gibt es auch. Das Ganze kann man hervorragend von der darüber gelegenen Straßenbrücke aus beobachten. Ein kleines Museum beleuchtet die Geschichte des Kanals.

Kanalmuseet: Museivägen 3 | Mai – Sept. tgl. 10 – 16, Mitte Juni bis Mitte Aug. bis 18 Uhr | Eintritt 40 SEK, | www.kanalmuseet.se

★ VARBERG

Landschaft: Halland | **Provinz:** Halland Län
Einwohnerzahl: 63 900 | **Höhe:** Meereshöhe

P 13

Wunderschön direkt am Meer gelegen, kann Varberg mit jeder Menge Bade- und Wellnesseinrichtungen aufwarten. Im 19. Jh. stieg die Stadt zu Schwedens führendem Kurort auf, zum Place to be für Schwedens Reiche und Schöne.

Hafenstadt mit Mehrwert

Das nostalgische Badehaus zeugt von dieser Zeit. Auf Stelzen und orientalisch anmutend thront es im Wasser. Das Badehaus von 1903, wenige Meter vor dem kleinen Sandstrand Varbergs, ist über einen langen Bohlensteg mit dem Festland verbunden. Für passionierte Strandläufer ist es zugleich der Ausgangspunkt für einem ausgedehnten Spaziergang entlang der Strandpromenade, vorbei am wuchtigen Wahrzeichen der Stadt, Schloss Varberg.

Baden heißt nicht automatisch warm!

★ Kaltbadehaus

Das ganze Jahr über verheißt das Badehaus Saunafreuden, in den kühleren Jahreszeiten ist es jedoch vor allem ein **Treff für hartgesottene Zeitgenossen,** die über eine Treppe in die frischen Fluten steigen – nicht umsonst heißt es ja »Kalt-«Badehaus!

Kallbadhuset: Otto Torells Gata | Mitte Juni – Mitte Aug. Mo. – Fr. 10 – 18, Mi. bis 20, Sa., So. 9 – 18, sonst Mi. 13 – 20, Sa., So. 9 – 17 Uhr | Eintritt 70 SEK | www.kallbadhuset.se

Wohin in Varberg und Umgebung?

Vornehmes Kurviertel

Zentrum

Herzstück der schachbrettförmig angelegten Innenstadt von Varberg ist der große Hauptplatz, der – mit Ausnahme der wuchtigen Grün-

VARBERG ERLEBEN

VARBERGS TURISTBYRÅ
Västra Vallgatan 39, 43224 Varberg
Tel. 0340 8 68 00
www.visitvarberg.se

ANGELN
Durch Falkenberg fließt der Ätran, einer der legendärsten Lachsflüsse Schwedens. Einige hervorragende Fangplätze liegen mitten in der Stadt. Beste Angelzeit für die Meerforelle ist der April, für den Lachs die Periode von Mai bis September.

BADEN UND SURFEN
Südlich von Varberg liegen bei Träslövsläge die schönsten, auch bei Surfern sehr beliebten Sandstrände. Um Falkenberg erstrecken sich 13 km Strand. Die stadtnächsten sind der 2 km lange Skrea-Strand mit hohen Sanddünen unmittelbar südlich der Flussmündung und der Stafsinge-Strand nördlich des Flusses mit einigen steinigen Abschnitten. Vielen gilt dieser Küstenabschnitt als Nordeuropas bestes Surfrevier.

KAUFRAUSCH IN DER PROVINZ
Gekås, das größte Warenhaus Nordeuropas, steht in Ullared (ca. 40 km östlich von Varberg) und bietet alles, was das Herz begehrt, von Bekleidung über Sportartikel bis zu Unterhaltungselektronik.
www.gekas.se

FÄSTNINGSTERRASSEN €€–€€€
Vom Sommerrestaurant in der Festung haben Sie eine schöne Aussicht über das Kattegatt. Auf Vorbestellung gibt es sogar, passend zum Ambiente, eine Mittelaltertafel.
Varberg Festung
Tel. 0340 1 05 81
www.fastningsterrassen.se

HERTIGEN €€
Elegantes Sommerrestaurant (Mo., Di. geschl.) auf einer Insel mitten im Fluss Ätran; hier kann man auch gepflegt übernachten.
Falkenberg, Elvägen 4
Tel. 0346 1 00 18, hertigen.se

KASSETT KAFFE ETC. €
Wohlfühlgefühl inmitten alter Musikkassetten, plüschiger Sofas, allerlei Krimskrams, alles urgemütlich. Dazu gibt es ausgezeichneten Kaffee oder Tee und Kleinigkeiten und Musik: Entspannen Sie sich in dem von Sängerin Cecilia Vennersten gegründeten Café.
Varberg, Torggatan 11
Tel. 0340 69 29 80
www.kassettvarberg.com

GRAND HOTEL FALKENBERG €€€
Das schöne Haus mit Blick über den Ätranfluss atmet den Geist vergangener großer Zeiten, ist aber mit modernstem Komfort ausgestattet.
Falkenberg, Hotellgatan 1
Tel. 0346 144 50
www.grandhotelfalkenberg.se

OKÉNS BED & BREAKFAST €€€
Kleine, familiäre Unterkunft, romantisch eingerichtete Zimmer mit großen, bequemen Himmelbetten und vielen kleinen Extras.
Varberg, Västra Vallgatan 25
Tel. 0340 8 08 15
www.okenshotellvarberg.se

derzeitbauten von Sparbank und Stadshotell – von niedrigen Häusern eingerahmt ist. An seiner Nordseite steht die klassizistische Kirche. Im nahen, gepflegten **Societetspark** beeindruckt das stattliche Societetshaus von 1880, heute Café, Pub und Diskothek in einem. Das verspielte weiße Holzgebäude mit den Türmchen erinnert an die **Zeit des vornehmen Kur- und Badetourismus.**

Der »schwedische Ötzi«

★ Varberg Slott

Das Wahrzeichen der etwas gesichtslosen Stadt ist die **große Festung** auf einem ins Meer vorspringenden Felsen. Sie wurde im 13. Jh. von den Dänen erbaut und mehrfach verändert. Bis 1830 erfüllte sie Verteidigungsfunktionen, dann diente sie bis 1931 als Gefängnis. Inmitten des Mauerkarrees erhebt sich das schon im 14. Jh. erbaute Schloss, sein nördlicher und westlicher Flügel beherbergen seit 1925 ein **Museum.** Bedeutendstes Exponat ist der Bockstenmann, eine **Moorleiche** aus dem 14. Jh., deren durch die Huminsäuren konservierte Kleidung die besterhaltene ihrer Art in Europa ist. Warum der »schwedische Ötzi« mit einem Eichenpfahl durchbohrt wurde? Man kann nur spekulieren. Die Sammlungen informieren über bäuerliches Leben, die Wohnkultur und Fischerei und über die Stadtgeschichte.

Hallands Kulturhistoriska Museum: Varbergs Festning | Mitte Juni – Ende Aug. tgl. 10 – 18, sonst Mo. – Fr. 10 – 16, Sa., So. 12 – 16 Uhr | Eintritt 100 SEK | www.museumhalland.se

Einzigartiges Industriedenkmal

Sender SAQ

Technik- und Funkfreunde zieht der Sender SAQ bei Grimeton zwischen Varberg und Rolfstorp magisch an. Die Anlage gehört zum UNESCO-Weltkulturerbe und ist dank ihrer **127 m hohen Sendemasten** kaum zu übersehen. Sie wurde 1924 für den Funkverkehr mit den USA gebaut.

Världsarvet Grimeton: Mai und Sept. Sa., So. 10 – 15, Juni – Aug. tgl. 10 – 17 Uhr | Eintritt 120 SEK | http://grimeton.org

Alte Hafenstadt

Falkenberg

Die Hafenstadt Falkenberg liegt an der Mündung des lachsreichen Ätran in das Kattegatt. Zwar hat sich auch hier viel Industrie und Gewerbe angesiedelt, doch es gibt im Zentrum noch charmante, alte Holzhäuser. Aus der Zeit der Burg stammt die St. Laurentii Kyrka in der Altstadt. An den kleinen, teils romanischen, einschiffigen Bau wurde im 18. Jh. der massige Turm angefügt. Die Wände im Innern sind vollständig mit Resten **spätromanischer bzw. frühgotischer Fresken** bedeckt. Besonders reichhaltig ist die Bemalung (17. Jh.) der tonnenförmigen Holzdecke.

Symbol der Stadt ist die südöstlich vom Stortorget den Fluss überspannende **Tullbron** (Zollbrücke). Zwischen 1756 und 1761 erbaut, ist sie eine der besterhaltenen Steinbrücken Schwedens.

Ein Hauch von Orient am Kattegat: das alte Varberger Badehaus

Im größten der schmucken Holzhäuser nahe der Kirche logiert das **Stadtmuseum.** In erster Linie ist es ein Heimatmuseum, es zeigt aber auch interessante Wechselausstellungen.

Etwa 200 m weiter südlich steht am Ufer des Ätran ein mächtiges Backsteingebäude von 1865, zum Teil mit Holzfachwerk: Hier residiert das **Designmuseum.** Schwedische und internationale Künstlerinnen und Künstler präsentieren ihre Arbeiten.

Hembygdmuseum: St. Lars Kyrkogatan 8 | Mitte Juni – Mitte Aug. Mi. – So. 13 – 17 Uhr | Eintritt 20 SEK | www.hembygd.se/falkenberg

RIAN Designmuseum: Skepparesträtet 2 | wechselnde Öffnungszeiten, siehe www.riandesign.se

★ VÄTTERSEE

O/P 15

Landschaft: Västergötland, Östergötland, Närke und Småland

So weit wie ein Meer dehnt sich der Vättersee unter dem schwedischen Himmel aus. Ob man über den See schippert, durch das mittelalterliche Vadstena bummelt oder das Reich von Zündholzkönig Ivar Kreuger in Jönköping bestaunt, die Gegend um den Vättern verspricht jede Menge Eindrücke.

Rund um den zweitgrößten See des Landes und auf seinen Inseln stehen Schlösser und Burgen. An seinem Süd- und Ostufer liegen lebendige Städtchen, am Westufer dominieren waldreiche Landschaften. Doch wo auch immer Sie den Vättern mit dem Auto, dem Kanu, dem Fahrrad oder auf Schusters Rappen erkunden – überall zieht sein kristallklares Wasser bewundernde Blick auf sich. Das wundert wiederum nicht, wird der See doch durch Quellen unter der Wasseroberfläche sowie klare Bergbäche gespeist, was ihn zu einem riesigen Trinkwasser-Reservoir macht. Rund 500 000 Menschen in Västergötland beziehen ihr Wasser aus dem See.

Kristallklarer See

Die im Folgenden beschriebene, von Jönköping aus gegen den Uhrzeigersinn verlaufende Runde um den See ist ohne Abstecher rund 300 km lang.

Wohin in und rund um Jönköping?

Größte Stadt am See

Jönköping

Jönköping (140 200 Einw.) liegt sehr schön an der Südspitze des Vättersees und ist von der Land- und Forstwirtschaft des Umlands geprägt. Südlich vom Zentrum steht am Dag Hammarskjölds plats der großzügige Neubau des **Landesmuseums** mit einer Sammlung von Werken der klassischen Moderne sowie einer stadtgeschichtlichen Abteilung und historischen Sammlungen.

Jönköpings läns museum: Dag Hammarskjölds plats 2 | Juni – Aug. Mo. – Fr. 10 – 17, Sa., So 11 – 15, sonst Di. – Fr. 10 – 19, Mi. bis 21, Sa., So. 11 – 15 Uhr | Eintritt frei | www.jonkopingslansmuseum.se

Heimat der Schwedenhölzer

★ Zündholzmuseum

Die Stadt am See hat ein zwiespältiges Verhältnis zum Feuer. Einerseits wurde sie mehrfach von verheerenden Stadtbränden heimgesucht, andererseits machten später Zündhölzer sie in aller Welt bekannt: Von 1844 bis 1970 wurden hier die »Schwedenhölzer« produziert, Sicherheitsstreichhölzer, die sich nicht selbst entzünden können. Neben dem Bahnhof auf dem einstigen Werksgelände der Streichholzfabrik wird im **Tändsticksmuseet** alles Wissenswerte über diesen speziellen Wirtschaftszweig vermittelt.

Tändsticksmuseet: Tändsticksgränd 27 | Juni – Aug. Mo. – Fr. 10 – 17, Sa., So. 10 – 15, sonst Di. – So. 11 – 15 Uhr | Eintritt März – Okt. 50 SEK, Nov.–Feb. frei | matchmuseum.jonkoping.se

Museen im Park

Stadtpark

Weiter westlich erstreckt sich der Stadtpark, von dem man einen guten Blick auf den See hat. Zu ihm gehören ein Museum mit **Schwedens größter Sammlung präparierter Vögel** und ein Freilichtmuseum mit smäländischen Häusern.

Fågelmuseet: Skjutsarebacken, Stadspark | Mai – Aug. tgl. 11 – 17 Uhr | Eintritt frei | fagelmuseet.jonkoping.se

VÄTTERSEE ERLEBEN

DESTINATION JÖNKÖPING
Södra Strangatan 13B
55320 Jönköping
Tel. 0771 21 13 00
www.jkpg.com

Auf der Webseite www.jkpg.com sind Informationen über die Orte Jönköping, Huskvarna, Gränna und Visingsö erhältlich. Die meisten Gemeinden rund um den Vättersee haben zudem »Infopoints« in den bekannten Sehenswürdigkeiten eingerichtet, wo Sie auch Informationen bekommen (siehe bei den Orten, z. B. Museen).

BLASMUSIKFESTIVAL
An Pfingsten spielen in Jönköping Big Bands, Brass-Ensembles, Militärorchester und Solisten um die Wette beim Internationalen Schwedischen Blasmusikfestival.
www.blasmusik.smot.nu

BALLONFAHRERFEST
Gränna ist eines der bekanntesten schwedischen Zentren für Ballonfahrer. Jeden Februar wird hier Skandinaviens größtes Ballonevent ausgetragen, alljährlich am 11. Juli gedenkt man der Andrée-Expedition 1897 mit Ballonaufstiegen.

RADRENNEN UM DEN VÄTTERSEE
Mitte Juni kommen Tausende begeisterter Radlerinnen und Radler nach Motala zum Jedermannrennen rund um den Vättersee. Die 300 km lange »Vätternrundan« muss am Stück absolviert werden. Wer mitmachen will, sollte sich frühzeitig anmelden; die Teilnehmerzahl ist begrenzt, und die Tour ist schnell ausgebucht.
vatternrundan.se

MÄSTER GUDMUNDS KÄLLARE €€–€€€
Lokale Spezialitäten, darunter auch Elch, werden im Kellerrestaurant des jahrhundertealten Gebäudes serviert. Der Historie geschuldet ist das Angebot von Mittelalterbanketts.
Jönköping, Kapellgatan 2
Tel. 036 10 06 40
mastergudmund.se

PESCADORES €€–€€€
Auch wenn das Restaurant neben dem Streichholzmuseum den spanischen Namen »Die Fischer« trägt: Die Familie Haglund, die das Restaurant 2011 eröffnete, ist einheimisch, mit einer Passion für Fisch und Schalentiere. Frischer können Sie nicht genießen, was See und Meer hergeben. 2015 war das Pescadores Restaurant des Jahres (So. geschl.).
Jönköping, Tändsticksgränd 21
Tel. 036 12 20 01
www.pescadores.se

IDAS BRYGGA €€–€€€
Direkt am Göta-Kanal gelegen und bekannt für seine ausgezeichneten Fischgerichte. Es gibt ein günstiges »Dagens Rätt«.
Karlsborg, Skepparegatan 9
Tel. 0505 1 31 11
www.idasbrygga.se

ELITE STORA HOTELLET €€€–€€€€
Direkt am Hamnkanal steht das wun-

derschöne Gebäude aus dem 19. Jh., in dem das edle Hotel untergebracht ist. Buchen Sie am besten ein Zimmer mit Blick auf den Kanal oder auf den Vättern!
Jönköping, Hotellplan
Tel. 036 10 00 00
www.clite.se

KANALHOTELLET €€–€€€
Ehrwürdiges Holzhotel von 1894 im Schweizer Stil, verziert mit vielen schönen Schnitzereien. Direkt am Göta-Kanal gelegen und mit toller Aussicht.
Karlsborg, Storgatan 94
Tel. 0505 1 21 30
www.kanalhotellet.se

Der Ort zur Marke

Huskvarna

Der Stadtteil Huskvarna ist industriell geprägt. Besonders in der Sparte der Motorsägen ist der Markenname Husqvarna bekannt. Das **Husqvarna-Werksmuseum** veranschaulicht 300 Jahre Industriegeschichte. Auch das einstige Schmiededorf mit seinen Kunsthandwerkerateliers ist einen Besuch wert.
Husqvarna Museum: Hakarpsvägen 1 | Mai - Sept. Mo. - Fr. 10 - 17, Sa., So. 12 - 16, sonst Mo. - Fr. 10 - 15, Sa., So. 12 - 16 Uhr | Eintritt 70 SEK | husqvarnamuseum.se

Sümpfe, Wälder, Moor

Store-Mosse-Nationalpark

Das größte schwedische Moorgebiet südlich von Lappland ist der Nationalpark Store Mosse. Er ist südlich von Jönköping über die E4 zu erreichen. Im **Naturzentrum** können Besucher, gut gewärmt vom Kaminfeuer, Kanadagänse, Kraniche und Singschwäne beobachten, die am Kävsjön-See brüten.
Juni - Aug. tgl. 10 - 16 Uhr

Wohin in Gränna und Umgebung?

Von Bränden verschont

Gränna

Das hübsche Städtchen Gränna liegt am Südostufer des Vättersees am Fuß des steilen Grännabergs. Am kopfsteingepflasterten Markt steht das Kulturzentrum Medborgargård, etwas erhöht über den Häuserzeilen am Fuß des Bergs die schöne Barockkirche. Eine bekannte kulinarische Spezialität von Gränna sind **»Polkagrisar«,** geringelte Zuckerstangen, meist mit Pfefferminzgeschmack. Rund ein Dutzend Kochereien stellen die Leckerei her. Erfinderin dieser Köstlichkeit war die mittellose Witwe **Amalia Eriksson,** die 1895 vom Magistrat der Stadt die Erlaubnis erhielt, Backwerk und Zuckerstangen herzustellen – eine geniale Geschäftsidee, wie die Scharen der kleinen und großen Abnehmer zeigen.
In Gränna wurde der Polarforscher **Salomon August Andrée** geboren (1854–1897). Sein Unternehmen, in einem Heißluftballon den Nordpol zu überqueren, scheiterte allerdings; die Überreste der Expedition fand man erst 1930. Das kleine **Expeditionsmuseum** an der

Brahegatan zeigt, was von dem wagemutigen Unternehmen übrig blieb. Gegenüber steht Andrées Geburtshaus.

Grenna Museum Andréexpeditionen: Brahegatan 38 – 40 | Juni – Aug. Di. – So. 10 – 18, sonst 10 – 16 Uhr | Eintritt 70 SEK | www.grennamuseum.se

Die größte Insel

★ Visingsö

Mit dem Schiff kommt man in 20 Minuten von Gränna nach Visingsö, der größten Insel im Vättersee. **Prähistorische Gräberfelder** belegen eine frühe Besiedlung. Die Familie Brahe ließ Visingborgs Slott errichten, einst das prachtvollste Schloss des Landes, aber seit dem Brand von 1718 eine Ruine.

Das erste Gedicht Schwedens?

Runenstein von Rök

Von Gränna folgt man der E4 in nördlicher Richtung bis jenseits von Ödeshög und biegt dann links nach Rök ab. Dort steht vor der Kirche Schwedens größter und bedeutendster Runenstein. Der zweieinhalb Meter hohe Block ist mit 700 Runenzeichen bedeckt, in denen so mancher Philologe das erste Gedicht Schwedens zu erkennen glaubt. Sicher ist aber, dass ein Wikingerhäuptling zu Beginn des 9. Jh. den **»Rökstenen«** zum Gedenken an seinen verstorbenen Sohn Värmod aufstellen ließ.

Wohin in Vadstena und Umgebung?

Eine Heilige als Gründerin

Vadstena

Der Ort verdankt seinen Ursprung der hl. Birgitta. Sie war Haushofmeisterin bei König Magnus Eriksson und Königin Blanka, bis sie ein Offenbarungserlebnis hatte und 1346 den Kungsgård als Klosterstiftung erhielt. Heute ist Birgitta die **Nationalheilige Schwedens.** Vadstena entwickelte sich zu einem wichtigen **Wallfahrtsort** und Handelsplatz. Reizvoll sind die Lage direkt am Seeufer, die engen Gassen und die alten Häuser. Unmittelbar am Hafen steht das von Gustav Wasa im 16. Jh. errichtete Schloss, ein abweisender, wuchtiger Renaissance-Bau mit gedrungenen Ecktürmen, der von einem Wassergraben umgeben ist.

Vadstena Slott: Hamngatan 4 | Mitte Juni – Mitte Aug. tgl. 10 – 17, Anf. Mai – Mitte Juni und Mitte Aug. – Ende Sept. Mi. – So. 12 – 16 Uhr | Eintritt 90 SEK | vadstenaslott.com

Blaugraue Klosterkirche

Blåkyrkan

Zwischen Schloss und See liegt der Hamnpark. Auf der Strandpromenade geht man nordwestlich zum Birgittakloster, wo ein Museum über das Leben der Heiligen informiert, und weiter zur 1430 geweihten einstigen Klosterkirche. Die dreischiffige gotische Hallenkirche

OBEN: Auf großem Fuß ins Moor: Am Ende des Bohlenwegs im Store-Mosse-Nationalpark helfen Schneeschuhe weiter.

UNTEN: In Jonköping starten Dampfer für Ausflugsfahrten auf dem Vättern.

BAEDEKER ÜBERRASCHENDES

6X DURCHATMEN

Entspannen, wohlfühlen, runterkommen

1. MÄRCHENWALD

Im kleinen **Tiveden-Nationalpark** zwischen Väner- und Vättersee wandert man durch eine verwunschene, fast unberührte Wald-, Seen- und Felslandschaft. (▶ **S. 561**)

2. RÜCKZUG

Klöster gelten gemeinhin als Orte der Stille. Für **Uusi Valamo** scheint das auf den ersten Blick nicht zuzutreffen, da die Mönche ihr Kloster zu einer beliebten Touristenattraktion ausgebaut haben. Daneben bieten sie aber auch Kurse zur Einkehr, Meditation und Ikonenmalerei an. (▶ **S. 99**)

3. GIPFEL MIT AUSSICHT

Für viele ist der **Gaustatoppen** der schönste Berg Norwegens. Dieses Lob verdankt er seiner Kegelform und der Tatsache, dass er alle anderen Berge der Telemark weit überragt. Vom Gipfel überblickt man bei guter Fernsicht ein Sechstel Norwegens! (▶ **S. 355**)

4. SEE-LENRUHE

Ruhiger als am **Ufer eines finnischen Sees** kann man es kaum haben. Trotzdem nicht still genug? Dann stechen Sie doch mit einem Kanu oder Hausboot in See. So oder so, vor störenden Geräuschen von irgendwelchen Nachbarn sind Sie sicher. (▶ **S. 103**)

5. PURE NOSTALGIE

Steigen Sie am Morgen auf eines der Veteranenschiffe und lassen Sie sich durch den **Telemarkkanal** schippern. Den ganzen Tag lang zieht die Landschaft der Telemark im Zeitlupentempo an Ihnen vorbei. (▶ **S. 355**)

6. SKULPTURENGARTEN

Der Park **Millesgården** vor den Toren Stockholms beherbergt die schönsten Skulpturen des Bildhauers Carl Milles. Beim Plätschern der Brunnen und mit weitem Blick in die Landschaft kann man die Kunstwerke in aller Ruhe auf sich wirken lassen. (▶ **S. 528**)

wird nach der Farbe des blaugrauen Steins Blåkyrkan genannt. Größter Schatz ist der **Birgitta-Flügelaltar,** eine Lübecker Arbeit aus dem 15. Jahrhundert.

Klostermuseum: Lasarettsgatan | Juni – Aug. tgl. 12 – 16 Uhr, siehe auch Webseite | Eintritt 80 SEK | klostermuseum.se

»Hauptstadt des Göta-Kanals«

Motala

Das schon im 14. Jh. als **Thingplatz** erwähnte Motala liegt am Göta-Kanal (► Baedeker Wissen S. 408/409), der den Vättersee mit dem Borensee verbindet. Die Geschichte der Stadt ist eng mit Baltzar Graf von Platen, dem Erbauer des Göta-Kanals, verbunden, der auch einen Teil des Stadtbebauungsplans erstellt hat. Am Rand des Sportparks beim Kanal liegt sein Grab. Am Göta-Kanal im Werftgebiet werden in zwei Pavillons Geschichte und Bau des Kanals erläutert.
An die Motorsport-Tradition der Stadt erinnert das in einem großen roten Lagergebäude am Hafen untergebrachte Motormuseum. Es zeigt eine ganze Reihe exzellent restaurierter **Oldtimerautos.**
Die fünf Schleusen von Borenshult nördlich von Motala überwinden einen Höhenunterschied von 15 m. Ihre **Schleusentreppe** ist eine der großen Sehenswürdigkeiten des Göta-Kanals. Direkt am Kanal steht das kleine, charmante Göta Hotell, ein rot gestrichenes Holzhaus von 1908 und ein Fotomotiv, wie es typischer für Schweden nicht sein könnte.

Göta Kanalutställningen: Varvsgatan, Dockanområdet | Juni – Aug. tgl. 10 – 17, Mai, Sept. 11 – 15 Uhr | Eintritt 20 SEK | www.gotakanal.se

Motala Motormuseum: Platensgatan 2 | Mo. – Sa. 8 – 20, So. 10 – 16 Uhr | Eintritt 110 SEK | www.motormuseum.se

Göta Hotell: Götagatan 2, Borensberg | www.gotahotell.se

Wohin am Westufer des Vättersees?

Botanische Rarität

Nationalpark Tiveden

Der kleine Tiveden-Nationalpark zwischen Vättersee und Unden besteht aus einer wild zerklüfteten, von **Kiefernurwald** bedeckten Felslandschaft. Von der Straße Nr. 49 zweigt bei Granvik die Zufahrt zum Park ab und endet an einem Parkplatz mit Infohäuschen. Von hier kann man auf einem rund 5 km langen, markierten Wanderweg den ansonsten unübersichtlichen Tivedenurwald erkunden.

Eigenartige Holzkirche

Habo

Rund 15 km nördlich von Jönköping, am Westufer des Vättersees, liegt der kleine Ort Habo. Seine große, mit roten Schindeln verkleidete Holzkirche ist **einer der eigenartigsten Sakralbauten Schwedens.** Wände und Decken sind aus Holz und mit farbenprächtigen

Innen ist die Kirche von Habo spektakulär: Praktisch alle Flächen sind mit prachtvollen Gemälden bedeckt, hinzu kommen kunstvolle Schnitzereien.

Bibelmotiven aus den Jahren 1741–1743 geschmückt. Die Holzkirche wurde 1680 umgebaut; ein alter Taufstein ist erhalten.

Habo-Kirche: im Sommer tgl. 9 – 18, sonst außer Sa. 10 – 16 Uhr

★ VÄXJÖ

Q 15

Landschaft: Småland | **Provinz:** Kronoberg Län
Einwohnerzahl: 93 200 | **Höhe:** 160 m ü. d. M.

Die kleine Universitätsstadt inmitten der Seen- und Waldlandschaft Smålands ist das Tor zum Glasreich. In 15 Hütten zwischen Växjö und Nybro entstehen einzigartige, in allen Farben schillernde Objekte aus Glas, die weltweit gefragt sind. Wer ein Faible für Glas hat, kann die Glasbläserinnen und Glasbläser besuchen und ihnen bei der Arbeit zuschauen.

VÄXJÖ ERLEBEN

VÄXJÖ TURISTCENTER
Residenset
Stortorget
35233 Växjö
Tel. 0470 73 32 80
http://vaxjoco.se

KOSTBARES PAPIER
Der kleine Ort Lessebo liegt etwa in der Mitte zwischen Växjö und Kalmar. Hier widmet man sich einem ganz besonderen Handwerk, nämlich der Papierherstellung. Wer Interesse daran hat, kann handgeschöpftes, nach jahrhundertealter Tradition hergestelltes Papier kaufen oder sich auf einer Führung die Papierherstellung erklären lassen.
Lessebo Handpappersbruk
Tel. 0478 4 76 00
www.lessebobruk.se

LAGERLUNDEN BISTRO & BAR **€€–€€€**
In diesem zum Elite Stadshotell gehörenden Restaurant wird moderne schwedische Küche geboten. Die Einrichtung ist schnörkellos und stilvoll. Im Sommer kann man auch draußen sitzen und das Treiben auf der belebten Kungsgatan beobachten.
Kungsgatan 6, Tel. 0470 1 34 00
www.elite.se

TOFTA STRAND HOTELL & KONDITORI **€€**
Gemütliches, kleines Hotel in schöner Lage auf einem Wassergrundstück am Toftasjö. Die zum Hotel gehörende, benachbarte Villa Vik mit dem vorzüglichen Restaurant war vor 100 Jahren Wohnsitz der Sopranistin Kristina Nilsson, die im 19. Jh. als eine der größten Sängerinnen ihrer Zeit galt.
Lenhovdavägen 72
Tel. 0470 6 52 90
www.villavik.se

Am Hof König Gustav Wasas war es gute Sitte, Gelage mit Scherben zu beenden. Nur war es leider immer sündhaft teures venezianisches Glas, das dabei zu Bruch ging. Aus Geldmangel soll der König schließlich auf die Idee gekommen sein, statt ständig kostbare Gläser zu importieren, kurzerhand deren Erzeuger nach Schweden zu holen. So entstand das Glasriket, das »Glasreich«, wie das schwedische Zentrum der Glasherstellung in der historischen Provinz Småland genannt wird. Bis heute liegen mehrere international renommierte Glasmanufakturen in den Wäldern Smålands versteckt.

Vorsicht, zerbrechlich!

Die Region um Växjö ist aber nicht nur für ihre Glashütten bekannt, sondern auch als **Zentrum modernen skandinavischen Designs.** Klare Formen, helle Farben, Funktionalität, Möbel aus Erle, Kiefer und Birke, Textilien mit Karos und Streifenmustern – das verbinden die meisten mit schwedischem Design; vieles davon hat seinen Ursprung in Småland. **Ikea** hat schließlich nicht von ungefähr von Småland aus die Welt erobert: Diese Region hat auch eine lange Tradition in der Möbelfabrikation. Hinzu kommt: Innovative schwedische Hersteller wie Källemo, Norrgavel, Lammhults oder Svenssons sind alle im Nordwesten Smålands angesiedelt. **Lammhult** ist heute das Mekka des schwedischen Möbeldesigns. Das Örtchen zwischen Jönköping und Växjö hat weltweit pro Kopf die höchste Dichte an Möbel- und Designausstellungen.

Wohin in Växjö?

Alter Dom, moderner (Glas-)Schmuck

Domkyrka

Das Zentrum der auf rechteckigem Grundriss angelegten Innenstadt ist der **Stortorget,** an dem das stattliche Gebäude der Länsresidenz steht.

Das bemerkenswerteste Bauwerk der Stadt ist der weithin sichtbare **Dom** mit einem charakteristischen, von zwei spitzen Turmhelmen gekrönten Westwerk. Er wurde im 12. Jh. erbaut; nach der bislang letzten Sanierung 1995 erscheint die Kathedrale heute sehr hell. Auch bei der Ausstattung passte man sich der Moderne an: Aktuelle Kunstwerke, u. a. von den Glaskünstlern Göran Wärff und Bertil Vallien, bilden einen schönen, spannungsreichen Kontrast zur jahrhundertealten Architektur.

Växjö domkyrka: Linnégatan 2A | tgl. 9 – 18 Uhr

Aufbruch in die Neue Welt

Utvandrarnashus

Vom Linnépark aus unterquert man die Eisenbahnlinie und kommt zu dem rechts gelegenen **Auswandererhaus.** Es ist den knapp 1,3 Mio. Schweden gewidmet, die in der Zeit zwischen 1840 und 1930 nach Amerika aus wirtschaftlicher Not heraus auswanderten.

Vilhelm Mobergs gatan 4 | Juni – Aug. tgl. 10 – 17, sonst Di. – Fr. 10 – 17, Sa., So. 11 – 16 Uhr | Eintritt 90 SEK | www.kulturparkensmaland.se

Zerbrechliche Schönheiten

Sveriges Glasmuseum

Es funkelt und glitzert im **schwedischen Glasmuseum,** schließlich zeigt es eine repräsentative Sammlung von schwedischem Glas aus fünf Jahrhunderten, aber auch die Werke von Glaskünstlerinnen und -künstlern aus über 30 Ländern. Anhand von mehreren Hundert Werkzeugen lässt sich die Entwicklung der Glasherstellung nachvollziehen. Im ebenfalls hier beheimateten **Smålands Museum** werden die småländische Kulturgeschichte, Archäologie, Waldwirtschaft und landwirtschaftliche Entwicklung dokumentiert.

Södra Järnvägsgatan 2 | Juni – Aug. tgl. 10 – 17, sonst Di. – Fr. 10 – 17, Sa., So. 11 – 16 Uhr | Eintritt 90 SEK | www.kulturparkensmaland.se

Rund um Växjö

Selbst Glas blasen

★ Glasriket

Versteckt in den Wäldern **Smålands,** das durch die hier vorhandenen Rohstoffe wie Quarzsand und Brennholz ein idealer Standort für die Glasproduktion ist, liegt das einzigartige **Glasreich.** Die ersten Glashütten entstanden um 1630, nachdem ein aus Deutschland stammender Glasbläser angeworben worden war. Um 1900 war die Zahl der Glashütten auf über 100 gestiegen; wegen innovativer Techniken wurde vor allem Orrefors bekannt. Wie Kosta zählt sie zu den Glashütten, die seit 2000 von einer eigenen Tourismusgesellschaft vermarktet werden. Hier können Besucher und Besucherinnen nicht nur zusehen, wie aus einer glühenden Glasmasse wundervolle Objekte entstehen, sondern auch an einem **Workshop** teilnehmen, einmalige Sammlungen von Glaskunst und historischem Glas bewundern, günstig Glaswaren einkaufen und den Abend an den noch warmen Öfen bei einem gemeinsamen Essen, dem Hyttsill, ausklin-

Bis heute entstehen in den Hütten des Glasreichs kunstvolle Glasobjekte.

gen lassen. Wie früher werden in den Öfen Heringe, Kartoffeln und Speck gegart, dazu gibt es Isterband, die småländische Griebenwurst (▶ Das ist Skandinavien S. 18–21).

Bergdala Hyttan: Hovmantorp (bei Växjö) | Mo. - Sa. 10 - 16, So. 12 - 16 Uhr | www.bergdalahyttan.se
Glashütte Boda (im Museum, mit Workshops): Storgatan 5, Boda Glasbruk | Mai - Sept. Mo. - Fr. 10 - 18, Sa., So. 11 - 17, sonst Mi. - So. 11 - 16 Uhr | www.glassfactory.se
Glashütte Kosta: Kosta Orrefors Park | Bruksområdet 1, Orrefors | orreforspark.se
Weitere Glashütten: Målerås (Industrigatan 20, Målerås, www.maleras.se), Pukebergs Glasbruk (Pukebergarnas Väg, Nybro, www.visitpukeberg.se)
Infos zu allen Glashütten: www.glasriket.se

Wohnst du noch ...?

IKEA Museum Älmhult

Wohl kaum ein Schwede würde diesem Satz widersprechen: »Die Sozialdemokraten bauten das Volksheim, **Ingvar Kamprad** hat es eingerichtet.« 1943 gründete Kamprad mit 17 Jahren Ikea, ein Unternehmen, das wie kein Zweites schwedisches Design in der Welt bekannt machen sollte. Den Namen setzte er aus den Anfangsbuchstaben von Ingvar Kamprad, dem elterlichen Bauernhof Elmtaryd und seiner Pfarrgemeinde Agunnaryd zusammen.
Am Stammsitz des Weltunternehmens im småländischen Älmhult eröffnete 2016 das **Ikea-Museum.** Es erzählt viel mehr als nur die Geschichte Ikeas, nämlich auch vielerlei Anekdoten, die einem Land und Leute näherbringen. Die Gestaltung ist schön und originell. Es gibt auch ein Cover-Setting, in dem man sich fotografieren lassen und das Bild dann als Erinnerung mitnehmen kann.

Ikeagatan 5, Älmhult | tgl. 10 - 18 Uhr | Eintritt 60 SEK | http://ikeamuseum.com

Für Design-Fans ein Muss!

Värnamo

Das **Bruno Mathsson Center** bietet Einblicke in die Arbeiten eines der bedeutendsten schwedischen Möbeldesigner. Darüber hinaus war Bruno Mathsson (1907–1988) Schreinermeister, Architekt, Unternehmer und Philosoph. In Värnamo kann man sein Elternhaus und sein erstes Glashaus sowie viele seiner Arbeiten anschauen.
Am südlichen Ortsrand von Värnamo liegt **Vandalorum,** das internationale Zentrum für Kunst und Design. Die Scheunenarchitektur der Gebäude hat Stararchitekt Renzo Piano entworfen. Das Bistro serviert preisgekrönte Küche.

Bruno Mathsson Center: Tånnögatan 17 | Mo. - Fr. 13 - 16.30 Uhr | Eintritt frei | www.bruno-mathsson-int.se
Vandalorum: Skulpturvägen 2 | tgl. 11 - 17 Uhr | Eintritt 100 SEK | www.vandalorum.se

★ YSTAD

Landschaft: Skåne (Schonen) | **Provinz:** Skåne Län
Einwohnerzahl: 30 500 | **Höhe:** Meereshöhe

R 14

Mit über hundert alten Fachwerkhäusern besitzt Ystad einen der schönsten Stadtkerne in ganz Schweden. Mittelalterliche Atmosphäre mit verwinkelten Innenhöfen und altersschiefen Häusern erlebt man am intensivsten bei einem Bummel durch die kopfsteingepflasterten Gassen.

Wallanders Reich

Doch die Idylle trügt, denn in dem kleinen Ort an der Südküste Schonens kommen mehr Menschen auf zum Teil äußerst brutale Weise ums Leben als in jeder anderen schwedischen Stadt. Jedenfalls ist das in den Wallander-Krimis von Henning Mankell (1948–2015) nachzulesen. Mehrfach verfilmt, spielen sie immer in oder um Ystad und stets bringt Kommissar Kurt Wallander die Mörder glücklicherweise zur Strecke. Alle Plätze, Straßen und Restaurants, die in den Büchern erwähnt werden, existieren wirklich, wie das Wohnhaus Wallanders in der Mariagatan 10, ein schlichtes Gebäude aus rotem Backstein. Bei der Suche nach den Originalschauplätzen sind seit Jahren das Touristenbüro und die örtliche Feuerwehr behilflich.

Ystads ehemaliges Franziskanerkloster zählt zu den am besten erhaltenen Klosteranlagen. Schön ist auch der Teich mit alten Bäumen und vielen Wasservögeln.

Wohin in Ystad?

Kloster, Schnapsbrennerei, Stadtmuseum

Klostret i Ystad

Nördlich des Marktplatzes gelangt man zur Petrikirche (13. Jh.). In der Nähe steht das ehemalige **Franziskanerkonvent,** nach jenem in Vadstena das besterhaltene in Schweden. 1267 wurde mit dem Bau begonnen, nach der Profanierung durch die Reformation um 1530 benutzte man den Gebäudekomplex als Spital, Schnapsbrennerei und Lagerhaus. Heute werden die Konventsgebäude auch als Stadtmuseum genutzt.

Klostret: St. Petri Kyrkoplan | Juni - Aug. Mo. - Fr. 10 - 17, Sa., So. 12 - 16, sonst Di. - Fr. 12 - 17, Sa., So. 12 - 16 Uhr | Eintritt 50 SEK | www.ystad.se/klostret

Marktplatz und Museen

Stortorget

Das Alte Rathaus am Stortorget wurde über einem Keller mit Kreuzgewölben (14. Jh.) errichtet. Am Stortorget steht auch die **Marienkirche,** deren geschweifte, kupferne Haube aus dem 16. Jh. ein Wahrzeichen der Stadt ist. Ihr Inneres ist reich geschmückt und mit Schnitzereien ausgestattet. Sehenswert ist auch die wertvolle Silbersammlung.

Das **Charlotte Berlins Museum,** südostwärts vom Stortorget gelegen punktet als Bürgerhaus mit einer schönen Einrichtung aus dem 19. Jahrhundert. Nur wenige Schritte weiter südlich steht das regionale **Kunstmuseum** mit einer Sammlung von Kunst des 19. und 20. Jh.s, Fotogalerie und Café.

Charlotte Berlins Museum: Dammgatan 23 | Ende Juni - Mitte Sept. tgl. 11 - 16 Uhr | Eintritt 50 SEK | www.charlotteberlinsmuseum.se
Ystads Konstmuseum: St. Knuts Torg | Di. - Fr. 12 -17, Sa., So. 12 - 16 Uhr | Eintritt 50 SEK | www.ystad.se/konstmuseet

Fachwerk älterer Provenienz

Pilgrändshus

An der Ecke von Stora Östergatan und Pilgränd steht das in Teilen von 1480 stammende **Pilgrändshus,** es ist angeblich Skandinaviens ältester erhaltener Fachwerkbau. Der gegenüber liegende Aspelinska Gården (1778) gehörte früher einer bekannten und erfolgreichen Goldschmiedefamilie. Weiter östlich und etwas abseits der Stora Östergatan liegt der **Per Hälsas Gård** mit mehreren Gebäuden aus dem 17. - 19. Jahrhundert.

Im Sandwald

Sandskog

Östlich, außerhalb des Zentrums, erstreckt sich der Sandskog (Sandwald). Zu Beginn des 19. Jh.s wurden hier zum Schutz gegen den vom Wind mitgebrachten Flugsand Bäume angepflanzt. Heute ist die Gegend ein beliebtes Naherholungsgebiet für Familien, hier locken **schöne Badestrände** Groß und Klein.

YSTAD ERLEBEN

YSTADS TURISTBYRÅ

St. Knuts Torg
27142 Ystad
Tel. 0411 57 76 81
www.ystad.se

BADESTRÄNDE

Östlich von Ystad, zwischen Ales Stenar und Skillinge, liegen kilometerlange Sandstrände, der schönste Abschnitt ist bei Sandhammaren.

KNUSPRIGER SPETTKAKA

Auf den ersten Blick hat Spettkaka, zu bekommen in fast jeder Konditorei, große Ähnlichkeit mit unserem Baumkuchen. Doch der schonische Spettkaka ist ein überaus kalorienhaltiger, knuspriger Kuchen aus Fett, Eiern, Zucker und Mehl, der über offenem Feuer getrocknet wird. Ein leckeres Souvenir, aber nicht leicht zu transportieren, denn die Pyramiden erreichen teilweise eine beeindruckende Größe und sind höchst zerbrechlich.

VILLA STRANDVÄGEN €€€–€€€€

In dem schönen Haus von 1899 in Strandnähe serviert Daniel Müllern, einer der bekanntesten Köche Schwedens, klassische schwedische Gerichte mit modernem, kreativem Touch (So. geschl.). Ein kulinarisches Erlebnis, nach dem Sie auch sehr stilvoll im Haus übernachten können.
Strandvägen 1
Tel. 0411 23 73 00
www.villastrandvagen.se

RESTAURANG STORE THOR €€

Hier speist man gut und stimmungsvoll in den Kellergewölben (15. Jh.) des Alten Rathauses.
Stortorget
Tel. 0411 1 85 10
storethor.se

BÄCKAHÄSTENS KAFFESTUGAN €–€€

In einem pittoresken alten Haus ist diese gemütliche Kaffeestube und Gaststätte untergebracht. Es gibt kleine Gerichte und Gebäck zu kleinen Preisen. Besonders schön ist es im Sommer, wenn im Freien im alten Apotheksgarten serviert wird.
Lilla Östergatan 6
Tel. 0411 1 40 00

ANNO 1793 SEKELGÅRDEN €€

Kleines, familiengeführtes Hotel im Herzen von Ystad. Das romantische Hotel ist in einem Fachwerkhaus untergebracht, die Zimmer, darunter die Wallander-Suite, sind hell und liebevoll eingerichtet.
Långgatan 18
Tel. 0411 7 39 00
www.sekelgarden.se

YSTADS SALTSJÖBAD €€€€

Träumen Sie sich in die perfekte Urlaubswelt: Das Grandhotel in einzigartiger Lage direkt am Meer vor den Toren Ystads erfüllt diese Träume – zu einem entsprechenden Preis.
Saltsjöbadsvägen 15
Tel. 0411 1 36 30
www.ysb.se

BAEDEKER ÜBERRASCHENDES

6X ERSTAUNLICHES

Hätten Sie das gewusst?

1.

MEHR ALS EIN GRAB?

Auf den ersten Blick ist **Ales Stenar** nur eine Schiffssetzung aus der Wikingerzeit, doch einige meinen, dass die Anlage auch für astronomische Beobachtungen und Berechnungen genutzt wurde und daher mit dem englischen Stonehenge vergleichbar ist. (▶ **S. 571**)

2.

RECHENFEHLER

In der ostfinnischen Gemeinde Kerimäki steht die **größte Holzkirche der Welt.** Eine Theorie dazu besagt, dass die Bauarbeiter die Größenangaben missverstanden haben. Sie bauten in Metern, was in Fuß gemeint war. (▶ **S. 162**)

3.

»BROKEN COLUMBS«

Irgendwann stehen Sie in Stavanger bestimmt vor einer **der 23 Eisenfiguren,** die zum Skulpturenprojekt von Antony Gormley gehören. Die erste steht am Kunstmuseum, die letzte im Hafen und schon z. T. im Wasser. (▶ **S. 348**)

4.

ORT DER FINSTERNIS

Rjukan liegt in einem so tief eingekerbten Tal, dass die Menschen im Winterhalbjahr nie einen Sonnenstrahl sahen. Das haben jetzt große Spiegel hoch oben am Berg geändert: Sie reflektieren das Sonnenlicht und erleuchten so den Marktplatz des Orts. (▶ **S. 359**)

5.

DER BOCK MUSS BRENNEN

Jedes Jahr vor Weihnachten wird in **Gävle** ein großer Ziegenbock aus Stroh aufgestellt, und fast jedes Jahr geht er nach wenigen Stunden oder Tagen in Flammen auf. Die Ursache: Brandstiftung! (▶ **S. 397**)

6.

SCHWEDEN ÄRGERN

Finnland gehörte einst zu Schweden und wurde von Stockholm aus regiert. Das sorgt noch heute für eine gewisse Rivalität mit dem westlichen Nachbarn. Eigentlich ist das scherzhaft gemeint, bei Eishockey- oder Leichtathletik-Länderspielen hört der Spaß aber auf.

Auf Wallanders Spuren

Ystad Studios Visitor Centre

Die Verfilmungen von Henning Mankells Romanen sorgen seit Jahren für einen Besucheransturm filminteressierter Touristen. Im 2018 eröffneten **Filmerlebniszentrum** erfährt man alles über die Wallander-Filme, kann in die Welt des Kinos eintauchen, Requisiten ausprobieren und sogar selbst (film-)kreativ tätig werden.

Elis Nilssons Väg 8 | Mo. – Do. und Sa. 10 – 16 Uhr | Eintritt 120 SEK | www.ystad.se/ysvc

Rund um Ystad

Rätselhafte Schiffssetzung

★ Ales Stenar

An der Küste südöstlich von Ystad liegt das Fischerdorf Kåseberga und etwas erhöht über dem Strand die hervorragend erhaltene Steinsetzung Ales Stenar, die wohl aus der Wikingerzeit stammt. Insgesamt **59 Steinblöcke** bilden einen 67 m langen und 19 m breiten Schiffsgrundriss. Es könnte aber auch sein, dass Ales Stenar Kalenderfunktion hatte, da sich mit der Steinsetzung die Tage des Sonnenjahrs und die Stunden des Tages bestimmen lassen.

Friedenskämpfer

Dag Hammarskjöld Backåkra

Etwa 20 km östlich von Ystad hinter Kåseberga erinnert ein Museum in dem Haus, in dem **Dag Hammarskjöld** lebte, an den früheren schwedischen UN-Generalsekretär, der 1961 bei einem nie wirklich aufgeklärten Flugzeugabsturz ums Leben kam. Ein daneben angelegter Meditationsplatz ist sehr beliebt für Trauungen und Taufen.

Löderup, Backåkravägen 73 | April – Sept. Mi. – So. 11 – 17 Uhr | www.dhbackakra.se

Charmante Kleinstadt

Simrishamn

Idyllisch und liebevoll herausgeputzt präsentiert sich das **Fischerstädtchen** im Sommer seinen Besuchern und Besucherinnen. Wer baden möchte, findet in der Umgebung schöne Strände. Die **St. Nicolaikirche** stammt aus dem 12. Jahrhundert. Im Innern sind die Kanzel mit einem Monogramm von König Christian IV., das prächtige Taufbecken und das Votivschiff von 1776 sehenswert. Das **Österlens Museum** im Zentrum zeigt Ausstellungen zu Fischerei und Seefahrt sowie zur Klöppeltradition in Österlen.

Österlens Museum: Storgatan 24 | Ende Juni – Ende Aug. Mo. – Fr. 11 – 17, Sa. 10 – 14, sonst Mi. – Fr. 12 – 16, Sa. 10 – 14 Uhr | Eintritt 40 SEK | www.simrishamn.se/museum

Gut geschützt

Glimmingehus

Mit dem Bau der Burg, südöstlich von Simrishamn etwas landeinwärts gelegen, wurde 1499 begonnen; seit der Fertigstellung wurde

OBEN: Die Verbindung der Wikinger mit ihren Schiffen reichte bis ins Jenseits. Ales Stenar ist Schwedens bedeutendste Schiffssetzung.

UNTEN: Glimmingehus gilt als eine der besterhaltenen mittelalterlichen Burgen Skandinaviens. Komfort stand beim Bau ziemlich weit unten auf der Must-have-Liste.

sie **nicht mehr verändert.** Zahlreiche Verteidigungsanlagen und die Wassergräben betonen den Festungscharakter. Im Sommer finden beliebte und gut besuchte Ritterspiele, Mittelalterfestivals und nächtliche Führungen statt.
Hammenhög | Mitte Juni – Mitte Aug. tgl. 10 – 18, sonst i. d. R. 10/11 – 16 Uhr | Eintritt 80 SEK | www.raa.se/glimmingehus

»Rollendes« Königsgrab

Kivik

Ab Simrishamn führt die Straße Nr. 9 rund 20 km nach Norden zum kleinen Küstenort Kivik, wo alljährlich Ende September der **Apfelmarkt** Tausende Besucher anzieht. Der jährliche Jahrmarkt im Juli gehört zu den traditionsreichsten Märkten Schwedens. Mitten im Apfelanbaugebiet von Österlen liegt das größte Rollsteingrab von Schweden: Das bronzezeitliche Königsgrab ist leicht an dem beeindruckenden Steinhaufen mit 75 m Durchmesser zu erkennen. Es weist eine Kammer mit Steinritzungen auf. Erkennbar sind Sonnenräder, Pferde und Wagen.
Kiviksgraven: Bredarörsvägen 18 | Juni – August tgl. 10/11 – 17/18, Mai, Sept. Di. – So. 11/12 – 16 Uhr | Eintritt 30 SEK | www.kiviksgraven.se

H

HINTER-GRUND

Direkt, erstaunlich, fundiert

Unsere Hintergrundinformationen beantworten (fast) alle Ihre Fragen zu Skandinavien.

Drama am Himmel - Polarlichter in Lappland ►

DIE LÄNDER UND IHRE MENSCHEN

Riesige Wälder, Fjorde, Seen und helle Nächte machen Skandinavien zu einem außergewöhnlichen Reiseziel. Wer unberührte Wildnis sucht, wird sie in dieser Fülle nirgendwo sonst in Europa finden. Norwegen, Schweden und Finnland sind aber ebenso berühmt für ihre vielfältige Kunst und Kultur.

Endlose Weiten und Erholung pur

Schon seit Langem lockt der Norden Europas Reisende an, die das Besondere suchen: wandern weitab der Zivilisation, Kajak oder Hundeschlitten fahren, dort unterwegs sein, wo noch Bären und Adler leben und man in endlosen Weiten Elche und Rentiere beobachten kann. Andere Urlauber lockt die Aussicht auf einen erholsamen Hüttenurlaub, irgendwo an einem See oder an der sonnigen Küste. Regionen wie die Lofoten mit bizarr geformten Bergen, die norwegischen Fjorde, die Schären Südschwedens und die finnische Seenplatte gehören zu den europäischen **Traumzielen für Individualisten.**

Drei reiche Länder

Schweden, Finnland und Norwegen sind **hochtechnisierte Nationen** und zählen zu den reichsten der Welt. Öl und Zuchtlachs aus der Nordsee, Smartphones von Nokia/HMD und Möbel von IKEA mögen genügen, um die Innovationskraft des Nordens zu umreißen; bezahlt wird gerne mit der Karte, ein Festnetztelefon gibt es teilweise kaum noch. Die Lebensqualität ist hoch, die **Infrastruktur** aller drei Länder gut. Touristen und Touristinnen finden Hotels und Restaurants aller Kategorien, das Reisen ist so sicher wie sonst kaum irgendwo auf der Welt. Wer mit dem Auto unterwegs ist, schätzt den geruhsamen Fahrstil auf den Straßen. Die zurückhaltende Freundlichkeit der Menschen ist wohltuend.

Umdenken muss man, was Tag und Nacht anbelangt, was aber auch den Reiz dieser Länder ausmacht. Eine **skandinavische Sommernacht** nahe der Sonnwende ist bestenfalls eine zartblaue Dämmerung. Nördlich des Polarkreises wird es im Hochsommer überhaupt nicht dunkel und man kann im Licht der Mitternachtssonne die Urlaubstage endlos ausdehnen. Viele Urlauber lieben diese konstante Lichtdusche, andere tun sich anfangs mit dem Zubettgehen schwer. Im Winter hüllt dafür die **Polarnacht** die Länder in Dunkelheit.

Der nördliche Bereichen von Norwegen, Schweden und Finnland, Lappland, ist ein Paradies für alle, die der Zivilisation auf Zeit den Rücken kehren wollen. Man kann hier wochenlang unterwegs sein in einer Landschaft, die reduziert ist auf einen Dreiklang aus Himmel, Erde und Wasser. Am Nordkap, dem legendären Ende der Welt in Norwegen, sind die Besucherzahlenh immens, aber wer nicht zur Mitternachtssonne anreist, kann sogar hier ruhige Stunden erleben. Lappland ist die **Heimat der Samen,** der Urbevölkerung Skandinaviens. Heute leben immer weniger Samen von der traditionellen Rentierzucht. Diejenigen, die es tun, halten ihre großen Herden längst mithilfe von Motorschlitten, Smartphone und GPS zusammen. Kulturell liegt der Schwerpunkt südlich des Polarkreises. Einzigartig sind die norwegischen Stabkirchen (▶ Baedeker Wissen S. 614/615). Die **Hauptstädte Stockholm, Helsinki** und **Oslo** liegen wunderschön am Meer, sind reich an international bekannten Museen, Galerien, Schlössern und architektonisch bedeutsamen Bauten. Weitere Höhepunkte einer Nordlandfahrt sind Bergen, Göteborg und Turku.

Das Gesicht Skandinaviens

Drei Länder

Norwegen und Schweden teilen sich die Skandinavische Halbinsel. Die westliche Hälfte gehört zu Norwegen mit direktem Zugang zum Atlantik, die östliche zu Schweden, das durch den Bottnischen Meerbusen von Finnland getrennt wird. Alle drei Länder haben **Anteil an Lappland,** wie die karge Region nördlich des Polarkreises genannt wird.

Nicht umsonst trägt Finnland den Namen »Land der tausend Seen«, doch das ist eine Untertreibung: Von Helsinki bis zum Inarisee (Abb.) in Lappland gibt es etwa 188 000 Seen in Finnland.

▶ Skandinavien

Norwegen (Norge)
Schweden (Sverige)
Finnland (Suomi)

Lage:
Nordeuropa

Fläche:
Norwegen: 386 958 km²
Schweden: 449 964 km²
Finnland: 338 144 km²
(Deutschland 357 020 km²)

Einwohner:
Norwegen: **5,33 Mio.**
Schweden: **10,2 Mio.**
Finnland: **5,5 Mio.**
(Deutschland 83,0 Mio.)

Bevölkerungsdichte:
Norwegen: **13 Einw./km²**
Schweden: **23 Einw./km²**
Finnland: **16 Einw./km²**

Minderheiten: Samen (Lappen), Kvener (Kwänen), Roma

▶ Religion

überwiegend evangelisch-lutherisch (Norwegen **86** %, Schweden **75** %, Finnland **85** %)

▶ Flächenanteile

Wald: Norwegen **25** %,
Schweden **53** %,
Finnland **69** %
Ackerfläche: Norwegen **3,5** %,
Schweden **8** %, Finnland **8** %
Höchster Berg: Galdhøpiggen
2469 ü.d.M (Norwegen)
Größter See: Vänersee
5585 km² (Schweden)

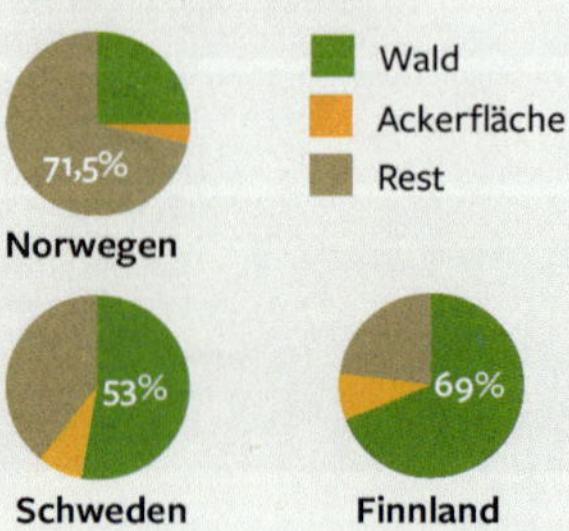

▶ Nordische Kombination

Ewiger Medaillenspiegel der Olympischen Winterspiele
Platzierungen sind nach der Zahl der gewonnenen Goldmedaillen sortiert.

Staat

Norwegen und Schweden: parlamentarische Monarchie
Finnland: Republik

Wirtschaft

Bruttoinlandsprodukt (2018)
Norwegen: **434,2 Mrd. $**
Schweden: **456,1 Mrd. $**
Finnland: **274,2 Mrd. $**

Arbeitslosenquote:
Norwegen: **3,8%**, Schweden: **6,1%**, Finnland: **7,6%**

Anteil am BIP (2017)

Dienstleistungen:
Norwegen: **64,0%**, Schweden: **65,4%**, Finnland: **61,1%**

Industrie:
Norwegen: **33,7%**, Schweden: **33,0%**, Finnland: **28,2%**

Land- und Forstwirtschaft:
Norwegen: **2,3%**, Schweden: **1,6%**, Finnland: **2,7%**

Klimastation Stockholm

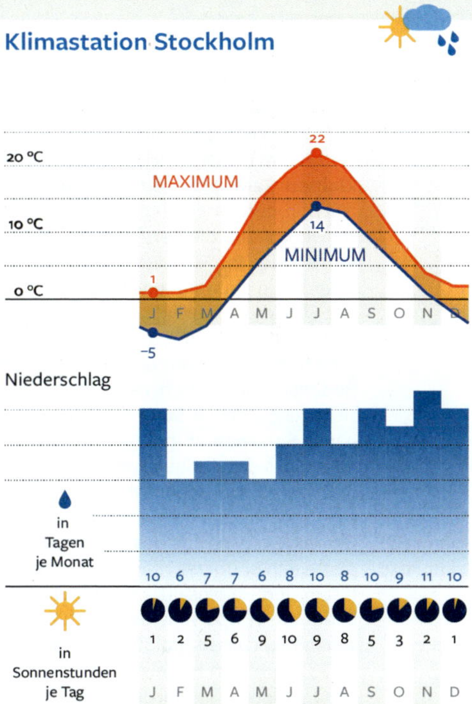

Was man im Winter beherrschen musste – Langlauf und Skispringen – wurde zum olympischen Wettbewerb: Die nordische Kombination umfasst die beiden Ur-Disziplinen und eine Kombinationswertung daraus.

Langlauf

Unterschieden wird zwischen Klassischem Stil und dem Skating.

Ski- und Stockspur

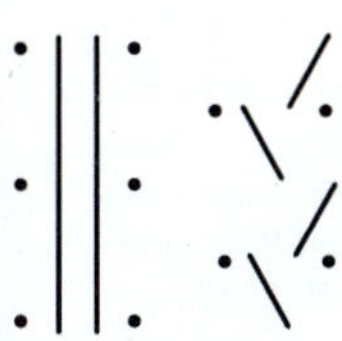

Skispringen

Das Springen ab einer Hillsize von 185 m wird Skifliegen genannt.

Ablauf Skisprung

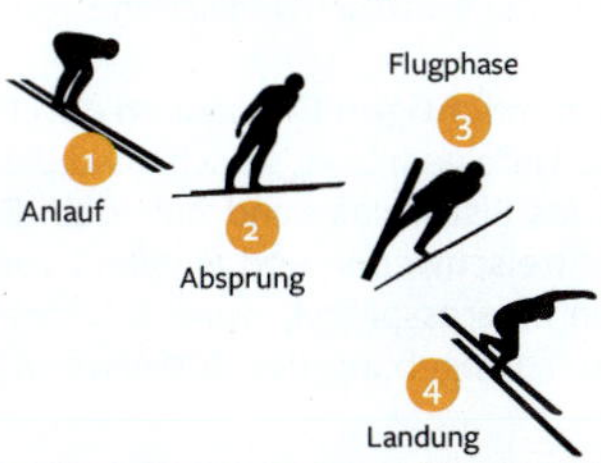

Nordische Kombination

Die Mehrkampfsportart gilt als »Königsdisziplin«. Der **olympische Einzelwettbewerb** besteht aus Springen von der **Normal- und von der Großschanze** und einem **Langlauf über 10 km.**

Beim Sprung von der Normalschanze werden **pro Meter 2 Punkte** vergeben (Großschanze 1,2), die in Zeit umgerechnet werden: **15 Punkte** entsprechen **1 Minute.**

Fjell, Fjord und See

Ungefähr von Nord nach Süd zieht sich fast über die ganze Länge der Skandinavischen Halbinsel mit rund 1700 km Länge das Skanden-Gebirge (Alpen: ca. 1000 km). Die höchsten Berge sind um 2500 m hoch, überwiegend sind die Skanden jedoch ein Mittelgebirge (1000 bis 1500 m), charakterisiert durch weite, teils vermoorte, **mit vielen kleinen Seen gesprenkelte Hochflächen** (norweg. fjell, schwed. fjäll). In der Umgebung des norwegischen Sognefjord und in Nordschweden sind die Berggipfel vergletschert. In Norwegen schneiden **Fjorde** tief ins Gebirge hinein, auf schwedischer Seite laufen die Skanden in ein wald- und flussreiches Gebiet aus. Etwa auf der Höhe von Stockholm verläuft quer durch Schweden von Ost nach West ein Tieflandstreifen über das Gebiet des Mälarsees in die Mittelschwedische Senke, mit dem **riesigen Vänersee**, der zehnmal größer als der Bodensee ist. Südschweden ist hügelig, vor den Küsten erstrecken sich ausgedehnte Schärengärten. Ein wenig wie ein Fremdkörper hängt **Schonen** an der Skandinavischen Halbinsel, auch geologisch anders als das übrige Skandinavien. Der Untergrund entspricht dem der dänischen Inseln, Nehrungen und Dünen formen die Küsten.

Finnische Seenplatte

Charakteristisch für das finnische Zentrum ist die Finnische Seenplatte, ein unübersichtliches Durcheinander von Seen, Seenbuchten, Inseln und Halbinseln. Der Höhenzug **Suomenselkä** nördlich davon bildet die Wasserscheide zwischen dem Bottnischen und dem Finnischen Meerbusen. Im Südosten endet die Landschaft jäh am nur bis zu 233 m hohen Hügelstreifen des **Salpausselkä.** Südlich flacht das Land gleichmäßig und nur von wenigen kleinen Seen übersät zum Finnischen Meerbusen hin ab, eine vordergründig unspektakuläre, doch unvergleichliche Harmonie aus Wasser, Wald und Himmel.

Land aus dem Eis

Vermächtnis der Eiszeit

Durch die letzte große Eiszeit vor 100 000 Jahren wurde Skandinavien geformt. Ganz Nordeuropa und Norddeutschland waren mehrere Zehntausend Jahre mit mächtigen Eismassen bedeckt, nur die höchsten Spitzen des skandinavischen Hochgebirges ragten heraus. Während Norddeutschland schon vor ca. 20 000 Jahren eisfrei wurde, war Skandinavien **vor rund 10 000 Jahren** noch weitgehend von Eis bedeckt. Ein Rest sind die mittelschwedischen Seen.

Andauernde Landhebung

Hatten die etwa **3 km mächtigen Eismassen** durch ihr Gewicht das Land darunter in die Tiefe gedrückt, so schwand diese Belastung mit dem Abschmelzen des Eises; das Land hob sich. Damit kamen die Meeresstraßen in Mittelschweden und Finnland vor rund 8500 Jahren wieder über den Meeresspiegel, wurden festes Land. Die Landhebung beträgt in der Umgebung des Bottnischen Meerbusens immerhin etwa **1 m im Jahrhundert,** sodass dort manche Städte (z. B. Luleå und Oulu) mit ihren Hafenanlagen immer wieder dem zurückweichenden Meer folgen mussten. Klaus Störtebeker konnte im 14. Jh. mit seinem Schiff noch direkt vor den Toren Visbys vor Anker gehen, heute erstreckt sich am einstigen Hafen der Stadtpark Almedalen. Die Hebung der Schären vor Stockholms Küste beträgt rund 40 cm pro Jahrhundert, so gibt es **immer neue Inselchen.**

Gletscher als Architekten

Gletscher formten die heutige Landschaft. In den Skanden haben sie die Fjellplateaus geschliffen und nur die markanten, »Nunatakker« (»aus Eis gemacht«) genannten Bergrücken stehen gelassen, die schon immer die Eismassen überragten. Einzelne Gletscherzungen **frästen die gewaltigen U-Täler** aus. Oft wurden die Täler durch den Schutt versperrt, den die Gletscher als Moränen vor sich herschoben, weshalb sich darin häufig Seen aufstauten.
Auch wenn in den letzten zwei Jahrhunderten die Gletscher – ähnlich wie in den Alpen – an Volumen deutlich abgenommen haben, besitzt Norwegen noch immer **die größte vergletscherte Fläche Europas.** Allerdings ist der größte Gletscher des Landes, der **Jostedalsbre,** inzwischen von mehr als 1000 km² auf unter 500 km² geschrumpft.

Fjorde – von breit bis kurz

Charakteristisch für alle ehemals eisbedeckten Küstengebiete sind die Fjorde, die man in verschiedenen Abwandlungen findet. In Nordnorwegen greifen sie trichterförmig in den Fjellrumpf ein. Breit und buchtenreich lagert sich der Trondheimfjord in ein Längstal. **Wie überflutete Alpentäler** muten die verzweigten Fjorde in der Umgebung der norwegischen Zweitausender an. Wo in Südnorwegen und im schwedischen Bohuslän die Gebirge sanfter zur Küste abfallen und das Eis nicht mehr so mächtig war, sind die Fjorde kürzer. Nur der **Oslofjord** reicht weit ins Binnenland hinein. In Schweden und Finnland sind die Fjorde stärker mit dem Schärensaum verzahnt.

Tiefer als die Nordsee

Wo während der letzten Eiszeit bereits Flusstäler waren, gruben die Eismassen immer tiefere Furchen. Da das Eis in Küstennähe dünner war, wurden die Fjorde an ihren Mündungen weniger tief ausgefurcht. Die Mündungsschwellen erreichen durchschnittlich ca. 180 m u. d. M., während die Fjorde weiter im Land viel tiefer sind, denn hier hobelten die Gletscher quasi auf der Stelle. So hat der **norwegische Sognefjord** mit 1245 m eine weitaus größere Tiefe als die Nordsee, die maximal rund 700 m tief ist.
Als sich das Eis zurückzog, füllten sich die riesigen Fjordbecken mit Meerwasser. Dessen Salzgehalt und dem **wärmenden Einfluss des Golfstroms** ist es zuzuschreiben, dass die Fjorde mit Ausnahme ihrer innersten Verzweigungen das ganze Jahr über eisfrei bleiben. Fjorde werden in Norwegen auch für die Anzucht von Lachsen in Gehegen genutzt, die sogenannte Aquakultur.

An seiner tiefsten Stelle misst der Sognefjord über 1300 m, während die am Fjord liegenden Berge sich zu Höhen von mehr als 1700 m erheben.

Klima

Eine Region der Extreme

Vor einer Skandinavienreise macht man sich zwangsläufig Gedanken über das Wetter. Tatsächlich ist es häufig unfreundlich. Doch je nach Jahreszeit und Region gibt es große Unterschiede. Dafür sind drei Faktoren verantwortlich: die enorme Nord-Süd-Ausdehnung, die Lage der Skanden quer zu den vorherrschenden Westwinden und der wärmende Golfstrom, der die Westküste bis in den hohen Norden auch in strengen Wintern eisfrei hält. Keine Region der Welt in vergleichbarer Breitenlage hat ein **so mildes Klima wie Skandinavien,** kaum eine Küste ist so stürmisch wie die norwegische. Im östlichen Schatten der Skanden dominieren kontinentale Einflüsse mit großen jahreszeitlichen Temperaturgegensätzen und geringeren Niederschlägen. Vergleichsweise wintermild sind das südliche Schweden und Südfinnland, allerdings sind sie den atlantischen Winden weitgehend ungeschützt ausgesetzt.

Im Herbst und Winter fallen die meisten Niederschläge. Sehr regenreich ist mit durchschnittlich 1000 – 1400 l/Jahr die Atlantikküste. In der alten Hansestadt Bergen gießt es oft wie aus Kübeln. Auf ca. 2250 l/Jahr bringt es die Stadt, die deshalb den Beinamen **»europäische Hauptstadt des Regens«** trägt. Jenseits des Gebirgshauptkamms, der als Wetterscheide wirkt, nehmen die Niederschläge rasch ab. Groß sind die Unterschiede auch zwischen dem nordschwedischen Sarek-Massiv (bis 2000 l/Jahr) und dem angrenzenden Nordnorrland (300 – 400 l/Jahr). Südfinnland, Mittel- und Südschweden haben mit 500 – 750 l/Jahr zwar mehr Regen, sind aber immer noch trockener als viele Teile Deutschlands.

Temperaturen im Sommer ...

Das Frühjahr beginnt in Skandinavien spät. Polare Winde lassen das Thermometer bis in den Mai hinein nur langsam steigen. Selbst im Hochsommer wird es oft nicht wärmer als 20 °C. Macht sich über Skandinavien jedoch ein stabiles Hochdruckgebiet breit, kann das Thermometer **sogar in Lappland auf über 30 °C** klettern. Während es im Süden von Juni bis September angenehm warm ist, dauert der Sommer am Polarkreis und in höheren Lagen von Juli bis Mitte August, im nördlichen Lappland beschränkt er sich auf den Juli. Auch im Herbst recht mild sind Südschweden und die Atlantikküste zwischen Stavanger und dem Sognefjord, wo dank des Golfstroms die **Innenfjorde reiche Obstplantagen** und Gemüsegärten aufweisen.

... und im Winter

Der Winter mit Schnee zieht in den Hochlagen schon Ende September ein, in Lappland im Oktober. Von November bis Ende April herrscht hier Dauerfrost zwischen -5 und -15 °C. In den östlichen Gebirgstälern von Norwegen kann das Quecksilber im Februar auf unter -40 °C, in Lappland bis -50 °C sinken. **Kältepol ist die norwegische Provinz Finnmark** (Minimum bei Kautokeino: -55 °C, 6. Feb. 1998). In Südskandinavien und am Atlantik überwiegt nasskalte Witterung mit längeren Frostperioden. Auf den Hochflächen der norwegischen Fjells machen **große Schneemengen** mit meterhohen Verwehungen die Straßen und Eisenbahnlinien gelegentlich unpassierbar. In Lappland ist die dauerhafte Schneedecke gewöhnlich über einen halben Meter hoch. An der Atlantikküste, in Süd- und Mittelschweden und sogar im südlichen Finnland ist der Winter, auch durch die **Klimaerwärmung,** zunehmend zahmer. Typisch ist der Wechsel von Frost- und Tauwetter, wobei die Schneedecke immer wieder abtaut.

Hier scheint die Sonne

Über das Jahr gesehen sind viele Orte Skandinaviens sonniger als die meisten Regionen Deutschlands. Am freundlichsten ist Skandinavien im **Mai und Juni,** besonders entlang der schwedischen Ostseeküste. Deutlich benachteiligt ist das Fjordland. So verzeichnet die westnorwegische Stadt Bergen durch den Luv/Lee-Effekt der Jotunheimer Bergriesen 40 % weniger Sonnenstunden als das südliche Kristiansand. Entsprechend liegen alle sonnigen Regionen Skandinaviens östlich der norwegischen Gebirgsscheide: die **»Norwegische Riviera«** von Kristiansand bis Oslo, alle östlichen Täler Norwegens, v. a. das Gudbrandsdal und das obere Ottatal, Südschweden von der Grenze zu Norwegen bis Stockholm und Öland, die Küsten rund um den Bottnischen Meerbusen und das südwestliche Finnland.

OBEN: Die Chancen stehen gut, in Schweden einen Elch zu sehen

UNTEN LINKS: Schon einmal einen Bären in der Wildnis gesehen? In Finnland und Schweden werden sog. Bärentouren angeboten.

UNTEN RECHTS: Die Moltebeere schmeckt bitter-säuerlich, ist aber reich an Vitamin C und E.

Blumen mit Frostschutz – die Pflanzenwelt

Grenzen der Vegetation

Die Vegetationsgrenzen ziehen sich trotz der Klimaunterschiede zwischen dem Atlantik und dem Binnenland quer durch Skandinavien, denn die Vegetationszeit ist **nach Norden hin** abgestuft. Schließlich ändern sich auch die für das Pflanzenwachstum wichtigen Lichtverhältnisse, je weiter man nach Norden kommt. Hinzu kommt eine deutliche Höhengliederung der Vegetation.

Großer Waldreichtum

Skandinavien ist ein Dorado für Waldliebhaber: Rund 70 % von Finnland sind bewaldet, in Schweden sind es über 50 %, in Norwegen rund 25 %. **Buchen** kommen noch in Schonen, Halland und Blekinge vor, fehlen aber schon in Småland. In Norwegen wachsen sie bis zur Breite von Bergen. **Eichen** sind – als Rest der alten Kulturlandschaft – bis Trondheim in Norwegen und Gävle in Schweden, im südwestlichen Küstengebiet von Finnland und auf den Ålandinseln vorhanden. Der größte Teil Schwedens, vor allem Norrland, gehört zur nördlichen Nadelwaldzone, dazu zählen auch Innernorwegen und Finnland. Hier wachsen die **Nordische Fichte** (Picea excelsa) und **Kiefern**.
Die Fichtenwälder in Nordskandinavien wirken sehr licht. In Nordschweden bilden weitläufige Kiefern- und Birkenwälder auf Sandböden den Übergang zur nordschwedischen Tundrazone. Typisch für Skandinavien und einmalig auf der Erde ist die **Birkenzone,** die sich in einem Streifen von 200 m relativer Höhe noch über der Nadelwaldzone erstreckt. Die teils undurchdringlichen Gebirgstäler sind grün von Birkenwald und Weidengestrüpp. Die Baumgrenze des Birkenwalds liegt bei 500 – 800 m. Als Bodenwuchs sind für die nordischen Wälder Beerensträucher und in trockeneren Lagen die Rentierflechte bezeichnend.
Hochinteressant ist, wie sich einzelne Pflanzen den widrigen äußeren Bedingungen angepasst haben. Einige bilden zuckerhaltige, **Frostschutzmitteln** nicht unähnliche Pflanzensäfte in Blättern und Sprossen. Das intensive UV-Licht auf den Fjellhochflächen hemmt das Längenwachstum der Pflanzen, viele Pflanzen bilden Rosetten, Polster oder sogar ganze Teppiche. So nutzen sie die geringe Bodenwärme geschickt aus und bieten dem Wind wenig Angriffsfläche.

Fjellheiden mit Beeren

Richtige Almenmatten gibt es nur im südlicheren Norwegen, während weiter nördlich Fjellheiden mit Zwergsträuchern und Krautvegetation bis zur Schneegrenze reichen. Die Vegetation der Gebirgsheiden ist an den kalkhaltigen Südhängen besonders vielfältig, von **Orchideen** bis zu Wacholder, Weide und Heidekraut. In Skandinavien wachsen viele Beerensorten: u. a. Blaubeeren, Preiselbeeren und die **begehrte Moltebeere,** außerdem zahlreiche Pilzarten.

AURORA BOREALIS

Eine Aurora borealis bzw. ein Polarlicht in den Farbabstufungen Weiß, Gelb, Grün ist am Polarkreis keine Seltenheit. Solche leuchtenden Gemälde am Himmel treten immer dann auf, wenn erhöhte Sonnenaktivität zu verzeichnen ist.

▶ **Wo entstehen Polarlichter?**

Polarlichter treten zeitgleich an den magnetischen Polen der Erde auf. Bei wolkenlosem Himmel sind in Norwegen die Bedingungen besonders in den Monaten September, Oktober und März ideal für eine Polarlichtbeobachtung.

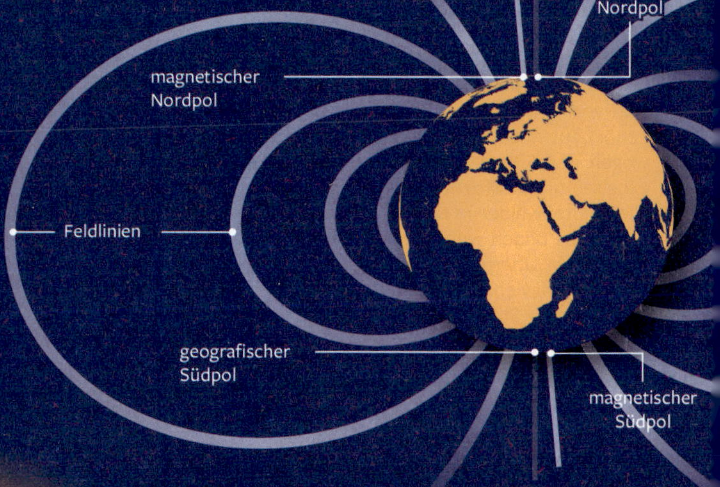

▶ **Wie entstehen Polarlichter?**

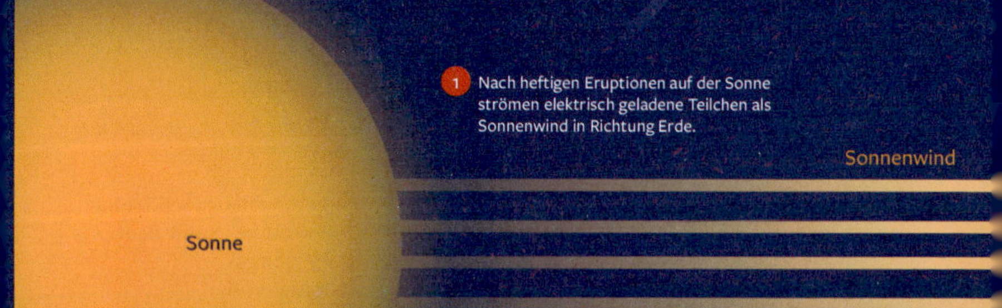

Polarlicht (Film)

Ein Phänomen in großen Höhen

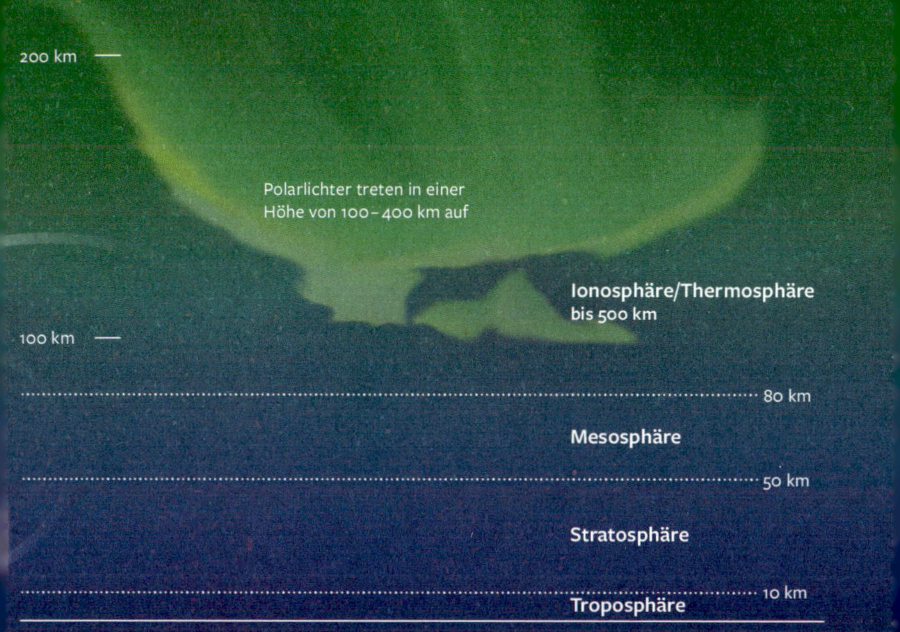

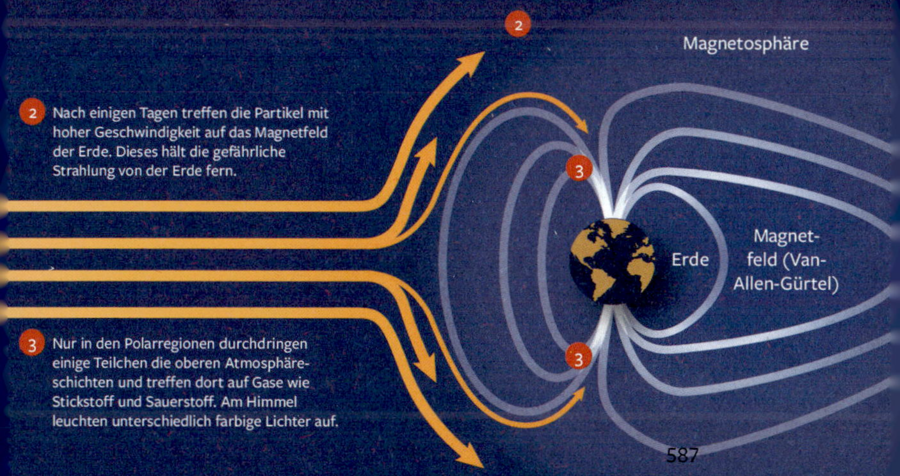

Rentier, Vielfraß und Orca – die Tierwelt

Rehe im Süden, Rentiere im Norden.

Weil Skandinavien nicht so dicht besiedelt ist und weniger in die Natur eingegriffen wurde, ist die **Vielfalt der Tierarten hier größer** als in Mitteleuropa. Allerdings unterscheidet sich die Tierwelt im Norden und Süden stark. Die Wälder im Süden werden ähnlich wie in Deutschland im Wesentlichen von Reh, Hirsch, Fuchs, Hase und Dachs bevölkert.

Die nördlichen Gebiete Skandinaviens, insbesondere Lappland, gehören zum **arktisch-alpinen Bereich.** Verbreitet ist hier das genügsame Rentier, das die endlosen, kargen Tundren in riesigen Herden beweidet und als Lieferant von Milch, Fleisch und Fellen für die einheimische Bevölkerung eine immense Bedeutung hat. Typisch sind auch Schneehuhn, Schneehase, **Vielfraß und Polarfuchs** sowie der Lemming, eine hamsterähnliche Wühlmausart. Dass sich diese Tiere kollektiv in den Tod stürzen, ist übrigens ein Mythos! Durch gezielten Schutz hat sich der Bestand der **Elche** stark vergrößert. Diese größte Hirschart der Erde mit bis zu 800 kg Gewicht, einer Schulterhöhe bis zu 2,3 m und mehr als 3 m Länge lebt hauptsächlich in den Waldgebieten Südschwedens. Autofahrer, aufgepasst: Zwar sind viele Strecken durch Wildzäune geschützt, aber an ihrem Ende, wo meist auch die Elchwarnschilder stehen, und in der Dämmerung treten die Tiere gehäuft auf die Straße, weil dort weniger Insekten umherschwirren. Fast jeder zweite tödliche **Autounfall** in Schweden wird durch Elche verursacht. Meist aber wandert der scheue Einzelgänger »unsichtbar« durch die weiten nordischen Wälder.

Tiere am und im Wasser

Die stark zerklüfteten Felswände der norwegischen Küste bieten zahllosen Vögeln, vorwiegend Alken und Lummen, und dem in Mitteleuropa selten gewordenen See- und Steinadler geschützte Brutplätze. In den Küstengewässern Norwegens leben Robben und verschiedene Walarten wie **Orcas und Pottwale**. Lachs, Forelle, Karpfen, Hecht und Saibling besiedeln viele Flüsse und Seen.

Bevölkerung

Dünn besiedelt

Skandinavien ist wesentlich größer als Deutschland, hat aber **weniger Einwohner als Nordrhein-Westfalen und Niedersachsen** zusammen. Der größte Teil der Bevölkerung lebt im Süden, was einerseits klimatisch, vor allem aber durch die langen, dunklen Winter bedingt ist. In Kiruna (Schweden) bleibt es an 45, in Hammerfest (Norwegen) an 72 Tagen dunkel!

Samische Minderheit

Wichtigste Minderheit Skandinaviens sind die Samen, sie gelten als **Urbevölkerung Lapplands**. Ethnologen nehmen an, dass die Samen sich aus einem finno-ugrischen Stamm entwickelt haben, der schon vor den Finnen nach Finnland eingewandert war und später nach Norden ins heutige Lappland abgedrängt wurde.

Sprachen

Norwegen besitzt zwei offizielle Landessprachen: Bokmål ist eine Tochtersprache des Dänischen und wird von über 85 % der Norweger gesprochen; Nynorsk hingegen wurde aus verschiedenen norwegischen Dialekten konstruiert. Beide zählen wie das **Schwedische** zu den indogermanischen Sprachen. Das **Finnische** hingegen gehört zur kleinen Gruppe der finno-ugrischen Sprachen, die nur von ca. 23 Mio. Menschen weltweit gesprochen werden. Auch das sehr ähnliche Estnisch und das weitläufig verwandte Ungarisch zählen dazu. Finnisch und **Samisch** (mit drei Hauptdialekten) sind verwandt.

Erfolgreiche Länder

Bezeichnend für Skandinavien ist die hervorragende Schulausbildung. Das Bruttosozialprodukt ist ausgesprochen hoch. In den Staat setzt eine Mehrheit der Bevölkerung großes Vertrauen. Die lutherische Kirche ist Staatskirche, doch mit bescheidenem Einfluss. Viel Geld müssen die drei Länder mit den gewaltigen Distanzen in die Infrastruktur investieren. Norwegens Fjorde stellen die Verkehrsplanung vor zusätzliche Herausforderungen.

Politik

Norwegen

Im Königreich Norwegen herrscht seit 1991 **Harald V.** (* 1937), doch beschränkt sich seine Macht zugunsten des alle vier Jahre vom Volk gewählten Parlaments auf reine Repräsentation. Seit 2013 ist **Erna Solberg Ministerpräsidentin.** Sie steht an der Spitze der Konservativen (Høyre) und bildet seit Anfang 2019 mit der rechtspopulistischen Fortschrittspartei (Fremskrittspartiet), den Christdemokraten und den Liberalen (Venstre) eine Mehrheit. Der Terrorist Anders Breivik, der im Sommer 2011 bei zwei Anschlägen 77 Menschen ermordete, war jahrelang Funktionär der Fortschrittspartei.

Schweden

Schwedens Monarch **Carl XVI. Gustaf,** seit 1973 im Amt, hat ebenfalls nur repräsentative Funktion; die gesetzgebende Gewalt übt der auf vier Jahre gewählte Reichstag aus. Regierungsoberhaupt ist seit 2014 **Ministerpräsident Kjell Stefan Löfven.** Er führt seit 2018 eine rot-grüne Minderheitsregierung. Inzwischen bekommen auch hier rechtspopulistische Parteien Aufwind: Die Sverigedemokraterna (»Schwedendemokraten«) bekamen bei den Wahlen 2018 17,5 % der Stimmen und sind damit drittstärkste Partei.

Finnland

In Finnland ist der **Präsident das Staatsoberhaupt.** In Zusammenarbeit mit der Regierung leitet er die Außenpolitik, hat den Oberbe-

EIN VOLK IN VIER LÄNDERN

Die Samen (Sámi = »Sumpfleute«), die die Bezeichnung »Lappen« nicht gerne hören, leben in einer Region, die von Norwegen bis zur russischen Halbinsel Kola reicht. Ihre Heimat nennen sie Sameland oder Sápmi. Ihre Sprache, das Saami, gehört zu den finno-ugrischen Sprachen.

▶ Die Trachten

Ihre Tracht tragen die Samen heute fast nur noch bei besonderen Festlichkeiten. Wichtigste Merkmale sind die traditionellen Farben, kittelartige Oberteile für Frauen, ein Halstuch oder eine Mütze und die Lederschuhe mit hochgezogenen Spitzen.

▶ Eigene Flagge

Die Farben der Trachten spiegeln sich in der Flagge der Samen wieder. Sie symbolisieren die verschiedenen Elemente im Leben der Samen. Der Kreis steht sowohl für die Sonne als auch für den Mond.

Grün: Natur
Blau: Wasser
Rot: Feuer
Gelb: Sonne

▶ Erwerbsstruktur der Samen

Ohne Kola-Halbinsel (Russland)

10 %	Landwirtschaft
12 %	Tourismus
12 %	Andere
15 %	Rentierzucht im Haupterwerb
23 %	Forstwirtschaft
28 %	Jagd, Fischfang, Kunsthandwerk

▶ Parlament der Samen

Als erstes Land des samischen Siedlungsgebiets richtete Finnland eine politische Vertretung ein, das »Sami-Parlament«. Seit 1996 trägt es den offiziellen Namen »Sameting«.

Im Rhythmus der Rentiere
Nur noch eine Minderheit betreibt die Rentierzucht als Haupterwerb. Als Nomaden passen sie ihr Leben dem Rhythmus der halbwilden Tiere an und folgen ihren Wanderungen.

▶ Nomadisches Leben
Im Laufe der Jahrhunderte entwickelten die Samen unterschiedliche Behausungsformen. Das Zelt »Lavvu« eignet sich besonders für das normadische Leben. Die »Gamme«, eine mit Moos bewachsene Hütte, kann bei guter Instandhaltung über 60 Jahre bewohnt werden.

▶ Bevölkerungsverteilung der Samen

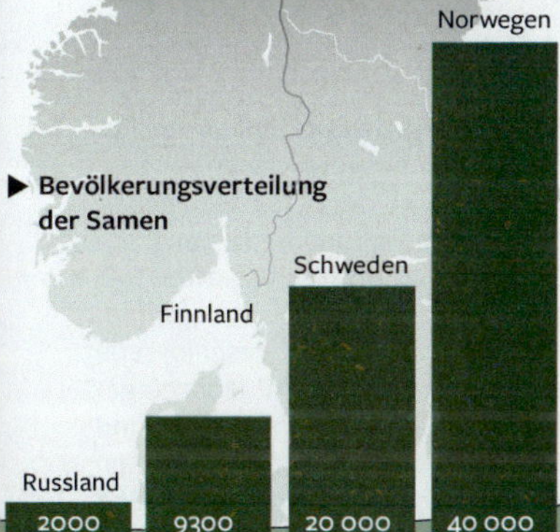

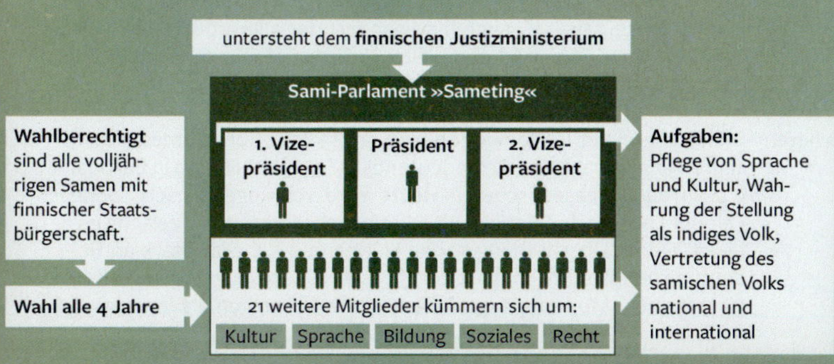

fehl über die Streitkräfte und kann hohe Staatsbeamte und Richter ernennen. Der Präsident wird in direkter Wahl für eine Amtszeit von sechs Jahren bestimmt. **Sauli Niinistö** von der konservativen Nationalen Sammlungspartei wurde 2018 wiedergewählt. Knapp stärkste Partei bei den Parlamentswahlen 2019 wurde die SDP, die sozialdemokratische Partei, die den **Ministerpräsidenten Antti Rinne** stellt. Er führt eine Koalition aus liberaler Zentrumspartei, Schwedischer Volkspartei, Linken und Grünen. Blockübergreifende Koalitionen sind in Finnland normal, ohnehin ist die finnische Politik konsensorientiert. Die rechtspopulistische Partei »Die Finnen« ist mit 17,5 % zweitstärkste Partei im nationalen Parlament, bei den Wahlen zum Europäischen Parlament im Mai 2019 erhielt sie 13,8 %.

EU und Euro

Seit 1995 sind Schweden und Finnland Mitglieder der Europäischen Union (EU). Der **norwegische EU-Beitritt scheiterte** in den Volksabstimmungen 1972 und 1994. Doch ist das Land Teil des Europäischen Wirtschaftsraums und damit eng mit der EU verbunden. Der Euro ist **allein in Finnland** gültiges Zahlungsmittel.

Wirtschaft

Land- und Forstwirtschaft

Landwirtschaftlich genutztes Ackerland liegt hauptsächlich im Süden. Da die Vegetationsperiode im Norden ausgesprochen kurz ist (in Lappland nur etwa 140 Tage im Jahr), wird dort eher Vieh gehalten. Nördlich des Polarkreises hat die Rentierhaltung Bedeutung.
Holz wird v. a. in Finnland und Schweden mit hoch technisierten Maschinen geerntet, entsprechend groß ist der Rationalisierungsgrad. In Norwegen, Schweden und Finnland bedeckt die geschlossene Waldfläche 50 Mio. ha, jährlich werden ca. 180 Mio. m^3 Holz eingeschlagen. **Finnland** ist das waldreichste Land Europas, Holz und Holzprodukte, Papier und Möbel stellen bis zu 40 % der finnischen Exporte. Das Land ist nach Kanada der zweitwichtigste Papier- und Kartonagen-Exporteur der Welt. In **Schweden** sind 53 % der Landesfläche bewaldet, bei 85 % Nadelwaldanteil, der Holzeinschlag beträgt jährlich ca. 85 Mio. m^3. Auch hier wandert der allergrößte Teil in die Zellulose- bzw. Papierindustrie. Nur 25 % von Norwegen sind Wald, dort versucht man, diese Fläche zu vergrößern.

Fischerei

Die Fischerei hat in **Norwegen** eine große Tradition. Gemessen am Jahresfang ist das Land die bedeutendste Fischerei-Nation in Europa, v. a. in der Hochseefischerei. Heute wird vorwiegend nach Lodde (einem Lachsfisch), Kabeljau, Makrele, Schellfisch und Seelachs gefischt. Durch Überfischung haben Hering und Kabeljau stark an Bedeutung verloren. Wichtig ist die Lachs- und Forellenzucht in großen Fischfarmen. Moderne **Aquakultur** gilt in Norwegen als Innovation

Kabeljau wird durch sorgsames Trocknen sehr lange haltbar. Der so hergestellte Stockfisch wird bis nach Portugal verkauft.

mit Zukunft: Jeder zweite weltweit verkaufte Zuchtlachs stammt aus norwegischen Aquakulturen. Allerdings sind dort 2019 durch eine Algenblüte nie gekannten Ausmaßes, zu deren Ausbreitung auch die Aquakultur beitrug, Millionen Lachse verendet. International bedeutend ist die fischverarbeitende Industrie, sie produziert Fischmehl, Fischöl und Fischkonserven. In **Schweden** hat die Fischerei nur noch an der Westküste Bedeutung. Noch geringer ist der **finnische** Fischfangertrag. Er besteht zu 80 % aus Meeresfischen.

Schwerindustrie

Im 19. Jh. wurden die **Eisenerze** von Kiruna und Gällivare-Malmberget in Schwedisch-Lappland bekannt. Über 80 % der schwedischen Erze kommen von dort. Allerdings ist der Export wegen der Weltmarktkonkurrenz deutlich zurückgegangen. Outukumpu in Mittelfinnland gilt als eine der wichtigsten Kupferminen Europas.
Die **Energierohstoffe** sind in Nordeuropa sehr ungleichmäßig verteilt. Schweden besitzt 80 % der bekannten **Uranvorräte** Europas. Mit **Erdöl und Erdgas** aus der Nordsee ist Norwegen seit 1971 ein international wichtiger Erdölproduzent und Nettoexporteur. Norwegen erzeugt aber 99 % seines Stroms aus Wasserkraft.

Industrie

Durch die Lage am Meer konzentrierte sich **Norwegens** Wirtschaft zunächst auf Fischerei, Schifffahrt und Schiffbau. Die bedeutendsten Schiffbaustandorte befinden sich heute bei Stavanger, Bergen und Trondheim. Der Ölboom erzeugte eine große Nachfrage nach Offshore-Equipment wie Bohrplattformen und Tankerausrüstungen. Die billige Wasserkraft hilft v. a. der norwegischen **Hüttenindustrie**, in der Aluminium, Kupfer, Zink und Eisen zu hochwertigen Legierungen verarbeitet werden.

Auch in **Schweden** ist die metallverarbeitende Industrie wichtig, sie erwirtschaftet knapp die Hälfte des industriellen Produktionswerts. Schwedens Wirtschaft wurde während der letzten Jahre deutlich internationalisiert, etwa die Elektro-, chemische und Holzindustrie und Konzerne wie Volvo, Elektrolux, ABB und LM Ericsson.

In **Finnland** machte die Industrialisierung nach dem Zweiten Weltkrieg große Fortschritte, nicht zuletzt wegen der Wirtschaftsbeziehungen zur ehemaligen Sowjetunion. Heute spielt das Land eine bedeutende Rolle im IT-Sektor. 1972 wurde in Finnland das **erste Mobilfunknetz der Welt** eingerichtet. Nokia ist trotz Krise nach wie vor das größte Wirtschaftsunternehmen im Land.

Ganzjähriger Tourismus

Schweden, Finnland und Norwegen werden als Reiseziele immer beliebter, nicht nur bei Outdoor-Fans. Größte Anziehungskraft entfalten die mittelschwedischen Seen und die finnische Seenplatte. Norwegen hat bisher insbesondere vom Kreuzfahrttourismus profitiert. In die **Wintersportgebiete** wurde viel Geld investiert, sodass Touristen nun auch im Winter nach Skandinavien kommen.

Wirtschaftlicher Umbruch

Norwegen ist stark abhängig vom Öl, von der Hüttenindustrie, der Schifffahrt und der Fischzucht, versucht aber, davon wegzukommen.

Das Modell des **schwedischen Wohlfahrtsstaats** begann Anfang der 1990er-Jahre zu bröckeln, was sich auf die Nachbarländer auswirkte. Hohe Steuern und hohe Löhne hatten die Wettbewerbsfähigkeit der exportorientierten Industrie beeinträchtigt. Seither versucht die schwedische Regierung, den öffentlichen Sektor und die **hohe Steuerbelastung** abzubauen. Doch Staatsverschuldung und Arbeitslosigkeit sind noch vergleichsweise hoch.

Weitaus größere Probleme bekam Finnland, als 1991 der **Warenaustausch mit der Sowjetunion** nahezu gänzlich zusammenbrach – etwa ein Viertel des gesamten finnischen Außenhandels. Doch die jetzige politische Konstellation im Osten bietet die Chance, neue Impulse zu setzen. Im Ostseeraum leben 40 Mio. Menschen, es gibt rund 50 Großstädte, über 70 Ostseehäfen und neben einem gut funktionierenden Fährsystem sechs internationale Flughäfen.

Umwelt

Wirtschaft contra Natur?

Nordskandinavien rückte 1986 durch die Reaktorkatastrophe von **Tschernobyl** ins Licht der Weltöffentlichkeit, als der radioaktive Fallout die Weiden der Rentiere verseuchte. Noch heute lässt sich in manchen Regionen eine erhöhte Strahlung nachweisen.

Andere Umweltsünden gehen nicht auf das Konto eines ungünstigen Windes, sondern resultieren aus den langen dunklen Wintern und einer gewissen Gleichgültigkeit. In keinem Land der Welt verbrauchen die Einwohner mehr Strom als in Norwegen. Auch in Finnland und Schweden kommt man auf Spitzenwerte. Die elektrische Energie aus Wasserkraft ist auf den ersten Blick billig zu haben, geht aber **auf Kosten der Natur:** Viele Flüsse sind begradigt, Stauseen haben Lebensräume überflutet. In Schweden sah man sich genötigt, einen »Tag des Wasserfalls« einzurichten, an dem die Flüsse ihr ursprüngliches Quantum Wasser führen und in alter Pracht strömen. Es ist wohl kein Zufall, dass das Umweltgewissen der Jugend in Gestalt von **Greta Thunberg** (▶Interessante Menschen), Begründerin der weltweiten Bewegung »Fridays for Future«, aus Schweden kommt.

Auch nach dem Atomunglück im japanischen Fukushima ist in Finnland die **Atomkraft** völlig unumstritten. Gegenwärtig sind vier Meiler am Netz, beim fünften verzögert sich die Inbetriebnahme ständig und wirtschaftlich ist er ein Desaster.

Ein großes Problem ist die zunehmende **Versauerung der Böden und Binnengewässer** nördlich des Polarkreises, die auf die schwefelhaltigen Emissionen aus Schornsteinen außerhalb Skandinaviens zurückgeht. Auch in Südnorwegen sind manche Gewässer gefährdet, die Situation in Schweden und Finnland ist (noch) etwas weniger gravierend. Streit gab es lange um Holzfällarbeiten im **borealen Urwald Lapplands.** Seit 2009 gilt ein 20 Jahre laufendes finnisches Moratorium, in dieser Zeit dürfen keine Bäume gefällt werden.

SKANDINAVISCHE FRÜHGESCHICHTE

Skandinavien rückte erstmals der Wikinger wegen ins Licht der Weltgeschichte. Doch seine Siedlungsgeschichte ist deutlich älter und auch der Geschichtsschreiber Plinius d. Ä. wusste schon einiges von den Menschen im hohen Norden.

Die Anfänge

Kaum zog sich am Ende der letzten Eiszeit das Eis zurück, wanderten Jäger und Fischer über eine Landbrücke zwischen Dänemark und

Schonen nach Schweden. Die **ältesten Funde** in Schonen sind rund 13 000 Jahre, in Norwegen 10 000 Jahre alt. Finnland wurde vor rund 8500 Jahren von Süden und Osten her besiedelt.
Sesshafte Ackerbauern sind in Schweden erstmals um 5000 v. Chr. nachweisbar durch die Megalithbauten an der Küste von Västergötland. Die **»Gånggrifter«** (Ganggräber) genannten Bauwerke aus großen Steinen wurden über Generationen für Bestattungen genutzt. Heute liegen die Steine frei, einst waren sie mit Erde bedeckt.
Ein herausragendes Zeugnis der frühgeschichtlichen Menschen sind die Felszeichungen – Schiffe, Rentiere, Hirsche und Menschen – in Norwegen und Schweden (z. B. in ▶ Alta/Norwegen, an der Westseite des Oslofjords, in Tanum nördlich von ▶ Göteborg, an der schwedischen Ostküste und nördlich vom Mälarsee). Einige stammen vermutlich aus der **Jungsteinzeit**, sind also über 8000 Jahre alt. Den größten Teil datieren Archäologen in die **Bronzezeit** zwischen 1800 und 500 v. Christus. Im schwedischen Bohuslän wurden 40 000 dieser sogenannten **Hällristningar** gezählt. Sie sind heute UNESCO-Weltkulturerbe.

Eisenzeit

Aus der nordischen Eisenzeit (ca. 500 v. Chr. bis 500 n. Chr.) sind nur spärliche Funde (z. B. auf Öland und Gotland) erhalten. Seit dem 2. Jh. n. Chr. sind Runeninschriften auf Schmuck und Geräten bekannt; Ende des 4. Jh.s begann man in Norwegen und Schweden, **Runen** auch in Stein zu schlagen. Der norwegische Siedlungsraum dehnte sich bis zum Polarkreis aus.

»Scandinavia«

Der Name »Scandinavia« erscheint erstmals um 75 n. Chr. bei dem römischen Geschichtsschreiber **Plinius d. Ä.**; Tacitus erwähnt in seiner Germania die mächtigen Schwedenkönige (Suiones) um 100 n. Chr. und die Finnen (Fenni). Auf der skandinavischen Halbinsel lebten Goten (Göta), nördlich davon Schweden (Svear). Wald und Gebirge, im Südwesten der Vänersee und der Götaälv bildeten die Grenze zum Stamm der Norweger, für den man keinen gemeinsamen Namen kennt. Das spätere Wort »Norvegr« bzw. »Nordmenn« deutet wohl mehr die Himmelsrichtung an.

NORWEGENS GESCHICHTE

Der EU beitreten? Dazu haben die Norweger bereits zweimal »nei« gesagt. Nach Jahrhunderten unter dänischer und schwedischer Herrschaft schätzen sie ihre Unabhängigkeit.

OBEN: Im Jahr 872 einte Harald Schönhaar Norwegen, woran diese Skulptur bei Stavanger (Südnorwegen) erinnert.

UNTEN: Markante Zeichen: Runenstein von Lund

EPOCHEN

NORWEGEN ENTSTEHT

um 872	Harald Schönhaar (um 852 – 933) eint das Land.
8. – 11. Jh.	Wikinger verbreiten Angst und Schrecken.
10./11. Jh.	Gewaltsame Christianisierung der Bevölkerung
um 1250	Unter Håkon Håkonsson erreicht Norwegen den Höhepunkt seiner Macht.

UNTER DÄNISCHER HERRSCHAFT

1397	Die Kalmarer Union vereinigt Norwegen, Dänemark und Schweden.
1387 – 1814	Norwegen gehört zu Dänemark.
1536	Die Reformation wird eingeführt.

UNION MIT SCHWEDEN

1814	Norwegen gibt sich eine liberale Verfassung.
1814 – 1905	Personalunion mit Schweden, Industrialisierung

20. JAHRHUNDERT

1911	Roald Amundsen erreicht als Erster den Südpol.
1913	Das Frauenwahlrecht wird eingeführt.
1914 – 1918	Im Ersten Weltkrieg bleibt Norwegen neutral.
1940	Norwegen wird von deutschen Truppen besetzt.
1969	Das legendäre Ekofisk-Ölfeld wird entdeckt.
1972/1994	Nein zur Mitgliedschaft in der EG bzw. EU
1981	Gro Harlem Brundtland bekleidet als erste Frau das Amt der Ministerpäsidentin.

IM 21. JAHRHUNDERT

2001	Kronprinz Håkon heiratet Mette-Merit Tjessem.
2011	Der Rassist Anders Behring Breivik ermordet in Oslo und auf der Insel Utøya 77 Menschen.
2015	Norwegen beschließt umfassende Klimaschutzziele.
2017	Erna Solberg wird erneut Ministerpräsidentin.

Alle Macht in einer Hand

Bis zum 8. Jh. n. Christus entstanden Dutzende kleiner Königtümer. Der aus einem alten Herrengeschlecht am Oslofjord stammende Harald Hårfagre (»Schönhaar«) besiegte die anderen Kleinkönige und vereinigte um 872 West- und Südnorwegen unter seiner Herrschaft. Doch nach seinem Tod lebten die Kleinkönigreiche zum Teil wieder auf.

In dieser Zeit unternahmen die **Wikinger** (▶ Baedeker Wissen S. 480/481) ihre spektakulären Kriegs- und Beutefahrten in weite Gebiete West- und Mitteleuropas und im atlantischen Raum.

Christliche Bekehrung

Rund zwei Jahrhunderte lang dauerte die Christianisierung, Olav Haraldsson (1015 – 1030) setzte sie zusammen mit der Reichseinheit vollends durch. Er kämpfte gegen Dänen und Trondheimer und fiel 1030 in der **Schlacht bei Stiklestad.** Bald darauf wurde er als Märtyrer verehrt. Als **Olav der Heilige** und ewiger König ging er in die Geschichte ein, er ist in Nidaros (Trondheim) begraben.
Unter Håkon Håkonsson (1217 – 1263) erreichte das norwegische Königtum den Höhepunkt seiner Macht. Die Krone kontrollierte den Adel, die Verwaltung wurde neu geordnet, die Bevölkerungszahl stieg, Städte entstanden oder wuchsen weiter, wie die heutige Hauptstadt Oslo (gegründet um 1000). In Bergen (1070) eröffnete 1360 ein Hansekontor, bis Ende des 19. Jh.s war es Norwegens größte Stadt.
Das Land erreichte mit der Eingliederung von Island, Grönland, den Färöern, den Hebriden und Teilen Schwedens seine **größte territoriale Ausdehnung.**

Unter dänischer Herrschaft

Verlust der Unabhängigkeit

1319 kam Norwegen nach dem Erlöschen seines Königshauses an Schweden, denn laut Erbfolgerecht war der schwedische Thronfolger **Håkon VI.** (1340 – 1380) rechtmäßiger Erbe der norwegischen Krone. Håkon heiratete **Margarete von Dänemark.** Nach seinem Tod 1389 vereinigte Margarete die Herrschaft über Norwegen, Schweden und Dänemark auf sich. Die verfassungsmäßige Grundlage für diesen Staatenbund legte 1397 die **Kalmarer Union,** in der die nordischen Länder gegen das Deutsche Reich vereinigt werden sollten. Norwegen wurde zu einem dänischen Teilgebiet erklärt.

Hanse und Reformation

1536 wurde der norwegische Reichsrat aufgelöst, ab 1572 herrschte ein **dänischer Statthalter** in Norwegen. Nach der **Reformation** 1536 wurde Dänisch Amts-, Kirchen- und Schulsprache (das heutige »Bokmål«); das Altnorwegische lebte nur noch in Mundarten fort. Wirtschaftlich erlebte Norwegen zwar einen Aufschwung, doch wurde der Handel im 15. und 16. Jh. praktisch von der deutschen **Hanse** diktiert. Erst Anfang des 19. Jh.s begehrte man gegen die dänische Herrschaft auf.
Als **Napoleon I.** 1806 die Kontinentalsperre gegen England verhängte, blockierten die Briten die norwegische Küste, wodurch die Schifffahrt lahmgelegt wurde und das Land in Not geriet. Verständlich, dass Norwegen sich von Dänemark lösen wollte, das mit Napoleon verbündet war. Nach der Niederlage Napoleons musste Dänemark im **Frieden von Kiel** Norwegen an Schweden abtreten. Am 14. Januar 1814 endete die dänische Ära.

Union mit Schweden

Eigene Verfassung und wirtschaftlicher Aufschwung

Die Norweger wollten jedoch keine Union mit Schweden, sondern erklärten das Land für selbstständig und gaben sich am 17. Mai (heute Nationalfeiertag) 1814 eine liberale Verfassung. Erst nach dem **Einmarsch schwedischer Truppen** ins Land akzeptieren die Norweger notgedrungen die Personalunion mit Schweden. Im Gegenzug durften sie ihre neue Verfassung behalten.
Ab den 1830er-Jahren bildeten Textilfabriken und Maschinenwerkstätten die Grundlage für die Industrie des Landes. Zwischen 1850 und 1880 stieg Norwegen durch seine wachsende Handelsflotte zu einer wichtigen **Schifffahrtsnation** auf.

20. Jahrhundert

Seit 1905 unabhängig

Dank schwedischer Zugeständnisse erhielten die Norweger die innere Selbstverwaltung, doch behielt der schwedische König ein Vetorecht gegen die Gesetze der norwegischen Reichsversammlung (Storting). Mit der Aufhebung des Vetorechts 1880 wurde nur noch die Außenpolitik von Stockholm bestimmt. Als 1905 das Storting erneut mit Abspaltung drohte, verlangte Stockholm eine **Volksabstimmung** über die Zukunft der Union mit Schweden. Nachdem 368 392 Norweger für die Auflösung und nur 184 für den Erhalt gestimmt hatten, entließen die Schweden Norwegen in die Unabhängigkeit.

Eine fortschrittliche Nation

Als wissenschaftlich fortschrittliche Nation mit abenteuerlustigen Vertretern hat Norwegen einige Meilensteine aufzuweisen: So war bereits **Fridtjof Nansen** (1861 – 1930) bei seiner Nordpolexpedition 1893 so weit nach Norden vorgedrungen wie noch nie jemand vor ihm. **Roald Amundsen** (1872 – 1928) ging ans andere Ende der Welt und erreichte 1911 als Erster den Südpol. Auch gesellschaftspolitisch gehörte Norwegen zur Speerspitze: 1913 führte man als zweite Nation in Europa das **Frauenwahlrecht** ein (nach Finnland: 1906).

Erster und Zweiter Weltkrieg

Im Ersten Weltkrieg blieb Norwegen **neutral.** Unter dem von den Deutschen geführten **U-Boot-Krieg** hatte das Land am Nordatlantik sehr zu leiden. Andererseits brachte der Krieg den Norwegern, deren Fische und Erze (besonders Kupfer) bei den Kriegsparteien begehrt waren, auch viel Geld ein.
Im Zweiten Weltkrieg versuchte Norwegen erneut, neutral zu bleiben. Allerdings hatten Deutsche wie Alliierte größtes Interesse an einer Beherrschung der norwegischen Küste, insbesondere dem Hafen Narvik, über den **Eisenerz aus dem schwedischen Kiruna** nach Deutschland verschifft wurde. Im April 1940 marschierten deutsche Truppen in Norwegen ein. Die norwegische Armee leistete Wider-

stand, musste aber im Juni 1940 kapitulieren, die königliche Familie und die Regierung gingen **nach London ins Exil.** Vidkun Quisling, den Führer einer unbedeutenden faschistischen Gruppierung, machten die Deutschen zum Ministerpräsidenten einer Marionettenregierung. Im Zweiten Weltkrieg wurden über 10 000 Norweger und Norwegerinnen getötet, Städte durch Bomben oder Brände zerstört.

Wohlfahrtsstaat und Ölförderland

Der Wiederaufbau nach dem Krieg verlief unerwartet schnell: Bereits 1946 waren die Industrieproduktion und das Bruttosozialprodukt größer als 1938. Trotzdem war Norwegen in den Sechzigerjahren eines der ärmsten Länder Nordeuropas, seine Einnahmen stammten vor allem aus der Fischerei, Land- und Forstwirtschaft. 1969 begann das Ölzeitalter in Norwegen, als die **Erdöl- und Erdgasvorkommen** des Ekofisk-Felds in der Nordsee entdeckt wurden. Buchstäblich über Nacht wurde das Land reich, was den Aufbau eines Wohlfahrtsstaats nach schwedischem Modell ermöglichte.

Norwegen und Europa

1949 trat das Gründungsmitglied der Vereinten Nationen (UN) dem nordatlantischen Verteidigungsbündnis NATO bei. Das Verhältnis zur Europäischen Union blieb indes lose: 1972 und 1994 sprach sich das norwegische Volk gegen eine Mitgliedschaft in der EG bzw. EU aus. Zu groß war wohl nach den jahrhundertelangen Zwangsgemeinschaften mit Dänemark und Schweden und nach der deutschen Besetzung während des Zweiten Weltkriegs das **Misstrauen gegen Unionen aller Art.** Viele fürchteten auch, ihr an Ölvorkommen reiches Land würde als EU-Nettozahler vereinnahmt werden.

Im 21. Jahrhundert

Von Prinzen und Prinzessinnen

Als der norwegische **Thronfolger Håkon** seine Verlobung mit der bürgerlichen **Mette-Marit** Tjessem Høiby bekannt gab, entzündeten sich Diskussionen am Vorleben von Mette-Marit, ihren wilden Partys und dem unehelichen Kind mit einem vorbestraften Playboy. Doch bei der Hochzeit Ende August 2001 kannte der Jubel keine Grenzen. Am 21. Januar 2004 wurde Tochter **Ingrid Alexandra** geboren. Sie kann dank der neuen Thronfolgeregelung Königin werden. Am 3. Dezember 2005 kam ihr Bruder Sverre Magnus zur Welt.

Verheerender Anschlag

Am 2. Juli 2011 zündete der rechtsradikale Fanatiker Anders Breivik im Zentrum des Regierungsviertels von Oslo eine Bombe – ein Anschlag, bei dem acht Menschen ums Leben kamen. Kurz danach erschoss er auf der **Insel Utøya** nordwestlich von Oslo, auf der das traditionelle Jugendlager der sozialdemokratischen Arbeiterpartei stattfand, 69 Menschen – die meisten von ihnen Kinder und Jugendliche. Drei Tage danach demonstrierten in Oslo 150 000 Menschen für Frieden und gegen Hass. 2012 wurde Breivik zu 21 Jahren Haft, der **höchstmöglichen Haftstrafe in Norwegen,** mit anschließender Sicherungsverwahrung verurteilt.

Wahlen

Die Parlamentswahlen 2013 gewannen die Konservativen (Høyre), Ministerpräsidentin wurde **Erna Solberg.** Die Konservativen bildeten eine Minderheitsregierung mit der rechtspopulistischen Fremskrittpartiet. Nach den Wahlen 2017, bei denen die bürgerlich-konservativen Parteien Sitze verloren, traten bis Anfang 2019 die sozialliberale Venstre und die Kristelig Folkeparti der bisherigen Regierungskoalition bei, die dadurch nun eine Mehrheit im Parlament hat.

SCHWEDENS GESCHICHTE

Die einstige Großmacht gilt seit Jahrzehnten als Vorbild für einen Sozialstaat, in dem sich Beruf und Familie gut vereinbaren lassen. Seit 1976 auf dem Thron: eine deutschstämmige Königin.

Mittelalter

Sverige

Der Name (Svea rike = **Sverige** = Schweden) leitet sich vom **Stamm der Svear** ab, die ab 500 n. Chr. im Gebiet um das heutige Stockholm lebten. Ein weiteres Zentrum der Besiedlung war das heutige Östergötland. Die hiesigen Götar wurden um 750 von ihren Nachbarn unterworfen, der Stammesname der Svear galt nun für das ganze Land.

Wikinger

Um 800 setzte eine **starke Expansion** ein. Die Skandinavier machten sich im Ausland als Händler, v. a. aber als plündernde Wikinger bemerkbar, und die schwedischen Wikinger gelangten über die russischen Flüsse mit ihren leichten Booten bis zum Kaspischen Meer (▶ Baedeker Wissen S. 480/481).

Christianisierung

Um 830 predigte der **Heilige Ansgar** das Christentum in Birka am Mälarsee, seinerzeit Schwedens größte Handelsniederlassung. Nur zögerlich wandte sich die Bevölkerung von germanischen Göttern wie Thor und Odin ab und lange existierte ein Nebeneinander von Christen und Andersgläubigen. Erst im Jahr 1000 ließ sich König Olof Eriksson taufen. 1157 rief Schweden zum Kreuzzug gegen die Heiden in Finnland auf. Weite Teile Finnlands wurden besetzt und ab 1284 stand das **Herzogtum Finnland** unter Schwedens Einfluss.

EPOCHEN

MITTELALTER	
500 – nach 800	Schweden wird nach den Svear benannt. Die Wikinger unternehmen Handelsexpeditionen und Raubzüge.
um 830	Christliche Missionare erreichen Schweden.
14. – 16. Jh.	Hansezeit
1397 – 1523	Kalmarer Union: Dänemark, Schweden und Norwegen sind unter einem König vereint.
1471	Sieg über die Dänen
1521	Stockholmer Blutbad
AUFSTIEG ZUR GROSSMACHT	
1523	Gustav Wasa wird zum König gewählt.
1527	Die Reformation wird eingeführt.
1632	Gustav II. Adolf fällt in der Schlacht von Lützen.
1658	Größte Ausdehnung des Staatsgebiets in der Geschichte
FREIHEITSZEIT UND INDUSTRIALISIERUNG	
1719 – 1772	Freiheitszeit: Die Macht des Königs wird eingeschränkt.
1809	Schweden verliert Finnland.
1814 – 1905	Union mit Norwegen
ab 1850	Große Auswanderungswellen
1900 – 1930	Aufstieg zur Industrienation
Weltkriege	Schweden bleibt zumindest auf dem Papier neutral.
DER WEG INS 21. JAHRHUNDERT	
1946	Beitritt zu den Vereinten Nationen
1986	Ermordung des Ministerpräsidenten Olof Palme
1995	Beitritt zur Europäischen Union (EU)
2003	Schweden stimmt gegen den Euro.
2017	Terroranschlag in Stockholm mit fünf Toten
2018	Minderheitsregierung: Sozialdemokraten und Grüne

Beitritt zur Hanse

Unter der Führung Lübecks hatten sich im 14. Jh. deutsche Städte in der **Hanse** zusammengeschlossen. Die Handelsgemeinschaft sicherte sich im gesamten Ostseeraum die Vorherrschaft und gründete auch in Schweden zahlreiche Städte. **Visby** auf der Ostseeinsel Gotland war einer der Hauptstützpunkte der Hanse an der Ostseeküste.

Vereinigt mit Dänemark und Norwegen

1397 wurden unter der Führung der dänischen **Königin Margarete** Dänemark, Norwegen und Schweden zu einem Reich vereinigt. Nach dem Tod Margaretes 1412 entwickelte sich die **Kalmarer Union** immer mehr zu einem Machtinstrument Dänemarks zum Nachteil von Schweden. Das Land wurde mit hohen Steuern belegt und der Dauerstreit mit der den Ostseeraum dominierenden **Hanse** führte zu einem Boykott von schwedischem Eisen und Kupfer. Immer wieder wurde der **Kampf gegen die Dänen** und für die Auflösung der Kalmarer Union aufgenommen, immer wieder eroberten die Dänen die Macht zurück. Tragischer Höhepunkt war das **»Stockholmer Blutbad«** 1521, als Dänenkönig Christian II. 82 schwedische Adlige, die angeblich einen Aufstand gegen ihn geplant hatten, ermorden ließ. In der Folge brach tatsächlich ein Aufstand unter Führung von Gustav Wasa aus, der zur Absetzung von Christian II. führte.

Auf dem Weg zur Großmacht

Wasa-Zeit

Gustav Wasa wurde 1523 **zum König von Schweden** gewählt. Er ließ 1527 die Reformation einführen, brach die Macht der Hanse und machte Schweden 1544 zur Erbmonarchie. Zu Beginn des 17. Jh.s betrieb **Gustav II. Adolf** eine aggressive Expansionspolitik Richtung Osten und beendete die von seinem Vater **Karl IX.** begonnenen Kriege gegen Russland und Polen siegreich. Er reformierte auch die Verwaltung und die Wirtschaft. Auf Bitten der protestantischen Fürsten griff Gustav II. Adolf in Deutschland in den **Dreißigjährigen Krieg** (1618 – 1648) ein; 1632 fiel er in der Schlacht von Lützen.

Auf dem Gipfel der Macht

Unter seiner Nachfolgerin Christine setzte sich der **Aufstieg Schwedens zur Großmacht** fort. Im Westfälischen Frieden, der den Dreißigjährigen Krieg beendete, sicherte sich Schweden unter anderem Vorpommern **mit Rügen und Wismar sowie Bremen**. Weitere Eroberungen folgten im Krieg gegen Dänemark-Norwegen. 1658 stand Schweden auf dem Gipfel seiner Macht.
Doch fehlten dem agrarisch geprägten Land die wirtschaftlichen Ressourcen, um das riesige Gebiet absichern zu können. Mit **Karl XII.** begann 1697 der **Niedergang.** Zwar feierte der kriegerische König noch militärische Erfolge, doch die Niederlage im **Großen Nordischen Krieg** (1700 – 1721) gegen Dänemark, Polen und Russland brachte den Verlust der Ostseeprovinzen, Bremens und Vorpommerns. Die Vormachtstellung in Europa war dahin.

Freiheitszeit und Industrialisierung

Mächtiger Reichsrat

Danach erholte sich das Land wirtschaftlich schnell. In der »Freiheitszeit« genannten Epoche gelang es dem Adel, die Macht des Königs einzuschränken. Die Macht lag nun ganz beim **Reichsrat** und Parlament – ähnlich wie in England. Gustav III. schränkte ab 1772 den Einfluss der Parteien wieder stark ein. Er regierte im Sinne des aufgeklärten Absolutismus, schaffte die Folter ab, führte die **Pressefreiheit** ein und gilt als bedeutender Förderer von Kunst und Kultur.

Union mit Norwegen

1805 verbündete sich Schweden mit England gegen Russland und Frankreich – und unterlag. Die Provinz Finnland ging verloren. Da man Gustav IV. Adolf als Schuldigen für die Niederlage ausgemacht hatte, wurde er durch **Karl XIII.** ersetzt. Die eigentliche Macht übte aber **Jean Baptiste Bernadotte** aus, ehemals Marschall der napoleonischen Armee. Er wurde 1810 **als Kronprinz ins Land geholt** und zog 1813 gegen Frankreich und Dänemark in den Krieg. In der Folge musste Dänemark **Norwegen** abtreten und dieses eine Union mit Schweden eingehen, die bis 1905 dauerte. 1818 bestieg Jean Baptiste Bernadotte als **Karl XIV. Johann** den Thron. Seine Nachkommen stehen noch heute an der Spitze des schwedischen Staats.

Auswandererwelle

Im Lauf des 19. Jh.s verschlechterte sich die wirtschaftliche Situation in Schweden. Vor allem die Landbevölkerung verarmte und rund 1,5 Millionen Menschen (bei einer Bevölkerung von nur 3,5 Millionen) wanderten v. a. **nach Nordamerika** aus. Andere versuchten ihr Glück in der Stadt. Die Industrialisierung schuf zwar neue Arbeitsplätze, doch viele Bauern endeten durch den Umzug in größter Armut. 1889 wurden die ersten **Arbeiterschutzgesetze** erlassen, die Sozialdemokratische Partei und die Zentralgewerkschaft gegründet.

Die beiden Weltkriege

Im **Ersten Weltkrieg** verfolgte Schweden offiziell eine Politik der Neutralität, da man aber in Wirklichkeit eine deutschfreundliche Linie fuhr, verhängte England letztlich eine Blockade gegen das Land. Das Kriegsende leitete eine Reihe politischer und sozialer Reformen ein, der Grundstein für den schwedischen Wohlfahrtsstaat wurde gelegt. Im **Zweiten Weltkrieg** erklärte Schweden erneut seine Neutralität, trieb aber regen Handel mit Deutschland und lieferte Eisenerz für Hitlers Waffenschmieden. Außerdem wurde den deutschen Truppen ein **Transitrecht ins besetzte Norwegen** gewährt.

Der Weg ins 21. Jahrhundert

Wohlfahrtsstaat

Nach dem Krieg wurden die sozialen Reformen fortgeführt, die Sozialdemokraten stellten lange Zeit die Regierung. 1946 trat Schweden den **Vereinten Nationen** bei, 1949 dem Europarat, und 1951 gründete das Land zusammen mit seinen Nachbarn den **Nordischen Rat,** alles unter der Führung des Sozialdemokraten Tage Erlander (Ministerpräsident 1946 – 1969). Ihm folgte **Olof Palme** im Amt. Der beliebte Ministerpräsident wurde 1986 **ermordet.** Dasselbe Schicksal erlitt 2003 die schwedische Außenministerin **Anna Lindh,** die in ei-

Skandinavische Monarchien: Norwegens Königspaar Harald V. und Sonja in der Mitte, flankiert vom schwedischen Königspaar Silvia und Carl XVI. Gustav. Links die Thronfolger Victoria (Schw.) und Håkon (Norw.), rechts seine Frau Mette-Marit

nem Kaufhaus in der Stockholmer Innenstadt einer Messerattacke zum Opfer fiel. Immerhin wurde diesmal der Täter gefasst und zu einer lebenslangen Haftstrafe verurteilt.

Eine Deutsche wird Königin

1976 heiratete König Carl XVI. Gustaf **Silvia Sommerlath.** Er hatte die Deutsche 1972 während der Olympischen Spiele in München kennen gelernt, wo sie als Hostess gearbeitet hatte. Am 14. Juli 1977 kam **Victoria** auf die Welt. Seit 1980 gilt in Schweden das Erstgeburtsrecht, damit ist Victoria schwedische Thronfolgerin. Prinz Carl Philip wurde 1979 geboren, Prinzessin Madeleine 1982. Am 19. Juni 2010 heiratete Kronprinzessin Victoria ihren ehemaligen Fitnesstrainer Daniel Westling. 2012 bekamen sie ihr erstes Kind, Prinzessin Estelle, 2016 kam Prinz Oscar zur Welt.

Schweden und Europa

Als eines der ersten Länder Europas schlitterte Schweden während der 1990er-Jahre in eine schwere Wirtschaftskrise mit hoher Arbeitslosigkeit und Betriebsbankrotten. In dieser Situation beantragte die Regierung den in der Bevölkerung äußerst umstrittenen **Beitritt zur Europäischen Gemeinschaft.** Seit 1995 ist das Land Mitglied der EU, der **Euro** wurde 2003 in einer Volksabstimmung von einer breiten Mehrheit **abgelehnt.** Ein Grund dafür war der eigene Wirtschaftsaufschwung, den man durch den Euro gefährdet sah. Nach wie vor steht ein Teil der schwedischen Bevölkerung der EU skeptisch gegenüber. Schweden gehört zu deren Nettozahlern.

Klimaschutz

Die EU-Kommission verlieh Stockholm 2010 als erster Stadt den Titel **»European Green Capital«** (Europäische Umwelthauptstadt). Schwerpunkte der Projekte in Stockholm waren der Bau von Kläranlagen, der Lärmschutz, eine integrierte Abfallwirtschaft, die Innenstadtmaut und eine Ausweitung der Erholungsgebiete.

Terror und die Antwort darauf

Eine mangelnde Integration von Migranten führte 2013 zu Unruhen in den Vorstädten Stockhoms und einer Zunahme der **Fremdenfeindlichkeit** im Land. Traurige Höhepunkte dieser Entwicklungen waren Übergriffe auf Asylanten 2016 und ein **Attentat** in Stockholms Innenstadt 2017 mit fünf Toten und 14 Verletzten; der Täter war ein abgelehnter Asylbewerber aus Usbekistan und Anhänger des Islamischen Staats. Er wurde zu einer lebenslangen Freiheitsstrafe verurteilt. Am Wochenende nach dem Attentat demonstrierten im Zentrum von Stockholm Tausende Menschen gegen Hass und Gewalt. Seit 2010 ist die rechtspopulistische Sverigedemokraterna im Reichstag vertreten. Bei den Wahlen 2018 wurde sie drittstärkste Partei mit 17,5 %. Der sozialdemokratische **Ministerpräsident Stefan Löfven** steht einer Minderheitsregierung aus Sozialdemokraten und Grünen vor, allerdings sind Minderheitsregierungen nichts Ungewöhnliches in diesem auf sachlichen Konsens hin orientierten Land.

FINNLANDS GESCHICHTE

Erst Schweden, dann Russland, schließlich der Schatten der Sowjetunion: Finnland musste lange um echte Unabhängigkeit ringen. 1995 trat der Staat der EU bei, 2002 dem Euro.

Die Finnen kommen

Wohl aus dem Landschaftsraum westlich des Urals strömten im ersten Jh. n.Chr. die Vorfahren der heutigen Finnen nach »Suomi«. Vom 6. bis 10. Jh. drängten die Finnen die **Samen,** die vor ihnen hier siedelten und wohl aus Eurasien eingewandert waren, aus dem küstennahen Raum im Südwesten ins Landesinnere und ins heutige Lappland zurück. Im Osten bildeten die **Karelier** am Ladoga-See ein eigenes Stammesgebiet. Finnen und »schwedische« Wikinger jenseits des Bottnischen Meerbusens pflegten einen regen Pelzhandel; die besten Jagdgründe dafür waren im Besitz der Samen.

EPOCHEN

DIE SCHWEDISCHE EPOCHE

1157	Schwedischer Kreuzzug gegen die heidnischen Finnen
1284	Finnland wird schwedisches Herzogtum.
1527	Gustav Wasa I. führt die Reformation ein.
1700–1721	Nordischer Krieg, Ostkarelien und Vyborg gehen an Russland.

DIE RUSSISCHE EPOCHE

1809	Finnland wird »autonomes Großfürstentum«.
1863	Finnisch und Schwedisch als gleichberechtigte Sprachen
1906	Allgemeines Wahlrecht (auch für Frauen!) für das neu geschaffene Parlament

UNABHÄNGIGKEIT UND WELTKRIEGE

6.12.1917	Finnland wird unabhängig.
1918–1919	Bürgerkrieg zwischen »Roten« und »Weißen«
1939/1941	»Winterkrieg« und »Fortsetzungskrieg«
1944	Lapplandkrieg gegen Deutschland
1948	Freundschaftspakt mit der Sowjetunion

ÄRA KEKKONEN UND WENDUNG NACH WESTEN

1952	Olympische Sommerspiele in Helsinki
1956	Urho Kekkonen wird Staatspräsident.
1973–1975	Erste KSZE-Konferenz in Helsinki
1995	EU-Beitritt
2000	Tarja Halonen wird erste Präsidentin Finnlands.
1.1.2002	Der Euro löst die Finnmark ab.
2015–2017	Regierungsbeteiligung der Rechtspopulisten

Die schwedische Epoche

Christentum per Gewalt

Während die Fürsten von Nowgorod friedfertige Mönche vorschickten, um den Kareliern (vom heute russischen Vyborg aus) den orthodoxen Glauben näherzubringen, bekehrten die Schweden die Finnen **mit dem Schwert zur römisch-katholischen Kirche:** 1157 rief Erik IX. zum Kreuzzug gegen die Heiden auf. Mit den Rittern und Priestern kamen die ersten Bauern und Fischer.

Herzogtum Finnland

Schweden kolonisierte im 13. Jh. das Land von Süd- und West-Finnland her. Ab 1284 war das Herzogtum Finnland ein integraler Bestandteil der schwedischen Machtsphäre. 1293 dehnte sich diese bis zum Ladoga-See aus, Vyborg wurde befestigt. 1323 wurden **Karelien**

und Mittel-Finnland zwischen dem Schwedischen Reich und dem Stadtstaat Nowgorod aufgeteilt.

In der Kalmarer Union vereinte **Königin Margarete** 1397 Dänemark, Norwegen und Schweden (wozu Finnland damals gehörte). Schon unter ihrem Nachfolger **Erik XIII.** brach das zentral regierte Gebilde 1439 zeitweilig auseinander; 1523 löste **Gustav I. Wasa** (1523 bis 1560) das Königreich Schweden endgültig aus dem Verbund.

Kalmarer Union

Finnland wurde 1581 zum Großfürstentum erhoben; kulturell und wirtschaftlich blühte der schwedischsprachige Teil dadurch auf, was sich auch 1640 in der Gründung der Universität von Åbo niederschlug. Als Ergebnis des **Nordischen Kriegs** (1700 – 1721) mussten Vyborg und Ostkarelien an Russland abgetreten werden.

Finnland wird Großfürstentum

Die russische Epoche

1807 standen **Napoleons Truppen** an der Ostsee und besetzten Schwedisch-Vorpommern. Russland beteiligte sich an der Kontinentalsperre gegen Großbritannien; dafür bekam es freie Hand, Finnland in seinen Machtbereich einzugliedern. Um eine russenfreundliche Stimmung zu erzeugen, erklärte Alexander I. Finnland 1809 zum **autonomen Großfürstentum.** 1812 wurde statt Åbo, dem heutigen Turku, das Russland näher gelegene Helsinki zur Hauptstadt erklärt. Vermehrt besannen sich die Finnen nun auf ihre eigene Sprache, Kultur, Geschichte und mündliche Überlieferung; das 1835 erschienene Nationalepos **»Kalevala«** legte davon Zeugnis ab. **Zar Alexander II.** (1855 – 1881) förderte Finnlands eigenständige Entwicklung: 1863 wurde Finnisch zur gleichberechtigten Sprache neben Schwedisch; 1865 wurden erstmals finnische Münzen geprägt. Der Bau der Eisenbahn und niedrigere Zölle bewirkten ab etwa 1870 eine rege Ausdehnung der profitablen Forstwirtschaft und eine erste Industrialisierung. 1867/1868 starben fast 100 000 Menschen, 8 % der Bevölkerung, an den Folgen einer Hungersnot.

Helsinki wird Hauptstadt

Unter dem seit 1881 regierenden **Alexander III.** begann eine Russifizierungswelle; auch Nachfolger **Nikolaus II.** (1894 – 1917) blieb dabei: Russisch wurde Pflichtfach an finnischen Schulen und Staatssprache in der Verwaltung. Bei der revolutionären Erhebung in St. Petersburg 1905 traten auch die finnischen Arbeiter in den Generalstreik. 1906 billigte der Zar ein Parlament. Erstmalig erhielten jetzt alle Finnen das **Wahlrecht,** erstmals in Europa auch die **Frauen.** Doch durfte das finnische Parlament, die Eduskunta, nur über Lokales bestimmen. Alles, was von übergeordnetem Staatsinteresse war, entschied weiterhin das russische Parlament, die Duma. 1905 konn-

Russifizierung

ten sich die Finnen für 10 Millionen Finnmark im Jahr von der Einberufung in die russische Armee »freikaufen«. Als Russland 1914 in den Ersten Weltkrieg eintrat, betraf dies Finnlands Soldaten nicht.

Unabhängigkeit und Weltkriege

Schritte zur Souveränität und Bürgerkrieg

Am 15. März 1917 dankte Zar Nikolaus II. ab, Russland war nun Republik. Finnlands Wunsch nach Unabhängigkeit wurde wieder stärker. Am 6. Dezember 1917 erklärte das Parlament die **Unabhängigkeit.** Bei den Wahlen im Oktober hatten die bürgerlichen Parteien (die »Weißen«) gewonnen, die Arbeiter (die »Roten«) werten den Parlamentsbeschluss, Polizei und Truppen zur Herstellung der Ordnung aufzustellen, als Kampfansage. Lenin entließ das gespaltene Finnland am 31. Dezember 1917 in eine Selbstständigkeit, die in einen Bürgerkrieg mündete. 25 000 Menschen kamen dabei ums Leben. 1919 entschieden die Regierungstruppen den Kampf unter General **Carl Gustav Mannerheim** in der Schlacht von Tampere für sich.

Winterkrieg

Der **»Hitler-Stalin-Pakt«** schlug Finnland 1939 der sowjetischen Interessensphäre zu. Am 30. November überschritt die Rote Armee die Grenze und der für Finnland von vornherein aussichtslose **»Winterkrieg«** (finnisch »talvisota«) begann. Am 13. April 1940 unterzeichnete Finnland in Moskau die Friedensbedingungen, die u. a. die Abtretung von Teilen Kareliens vorsahen. Finnland hoffte, mit Hitlers Hilfe verlorenes Terrain zurückgewinnen zu können, und billigte deshalb 1940 die Stationierung von deutschen Verbänden in Lappland. Am 22. Juni 1941 griff Nazi-Deutschland die Sowjetunion an, Finnland folgte Anfang Juli. Im sogenannten **»Fortsetzungskrieg«** konnte das gut ausgerüstete Land seine eigenen militärischen Ziele in Karelien bis Ende 1941 erreichen. Doch nach der Niederlage der Deutschen in Stalingrad suchte Finnland wieder die Verständigung mit der Sowjetunion.

Die 1944 gestellten und 1947 bestätigten Friedensbedingungen waren bitter: die alten Grenzen von 1940, der Verlust von Petsamo, einem Stadtteil von Tampere, dazu **Reparationszahlungen an die Sowjetunion** im Wert von 300 Mio. US-Dollar.

Ära Kekkonen und Wendung nach Westen

Zwischen den Stühlen

1948 schloss Finnland mit der Sowjetunion einen **»Vertrag über Freundschaft, Zusammenarbeit und gegenseitigen Beistand«.** Er band das Land an den kommunistischen Block, sah u. a. gegenseitigen Beistand im Falle eines Angriffs von außen vor, beließ Finnland aber seine innenpolitische Souveränität. Während man sich im übrigen Europa auf die Konfrontation der Supermächte einstellte, verhielt sich Finnland **neutral.** Das Land hatte keine Wahl: Das Schicksal der osteuropäischen Staaten war ein warnendes Beispiel für eine mögliche Entwicklung; die damals sehr starke Position der finnischen Kommunisten und die lange, großteils unkontrollierbare Landgrenze zur Sowjetunion taten ein Übriges. So musste Finnland stets sowjetische Interessen berücksichtigen: Weder konnte es am Marshall-Plan partizipieren noch der NATO beitreten. Dafür wurde es 1955 Mitgliede der UNO und des Nordischen Rats. Wirtschaftlich ging es rasch bergauf, was die Lage ebenfalls entschärfte; Holzexporte brachten Wohlstand, hinzu kam eine florierende Industrie.

Staatspräsident Kekkonen

1950 wurde **Urho Kaleva Kekkonen** Ministerpräsident. Die Sowjetunion betrachtete ihn als Garant für den Bestand freundschaftlicher Beziehungen. 1952 begrüßte Helsinki »die Jugend der Welt« zu den Olympischen Sommerspielen. Am 1. März 1956 übernahm Urho Kaleva Kekkonen das Amt des Staatspräsidenten, das er bis 1981 bekleidete. Er vollbrachte in der Zeit des erbitterten Kalten Kriegs das Kunststück eines finnisch-sowjetischen Ausgleichs. Sein einfaches, aber wirkungsvolles Rezept: Nicht politischer Druck, nur **Entspannung** konnte den Weg der angestrebten Neutralität zwischen Ost und West offenhalten. 1961 schloss sich Finnland der EFTA an, nach-

Finnlands einziges orthodoxes Männerkloster Uusi Valamo lag einst auf der Inselgruppe Valamo im Ladogasee. Als diese nach dem Winterkrieg 1940 an die Sowjetunion überging, siedelten die Mönche in den Norden von Heinävesi über.

dem sich die Europäische Freihandelsgemeinschaft auch für die Sowjetunion göffnet hatte. Um zu demonstrieren, dass Finnland nicht ein Werkzeug in den Händen der östlichen Supermacht war, regte Kekkonen 1969 eine **»Konferenz über Sicherheit und Zusammenarbeit in Europa« (KSZE)** an. Von 1972 bis 1975 tagten Abgesandte aller europäischen Staaten außer Albanien in Helsinki; die Stadt wurde zum Synonym für politische Entspannung. Die Konferenz endete 1975 mit der Unterzeichnung der »KSZE-Akte«.

EU-Mitglied

Am 25. Oktober 1988 erkannte der sowjetische Staatschef **Michail Gorbatschow** Finnlands Status als neutrales Land ohne Einschränkung an. Nach dem Ende der Sowjetunion 1991 orientierte sich Finnland neu, wurde am 1. Januar 1995 Mitglied der EU, 2002 wurde der Euro eingeführt. Von 2000 bis 2012 stand in Finnland mit **Tarja Halonen** zum ersten Mal eine Frau an der Spitze des Staats. Aufsehen erregte Finnland, als bei den Wahlen von 2011 die **rechtspopulistische Partei** »Die wahren Finnen« ihren Stimmenanteil mehr als vervierfachen konnte. 2015 – 2017 war sie an der Regierung beteiligt und wurde bei den Parlamentswahlen 2019 knapp hinter den Sozialdemokraten zweitstärkste Partei mit ca. 17,5 %. Seit 2019 bilden Sozialdemokraten, Zentrum, Grüne, Linke und die Schwedische Volkspartei eine Regierungkoalition unter dem Sozialdemokraten **Antti Rinne.** Präsident ist seit 2012 der 2018 wiedergewählte **Sauli Niinistö,** Mitglied der Konservativen Partei.

KUNST UND KULTUR

In der Frühgeschichte setzte Skandinavien mit Felsritzungen, der Wikingerkunst und den Stabkirchen eigene Impulse, nahm aber auch viele Anregungen von außen auf.

Frühe und germanische Kunst

Felsbilder in der Frühzeit

Aus frühgeschichtlicher Zeit sind in Norwegen und Schweden vor allem die Felsritzungen bemerkenswert. Entstanden sind sie teils in der Jungssteinzeit, teils in der Bronzezeit.

Germanische Kunst

Die bedeutendsten Vertreter des **nordischen Kulturkreises** waren die Germanen. Der Beginn der germanischen Kunst, wird in die Bronzezeit datiert, lag in Skandinavien also zwischen 1800 und 600 v. Christus. Germanische Bronzearbeiten sind künstlerisch und technisch hochwertig. Wichtige Funde sind vor allem aus Gräbern über-

liefert, besonders reichhaltig waren Hügelgräber im **schwedischen Uppsala** und in Seddin (heute Brandenburg).
In dieser Zeit entwickelte sich auch die Kunst, Schmuckstücke aus Metall herzustellen. Bis um 350 n. Chr. wurden Fibeln (eine Art Brosche) mit gekörnten Gold- oder Silberdrähten verziert. Später ließ man sich **vom Orient inspirieren,** übernahm ornamentale Techniken iranischer Herkunft und versah Goldschmuck mit roten Einlagen aus Almandin (Eisentongranat). Charakteristisch ist auch der **»Tierstil«:** Schmuckstücke mit seltsam ineinander verschlungenen, teils sehr abstrakten Tiergestalten.
Eine Besonderheit sind die **Bildsteine auf Gotland.** Auf 2 – 4 m hohen Kalksteinplatten sind Schiffe und Menschen, manchmal ganze Sagenzyklen dargestellt. Sie datieren in die Zeit der Völkerwanderung (ab ca. 375 n. Chr.) bis zur Christianisierung.

Wikingerkunst

Von zeitgenössischen Autoren werden die Nordgermanen ab etwa 800 n. Chr. Wikinger genannt, insofern kann man auch von Wikingerkunst sprechen. Die Wikinger brachten einen eindrucksvollen Kunststil hervor, **jüngere Tierornamentik** genannt. Prachtvolle Tierkopfpfosten zieren die Wikingerschiffe, z. B. das Osebergschiff. Der sogenannte **Jellingstil** (900 – 1100 n. Chr.) ist stark beeinflusst von irisch-keltischer Tierornamentik. Mit der Übernahme des Christentums ging diese Kunstform zurück. Die letzten Arbeiten, die **Stabkirche von Urnes in Norwegen** und die schwedischen Runensteine, stammen aus der Zeit um 1100.

Norwegische Kunst

Romanik und Gotik

Den Stabkirchen (▶ Baedeker Wissen S. 614/615) folgten in Norwegen die Steinbauten der Romanik. Sie gehen wie der **Dom von Stavanger** (um 1130) und die **Kirche des Lyseklosters** (ab 1146) auf englische Vorbilder zurück. Der Architekturstil der gotischen Kirchen ist vielfach von französisch-spanischen Vorbildern inspiriert, einige von der deutschen **Backsteingotik.** Englischen Einfluss zeigt der **Dom von Trondheim** (Neubau ab 1152). Sehr häufig wurden Flügelaltäre aus Norddeutschland und den Niederlanden eingeführt.

Barock

Die Zeit in der Kalmarer Union unter der Oberhoheit Dänemarks bedeutete für die norwegische Kunst ein Tief. Erst mit der barocken »Rosenmalerei« besann man sich vor allem in der Telemark und in Hallingdal wieder auf eigene Kunstformen. An Baudenkmälern sind die **Håkonshalle** im Königshof in Bergen und die **Festung Akershus** in Oslo bemerkenswert. Der wehrhafte Schlossbau wurde auf der Ostseite des Oslofjords errichtet und dient noch heute der norwegischen Regierung als würdiger Rahmen für repräsentative Anlässe.

MEISTERWERKE IN HOLZ

Die hölzernen Stabkirchen (norwegisch »Stavkirker«) sind die bekanntesten und eigenständigsten Zeugnisse mittelalterlicher Baukunst in Norwegen. Von ursprünglich rund 600 haben nur 31 die Stürme der Zeit bis heute überstanden. Sie werden nun wie Schätze gehütet.

Stabkirchen sind ein- oder dreischiffige Holzkirchen mit einem steilen, mehrstöckig gestuften Dach. Ihren Namen verdanken sie der **Stabbauweise.** Dabei werden – im Gegensatz zur Blockbauweise mit horizontalen Balken – im Boden oder auf frei liegenden Schwellenrahmen verankerte Pfosten verwendet, die das Satteldach tragen. Ähnlich wie bei den **Schiffskonstruktionen der Wikingerzeit** (Spanten) versteifen Rahmenhölzer, Knaggen und Andreaskreuze das bauliche Gefüge so stark, dass es nordischen Stürmen standhält. Massive runde Eckstützen stabilisieren die Außenwand. Zwischen den Pfosten und Pfeilern im Inneren der Kirche gewährleisten Rundbögen die notwendige Elastizität. Die **Blütezeit** der seit dem 9. Jh. nachweisbaren Stabkirchen fällt in das 12. und 13. Jahrhundert, danach setzte man auf Kirchen aus Stein.

Erbe der Wikinger

Romanische Formen verbanden sich mit der uralten Technik des Holzbaus, die Ornamentik war zunächst noch der Tradition der Wikinger verhaftet. Kunstvoll stilisierte Tier- und Flechtwerkschnitzereien erzeugen mit Motiven der vorchristlichen Edda-Dichtung eine **fantastische, fast unheimliche Wirkung.** Mit der zunehmenden Christianisierung wurde der als heidnisch betrachtete Figurenschmuck zurückgedrängt. Zugleich baute man neben einschiffigen Kirchen auch Basiliken mit höherem Mittelschiff, das durch mastbaumartige Säulen von den Seitenschiffen getrennt wurde. Allmählich nahm der Figurenschmuck an Formenreichtum wieder zu und die Wikingertradition erlebte formal eine Renaissance. Die heidnischen Ornamente von einst waren von europäisch beeinflussten christlichen Motiven abgelöst worden. So entstand der berühmte **»Drachenstil«**, benannt nach den furchterregenden Drachenköpfen am First der Bauwerke. Große Wandmalereien waren wegen der dürftigen Lichtverhältnisse relativ selten, denn Fenster gab es nicht, nur kleine, hoch oben gelegene Luken.

Stabkirchen heute

Um das Jahr 1300 soll es in Norwegen über 600 Stabkirchen gegeben haben. Nachdem die **Pest** mehr als die Hälfte der norwegischen Bevölkerung dahingerafft hatte, verfielen die meisten sakralen Holzbauten, und vom 17. bis zum 19. Jh. wurden viele Kirchen, da für die wachsenden Gemeinden zu klein geworden, durch größere Steinbauten ersetzt. Heute sind noch 31 Stabkirchen – mehr oder weniger verändert – erhalten. Die meisten stehen an ihren ursprünglichen Standorten. Einige wurden an andere Orte versetzt und als museale Sakralbauten neu errichtet.

Um die Mitte des 19. Jh.s erwachte das Interesse an den mittelalterlichen Gotteshäusern durch den norwegischen Maler **J. Ch. C. Dahl,** seit 1824 Professor an der Kunstakademie Dresden, der

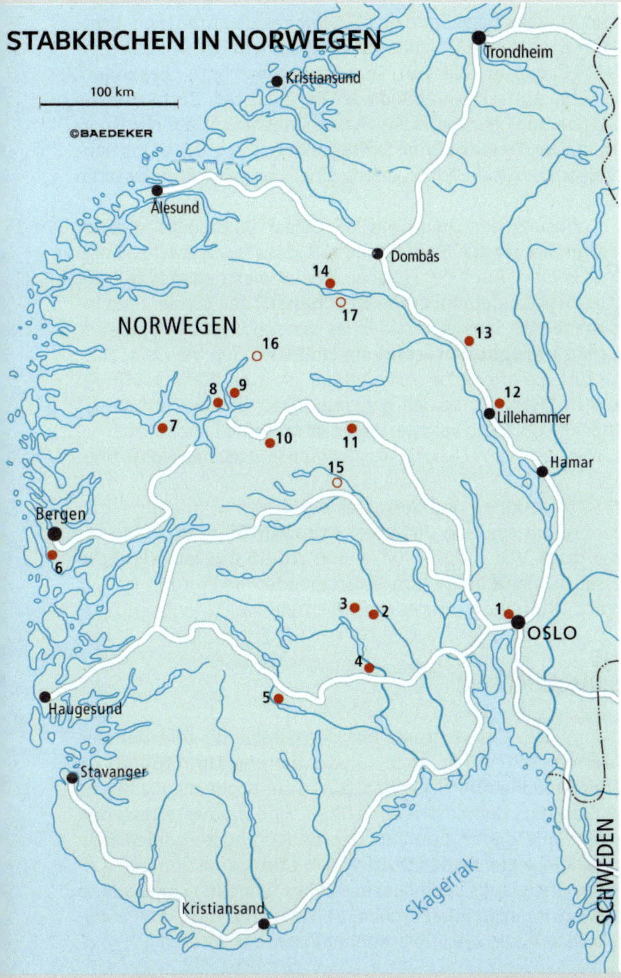

● **Stabkirchen**
(Auswahl; ganz oder teilweise erhalten)

1 Gol (um 1200; Norsk Folkemuseum, Oslo)
2 Nore (spätes 12. Jh., umgebaut)
3 Uvdal (um 1200, umgebaut)
4 Heddal (1147 begonnen)
5 Eidsborg (13. Jh.)
6 Fortun (um 1150; Fantoft bei Bergen; 1992 kompletter Wiederaufbau nach Brandanschlag)
7 Hopperstad (um 1130)
8 Kaupanger (ca. 1185)
9 Urnes (ab 1100; heutiger Bau 12./13. Jh.)
10 Borgund (um 1150)
11 Lomen (12. Jh.)
12 Garmo (Maihaugen bei Lillehammer um 1200)
13 Ringebu (ab 1220)
14 Lom (12. Jh.)

○ **Ursprüngliche Standorte**

15 Gol (1884 abgebaut; s. Nr. 1)
16 Fortun (1833 abgeb.; s. Nr. 6)
17 Garmo (1885 abgeb.; s. Nr. 12)

nach Reisen in seine norwegische Heimat den Kampf um die Erhaltung der einzigartigen Kulturdenkmäler begann. Er veranlasste den preußischen König Friedrich Wilhelm IV., die Stabkirche von Vang in Valdres zu erwerben, die zuerst auf der Pfaueninsel bei Berlin und später in Brückenberg im Riesengebirge wieder aufgebaut wurde. Nun ging man daran, die noch vorhandenen Sakralbauten zu konservieren, wobei allerdings auch durch so manche Restaurierungsarbeiten der ursprüngliche Eindruck **verfälscht** wurde.

Holz-architektur Mit der Erfindung der Säge Ende des 16. Jh.s wurde es möglich, Bretter und dann auch ganze Holzhäuser herzustellen, deren Fassadengestaltung sich eng an die von Steinbauten anlehnte. Besonders schön sind die historischen Gebäude der Bergbaustadt Røros und die (teils nachgebauten) hanseatischen Kaufmannshäuser auf der Bryggen in Bergen. Der **Trondheimer Stiftsgården,** das größte Holzbauwerk Norwegens, zeigt die Nachbildung einer barocken Steinfassade.

Architektur 19. bis 21. Jh. Nach der Auflösung der Union mit Dänemark blühte das künstlerische Schaffen wieder auf. So entstand z. B. das klassizistische königliche Schloss in Oslo. Auch der Holzbau öffnete sich neuen Impulsen: Rasch verbreitet sich der stark vom **Drachenstil** der Stabkirchen inspirierte sogenannte Schweizerstil. Eines der schönsten Beispiele ist das Restaurant **»Frognerseteren«** am Holmenkollen bei Oslo. Herausragend für die moderne Architektur ist das 2008 eröffnete **Opernhaus in Oslo.** Mit seinen geneigten Dachflächen, auf denen man teils herumspazieren kann, erinnert es mehr an Landschaftsformationen, etwa an einen Eisberg, als an einen klassischen Kulturbau.

Kunst im 20. Jh. Bekannte Vertreterinnen und Vertreter der jüngeren norwegischen Künstlergeneration sind die Bildhauer **Stephan Sinding** (1846 bis 1922), **Ingebrigt Vik** (1867 – 1927) und **Adolf Gustav Vigeland** (► Interessante Menschen). Von überragender Bedeutung ist der Maler **Edvard Munch** (► Interessante Menschen).

Schwedische Kunst

Romanik Die Übernahme des Christentums markierte auch in Schweden das Ende der germanisch-wikingischen Kunstentfaltung. Um 1160 wurde der Backsteinbau eingeführt. Kirchenbauten aus Stein, die die Macht des neuen Glaubens demonstrieren sollten, sind die besterhaltenen Baudenkmäler aus dieser Epoche. Das bedeutendste romanische Bauwerk Skandinaviens ist der **Dom von ► Lund,** eine von den Kaiserdomen des Rheinlands beeinflusste Basilika. Vor allem auf Gotland stehen auch noch einige Rundkirchen. Mitte des 12. Jh.s kamen Zisterzienser ins Land, die u. a. in Varnhem Klöster errichten.

Gotik Die gotischen Kirchen des 13. bis 15. Jh.s orientierten sich in Südschweden oft an französischen oder spanischen Vorbildern, aber auch an der niederdeutschen Backsteingotik. In Schweden blieb die Gotik eher gedrungen. Für größere Bauprojekte wurden Baumeister und Handwerker ins Land geholt; so schuf der Kölner Meister Gerlach den gotischen Hallenchor des Doms zu Linköping. Ein schwedisches Hauptwerk der Gotik ist der **Dom zu Uppsala** (ab 1280; im 19. Jh. durch Restaurierung verfälscht). Viele **Wandmalereien in**

Kirchen blieben erhalten, besonders prachtvoll in den Domkirchen zu Strängnäs und Härkeberga. Wie in Norwegen importierte man auch in Schweden im Spätmittelalter Skulpturen und Schnitzaltäre aus Deutschland, was u. a. dem Einfluss der Hanse geschuldet ist.

Renaissance und Barock

Nach der Reformation wurden weniger Kirchen und mit Beginn der Wasa-Zeit mehr Schlösser gebaut (Kalmar, Vadstena, Uppsala). Deutsche Baumeister brachten im 16. Jh. lombardische Renaissanceformen nach Schweden. Der bedeutendste Schlossbau des 17. Jh.s ist **Drottningholm,** das königliche Sommerschloss, orientiert an niederländischen Vorbildern. Eindrucksvoll sind auch das Stadtschloss von Stockholm, das nach einem Brand umgebaut wurde, und der Dom von Kalmar (1660 – 1699).

Klassizismus

Mit dem Bildhauer **Johann Tobias Sergel** (1740 – 1814) setzte sich der Klassizismus in Schweden durch. In der Malerei sind vor allem die Innendekorationen der Schlösser von Kalmar und Stockholm zu erwähnen. Wichtige klassizistische Gebäude sind das Alte Opernhaus und die Börse in Stockholm.

Bauernmalerei

Die Blütezeit der südschwedischen Bauernmalerei liegt zwischen 1750 und 1850 (Dalarna, Gästrikland, Helsingland). Die **für festliche Gelegenheiten** hergestellten Wandbehänge bestehen meist aus Stoff oder Papier.

Kunst im 19. Jh.

Im 19. Jh. gingen viele schwedische Maler **zur Ausbildung nach Düsseldorf,** später nach Paris. Bedeutend sind der Landschaftsmaler Carl Johan Fahlcrantz (1774 – 1861), Carl Wahlbom (1810 – 1858) und Alfred Wahlberg (1834 – 1906), vor allem aber der Hauptmeister der neuen schwedischen Malerei, **Anders Zorn** (1860 – 1920).

Kunst im 20. Jh.

In den 1920er- und 1930er-Jahren gewann der internationale Funktionalismus von **Gunnar Asplund** (1885 – 1940) an Bedeutung, die Stockholmer Hallen für die Werkbundausstellung von 1930 in luftigen, von Beton und Glas bestimmten Formen sind ein gutes Beispiel. **Sven Markehus** baute 1936 das Konzerthaus in Helsingborg. Der schwedische Werkbund entwickelte Ideen zu modernem Design und zur Inneneinrichtung und brachte eine eigene skandinavische Schule hervor. Als bedeutendster Bildhauer seiner Zeit gilt **Carl Milles** (1875 – 1955).

Finnische Kunst

Mittelalter

Bis ins Mittelalter war die Kunstentwicklung Finnlands **eng mit der anderer Länder in Nordeuropa verbunden.** Auch hier wurden Stabkirchen gebaut, auch hier arbeiteten Künstler der Hanse, wie

OBEN: Da die alte Kirche von Petäjävesi Elemente der Gotik und der Renaissance mit der typischen nordischen Holzarchitektur mischt, wurde sie in die Liste der UNESCO-Welterbestätten Finnlands aufgenommen.

UNTEN: Kreationen der finnischen Marimekko-Designerin Maija Isola im Designmuseum von Helsinki

z. B. der Barbara-Altar zeigt (um 1410, Nationalmuseum Helsinki). Aus dem Mittelalter blieben rund 70 Kirchen erhalten, die z. T. deutlichen schwedischen Einfluss verraten. In den aus Feldsteinen gemauerten, einfachen Bauten hinterließ die internationale Gotik Spuren wie Ziegelsteinprofile an Tür- und Fensteröffnungen und aus Backstein gemauertes Giebeldekor. Die bedeutendste mittelalterliche Kirche Finnlands ist der **Dom in Turku** (ab 1250). Auch in Finnland wurden viele Kirche im Spätmittelalter in volkstümlicher Weise ausgeschmückt, etwa in Salvinen (1632) oder Padasjoki (1675).

Renaissance und Barock

Während der Großmachtzeit Schwedens baute sich der wohlhabende Adel Herrenhäuser wie **Louhisaari bei Askainen** (1650); hier experimentierte man mit Stilidealen des Barock. In der Kirchenarchitektur gab man der Kreuzkirche als neue, von der Renaissance beeinflusste Bauart den Vorzug, zu Beginn des 18. Jh.s setzte sich der Barock durch. Neue Festungsbauten wie die achteckige, strahlenförmig angelegte Stadt **Hamina** (ab 1723) und die 1748 gegründete Festungsinsel **Suomenlinna** (früher Sveaborg) entstanden.

Klassizismus

Zu den Hauptwerken der sogenannten gustavianischen Zeit (1775 bis 1809) gehören die klassizistische Kirche in Hämeenlinna (1798) und das Akademiegebäude in Turku (1801 – 1815). Als 1812 **Helsinki** Hauptstadt wurde, beauftragte der russische Zar den Berliner Architekten **Carl Ludwig Engel** (1778 – 1840), das neue repräsentative Zentrum der Stadt zu planen – es entstand eines der schönsten klassizistischen Ensembles weltweit.

Nationalromantik

In der als »Nationalromantik« bezeichneten **goldenen Ära der finnischen Kunst** machten sich auch die Architekten auf die Suche nach den Wurzeln der finnischen Kultur. Sie fanden sie in Karelien und in den Holzkirchen oder Steinburgen des Mittelalters und verwoben ostfinnisch-karelische Elemente mit denen des internationalen Jugendstils zu einer Synthese, die am besten in dem Haus und Gesamtkunstwerk **Hvitträsk** östlich von Helsinki zu besichtigen ist.

Funktionalismus

Danach begründeten **klare, ruhige Formen** die Weltgeltung finnischer Architektur. International bekannt wurde vor allem Alvar Aalto (▶ Interessante Menschen). In Finnland baute er u. a. das Sanatorium in Paimio (1930) und die Finlandia-Halle in Helsinki (▶ Baedeker Wissen S. 86/87).

Zeitgenössische Architektur

Finnlands zeitgenössische Architektur war bis ins neue Jahrtausend noch durch die Tradition des Funktionalismus geprägt. Allerdings besinnen sich finnische Architekten nach Beton und Stein jetzt wieder auf **den ureigensten Baustoff des Landes, das Holz,** wie bei der um 2000 gebauten Sibeliushalle in Lahti (▶ Abb. S. 124).

INTERESSANTE MENSCHEN

Mehr als ein Architekt: Alvar Aalto

1898 – 1976
Architekt,
Designer

Alvar Aalto gilt als Nestor der großen Architekten des 20. Jahrhunderts. Nach einer Ausbildung an der Technischen Hochschule in Helsinki eröffnete er 1923 in Jyväskylä ein Architekturbüro. 1944 wurde Aalto mit dem Wiederaufbau der im Zweiten Weltkrieg zerstörten Stadt Rovaniemi beauftragt. Gemeinsam mit seiner ersten Frau Aino Marsio (gest. 1949) entwarf er Möbel, die zu weltbekannten Designklassikern wurden, wie die aus gebogenem Schichtholz gefertigte Serie »Artek«. Aalto gilt als Vertreter des **»organischen Bauens«.** Sein Konzept bestand darin, Baukörper ihrer landschaftlichen Umgebung anzugleichen, wobei er oft freie Formen unter Nutzung einheimischer natürlicher Baustoffe, vor allem Holz, verwendete. Sein bekanntestes Gebäude ist das 1962 – 1971 gebaute Kongress- und Konzertzentrum Finlandia-Halle in Helsinki (► Baedeker Wissen S. 86/87 und S. 104/105). Alvar Aalto starb am 11. Mai 1976 in Helsinki. Sein preisgekrönter **Entwurf des Opernhauses in Essen** wurde unter Mitwirkung seiner zweiten Frau Elissa Makiniemi 1983 – 1988 posthum ausgeführt.

Der erste Mensch am Südpol: Roald Amundsen

1872 – 1928
Polarforscher

Der norwegische Polarforscher Roald Amundsen war an der Erforschung der Nordpolarzone und der Südpolargebiete beteiligt. Nachdem er sich in Deutschland mit erdmagnetischen Messungen befasst hatte, erkundete er den nördlichen Magnetpol. 1903 bis 1906 durchfuhr Amundsen als Erster mit dem Schiff die **Nordwestpassage,** die kürzeste Verbindung zwischen Atlantik und Pazifik über den Norden Nordamerikas. Dann beteiligte er sich am Wettlauf zum Südpol: Im Januar 1911 landete er an der Küste der Antarktis (Ross-Barriere) und erreichte mithilfe von Hundeschlitten über das Schelf- und Inlandeis am 14. Dezember 1911 **als erster Mensch den Südpol.** Sein eigentliches Ziel, die Drift über den Nordpol, erreichte Amundsen jedoch nicht. Am 12. Mai 1926 überflog der Forscher den Nordpol mit zwei Begleitern im Luftschiff **»Norge«.**

Seit Juni 1928 ist Roald Amundsen verschollen. Er wollte nach Spitzbergen fliegen, kam aber nie an. Das Flugzeug wird in 400 m Tiefe am Grund der Barentssee vermutet.

Poet mit der Kamera: Ingmar Bergman

1918 – 2007
Regisseur

Der Film- und Theaterregisseur Ingmar Bergman wurde als Sohn eines Geistlichen in Uppsala geboren. Ab 1937 studierte er Literaturgeschichte, brach sein Studium aber bald ab. Danach veranstaltete er Laienaufführungen, arbeitete an einem Studententheater und wandte sich schließlich dem Film zu. Sein Ziel: »Ich versuche, die Wahrheit über die menschlichen Verhältnisse zu erzählen – die Wahrheit, so wie ich sie sehe.« Anfangs zeichnete er in seinen Filmen Porträts der skeptischen Nachkriegsjugend; später behandelte er die Probleme einer reiferen Generation. In den 1950er-Jahren wandte er sich religiös-philosophischen Themen wie der Frage nach dem **Sinn des Lebens** zu. Nach einer Auseinandersetzung mit den schwedischen Steuerbehörden arbeitete Bergman eine Zeit lang in Deutschland. Durch »Wilde Erdbeeren« (1957), den melancholischen Lebensrückblick eines alternden Mannes, wurde das deutsche Publikum auf ihn aufmerksam. Bekannt wurden auch **»Szenen einer Ehe«** (1973) mit Liv Ullmann, seiner langjährigen Lebensgefährtin.

»And the Oscar goes to«: Ingrid Bergman

1915 – 1982
Schauspielerin

Die in Stockholm geborene Filmschauspielerin Ingrid Bergman arbeitete seit 1935 beim schwedischen Film, später auch in Deutschland und den USA. Hier drehte sie mit Humphrey Bogart **»Casablanca«** (1942), der zum Kultfilm wurde. Ingrid Bergman bekam Oscars für ihre Hauptrolle in »Gaslight« (1944), für die Verkörperung der Anastasia (1956) und die beste weibliche Nebenrolle in »Mord im Orient-Express« (1974). Als sie sich 1950 von Mann und Tochter trennte, um den italienischen Regisseur Roberto Rossellini zu heiraten, löste das einen Skandal aus. Mit Rossellini hatte sie drei Kinder, darunter Isabella Rossellini, die ebenfalls Schauspielerin wurde. Ingrid Bergman starb an ihrem 67. Geburtstag in London.

»Kabinett der Frauen«: Gro Harlem Brundtland

geb. 1939
Politikerin

Die Politikerin Gro Harlem Brundtland wurde in Oslo geboren. Schon als Schülerin trat sie der sozialdemokratischen Arbeiterpartei bei. Sie studierte Medizin, wurde 1974 zur norwegischen Umweltministerin ernannt, im Jahr darauf zur Parteivorsitzenden der Arbeiterpartei und 1977 in das norwegische Parlament (Storting) gewählt. Als Präsidentin einer internationalen Kommission für Umwelt und Entwicklung gewann sie großes Ansehen. 1981, als die norwegische Mitte-Rechts-Koalition zurücktreten musste, wurde Brundtland **Ministerpräsidentin** einer Minderheitsregierung der Arbeiterpartei. Sie berief – was selbst im emanzipierten Norwegen Aufsehen erregte – acht Frauen (von insgesamt 18 Ministern) in ihr Kabinett. Nach 15 Jahren Regierungsarbeit trat Brundtland 1996 von ihrem Amt zurück. 1998 – 2003 war sie Generaldirektorin bei der Weltgesundheitsorganisation WHO, ab 2007 UN-Sonderbeauftragte für den Klimawandel.

Das Sprachtalent: Sara Maria Forsberg

geb. 1994
Sängerin, Songwriterin

Die finnische Youtuberin Sara Maria Forsberg aus Jakobstad tritt unter ihrem Künstlernamen **SAARA** als Sängerin auf. 2015 landete sie mit ihrer ersten Single »Ur Cool« einen Top-Ten-Hit in Finnland. Bekannt wurde sie dank ihres kuriosen Sprachtalents: Sie imitiert diverse Sprachen bestens, ohne sie zu beherrschen. Ihr Video »What Languages Sound Like To Foreigners«, 2014 auf ihrem Youtube-Kanal veröffentlicht, wurde über 20 Millionen Mal aufgerufen. Es verschaffte ihr einen Auftrag aus Hollywood: Die Produktionsfirma Lucasfilm engagierte sie, um für den Film »Star Wars: Episode VII – Das Erwachen der Macht« eine **Aliensprache** zu erfinden.

Die Göttliche: Greta Garbo

1905 – 1990
Filmdiva

Die Filmschauspielerin Greta Garbo, genannt »die Göttliche«, kam als Greta Lovisa Gustafsson in Stockholm zur Welt. Schon ihr erster Film, »Gösta Berling« 1924, wurde ein riesiger Erfolg. Nach dem 1925 in Deutschland gedrehten Film »Die freudlose Gasse« arbeitete die Diva für die US-amerikanische Filmgesellschaft Metro-Goldwyn-Mayer. Sie verkörperte **meist elegante, aristokratische Gestalten** (»Anna Karenina«, »Mata Hari«, »Königin Christine«). Bereits 1941 zog sie sich völlig aus der Filmwelt zurück.

Peer Gynts musikalischer Vater: Edvard Grieg

1843 – 1907
Komponist

Der aus Bergen stammende Edvard Grieg studierte am Leipziger Konservatorium Musik, dann bei Niels Wilhelm Gade, dem damals führenden dänischen Komponisten, in Kopenhagen. 1866 gab Grieg in Christiania (heute Oslo) das erste Konzert mit eigenen Kompositionen. In Rom lernte er Franz Liszt kennen. Nach seiner Rückkehr nach Norwegen schloss er sich jungen Musikern und Schriftstellern an, die eine nationale Kunst ins Leben rufen wollten. Grieg brachte **der norwegischen Musik Weltgeltung,** indem er bei Bearbeitungen von Volksliedern nationale Spracheigentümlichkeiten mit aktuellen Kompositionsformen verband. Er schuf Klaviermusik, Kammermusik, Orchesterwerke und ein Klavierkonzert. Besonders bekannt ist seine Schauspielmusik zu Henrik Ibsens **»Peer Gynt«**, die er 1874 – 1876 auf Wunsch des Dichters schrieb.

Begründer einer Großmacht: Gustav II. Adolf

Gustav II. Adolf gilt als bedeutendster schwedischer Monarch. Der Reichstag erklärte 1611 den 17-Jährigen nach dem Tod seines Vaters für mündig. Der junge König schuf die Voraussetzungen für eine schwedische Großmachtpolitik im Ostseeraum: Bedeutung hatten insbesondere die Heeresreform und der zielstrebige Ausbau der Wirtschaft. 1613 bzw. 1617 gelang es Gustav Adolf, die von seinem Vater begonnenen Kriege gegen Dänemark und Russland zu gewinnen. Im **Dreißigjährigen Krieg** unterstützte er die Protestanten und besiegte den kaiserlichen Feldherrn Tilly. Am 16. November 1632 kam es bei Lützen, südwestlich von Leipzig, zum Kampf zwischen den Schweden und den von Wallenstein befehligten kaiserlichen Truppen. Zwar siegten die Schweden, doch Gustav II. Adolf fiel in der Schlacht.

1594 – 1632
Monarch

Der schnellste Finne: Mika Häkkinen

26 Pole Positions, 25 schnellste Rennrunden, **20 GP-Siege** und 420 WM-Punkte: Der Formel-1-Doppelweltmeister Mika Pauli Häkkinen aus Vantaa kann auf eine beeindruckende Rennfahrerkarriere zurückblicken. Sie begann 1991 beim Team Lotus; 1993 wechselte Häkkinen zu McLaren-Ford. Nach zwei Auftritten im Porsche Supercup ersetzte er nach dem Rennen in Estoril den erfolglosen Michael Andretti und fuhr gleich im ersten Qualifying schneller als sein Teamkollege Ayrton Senna. 1997 folgte der erste GP-Sieg auf McLaren-Mercedes, bevor er 1998 und 1999 **Weltmeister** vor seinem ewigen Rivalen Michael Schumacher wurde. 2000 scheiterte Häkkinen knapp am erneuten Titelgewinn und wurde hinter Schumacher Vizeweltmeister, 2001 trat er zurück. Ab 2005 fuhr er als DTM-Fahrer noch drei Siege ein, bevor er Ende 2007 in den Ruhestand trat.

geb. 1968
Formel-1-Fahrer

Friedensstifter: Dag Hammarskjöld

Der schwedische Politiker Dag Hammarskjöld stammte aus der südschwedischen Stadt Jönköping. Als studierter Nationalökonom war er von 1936 bis 1946 Staatssekretär im Finanzministerium, 1941 bis 1942 auch Reichsbankpräsident. Zu Beginn der 1950er-Jahre leitete er die schwedische Delegation bei den Vereinten Nationen; 1953 wählte ihn die UNO zu ihrem **Generalsekretär.** In vielen internationalen Krisen war er bemüht, der UNO zu Geltung als Friedensstifter zu verhelfen.

1905 – 1961
Politiker

Dag Hammarskjöld kam unter nicht restlos geklärten Umständen bei einem Flugzeugabsturz bei Ndola im damaligen Nordrhodesien ums Leben; 1961 wurde ihm **posthum der Friedensnobelpreis** verliehen.

Umstrittener Literat: Knut Hamsun

1859–1952
Schriftsteller

Knut Hamsun (eigentlich Pedersen) stammte aus einer Bauernfamilie, die 1862 nach Hamarøy gegenüber den Lofoten am Hamsund zog. Nach diesem Ort wählte der Schriftsteller sein Pseudonym. Als junger Mann durchwanderte er Norwegen. Zweimal besuchte er Nordamerika und kam durch diese Reisen zu einem ausgesprochen pessimistischen Urteil über die seiner Ansicht nach technisierte amerikanische Kultur. Literarisches Aufsehen erregte er erstmals mit dem Roman **»Hunger«** (1890), in dem er das Ringen eines jungen Autors um Erfolg beschreibt. 1920 erhielt er den **Nobelpreis für Literatur.** Bis heute ist Hamsun umstritten, denn er begrüßte die Besetzung Norwegens durch deutsche Truppen 1940, zudem veröffentlichte er Artikel in den Zeitungen der Partei von Vidkun Quisling, der von den Nationalsozialisten als Ministerpräsident eingesetzt worden war. Nach dem Zweiten Weltkrieg wurde der Schriftsteller verhaftet und zu einer hohen Geldstrafe verurteilt, die ihn ruinierte.

Mit der »Kon-Tiki« unterwegs: Thor Heyerdahl

1914–2002
Forscher

Das lebenslange Interesse des Ethnologen und Zoologen Thor Heyerdahl galt der Möglichkeit **früher transozeanischer Kontakte**. Zum Beweis seiner These überquerte er mehrere Ozeane in einfachen Booten allein mithilfe von Wind und Meeresströmungen. Bei seiner ersten Expedition 1947 wagte sich Heyerdahl mit dem Floß »Kon-Tiki« auf den offenen Pazifik. Er startete in Peru und erreichte nach 8000 km und 101 Tagen Tahiti. 1955/1956 erforschte er die Kultur der Osterinsel. Von 1969 bis 1970 führte ihn seine Expedition »Ra« von Marokko nach Mittelamerika zur Karibikinsel Barbados. Mit dem nach sumerischen Vorbildern gebauten Schilfboot »Tigris« gelangte er 1977/1978 von Basra durch den Persischen Golf nach Dschibuti. 1983 entdeckte er auf den Malediven Reste einer alten Hochkultur. In mehreren Büchern hat Heyerdahl über seine Unternehmungen berichtet.

»Ibrakadabra«: Zlatan Ibrahimović

geb. 1981
Fußballer

Er ist kein Mann der kleinen Worte, dafür aber ein Mann der großen Tore – und der **beste schwedische Fußballer aller Zeiten.** Sein schwindelerregender Aufstieg mag seinen gelegentlichen Größen-

OBEN: Er revolutionierte den Möbelverkauf und schuf den Weltkonzern IKEA: Ingvar Kamprad.

UNTEN: »Super Zlatan« im Einsatz für Manchester United

wahn erklären: Der in Schweden geborene Fußballspieler bosnischer Abstammung wuchs in Malmös Problemviertel Rosengård auf. 1999 unterschrieb er beim Malmö FF seinen ersten Profivertrag. 2001 kam der Durchbruch: Erstmals streifte er sich das Trikot der schwedischen Nationalmannschaft über. Auf Ajax Amsterdam folgten Juventus Turin, Inter Mailand, FC Barcelona, AC Mailand, Paris Saint-Germain, Manchester United und LA Galaxy. Elfmal kürten ihn der Schwedische Fußballverband und die Tageszeitung »Aftonbladet« zu Schwedens Fußballer des Jahres (2005, 2007 bis 2016), mit seinen Vereinen sammelte er zahlreiche nationale Titel, zuletzt gelang ihm der Sieg in der UEFA Europa League (2017 mit Manchester United). Als er nach der EM 2016 seinen Rücktritt aus der Nationalmannschaft verkündete, schrieb er auf Facebook:

»

Ich komme aus diesem Ort, den die Leute Ghetto Rosengård nennen, eroberte Schweden und machte es zu meinem Land. Auf meine Weise. Ich bin Schweden. Ein großes Dankeschön an die Schweden – ohne euch hätte ich meine Träume niemals verwirklichen können.

«

Der Gesellschaftskritiker: Henrik Ibsen

1828 – 1906
Dramatiker

Henrik Ibsen, der **größte Dramatiker Norwegens,** absolvierte in Grimstad eine Apothekerlehre; 1850 begann er ein Medizinstudium. Ab 1851 arbeitete Ibsen als Dramaturg am Theater von Bergen, dann wurde er künstlerischer Leiter des Theaters in Christiania (Oslo). Später lebte Ibsen u. a. in Rom, Dresden und München. Die Bühnenwerke ab 1850 entstanden unter dem Einfluss der Nationalromantik, deren konservative Züge Ibsen bekämpfte. Später markierte er mit radikaler Kritik an den gesellschaftlichen Verhältnissen den Beginn des modernen Dramas. In Werken wie »Stützen der Gesellschaft« (1877) enthüllte Ibsen anhand von Alltagsgeschichten Lebenslügen und die oft verdeckte Brüchigkeit zwischenmenschlicher Beziehungen. Mit dem Ehedrama **»Nora oder ein Puppenheim«** (1879), in dem sich die Frau als eine dem Mann gleichwertige Partnerin behauptet, kam Ibsen zu Weltruhm. Bekannt ist auch »Peer Gynt« (1867), zu dem Edvard Grieg die Musik komponierte.

IKEA-Gründer: Ingvar Kamprad

1926 – 2018
Unternehmer

Seine ersten Øre verdiente der Forst- und Gutsbesitzersohn Ingvar Kamprad als Junge mit dem Verkauf von Streichholzschachteln. Als

Unternehmer gehörte er zeitweise zu den zehn reichsten Menschen der Welt. Mit 17 Jahren gründete Kamprad die Firma IKEA, zusammengesetzt aus den Initialen seines Namens und seines Geburtsorts, Elmtaryd bei Agunnaryd. 1947 begann er, mit Möbeln zu handeln, 1953 eröffnete die erste Filiale in Älmhult in Småland. Ab 1956 gab es die erschwinglichen Möbel in typisch skandinavischem Design als Bausatz zum Selberzusammenschrauben – die geniale Geschäftsidee, die Ingvar Kamprad reich und IKEA erfolgreich machte. Der Unternehmer galt als **sparsam und öffentlichkeitsscheu,** lange Zeit lebte er in der Schweiz, um Steuern zu sparen. Sein Möbelhaus baute er in ein unübersichtliches Geschäftsimperium um. Aufsehen erregte er, als seine Sympathie für die Nazis und schwedische Faschisten in den 1940er-Jahren aufgedeckt wurde, wofür er sich sofort entschuldigte.

Der Filmemacher: Aki Kaurismäki

geb. 1957
Film-
regisseur

Aki Kaurismäki aus dem südfinnischen Orimattila schaffte 2002 den Durchbruch: Sein Film **»Der Mann ohne Vergangenheit«** erhielt den großen Preis von Cannes, fand weltweite Anerkennung – und markierte den einstweiligen Höhepunkt des finnischen Films. 1986 gründeten Aki und sein Bruder Mika das **Midnight Sun Film Festival,** das jährlich im lappischen Sodankylä stattfindet. Aki Kaurismäki beherrscht ein breites stilistisches Spektrum von der Slapstikkomödie bis zum absurden Drama: **»Leningrad Cowboys Go America«** (1989; die fiktive Band Leningrad Cowboys aus dem Film formierte sich danach tatsächlich), »Das Mädchen aus der Streichholzfabrik« (1990) und »I hired a contract killer« (1992) waren bekanntere Titel vor Erfolgen mit »Lichter der Vorstadt« (2006), »Le Havre« (2011) und »Die andere Seite der Hoffnung« (2017). Die Filme leben von sparsamen Dialogen und einem skurril-lakonischen Humor.

Verlieh der Fantasie Flügel: Selma Lagerlöf

1858 – 1940
Schrift-
stellerin

Berühmt wurde Selma Ottilia Lovisa Lagerlöf mit dem Buch »Die wunderbare Reise des kleinen **Nils Holgersson** mit den Wildgänsen«, ursprünglich eine Auftragsarbeit als Lesebuch für Schulen. Selma Lagerlöf wurde auf Gut Mårbacka im schwedischen Värmland geboren, wo sie einen großen Teil ihres Lebens verbrachte. Sie arbeitete einige Jahre als Lehrerin, 1895/1896 reiste sie nach Italien; im Anschluss an eine Reise durch Ägypten und Palästina 1899/1900 schrieb sie den religiösen Schicksalsroman »Jerusalem«. Bekannt wurde sie besonders durch Werke, die in Schweden spielen, darunter »Gösta Berling« und »Liljecronas Heimat«. 1909 erhielt Selma Lagerlöf als erste Frau den **Nobelpreis für Literatur.**

Ufa-Star: Zarah Leander

1907 – 1981 Sängerin

Die als Zarah Stina Hedberg in Karlstad geborene schwedische Sängerin wurde berühmt durch ihre unverwechselbare rauchig-dunkle **Singstimme.** Seit 1930 als Filmschauspielerin tätig, war sie 1937 bis 1943 einer der erfolgreichsten Stars der Berliner Ufa. Wegen ihrer Verbindungen zu den Größen des Dritten Reichs wurde sie nach Kriegsende bis 1949 mit Auftrittsverbot belegt.

Große Werke für kleine Leute: Astrid Lindgren

1907 – 2002 Schriftstellerin

Die als Astrid Ericsson im südschwedischen Vimmerby geborene Astrid Lindgren war **eine der erfolgreichsten Jugendbuchautorinnen.** Am 13. September 1945 gab sie beim Verlag Raben & Sjörgen in Stockholm das Manuskript eines Buchs ab, in dem »Pippilotta Viktualia Rollgardina Pfefferminza Efraimstochter Langstrumpf« die Hauptrolle spielte, eine selbstbewusste Göre mit knallroten, abstehenden Zöpfen. Anfangs gab es Kritiker, die diese Geschichten als zu »anarchisch« ablehnten, doch mit **»Pippi Langstrumpf«** war die Grundlage ihres weltweiten Erfolgs gelegt. Auch in anderen Werken geht es turbulent zu (u. a. »Karlsson auf dem Dach«, »Michel aus Lönneberga«, »Wir Kinder aus Bullerbü«, »Ferien auf Saltkrokan«), sie wurden verfilmt oder für das Fernsehen bearbeitet. 1978 erhielt die Autorin den **Friedenspreis des Deutschen Buchhandels.**

Ordner der Schöpfung: Carl von Linné

1707 – 1778 Naturforscher

Der Naturforscher Carl von Linné (Carl Linnaeus) aus Råshult in Småland ist der Begründer der biologischen Systematik. Er studierte an der Universität Lund Medizin und Naturwissenschaften, unternahm Forschungsreisen und ließ sich als Arzt in Stockholm nieder. Hier wurde er Präsident der Akademie der Wissenschaften, gestaltete den botanischen Garten von Uppsala um und richtete das naturhistorische Museum ein. Das große wissenschaftliche Verdienst Linnés ist die Entwicklung der **biologischen binären Nomenklatur,** bestehend aus Gattung und Art, in der Regel lateinisch (Beispiel: Homo sapiens), die noch heute gültig ist.

Erfinder von Kurt Wallander: Henning Mankell

1948 – 2015 Schriftsteller, Regisseur

Seine **Krimis** machten ihn weltberühmt. Henning Mankell aus Stockholm wurde mit 17 Jahren Regieassistent am dortigen Riks-Theater. 1972 reiste er das erste Mal nach Afrika, 1979 kam sein erster Roman heraus. Mankell pendelte danach zwischen Schweden und Afrika. Immer wieder übte er Kritik an den westlichen Industriestaaten, die Afrika seines Erachtens »im Stich lassen«. 2000 veröffentlichte er »Der Chronist der Winde« über das Leben der Straßenkinder in Maputo. Bereits 1991 war der erste Wallander-Krimi, »Der Mörder ohne Gesicht« (dt. 1993), erschienen. Mankell lebte hauptsächlich **in Mosambik,** seiner Wahlheimat. Im Sommer jedoch kehrte er oft in sein Ferienhaus in Ystad zurück. 2015 starb Mankell in Göteborg.

Wegbereiter des Expressionismus: Edvard Munch

1863 –1944
Maler

Edvard Munch (sprich: Munk) wurde in Løten bei Hamar geboren und verbrachte seine Kindheit in Oslo. Ab 1885 lebte er mit Unterbrechungen in Paris, wo er durch van Gogh und Gauguin beeinflusst wurde, später häufig in Deutschland. 1916, wieder in Norwegen, schuf er die Wandbilder für die Universität Oslo (1916). Während seiner letzten Lebensjahre hielt sich der Maler oft in Åsgårdstrand auf. Die Küste und das Meer bilden den Schauplatz vieler Bilder. Seine Landschaften, deren Formen er in vereinfachten, dunkel leuchtenden Farbflächen zusammenfasste, gelten als **Vorläufer der expressionistischen Malerei.** Bekannt wurden von Munch u. a. **»Der Schrei«** (1893) und »Die Mädchen auf der Brücke« (1900). Am 22. August 2004 stahlen bewaffnete Vermummte die Gemälde »Der Schrei« und »Madonna« aus dem Munch-Museum in Oslo. Ihr Schätzwert lag bei rund 80 Millionen Euro. 2006 konnten die beiden Bilder sichergestellt werden, allerdings waren sie beschädigt.

Driftfahrt ins Nordpolarmeer: Fridtjof Nansen

1861 – 1930
Polarforscher

Fridtjof Nansen, geboren auf einem Hof bei Christiania (heute Oslo), durchquerte zusammen mit seinem Landsmann Otto Sverdrup 1888 erstmals **Grönland von der Ostküste zur Westküste:** auf Skiern und mit Schlitten auf Skikufen. 1893 unternahm Nansen mit dem Schiff »Fram« von den Neusibirischen Inseln aus eine Driftfahrt ins Nordpolarmeer. 1895 kam er beim Versuch, von der »Fram« aus auf Schlitten den Nordpol zu erreichen, bis auf 86° 14′ nördlicher Breite; ein Jahr später kehrte er über Franz-Josef-Land nach Norwegen zurück. Dort wurde er Professor für Zoologie und Ozeanografie. Über seine Forschungsreisen berichtete er in mehreren Büchern. Nansen übernahm auch politische Ämter: 1920 leitete er die Rückführung der Kriegsgefangenen aus Russland; 1921 – 1923 organisierte er als Hochkommissar des Völkerbunds eine Hilfsaktion in den Hungergebieten der Sowjetunion. Für sein Engagement erhielt Nansen **1922 den Friedensnobelpreis.**

OBEN: Die Schauspielerin Liv Ullmann wurde vor allem durch Filme bekannt, bei denen Ingmar Bergman Regie führte.

UNTEN: Jean Sibelius in seiner Villa Ainola

Erfinder mit Sprengkraft: Alfred Nobel

1833 – 1896
Chemiker,
Stifter der
Nobel-Preise

Der schwedische Chemiker Alfred Nobel arbeitete zunächst in der väterlichen Maschinenfabrik in St. Petersburg. Seit 1859 beschäftigte er sich in Stockholm mit der Sprengstoffchemie und **erfand 1867 das Dynamit,** was seinen Reichtum begründete. Aufgrund von Nobels Erfindungen entstanden Sprengstoff-Fabriken in vielen Industrieländern, u.a. in Deutschland (Dynamit Nobel AG). Seit seinem Tod bildet Alfred Nobels enormes Vermögen die Grundlage einer Stiftung. Er verfügte testamentarisch, dass die Zinsen jährlich zu fünf gleichen Teilen an Persönlichkeiten zu vergeben sind, die der Menschheit besonderen Nutzen brachten: Sie erhalten den **»Nobel-Preis«.**

Inspiriert von der Natur: Jean Sibelius

1865 – 1957
Komponist

Jean Sibelius wurde als Johan Julius Christian Sibelius in Hämeenlinna geboren, studierte Violine am Konservatorium in Helsinki, später Komposition in Berlin und Wien. Der erste große Erfolg gelang ihm bereits 1892 mit seiner vom finnischen Nationalepos »Kalevala« inspirierten Chorsinfonie **»Kullervo«,** die als bahnbrechend für die finnische Nationalromantik gilt. Ab 1897 erhielt er ein unbefristetes staatliches Stipendium. 1904 zog er mit seiner Frau Aino in die **Villa Ainola** nach Järvenpää bei Helsinki, wo er bis zu seinem Tod lebte. Seine sinfonischen Dichtungen sind meist programmatisch ausgerichtet, setzen Themen der finnischen Volksdichtung, Geschichte und Mythologie musikalisch um. Das Konzert auf der Pariser Weltausstellung 1900 brachte Sibelius u. a. mit der 1. Sinfonie e-Moll und der sinfonischen Dichtung **»Finlandia«** große Anerkennung.

»How dare you?!«: Greta Thunberg

geb. 2003
Klimaschutz-
aktivistin

Greta Thunberg, geboren 2003 in Stockholm, nahm im Mai 2018 an einem Schreibwettbewerb zum Thema Umweltpolitik von Svenska Dagbladet teil, den sie gewann. Daraus entwickelte sich ihr intensives Engagement für den Klimaschutz. Persönlich versucht sie, so energiesparsam wie möglich zu leben, und ist Veganerin. Sie initiierte die inzwischen globale **Fridays-for-Future-Bewegung** und erhielt 2019 den **Alternativen Nobelpreis.** Ihre Kernforderung an die Politik ist, Klimaschutzbemühungen sofort ohne Rücksicht auf andere Interessen umzusetzen, statt sich in Konferenzen auf kleinste Fortschritte zu einigen. Reiche Länder wie Schweden, sagt sie, dürften nicht auf Kosten armer Länder leben. Diesbezüglich habe die Politik bisher im Wesentlichen versagt, daher sei es nun an der jungen Generation, das Schicksal in die eigene Hände zu nehmen.

NOBELPREIS

Die 1901 erstmals vergebenen Nobelpreise bedeuten für die damit Ausgezeichneten die Krönung ihrer Arbeit. Außer Personen können auch Organisationen den Preis erhalten.

Die Urkunde
wird von einem Künstler und einem Kalligrafen speziell für den Laureaten angefertigt.

Die Goldmedaille
trägt das Porträt Alfred Nobels und eine Widmung.

► **Irrtum**
Entgegen einer vielfach kolportierten Geschichte hat Alfred Nobel den Friedenspreis nicht wegen seiner vermeintlichen Bestürzung über die militärische Verwendung von Dynamit gestiftet.

Nobelpreis für Physik
Vergeben von der Königlich-Schwedischen Akademie der Wissenschaften an »denjenigen, der auf dem Gebiet der Physik die bedeutendste Entdeckung oder Erfindung gemacht hat«.

Nobelpreis für Chemie
Vergeben von der Königlich-Schwedischen Akademie der Wissenschaften an »denjenigen, der die wichtigste chemische Entdeckung oder Verbesserung gemacht hat«.

Nobelpreis für Medizin
Vergeben von der Nobelversammlung des Karolinska-Instituts in Stockholm an »denjenigen, der die wichtigste Entdeckung in de Domäne der Physiologie od Medizin gemacht hat«.

Preisträger insgesamt 866
(ohne den von der schwedischen Reichsbank gestifteten Preis für Wirtschaftswissenschaften)

Das Preisgeld
ca. 1,1 Millionen Euro je Kategorie bis 2011, seit 2012 herabgesetzt auf ca. 900 000 Euro

▶ **Mehrfachpreisträger**
Der Preis ist nur vier Menschen zwei Mal verliehen worden. Das UNHCR erhielt den Friedensnobelpreis zwei Mal, das IKRK sogar drei Mal.

Nobels Testament
Alfred Nobel verfügte, dass mit seinem Vermögen eine Stiftung gegründet werden sollte, deren Zinsen:

»als Preis denen zugeteilt werden, die im verflossenen Jahr der Menschheit den größten Nutzen geleistet haben«

Das Geld sollte zu fünf gleichen Teilen auf folgende Gebiete verteilt werden:

Nobelpreis für Literatur
Vergeben von der Schwedischen Akademie an »denjenigen, der in der Literatur das Herausragendste in idealistischer Richtung produziert hat«.

116

Friedensnobelpreis
Vergeben vom fünfköpfigen norwegischen Nobelkomitee an »denjenigen, der am meisten oder am besten auf die Verbrüderung der Völker und die Abschaffung oder Verminderung stehender Heere … hingewirkt hat«.

134

Frauen 52

Organisationen 27

Marie Skłodowska Curie
(1867 – 1934)
polnischer Herkunft
1903 Nobelpreis für Physik für »die Erforschung der Strahlungsphänomene«
1911 Nobelpreis für Chemie für »die Endeckung der chemischen Elemente Polonium und Radium«
mit Ehemann Pierre Curie

Linus Carl Pauling
(1901–1994)
US-Amerikaner
1954 Nobelpreis für Chemie »für seine Forschungen über die Natur der chemischen Bindung …«
1963 Friedensnobelpreis »für seinen Einsatz gegen Atomwaffentests«

John Bardeen
(1908 –1991)
US-Amerikaner
1956 Nobelpreis für Physik »für die Entwicklung des Transistors«
1972 Nobelpreis für Physik »für den fundamentalen Beitrag zur Theorie der Supraleitfähigkeit«

Frederick Sanger
(1918–2013) Brite
1958 Nobelpreis für Chemie »für die Aufklärung der Struktur des Insulins …«
1980 Nobelpreis für Chemie »für Untersuchungen zur Ermittlung der Basensequenz in Nukleinsäuren«

Software-Revolutionär: Linus Torvalds

geb. 1969
Entwickler des Linux-Kernel

Linus Torvalds' Familie gehört zur Schwedisch sprechenden Minderheit in Finnland. Während seines Studiums in Helsinki entwickelte er 1991 eine **Software,** um sich effizienter in die UNIX-Rechner der Universität einwählen zu können. Bald entstand der Plan, ein richtiges Betriebssystem zu entwickeln. Die erste fehlerfrei lauffähige Version von **Linux** wurde 1994 an der Universität Helsinki vorgestellt. 1996 veröffentlichte Linus Torvalds den Linux-Kernel 2.0, den zentralen Bestandteil des Betriebssystems. Zusammen mit der freien GNU-Software der Free Software Foundation und anderer Open-Source-Software verbreitete sich das auf dem Linux-Kernel basierende Betriebssystem auf vielen verschiedenen Rechnerarchitekturen.

Leben, Krisen, Herausforderungen: Liv Ullmann

geb. 1938
Schauspielerin

Norwegens große Schauspielerin kam in Tokio zur Welt. Liv Ullmann studierte in London und Stavanger Theaterwissenschaften, begann ihre berufliche Laufbahn am Theater und wirkte ab 1957 bei Filmproduktionen mit. Ihre erste beeindruckende Rolle im Film war die der Elisabeth Vogler in »Persona«. Regie führte Ingmar Bergman, mit dem sie eine ganze Reihe von Filmen drehte. Die beiden haben eine Tochter, die Schriftstellerin Linn Ullmann. Liv Ullmann spielte häufig die **Rolle der nur scheinbar psychisch gefestigten Frau,** die großen Belastungen ausgesetzt ist. Sie wirkte in mehr als 60 Filmen mit und wurde zweimal für den »Oscar« nominiert. Große Erfolge feierte sie in den USA, in Hollywood und am Broadway. Preisgekrönt wurde sie auch als Regisseurin. Als Autorin wurde sie bekannt mit »Forandringen« (»Wandlungen«, 1976) und »Choices« (»Gezeiten«, 1984). Ihr politisches und soziales Engagement stellte Liv Ullmann als **Botschafterin der UNICEF** unter Beweis.

Die Frage nach dem Lebensglück: Sigrid Undset

1882 – 1949
Schriftstellerin

Sigrid Undset wuchs ab dem 3. Lebensjahr in Oslo auf. Wegen des frühen Tods ihres Vaters musste sie ihr Studium aufgeben und arbeitete als Büroangestellte. Nachdem sie schon in den 1930er-Jahren **vor dem Nationalsozialismus gewarnt** hatte, floh sie 1940 nach Amerika. Einer ihrer Söhne war im Widerstand gegen Hitler aktiv. 1945 kehrte sie nach Norwegen zurück. In ihren Romanen und Erzählungen stellte Sigrid Undset realistisch und einfühlsam scheinbar unkomplizierte Durchschnittsmenschen dar. 1920 – 1922 entstand ihr dreibändiges Werk »Kristin Lavransdatter« (dt. »Kristin Lavranstochter«). Für ihr Gesamtwerk erhielt sie **1928 den Nobelpreis für Literatur.**

Norwegens bedeutendster Bildhauer: Gustav Vigeland

1869 – 1943
Bildhauer

Adolf Gustav Vigeland wurde im südnorwegischen Mandal geboren. Seine Ausbildung erhielt er in Oslo, Kopenhagen, Paris, Berlin, Rom und Florenz. Vigeland schuf vor allem Büsten. Anfangs war er stark von Rodin beeindruckt, in späteren Schaffensperioden wandte er sich einem mehr von der Klassik beeinflussten Stil zu. Zu seinen berühmtesten Werken gehören die monumentale **Skulpturenanlage im Osloer Frognerpark** (Vigelandspark), für die er rund 100 symbolistische Figurengruppen und Reliefs aus Granit und Bronze schuf. Vigeland starb 1943 in Oslo, sein Atelier ist heute Museum.

Der Erfinder des Reiseführers: Karl Baedeker

1801 – 1859
Verleger

Als Buchhändler kam Karl Baedeker viel herum, und überall ärgerte er sich über die »Lohnbedienten«, die die Neuankömmlinge gegen Trinkgeld in den erstbesten Gasthof schleppten. Nur: Wie sollte man sonst wissen, wo man übernachten könnte und was es anzuschauen gäbe? In seiner Buchhandlung hatte er zwar Fahrpläne, Reiseberichte und gelehrte Abhandlungen über Kunstsammlungen. Aber wollte man das mit sich herumschleppen? Wie wäre es denn, wenn man all das zusammenfasste?

Gedacht, getan: Zwar hatte er sein erstes Reisebuch, die 1832 erschienene »Rheinreise«, noch nicht einmal selbst geschrieben. Aber er entwickelte es von Auflage zu Auflage weiter. Mit der Einteilung in »Allgemein Wissenswertes«, »Praktisches« und »Beschreibung der Merk-(Sehens-)würdigkeiten« fand er die klassische Gliederung des Reiseführers, die bis heute ihre Gültigkeit hat. Bald waren immer mehr Menschen unterwegs mit seinen **»Handbüchlein für Reisende, die sich selbst leicht und schnell zurechtfinden wollen«**. Die Reisenden hatten sich befreit, und sie verdanken es bis heute Karl Baedeker. Die skandinavischen Länder beschreibt er erstmals 1879 (»Schweden und Norwegen«) bzw. 1883 (Russland«).

»

Für Schweden, wo der gewöhnliche Reisende
in Folge des ausgedehnten Eisenbahnnetzes der
unmittelbaren Berührung mit dem Volk entrückt ist,
bedarf es besonderer Reiseregeln nicht.

«

Baedeker's Schweden und Norwegen, 1. Auflage 1879

E

ERLEBEN & GENIESSEN

Überraschend, stimulierend, bereichernd

Mit unseren Ideen erleben und genießen Sie Skandinavien.

Südschweden ist ein Dorado für Kanuten. Auch die Insel Tjörn gehört dazu. ►

BEWEGEN UND ENTSPANNEN

Wanderschuhe, Badehose, Skiklamotten, Angel, Kajak! Die Landschaften in Skandinavien bieten so viele Outdoor-Optionen, dass man darüber die Städte – fast – vergessen könnte.

Norwegen

Hauptsache draußen!

Friluftsliv nennen die Norwegerinnen und Norweger jegliche Aktivität im Freien. Ein Wort, das jeder nach seinem ganz persönlichen Geschmack mit Leben füllt. Friluftsliv kann ein gemütlicher Hüttenurlaub mit dem See vor der Tür und der Angel im Gepäck sein. Oder eine schweißtreibende Wanderung mit dem Rucksack im Fjell. Auch mit dem **Fahrrad** auf dem Rallarvegen über die Hardangervidda fahren oder mit den Langlaufskiern neue Loipen entdecken, all das zählt dazu. Die Norweger sind ein ausgesprochen aktives, naturverbundenes Volk, und Statistiken behaupten, dass mehr als die Hälfte von ihnen Sport treibt. Im Sommer sind **Wandern und jede Art von Wassersport** beliebt, im Winter **Skilaufen,** und die Angel kommt in jeder Jahreszeit zum Einsatz.

Wandern

Mit einem gut markierten Wegenetz, vielen Berghütten, einer spärlichen Besiedlung, zahlreichen Nationalparks und der oft spektakulären Landschaft ist Norwegen ideal Land für Wanderer. Ein Viertel des Landes liegt über 1000 m und damit über der Baumgrenze, Gebirgszüge und Gletscher reihen sich direkt aneinander. Der Bogen interessanter Wandergebiete spannt sich vom Waldland an der schwedischen Grenze bis zu den Fjorden mit senkrechten Felswänden, von den Gipfeln rund um das Setesdal im Süden bis zu den weiten Ebenen der Finnmarksvidda im hohen Norden. Die besten Monate für eine **fjelltur** (Bergtour) sind Juli und August, im Süden und außerhalb des Hochgebirges auch Juni und September.
In Skandinavien gilt das sogenannte **Jedermannsrecht** (►S. 673). Danach dürfen Strände, Ufer, Wälder und Wiesen genutzt werden, auch wenn sie Privateigentum sind. Das eröffnet schöne Möglichkeiten für Wanderer und Camper, allerdings ist Respekt gefragt und es müssen gewisse Regeln beachtet werden. Auf jeden Fall muss immer alles so hinterlassen werden, wie es vorgefunden wurde.

Sportklettern

Auch Sportkletterer haben Norwegen als Betätigungsfeld entdeckt. Vor allem zieht es sie ins Romsdal, zum Hurrungane und auf die Lofoten. Das Romsdal bietet sowohl schwierigste Routen als auch einige

Norwegen ist das am stärksten vergletscherte Land Europas und eignet sich daher perfekt für geführte Touren durchs Eis.

der höchsten Wände. Berühmt unter Spitzenbergsteigern ist die insgesamt 1700 m hohe **Trollveggen, Europas höchste Steilwand:** Etwa 1000 m sind praktisch senkrecht, mit 50 m Überhang.

Ein Paradies für Angler

Die vielen Fjorde und Buchten an der Atlantikküste und viele tausend Binnengewässer bieten ideale Voraussetzungen für Angler. Man benötigt eine **Angelkarte** (fiskekort), die in Tourismusbüros, an Hotelrezeptionen, auf Campingplätzen, in Sportgeschäften und in Postämtern erhältlich ist. Alle Angler ab dem 16. Lebensjahr müssen zudem eine **staatliche Angellizenz** (fiskeravsgiftskort) erwerben, die es in Postämtern mit einer speziellen Zahlkarte zu kaufen gibt. Ohne Lizenz darf man im Meer bzw. an den Fjorden mit der Rute angeln, Lachse und Seeforellen allerdings nur im Juni und Juli. Das ganze Jahr über kann man im Meer Makrele (makrell), Schellfisch (hyse), Dorsch/Kabeljau (torsk), Heilbutt (kveite), Seelachs (sei) und Hering (sild) fangen. Zu den berühmten Lachsflüssen gehören Alta, Drammenselva, Gaula, Målselva, Namsen, Neiden, Numedalslågen, Orkla, Størdalselva und Tana.

Strandurlaub

Wer baden möchte, fährt an die **Südküste zwischen Oslo und Stavanger** mit langen Sandstränden, Inseln, Holmen, Schären und blank geschliffenen Felsen. Die Wassertemperaturen können bis zu 20 °C erreichen. In vielen kleinen Binnenseen, die oft auch schöne Sandstrände haben, wird das Wasser gelegentlich sogar wärmer. Die schönsten Strände liegen allerdings **jenseits des Polarkreises auf den Lofoten.** Ihnen gebührt definitiv das Prädikat »Traumstrand« – wenn nur das Wasser nicht so kalt wäre!

Mit Kanu und Kajak

Die Gewässer östlich des Femundsees sind bei Kanuten und Kajakfahrern sehr beliebt. Schön ist eine **Paddeltour auf dem Telemark-Kanal** durch reizvolle Landschaft. Über eine Treppe von 18 Schleusen erreicht man eine Höhe von 72 m. Besonders aufregend ist **Rafting**: Mit großen Schlauchbooten werden unter sachkundiger Führung einige Wildwasserflüsse wie die Sjoa im Heidal befahren.

Radtouren

Auf Radfahrer warten in Norwegen einige Herausforderungen, aber auch schöne Genusstouren. Wer sein Rad nicht laufend schieben möchte, muss über eine **gute Gangschaltung** und eine ebensolche **Kondition** verfügen. Tunnel sind für Radfahrer oft gesperrt und müssen umfahren werden. Es gibt relativ wenige ausgewiesene Radwege, deshalb sollte man vor allem im Hochsommer Hauptrouten wie die E 6 meiden. Auf den Lofoten kann man entspannt ohne große Höhenunterschieden fahren. Auch die Küstenstraße Nr. 17 von Steinkjer nach Bodø ist für Radfahrer ideal.

Reiturlaub

Die **norwegischen Fjordpferde** sind als gutmütig bekannt und auch als Reittiere sehr beliebt. Auf vielen Höfen kann man Pferde mieten, auch Reitunterricht wird angeboten.

Ski und Rodel sehr gut

Schneesicherheit und stabile Temperaturen unter Null von Dezember bis Ende April haben Norwegen zur **Wiege des modernen Wintersports** werden lassen. Die Telemark, das Gudbrandsdal, Oslo und der Holmenkollen, Lillehammer und Umgebung sind die Gebiete, in denen erstmals Skilauf unter sportlichen Bedingungen betrieben wurde. Für Langläufer werden **viele tausend Kilometer Loipen** präpariert, große **alpine Skizentren** sind Trysil, Hemsedal, Skeikampen, Oppdal und Geilo.

Schweden

Aktivitäten in großartiger Natur

Bis auf wenige Ballungsgebiete ist Schweden ein relativ dünn besiedeltes Land mit grandioser Natur. Wer die Einsamkeit sucht, reist nach Norden, doch auch wer im Süden bleibt, findet jede Menge Möglichkeiten für Outdoor-Aktivitäten. Dabei garantiert das **Jedermannsrecht** (►S. 673), das so umfassend nur noch in Skandinavien existiert, jedem fast uneingeschränkte Bewegungsfreiheit in der Natur. Auch die Schwedinnen und Schweden nutzen zu jeder Jahreszeit die endlosen Wälder, die fast menschenleeren Gebirge, die vielen Nationalparks und die lange Küste mit Schären und Stränden.

Wandern

Wandern steht seit jeher ganz oben auf der Beliebtheitsskala, kein Wunder also, dass Hütten und **markierte Wege** so gut wie alle Gebirgsregionen erschließen und schier unbegrenzte Tourenmöglichkeiten eröffnen. In Schweden führt auf kaum einen Gipfel eine Seilbahn, auch das Straßennetz ist eher weitmaschig. So muss man sich seine Ziele wirklich erwandern. Als Belohnung wartet oft ein Rundumblick ohne Spuren menschlicher Zivilisation. Aber keine Angst, die nötige **Infrastruktur** gibt es trotzdem überall – nur nicht im Sarek-Nationalpark. Der bekannteste Fernwanderweg ist der gut **400 km lange Kungsleden** (Königspfad) in Nordschweden. Wer die lange Anfahrt zum Kungsleden scheut, findet im **Bergslagsleden** in Mittelschweden eine Alternative. Der 280 km lange Fernwanderweg führt auf 17 relativ einfachen Etappen in Nord-Süd-Richtung durch die Provinz Örebro (Infos und Karten im Tourismusbüro von ▶ Örebro). Am Ende der 10 bis 20 km langen, gut markierten Tagesetappen durch Wälder und an Seen entlang warten jeweils einfache Übernachtungsmöglichkeiten.

Auch in der südlichsten Provinz Schonen kann man gut wandern. Die vier Routen des **Skåneleden** haben insgesamt eine Länge von mehr als 900 km. Mit rund einem Drittel der Gesamtlänge ist der Kust till Kustleden der längste Teil des Skåneleden, er führt in 20 einfachen Etappen von Sölvesborg an der Ostküste bis zur Bärenhalbinsel an der Westküste und bietet auch Ungeübten abwechslungsreiches Genusswandern durch das liebliche, leicht hügelige Schonen.

Skandinavien bietet optimale Voraussetzungen für einen erfolgreichen Angelurlaub, egal ob in den Fjorden Norwegens, den Flüssen Schwedens oder in den Seen Finnlands.

AUF DEM KÖNIGSPFAD

Der Königspfad (Kungsleden) ist der bekannteste Fernwander- und Skitourenweg Skandinaviens. Es gibt kaum eine bessere Möglichkeit, die grandiose Landschaft Nordschwedens zu erleben. Man begegnet Samen und ihren Rentieren, sieht vielleicht aus der Ferne sogar Bär, Wolf oder Luchs. Die Infrastruktur ist hervorragend, sodass diesen Weg nicht nur Outdoor-Asse gehen können.

Der **Kungsleden** besteht aus zwei nicht miteinander verbundenen Teilen. Der nördliche Abschnitt ist der ältere, bekanntere und häufiger begangene und führt über rund 440 km von Abisko nach Hemavan. Der südliche Teil führt über rund 350 km von Sälen nach Storlien. Der nördliche Kungsleden lässt sich wiederum in vier Abschnitte unterteilen, die jeweils in rund einer Woche zu bewältigen sind. Ihre Anfangs- und Endpunkte sind gut mit dem Auto oder öffentlichen Verkehrsmitteln zu erreichen. Zwischen Kvikkjokk und Ammarnäs muss man ein Zelt dabei haben.

Abisko – Kebnekaise

Dies ist der meistbegangene Abschnitt des Kungsleden, der durch mächtige Trogtäler verläuft und **fantastische Ausblicke** auf einige der höchsten Berge und Gletscher Schwedens bietet. Auf dieser Etappe passiert man auch den höchsten Punkt des Fernwanderwegs, den Tjäktjapass auf 1150 m. Lohnend ist der Abstecher von Sälka hinauf zum gleichnamigen Gipfel (1865 m ü. d. M.) oder aber zur Nallohütte, die tief unten in einem Tal liegt. Von der Fjällstation Kebnekaise bietet sich die Besteigung des höchsten Berges Schwedens an, des 2117 m hohen Kebnekaise. Vom Endpunkt der Wanderung, der Kebnekaise Fjällstation, muss man noch 19 km bis nach Nikkaluokta zu Fuß einplanen, bevor man dort wieder die Straße erreicht (Dauer 7 – 8 Tage).

Kebnekaise – Saltoluokta

Steigt man in Kebnekaise in den Kungsleden ein, beginnt dieser Abschnitt mit der 19 km langen Wanderung von Nikkaluokta zur Kebnekaise Fjällstation (s. o.). Auf dem Kungsleden führt der Weg über **Fjällplateaus** und durch die scharf eingeschnittenen Täler bei Teusajaure und Kaitumjaure. Unterwegs passiert man nahe der norwegischen Grenze den Nationalpark Stora Sjöfallet und genießt schöne Ausblicke auf die Gipfel im Nationalpark Sarek. Von der Fjällstation Vakkotavare (mit Bushaltestelle) nimmt man bis zum Anleger Kebnatsbryggen den Bus, bevor man dann mit dem Boot zur Fjällstation Saltoluokta übersetzt (Dauer 5 – 7 Tage).

Saltoluokta – Kvikkjokk

Dieser abwechslungsreiche Abschnitt führt durch **Urwald, Kultur- und Heidelandschaft** und an den Ufern mehrerer kristallklarer Seen entlang. Nachdem man den See Sitojaure (hier gibt es auch eine Berghütte) passiert hat und schließlich am höchsten Punkt des darauf folgenden Anstiegs angelangt ist, sollte man auf jeden Fall einen Abstecher zum Skiefeklippen machen, um von dort oben den sagenhaften Blick ins Rapadal, über Gipfel und Gletscher des Sarek sowie das Pårtetjåkko-Massiv zu genießen (Dauer 4 – 7 Tage).

Ammarnäs – Hemavan

Dieser Abschnitt führt durch das Naturreservat Vindelfjällen. Die Strecke ist relativ einfach und durchquert überwiegend flache Gebirgsregionen und Fjällheiden, wobei auch einige Seen passiert werden (Dauer 5 – 7 Tage).

Reiseinfos

Der gesamte Kungsleden ist sommers wie winters markiert, größere Flüsse sind überbrückt und besonders moorige Passagen werden durch Bohlenpfade erleichtert. Am Ende jeder Tages-etappe findet man – außer auf dem Abschnitt zwischen Kvikkjokk und Ammarnäs – eine **Fjällhütte des Svenska Turistföreningen** (STF, www.svenskaturistforeningen.se). In einigen der einfach eingerichteten und nicht im Voraus buchbaren Hütten gibt es begrenzte Verpflegungsmöglichkeiten. Der Kungsleden ist **für Selbstversorger** ausgelegt, d. h. neben Karte und Kompass, guten Wanderstiefeln, sturmsicherem Zelt (das man bei den Hütten aufstellen darf), zweckmäßiger, robuster Ausrüstung, die auch heftige Regenschauer übersteht, muss im Rucksack auch noch Platz für Verpflegung sein. Es gibt Etappen, auf denen man mutterseelenallein unterwegs ist, andere, vor allem die Tagesetappen rund um die Einstiege, sind besonders während der schwedischen Sommerferien fast schon überlaufen. Wanderzeiten sind Anfang Juli bis Ende Sept. und für Wintertouren Ende Feb. bis Ende April. Im Juli kann es auf den Hütten eng werden, für Wintertouren ist der April der schönste Monat mit langen und in der Regel sonnigen Tagen. Unterwegs gibt es **kaum Handyempfang** und auch keine Telefonmöglichkeiten mit Ausnahme von Saltoluokta. Der beliebteste Einstieg ist in Abisko (mit der Bahn erreichbar).

Auf dem Kungsleden bei Abisko: stille, unberührte Natur – und fantastische Fotomotive

OBEN: Auch entspannte Badeurlaube können Sie in Skandinavien machen – warm und sonnig ist es beispielsweise in Risør in Südnorwegen

UNTEN: Nach dem Saunagang erfrischt ein Sprung ins kühle Nass.

Badeurlaub

Schöne Badeziele sind die Küsten Südschwedens und die **unzähligen Seen im Landesinnern**, im Juli und August sind Wassertemperaturen bis 20 °C keine Seltenheit. Schonen hat 300 km flach abfallende Sandstrände, teilweise mit Dünen. Die Westküste wird auch **»schwedische Riviera«** genannt, im südlichen Teil überwiegen Sandstrände, im nördlichen Teil Felsen.

Sommersport

Im Sommer macht man Touren mit dem Rad oder Kanu, spielt Golf oder angelt. Im Meer darf jeder sein Glück mit der **Angel** versuchen. Wer in Seen oder Flüssen seine angeln möchte, benötigt eine **Fiskekort,** die es im örtlichen Touristenbüro, im Hotel oder auf dem Campingplatz gibt – gute Lachsflüsse haben allerdings ihren Preis. Im Gegensatz dazu ist **Golf Volkssport** und jeder Gastspieler ist gegen ein moderates Greenfee auf einem der vielen Golfplätze willkommen.

Skilaufen

Im Winter schnallt man sich in Schweden die Skier an, traditionell ist Langlauf sehr beliebt, in den letzten Jahren verzeichnet aber auch der alpine Skilauf viel Zulauf. Die besten Monate sind **Januar bis April,** im Norden sogar bis Mai. Von Småland bis in den hohen Norden Lapplands bieten sich Wintersportmöglichkeiten. Schwedens südlichstes, hochalpines Gebiet mit mehr als 30 Gipfeln zwischen 1000 und 1800 m ist das **Funäsdalsfjäll** im **Härjedalen.**

Schlittschuhlaufen

Dass Schlittschuhe nicht nur für ein paar Runden auf dem zugefrorenen Teich oder See vor der Haustür gut sind, sondern auch ideal für **lange Touren,** gilt in Schweden ganz besonders. Das fast lautlose Gleiten über zugefrorene Seen und Kanäle hat hier eine relativ große Fangemeinde. Wen der Sport auf Kufen gepackt hat, der ist »vom Eis gebissen« (isbitnad) und verabredet sich bei guten Eisverhältnissen am Wochenende mit Freunden zum Langlaufschlittschuh (långfärdsskridsko). Unterwegs gibt's Lagerfeuer mit **heißer Suppe** und **dampfendem Kaffee**.

Finnland

Wandern

Finnland ist das perfekte Land für nahezu jede Art von Outdoor-Aktivität – Wandern steht dabei ganz oben auf der Liste. Über interessante Wanderrouten informieren die Touristenbüros vor Ort. In fast jedem **Nationalpark** sind **Wanderrouten** ausgezeichnet. Sogar wenige Kilometer vor den Toren Helsinkis geht das: Hier liegt der Nuuksio Nationalpark mit schönen Routen, auf denen man zumindest während der Woche nahezu allein ist. Empfehlenswert sind auch die Strecken im Seitseminen Nationalpark bei Parkano. Durch den Patvinsuo Nationalpark bei Lieksa führt der berühmte **Wolfenpfad,** der Susitaival. Weiter nördlich, in der Nähe von Kuusamo, gibt es den Karhunkierros, den 133 km langen **Bärenpfad**. Wanderhütten an den Wanderpfaden in Nationalparks sind sehr einfach ausgestattet (Gemeinschaftsschlafräume), dafür aber teilweise kostenlos. Viele Finnen haben auf Wandertouren eine Angelrute dabei und verbinden die beiden zumindest bei Männern beliebtesten Freizeitaktivitäten.

Lizenz zum Angeln

Fast jeder Finne ist Hobbyangler, und das sowohl im Sommer als auch im Winter. Die jährliche **Meisterschaft im Eislochangeln** (pilkki), ist ein Ereignis, über das auf den Sportseiten seitenweise berichtet wird. Wer in einem finnischen See angeln will, muss eine **Angellizenz** erwerben (kalastus-kortti), erhältlich online, auf jedem Postamt und bei Banken. Auch dem Besitzer des jeweiligen Gewässers muss man eine Gebühr zahlen. Diese lokale Angelerlaubnis wird meist an Campingplätzen, in Hotels oder in der Touristeninformation ausgegeben. Man kann sie **für eine Woche** oder für nur wenig mehr Geld **fürs ganze Jahr** erwerben. Für Eisangeln im Winter und Angeln auf den Ålandinseln braucht man nur die lokale Angelerlaubnis.

Mit Langlaufski und Schlitten

Langlaufen im Winter ist in Finnland so beliebt wie Wandern im Sommer. Fast jede finnische Stadt bietet ihren Bürgern perfekt gespurte Loipen, in den Feriengebieten kann man meistens direkt an der Hütte in die Spur gehen. Ein besonderes Erlebnis ist die Teilnahme am **Finlandia-Lauf,** der jedes Jahr Ende Februar über 75 km von Lahti nach Hämeenlinna führt. In den Skigebieten Nordfinnlands, wie in Ruka oder Levitunturi, kann man auch Alpinski fahren – allerdings von Bergen, die in Mitteleuropa allenfalls als Hügel gelten würden. In Mittel- und Nordfinnland werden auch Motorschlittentouren und Ausfahrten mit Hundeschlitten angeboten. Während man bei solchen Ausfahrten in Mitteleuropa nach ein paar Kilometern im nächsten Dorf landet, kann man in Finnland tagelang von Hütte zu Hütte fahren, ohne eine Menschenseele zu treffen.

Mit Rad und Kanu

Radfahren in Finnland wird oft unterschätzt. Zwar gibt es keine richtig hohen Berge, dafür geht es aber ständig auf und ab – längere Touren sind auch hier nichts für Anfänger. Wer es wirklich flach haben will, sollte eine Tour auf den **Ålandinseln** unternehmen – auch landschaftlich ein Paradies für Radler. Kanufahren auf den finnischen Seen ist die perfekte Option für alle, die etwas Robinsonblut in sich haben – denn wo sonst kann man jeden Abend auf einer anderen einsamen Insel sein Zelt aufschlagen. Auf vielen Flüssen Ost- und Nordfinnlands werden **Raftingtouren** angeboten.

Erfrischend und gesund

Die **Sauna** ist untrennbar mit dem finnischen Alltag verbunden. Viele gehen mehrmals in der Woche in die Sauna, allerdings Männer und Frauen getrennt. Gemischte Saunas gibt es selten. Die finnische Sauna wird nicht so stark angeheizt, zwischen 85 und 100 °C reichen aus.

Gerne nimmt man ein Birkenzweigbündel (vihta) und klopft sich selber oder gegenseitig damit ab. Das fördert die Blutzirkulation und entspannt die Muskulatur zusätzlich. Herrlich ist es, zum Abkühlen in einen See zu springen.

INFOS FÜR AKTIVURLAUBER

NORWEGEN

ANGELN
Norges Jeger- og Fiskerforbund
Tel. 66 79 22 00
www.njff.no

GOLF
Norges Golfforbund
Tel. 21 02 91 50
www.golfforbundet.no

KANU, KAJAK, RAFTING
Norges Padleforbund
Tel. 21 02 98 35
www.padling.no
Sjoa Raftingcenter
Tel. 47 66 06 80
www.sjoaraftingsenter.no

RADFAHREN
Stiftelsen Sykkelturisme i Norge
www.cyclingnorway.no

REITEN
Norges Ryytterforbund
Tel. 21 02 90 00
www.rytter.no

SEGELN
Kongelig Norsk Seilforening
Tel. 23 27 56 00
www.kns.no

SKILAUFEN
Skiforeningen
Tel. 22 92 32 00
www.skiforeningen.no

TENNIS
Norges Tennisforbund
Tel. 22 72 70 00
www.tennis.no

WANDERN
Den Norske Turistforening (DNT)
Tel. 40 00 18 70
www.dnt.no

WINTERSPORT
Alpinski und Langlauf ist in ganz Norwegen möglich. Eine Liste mit Wintersportzentren und Links zu den einzelnen Gebieten hat das offizielle norwegische Reiseportal www.visitnorway.de/aktivitaten/freie-natur/skisport. Ebenfalls detaillierte Angaben mit Links gibt es bei www.skigebiete-test.de/skigebiete/norwegen.

SCHWEDEN

OUTDOOR-AKTIVITÄTEN
Minto
Veranstalter für Kanu- und Seekajaktouren, Wandern, Klettern, Schlittschuhtouren und andere Outdoor-Aktivitäten mit eigener Eco-Lodge.
Tel. 0525 4 01 20
minto-tingvall.com

GOLF
Svenska Golfförbundet
Tel. 08 6 22 15 00
http://golf.se

KANU, KAJAK
Svenska Kanotförbundet
Tel. 0155 20 90 80
www.kanot.com

RADFAHREN
Svenska Cykelsällskapet
Tel. 08 7 51 62 04
www.svenska-cykelsallskapet.se
Cycelfrämjandet
Tel. 08 16 00 17
www.cykelframjandet.se

REITEN
Sveriges Ridlägers Riksförbund
Tel. 070 6 79 88 82
www.ridlager.se

TENNIS
Svenska Tennisförbundet
Tel. 010 4 44 04 10
www.tennis.se

WANDERN
Svenska Turistföreningen (STF)
Tel. 08 4 63 22 70, 010 1 90 23 60
www.svenskaturistforeningen.se

WINTERSPORT
Eine detaillierte Liste der zahlreichen Alpin- und Langlaufzentren in Schweden bietet http://visitsweden.de/Ski-schweden. Außerdem: www.skiresort.de/skige biete/schweden und www.skigebiete-test.de/skigebiete/schweden

FINNLAND

ANGELN
Gute Detailinfos:
www.fishinginfinland.fi

RADFAHREN
Tel. 044 5 50 14 45
www.pyoraillensuomessa.fi

WANDERN
Metsähallitus, die für die Nutzung finnischer Wälder zuständige Behörde, informiert auch über Outdoor-Aktivitäten sowie über Nationalparks und Wanderrouten von Tagesausflügen bis zu Trekking:
Tel. 206 39 40 00
www.metsa.fi
(Outdoor-Aktivitäten)
www.nationalparks.fi
(Wandern in Nationalparks)

WINTERSPORT
Es gibt relativ wenige Alpinskizentren, Finnland ist vor allem für Skilangläufer ein Paradies. Über alle Wintersportzentren für Langläufer und Alpinsportler informieren die Webseiten www.skigebiete-test.de/skigebiete/finnland und www.skiresort.de/skigebiete/finnland. Eine Auswahl bringt auch www.visitfinland.com/winter.

ESSEN UND TRINKEN

In Skandinavien ist Fisch immer eine gute Wahl, wobei manche norwegische Zubereitungsart gewöhnungsbedürftig ist. Ren und Elch kommen ebenso auf den Tisch, und eine spezielle Wurst krönt in Finnland jeden Saunabesuch.

Gut und teuer

Nach Skandinavien reist man wohl kaum wegen der kulinarischen Köstlichkeiten. Selten wird die skandinavische Küche gelobt, in Norwegen und Finnland ist sogar oft von sonderbaren Gerichten die Rede. Die Länder waren arm und es kam überwiegend bodenständige Hausmannskost auf den Tisch, in Finnland von Schweden und Russland beeinflusste. Vor allem in den größeren Städten hat sich aber ein bemerkenswerter Wandel vollzogen. In Helsinki und Oslo gibt es deutlich mehr Restaurants, einfache Hausmannskost wird durch **französische, italienische** oder **spanische Einflüsse** aufgewertet. Und einheimische Fischgerichte sind oft exzellent. Der größte Wandel hat in Schwedens Küche stattgefunden, die über Jahre und Jahrzehnte berühmt-berüchtigt war für ihre fettigen Fleischbällchen (köttbullar) mit matschigem Kartoffelbrei. Vor einiger Zeit aber wurden **Schwedens Köche** nicht weniger als **Weltmeister** bei der Weltmeisterschaft der Köche. Lange war die schwedische Nationalmannschaft am Herd unschlagbar und landet auch heute immer wieder auf den vorderen Plätzen.

Wer heute nach Skandinavien reist und mit dem Essen nicht zufrieden ist, hat vermutlich nicht tief genug in die Tasche gegriffen. In günstigen Lokalen wird nach wie vor einfallslos gekocht und gute Restaurants sind teuer – und zwar erheblich teurer als in Deutschland. Die Preise liegen in Norwegen etwa 50 % über den mitteleuropäischen, Schweden und Finnland sind etwas günstiger. Fastfood-Ketten haben natürlich längst auch die nordischen Länder erobert, landestypische Kost ist dort aber nicht zu erwarten. Restaurantempfehlungen finden Sie bei den Reisezielen (Preisstufen ▶ S. 6).

Frühstück, Mittag- und Abendessen

Der Tag beginnt in Norwegen mit **frokost** (Frühstück), in Schweden mit **frukost** und in Finnland mit **aamiainen** – in Hotels wird ein mehr oder minder üppiges Buffet aufgebaut. Das **Mittagessen** ist überall einfach gehalten, traditionell ist es ein eher kleiner Imbiss, oder man geht in ein Selbstbedienungsrestaurant und wählt ein Tagesgericht – ein guter Tipp für ein günstiges Essen. Die Hauptmahlzeit wird in allen Ländern am frühen **Abend** eingenommen und heißt in Norwegen und Schweden etwas irreführend **middag**.

Buffet

Viele Touristen lernen schon auf der Fährpassage das berühmte skandinavische Buffet mit seinen vielen leckeren kalten und warmen Gerichten kennen: in Norwegen koldtbord genannt, in Schweden smörgåsbord, in Finnland seisova pöytä oder buffett. Es gibt Mittagsbuffets und richtige Buffet-Restaurants, und im Allgemeinen kommt man mit Buffetkost gut durch den Tag. Seinen Ursprung hat das skandinavische Buffet in den **Bauernfesten**, als das ganze Dorf zusammenkam und jeder eine oder zwei Mahlzeiten zum Fest mitbrachte. Man baute alles auf einem Tisch auf und los ging die Schlemmerei. Übrigens: Richtige Buffet-Spezialisten schlemmen mit System. Es wird nicht einfach aufgepackt, was gefällt, sondern man beginnt mit den Fischgerichten, geht dann zu den kalten Vorspeisen über, bevor man sich das Warmgericht seiner Wahl auf den Teller lädt und das Ganze mit dem Dessert und einem kleinen Stück Käse abschließt.

Frisch aus dem Meer

Angesichts der langen Küsten und der vielen Seen überrascht es nicht, dass die skandinavischen Länder für ihre Fischgerichte berühmt ist. Bestens schmeckt gedünsteter oder gebratener **Wildlachs** mit frischen Kräutern (Petersilie, Schnittlauch, Kerbel, Dill, Thymian, Basilikum oder Fenchelkraut), zu dem meist Salzkartoffeln gereicht werden. Lachs wird auch als Grundlage für eine herzhafte Suppe verwendet. Besonders lecker ist der Ostseelachs, der fleischiger und heller ist als der vor der Westküste geangelte. Die an der norwegischen Küste in großen Aquafarmen gezüchteten Lachse sind deutlich günstiger, geschmacklich aber nicht so gut. Typisch norwegisch ist »Gravet Laks«, das schwedische Pendant heißt »Gravad Lax« (▶Typische Gerichte).

Hering ist der proletarische Bruder des feinen Lachses. Er steht ganz oben und in vielen Variationen auf den Speisekarten aller skandinavischen Länder und wird mit unterschiedlichen Marinaden zubereitet. **Dorsch** oder Kabeljau war ursprünglich norwegische Hausmannskost. In der Vergangenheit wurde er recht rar, aber mittlerweile hat

Fisch, Fisch, Fisch - die Markthallen und Fischstände in den Küstenstädten sind gefüllt mit fangfrischer Ware.

sich der Bestand durch das gute norwegische Fischereimanagement, die erfolgreiche Bekämpfung der russischen Piratenfischer sowie günstige Umweltbedingungen wieder erholt. Zudem darf der gesamte norwegische Kabeljau das Nachhaltigkeitssiegel MSC (Marine Stewardship Council) tragen. Im August werden mancherorts in Salzwasser gekochte **Krebse** mit Dill angeboten. Als Süßwasserfische werden **Forellen** überall sehr geschätzt, ein Hochgenuss sind im Tannenholzrauch gegarte Forellenfilets.

Fisch für Mutige

Den Alltagshunger stillen in Norwegen **fiskeboller, fiskepudding** und **fiskekaker**, alle aus pürierten Fischresten und mit Kartoffeln gebunden, in Schweden **Janssons frestelse**, ein Auflauf aus Kartoffeln, Sardellenfilets und jeder Menge Sahne, was übersetzt etwas euphemistisch »Janssons Versuchung« heißt. Verwenden die Schweden Bückling statt Sardellen, nennen sie das Gericht **Karlssons frestelse**, ohne Fisch heißt es **Svenssons frestelse**. Die Herren Jansson, Svensson und Karlsson scheinen leicht verführbar, denn kulinarisch hochwertig ist das alles nicht. Nur Experimentierfreudigen und starken Mägen ist der schwedische **surströmming** zu empfehlen, eine Fischspeise aus Ostseeheringen, die im Frühjahr in Salzlake eingelegt werden und bald zu gären anfangen. Eine magenstrapazierende Spezialität aus Finnlands Osten ist **Kalakukko** (Fischbrot), ein in Brotteig gebackenes Fleisch-Fisch-Gemisch (▶Typische Gerichte)

Stockfisch zu Weihnachten

In Norwegen und Schweden ist Stockfisch ein beliebtes Weihnachtsessen (**lutefisk** in Norwegen, **lutfisk** in Schweden). Grundstoff ist getrockneter Dorsch. Er wird in einer wässrigen Lauge aus Ätznatron rehydriert. Vor der Zubereitung wird der Fisch gespült, behält aber einen recht ungewöhnlichen Geschmack, über dessen Güte selbst Norweger und Schweden streiten. Dazu gibt es ausgelassenen Speck, Erbsenpüree und Kartoffeln.

Fleisch

Stehen Elch oder Rentier auf der Speisekarte, kann man getrost zugreifen, denn das Fleisch ist fettarm und zeichnet sich durch einen **angenehmen Wildgeschmack** aus. Elch- und Rentierbraten werden gern mit Preiselbeeren serviert. Auch geräuchert schmeckt Rentierfleisch vorzüglich. In Scheiben geschnittenes Rentierfleisch oder gar Elchsteak kommen aber wesentlich weniger auf den Tisch, als man annehmen könnte, im täglichen Leben spielt beides keine große Rolle.
Die Finnen lieben auch Schweine- und Lammfleisch. Eine karelische Spezialität ist **särä,** ein Lammgericht, das in einer riesigen Holzform gebacken wird.
Norwegisches **spekemat**, gesalzenes und getrocknetes Fleisch, das man lange aufbewahren kann, hat eine lange Tradition. Ganze Schinken, Hammelkeulen und verschiedenste Würste wurden nach der

Herbstschlachtung im Speicher gelagert. Wer im Gebirge wandern geht, für den ist spekemat der ideale Proviant.

Brot, Fladen, Piroggen

Ruisleipä, das dunkle, aus Roggenmehl gebackene finnische Brot, ist sehr schmackhaft. Beim Gang durch norwegische und schwedische Supermärkte sucht man Schwarzbrot oder Vollkornbrot meist vergebens. Brot wird hier oft mit Sirup gebacken und schmeckt ungewöhnlich süß, Butter wird dafür gesalzen.

Norwegisches **Flatbrød** ist die hauchdünne Variante des Knäckebrots. Früher wurde es aus der Not heraus nur einmal jährlich gebacken und dann im Vorratsspeicher gelagert. Es hat bis heute nichts von seiner Beliebtheit eingebüßt.

Statt Brot werden in Norwegen auch gerne **lefser** und **lumper,** weiche Fladen aus Kartoffelmehl, gegessen. In Finnland, besonders in Karelien, sind in Brotteig gebackene Speisen sind sehr beliebt. Auch Lachs-, Fleisch- und Reispiroggen sind finnische Spezialitäten, ursprünglich aus dem Osten des Landes kommend. Heute isst man diese **piirakkas** im ganzen Land – traditionell mit Eibutter.

Süßspeisen, Desserts

Eine kalorienreiche Mahlzeit ist das norwegische **römmegrøt,** eine fette Grütze aus saurer Sahne, mit Grieß oder Mehl gebunden und mit Zucker, Zimt und Butter verfeinert. Römmegrøt ist quasi das norwegische Nationalgericht, jede Region, ja fast jede Familie bereitet den fetten Brei nach einem speziellen Rezept zu. In den Hütten im Gebirge steht rømmegrøt fast immer auf der Speisekarte. Zum Nachtisch werden in Nordnorwegen auch gerne **Moltebeeren** serviert. Die gelben, brombeerartigen Beeren schmecken mit Zucker und Schlagsahne ganz vorzüglich. Man kann sie aber auch zu Marmeladen verarbeiten. Auch in Schweden liebt man Moltebeeren in allen möglichen Zubereitungen.

Kaffee

Legendär ist der exorbitante **Kaffeekonsum** der Finnen: Seit vielen Jahren halten sie mit mehr als 1300 Tassen pro Person und Jahr den Spitzenplatz im weltweiten Pro-Kopf-Verbrauch. Ungefähr 170 l konsumiert jeder Schwede pro Jahr, Schweden sind die Nummer zwei der Welt. Noch heute wird mancherorts Kaffee gratis zur Verfügung gestellt oder im Café nur eine Tasse berechnet, alle weiteren sind umsonst. Und auch in Norwegen ist Kaffee Nationalgetränk, morgens, mittags, abends und selbst um Mitternacht wird er getrunken.

Bier, Wein und Hochprozentiges

Wer an schwedische Getränke denkt, dem fallen als Erstes **Akvavit** und (Absolut-)**Wodka** ein. Die bekannteste finnische Wodka-Marke heißt **Koskenkorva** und aus Finnland stammen auch der beliebte Moltebeerenlikör lakkaliköörі und der Lakritzschnaps salmiakkisnapsi. Aller hochprozentigen Genüsse zum Trotz hat Skandinavien **restriktive Alkoholgesetze**, die erst in den letzten Jahren etwas gelockert wurden. Geblieben sind die hohen Preise, die um ein Vielfaches über

OBEN: Getrockneter Kabeljau aus Norwegen findet freudige Abnehmer in ganz Europa und ist besonders in Italien und Portugal heiß begehrt.

UNTEN: Zimtschnecken (Kanebullar) sind in Schweden so beliebt, dass das süße Hefegebäck sogar einen eigenen »Feiertag« bekommen hat. Am Kanelbullens dag (4. Oktober) dreht sich alles um eine ausreichende Anzahl an Zimtschnecken, guten Kaffee, ein bisschen feierliche Stimmung und viel Ruhe.

TYPISCHE GERICHTE

In Norwegen steht er unter **Gravet Laks** auf den Speisekarten, in Schweden findet man **Gravad Lax.** Heißt übersetzt »eingegrabener Lachs« und so wurde früher frischer Lachs für einige Zeit haltbar gemacht. Heute nimmt man zwei gleich große Stücke Lachsfilet, pro 100 g Lachs ca. einen schwach gehäuften Teelöfel Salz und einen gestrichenen Teelöffel Zucker. Salz, Zucker und frisch gemahlenen Pfeffer mischen. Ein Lachsstück mit der Hautseite nach unten in eine Frischhaltetüte legen, mit der Hälfte des Gewürzgemischs und frischem Dill bedecken, dann das zweite Lachsstück mit der Hautseite nach oben darauflegen – Prinzip Sandwich. Die Tüte verschließen, in eine Schale legen und dann 36 bis 48 Stunden in den Kühlschrank, mehrmals wenden. Es bildet sich eine Salzlake. Lachsstücke abwaschen, in nicht zu feine Scheiben schneiden und z. B. mit einer Senf-Honig-Dill-Sauce servieren.

Erbsensuppe: Wer es machen will wie die Finnen und die Schweden, isst am Donnerstag Erbsensuppe. Sie wird oft mit Speck, Zwiebeln und Karotten verfeinert und mit Senf und Sahne abgeschmeckt. Der schwedische König, dem einst auch Finnland gehörte, suchte nach immer neuen Wegen, seinen Untertanen Geld abzuknöpfen. Einmal in der Woche sollte nur billiges Essen, nämlich Erbsensuppe, aufgetischt werden, wies er sein Volk an. Das so eingesparte Geld floss in seine Kasse.

Kalakukko (wörtlich übersetzt: »Fischhahn«) ist eine Spezialität der finnischen Region Savo, die es in sich hat. Von außen sieht das Gericht noch

ganz harmlos aus, wie ein gewöhnliches Roggenbrot. Gefüllt ist der Teigfladen aber mit einer Mischung aus Fisch (Maränen, Barsch etc.) und Schweinefleisch bzw. Speck. Diese Kombination schlägt so manchem neugierigen Touristen auf den Magen. Ursprünglich war Kalakukko das nahrhafte Mittagessen der Bauern und Fischer, die praktisch verpackt Fisch und Speck mit aufs Feld bzw. ins Boot nehmen konnten.

Geitost: Wenigstens ein Mal muss man den norwegischen Käse probieren. Entweder mag man seinen süßen Karamellgeschmack und nimmt fortan immer ein Stück mit nach Hause oder man belässt es beim Probieren. Geitost wird aus Ziegen- und Kuhmilch hergestellt, auch wenn der Name suggeriert, dass es sich um einen reinen Ziegenkäse handelt. Streng genommen handelt es sich nicht einmal um Käse, denn zu seiner Herstellung werden Molken langsam eingekocht, bis die Flüssigkeit karamellisiert. Mit dem Käsehobel vom Kilo-Block in feine Scheiben geschnitten, wird er auf flatbrød gelegt und mit einem Teelöffel Marmelade verfeinert.

Knäckebrot ist der vielleicht größte schwedische Exportschlager der letzten Jahrhunderte. Das lange haltbare Brot wurde auf schwedischen Bauernhöfen erfunden. Im Winter froren die Flüsse und Bäche zu, deswegen konnte kein Mehl gemahlen werden. Also machte man sich im Herbst daran, einen Vorrat für den ganzen Winter zu backen. Ursprünglich waren die Knäckebrotscheiben kreisrund und hatten ein Loch in der Mitte. So konnte man sie an Stangen auffädeln, die an der Küchenwand befestigt waren, um sie vor Mäusen zu schützen und immer griffbereit zu haben.

deutschem Niveau liegen. Private Schnapsbrennereien sind verboten, der Vertrieb und Ausschank alkoholischer Getränke ist reglementiert. In Supermärkten gibt es nur Bier. Die meisten Restaurants haben eine Ausschankgenehmigung für Bier und Wein. Hochprozentige alkoholische Getränke sind an den Bars der größeren Hotels zu haben, an Sonn- und Feiertagen dürfen sie nicht ausgeschenkt werden. Touristen, die größere Lokale besuchen, werden lediglich merken, dass Alkohol vor allem in Kneipen und Restaurants erheblich teurer als in Mitteleuropa ist – egal, ob man sich für Bier, Wein oder Hochprozentiges entscheidet, die Preise lassen wenig Freude aufkommen. In Schweden bleibt der **Bierverbrauch** mit 52,3 l pro Jahr und Person deutlich hinter dem in Deutschland (109,8 l) zurück. Böse Zungen behaupten, dass das an der schlechten Qualität schwedischer Brauereierzeugnisse liegt, aber natürlich ist es auch der hohe Preis. Im Supermarkt bekommt man nur Bier bis 3,5 Vol.-% (Lattöl und Folköl). Alles andere – Wein, Schnaps, stärkeres Bier (Starköl) – muss man für viel Geld im staatlichen Alkoholmonopol, **Systembolaget**, kaufen. In Finnland gibt es Wein und Höherprozentiges nur in den staatlichen **ALKO**-Läden, und in Norwegen geht man in die wenigen unter staatlicher Regie stehenden **Vinmonopolet-Geschäfte** (alle Läden unter www.vinmonopolet.no). Umso verwunderlicher bei all dem, dass gløgg (norwegisch), Glögg (schwed.) und glögi (finnisch), der Punsch aus Rotwein, Schnaps und Gewürzen, sogar in Deutschland gern gemischt wird.

Norwegische Spezialitäten

Mutige können sich auch an die typischen Spezialitäten der traditionellen norwegischen Hausmannskost wagen, die allerdings allmählich aus den Regalen der Supermärkte und von den Speisekarten der Restaurants verschwinden. Da wäre **Blutwurst**, die mit Zucker und Butter serviert wird, außerdem **blodpudding**. Auch das **lungemos**, ein Lungenhaschee, ist nicht jedermanns Sache. Ebenso finden nur Norwegen-Enthusiasten oder wirkliche Feinschmecker Gefallen an **rakørret**, einer vergorenen, gesalzenen Forelle, die vor dem Verzehr einige Monate reifen muss. Auch **Gammelost** stellt manche vor Probleme: Gammelost bedeutet alter Käse – und genauso sieht er aus und genauso riecht er.

Aus Schwedens Regionen

In **Skåne** wird gerne Aal gegessen. Ihm sind mit den Ålagille-Festen im August und September sogar eigene Veranstaltungen gewidmet. **Småland** ist bekannt als »Preiselbeerprovinz«: Preiselbeermarmelade wird zu verschiedenen Mahlzeiten und als Dessert gereicht. Beliebtestes Gericht sind Kartoffelklöße (kroppkakor) gefüllt mit geräuchertem, gesalzenem Schweinefleisch, Zwiebeln und Pfeffer, serviert mit geschmolzener Butter und Preiselbeermarmelade.
Auf **Gotland** isst man gerne Lamm. Gotland ist deshalb auch die Insel der Lämmer und nicht umsonst ziert eines die Landesflagge. Auf der

Insel nennt man die erwachsenen Tiere Lämmer; dort gibt es also keine Schafe, sondern nur Lämmer und Junglämmer.
In ganz Schweden kennt man die falukorv, die Faluner Wurst aus der Provinz **Dalarna**. Sie wird aus gehacktem Rind-, Kalb- und Schweinefleisch, Kartoffelmehl und Gewürzen hergestellt. Das Rezept geht auf deutsche Bergleute zurück, die ab dem 16. Jh. in Falun unter Tage arbeiteten. Für die Lederriemen der Aufzugskörbe benötigte man die Haut vieler Hundert Ochsen. Was lag da näher, als das verbleibende Fleisch zu Wurst zu verarbeiten?
Löjrom (roter Kaviar) ist eine der schmackhaftesten Köstlichkeiten **Norrbottens**. Der rote Kaviar wird aus dem Rogen der im Oktober gefangenen, etwa 15 cm großen Kleinen Maräne hergestellt. Der Rogen wird gesalzen und gefroren und meist mit saurer Sahne, fein gehackten Zwiebeln, Zitrone und Dill serviert.

Typisch finnisch: die Wurst in der Sauna

Der Rundgang durch die Welt der finnischen Speisen führt als Erstes in die Sauna! Sauna und **lenkkimakkara,** die finnische Saunawurst, sind nicht voneinander zu trennen. Bevor er auf der Holzbank Platz nimmt, wickelt mancher Finne seine Wurst in Alufolie und legt sie auf den Ofen. Während er vor sich hin schwitzt, wird auch seine lenkkimakkara langsam gar. Finnische Männer – in der Wurstfrage gibt es einen deutlichen Unterschied zwischen den Geschlechtern – sind wahre Wurstfanatiker. Auch außerhalb der Sauna ist Makkara die richtige Mahlzeit – und zwar mit einer großen Portion **sinappi**, gutem finnischen Senf.

FEIERN

Mittsommer, die kürzeste Nacht des Jahres und der Beginn der Freiluftsaison mit ihren langen Tagen und hellen Sommernächten, wird in Norwegen, Finnland und besonders ausgelassen in Schweden gefeiert. Das Pendant in der dunken Jahreszeit ist in Schweden das »Lichterfest Lucia«.

Norwegen

Nationalfeiertag

Auf Oslos Prachtstraße Karl Johan stehen die Menschen schon morgens dicht gedrängt und schwenken ihre Fähnchen. Am **17. Mai** ist Norwegens Nationalfeiertag, im ganzen Land finden Umzüge statt, und die norwegische Fahne darf nirgends fehlen. Der Nationalfeiertag erinnert an das Jahr 1814, als Norwegen sein Grundgesetz erhielt und **die 400-jährige dänische Herrschaft zu Ende ging.** Schon lan-

Eine farbenfrohe Sache: Feiern zu Norwegens Nationalfeiertag

ge ist der 17. Mai vor allem ein Familienfest und die Kinder stehen im Mittelpunkt. Bei den Umzügen begeistern sie mit Trommelwirbeln und Marschmusik ihres Schulkorps und selbst die Königsfamilie lässt es sich nicht nehmen, vom Balkon des Osloer Schlosses stundenlang den Kindern zuzuwinken.

Am Nationalfeiertag erreicht auch das **russefeiring** seinen Höhepunkt: »Russ« nennen sich die norwegischen Schüler, wenn sie **die Oberstufe abgeschlossen** haben, wobei die Absolventen der Gymnasien rødruss und die der Handelsgymnasien blåruss sind. Erstere tragen rote, Letztere blaue Mützen und Kleidung. Es geht wild und laut zu und der Alkohol fließt in Strömen.

Ostern bei den Samen

Für dieses Fest lohnt sich die weite Anreise in den hohen Norden: das farbenprächtige Osterfest der Samen in der Finnmark. Nirgendwo sind so viele bunte Trachten zu sehen wie während der **Osterfeiern in Kautokeino.** Als die samischen Nomaden noch mit ihren Rentieren durch den Norden Skandinaviens zogen, war das Osterfest eine der wenigen Gelegenheiten, die über die ganze Finnmark verstreuten Verwandten und Freunde wiederzusehen. Spektakulär sind die **Rentierrennen,** bei denen die sonst trägen Tiere mit atemberaubender Geschwindigkeit um die Bahn galoppieren. Der **Sami Grand Prix,** das Treffen samischer Musiker in Kautokeino, ist der kulturelle Höhepunkt – wenn joiks bzw. Lieder auf Samisch vorgetragen werden, ist die Halle am Ort ausgebucht.

Ruhiger Mittsommer

Mittsommer heißt in Norwegen **St. Hans** und wird an einigen Orten mit großen Feuern gefeiert: Man sitzt zusammen, klönt mit Freunden, isst und trinkt. Doch im Vergleich zu Schweden geht es in Norwegen eher ruhig zu.

Weihnachten

Für alle Norweger ist Weihnachten das wichtigste Fest des Jahres, es wird fast ausschließlich **im Kreis der Familie** gefeiert. In der Vorweihnachtszeit sind die Straßen mit Girlanden und Lichtern geschmückt, auf vielen Plätzen stehen Weihnachtsbäume. Schon Wochen vor dem Fest wird das **juleøl, das Weihnachtsbier,** gebraut. Auch julekaker, ein süßes Weihnachtsbrot ähnlich unserem Christstollen, gehört dazu. Restaurants bieten opulente Weihnachtsbuffets an und stimmungsvolle Weihnachtsmärkte haben Tradition.

Schweden

Mittsommer

Es ist das schönste Fest des Jahres und viel wichtiger als der Nationalfeiertag am 6. Juni. Jeder, der einmal den nicht enden wollenden, dunklen Winter im Norden erlebt hat, kann die Freude über Mittsommer richtig nachvollziehen. In der kürzesten Nacht des Jahres beginnt die Freiluftsaison mit ihren **langen Tagen und hellen Nächten,** Wärme und Sonne. Gefeiert wird an dem Wochenende, das dem 24. Juni am nächsten liegt. Am Morgen des Mittsommertags (21. Juni) werden die Häuser mit Blumen und Zweigen geschmückt, auf dem Land stellen die Männer die **majstång**, einen reich geschmückten Baumstamm, auf. Die majstång hat mit unserem Maibaum nichts zu tun, ihren Namen hat sie nicht vom Monat Mai, sondern von majen (winden) und den Blumen und Zweigen, mit denen die majstång umwickelt wird.
Mittsommer feiern die Schweden am liebsten mit Freunden und Bekannten und dort, wo sie sich wohlfühlen: im Sommerhäuschen, auf dem eigenen Boot irgendwo in den Schären oder auf dem Campingplatz. Musik und Tanz, gutes Essen und Alkohol gehören dazu. Das traditionelle Mittsommeressen ist **matjessill:** marinierter Hering in süßer Soße, dazu gibt es Kartoffeln mit Dill.

Krebspremiere

In der **zweiten Augustwoche** trifft man sich zur Krebspremiere (kräftpremiären). Als es noch genügend Krebse gab, konnte man sie das ganze Jahr über genießen. Dann wurde der Krebsfang bis Mitte August verboten und die ersten Fangtage ausgiebig gefeiert: ein Fest mit Freunden, mit einem Papierhütchen auf dem Kopf, einer Serviette um den Hals und jeder Menge Krebse auf dem Tisch.

Luciafest

Am **13. Dezember** wird das Luciafest gefeiert. Jugendliche ziehen mit weißen Umhängen und Kerzen in den Händen durch die winterliche Dunkelheit, jeder Zug wird von einer Lucia mit einem Kerzenkranz auf dem Kopf angeführt. Alle Vereine und Schulen haben ihre eigene Lucia. Krankenhäuser und Altenheime werden von Lucia besucht, es gibt **lussebullar,** mit Safran gewürztes Hefegebäck, Pfefferkuchen und heißen **glögg,** den schwedischen Glühwein.

Weihnachten

Die Weihnachtszeit beginnt Ende November mit Weihnachtsmärkten, Konzerten und geschmückten Weihnachtsbäumen auf öffentlichen Plätzen. Berühmt sind die **Weihnachtsmärkte** im Stockholmer Freilichtmuseum Skansen und im Göteborger Vergnügungspark Liseberg. Um sich auf die Feiertage einzustimmen, wird im Dezember in Restaurants das **julbord** – die üppigste Variante des smörgåsbord (Buffet) – angeboten. Die Geschenke zum Weihnachtsfest bringt der **tomte**, der unserem Weihnachtsmann sehr ähnlich sieht.

Finnland

Flagge hissen

Finnen zeigen gerne Flagge. Deshalb haben sie auch gleich **zwei Dutzend Flaggentage** erfunden – Gedenktage, an denen Finnlands Hausmeister in Aktion treten und die blau-weiße Landesflagge hissen. Das kann der Tag der Dichtung, der Gleichberechtigung, der finnischen Musik, der finnlandschwedischen Kultur sein oder der Tag des Nationalepos Kalevala. Und auch am Tag der finnischen Flagge wird die finnische Flagge hochgezogen. An Feiertagen wird die Flagge ebenfalls gehisst – und nicht gearbeitet. Die drei wichtigsten Feiertage sind **Vappu, Juhannus und Joulua** – der 1. Mai, Mittsommer und Weihnachten.

1. Mai

Der 1. Mai ist in Finnland nur in zweiter Linie der Tag der Arbeiter. In erster Linie ist er das **Fest der Abiturienten und Studierenden** (vappu). Schon am Vorabend wird hemmungslos gesoffen und spätestens um 20 Uhr findet man in der gesamten Innenstadt von Helsinki – und vermutlich in ganz Finnland – keine nüchterne Seele mehr. Am frühen Abend wird der Brunnenfigur Havis Amanda am Helsinkier Hafen eine riesige Studentenmütze aufgesetzt – womit das Fest eröffnet ist. Jeder, der einmal eine Uni besucht hat, trägt eine ylioppilaslakki, die weiße Studentenmütze. Wer in Helsinki den Vorabend gut überstanden hat, kommt am nächsten Morgen zum Ursa-Observatorium in den Kaivopuisto-Park. Mit Sekt stößt man dort ganz zivilisiert auf das Vappu-Fest an und lässt sich auf dem Rasen zu einem **Frühlingspicknick** nieder.

Mittsommer

Auch beim Mittsommerfest **Juhannus** spielt Alkohol eine große Rolle. Aber man trinkt nicht in der Öffentlichkeit, sondern im Familien- und Freundeskreis – am liebsten in der Hütte am See. Neben Essen

OBEN: Bevor sich der Sommer im August so langsam verabschiedet, feiern die Schweden noch einmal mit Ihren Freunden und Familien das schwedische Krebsessen.

UNTEN: Vertreibt böse Geister: Mittsommerfeuer in Finnland

und Trinken steht das **Kokko-Feuer** im Mittelpunkt. Traditionell zündet der Hausherr es an und man umtanzt es die ganze Nacht. Ursprünglich sollten durch das Abbrennen des Johannisfeuers böse Geister vertrieben und die Fruchtbarkeit der Frauen beschworen werden. Früher wurde Juhannus am 21. Juni, dem längsten Tag des Jahres, gefeiert, heute ganz praktisch am Samstag zwischen dem 20. und 26. Juni – dann hat man am nächsten Tag genug Zeit, sich von seinem Kater zu erholen.

Weihnachten

Joulua, Weihnachten, zieht sich über fast sechs Wochen. Mitte November gibt es erste Vorweihnachtsfeste, die Pikkujoulu-Feierlichkeiten mit Betriebs- und Vereinskollegen. Joulua selbst gehört der Familie. Offizieller Start ist am 24. Dezember um 12 Uhr mittags: **Turkus Stadtkämmerer** verliest vom Balkon des Rathauses die **Botschaft vom Weihnachtsfrieden**, ein mittelalterlicher Brauch, der sich bis heute gehalten hat – ganz Finnland sitzt dann vor den TV-Bildschirmen. Um 16 Uhr trifft man sich auf dem Friedhof und zündet auf den Gräbern seiner Lieben Kerzen an. Danach beginnt daheim das Fest. Für viele Finnen ist es das wichtigste Fest des Jahres. Kein Wunder, denn aus Finnland, oder genauer gesagt vom Korvatunturi in Lappland, stammt schließlich der Weihnachtsmann, der **joulupukki.**

Stolze Ritter, Gaukler, Bettler: In Visby finden alljährlich in der 32. Kalenderwoche das größte Mittelalterfest des Nordens statt.

FESTKALENDER

FEIERTAGE

NORWEGEN
1. Januar (Neujahr), Palmsonntag, Gründonnerstag, Karfreitag, Ostersonntag, Ostermontag, 1. Mai (Tag der Arbeit), 17. Mai (Nationalfeiertag), Christi Himmelfahrt, Pfingstsonntag, Pfingstmontag, 25. und 26. Dezember (1. und 2. Weihnachtstag).

SCHWEDEN
Neujahr, 6. Januar (Heilige Drei Könige), Karfreitag, Ostersonntag, Ostermontag, 1. Mai (Tag der Arbeit), Christi Himmelfahrt, 24. Juni (Mittsommer), 1. November (Allerheiligen), Heiligabend, 1. und 2. Weihnachtsfeiertag und Silvester. Der schwedische Nationalfeiertag am 6. Juni wird formlos begangen, ist aber arbeitsfrei.

FINNLAND
Neujahr, Dreikönigstag, Karfreitag, Ostermontag, 1. Mai, Christi Himmelfahrt, Mittsommer (immer an einem Samstag, am Abend vorher sind bereits viele Geschäfte geschlossen), Allerheiligen, Unabhängigkeitstag am 6. Dezember, 1. und 2. Weihnachtsfeiertag.

ALLGEMEINES

INFORMATIONEN ZU FESTIVALS
Norwegen (N): norwayfestivals.com
Schweden (S): visitsweden.com
Finnland (F): festivals.fi

JANUAR

INTERNATIONALE FILMFESTIVALS (N) (S)
In Tromsø werden neue Filme aus der ganzen Welt gezeigt, mit jährlich wechselndem Schwerpunkt. Das größte Filmfest des Nordens findet in Göteborg statt.
tiff.no
www.giff.se

NORDLICHTFESTIVAL IN TROMSØ (N)
Nordlichtfestival in Tromsø: Die Musikpalette reicht von Klassik und Jazz bis zu Werken zeitgenössischer Komponisten.
www.nordlysfestivalen.no

FEBRUAR

WINTERMÄRKTE (N) (S)
Ein großer Wintermarkt findet in Røros in Mittelnorwegen statt und in Jokkmokk wird auf Schwedens ältestem Markt (seit 1605) samisches Handwerk verkauft und die samische Kultur präsentiert.
rorosmartnan.no
www.jokkmokksmarknad.se

MUSICA NOVA (F)
Alle zwei Jahre findet in Helsinki das Festival für moderne klassische Musik statt.
www.musicanova.fi

MÄRZ

SPORTVERANSTALTUNGEN (N)
Holmenkollen-Skifestival in Oslo mit Weltcup-Rennen im Skilanglauf, Nordischer Kombination und Skispringen
www.skiforeningen.no/holmenkollen
Internationales Langlaufrennen Birkebeiner zwischen Lillehammer und Rena
www.birkebeiner.no
Finnmarksløpet, Europas längstes Hundeschlittenrennen über rund 400 km durch die Finnmark
www.finnmarkslopet.no

WASALAUF (S)

Am bekanntesten Sportereignis des Winters nehmen jedes Jahr mehr als 30 000 Skilangläufer teil. Die Strecke von Sälen nach Mora ist 90 km lang.
www.vasaloppet.se

TAMPERE FILM FESTIVAL (F)

Internationales Filmfestival in Finnlands zweitgrößter Stadt.
www.tamperefilmfestival.fi

MÄRZ/APRIL

OSTERFESTIVAL DER SAMEN (N)

Ein Höhepunkt der Feiern in Kautokeino und Karasjok sind die Rentierschlittenrennen, an denen auch Touristen teilnehmen können. Beim Sami Grand Prix ist auch der joik, der traditionelle Gesang der Samen, zu hören.
www.samieasterfestival.com

APRIL

WALPURGISNACHT (S)

Am 30. April wird überall die Walpurgisnacht gefeiert, für Touristen am eindrucksvollsten im Stockholmer Freilichtmuseum Skansen.
www.skansen.se

APRILJAZZ (F)

Im Helsinkier Vorort Espoo kommen jedes Jahr die führenden finnischen Jazzmusiker und internationale Kollegen zusammen. Neben Jazz wird Blues und Ethnomusik geboten.
apriljazz.fi

MAI

NORWEGISCHER NATIONALFEIERTAG (N)

Er wird am 17. Mai mit festlichen Umzügen begangen, in Oslo sind sie am größten.

VAASA (F)

Das Vaasa Choir Festival ist eine Großveranstaltung internationaler klassischer und moderner Chormusik.
www.vaasachoirfestival.fi

JUNI

DEN STORE STYRKEPRØVEN (N)

Die »Große Kraftprobe« ist ein Jedermann-Radrennen über 540 km von Trondheim nach Oslo. Es gibt auch kürzere Strecken zwischen 63 und 279 km Länge.
www.styrkeproven.no

NORDNORWEGEN-FESTSPIELE (N)

In Harstad werden Musik, Theater, Tanz und Kunstausstellungen geboten.
www.festspillnn.no

MIDNIGHT SUN MARATHON (N)

In Tromsø kann man den Mitternachtssonnen-Marathon laufen.
www.msm.no

STOCKHOLM MARATHON (S)

15 000 Läufer aus aller Welt nehmen am Stockholm Marathon teil. Die Strecke führt durch die schönsten Teile der Stadt an einem Ostsee-Meerbusen entlang.
www.stockholmmarathon.se

MITTSOMMER (S)

Mittsommer wird im ganzen Land gefeiert, traditionell im Stockholmer Freilichtmuseum Skansen und rund um den Siljansee.

MUSIKFESTSPIELE VON NAANTALI (F)

Klassische Musik wird in Kirchen der Region und im Park gespielt.
www.naantalimusic.com

FILMFESTIVAL VON SODANKYLÄ (F)

Draußen scheint die Mitternachtssonne, drinnen werden die neuesten Filme gezeigt. Das Festival in dem lappländischen Dorf riefen die Starre-

gisseure Aki und Mika Kaurismäki ins Leben.
msfilmfestival.fi

PROVINSSIROCK SEINÄJOKI (F)
Finnlands größtes Rockfestival findet in lieblichen Parks auf der Insel Törnävänsaari statt.
www.provinssi.fi

JULI

JAZZFESTIVALS (N)
Für vier Tage wird Kongsberg zum Treffpunkt der Jazzfreunde.
In Molde treten beim größten Jazzfestival Norwegens auch viele internationale Künstler auf.
kongsbergjazz.no
www.moldejazz.no

RIDDU RIDDU FESTIVAL (N)
Treffen samischer und internationaler Künstler in Kåfjord/Troms
riddu.no/en

MUSIK AM SILJANSEE (S)
Breites Programm mit Konzerten von Klassik bis Folk und zahlreichen Musikworkshops
www.musikvidsiljan.se

MUSIKFESTIVALS (F)
Kaustinen: Das Mega-Festival bringt Folkmusiker aus aller Welt zusammen.
www.kaustinen.net
Ikaalinnen: Das Akkordeon ist eines der wichtigsten Instrumente in der finnischen Volksmusik. Beim Sata-Häme-Soi-Festival in Ikaalinen kommt es auch im Jazz, in der Rock- und Weltmusik und in der Klassik zum Einsatz.
satahamesoi.fi
Pori Jazz ist die größte Musikveranstaltung in Finnland. Jährlich kommen über 150 000 Zuschauer zu mehr als 100 Veranstaltungen. Internationale Topstars geben sich dabei das Mikrofon in die Hand.
porijazz.fi
Savonlinna OpernFestival: Den ganzen Juli über treten Weltstars in der Burg von Olavinlinna auf.
operafestival.fi

SEINÄJOKI TANGOFESTVAL (F)
Großereignis des finnischen Tangos: Hunderttausend kommen in die Kleinstadt in Westfinnland, um zu tanzen und den Tangokönig und seine Königin zu küren.
www.tangomarkkinat.fi

SOMMER IN JYVÄSKYLÄ (F)
Finnlands ältestes Stadtfestival mit Theater- und Musikveranstaltungen
jyvaskylankesa.fi

AUGUST

SCHALENTIERFESTIVAL IN MANDAL (N)
An langen Tischen mitten in der Stadt werden Köstlichkeiten des Meeres serviert.
www.skalldyrfestivalen.no

HOLZBOOTFESTIVAL RISØR (N)
Alte und neue, große und kleine Holzboote geben sich im Hafen der südnorwegischen Stadt ein sehenswertes Stelldichein.
trebatfestivalen.no

MATFESTIVALEN (N)
Großes, kulinarisches Festival für norwegisches Essen und Trinken in Ålesund, mit Kochwettstreit, Fachseminaren, Konzerten und viel zu verkosten.
www.matfestivalen.no

STOCKHOLM PRIDE (S)
Das schwedische Gegenstück zum Christopher Street Day
www.stockholmpride.org

MITTELALTERWOCHE IN VISBY (S)
Eine Woche lang zeigt sich Gotlands Hauptstadt mittelalterlich: Es gibt Rit-

terturniere, Gauklervorführungen und Theaterstücke.
www.medeltidsveckan.se

HELSINKI FESTIVAL (F)
Die Straßen und Plätze der Hauptstadt werden zur Bühne für Musik von Barock bis Rock. Die Ambition der Veranstalter ist es, Kultur zu den Menschen zu bringen. Unter dem Motto »Kunst kommt in die Kneipe« gibt's auch in den unterschiedlichsten Lokalen Aufführungen. Höhepunkt des Festivals ist die lange Nacht der Kunst, es wird rund um die Uhr gefeiert.
www.helsinginjuhlaviikot.fi

SEPTEMBER

OSLO-MARATHON (N)
So weit die Füße tragen durch die norwegische Hauptstadt
oslomaraton.no

APFELMARKT IN KIVIK (S)
Zur Apfelernte in Schonen feiert man einen Apfelmarkt. Besonders spektakulär ist das riesige »Wandbild« aus Tausenden von Äpfeln.
www.appelmarknaden.se

OKTOBER

HELSINKI HERINGSMARKT (F)
Jedes Jahr Anfang Oktober findet der Heringsmarkt auf dem Marktplatz von Helsinki statt. Eine Woche lang bieten Berufsfischer Salzhering, Kräuterfische und unterschiedlich eingelegte Heringe an. Dazu gibt es natürlich das für den Schärengarten typische dunkle Brot. Der Heringsmarkt ist die älteste regelmäßig stattfindende Veranstaltung in Helsinki. Es gibt ihn seit 1743 und seit 1820 findet er an der gleichen Stelle im Südhafen statt.
www.myhelsinki.fi

NOVEMBER

TAMPERE (F)
Heiße Klänge im kühlen nordischen Herbst – Tampere Jazz Happening
www.tamperemusicfestivals.fi/jazz

DEZEMBER

WEIHNACHTSMÄRKTE
Die beiden größten in Schweden werden im Vergnügungspark Liseberg (Göteborg) und im Museum Skansen (Stockholm) veranstaltet. In Finnland sind besonders schön: der Frauen-Weihnachtsmarkt (auch für Männer) im Vanha Satama Helsinki und der Weihnachtsmarkt von Turku.

SHOPPEN

Liebhaber von modernem Design werden in allen drei skandinavischen Ländern fündig. Aus Schweden reist manches Holzpferd mit und finnische Teerseife macht beim nächsten Saunabesuch daheim estimmt Eindruck.

Design Modernes skandinavisches Design ist zwar klassisch und zeitlos, derzeit aber gerade wieder besonders gefragt. Es zeichnet sich durch

einfache und klare Linienführung aus. Dies gilt nicht nur für die aus hellem Holz gefertigten Möbel, sondern auch für diverse Gebrauchsgegenstände und kunsthandwerkliche Erzeugnisse.

Schönes und Leckeres

Viele Souvenirs bekommt man in ähnlicher Form in allen skandinavischen Ländern: samisches Kunsthandwerk etwa oder Rentierfelle und -geweihe bzw. Schnitzereien aus Geweihen. Die von norwegischen Gerbern und Kürschnern gefertigten Waren gehören anerkanntermaßen zu den weltweit besten Erzeugnissen ihrer Art. Auch Kulinarisches wie Ren- und Elchschinken, Lachs oder Moltebeeren-Marmelade sind beliebte Mitbringsel aus Skandinavien.

Öffnungszeiten

Es gibt **keine festen Ladenöffnungszeiten** in Skandinavien. In Städten sind die meisten größeren Geschäfte Mo. – Fr. 9 – 20/21 Uhr geöffnet, samstags 9 – 18 Uhr. Kleinere Läden auf dem Land schließen früher, wochentags oft um 18, samstags um 14 Uhr. Viele Lebensmittelgeschäfte und Supermärkte sind auch sonntags geöffnet.

Norwegen

Hochpreisig

Wer sich von den hohen Preisen nicht abschrecken lässt, findet in Norwegen viel Schönes, zum Beispiel Silberschmuck aus der Telemark. In Sachen Schmuck ist allerdings Goldschmuck im altnordischen Stil bzw. originalgetreu nachgebildeter **Gold- und Silberschmuck der Wikinger** als Mitbringsel kaum zu überbieten.

Typische Souvenirs

Die beliebten **Norwegerpullover** kommen aus dem Setesdal, das für seine Strickwaren bekannt ist – begehrt sind auch Strickmützen, Socken und Strümpfe aus reiner Schafwolle. Eine gute Auswahl an Strickwaren und traditionellem Kunsthandwerk haben in vielen Städten die **Husfliden-Läden**.
In der Telemark und in Hallingdal ist die norwegische **Bauernmalerei** zu Hause. Hier werden seit Jahrhunderten Möbel und andere Gegenstände aus Holz mit Rosenmotiven verziert.
Norwegische **Trolle** gibt es als billigen Kunststoffkitsch, sie werden aber auch als ansprechende Holzschnitzarbeiten angeboten.
Wein und Spirituosen kauft man im Vinmonopolet (Mo. – Mi. 10 – 16, Do. 10 – 17, Fr. 9 – 16, Sa. 9 – 13 Uhr). Der echte Linie Aquavit ist zwar typisch norwegisch, doch zu Hause bekommt man alles Hochprozentige deutlich günstiger. Von dem braunen, süßen **geitost** kann man aber getrost einen Vorrat mit nach Hause nehmen.

Tax-free-Shopping

Das hohe Preisniveau wird durch das Tax-free-Shopping-System ein gutes Stück erträglicher. In mehr als 3000 Geschäften mit dem Tax-free-Shopping-Logo können sich ausländische Touristen bei der Aus-

Gläser in allen erdenklichen Farben und Formen gibt es im Iittala Shop in Helsinki.

reise die **Mehrwertsteuer zurückerstatten** lassen. Da nicht alle Geschäfte das Logo zeigen, lohnt es sich zu fragen. Die Verkaufssteuer liegt in Norwegen für normale Güter bei 25 Prozent und ist im Verkaufspreis enthalten, davon entfallen 20 Prozent auf die Mehrwertsteuer, dieser Betrag wird beim Tax-free-Shopping zurückerstattet. Die Mehrwertsteuer für Lebensmittel beträgt 15 Prozent. Der von der Regierung festgesetzte Mindestverkaufspreis, der zu einer Erstattung berechtigt, liegt bei 315 NOK bzw. bei 290 NOK für Lebensmittel.

Nach dem Einkauf bekommt man einen Tax-free-Schein ausgestellt, die Ware wird verpackt und versiegelt und darf erst außerhalb Skandinaviens wieder ausgepackt werden. Die Steuer wird dem Käufer erst **bei der Ausreise** zurückerstattet. Bei der Ausreise aus Norwegen legt man bei Norway Tax-free Shopping (nicht beim Zoll!) die gekauften und versiegelten Waren samt Reisepass und den Tax-free-Shopping-Schecks vor, dann wird die gezahlte Mehrwertsteuer abzüglich einer Gebühr zurückerstattet.
www.globalblue.com

Schweden

Günstiger als sein Ruf

Bis heute ist Schweden seinen Ruf als Hochpreisland nicht losgeworden. Manches ist tatsächlich vergleichsweise teuer – wie Alkohol und

Restaurantbesuche –, anderes kauft man in Schweden aber sogar günstiger ein, etwa (Marken-)Kleidung. Lederbekleidung und vor allem **Outdoor-Ausrüstung**.

Design

Glaswaren aus den **småländischen Glashütten** von Kosta Boda und Orrefors gehören zu den beliebtesten Souvenirs. Auch schwedische Designerkleidung von Acne, Filippa K, KRISS, Cheap Monday oder Weekday hat internationalen Ruf.

Souvenirs

Ein traditionelles Mitbringsel ist das rot oder blau bemalte Schwedenpferd, der **dalahäst**. Dalapferde sind schwedische Nationalsymbole. Sie werden auch heute noch in Handarbeit hergestellt, in der kleinen Gemeinde Nusnäs am Siljansee. Dalapferdschnitzer sind in der Region angesehene Leute, und in manchen Familien wird der Beruf von Generation zu Generation weitervererbt. Anders als sonst übernehmen aber nicht die Jungen das Geschäft, sondern die Alten. Erst wer aus dem Berufsleben ausgescheidet, wird Pferdeschnitzer.
Auch **schwedischer Senf**, aromatisch und leicht süßlich, wird gern aus Schweden mit nach Haus genommen.

Finnland

Design made in Finland

Finnisches Design ist mindestens so beliebt wie das schwedische. Spätestens als **Jackie Kennedy** in den 1960er-Jahren ihre Vorliebe für Marimekko-Kleider entdeckte, wurde das finnische Modelabel weltbekannt. Mit ihrem Faible für knallige Farben und puristische Eleganz »Made in Finland« entwickelte sie sich damals innerhalb kürzester Zeit zur Stilikone. Und auch **Alvar Aalto** muss erwähnt werden, der in den 1930er-Jahren mit seinen funktionalistischen Möbeln und Glaskreationen international Aufsehen erregte. Geschirr von Arabia, Haushaltswaren von Hackmann, Möbel von Artek, Glas von Iittala – das sind heute die bekanntesten Produkte und Marken. Aber auch viele kleine Labels produzieren schöne Dinge – nicht umsonst erhielt **Helsinki** 2013 den Titel der **Welthauptstadt des Designs** und das Stadtviertel Punavuori wurde schon 2005 zum Designviertel.

Für die Sauna

Viele Urlauber nehmen Accessoires für die Sauna mit nach Hause: **hölzerne Saunakübel und -löffel,** Saunauhren, einen speziellen Aufguss oder ein Badetuch mit Aufschrift. Doch wer so etwas kauft, muss wissen, dass die Finnen all das nicht verwenden. Ihnen reicht ein Plastikeimer zum Wasserholen, und von einer Saunauhr würde sich niemand vorschreiben lassen, wie lange er in der Sauna bleiben darf. Lediglich **Teerseifen und -shampoos** sind wirklich authentisch. Die bekommt man aber billiger in einem normalen Supermarkt – in den Souvenirshop muss man deswegen nicht.

ÜBERNACHTEN

Eine einsame Hütte im Wald und möglichst den See gleich vor der Haustür – das wünschen sich viele Skandinavienurlauber. Das Ferienhaus ist die wohl typischste Unterkunft in den nordischen Ländern, aber sicher nicht das Ende der Fahnenstange. Zwischen Luxusurlaub im Wellnesshotel und Ferien im Zelt ist vieles möglich. Hochsaison ist im Juli, wenn die meisten Skandinavier Sommerurlaub machen. Da viele im Land bleiben, kann es mit Unterkünften eng werden.

Hütten und Ferienhäuser

Für viele Norweger, Schweden und Finnen gehört das Ferienhaus am Fjord oder am Seeufer, im Gebirge oder im Wald zum guten Lebensgefühl. Wenn auch viele mittlerweile gerne in die Wärme fliegen, verzichten sie nur ungern auf ein paar Urlaubstage in der Einsamkeit. Auch viele Skandinavienreisende mieten sich ein Ferienhaus, was in der Regel deutlich billiger ist als Urlaub im Hotel. Ferienhäuser gibt es **in allen Ausstattungsvarianten** – von der schlichten Holzhütte mit Außentoilette und Wasser aus dem Brunnen oder See bis zum Luxushaus mit TV, Whirlpool und Sauna. Manche liegen einsam in den Bergen oder auf einer kleinen Schäreninsel, sind nur mit dem Ruderboot zu erreichen und garantieren ungestörte Erholung. Wer mehr Gesellschaft sucht, kann sich in einem kleinen Feriendorf einmieten. Die finnischen Ferienhäuser (mökki) haben immer eine Sauna dabei. Es gibt unzählige **Ferienhausagenturen**, die viel Auswahl bieten.

Ferien auf dem Bauernhof

Ländlich, meist mit Familienanschluss und ideal **für Aktive und Familien mit Kindern** ist Urlaub auf dem Bauernhof. Auf vielen Höfen werden Tiere gehalten, und man hat Gelegenheit zum Reiten, auf einigen werden Aktivitäten wie Angeln, Reiten, Radfahren oder Mitarbeit auf dem Hof angeboten. Die Gäste wohnen im Hauptgebäude oder in Ferienhäusern. Der Standard variiert von einfach bis luxuriös. Es gibt Zimmer mit Frühstück und Unterkünfte für Selbstversorger, man kann aber auch Frühstück, Halb- oder Vollpension buchen. In Norwegen sind die **mittelalterlichen Höfe** in der Region Gudbrandsdal besonders stimmungsvoll.

Hotels und Gasthöfe

In den skandinavischen Ländern gehören fast alle Hotels einigen wenigen großen Ketten. Sie sind bekannt für ausgezeichneten Standard und hohe Preise. Auch weit oben im Norden gibt es sehr gute Hotels und behaglich eingerichtete Gasthöfe. In Norwegen findet man unter der Bezeichnung **turisthotell** oder **høyfjellshotell** komfortable Unterkünfte im Gebirge, abseits von Siedlungen. In der schwedischen Hotellandschaft sind in den letzten Jahren zahlreiche Design- und Erlebnishotels entstanden, auch Wellness- und Spa-Abteilungen liegen

OBEN: Eine der schönsten Arten, in Skandinavien auszuspannen, ist der Urlaub im Ferienhaus.

UNTEN: Kaltes Vergnügen: Eingangshalle des Eishotels bei Kiruna

im Trend. Ein schwedischer **herrgård** ist ein alter Herrensitz bzw. Gutshof, meist am See und von einem schönen Park umgeben. Viele Ferienhotels werden nicht das ganze Jahr über, sondern nur während der Sommer- und/oder der Wintersaison betrieben. Mitunter gibt es einfach ausgestattete Sommerhotels, in denen man preiswert übernachtet.
In allen drei Ländern bieten größere Hotels je nach Saison Ermäßigungen und günstige Wochenendpauschalen an. Im Sommer, wenn Geschäftsreisende ausbleiben, senken einige ihre Preise. Um Sonderangebote von Hotelketten nutzen zu können, muss man häufig vorab einen Hotelpass oder Hotelscheck erwerben. Fast alle großen Hotels sind behindertengerecht ausgestattet und viele Häuser haben preiswerte **Familienzimmer** mit drei bis fünf Betten.

Pensionen

Kleinere Hotels, Pensionen und Gasthäuser heißen in **Norwegen** pensjon, gjestgård, gård, fjellstue, gjestgiveri oder turistheim. In **Schweden** ist ein värdshus eine Pension, sie wird meist von einer Familie betrieben. Die oft recht einfachen Gasthöfe in abgelegenen Landesteilen in **Finnland** heißen matkustajakoti. Ein majatalo ist ein schlichtes Landgasthaus. Zimmer in Pensionen vermitteln überall auch die regionalen Touristenbüros.

Bed & Breakfast

In den großen Städten und in touristischen Regionen werden oft Zimmer mit Frühstück angeboten. In Norwegen weisen Schilder mit **rom** oder **overnatting** am Straßenrand auf solche Privatunterkünfte hin, in Schweden Schilder mit der Aufschrift **rum ledigt**. Touristenbüros vermitteln ebenfalls Privatzimmer.

Geheimtipp Jugendherberge

Skandinavische Jugendherbergen sind eine echte Alternative für alle Reisenden, die eine günstige Unterkunft suchen; es gibt keine Altersbeschränkung. Geboten wird günstiges Übernachten in teilweise recht komfortablen Häusern. Einige Jugendherbergen sind richtige Schmuckstücke in hübschen alten Holzhäusern oder in Segelschiffen, zudem liegen viele sehr schön. Der Standard reicht von einfach bis luxuriös, man übernachtet in Einzel- bis Vierbettzimmern oder speziellen Familienzimmern. Die Übernachtungspreise sind nicht hoch, steigen aber mit dem Komfort. In Finnland zahlt man beispielsweise etwa 10 € für eine Nacht im Mehrbettzimmer in einer Jugendherberge auf dem Land und rund 100 € in einem Einzelzimmer in einer Stadtjugendherberge. Bei Vorlage eines Jugendherbergsausweises gibt es Ermäßigungen. Im Winter sind viele Jugendherbergen geschlossen. In Norwegen heißen Jugendherbergen **vandrerhjem**, in Schweden **vandrarhem**, in Finnland **retkeilymajas**.

Campen

Campen ist in Skandinavien sehr beliebt und es gibt in allen Ländern Hunderte von Campingplätzen. Viele Plätze liegen schön am Wasser.

Die Ausstattung kann sehr einfach sein mit schlichten sanitären Einrichtungen und Kochgelegenheiten, manche Campingplätze haben aber einen umfangreichen Service, Einkaufszentren, Vergnügungsparks und Diskotheken. Oft werden einfache, manchmal auch sehr komfortable **Campinghütten** mit vier bis sechs Schlafplätzen vermietet, oft auch nur tageweise. Die meisten Campingplätze sind von Mai bis August/September, immer mehr inzwischen aber auch ganzjährig geöffnet.
Mit dem digitalen »Camping Key Europe« erhält man auf den meisten Campingplätzen **Ermäßigungen** und ist während seines Aufenthalts unfallversichert. Einige Fährlinien geben Ermäßigungen für die Überfahrt.
Dank des Jedermannsrechts ist es in Skandinavien erlaubt, **wild zu campen**. Dieses Recht sollte man jedoch nicht überstrapazieren, und vor allem **Wohnmobilbesitzern** wird geraten, auf Campingplätzen zu übernachten. Rücksichtsloses Verhalten hat schon zu heftigen Konflikten zwischen Grundbesitzern und Campern geführt. In den Nationalparks darf man meist nur zelten.

Jedermannsrecht

In Skandinavien hat grundsätzlich jeder das Recht, Strände, Uferabschnitte, Wälder und Wiesen zu nutzen, auch wenn sie Privateigentum sind. Auch das Pflücken von Beeren, Pilzen und Blumen ist erlaubt. Das nirgendwo niedergeschriebene Jedermannsrecht, dessen Grenzen fließend sind, wird allseits akzeptiert. Allerdings ist es kein Freibrief beispielsweise für ungehemmtes wildes Campen. Wer nicht anecken will, sollte es vermeiden, auf privatem Grund ohne Genehmigung zu zelten, Feuer zu entfachen oder auch nur Lärm zu machen. Wohnwagen, Wohnmobile und Zelte dürfen nicht näher als 150 m zum nächsten Haus aufgestellt werden. Beim Verlassen des Platzes darf keinerlei Unrat hinterlassen werden, alles muss so verlassen werden, wie es vorgefunden wurde. Skandinavien hat eine äußerst fragile Natur, Schäden in der Vegetationsdecke schließen sich erst nach Jahren. Auf Felsklippen am Meer ist Feuer verboten, ebenso in den Sommermonaten und bei Trockenheit.

NÜTZLICHE ADRESSEN

NORWEGEN

FERIENHÄUSER
Große Auswahl an Ferienhäusern
www.dancenter.com
www.novasol.de

URLAUB AUF DEM BAUERNHOF
Das offizielle norwegische Reiseportal listet viele Bauernhöfe auf, die familienfreundlichen Urlaub mit der Möglichkeit zur Mitarbeit anbieten.
www.visitnorway.de/hotels-mehr-in-norwegen/bauernhofe

HOTELS

Eine große Auswahl, auch an besonderen Hotels, bietet das norwegische Reiseportal. Mit dem Fjordpass erhält man Ermäßigungen (vor der Anreise zu erwerben).

www.visitnorway.de/hotels-mehr-in-norwegen/hotels
www.fjordtours.com/fjordpass

BED & BREAKFAST

Das Portal mit einem großen B&B-Angebot ist nach Provinzen geordnet.

bbnorway.com

JUGENDHERBERGEN

Alle norwegischen Jugendherbergen (vandrerhjem) gehören zu Hostelling International oder VIP Backpackers Resorts International.

www.hihostels.no
www.vipbackpackers.com

CAMPING

Ausführliche Verzeichnisse mit Klassifizierung der Campingplätze und Einrichtungen und die Seite des digitalen Camping Key Europe (erhält man digital aufs Mobiltelefon).

www.camping.no
www.nafcamp.com
www.campingkeyeurope.com

SCHWEDEN

FERIENHÄUSER

Anbieter für Ferienhäuser aller Größen und Preisklassen

www.dancenter.com
www.novasol.de
www.scr.se
www.stugguiden.se

URLAUB AUF DEM BAUERNHOF

Eine gute Auswahl an Bauernhöfen in allen Regionen

www.farmstaysweden.com

Urlaub in der Berghütte ist meist deutlich günstiger als im Hotel – und wildromantisch.

HOTELS

Suchen und Buchen von schwedischen Hotels
www.visitsweden.com/booking
www.hotelstars.eu/sv/sverige

BED & BREAKFAST

Eine große Auswahl an B&B
https://de.bedandbreakfast.com/sweden.html

JUGENDHERBERGEN

Beim Tourismusverband Svenska Turistföreningen (STF) findet man rund 350 Jugendherbergen (vandrarhem) in ganz Schweden. Hilfreich ist auch die Webseite von Hostelling International.
www.svenskaturistforeningen.se
www.hihostels.com

CAMPING

Verzeichnisse für Camper und die Website des Camping Key Europe (erhält man digital aufs Mobiltelefon)
www.camping.se
www.camping.ino/schweden
www.campingkeyeurope.com

FINNLAND

FERIENHÄUSER

Große Auswahl an Ferienhäusern
www.fintouring.de
www.novasol.de/ferienhaeuser/finnland.html
www.lomarengas.fi
www.tourfinland.de/fewos.html

URLAUB AUF DEM BAUERNHOF

Die finnische Gesellschaft für ökologisch-landwirtschaftlichen Tourismus (ECEAT) vermittelt Urlaub auf ausgewählten Bauernhöfen.
www.luomu-liitto.fi/luomumatkailu/de

HOTELS

Bunte Auswahl an teils originellen Unterkünften
www.visitfinland.com

BED & BREAKFAST

Das größte Angebot an B&B
de.bedandbreakfast.com/finland.html

JUGENDHERBERGEN

Jugendherbergen (retkeilymajas) in Finnland
www.hostellit.fi
www.hihostels.com

CAMPING

Für Campingplätze in Finnland und die Website des Camping Key Europe (erhält man digital aufs Mobiltelefon)
www.camping.info/finnland
www.visitfinland.com
www.campingkeyeurope.com

P
PRAKTISCHE INFOS

Wichtig, hilfreich präzise

Unsere Praktischen Infos helfen in allen Situationen in Skandinavien weiter.

Mit Schnee und Eis muss man im hohen Norden ganzjährig rechnen. ▶

KURZ & BÜNDIG

ELEKTRIZITÄT
Die Stromnetze in Norwegen, Schweden und Finnland führen in der Regel 220 Volt Wechselspannung, Adapter sind nicht nötig.

NOTRUFE

IN NORWEGEN
Polizei: Tel. 112
Notarzt: Tel. 113
Feuerwehr: Tel. 110
Pannenhilfe: Tel. 81 00 05 05

IN SCHWEDEN
Polizei, Feuerwehr, Rettung: Tel. 112
Pannenhilfe: Tel. 020 91 29 12

IN FINNLAND
Notruf, Polizei, Unfallrettung: Tel. 112
Pannenhilfe: Tel. 09 77 47 64 00 und Tel. 0200 80 80

DEUTSCHLAND
ADAC-Notrufzentrale München
Tel. 0049 89 22 22 22
ACE-Notruf
Tel. 0049 711 5 30 34 35 36
DRK-Flugdienst
Tel. 0049 211 91 74 99 39

ÖSTERREICH
ÖAMTC-Notrufzentrale
Tel. 0043 1 2 51 20 00

SCHWEIZ
TCS Notruf
Tel. 0041 140 (Pannenhilfe)
Tel. 0041 144 (Rettungsdienst)

WAS KOSTET WIE VIEL
► S. 692

WECHSELKURSE

NORWEGEN
1 EUR = 9,95 NOK
1 NOK = 0,10 EUR
1 NOK = 0,10 CHF
1 CHF = 9,14 NOK

SCHWEDEN
1 EUR = 10,78 SEK
1 SEK = 0,09 EUR
1 SEK = 0,10 CHF
1 CHF = 9,90 SEK

FINNLAND
In Finnland gilt der Euro.
1 EUR = 1,09 CHF
1 CHF = 0,92 EUR
Aktuelle Infors: www.oanda.com

KREDITKARTE SPERREN
Notrufnummer zum Sperren von Bank- und Kreditkarten, der elektronischen Identitätsfunktion des Personalausweises, Handys etc.:
Tel. 116 116 (von Skandinavien aus mit Vorwahl 0049)

ZEIT

NORWEGEN UND SCHWEDEN
Mitteleuropäische Zeit (MEZ), von Ende März bis Ende Oktober Mitteleuropäische Sommerzeit (MEZ + eine Stunde).

FINNLAND
Osteuropäische Zeit (OEZ = MEZ + 1 Stunde), von April bis Oktober Sommerzeit, d. h., man muss in Finnland grundsätzlich die Uhr um eine Stunde vorstellen.

ANREISE · REISEPLANUNG

Anreise mit dem Flugzeug

Auch per Billigflieger

Von allen größeren Flughäfen in Deutschland, der Schweiz und Österreich sind die skandinavischen Länder **gut erreichbar,** entweder per Direktflug oder mit Umsteigeverbindungen. Direkt werden von Deutschland aus beispielsweise Oslo, Bergen und Stavanger, Stockholm und Göteborg sowie Helsinki angeflogen. Die Billigfluglinien steuern gelegentlich auch kleinere Flughäfen direkt an. Früh buchen lohnt sich in jedem Fall, aber auch ein zeitnaher Internet-Blick auf Destinationen und Angebote, die sich vor allem bei den Billigfliegern häufig ändern, ist sinnvoll. Auskunft geben die Fluggesellschaften (▶ Infokasten) und diverse Flugportale (▶ Verkehr, Inlandsflüge).

Mit Bahn und Bus

Vogelfluglinie

Züge fahren ab Hamburg via Vogelfluglinie (Puttgarden–Rødby) bis Kopenhagen und von dort weiter nach Stockholm oder über Südschweden nach Oslo. Über **aktuelle Fahrpläne** und günstige Angebote informieren die Deutsche Bahn, die Österreichischen Bundesbahnen (ÖBB) und die Schweizerischen Bundesbahnen (SBB). Für Eisenbahnfahrten durch die skandinavischen Länder empfiehlt sich die InterRail-Karte.

Fernbusse nach Skandinavien sind die preisgünstigste Alternative, buchbar über die Deutsche Touring oder Flixbus.

Anreise mit dem Auto

Norwegen und Schweden

Über die Öresund-Brücke zwischen Kopenhagen (Dänemark) und Malmö (Schweden) kommt man **ohne Schiff** nach Schweden und Norwegen. Das hat allerdings seinen Preis, denn die Brückenmaut kostet ca. 50 € (Pkw) bzw. 100–200 € (Wohnmobil, je nach Länge) für die einfache Fahrt (Tarife: www.oresundsbron.com). Außerdem muss man nach Kopenhagen auch die mautpflichtige Brücke über den Großen Belt zwischen den dänischen Orten Nyborg und Korsør benutzen (einfache Fahrt: Pkw ca. 35 €, Wohnmobil je nach Länge 35–150 €; www.storebaelt.dk). Für Südschweden ist diese Anfahrt geeignet. Eine Alternative ist die Überfahrt mit der Autofähre.

Finnland Eine finanziell günstige Möglichkeit ist die **Anreise über Dänemark und Schweden:** Mit den Fähren der Vogelfluglinie oder über die Öresundbrücke gelangt man nach Schweden, von Stockholm verkehren Fähren nach Helsinki und Turku. Wer viel Zeit hat oder vor allem Lappland besuchen möchte, kann statt der Finnland-Fähre auch den rund 1000 km langen Landweg (E4) von Stockholm entlang des Bottnischen Meerbusens zur finnischen Grenze wählen.

Anreise mit der Fähre

Viele Möglichkeiten Es gibt zahlreiche Möglichkeiten, mit der (Auto-)Fähre nach Skandinavien zu gelangen. Da sich die Routen immer wieder einmal ändern, neue Verbindungen in Betrieb genommen oder alte eingestellt werden und auch neue, schnellere Schiffe eingesetzt werden, empfiehlt es sich, jeweils die aktuellen Fahrpläne und Angebote bei den verschiedenen Fährgesellschaften zu checken. Dabei sind Frühbucher immer im Vorteil, denn alle Gesellschaften bieten **Frühbucherrabatte** an.

Norwegen Eine gut etablierte und viel genutzte Verbindung ist die Anreise **über Kiel nach Oslo,** denn die Fähre sticht täglich um 14 Uhr in See und ist am nächsten Morgen um 10 Uhr in Oslo. Reisende nach Westnorwegen sind mit der Fähre von Hirtshals an der Nordspitze Dänemarks gut bedient, denn die Fahrzeit z. B. nach Kristiansand ist kurz. Wer in Bergen an Land gehen möchte, schifft sich im dänischen Hanstholm ein. Auf den in der Hauptsaison stark frequentierten Strecken über Dänemark sollte man unbedingt rechtzeitig im Voraus buchen.

Schweden Eine bequeme Alternative zur Öresund-Brücke ist die Anfahrt mit der Fähre von Rostock, Sassnitz oder Travemünde nach Trelleborg oder via Dänemark. Wer in Schweden mit der **Fähre nach Gotland** möchte, sollte unbedingt frühzeitig buchen.

Finnland Die zurzeit einzige direkte Fährverbindung von Deutschland nach Finnland besteht **zwischen Travemünde und Helsinki.** Eine Alternative ist die Anreise über Schweden und die Weiterfahrt mit der Fähre von Stockholm oder Kapellskär nach Helsinki oder Turku mit Stopp auf den Åland-Inseln.

Reisedokumente

Personalausweis reicht Die skandinavischen Länder sind dem Schengener Abkommen beigetreten, es gelten daher gewisse **Freizügigkeiten** bei der Einreise. Erforderlich sind auf jeden Fall der Personalausweis oder alternativ

INFORMATIONEN

FLUGLINIEN DIREKTFLÜGE

SAS
Tel. 01806 11 70 02
www.flysas.com

FINNAIR
Tel. 0696 6 40 50 33
www.finnair.com

NORWEGIAN
Tel. 0800 5 89 50 00
www.norwegian.no

LUFTHANSA
Tel. 069 86 79 97 99
www.lufthansa.com

EUROWINGS
Tel. 0180 6 32 03 20
www.eurowings.com

BAHN

DEUTSCHE BAHN
Tel. 0180 6 99 66 33
www.bahn.de

ÖSTERR. STAATSBAHNEN
Tel. 05 17 17
www.oebb.at

SCHWEIZER. BUNDESBAHNEN
Tel. 0848 44 66 88
www.sbb.ch

BUS

INTERRAIL
www.interrail.eu

DEUTSCHE TOURING
Tel. 069 971 94 48 33
www.eurolines.de

FLIXBUS
www.flixbus.de

FÄHRVERBINDUNGEN

DEUTSCHLAND – NORWEGEN
Kiel – Oslo
Color Line

DEUTSCHLAND – SCHWEDEN
Kiel – Göteborg
Stena Line
Rostock – Trelleborg
Stena Line, TT-Line
Sassnitz – Trelleborg
Scandlines
Travemünde – Malmö
Finnlines
Travemünde – Trelleborg
TT-Line

DEUTSCHLAND – FINNLAND
Travemünde – Helsinki
Finnlines

DÄNEMARK – NORWEGEN
Frederikshavn – Oslo
Stena Line
Hirtshals – Kristiansand
Color Line, Fjord Line
Hirtshals – LANGESUND
Fjord Line
Hirtshals – Larvik
Color Line
Hirtshals – Stavanger – Bergen
Fjord Line
Kopenhagen – Oslo
DFDS Seaways

DEUTSCHLAND – DÄNEMARK – SCHWEDEN
Puttgarden – Rødby (DK)
Scandlines
Rostock – Gedser (DK)
Scandlines
Frederikshavn (DK) – Göteborg (S)
Stena Line
Grenå (DK) – Varberg (S)
Stena Line
Helsingør (DK) – Helsingborg (S)
Scandlines

SCHWEDEN – FINNLAND
Kapellskär – Långnäs – Naantali
Finnlines
Stockholm – Mariehamn – Helsinki
Silja Line, Viking Line
Stockholm – Mariehamn – Turku
Silja Line, Viking Line

FÄHRGESELLSCHAFTEN

COLOR LINE
Tel. 0431 7 30 01 00
www.colorline.com

DESTINATION GOTLAND
Tel. 0046 7 71 22 33 00
www.destinationgotland.se

DFDS SEAWAYS
Tel. 040 3 89 03 71
www.dfdsseaways.de

FINNLINES
Tel. 0451 1 50 74 43
www.finnlines.com

FJORD LINE
Tel. 03821 7 09 72 10
www.fjordline.com

RG-LINE
Tel. 00358 2 07 71 68 10
www.rgline.com

SCANDLINES
Tel. 0381 77 88 77 66
www.scandlines.de

SILJA LINE/TALLINK
Tel. 040 5 47 54 12 22
www.tallinksilja.com

STENA LINE
Tel. 0180 6 02 01 00
www.stenaline.de

TT-LINE
Tel. 0180 6 66 66 00
www.ttline.com

VIKING LINE
Tel. 0451 38 46 30
www.vikingline.de

---

ein Reisepass; auch für Kinder muss man entsprechende Reisedokumente vorlegen können. Wenn man länger als drei Monate in einem der skandinavischen Länder bleiben will, benötigt man eine Aufenthaltserlaubnis.

Führerschein

In allen drei Ländern gilt der EU-Führerschein. Schweizer und andere **Nicht-EU-Bürger** benötigen einen internationalen Führerschein. Kfz- Scheine müssen mitgeführt werden. Sinnvoll ist die Mitnahme der **Grünen Internationalen Versicherungskarte**. Alle Kraftfahrzeuge müssen die EU-Plakette oder das ovale Nationalitätskennzeichen tragen.

Krankenversicherung

Die **Europäische Krankenversicherungskarte** (EHIC) gehört ins Reisegepäck, siehe auch ►Gesundheit.

Haustiere

Hunde und Katzen müssen gegen Tollwut geimpft sein, der blaue **EU-Impfpass** ist erforderlich (mehrere Monate als Vorlaufzeit für die Impfung einplanen). Auf jeden Fall sollte man sich frühzeitig über die jeweils aktuellen Bestimmungen bei den Touristeninformationen der einzelnen Länder erkundigen.

Zollbestimmungen

EU ja oder nein?

Schweden und Finnland gehören zur EU, Norwegen nicht. Daher ergeben sich jeweils unterschiedliche Zollbestimmungen. Alle Bestimmungen sind ernst zu nehmen; bei Verstößen drohen **empfindliche Strafen.**

Norwegen

Zollfrei eingeführt werden dürfen beispielsweise 1,5 l Wein, 1 l Spirituosen und 2 l Bier sowie 200 Zigaretten pro Person. Gegen Verzollung sind erheblich größere Mengen erlaubt. Das Mindestalter für die Einfuhr von Spirituosen beträgt 20, für die Einfuhr von Wein, Bier und Zigaretten 18 Jahre. Bei **Lebensmitteln** gibt es besondere Vorschriften. **Medikamente** dürfen nur für den persönlichen Gebrauch mitgenommen werden. Die präzisen Regelungen und unterschiedlichen Kombinationsmöglichkeiten der Waren stehen auf der Webseite der norwegischen Zollbehörde: www.toll.no/en/l/languages/de/norwegische-zollbestimmungen.

Schweden und Finnland

Für EU-Bürger gibt es bei Waren für den Eigengebrauch keine Einfuhrbeschränkungen. **Alkohol** darf aber nur von Personen ab 20 Jahren eingeführt werden. Für Reisende, die direkt aus Nicht-EU-Ländern einreisen, liegen die Freimengengrenzen bei der Einreise für Personen über 20 Jahre beispielsweise bei 1 l Spirituosen, 2 l Wein und 32 l Bier bzw. bei 200 Zigaretten (Mindestalter: 18 Jahre). Die genauen Bestimmungen finden Sie unter: http://visitsweden.de/reisedokumente-und-zoll bzw. http://tulli.fi/en/frontpage.

AUSKUNFT

TOURISTENINFORMATIONEN

TOURISTENINFORMATION NORWEGEN
Für Deutschland, Österreich und die Schweiz
Tel. 040 4 02 29 41 50
www.visitnorway.de

VISIT SWEDEN
Deutschland: Tel. 069 22 22 34 96
Österreich: Tel. 0192 8 67 02
Schweiz: Tel. 044 5 80 62 94
www.visitsweden.com

VISIT FINLAND
Tel. 0152 28 67 72 33
www.visitfinland.com/de

AUSKUNFT VOR ORT

LOKALE BÜROS
siehe Reiseziele von A–Z

ZENTRALE AUSKUNFT IN SKANDINAVIEN

INNOVATION NORWAY
Akersgata 13, 0104 Oslo

Tel. 22 00 25 00
www.visitnorway.com

VISIT SWEDEN – TOURISTENINFORMATION
Sveavägen 21
10361 Stockholm
Tel. 069 22 22 34 96 (in Deutschland)
www.visitsweden.com

FINNISCHE ZENTRALE FÜR TOURISMUS
Töölönkatu 11, 00100 Helsinki
Tel. 00358 1 06 05 80 00
www.visitfinland.com/de

DIPLOMATISCHE VERTRETUNGEN

IN NORWEGEN
Deutsche Botschaft
Oscarsgate 45
0258 Oslo, Tel. 23 27 54 00
www.oslo.diplo.de

Österreichische Botschaft
Thomas Heftyesgt. 19–21
0264 Oslo, Tel. 22 54 02 00
www.bmeia.gv.at/oeb-oslo

Schweizerische Botschaft
Oscars gate 29
0352 Oslo, Tel. 22 54 23 90
www.eda.admin.ch/oslo

IN SCHWEDEN
Deutsche Botschaft
Skarpögatan 9
11527 Stockholm
Tel. 08 6 70 15 00
www.stockholm.diplo.de

Österreichische Botschaft
Kommendörsgatan 35/V
11458 Stockholm
Tel. 08 6 65 17 70
www.bmeia.gv.at/oeb-stockholm

Schweizerische Botschaft
Valhallavägen 64
10041 Stockholm
Tel. 08 6 76 79 00
www.eda.admin.ch/stockholm

IN FINNLAND
Deutsche Botschaft
Krogiuksentie 4b, 00340 Helsinki
Tel. 09 45 85 80
www.helsinki.diplo.de

Österreichische Botschaft
Unioninkatu 22, 00130 Helsinki
Tel. 09 6 81 86 00
www.bmeia.gv.at/oeb-helsinki

Schweizerische Botschaft
Kalliolinnantie 16A
00140 Helsinki
Tel. 09 6 22 95 00
www.eda.admin.ch/helsinki

ETIKETTE

Anrede und andere Eigenheiten

In Skandinavien gibt es einige Besonderheiten, die für Norwegen, Schweden und Finnland gleichermaßen gelten: Bei der **Begrüßung** ist der Händedruck eher unüblich, ein kurzes »hei/hej« (Norwegen/Schweden) bzw. ein knappes »moi« (Finnland) genügt. In Norwegen und Schweden **duzt man sich** grundsätzlich (Ausnahme: Mitglieder der Königsfamilie). In Finnland gibt es das Sie, dennoch ist es üblich, sich über alle Rangunterschiede hinweg mit Du anzusprechen. Die **Gleichberechtigung** von Mann und Frau hat in Skandinavien

Tradition. Frauen in sämtlichen Funktionen in Politik und Geschäftswelt sind eine absolute Selbstverständlichkeit; das ist auch im alltäglichen Umgang miteinander zu merken.
In allen drei Ländern ist es üblich, vor Betreten des Hauses oder der Wohnung die Schuhe auszuziehen. Das gilt auch für Gäste!
In Skandinavien gibt es zwar das Jedermannsrecht (▶ S. 673), weit darüber steht aber das **Recht auf Privatsphäre.** Daher verbietet es sich, in (zumeist gardinenlose) Fenster, Höfe und Gärten zu schauen. Sollte man bei einer Wanderung auf ein Ferienhäuschen stoßen, hält man angemessenen Abstand, denn auf Privatgrund haben Fremde nichts zu suchen.

Norwegen

Zurückhaltung

Norweger mögen reserviert wirken, dies ist aber ihrer allgemein zurückhaltenden Art zuzuschreiben. Umgekehrt schätzen sie bei Besuchern taktvolles Benehmen und Zurückhaltung. Bei jeder Gelegenheit bedankt man sich. Die reichliche Benutzung des Wortes **»takk« – danke** ist auch Touristinnen und Touristen zu empfehlen.

Weltoffen und nationalbewusst

Die meisten Norwegerinnen und Norweger, vor allem die junge Stadtbevölkerung, sind sehr weltoffen. Keinen Widerspruch dazu sehen sie in einem ausgeprägten Nationalgefühl. Sie sind stolz auf sich und ihr kleines Land und zeigen dieses Nationalbewusstsein auch selbstverständlich. Die norwegische **Fahne** am Sommerhaus und ein Meer von Fahnen und festliche Tracht am Nationalfeiertag gehören dazu. Die Begeisterung für die eigenen Sportler bei internationalen Sportereignissen ist legendär; aber auch die faire Anfeuerung gegnerischer Mannschaften.

Norway by night?

Das norwegische Nachtleben ist nicht mit mittel- oder südeuropäischem vergleichbar. Dafür sorgt schon eine äußerst restriktive Gesetzgebung zum Konsum von Alkohol und Tabak. Die Schankrechte und **Sperrstunden** sind ebenfalls genau geregelt. Oslo allerdings ist eine internationale Metropole mit zahllosen Clubs, Kneipen, Discos und Bars. Aber auch in anderen großen Städten wie Bergen, Stavanger, Trondheim, Tromsø oder Bodø finden Nachtschwärmer reichlich geeignete Lokalitäten.

Trinkgeld

In Norwegen wird für normale Dienstleistungen kein Trinkgeld erwartet. Allerdings sind die Lebenshaltungskosten hoch, viele Gehälter im Dienstleistungssektor aber keineswegs. Bei Stadtguides z. B. stellt das Trinkgeld oft einen **wichtigen Teil des Verdiensts** dar. Im Restaurant ist es üblich, die Rechnungssumme aufzurunden. Auch Taxifahrer und Zimmermädchen freuen sich über ein Extra.

Schweden

Umgang Die Schweden sind freundliche Menschen, dies zeigt sich im täglichen Umgang besonders. So bedankt man sich z. B. für alles und ausgiebig mit einem **»tack« – Danke,** was auch Besucherinnen und Besucher beherzigen sollten. Trotz der manchmal fast mediterranen Lässigkeit: In Schweden legt man großen Wert auf **Pünktlichkeit,** was man bei privaten Einladungen und offiziellen Anlässen berücksichtigen sollte. Nach dem Essen und dem obligatorischen Kaffee ist ein »tack för maten« – Danke für das Essen üblich. Einen **Dresscode** gibt es im Privaten eher nicht, bei geschäftlichen oder offiziellen Anlässen hingegen schon. Zum Ausgehen werfen sich die Schweden gern in Schale. Man sollte sich erkundigen, ob der Club oder das Restaurant einen Dresscode hat.

Trinkgeld Trinkgeld wird in Restaurants nicht unbedingt erwartet. Aber auch hier passen sich die Sitten allmählich den **internationalen Standards** an, vor allem in den großen Städten. Taxifahrer und Zimmermädchen erwarten ebenfalls einen kleinen Aufschlag.

Finnland

Nationalstolz Das Nationalgefühl der Finnen ist stark ausgeprägt. Es ist sowohl auf ihre Geschichte als auch auf die spitzentechnologischen Leistungen des Landes zurückzuführen. Erwartet wird, dass man es respektiert. Besonders im Umgang mit Fremden geben sich Finnen zwar freundlich, aber **eher zurückhaltend.** Fast alle verstehen gut Englisch, sind jedoch nicht die unbefangensten Plauderer in der ungewohnten Sprache. Dagegen ist die **Mobilfunk-Affinität** stark ausgeprägt: Das Bild von einsam an der Kneipentheke telefonierenden Finnen ist mehr als ein treffendes Klischee. Handyklingeln beim Essen und bei Besuchen gilt kaum als unschicklich, absolut tabu ist und bleibt es natürlich in Kirchen und Konzerten.

Trinken Was den Alkoholkonsum angeht, bewegen sich die Finnen statistisch gesehen im **unteren europäischen Mittelfeld.** Klischeevorstellungen treffen eher nicht zu; gelegentliche Ausflüge nach Russland oder Tallinn, um sich preiswert zu betrinken, bleiben davon unberührt.

Sauna Eine **besondere Ehre** ist es, wenn man von finnischen Bekannten in ihr Sommerhaus und die Sauna eingeladen wird. Wer hier kneifen will, findet nur bei plausiblen gesundheitlichen Gründen ehrlich gemeintes Verständnis. Wenn Gäste dabei sind, gehen **Frauen und Männer gewöhnlich getrennt** in die Sauna. Auch öffentliche Mischsaunen gehören nicht zur finnischen Saunakultur.

GELD

Kreditkarten

Die gängigen Kreditkarten (Eurocard/Mastercard, American Express, Visa, Diners) werden in Skandinavien **fast überall** als Zahlungsmittel akzeptiert, nur in abgelegenen ländlichen Gebieten kann man mal Schwierigkeiten haben.

Norwegen

Barzahlungsmittel ist die **norwegische Krone** (NOK). Geldautomaten heißen in Norwegen »minibank«. Banken sind im Sommer in der Regel Mo. – Fr. 9 – 15 Uhr geöffnet, einige auch Do. 9 – 17 Uhr.

Schweden

In Schweden gilt die **schwedische Krone** (SEK). **Bargeldloses Zahlen** ist in Schweden so weit verbreitet, dass Bargeld mancherorts gar nicht mehr akzeptiert wird. Geldautomaten heißen »Bankomat«. Banken öffnen im Allgemeinen Mo. – Fr. 9.30 – 15, donnerstags bis 17 Uhr. In den Großstädten sind manche Filialen auch länger offen.

Finnland

Als einziges »Euroland« hat Finnland keine 1- und 2-Cent-Münzen im Umlauf. Geldautomaten sind durch ein orangefarbenes Schild mit der **Aufschrift »OTTO«** gekennzeichnet. Banken haben in der Regel Mo. – Fr. 9 – 16.30 Uhr geöffnet.

GESUNDHEIT

Krankenversicherung

In Norwegen, Schweden und Finnland wird die Europäische Krankenversicherungskarte bei Arztbesuchen akzeptiert. Eventuelle Eigenbeteiligungen entfallen dadurch aber nicht. Die Versicherungskarte ersetzt auch nicht eine **zusätzliche Auslandsreisekrankenversicherung.** Eine Zusatzversicherung abzuschließen ist unbedingt ratsam, z. B. um den Krankenrücktransport abzudecken sowie Kosten, die die deutschen Kassen nicht übernehmen: Der Arztbesuch ist in Skandinavien deutlich teurer, die Kassen richten sich bei der Erstattung aber nach deutschen Sätzen.

Norwegen

Eine ärztliche Erstbehandlung von Kranken und Unfallopfern erfolgt in Norwegen normalerweise **über die Aufnahmen der Krankenhäuser** (sykehus, sjukehus) bzw. Notfallpraxen (legevakt) und nur selten durch Privatärzte. In allen Städten und größeren Orten gibt es genügend Apotheken. Sie sind zu den normalen Geschäftszeiten geöffnet, dazu kommen Bereitschaftsapotheken in den Städten. In ländlichen Gegenden gibt es weniger Apotheken und oft auch keinen Bereitschaftsdienst. Medikamente sind in Norwegen nur in Apotheken gegen Vorlage von Rezepten norwegischer Ärzte erhältlich.

Schweden Bei einem akuten Notfall ist die Notaufnahme (akuttmottagning) der **Krankenhäuser** zuständig; vorher sollte jedoch die **Nummer 11 77** angerufen werden. Man kann sich aber auch in einem Gesundheitszentrum (vårdcentral) oder von einem Arzt behandeln lassen. Wie jeder Schwede auch muss man dort je nach Behandlung einen Eigenanteil zahlen. In Apotheken wird ebenfalls eine Eigenbeteiligung fällig, Medikamente gibt es nur gegen Rezept. In den großen Städten gibt es in Krankenhausnähe Apotheken mit verlängerten Öffnungszeiten. Bei einer **zahnärztlichen Behandlung** (Zahnarzt: tandläkare) müssen bis zu 70 Prozent der Kosten selbst getragen werden.

Finnland Die Behandlung von Kranken und Unfallopfern erfolgt normalerweise über die **Aufnahmestationen der Krankenhäuser** (sairaala). Apotheken (apteekki) haben zu den normalen Geschäftszeiten geöffnet; Bereitschaftsdienste sind eingerichtet. Wenn Sie einen privaten Arzt oder Zahnarzt aufsuchen, müssen Sie zunächst die kompletten Behandlungskosten selbst zahlen. Kostenerstattungen müssen mit der eigenen Krankenkasse geklärt werden.

LESETIPPS

Klassiker **Selma Lagerlöf**: Die Erinnerungen. Urachhaus 2016. Erinnerungen an eine glückliche Kindheit auf dem abgelegenen elterlichen Gutshof Mårbacka und an die Jugendjahre der Nobelpreisträgerin.

Carl von Linné: Lappländische Reise. Gemini 2004. Der berühmte Botaniker bereiste im 18. Jh. Lappland. Seine Tagebuch-Aufzeichnungen drehen sich v. a. um die herrliche Natur der nordischen Länder.

Klaus Mann: Flucht in den Norden. Rowohlt TB 2003. Der älteste Sohn von Thomas Mann unternahm 1932, als sich die politische Situation in Deutschland bereits verfinsterte, mit seiner Schwester Erika eine Reise nach Finnland.

Land und Leute **Tilmann Bünz:** Wer die Kälte liebt. Skandinavien für Anfänger. btb 2008. Wer das Weite sucht. Skandinavien für Fortgeschrittene. btb 2011. Der einstige ARD-Korrespondent erzählt Typisches und Besonderes. Für alle, die den Norden besser verstehen wollen.

Ebba D. Drolshagen: Gebrauchsanweisung für Norwegen. Piper 2019. Kurzweilig und zum Schmunzeln.

Tove Jansson: Die Mumins – eine drollige Gesellschaft. Arena 2016. Die finnisch-schwedische Autorin ist Schöpferin der berühmten Muminfamilie und ihrer Freunde. Insgesamt neun illustrierte Bücher beschreiben das Universum der freundlichen trollartigen Wesen. Definitiv nicht nur eine Lektüre für Kinder.

Leena Lander: Eine eigene Frau. btb 2014. Der Roman der erfolgreichsten Schriftstellerin der finnischen Gegenwartsliteratur ist gleichzeitig die Geschichte einer Familie und die des Landes.

Roman Schatz: Gebrauchsanweisung für Finnland. Piper 2014. Besonderheiten des Landes, Wissenswertes über die Menschen und Erhellendes zur Sprache.

Antje Rávic Strubel: Gebrauchsanweisung für Schweden. Piper 2018. Von Stockholm, Göteborg, den Schären, Ikea, Pippi Langstrumpf, dem Wodkagürtel, Elchen und vielem mehr ...

Krimis

Hjorth & Rosenfeldt: Die Opfer, die man bringt. Rowohlt TB 2020. Ein konfliktreiches schwedisches Polizeiteam muss sich erst zusammenraufen. Derweil schlägt der Täter weiter zu, und irgendjemand versucht, die Aufklärung zu verhindern.

Anne Holt: In Staub und Asche. Piper 2018. Die Osloerin ist eine höchst erfolgreiche Krimiautorin, Rechtsanwältin und Ex-Justizministerin. In ihrem Krimi geht es um einen möglicherweise unschuldig Verurteilten und einen Suizid, der keiner ist. Wie passt das zusammen? Die uralten Themen von Schuld und Sühne gibt's in diesem Krimi in aktueller Verpackung.

Stieg Larsson: Verblendung. Heyne TB 2009. Der erste Band der berühmten Millennium-Trilogie, die kurz nach Larssons Tod publiziert wurde; weitere Bände sind Verdammnis und Vergebung (ebenfalls Heyne TB). Der schwedische Journalist und Bestseller-Autor hatte die Reihe auf insgesamt zehn Bände angelegt.

Leena Lehtolainen: Das Ende des Spiels. Rowohlt TB 2018. Ermittlerin Maria Kallio versucht, die Zusammenhänge zwischen verschiedenen Morden zu verstehen, und stößt auf Verbrechen, deren Ausmaße und Tragweite auch sie erschüttern.

Unni Lindell: Im Wald wirst du schweigen. Aufbau 2019. Warum kamen am selben Ort im Wald zwei Menschen zu Tode? Was hat der eine mit dem anderen zu tun? Spannender Krimi der norwegischen Erfolgsautorin.

Håkon Nesser: Der Verein der Linkshänder. Btb 2019. Offenbar hat man den Falschen für den Mörder gehalten. Aber wer war dann der echte? Ein Cold Case der Extraklasse aus der Feder des beliebten schwedischen Krimiautors.

Bildbände

DuMont Bildatlas Nr. 151 Schweden Süden & Stockholm: DuMont Reiseverlag 2018. Bilder von Olaf Meinhardt und der Text von Rasso Knoller lassen vom schwedischen Sommer träumen.

DuMont Bildatlas Nr. 153 Hurtigruten: DuMont Reiseverlag 2019. Das Hop-on-Hop-off mit den Hurtigruten-Schiffen als perfekte Reiseart, die lange norwegische Küste kennenzulernen (Bilder von Gerald Hänel, Text von Christian Nowak).

DuMont Bildatlas Nr. 178 Norwegen Süden: DuMont Reiseverlag 2018. Panoramen der Extraklasse und ein Fülle interessanter Informationen bietet der Bildatlas des Autoren Michael Möbius und Fotografen Udo Bernhart.

DuMont Bildatlas Nr. 200 Norwegen Norden: DuMont Reiseverlag 2018. Eine Reise bis zum Polarkreis und weiter zum Nordende Europas – Bilder von Thomas Härtrich und Olaf Meinhardt und der Text von Christian Nowak.

DuMont Bildatlas Nr. 212 Finnland: DuMont Reiseverlag 2019. Einsame Wälder, stille Seen – diese und noch viele andere Seiten Finnlands breiten Rasso Knoller (Text) und Olaf Meinhardt (Bilder) vor einem aus.

PREISE · VERGÜNSTIGUNGEN

Nicht günstig

Generell gilt: Die skandinavischen Länder sind **teure Reiseländer.** Am teuersten ist Norwegen, etwas günstiger Schweden, am preiswertesten Finnland. Das betrifft beispielsweise Übernachtungen, Restaurantbesuche und Lebensmittel, insbesondere Alkohol. Durch zahlreiche Angebote und Vergünstigungen lässt sich aber auch beim Reisen in Skandinavien Geld sparen.

Bahn

Der **InterRail-Pass** der Bahn bietet grenzenloses Reisen zum Pauschalpreis. Mit dem Pass kann man sich seine Reise in die nordischen Länder individuell zusammenstellen. Informationen zu aktuellen Konditionen und Preisen bieten die Webseiten www.bahn.de/p/view/angebot/international/interrail.shtml und www.interrail.eu/de/interrailpaesse.
In allen drei skandinavischen Ländern gibt es außerdem auch Ermäßigungen für Gruppen, Studierende und Senioren. In Norwegen und Finnland kann man an 3, 4, 5 oder 8 Tagen eines Monats mit dem **Eurail Pass** unbegrenzt reisen, in Schweden an 3 Tagen im Monat (www.raileurope.com).

Übernachten

Übernachten ist in Skandinavien oft teuer, aber es gibt in vielen Hotels **Wochenendrabatte,** in den Sommermonaten manchmal auch die ganze Woche über. Sonderangebote der Hotelketten kann man mit einem vorher zu erwerbenden **Hotelpass** oder **Hotelscheck** nutzen. Es lohnt sich in jedem Fall, beim gewünschten Hotel nach Sonderkonditionen und Rabatten zu fragen.

City Card

Die **meisten großen Städte** in Skandinavien bieten eine City Card an, mit der man freien oder ermäßigten Eintritt bei Museen und anderen Sehenswürdigkeiten erhält, die öffentlichen Verkehrsmittel gratis oder vergünstigt nutzen und oft auch billiger parken kann. Das lohnt sich schon ab einem Aufenthalt von einem Tag, wenn man viel sehen will; die meisten Karten gelten für 1, 2 oder 3 Tage (mehr dazu in den Zielen von A–Z).

Norwegen

Der **DNT** (Den Norske Turistforening) unterhält mehr als 500 Hütten in Norwegen. Mit dem **Mitgliedsausweis** der größten norwegischen Natur- und Freizeitorganisation kann man hier deutlich günstiger übernachten (www.dnt.no).
Wer den **Fjordpass** für 150 NOK erwirbt, erhält bis zu 20 Prozent Rabatt bei rund 100 Attraktionen und Aktivitäten wie Kajak- und Fjordtouren, Wanderungen, Stadtführungen, in Museen und bei kulinarischen Events (www.fjordtours.com/no/fjord-pass).
Mit dem **Explore Norway Ticket** der Fluggesellschaft Widerøe kann man zwischen dem 1. Juli und dem 31. August 14 Tage lang unbegrenzt innerhalb von Norwegen fliegen: 1 Zone (370 €), 2 Zonen (435 €) oder ganz Norwegen (498 €; www.wideroe.no).

Schweden

Wer mit dem Zug in Nordschweden unterwegs ist, kann für 364 SEK den **Arctic Circle Pass** kaufen; damit kann man 3 Tage lang auf der Strecke zwischen Kiruna und Narvik die 12 Stationen im Hop-on-hop-off-Verfahren bereisen (www.sj.se).
Die meisten Restaurants bieten von etwa 11.30 bis 14 Uhr einen preisgünstigen **Mittagstisch** – fragen Sie nach dem »dagens rätt«.

WAS KOSTET WIE VIEL?

EINFACHES DOPPELZIMMER
Norwegen: ab 600 NOK
Schweden: ab 500 SEK
Finnland: ab 60 EUR

EINFACHE MAHLZEIT
Norwegen: ab 100 NOK
Schweden: ab 130 SEK
Finnland: ab 10 EUR

3-GÄNGE-MENÜ
Norwegen: ab 300 NOK
Schweden: ab 250 SEK
Finnland: ab 35 EUR

EINE TASSE KAFFEE
Norwegen: ab 30 NOK
Schweden: ab 25 SEK
Finnland: ab 2 EUR

EIN GLAS BIER
Norwegen: ab 60 NOK
Schweden: ab 45 SEK
Finnland: ab 5 EUR

EIN LITER BENZIN
Norwegen: ab 14,50 NOK
Schweden: ab 11,50 SEK
Finnland: ab 1,60 EUR

Finnland

Die finnische **Bahn** (www.vr.fi) ist ein preisgünstiges Verkehrsmittel, das außerdem eine Reihe Sparangebote bereithält. Interessant sind auch günstige Tickets ins russische St. Petersburg und ins Baltikum.

REISEZEIT

Heller Sommer

Beste Reisezeit für die skandinavischen Länder sind die **Sommermonate Juni, Juli und August,** wenn die Tage am wärmsten sind und die Sonne im hohen Norden nicht oder nur für kurze Zeit unter dem Horizont verschwindet. Bei einer Fahrt zum Nordkap muss man in Lappland auch im Juni noch mit winterlichen Straßenverhältnissen rechnen. **September** ist ein sehr guter Monat für Aktivurlauber. Man hat die Wanderpfade fast für sich allein und die Mückenplage hört auf. Die Nächte können jedoch schon sehr kalt werden. Für Schiffsreisen empfehlen sich die Monate April bis Juni mit klarer Sicht und viel Sonnenschein. Besonders geeignet für **Wintersport** sind die Monate März und April, weil dann die Tage wieder länger werden.

Mücken

Wer in Skandinavien unterwegs ist, wird der Mückenplage kaum entgehen. In der warmen Jahreszeit betrifft sie besonders die feuchten und tiefer gelegenen Gebiete der Region. Daher unbedingt entsprechende **Schutzmittel** (Sprays, Moskitonetz) mitnehmen oder vor Ort kaufen; Supermärkte, Outdoorläden und Apotheken haben ein entsprechendes Angebot. Mücken mögen kein Salzwasser, wer also in Meernähe bzw. an den Fjorden reist, wird kaum gepiesackt.

SPRACHE

Sprachgruppen

Norwegisch und Schwedisch gehören zur **nordgermanischen** oder skandinavischen **Sprachgruppe.** Charakteristisch ist die Neigung zu Suffixen, die sich im angehängten bestimmten Artikel und in der Bildung des Passivs zeigt (z. B. veien/vägen = der Weg, hjelp søkes = Aushilfe gesucht). Finnisch gehört zu den **finno-ugrischen Sprachen** und ist nicht mit Norwegisch und Schwedisch verwandt. 5,5 Prozent der Bevölkerung Finnlands sprechen Schwedisch, besonders an der Süd- und Südwestküste. Im skandinavischen Alphabet folgen æ, ä, å , ø, ö nach z.

In Skandinavien kann man sich **fast überall auf Englisch** gut verständigen, manchmal wird auch Deutsch verstanden. In abgelegenen Gebieten, besonders in Lappland, sollte man die wichtigsten Wörter und Redewendungen in der Landessprache parat haben.

Norwegen

Die norwegische Sprache teilt sich heute in das an das Dänische angelehnte **Bokmål** und das aus den verschiedenen Dialekten aufgebaute **Nynorsk** (Neunorwegisch), bis 1929 Landsmål genannt. Das seit der Loslösung von Dänemark 1814 erstarkte Nationalbewusstsein der Bevölkerung lenkte die Aufmerksamkeit wieder auf die alte norwegische Sprache. Während Nynorsk hauptsächlich im Südwesten und Westen des Landes verbreitet ist, wird Bokmål im Osten des Landes und in den Städten gesprochen; beide sind gleichberechtigt.

Å ist ein breiter, dunkler o-Laut (vor tt jedoch kurz); **æ** = ä; **d** ist meist stumm vor s, nach n und l sowie als Endkonsonant nach r; **g** meist wie im Deutschen, aber vor j und y wie j, jeg = »ich« wird jäi ausgesprochen; **gj** wie j; **egn** wird fast wie »ein« gesprochen; **g** auf n (ng) im Auslaut nasal sprechen (z. B. in mange = viele); **h** ist stumm vor j und v, z. B. (h)jerte = Herz, (h)val = Wal; **j** wie im Deutschen, nach Vokalen wie i; **k** vor i und y und in der Verbindung kj wie ch im deutschen Wort »ich« (z. B. kirke, skip wie chirke, schip); **o** häufig ganz dumpf, fast wie u; **ø** wie ö; **s** stets scharf wie das deutsche ß; **sk** vor i und y, sj und skj entsprechen dem deutschen sch; **tj** wie tch; **v** immer wie w; **y** wie ein Laut zwischen i und ü.

Schweden

Å ist ein breiter dunkler o-Laut; **o** meist etwas dumpf, manchmal wie u; **u** fast wie ü; **c** vor e, i, y wie ein scharfes s (ß), sonst wie k; **ch** vor e, i, y, ä, ö, wie sch; **d, h, l** vor j stumm, also djur (Tier) wie jüür; **f** am Silbenende wie w; **g** vor ä, e, i, ö, y und nach l und r wie j, gj vor o und u wie j; **k** vor ä, e, i, ö, y und in der Verbindung kj wie sch, z. B. kyrka wie schürka, kött wie schött; **s** immer scharf wie ß; sj wie sch; **tj** vor ä, e, i, ö, y wie sch; ti in der Endung -tion wie sch; **v** immer wie w; **y** wie ü.

Finnland Finnisch ist eine sehr **vokalreiche Sprache.** Das finnische Alphabet umfasst 21 Buchstaben; b, c, d, f, g, w, x und z findet man nur in Fremdwörtern oder bei Eigennamen. So kompliziert das Finnische aussehen mag – die Aussprache ist verblüffend einfach: Was man liest, das spricht man auch, wobei die Betonung stets auf der ersten Silbe des Worts liegt. Die einfachen Vokale spricht man kurz (y wie ü), die Doppelvokale (z. B. aa, uu) sehr lang, aber nie getrennt, falls sie nicht durch einen Bindestrich getrennt sind. H wird immer deutlich gesprochen und dient niemals der Dehnung (h nach Vokal vor Konsonanten wie ch, z. B. die Stadt Lahti wie lachti); s immer stimmlos; v immer wie w. Doppelkonsonanten verkürzen nicht wie im Deutschen den vorhergehenden Vokal, sondern sind doppelt lang bzw. besonders deutlich zu sprechen.

SPRACHFÜHRER SKANDINAVIEN

AUF EINEN BLICK

Deutsch	Norwegisch	Schwedisch	Finnisch
Ja./Nein.	**Ja./Nej.**	**Ja (Ha), Jo, Ju./Nej.**	**niin,kyllä/en,ei**
Bitte. (Aufforderung)	**Vær så snill.**	**Var så god.**	**olkaa hyvä.**
Bitte. (als Antwort auf Danke!)	**Ja takk!**	**För all del!**	**olkaa hyvä/pyydän!**
Danke.	**Takk.**	**Tack.**	**kiitos.**
Gern geschehen.	**Det var da så lite.**	**Det var ingenting.**	**Ei se mitään.**
Entschuldigung!	**Unnskyld!**	**Ursäkta!**	**Anteeksi**
Wie bitte?	**Unnskyld?**	**Förlåt?**	**Anteksi, mitä?**
Ich verstehe Sie/ dich nicht.	**Jeg forstår deg ikke.**	**Jag förstår inte.**	**en ymmärrä.**
Ich spreche nur wenig ...	**Jeg snakker bare litt ...**	**Jag talar bara litet ...**	**Minä puhun vain vähän**
Sprechen Sie deutsch?	**snakker De tysk?**	**Talar ni tyska?**	**puhutteko saksaa**
Das gefällt mir (nicht).	**Det liker jeg (ikke).**	**Det tycker jag (inte) om.**	**Tästä minä pidän.**
Haben Sie ...?	**Har dere/du ...?**	**Har ni ...?**	**Onko teillä ...?**
Ich möchte gern ...	**Jeg ville gjerne ha ...**	**Jag skulle gärna ...**	**haluaisin mielelläni ...**
Wie viel kostet es?	**Hva koster det?**	**Vad kostar ...?**	**paljonko maksaa?**

KENNENLERNEN

Guten Morgen!	**God morgen!**	**God morgon!**	**Hyvää huomenta!**
Guten Tag!	**God dag!**	**God dag!**	**Hyvää päivää!**
Guten Abend!	**God kveld!**	**God kväll!**	**Hyvää iltaa!**
Hallo!	**Hallo!/Hei!**	**Hej!**	**Moi/ Hei**
Ich heiße ...	**Navnet mitt er ...**	**Jag heter ...**	**Minun nimeni on ...**
Wie ist Ihr Name, bitte?	**Unnskyld, hva var navnet?**	**Vad heter du?**	**Mikä sinun nimesi on?**

Wie geht es Ihnen/dir?	**Hvordan har du det?**	**Hur mår du?**	**Mitä kuulu?**
Danke. Und Ihnen/dir?	**Takk, bra. Og du?**	**Bra tack. Och du själv?**	**Kiitos hyvää. Entä itsellesi?**
Auf Wiedersehen!	**På gjensyn!**	**Adjö!/Hei då!**	**Näkemiin.**

UNTERWEGS/AUSKUNFT

links/rechts	**til venstre/til høyre**	**till vänster/ till** höger	**vasemalla/oikealla**
geradeaus	**rett fram**	**rakt fram**	**suoraan eteenpäin**
nah/weit	**nær/langt**	**nära/lång**	**lähellä/ kaukana**
Bitte, wo ist ...?	**Unnskyld, hvor ligger ...?**	**Var är ...?**	**missä on ...?**
Hauptbahnhof	**hovedstasjon**	**centralstation**	**rautatieasema**
Ich möchte ... mieten	**Jeg ville gjerne leie ...**	**Jag skulle vilja hyra ...**	**Minä haluan vuokrata ...**
... ein Auto	**... en bil**	**... en bil**	**... auton**
... ein Fahrrad	**...en sykkel**	**...en cykel**	**... polkupyörän**

PANNE

Ich habe eine Panne.	**Jeg har en skade på bilen.**	**Min bil har gått sönder.**	**Minun autossani on vikaa.**
Wo ist hier in der Nähe eine Werkstatt?	**Fins det et verkstedi nærheten?**	**Finns det någon verkstad häri närheten?**	**Onko täällä lähellä autokorjaamoa**

TANKSTELLE

Wo ist bitte die nächste Tankstelle?	**Unnskyld, hvor er nærmeste bensinstasjon?**	**Ursäkta, var ligger närmaste bensinstation?**	**Antecksi missä on lähin huoltoasema**
Ich möchte ... Liter ...	**Jeg skal ha ... liter ...**	**...liter, ..., tack.**	**Minä haluan ... litraa...**
...Normalbenzin.	**...normalbensin.**	**...bensin.**	**bensaa.**
...Super.	**...super.**	**...95 oktan.**	**95 oktaania.**
...Diesel.	**...diesel.**	**...diesel.**	**dieseliä.**
...bleifrei	**...blyfri**	**...blyfri bensin**	**lyijytöntä bensaa**

UNFALL

Hilfe!	**Hjelp!**	**Hjälp!**	**Apua!**
Achtung!	**Se opp!/Forsiktig!**	**Se upp!/Giv akt!**	**Huomio!**
Rufen Sie bitte schnell ...	**Vær så snil! og ring etter ... straks.**	**Var snäll och ring genast elfter...**	**Soittakaa nopeasti ...**
...einen Krankenwagen.	**...en sjukebil.**	**...en ambulans.**	**... ambulanssi.**
...die Polizei.	**...politiet.**	**...polisen.**	**... poliisi.**
...die Feuerwehr.	**...brannvesenet.**	**...brandkåren.**	**... paloauto.**

Geben Sie mir bitte Ihren Namen u. Ihre Anschrift.	**Kan jeg få navnet og adressen din.**	Kan jag få ditt **namn och din adress.**	**Saisinko nimenne ja osoitteenne.**

ARZT (LÄKARE, DOKTOR = SCHWEDISCH, LÄÄKARI = FINNISCH)

Ich habe hier Schmerzen.	**Jeg har vondt her.**	**Jag har ont här.**	**Minua sattuu tästä.**

ESSEN/UNTERHALTUNG

Wo gibt es hier ...	**Hvor er det ...**	**Var finns det ...**	**Missä täällä on ...**
...ein gutes Restaurant?	**...en god restaurant?**	**...en bra restaurang?**	**... ravintola?**
Auf Ihr Wohl!	**Skål!**	**Skål!**	**Kippis!**
Bezahlen, bitte!	**Kan jeg/vi få betale!**	**Får jag be om notan!**	**Saanko laskun!**
Das Essen war ausgezeichnet.	**Maten var utmerket.**	**Maten var utmärkt.**	**Ruoka oli erinomaista.**

EINKAUFEN

Wo finde ich ...?	**Hvor finner jeg ...?**	**Var hitter jag ...?**	**Mistä löydän ... ?**
Apotheke	**apotek**	**apotek**	**apteekin**
Bäckerei	**bakeri**	**bageri**	**leipomon**
Kaufhaus	**varehus**	**varuhus**	**tavaratalon**
Lebensmittelgeschäft	**dagligvareforretning**	**livsmedelsaffär**	**ruokakaupan**
Markt	**marked**	**marknad**	**torin/ markkinat**

ÜBERNACHTUNG

Können Sie mir bitte ... empfehlen?	**Kan du anbefale meg ...?**	**Kan du rekommendera mig ...?**	**Voitteko suositella minulle ... ?**
...ein gutes Hotel	**...et godt hotell**	**...ett bra hotell**	**hotellia**
...eine Pension	**...et pensjonat**	**...ett pensionat**	**täyshoitolaa**
Ich habe bei Ihnen ein Zimmer reserviert.	**Jeg har reservert et rom hos dere.**	**Jag har reserverat ett rum hos er.**	**Minä olen varannut teille huoneen.**
Haben Sie noch Zimmer frei?	**Har dere noe ledig rom?**	**Har ni något rum ledigt?**	**Onko teillä vapaita huoneita?**
ein Einzelzimmer	**et enkeltrom**	**ett enkelrum**	**yhden hengen huone**
ein Zweibettzimmer	**et dobbeltrom**	**ett dubbelrum**	**kahden hengen huone**
mit Dusche/Bad	**med dusj/bad**	**med dusch/bad**	**kylpyhuoneella**
für eine Nacht/ Woche	**for ei natt/uke**	**för en natt/vecka**	**yhdeksi yöksi/ viikoksi**
Was kostet das Zimmer mit ...	**Hva koster rommet med**	**Vad kostar rummet med**	**Paljonko huone aamiaisella**

...Frühstück?	**...frokost?**	**...frukost?**	**... maksaa?**
...Halbpension?	**...halvpensjon?**	**...halvpension?**	**... puolihoito?**

BANK UND POST

Wo ist hier bitte ...	**Unnskyld, hvor finner jeg ...**	**Var finns det ...här?**	**Missä on ... ?**
...eine Bank?	**...en bank?**	**...en bank?**	**pankki**
...eine Wechselstube?	**...et vekslingskontor?**	**...ett växelkontor?**	**vaihtokonttori?**
Ich möchte ...Euro (Schweizer) Franken) in Kronen umwechseln.	**Jeg ville gjerne veksle EURO (sveitsiske francs) i kroner.**	**Jag skulle vilja växla euro (schweizer-franc) till kronor.**	**Minä haluan vaihtaa ... euroa kruunihin**
Was kostet ...	**Hvar koster ...**	**Vad kostar ...**	**Paljonko ... maksaa?**
...ein Brief ...	**...et brev ...**	**...ett brev ...**	**... kirje**
...eine Postkarte ...	**...et postkort ...**	**...ett vykort ...**	**... kortti**
nach Deutschland?	**til Tyskland?**	**till Tyskland?**	**... Saksaan?**

WOCHENTAGE

Montag	**mandag**	**måndag**	**maanantai**
Dienstag	**tirsdag**	**tisdag**	**tiistai**
Mittwoch	**onsdag**	**onsdag**	**keskiviikko**
Donnerstag	**torsdag**	**torsdag**	**torstai**
Freitag	**fredag**	**fredag**	**perjantai**
Samstag	**lørdag**	**lördag**	**lauantai**
Sonntag	**søndag**	**söndag**	**sunnuntai**

SPEISEKARTE (SPISEKART, MENY / MATSEDEL / RUOKALISTA)

Kaffee	**kaffe**	**kaffee**	**kahvi**
Tee	**te**	**te**	**tee**
Fruchtsaft	**fruktsaft/juice**	**saft**	**mehu**
weich gekochtes Ei	**blødkokt egg**	**löskokt ägg**	**pehmeäksi keitetty muna**
Rühreier	**eggerøre**	**äggröra**	**munakokkeli**
Brot/Brötchen	**brød/rundstykke/**	**bröd/franskt bröd**	**leipä/sämpylä/**
Toast	**ristet brød**	**rostat bröd**	**paahtoleipä**
Butter	**smør**	**smör**	**voi**
Käse	**ost**	**ost**	**juusto**
Wurst	**pølse**	**korv**	**makkara**
Schinken	**skinke**	**skinka**	**kinkku**
Honig	**honning**	**honung**	**hunaja**
Marmelade	**syltetøy**	**marmelad**	**hillo**
Müsli	**mysli**	**müsli**	**mysli**
Joghurt	**yoghurt**	**yoghurt**	**jugurtti**
Obst	**frukt**	**frukt**	**hedelmät**

VORSPEISEN UND SUPPEN

Suppe	**suppe**	**soppa**	**keitto**
Fischsuppe	**fiskesuppe**	**fisksoppa**	**kalakeitto**
Lachs	**laks**	**lax**	**lohi**
Hering	**sild**	**sill**	**silli**
Krabben	**reke**	**räkor**	**rapuja**
geräucherter Lachs	**røkelaks**	**rökt lax**	**savustettu lohi**

FLEISCHGERICHTE

Elchbraten	**elgsteik**	**älgstek**	**hirvi**
Hammel	**får**	**får**	**lammas**
Rind	**okse**	**oxfilé**	**nauta**
Schweinefleisch	**flesk**	**fläsk**	**sika**
Braten	**steik**	**stekt**	**paisti**
Hähnchen	**kylling**	**kcykling**	**kana**
Lamm	**lamme**	**lamm**	**lammas**
Rentierbraten	**reinsdyrsteik**	**renstek**	**poro**
Fleisch	**kjøtt**	**kött**	**liha**
Schweinebraten	**svinesteik**	**grisstek**	**sianpaisti**
Wild	**vilt**	**vild**	**riista**

FISCH UND SCHALENTIERE

Aal	**ål**	**ål**	**ankerias**
Fisch	**fiske**	**fisk**	**kala**
Hecht	**gjedde**	**gädda**	**hauki**
Hummer	**hummer**	**hummer**	**hummeri**
Flusskrebs	**kreps**	**kräftor**	**rapu**
Heilbutt	**kveite**	**hälleflundra**	**ruijanpallas**
Lachs	**laks**	**lax**	**lohi**
Makrele	**makrell**	**makrill**	**makrilli**
Forelle	**ørret**	**forell, laxöring**	**taimen**
Scholle	**rødspette**	**rödspätta**	**kampela**
Hering	**sild**	**sill**	**silli**
Dorsch	**torsk**	**torsk**	**turska**

GEMÜSE

Gurken	**agurk**	**gurka**	**kurkku**
Kartoffeln	**poteter**	**potatis**	**peruna**
Salat	**salat**	**huvudsallat**	**salaatti**
Kohl	**kål**	**kål**	**kaali**
Zwiebeln	**løk**	**lök**	**sipuli**
Pilz	**sopp**	**svamp**	**sieni**

GEBÄCK UND TORTEN

Kuchen	**kake**	**kaka**	**kakku**
Gebäck	**bakverk**	**småkakor**	**leivonnainen**

DESSERT			
Obstkompott	**fruktkompott**	**kompott**	**hillo**
Obstsalat	**fruktsalat**	**fruktsallad**	**hedelmäsalaatti**
Eis	**is**	**glass**	**jäätelö**
Pudding	**pudding**	**pudding**	**vanukas**
Schlagsahne	**krem**	**vispgrädde**	**kermavaahto**
Käseplatte	**osteanretning**	**ostbricka**	**juustotarjotin**

GETRÄNKEKARTE			
Aquavit	**akevitt**	**akvavit**	**akvaviitti**
Weißwein	**hvitvin**	**vitvin**	**valkoviini**
Bier	**øl**	**öl**	**olut**
Rotwein	**rødvin**	**rödvin**	**punaviini**

ALKOHOLFREIE GETRÄNKE			
Limonade	**brus**	**läskedryck**	**virvokejuoma**
Kaffee	**kaffe**	**kaffee**	**kahvi**
Milch	**melk**	**mjölk**	**maito**
Fruchtsaft	**saft/juice**	**saft**	**mehu (SAFT)**
Tee	**te**	**te**	**tee**
Wasser	**vann**	**mineralvatten**	**vesi**

ZAHLEN			
0	**null**	**noll**	**nolla**
1	**ehn/ett**	**en, ett**	**yksi**
2	**to**	**två**	**kaksi**
3	**tre**	**tre**	**kolme**
4	**fire**	**fyra**	**nelj**
5	**fem**	**fem**	**viisi**
6	**seks**	**sex**	**kuusi**
7	**sju (syv)**	**sju**	**seitsemän**
8	**åtte**	**åtta**	**kahdeksan**
9	**ni**	**nio**	**yhdeksän**
10	**ti**	**tio**	**kymmenen**
11	**elleve**	**elva**	**yksitoista**
12	**tolv**	**tolv**	**kaksitoista**
13	**tretten**	**tretton**	**kolmetoista**
14	**fjorten**	**fjorton**	**neljätoista**
15	**femten**	**femton**	**viisitoista**
16	**seksten**	**sexton**	**kuusitoista**
17	**sytten**	**sjuton**	**seitsemäntoista**
18	**atten**	**arton**	**kahdeksantoista**
19	**nitten**	**nitton**	**yhdeksäntoista**
20	**tjue (tyve)**	**tjugo**	**kaksikymmentä**
21	**tjueen**	**tjugoett**	**kaksikymmentäyksi**
22	**tjueto**	**tjugotvå**	**kaksikymmentäkak-si**
30	**tretti (tredve)**	**trettio**	**kolmekymmentä**

40	**førti**	**fyrtio**	**neljäkymmentä**
50	**femti**	**femtio**	**viisikymmentä**
60	**seksti**	**sextio**	**kuusikymmentä**
70	**sytti**	**sjuttio**	**seitsemänkymmen-tä**
80	**åtti**	**åttio**	**kahdeksankymmen-tä**
90	**nitti**	**nittio**	**yhdeksänkymmentä**
100	**hundre**	**hundra**	**sata**
200	**tohundre**	**två hundra**	**kaksisata**
1000	**tusen**	**tusen**	**tuhat**
2000	**totusen**	**två tusen**	**kaksituhatta**
10 000	**titusen**	**tio tusen**	**kymmenentuhatta**
1/2	**en halv**	**en halv**	**puolikas**
1/4	**en fjerdedel**	**en fjärdedel, en kvart**	**neljännes**

TELEKOMMUNIKATION · POST

Mobiltelefon Selbst abgelegene Gegenden Skandinaviens sind in der Regel mit starken Mobilfunksendern abgedeckt, nur in einigen unbewohnten Gegenden im hohen Norden kann das Netz etwas löchrig sein. Das sollte bei Wanderungen in abgelegener Wildnis bedacht werden. Seit der Abschaffung der Roaming-Gebühren in Europa entstehen beim mobilen Telefonieren im Ausland keine zusätzlichen Kosten.

Vorwahlen Bei Anrufen aus dem Ausland entfällt generell die 0 der jeweiligen Ortskennzahl. Ausnahme: Norwegen – hier gibt es keine Ortsnetz-kennzahlen

VORWAHLEN

NORWEGEN
0047

SCHWEDEN
0046

FINNLAND
00358

DEUTSCHLAND
0049

ÖSTERREICH
0043

SCHWEIZ
0041

Briefmarken Porto

Briefmarken für die Ansichtskarte von **Norwegen** nach Hause erhält man in Postämtern, in vielen Kiosken und Schreibwarengeschäften. Briefe und Postkarten bis 20 g kosten 17 NOK.
In **Schweden** gibt es Briefmarken (frimärken) in Postagenturen, die beispielsweise Tabak- und Papierwarengeschäfte oder Tankstellen unterhalten. Eine Postkarte oder ein Brief kostet innerhalb Europas 21 SEK.
In **Finnland** sind die Postämter Mo. – Fr. 9 – 18 Uhr geöffnet. Postkarten und Briefe bis 20 g kosten innerhalb Europas 1,50 €.

VERKEHR

Straßen

Die Straßen in Skandinavien sind im Allgemeinen so gut wie in Mitteleuropa. Besonders in abgelegenen Gebieten kann aber manche **Nebenstraße** nur als Schotter- oder Sandpiste ausgebaut sein. Hier empfiehlt es sich dringend, Abstand zum vorausfahrenden Fahrzeug zu halten. Bei längerem Regen werden diese Straßen schnell schmierig oder schlammig, dann ist besondere Vorsicht geboten.
Die zum Teil schmalen und oft unübersichtlichen **Gebirgsstraßen** in Norwegen und Schweden erfordern Geschick, starke Nerven und ein diszipliniertes Verhalten am Steuer. Bei Begegnungen an schwierigen oder unübersichtlichen Stellen hat der bergauf Fahrende stets Vorfahrt. Manche Bergstraßen sind nur im wechselnden Einbahnverkehr zu befahren. Urlauber mit Wohnwagen oder Wohnmobilen sollten sich vor Fahrtantritt bei den Automobilclubs erkundigen, ob die geplante Route auch machbar ist.
Viele Brücken, Tunnel und Privatstraßen sind in **Norwegen mautpflichtig** (Maut = »bompenger«). Fast alle sind mit dem **Auto-PASS-System** ausgestattet, das eine automatische Zahlung ohne Anhalten ermöglicht. Notwendig hierfür ist vorab eine Registrierung auf der Website www.autopass.no unter »Zahlung für Besucher«. In **Schweden** ist die Brücke über den Öresund mautpflichtig. Bei der Anreise über Dänemark ist auch bei der Brücke über den Großen Belt Maut zu zahlen (▶Anreise · Reiseplanung).

Verkehrsregeln

⌘

Die internationalen **Verkehrszeichen** sind auch in Skandinavien gebräuchlich. Das nebenstehende Zeichen, ein Verweis auf Sehenswürdigkeiten, sieht man an den Straßen der nordischen Länder relativ häufig.
Es herrscht Rechtsverkehr. Für alle Insassen des Fahrzeugs gilt **Gurtanlegepflicht.** Straßenbahnen und Busse im Stadtverkehr haben immer Vorfahrt.

In ganz Skandinavien muss außerhalb geschlossener Ortschaften auch tagsüber das **Abblendlicht** eingeschaltet werden. Standlicht genügt nicht, die **Strafen sind empfindlich hoch!** Das gilt auch für Geschwindigkeitsüberschreitungen und Alkohol am Steuer.
Die Promillegrenze für **Alkohol am Steuer** liegt in Norwegen und Schweden bei 0,2 ‰, in Finnland bei 0,5 ‰. Bei Übertretungen drohen in Skandinavien hohe Geld- oder gar Haftstrafen.
Benzinpreise liegen in Skandinavien etwas über dem Durchschnitt der deutschsprachigen Länder, Norwegen ist in der Regel teurer als Schweden und Finnland; verbindliche Angaben sind aber schwierig. Angaben über Tankmöglichkeiten und länderspezifische Informationen erhält man bei den Automobilclubs.

Wildunfälle In allen skandinavischen Ländern herrscht erhöhte **Gefahr durch Wildwechsel,** besonders in der Dämmerung und auf breiten Straßen. Die Tiere bevorzugen sie, da hier ein bisschen Wind weht und die Mücken ihnen darum weniger zusetzen. Warnschilder zeigen an, wo Wildwechsel gehäuft vorkommt, in Schweden sind an den Straßen über weite Strecken Wildzäune aufgestellt worden.
Elche können über 2 m hoch werden und bis zu 800 kg wiegen. Bei einem Zusammenprall mit einem Pkw wird meist die Windschutzscheibe zertrümmert. Kollisionen mit Elchen sind eine der häufigsten Ursachen für **tödliche Verkehrsunfälle!** Überfährt man einen Elch, ein Reh oder Rentier, muss man unverzüglich die **Polizei benachrichtigen.**

Norwegen

Hauptstraßen Die Hauptstraßen werden unterteilt in Europastraßen, Reichsstraßen (**»Riksveg«, Abkürzung RV),** Schnellstraßen (»Motorveg«) und, im Bereich einiger größerer Städte, auch autobahnähnlich ausgebaute Verkehrswege. Auch alle wichtigen Bezirksstraßen (»Fylkesveg«) sind durchnummeriert.

Sonderzeichen In Norwegen gibt es in Deutschland, Österreich oder der Schweiz nicht bekannte Schilder. Beispiele: **weißes M auf blauem Grund = Ausweichstelle** oder »Innkjøring forbudt« = Einfahrt verboten!

Tanken Nicht alle Tankstellen akzeptieren Kreditkarten, daher **Bargeld bereithalten.**

Reifen Im Winter und Frühjahr ist im Gebirge das Mitführen und rechtzeitige Anlegen von Schneeketten vorgeschrieben. **Spikes-Reifen** sind vom 1. November bis zum 1. Sonntag nach Ostern (Nordnorwegen: 15. Oktober bis 30. April) erlaubt.

Höchstgeschwindigkeiten

Die Geschwindigkeitsbegrenzungen sind unbedingt **einzuhalten!** Innerhalb geschlossener Ortschaften gilt 50 km/h, außerhalb geschlossener Ortschaften 80 km/h, auf autobahnähnlichen Schnellstraßen 90 km/h, für Busse 80 km/h und für Gespanne mit ungebremstem Anhänger 60 km/h.

Schweden

Allgemeine Vorschriften

Die Nebelschlussleuchte darf nicht eingeschaltet werden. Die **durchgehende gelbe Linie** am Fahrbahnrand bedeutet Halteverbot; eine gestrichelte gelbe Linie oder gelbe Zickzacklinie am Fahrbahnrand zeigt Parkverbot an.

Höchstgeschwindigkeiten

Die Höchstgeschwindigkeit in **Wohngebieten liegt bei 30 km/h,** in geschlossenen Ortschaften sind es 50 km/h, auf Landstraßen 70 – 90 km/h, auf Autobahnen 110 – 120 km/h, für Pkw mit Anhänger gilt eine Höchstgeschwindigkeit von 80 km/h.

Überholen

Viele schwedische Straßen sind **»eineinhalbspurig«.** Anders als in Deutschland benutzt nicht der Überholende die zweite Spur, sondern das langsamere Fahrzeug macht den Weg frei und weicht kurz auf den rechten Seitenstreifen aus. Wenn ein vorausfahrendes Fahrzeug Platz macht, bedankt man sich mit einem kurzen Rechts-links-Blinken.

Tankstellen

Tankstellen sind normalerweise Mo. – Sa. 7 – 19 Uhr, an Autobahnen und Hauptverbindungsstrecken teilweise auch rund um die Uhr geöffnet. Die meisten Tankstellen sind **Selbstbedienungstankstellen** mit Bezahlautomaten, von denen gelegentlich 20-, 50- und 100-Kronen-Scheine, oft aber auch nur Kreditkarten akzeptiert werden. Selbstbedienungstankstellen werden mit dem Wort »sedel« (Banknote) angekündigt, Tankstellen, bei denen man an der Kasse bezahlt, mit »kassa«.

Finnland

Straßen

Bei den nummerierten Hauptstraßen unterscheidet man **Straßen erster und zweiter Ordnung;** Nummern auf rotem Grund zeigen Fernstraßen oder Reichsstraßen an. Es gibt immer mehr Autobahnabschnitte bzw. vierspurig gut ausgebaute Autostraßen (»moottoritie«) in der Umgebung der Großstädte.
Im Land der tausend Seen müssen häufiger einzelne Straßenabschnitte durch **Kurzfähren** (finn. Lossi) miteinander verbunden werden. Die Benutzung ist kostenlos.

Höchstgeschwindigkeiten In geschlossenen Ortschaften liegt die Höchstgeschwindigkeit bei 50 km/h, auf Landstraßen: 80 – 100 km/h, auf Autobahnen: 120 km/h; Pkw mit Wohnanhänger: 80 km/h.

Reifen **Winterreifen sind in Finnland Pflicht.** Schneeketten sind nicht erlaubt, dafür aber Spikes-Reifen. Sämtliche Straßen in Finnland sind im Winter gut geräumt und in der Regel problemlos zu befahren.

Tanken Besonders in abgelegenen Gebieten sind Tankstellen nicht allzu dicht gesät: unbedingt **rechtzeitig tanken!**

Mietwagen

Mindestalter 21 Jahre Bedingungen für das Mieten eines Kraftfahrzeugs sind ein Mindestalter von 21 Jahren und der Besitz eines Internationalen Führerscheins, für Reisende aus Deutschland **genügt der nationale Führerschein.** Mietwagenfirmen sind an allen internationalen Flughäfen und Bahnhöfen vertreten. Außer den internationalen Mietwagenfirmen bieten auch einheimische Verleihfirmen vor Ort Wagen an.

Bahn

Norwegen Das Streckennetz der Norwegischen Staatsbahnen (NSB, Norges Statsbaner) ist relativ dünn. Die Hauptstrecken führen von Oslo nach Stavanger (über Kristiansand), Bergen, Åndalsnes, Trondheim (über Dombås oder Røros) und Bodø (nördlichste Station der NSB; Anschluss an den Norwegen-Bus nach Kirkenes). Man reist recht **komfortabel, aber langsam,** denn drei Viertel des Streckennetzes sind Steigungs- bzw. Gefällstrecken. Eine Fahrt von Oslo nach Bergen dauert im Sommer knapp sieben Stunden. Im Winter kann es zu vielstündigen Verspätungen kommen.

Norwegische Expresszüge sind platzkartenpflichtig. Fahrräder können in diesen Zügen nicht mitgenommen werden. Zu Vergünstigungen ▶ Preise · Vergünstigungen. Auf keinen Fall versäumen sollte man die vielen liebevoll gepflegten **Museumsbahnen.** Außergewöhnliche Bahnstrecken sind Bergenbahn, Dovrebahn, Nordlandbahn und Flåmsbahn.

Schweden Innerhalb Schwedens verfügt die Bahn über ein gut ausgebautes Streckennetz, die Züge sind modern und sehr bequem, das Personal freundlich und hilfsbereit. Zwischen den größeren Städten verkehren die sehr komfortablen, bis zu 200 km/h schnellen Expresszüge X 2000 und SJ 3000. Der X 2000 verbindet über die Öresund-Brücke Schweden (ab Stockholm) mit dem dänischen Kopenhagen.

INFORMATIONEN

AUTOMOBILCLUBS

NORWEGEN

Norges Automobil Forbund (NAF)
0609 Oslo
Østensjøvejen 14
Tel. 0 85 05 (Inland)
Tel. 0047 92 60 85 05 (aus dem Ausland)
www.naf.no

Pannenhilfe
Tel. 81 00 05 05

Vegmeldingstjenesten
Straßendienst
auch zuständig bei Wildunfällen
Tel. 175 (Inland)
Tel. 81 54 89 91 (aus dem Ausland)
www.vegvesen.no

SCHWEDEN

Motormännens Riksförbund
10029 Stockholm
Fridhemsgata 32
Tel. 08 6 90 38 00
www.motormannen.se

Pannenhilfe
Tel. 020 91 29 12

FINNLAND

Autoliitto
Automobile and Touring Club of Finland
00551 Helsinki
Hämeentie 105 A
Tel. 09 72 58 44 00
www.autoliitto.fi

Pannenhilfe
Pannenhilfe rund um die Uhr (Autoliitto)
Tel. 0200 80 80 (1,95 €/min)

DEUTSCHLAND

ADAC-Notrufzentrale München
Tel. 0049 89 22 22 22

ACE-Notruf
Tel. 0049 711 5 30 34 35 36

ÖSTERREICH

ÖAMTC-Notrufzentrale Wien
Tel. 0043 1 9 82 13 04
Tel. 0043 1 2 51 20 00

SCHWEIZ

TCS Notruf
Tel. 0041 140 (Pannenhilfe)
Tel. 0041 144 (Rettungsdienst)

MIETWAGEN

AVIS

www.avis.de

BUDGET

www.budget.de

BAHN

NORGES STATSBANER (NSB)

www.nsb.no

STATENS JÄRNVÄGAR (SJ)

www.sj.se

FINNISCHE STAATSBAHN (VR)

www.vr.fi

BUS

NOR-WAY BUSSEKSPRESS

www.nor-way.no

NOBINA

Alle drei Länder
www.nobina.com

FLIXBUS

www.global.flixbus.com

MATKAHUOLTO

www.matkahuolto.fi

Finnland Das ca. 6000 km lange Streckennetz der finnischen Staatsbahnen (VR) ist weitmaschig, wird aber durch Bus- und Schiffslinien gut ergänzt. Vor allem der **südliche Landesteil** ist dichter erschlossen; die beiden Hauptlinien in den Norden führen von Helsinki bis nach Kemijärvi und nach Kolari in Lappland.

Bahnfahren ist in Finnland im Vergleich zu den anderen nördlichen Ländern günstiger, außerdem gibt es Sparangebote (▶ Preise · Vergünstigungen). Um die langen Entfernungen mit dem Pkw in den Norden zu überbrücken, bietet die Bahn »**car-carrier-trains**« an: ab Helsinki, Tampere und Turku nach Kontiomäki, Oulu, Rovaniemi und Kolari. Rechtzeitig buchen!

Bus

Gut vernetzt Das Fernbusliniennetz ist in Skandinavien recht gut ausgebaut, die einzelnen Buslinien sind gut miteinander vernetzt. Auch hier gibt es viele **Sondertarife,** über die die Busgesellschaften informieren.

Fähren

Norwegen Die inländischen Schiffsverbindungen spielen verkehrstechnisch eine große Rolle. In Norwegen ergänzen Autofähren über die zahlreichen Fjorde das Straßennetz. Beliebt sind Küsten- und Fjordkreuzfahrten. Von Bergen fahren die **Postschiffe** der **Hurtigruten** (▶ Baedeker Wissen S. 260/261) an der norwegischen Westküste entlang bis Kirkenes.

Schweden In Schweden spielen Fähren für den Verkehr keine entscheidende Rolle. Inland-Fährverbindungen nach Gotland ▶ S. 412, zu Fahrten auf dem Göta-Kanal ▶ Baedeker Wissen S. 408/409.

Finnland Binnenseekreuzfahrten von einstündigen Rundfahrten bis zu mehrtägigen Kreuzfahrten auf **nostalgischen Passagierdampfern** sind eine schöne Möglichkeit, das »Land der tausend Seen« von der Seeseite her kennenzulernen. Berühmt sind die **»Silberlinie«** und die **»Dichterlinie«** (▶ Hämeenlinna, Tampere). Die Saison für die Binnenseeschifffahrt dauert von Mitte Juni bis Ende August, in einigen nördlichen Regionen bis Mitte August. Die Benutzung der **Kurzfähren,** die als Verbindung von zwei Straßen im Pendelverkehr eingesetzt werden (finn. Lossi), ist kostenlos. Längere Überfahrten in Auto- und Passagierfähren sind kostenpflichtig.

REGISTER

A

B

C

I

J

K

L

P

R

S

T

BILDNACHWEIS

Adobe Stock/Alexander Nikiforov S. 162
AWL Images/Peter Adams S. 85 unt. re.
Bilderberg/C. Boisvieux S. 597 unt., U7
Bilderberg/Jerzy Modrak S. 525 unt.
dpa S. 22/23
Dumont Bildarchiv S. 468 unt., 637, 655 li., 658, 671 ob.
Dumont Bildarchiv/Hänel S. 10/11, 26/27, 193 unt., 209, 258, 260, 292/293, 329 (2x), 364 (2x), 367 ob., 375
Dumont Bildarchiv/Krüger S. 159
Dumont Bildarchiv/Michael Riehle S. 391 unt., 440 unt., 484, 493 ob., 512 unt., 530, 662
Dumont Bildarchiv/Modrow S. 370
Dumont Bildarchiv/Modrow/VG Bildkunst S. 367 unt.
Dumont Bildarchiv/Ola Røe S. 29
Dumont Bildarchiv/Olaf Meinhardt S. 2, 7, 18/19, 21, 64, 70, 73 (2x), 80 unt., 85 ob. u. unt. li., 89, 96, 100/101, 110, 117, 131, 134, 137 (2x), 143, 172, 177, 186, 384, 391 ob., 404, 409, 418/419, 440 ob., 479 (2x), 488, 490, 512, 517, 519 ob., 522, 526, 529, 538, 562, 565, 572 ob., 577, 611, 618 ob., 644 unt., 650, 654 re., U 7
Dumont Bildarchiv/Thomas Härtrich u. Olaf Meinhardt S. 3 unt., 31, 188, 279, 285, 333
Dumont Bildarchiv/Udo Bernhart S. 3 ob., 193 ob., 206, 238, 267 ob., 275, 302, 304, 306, 309, 322, 324, 334, 341 ob., 342, 344, 351, 353, 358, 582, 644 ob.
Feltes-Peter S. 311
Finnish Tourist Board S. 17, 155
Fotolia S. 641, 654 li.
getty images/Christer Frederiksson S. 559 unt.
getty images/Cody Duncan S. 13 unt.
getty images/Erlend Haarberg S. 584 ob.
getty Images/Johnér S. 584 unt. re.
getty images/John Peters S. 625 unt.
getty images/Malin Holm S. 653 unt.
getty images/Photolibrary S. 120
getty images/Wendy Rauw S. 166
glowimages/deposit S. 212, 272, 520/521
Huber/Gräfenhain S. 14/15
Huber/Damm S. 597 ob.
Huber/Schmid S. 216
Huber/Römmelt S. 643
Interfoto S. 630 ob.
istock S. 297, 671 unt.
istock/Marcus Lindström S. 519 unt.
laif/Christophe Boisvieux S. 109
laif/hemis/Julien Garcia S. 250/251
laif/Le Figaro Magazine/Quidu S. 199
laif/Le Figaro Magazine/Wallet S. 653 ob.
laif/Max Galli S. 106, 378, 381, 387
laif/Modrow S. 639
laif/Redux/The New York Times S. 25 ob.
laif/robertharding/Janette Hill S. 584 unt.li.
laif/robertharding/Yadid Levi S. 525 ob.
Look S. 447, 459, 550, 593
lookphotos/age fotostock S. 493 unt.
lookphotos/Olaf Meinhardt S. 443
Mauritius S. 20, 465, 543, 559, 560
Mauritius/Alamy/Danita Delimont Creative S. 570
Mauritius/Food and Drink S. 655 re.
Mauritius images/ilpo musto/Alamy S. 82
Mauritius images/Jon Sparks/Alamy S. 146

Mauritius images/Hannu Momonen/ Alamy S. 152
Mauritius images/Thomas Ebelt S. 426
Mauritius images/Trond Hillestad S. 288
Mauritius images/Westend61/pur S. 515
Modrow, Jörg S. 312 li.
Nowak, Christian S. 220, 223, 224, 228, 237, 242, 248, 254, 312 re., 341 unt., 382, 396, 399, 410, 456 unt., 462, 503, 572 unt., 674, 677
pa S. 433, 533, 630 unt.
pa/epa/Eriksen S. 606
pa/Günter Reck S. 554
picture alliance S. 317
picture alliance/dpa S. 547, 625 ob.
picture alliance/Huber/Gräfenhain S. 235
Randebrock S. 25 unt., 618 unt.
shutterstock/Alizada Studios S. 507
shutterstock/Ann-Britt S. 183
shutterstock/Antony McAulay S. 567
shutterstock/BMJ S. 5 unt., 499
shutterstock/Conny Sjostrom S. 450/451
shutterstock/Igor Grochev S. 5 ob., 55 (2x), 179
shutterstock/Ioneroc S. 58
shutterstock/Janni Riekkinen S. 61
shutterstock/Janus Orlov S. 94
shutterstock/Marko Rossi S. 113
shutterstock/Milan Zygmunt S. 196
shutterstock/NicoElNino S. 280/281
shutterstock/paolo airenti S. 430
shutterstock/Rolf_52 S. 415
shutterstock/Roman Babakin S. 156
shutterstock/SariMe S. 51
shutterstock/Sergey Dzyuba S. 407, 424
shutterstock/Serghei Stavus S. 4, 52
shutterstock/Ta Frankham S. 267 unt.
shutterstock/TaaviSalakka S. 129
shutterstock/Thomas Bresenhuber S. 435
shutterstock/trabntos S. 468 ob.
shutterstock/Umomos S. 456 ob.
shutterstock/Yumania S. 661 ob.
Stockshots.no/Innovation Norway S. 13 ob.
Visit Finnland S. 9, 80 ob., 90, 124, 179 unt., 575, 661 unt., 668

Titelbild: getty images/Hans Bjurling

VERZEICHNIS DER KARTEN UND GRAFIKEN

IMPRESSUM

Ausstattung:
238 Abbildungen, 48 Karten und grafische Darstellungen, eine große Reisekarte

Text:
Achim Bourmer, Rasso Knoller, Helmut Linde, Peter M. Nahm, Dr. Christian Nowak, Guido Pinkau, Silwen Randebrock, Dina Stahn, Reinhard Zakrzewski

Überarbeitung:
Dr. Christian Nowak

Bearbeitung:
Baedeker-Redaktion (Beate Szerelmy)

Kartografie:
Christoph Gallus, Hohberg
Franz Huber, München
Klaus-Peter Lawall, Unterensingen
MAIRDUMONT Ostfildern (Reisekarte)

3D-Illustrationen:
jangled nerves, Stuttgart

Infografiken:
Golden Section Graphics GmbH, Berlin

Gestalterisches Konzept:
RUPA GbR, München

Chefredaktion:
Rainer Eisenschmid, Baedeker Ostfildern

16. Auflage 2020
Völlig überarbeitet und neu gestaltet

Anzeigenvermarktung:
MAIRDUMONT MEDIA
Tel. +49 711 450 20
Fax +49 711 450 23 55
media@mairdumont.com
http://media.mairdumont.com

Trotz aller Sorgfalt von Redaktion und Autoren zeigt die Erfahrung, dass Fehler und Änderungen nach Drucklegung nicht ausgeschlossen werden können. Dafür kann der Verlag leider keine Haftung übernehmen. Jede Karte wird stets nach neuesten Unterlagen und unter Berücksichtigung der aktuellen politischen De-facto-Administrationen (oder Zugehörigkeiten) überarbeitet. Dies kann dazu führen, dass die Angaben von der völkerrechtlichen Lage abweichen. Irrtümer können trotzdem nie ganz ausgeschlossen werden. Kritik, Berichtigungen und Verbesserungsvorschläge sind jederzeit willkommen. Schreiben Sie uns, mailen Sie oder rufen Sie an:

Baedeker-Redaktion
Postfach 3162 | D-73751 Ostfildern | Tel. 0711 4502-262
www.baedeker.com | baedeker@mairdumont.com

Printed in Italy

MIX
Paper from responsible sources
FSC® C015829

BAEDEKER VERLAGSPROGRAMM

Viele Baedeker-Titel sind als E-Book erhältlich.

A
Algarve
Allgäu
Amsterdam
Andalusien
Australien

B
Bali
Barcelona
Belgien
Berlin · Potsdam
Bodensee
Böhmen
Bretagne
Brüssel
Budapest
Burgund

C
China

D
Dänemark
Deutsche Nordseeküste
Deutschland
Dresden
Dubai · VAE

E
Elba
Elsass · Vogesen
England

F
Finnland
Florenz
Florida
Frankreich
Fuerteventura

G
Gardasee
Golf von Neapel
Gomera
Gran Canaria
Griechenland

H
Hamburg
Harz
Hongkong · Macao

I
Indien
Irland
Island
Israel · Palästina
Istanbul
Istrien · Kvarner Bucht
Italien

J
Japan

K
Kalifornien
Kanada · Osten
Kanada · Westen
Kanalinseln
Kapstadt · Garden Route
Kopenhagen
Korfu · Ionische Inseln
Korsika
Kos
Kreta
Kroatische Adriaküste · Dalmatien
Kuba

L
La Palma
Lanzarote
Lissabon
London

M
Madeira
Madrid
Mallorca
Malta · Gozo · Comino
Marrokko
Mecklenburg-Vorpommern
Menorca
Mexiko
München

N
Namibia
Neuseeland
New York
Niederlande
Norwegen

O
Oberbayern
Österreich

P
Paris
Polen
Polnische Ostseeküste · Danzing · Masuren
Portugal
Prag
Provence · Côte d'Azur

R
Rhodos
Rom
Rügen · Hiddensee
Rumänien

S
Sachsen
Salzburger Land
Sankt Petersburg
Sardinien
Schottland
Schwarzwald
Schweden
Schweiz
Sizilien
Skandinavien
Slowenien
Spanien
Sri Lanka
Südafrika
Südengland
Südschweden · Stockholm
Südtirol
Sylt

T
Teneriffa
Thailand
Thüringen
Toskana

U
USA
USA · Nordosten
USA · Südwesten

V
Venedig
Vietnam

W
Wien

Z
Zypern

Meine persönlichen Notizen

200 km
© BAEDEKER
Norskehavet
NORGE
SVERIGE
DANMARK
North Sea
Skagerrak
Kattegat
Bottenhavet
Östersjön
Sørøya
Ringvassøy
Tromsø
Senja
Haltia 1329
Moen
Vesterålen
Lofoten
Hinnøy
Narvik
Kebnekaise 2111
Kiruna
Torneträsk
Moskenes
Vestfjorden
Stora Sjöfallets Nationalpark
Sarektjåkkå 2090
Sarek Nationalpark
St. Lulevatten
Svappavaara
Gällivare
Bodø
Kvikkjokk
Mo i Rana
Jokkmokk
Hornavan
Arjeplog
Boden
Västansjö
Storavan
Vega
Brenna
Arvidsjaur
Storuman
Inlandsvägen
Grong
Gäddede
Vilhelmina
Lycksele
Skellefteå
Nidaros
Dorotea
Åsele
Frøya
Hitra
Trondheim
Strömsund
Umeå
Kristiansund
Stjørdal
Jämtland
Örnsköldsvik
Vaasa
Molde
Storsjön
Östersund
Ålesund
Oppdal
Romsdal
Røros
Indalsälven
Härnösand
Dombås
Tynset
Härjedalen
Östavall
Nordfjord
Geirangerfjord
Sånfjället 1277
Sundsvall
Gudbrandsdal
Førde
Jostedalsbre
Galdhøpiggen 2469
Flötningen
Sveg
Sognefjord
Jotunheimen
Ringebu
Hudiksvall
Oppedal
Borlaug
Lillehammer
Långflon
Dalarna
Pori
Bjørgvin
Bergen
Söderhamn
Gol
Hallingdal
Mora
Siljan
Hamar
Elverum
Falun
Gävle
Hardangerfjord
Hardangervidda
Borlänge
Ahvenanmaa Åland
Jessheim
Värmland
Dalälven
Horda
Haugesund
Kongsberg
Oslo
Ludvika
Uppland
Haukelistraße
Mysen
Arvika
Bergslagen
Uppsala
Oslofjord
Kappelskär
Stavanger
Brunkeberg
Karlstad
Västerås
Mälaren
Telemark
Örebro
Gripsholm
Stockholm
Agder
Sandefjord
Vänern
Egersund
Setesdal
Läckö
Mariestad
Nynäshamn
Bohuslän
Oxelösund
Uddevalla
Alvastra
Norrköping
Kristiansand
Marstrand
Vättern
Linköping
Götaland
Göteborg
Jönköping
Västervik
Borås
Visby
Aalborg
Varberg
Småland
Oskarshamn
Gotland
Falkenberg
Ljungby
Borgholm
Holstebro
Viborg
Halmstad
Växjö
Öland
Kalmar
Liepāja
Aarhus
Helsingborg
Ronneby
Karlskrona
København
Lund
Kristianstad
Palanga
Esbjerg
Odense
Fyn
Malmö
Ystad
Klaipėda
Trelleborg
E06
E08
E10
E06
45
E10
17
E06
E04
95
E12
45
E39
E06
70
E04
E14
E06
70
45
E39
E16
E16
7
7
3
60
E04
70
E134
9
E18
E06
45
64
E39
E18
E20
E04
E22
E06
E04
11
E45
23
18
E22
E20
19
E20
11
E45